民办高等教育研究二十年

徐绪卿 ◎ 著

中国社会科学出版社

图书在版编目（CIP）数据

民办高等教育研究二十年／徐绪卿著 . —北京：中国社会科学出版社，
2021. 1

ISBN 978-7-5203-8055-3

Ⅰ.①民…　Ⅱ.①徐…　Ⅲ.①民办高校—研究—中国　Ⅳ.①G648.7

中国版本图书馆 CIP 数据核字（2021）第 040703 号

出　版　人　赵剑英
责任编辑　周怡冰　任　明
责任校对　季　静
责任印制　郝美娜

出　　　版　中国社会科学出版社
社　　　址　北京鼓楼西大街甲 158 号
邮　　　编　100720
网　　　址　http：//www.csspw.cn
发 行 部　010-84083685
门 市 部　010-84029450
经　　　销　新华书店及其他书店

印刷装订　北京君升印刷有限公司
版　　　次　2021 年 1 月第 1 版
印　　　次　2021 年 1 月第 1 次印刷

开　　　本　710×1000　1/16
印　　　张　34.75
插　　　页　2
字　　　数　588 千字
定　　　价　168.00 元

序

　　徐绪卿教授是一位优秀的民办高校领导者，又是一位成就斐然的民办高教研究者。他以一位学者型领导的身份活跃于民办高教界 20 年，创造了多个之最：承担民办高教研究项目最多，发表民办高教研究著述最多，研究成果获得政府奖项最多，以及民办高教界最有影响力的学者之一。他先后担任浙江树人大学副校长、校长近 20 年，为树人大学成立后最关键时期的发展建设付出了人生最重要的时光，也成就了自己人生最高光的时刻。浙江树人大学由小到大、由比较弱到比较强的发展，与他的付出是分不开的。卸任校长岗位后，他将自己发表的有关民办高教研究的论文整理出来，精选了部分代表性论文集结出版，这是一件有意义的事。不论是对他个人的任职经历还是对他的民办高教研究，他都做了一个很好的总结。他的研究一部分是为了解决工作中的问题，一部分是探讨民办高教的一般发展问题。

　　民办高等教育也是我十分关注的一个领域。我可能是两个少数派，即高等教育研究者中研究民办高教的，民办高教研究者中研究高等教育的。尽管如此，我对民办高等教育发展和民办高教研究发展是有一定发言权的。毫无疑问，改革开放以来，民办高等教育和民办高等教育研究都取得了令人瞩目的成就。民办高等教育实现了复兴，一大批民办高校发展起来了，民办院校数量和在校学生人数占整个高等教育的比例奠定了民办高教不可替代的地位，让人们看到了民办高教的巨大影响力和广阔的发展空间。据统计，到 2019 年，民办高校数量已经达到 757 所（含独立学院 257 所，成人高校 1 所），普通本专科招生人数有 219.69 万人，在校生人数达 708.83 万人。民办高教发展解决了数以百万计的人民群众子弟有学上的问题，缓解了政府财政投资高等教育发挥的巨大压力。再从社会就业角度看，每一所民办高校都解决了数百人乃至上千人的就业问题，民办高教成为了庞大的社会就业部门。不论从哪方面看，民办高教都是国家重要的事业，民办高校举办者和办学者们应当受到尊重。与民办高等教育复兴相伴随的是民办高教研究的发展。改革开放以来，民办高教研究未曾停下脚步，尽管这个研究领域至今仍没有成为"显学"，但这并不能否认它的地位和作用。每年都有一批民办高教研究文章刊发，也有若干专著出版，它们是民办高教发展的一种支持力量。

在看到积极面的同时，也不能否认，民办高教发展遇到了困难，民办高教研究未能破解民办高教发展的困局，或者说民办高教研究自身也存在不能忽视的短板。民办高教发展的困局可能是其发展过程中不能避免的，也可能是有的人一厢情愿造成的，不管是什么原因，政府有关部门和研究者都应当高度重视，从实际出发寻求破局良策。

民办高教的困局在于营非选择的两难。基于营非的分类管理政策设计是一个理想化的政策动议，出发点无疑是值得称道的。但它可能有些不切实际，民办高校似乎无论选择营利还是非营利，都难有一个光明的发展前景。这导致部分民办高校举办者铤而走险，将学校空壳化间接上市，将学校置于股市的起伏跌宕之中。其他民办高校举办者犹豫不决，难舍难分，举棋不定。实际上，不只是举办者面对两难困境，地方政府也似乎找不到两全其美的实施策略，所以，尽管许多省份都出台了实施细则，但也没有解除民办高校举办者疑虑。

民办高教的困局在于资本逐利的诱惑。社会资本可以捐作慈善，也可以投资营利。民办高校举办者投资办学的动机在于营利，尽管有的举办者在办学过程中精神境界得到升华，培养了浓厚的教育情怀，但不可否认，大多数举办者还是怀揣营利期望的。如果政策将举办者的营利动机完全推向市场，以市场手段调控民办高校办学，那无疑是勒紧了民办高教发展的脖颈。承认资本逐利的合理性，在发展民办高校慈善事业性质的同时，给予资本逐利合理的空间，这正是40多年来民办高教得以持续发展的命脉。有人可能说民办高校可以选择营利性办学，恕我直言，这可能是民办高校的绝望坡，不可能有前途。

民办高教的困局在于举办者的代际传承。民办高校正陆续进入举办者代际传承期，第一代举办者很多已经或即将进入古稀之年，精力有限，难以承受高强度的管理治校负荷。民办高校举办者的年轻一代子女正逐步上位，接替父辈执掌治校大权。常言道，嘴上无毛，办事不牢。尽管年轻一代可以从父辈手中接过权杖，但很多却还难有父辈那般的威信和亲和力。更值得注意的是，他们的父辈可能并没有光鲜的履历和先进的办学理念，但他们有数十年筚路蓝缕艰苦创业的经验财富，还有数十年里一起打拼的同事感情和人脉。经验、感情和人脉成就了他们父辈的事业，那么，年轻一代靠什么开创民办高校发展的新格局呢？

民办高教的困局在于治理的不成熟。很多人都认为民办高校有治理优势，它们机制灵活，束缚较少，决策更快，手段更有效，这些所谓的优势往往带来民办高校决策多变，办事随意，缺少规矩，没有遵循。因为举办者常常大权独揽，其他各级管理人员有职无权，连购买和报销几块钱的办公用品都需要找举办者审批签字。法律规定民办高校实行董事会（理事会）领导下的校长负责制，因为法律没有做出更详细的规定，即便有的有一些要求，也往往得不到有效的执行。很多工作制度徒具形式，实际上往往是举办者一人说了算。没有成熟的治理，难有稳定持久的高水平办学。民办高校的治理还很不成熟，治理体系建设和治理能力现代化建设依然任重道远。

民办高教发展的困局不是单一因素作用的结果。我不认为民办高教研究应该对民办高教发展困局负多大的责任，但研究存在的问题确实是有一定影响的。明确民办高教研究的短板，加强民办高教研究，更好地发挥理论支持实践的作用，是民办高教研究的发展方向。

民办高教研究的短板在于理论研究的薄弱。民办高教研究源于发展民办高教事业的需要，所以，民办高教研究及相关成果主要是关于发展民办高教的现实需要和政策的。民办高教理论研究，尤其是民办高教学理的深度阐释和规律揭示非常少见。理论研究薄弱不但使得相关研究工作停留于表面，主要讨论现实工作上的一些情况和问题，难以深入民办高教发展的深层次问题中去，而且不可能形成民办高教发展学说，使民办高教发展缺少坚实的理论基础。

民办高教研究的短板在于政策研究前瞻性不足。民办高教政策研究是重要的，不可缺少，一些新政策出台后，与之相关的研究往往会如雨后春笋涌现。审视这些研究会发现，大都是政策解释研究和政策实施研究，少见政策预研究和政策评价研究。这就使得政策研究的前瞻性是个问题。前瞻性不足使政策出台常常缺少充分的研究支持，弱化了政策的科学性和可行性。当然，这不只是民办高教研究存在的问题，也是整个高等教育政策研究存在的问题。

民办高教研究的短板在于服务民办高校办学的研究少见。民办高教研究关于宏观的问题很多，微观的研究较少，尤其是关于民办高校办学的研究非常少见。高等教育研究中有一类研究，即院校研究，专门研究具体学校办学问题，为学校改革建设决策提供咨询建议。民办高校很少设置院校研究机构，举办者较少听取研究人员意见和建议的意识，而校长等行政领导往往又主要根据举办者的意志办学。所以，民办高校办学体系建设随意性大，办学中的不确定性高，科学性、严谨性难言令人满意。

民办高校需要学者型的领导，他们能把发展民办高教的需要与理论研究结果有机结合起来，使理论更好地服务实践。徐绪卿教授是民办高教界少有的学者型领导。这样的领导越多，民办高教发展就越有希望。所以，我乐意为他的学术文集推荐，也希望他不忘初心，用更多的时间和精力投入民办高教研究，取得更多新的研究成果，为民办高教的繁荣发展作出新的贡献。

是为序。

别敦荣　教授

厦门大学教育研究院院长

2020 年 11 月 18 日

目　　录

浙江民办高校的发展态势及几个问题

一

近年来，浙江的民办高等教育事业发展迅速，引起了社会的广泛关注。截至 2000 年年底，浙江共有经教育部正式批准的民办高校三所，按照民办机制运行的公办大学二级分校（简称二级院校）共 18 所，根据国家有关部门要求成立的按照新机制、新模式运作的高等职业技术学院（含筹）32 所，民办专修、进修学历文凭考试的学校 36 所。2000 年按照社会力量办学机制运行院校的招生数已经达到 3.65 万人。这些发展，缓解了社会接受高等教育的部分需求，满足了经济发展对人才的需要，推动了社会经济的发展和社会进步。

浙江民办高等教育近年来发展的主要特点是：

1. 发展迅猛，呈"加速度"趋势。

1994 年全国教育工作会议以后，浙江省的民办教育事业已经悄然兴起。短短几年间，以政府办学为主体、公办学校与民办学校共同发展的格局已显雏形，浙江省的民办高等教育事业蓬蓬勃勃地发展起来了。

表 1　　　　　浙江省民办高校近几年在校生简况　　　　　（单位：人）

学校类型 ＼ 年份	1996	1997	1998	1999	2000
二级院校	0	0	0	7300	26149
民办专科院校	948	1061	1881	6645	13819
高职学院（含筹）	0	0	680	4207	29918
专修学院	0	0	3400	8940	16140

说明：单独招生和 1997 年以前有一部分成人高校举办的高职未计在内。

2. 民办高教异军突起，成为高教发展的主要增长点。

从表1中可以看出，在整个高教发展的过程中，民办高校的发展已成为事业发展的重要方面。浙江树人大学、温州大学、万里学院今年的招生数比上年翻了一番。二级院校由于起步高（都是本科），又有母体的支撑，信誉较好，一开始便受到社会的青睐。高等职业技术教育发展从无到有，速度之快令人惊叹，由于运用了"新机制、新模式"，调动了学校办学的积极性，社会各界的认同度逐步提高，招生数量呈指数型上升。

表2　　　　　　　　浙江省高校近几年招生数情况　　　　　（单位：人）

年份	1996	1997	1998	1999	2000
报名数	97745	110504	125390	131336	151111
招生数	30541	43955	47649	64698	95657
高考录取率（%）	31.2	30.0	35.0	48.0	63.0
在校生数	96480	102302	113543	151318	200200

说明：1996年、1997年、1998年的高校招生由于实行"一条龙"的方式，包括高中中专招生数，录取率同口径计算，但高中中专在校生数未包括，1998年扣除高中中专高校招生录取率为35%左右。1999年、2000年高中中专招生数及录取率未包括。本表按省招办统计口径。

表3　　　　　　　　浙江省近几年高校发展简况　　　　　（单位：所）

学校类型 ＼ 年份	1996	1997	1998	1999	2000
普通高校	36	35	32	36	35
二级院校	0	0	0	17	18
民办专科院校	1	1	1	3	3
高职学院（含筹）	0	0	1	4	32
专修学院	0	0	14	31	36
合计	37	36	48	91	124

浙江大学城市学院1999年举办，当年招生。万里学院1998年下半年由浙江农技师专转制筹建，1999年开始招生。温州大学1999年开始作为民办高校招生。

3. 专业设置贴近社会经济发展。

从浙江省现有民办高校的专业设置看，许多高校大胆解放思想，贴近社会经济发展新的专业，体现了在专业设置上的创新精神和探索勇气，同时也增加了对考生的吸引力。

表4　　　　　　　几所主要民办高校近几年专业增加情况　　　（单位：个）

年份	1996	1997	1998	1999	2000
树人大学	8	8	10	10	30
温州大学	14	10	10	11	32
万里学院	3	5	6	18	41

二

1. 日益提高的经济水平要求高等教育有大的发展。

浙江省地处华东地区中部，得益于改革开放的伟大决策，经济得到了长足的发展，人均国民收入位居全国前列，人民群众的生活水平得到较快的提高。有关数据显示，浙江省的地区生产总值在改革开放前处于全国的第12位，1999年已提高到第四位。1998年城镇居民人均可支配收入和农村居民人均纯收入分别达到8428元和3948元，收入绝对额分别位居全国第4位和第3位。但是，作为经济发展持久推动力的高等院校资源，确实与经济的发展很不相称。1998年全省仅有普通高校32所，校均规模只有3000人左右，其中有7所"袖珍大学"校园面积在100亩以下，最小的只有41亩。高等院校少，招生规模小，学校档次总体来说不高。号称"文化之邦"的浙江省，在3个考生中仅有一人能上大学。据有关部门统计，1995年，全省每万人中具有大学文化程度的为148人，低于全国246人的平均水平。1998年，全省每万人中拥有中专学历的和初级职称以上人才仅381人，低于全国平均数426人，每万人口中普通高校的本、专科生25.6人，低于全国平均27.6人的水平。这种情况严重制约了经济发展的质量。同时造成研究开发力量薄弱，技术创新能力不强，产品层次低，发展后劲不足。应该看到，富裕起来的人们不仅在经济上具备了"接受更好更高的教育"的承受力，而且在致富的过程中深切地感受到文化程度对持续致富的重要性，对其子女接受高等教育表现出强烈的渴望和极大的热情。高等教育资源的不足、经济持久发展的需求、人民群众接受高等教育的强烈愿望，是浙江社会力量举办高等教育的强大推动力。

2. 政府的大胆决策，措施的出台和制度的完善是浙江民办高校发展的催化剂。

到目前为止，浙江已经出台了系列的发展民办高校的政策法规：

1997.12.4《关于实施〈社会力量办学条例〉的若干意见》

1998.3.30《浙江省非学历高等教育机构设置的暂行规定》

1998.5.19《浙江省高等教育学历文凭考试试点工作实施方案》

1998.10.27《关于鼓励社会力量试办五年一贯制高等职业教育的意见》

1998.11.9《浙江省社会力量办学收费管理暂行办法》

1998.12.31《关于鼓励社会力量参与办学的若干规定》

1999.4.12《浙江省社会力量申请筹办高等学校的补充规定》

这些法规条例的颁布，进一步明确了民办高校的地位、作用和基本规范，客观上给正在启动的民办高等教育创造了良好而宽松的发展环境。

3. 浙江民办高等教育有扎实的发展基础，厚积而薄发。

1984年，浙江树人大学在一些有识之士的倡导下成立，并有学历授予权。随后，温州人以独有的温州模式，以股份为纽带，办起了全新的温州大学。浙江万里学院，一起步就以巨大的改革勇气和精神快速发展，短短两年时间，一所现代化的大学已经展现在人们面前。事实证明，市场经济是民办高校发展的肥沃土壤。当然，我们也要看到，教育特别是高等教育走向市场，比经济改革更需要魄力和胆识，困难更大。直到今天，以富有出名的浙江，尚没有见到哪个高校公开亮出"私立"的牌子，真正意义上的"民办"也还不多。但是，市场毕竟是市场。可以预料，不久的将来，私立高校一定也会在浙江的大地上生根、成长、开花。

三

浙江的民办高等教育发展的速度是喜人的，态势是稳健的。在发展的征途中，也表现出一些问题，有待整理和解决。

1. 资产界定问题。

目前，相当一部分民办高校由于采取股份制的形式起步，其资产界定是明确的。但是也确实有一部分民办高校的资产是不明确的。如一些二级院校和改制院校、合并组建的院校，甚至一些股份制的院校，资产的界定问题无人提起。笔者与许多同行聊起这个问题，一部分持"不搞争论，发展了再说"的观点；较多的是认为没有必要，"难得糊涂"。事实上，第一种观点的人倒是"糊涂的"，而第二种观点也是站不住脚的。资产的性质决定办学和管理的模式，资产归属不清晰，影响办学者和教职员工的积极性，同时对政府来说也存在着风险。由于政府相对放松对民办高校管理，而经营者的职责又不明确。既然这个资产是不明确的，增值部分的归属也是不明确的，相应地，亏损的责任也应该是不明确的。好在浙江民办高校还没有关门倒闭的，如果有，最后只能由政府来接盘，到时候再界定就是"亡羊补牢"了。说到底，资产界定工作对经营者和政府来说都是十分重要的。重视和抓好这个问题，对能否办好学校影响不小，同时也为下一步人事制度的改革、学校后勤社会化实施过程中的冗员剥离等打下基础。

2. 收费问题。

表 5 列出近几年民办高校的收费情况。

表5　　　　　　　　　　　近几年民办高校收费情况　　　　　　　　　（单位：元）

学校＼年份	1997	1998	1999	2000
浙江树人大学	3900	5900	5900	8900
温州大学	2300	2300	50000（3 年）	51000（3 年）
万里学院	2300	2300	48500（3 年）	48500（3 年）
金华职业技术学院	2300	3800	5000	8000
二级院校	——	——	15000	15000
高等职业技术学院	——	2300	5500	5500
专修学院		2300	5000	6000

资料来源：摘自《浙江招生考试》，除特别注明外，其余均为年学费，按文、理平均标准。温州大学 1998 年以前为公办体制，1999 年转为民办体制。

可以看出，目前浙江民办高校的收费确实涨得很快，一些艺术、美术类专业的收费每生每年学费 18000—20000 多元。对收费考虑的因素，除了学校的运行成本，还有一个社会承受能力的问题。客观地说，大量的农村居民和城市的工人、职员、机关干部等工薪阶层并不富裕，支付这样数额的学费，确实有点不堪重负。现在有的学校的投资者有点性急，期望利用目前高校资源相对缺乏机会，尽快把建校成本在短期内全部收回，有的甚至把应该由以后学生承担的费用也摊派在现在的在校生身上回收，以求"滚动发展"。笔者认为，这有失公允，不一定合适。媒体对这种典型不宜过多宣传，学校也应慎重考虑自己的办学宗旨。另外，考生也会计算成本，如果成本太高，许多民办高校质量、信誉以及毕业生就业等情况本身也不是太好，在这种情况下，考生只能放弃。2000年秋季浙江金华市8000多名考生放弃升学拒填志愿就是一个例证，据了解在其他地区也有类似的情况。收费太高，在现有高教资源不是很宽裕的情况下，只要降低分数线，仍会有考生愿意读，问题是分数线也不能太低，考生文化基础太差，对学校教学质量的提高影响很大，学校的信誉和形象会受到影响，长此以往，得不偿失。当然，收费过高，本身也有个教育公正性的问题。这里不再展开论述。

3. 教育质量问题。

从某种意义上说，质量问题是民办高校的生命线。就目前绝大多数民办高校来说，外聘的教师虽然有选择余地，一些老教师的教学也确实有一定水平，但如果放松管理，教学质量确实存在许多不定因素。还有教学设备、设施、管理等，就总体而言是不能令人满意的。近年来一些学校规模快速扩大，教育资源严重稀释，教学质量形势严峻。由于一些民办高校办学主体的短视，担心国家发展民办教育的政策发生变化，对举办民办高等教育经济上的巨大开支思想准备不足等，导致学校在教学上的经费投入不足，精力集中不起来，教学工作敷衍了事，管理松散乏力，质量严重下降。部分高等职业技术学院原有中专教师的适应性问题、教学设备的档次问题、教学的基本规范问题等，都令人难以认同。重视教学质量，就是重视高校自己的生存。从整个社会来说，民办高校只有真正提高教学质量，才能克服人们心中的偏见，得到社会的认同。

4. 办学特色不明显，学校的品牌有待创立。

从浙江省现有的三所民办高校来说，温州大学起步较早，并且一开始就是社会力量办学，但走过一段弯路。"万里"一起步就以发展的速度和规模著称，但时间短，真正的办学特色形成需待时日。相比而言，浙江树人大学虽也起步较早，是全国最早的民办高校之一，16年来一直坚持社会力量办学，克服了许多困难，特别是坚持不以盈利为宗旨，低收费、高标准教学，并体现了"体制好、机制活、人员精、专业新"的特征（浙江省省长柴松岳语）。但该校经费一直靠社会捐助，规模较小。直到2000

年浙江省政府决定树大与周围的三所中专学校联合，才脱去全省"最小"的大学的帽子，一跃成为浙江省规模较大、学科较多的综合性民办高校，然而办学特色仍有待于营造。

学校特色不够明显，品牌树立不起来，其实是许多民办高校都面临的问题。尽管浙江省民办高校取得较快的发展，但由于原有高教资源少、基数低，高等教育的供求矛盾仍很突出。有关方面测算，2001 年浙江省的应届高中毕业生比上年有较大增加，加上历年"欠债"，录取形势仍不容乐观。1999 年，浙江普通高校录取率仍比江苏、辽宁低 19% 和 23%，比上海和北京低 30% 多。浙江省政府明确提出到 2005 年建成十所万人大学、30 所左右的高职学院的目标；2002、2005、2010、2020 年的毛入学率将分别达到 15%、20%、25%、40%。通过 20 年的努力，接近中等发达国家的平均水平。对照这个目标，浙江省发展高教的任务仍十分繁重。但这个目标同时也为民办高等教育的更大发展提供了空间、机遇和可能。

"有为才能有位"。民办高校只有抓住机遇，加快建设，提高质量，办出特色，克服自身的不足，不断壮大自己的办学实力，树立良好的学校形象，才能在竞争中处于有利的地位，为社会进步和经济发展作出自己的贡献。

浙江民办高校来日方长。

主要参考资料

1. 浙江省教育委员会：《浙江省教育事业统计资料》（1999—2000 年）。

2. 浙江省高校招生委员会办公室：《浙江招生考试》（1999—2000 年）。

3. 鲁松庭：《浙江民办教育探索》，浙江人民出版社 1999 年版。

4. 鲁松庭：《面向新世纪的浙江教育》，浙江人民出版社 2000 年版。

5. 金一斌、朱振岳：《双翼齐飞——我省打破瓶颈大力发展高教纪实》，《教育信息报》2000 年 9 月 6 日。

6. 浙江省高校招生考试委员会办公室：《浙江招生考试年鉴》，1999 年。

附记：这是本人撰写的第一篇研究民办高等教育的论文。2000 年 3 月，浙江省人民政府决定，浙江树人大学与毗邻的浙江省电子工业学校等三所中专联合办学，本人有幸成为新树大第一届董事并担任副校长。同年 9 月，学校成立了"浙江树人大学民办高等教育研究所"，成为新树大第一个校级研究机构，并由我具体负责。10 月，获知上海教育科学研究院院长胡瑞文和民办教育研究所所长胡卫在浙江大学讲课，于是慕名前去拜访。我们一见如故，谈了 1 个多小时。其间胡院长提出，让我撰写一篇反映浙江省民办高等教育发展状况的论文。承蒙指导，撰写此文，并请胡院长修改，文章在《教育发展研究》2001 年第 2 期上发表，随后被人大书报资料中心《高等教育》2001 年第 6 期全文转载，给我参与民办高等教育研究很大的鼓舞和信心，从此开始了我 20 年的民办高等教育研究工作。

新形势下民办高校专职教师队伍建设的几点粗浅认识

当前高教事业快速发展、高等教育逐步由卖方市场向买方市场转化，教育质量已经成为高校竞争的主要内容。对于民办高校来说，质量更是学校生存和发展的生命线。而提高教学质量的关键，是怎样建设一支高质量的教师队伍。笔者从民办学校的实际情况出发，就新形势下民办高校专职教师队伍建设的问题，谈几点粗浅的认识，与同行商榷。

一 外聘教师为主，退休教师居多的教师队伍现状及形成原因

由于民办高校起步迟，又是社会投资，不可能像公办学校一样，一开始就建立完备的专职教师队伍。因此，就绝大多数民办高校来说，都普遍采用了从社会上聘请教师的办法，而主要对象是公办高校的退休教师。随着学校的发展，规模的扩大和专业增多，教师需求增加，退休教师慢慢不够用，也聘用一部分工作量不多的公办学校在职教师，后来，一些在读的硕士研究生、博士研究生也出现在民办高校的讲台上。综观整个民办高校教师队伍的构成，公办高校的退休教师、兼职教师和在读或待分配研究生，是当前民办高校教师队伍的主要成分。其中，退休教师是这支队伍的主体。据笔者了解，退休教师大致占到民办高校教师总数的 75% 以上，有近 80% 的民办高校没有专职教师或专职教师人数较少。

民办高校的教师队伍建设走"借用"社会力量之路，有其深刻的历史原因。民办高校的开办，首先是补充高教资源不足的需要，利用社会资源办学的产物。在民办高校创办初期，人们不太愿意到民办高校专职任

教；社会上又存在着不小的可用的退休教师队伍。这是形成民办高校教师队伍现状的主要原因。

二 面向新的情况，立足办出特色，民办高校必须加快建立自己的专职教师队伍

第一，高等教育的规模迅速扩大，师资紧张已成为普遍的现象。民办高校把教师资源的基本队伍建立在自己没有调配主动权的兼职教师基础上，教学工作难以为继。

第二，由于公办高校的大幅扩招，对建设职业化的民办高校教师队伍提出了要求。在民办高校创建的"初级阶段"，由于当时高教资源的匮乏，民办高校与公办高校生源的文化基础相差不是很远，而由于民办高校管理上的严谨和学生迫切的求学心理，使得民办高校的学生在教学上与一般公办高校比较接近，毕业生也确实受到社会的欢迎。然而，时至今日，情况已经发生了很大的变化，由于各方面的原因，就生源的文化基础而言，民办高校与公办学校之间差距总体呈现拉大的趋势。一些在民办高校兼职的公办学校教师经常抱怨学生基础太差，而学生也反映教师上课进度太快，甚至产生厌学情绪，教学效果每况愈下，提高教育质量难度很大，这也是当前民办高校领导最棘手的问题之一。事实说明，民办高校如果没有专职教师队伍，没有对民办高校教学的对象、教学环境、教学规律透彻的了解、研究和把握，要办出质量、办出特色是十分困难的。

第三，没有专职教师队伍，专业建设难以落实，课程规范建立不起来，教学质量难以提高。而由于高等教育的发展，人民群众不仅要求接受更高的教育，同时也期望接受更好的教育。民办高校只有深化改革，办出特色，培养出高质量有特色的毕业生，才能在市场中站稳脚跟，赢得社会的承认。

第四，建立自身专职的教师队伍，是民办高校搞好管理，提高管理水平和管理效益的需要。很多民办高校的质量提不高，效益上不去，很大程度上与教师队伍的建设有关。由于大量教师主要靠外聘，教学的不定因素太多，教学秩序受到冲击，常规教学的考核困难很多，教学管理难度很大，教学改革更难寄予希望，民办高校也不可能获得较快发展。浙江树人

大学自 1984 年创建后，任课教师主要从社会聘用，1997 年以前专业数一直增长缓慢，在校生 1000 人左右。近年来，逐步引进专职教师，特别是 2000 年省政府决定与毗邻的几所重点中专联合办学后，专职教师增加到 260 余人，专业数也一下增加到 30 余个，专业面覆盖文、理、工、经济、管理及艺术等学科，各种层次的在校生达 9000 余人，成为较有影响的民办高等学校之一。这也充分说明专职教师队伍对于学校发展的重要意义。

第五，人们观念的改变，人事制度的改革，政策环境的宽松，使民办高校建立自身的教师队伍成为可能。在民办高校创建初期，由于人们的偏见，愿意到民办高校工作的人不多。经过多年的运作，民办高校为社会所接受，人们的观念也发生了变化，越来越多的人愿意到民办高校从事教学工作，一些民办高校甚至出大价钱引进人才，对社会人才有一定的吸引力。政府因势利导，在人才流动、档案管理、职称评定、货币化分房、医疗与养老制度改革等方面，出台了许多相应的政策，为民办高校专职教师队伍的建设提供了必要的政策支持。2000 年国家又出台了教师资格制度，进一步拓宽教师选拔渠道，民办高校正在成为就业的新的热点。民办高校建立自身教师队伍的条件已经基本成熟。

三 建立民办高校教师队伍的基本思路

建立民办高校自身的教师队伍是十分必要的，这一点已经成为越来越多的民办高校领导的共识。显然，民办高校教师队伍的建设不能照搬公办高校的思路，应该有自己的特点。

1. 结构上专、兼职结合，比例因学校实际情况和所处区域位置不同而异。建立自身的专职教师队伍，不是说不再外聘教师。民办教师利用外聘教师，既是承担教学任务的需要，也是民办高校特色的体现，还可能增加社会认可程度。另外，外聘教师在教学经验上的作用也是不容忽视的。同时，也应根据学校的实际情况和条件，来规划本校教师队伍的结构，建设学校专职教师队伍。专职教师到底占多大比例为宜，各校应根据学校自身情况而定，不宜一刀切，工科院校与文科院校不同，公共基础和专业课程也不一样，区域位置也是一个重要因素。一些民办高校处在高校较为集中的大城市，聘任教师较容易些，专职教师相对可以少一些，人员到位可以慢一些，一般可以对半，即外聘与专职各占一半。而在一些偏僻的中小城市，由于教师资源较少，比例相应地应大一些，专职教师占到 80% 以上。这样在教学上就可以保证基本的平衡，满足教学的需要。

2. 加大力度，采取切实有效的措施，引进和外聘相结合，建设民办高校的专职教师队伍。如前所述，高素质的教师队伍是办好学校、提高教育质量的关键。当前尤其要破除框框，冲破原有计划经济条件下的平均主义观念，舍得花本钱，超常规地引进高学历的师资，加快专职教师队伍的建设。不可否认，目前民办高校引进教师特别是引进高档次的教师，仍有一定的制约因素，不采取特事特办很难见效。实际上，从几个民办高校来看，已经这样操作。浙江万里学院在引进教师中明确教师的年薪、住房、工作量、考核、奖励和科研经费配套等，领导亲自主持和参与人才引进工作，一年就引进教师百余人，收到了较好的效果。在引进方面，关键是要做到心要诚、责要明、惠要实。只有这样，才能增加政策、待遇对人才的吸引力和凝聚力，加快专职教师队伍建设的步伐。

3. 专职教师应在教学科研方面起骨干作用。由于管理上的方便和到位，更由于民办高校专职教师少而精的特点，专职教师更应发挥骨干作用，在专业建设、课程改革、教学研究、因材施教和学风建设等方面，承担更多更重更主要的任务，使得提高教学质量和深化教学改革落到实处，并且通过对本校教学工作的实践、总结、分析和潜心钻研，摸索民办高校教学工作的一般规律，制定适合于自身的教学方案，逐步形成自己独特的教学风格和教学特色。从学校实际情况来看，民办高校师资人员的引进，应把专业课教师作为重点，以满足专业建设的需要。同时适当地提高对学历和职称的要求，特别注意引进具有硕士、博士等高学位、能够挑起教学和科研重担的中青年高级人才，或者是经过教学和科研的实践具有较高教学科研能力的学科带头人和专业负责人，真正成为学校教学和科研工作的顶梁柱。

4. 常抓不懈，搞好专职教师队伍的作风建设。首先，每一个教师都要明确，民办高校是国家整个高教事业的重要组成部分，在民办高校任教就性质来讲与在公办高校没有什么差别，都是为社会培养现代化的建设人才，同样是光荣的，以此来激励他们的工作热情，树立起严谨求实、爱岗敬业的良好师德风范。其次，与公办高校相比，民办高校有其特殊性，作为民办高校的教师，需要花费更多的心血，既要遵循教育的基本规律，也要有一手处理特殊问题的能力。到民办高校任教，应该有这个思想准备。再次，专职教师与外聘教师相比，责任更重，要求更高，工作应该更主动些，在学校教学、科研工作中做好示范，为校风、学风建设多承担责任。最后，民办高校专职教师要虚心肯学，特别是要充分利用外聘教师中优秀教学成果和丰富的教学经验。学校也要注重专职教师的进修提高，逐步营造宽松浓郁的学术氛围，和谐的人际关系，改善他们的工作条件和生活待遇，激励他们脱颖而出，为他们的成长创造有利的环境，使之成为学校稳定教学秩序、提高教学质量、凸显办学特色、创立学校品牌的中坚力量。

　　附记：2001 年 5 月 20—23 日，全国人大教科文卫委员会和中国高等教育学会在杭州金溪山庄联合举办"全国民办高等教育学术研讨会"。会间本人特别邀请顾明远、潘懋元和胡瑞文三位专家到学校座谈，听取他们对民办高校发展的意见，晚上在楼外楼邀请几位领导和学术界研究专家餐聚。中国高教学会秘书长张晋峰、副秘书长王小梅和《中国高教研究》期刊编辑雷克啸等老师，对于我们开展民办高等教育研究很感兴趣，雷教授专门约我撰写一篇对民办高校教师队伍建设方面的论文。此文在《中国高教研究》2001 年第 6 期发表，后被《上海高教研究》转载。

大众化高等教育与民办高校对策

摘　要： 大众化高等教育是当前社会关注的话题。本文介绍了大众化高等教育理论的内容和意义，分析了我国高等教育的发展进程和发展趋势，就民办高校在大众化高等教育过程中的对策做了初步探索。

主题词： 高等教育；大众化；民办高校；对策

一　马丁·特罗大众化高等教育理论的内容与意义

大众化高等教育，我们习惯称作高教大众化、即高等教育大众化（关于大众高等教育与大众化高等教育、高等教育大众化的概念区别，学术界有不同观点①，本文不作区别），是指高等教育发展到一定程度和规模的阶段。20 世纪 70 年代，美国伯克利大学著名社会教育学家马丁·特罗（Martin Trow）教授通过对美国、战后西欧国家高等教育发展轨迹的研究，探讨了这些国家高等教育发展中的量变与质变问题，接连写了一系列的长篇论文，其中著名的有《从大众高等教育向普及高等教育转化的思考》（1970）、《高等教育的扩展与转变》（1972）、《从精英向大众高等教育转变中的问题》（1973）以及《高等教育的大众化——量的发展和质的变化》等。在巴黎"中等后教育的未来结构研讨会"上发表的《从精英向大众高等教育转变中的问题》一文中，马丁·特罗从西方高等教育发展过程的史实出发，以高

---

① 张康庭：《关于高等教育大众化问题的若干思考》，《开放教育研究》2000 年第 2 期。

等教育毛入学率①为指标，将高等教育发展历史分为"精英（elite）、大众（mass）和普及（universal）"三个阶段。马丁·特罗教授提出："一些国家的精英高等教育，在其规模扩大到能为15%左右的适龄青年提供学习机会之前，它的性质基本上不会变化。当达到15%时，高等教育系统的性质开始改变，转向大众型；如果这个过渡成功，大众型高等教育可在不改变其性质下，发展规模直至其容量达到适龄人口的50%。当超过50%时，即高等教育开始快速迈向普及时，它必然再创新的高等教育模式。"这些论述，成为我们今天经常谈论和划分"大众化高等教育"的主要依据。

马丁·特罗教授不仅从数量方面提出了划分高等教育发展阶段的标准，而且根据量变引起质变的发展原理，深入探讨高等教育规模、数量增长与性质变化的关系。他研究分析了精英、大众和普及三个阶段在高等教育的规模，功能，课程与教学形式，学生的经历，高等教育的多样性、特点和界限，领导和决策，学术标准，学术管理模式，高等教育的内部管理等十一个方面的不同，重点揭示高等教育进入到一个新的阶段——大众阶段的基本特征，力图研究和揭示高等教育发展的规律。他认为，伴随着高等教育的发展，接受高等教育的对象从少数精英向大众直至普及过渡的整个进程，高等教育的性质将会发生一系列质的变化。在高等教育的观念上，接受高等教育从"少数出身好或天赋高或两者兼有的人的特权"向"具有一定资格者的一种权利"和全体人的"一种义务"转变；在高等教育的目的和目标上，从"塑造统治阶层的心智和个性"、培养政府和学术精英转向"提高人们的社会适应能力，为发达工业社会大多数人的生活做准备"；在高等教育的功能上，办学形式多样化，学校的类型越来越多，从单一的全日制普通高校向全日制、部分时间制、远程教育、开放教育等多种办学模式共存的多样化系统转变，学校与社会的清晰界限逐渐消失。从学生的学习来说也呈现出多样化的趋势。原来的住校不间断学习与延迟学习、时学时辍一起，成为学生学习多样化的选择。在课程方面，从"高度的专门化结构"趋向"灵活的模块化"，进而逐渐泛化；在入学的

---

① 高等教育毛入学率是国际通用口径，指一个国家正在接受高等教育的人数占18—22岁年龄段人数的比例。我国正在接受高等教育的人数占比＝研究生＋普通高校、成人高校本、专科生＋军事院校本、专科生＋学历文凭考试在校生＋电大注册生＋30%高等教育自学考试毕业生＋5（系数），《中国教育报》1999年1月16日。

选拔方面，从过去的根据"考试成绩"、"英才成就"到引入"非学术标准"，以及凭借"个人意愿"；在领导与决策方面，从"少数学术精英团体"的垄断向社会公众的逐渐介入和参与的格局转变；在学校领导与管理上，也从"由学术人员兼任"转变为由"专业管理者、管理专家"专门管理并吸收校内外人士参与，等等。这些分析和论述，是大众化高等教育的基本理论论点。

马丁·特罗教授关于高等教育发展的阶段理论，主要是根据美国和欧洲发达国家高等教育发展历程而构建的关于高等教育发展进程及其特征的一个思想框架。尽管这一理论的科学性一直有人质疑，而且后来他本人也认为到这个思想框架"存在甚多的局限和不完善"，并意识到数量和模式并不完全排斥，针对存在的问题进行了一些修正、补充等，但是不可否认，马丁·特罗的大众化高等教育理论仍具有一定程度的普遍意义。由于马丁·特罗教授是在 20 世纪 60 年代末 70 年代初欧美高等教育快速发展之际提出大众化高等教育发展阶段理论，同时这一理论是将高等教育量的扩张与质的变化两者结合起来研究，使以往只以数据所表示的高等教育规模扩张有了丰富的质的内涵，也使高等教育的重大变革——质的飞跃有了量的比较标准。这种研究思想和方法不仅可以从某种程度上为一个国家制定高等教育改革与发展政策提供依据，而且也为人们综合考虑高等教育发展问题提供了新的思路，并且也的确在一定程度上为发达国家和新兴工业化国家、地区高等教育发展的历程所印证。因此这一理论一经提出就得到西方国家的关注并在发展中国家广为流传，成为世界高等教育发展理论的重要思想之一。

二　我国高等教育已经初步呈现 "大众化"的部分特征

我国的高等教育正在逐步从精英教育阶段向大众化教育阶段迈进。近几年来，国家根据经济和社会发展的需要，加快高等教育发展步伐。按照马丁·特罗的划分，我国高等教育的毛入学率与 15% 显然还有较大的差距，从有关部门公布的数字来看，我国高等教育 2000

年毛入学率为 11.5%①左右，还没有达到马丁·特罗设定的"大众化"阶段。但是仔细分析可以发现，我国高等教育已经初步具备"大众化"发展的基本条件，"大众"的基本特征已经逐渐显现。在政府决策方面，科教兴国的基本国策深入人心，一个国家国力的强弱，社会物质文明和精神文明的进步，在很大程度上取决于高等教育所培养的人才的数量和质量，这一点正在为越来越多的政府领导和社会各界所认同。高等教育的发展越来越受到社会各界的关注，高等教育的地位越来越向社会中心位移。经过 20 多年的改革开放，人民群众的生活水平有了较大的提高，要求发展高等教育、接受高等教育的呼声高涨。"高等教育应该适当超前"的呼声成为本届人大、政协的新议题。从"面向 21 世纪的教育发展规划"提出在 2010 年实现毛入学率 15% 的目标，到朱镕基总理 2001 年 3 月本届人大代表政府所做的工作报告中，明确 2005 年实现毛入学率 15% 的目标，表明从政府方面讲，"大众"的日期已经制定，高教的发展步伐将进一步加快。从高等教育发展的规模来说，经过近几年的高教扩招快速发展的实施，高等教育有了超常规的发展，如浙江省，2000 年的毛入学率已达到 13%。② 高等学校招生数量连续几年呈现猛增趋势，有关部门已经确定 2001 年的普通高校招生为 250 万人，比去年增加 13.6%，预计今后几年高校扩招的态势不会逆转；在发展手段上，"要进一步改变政府包办教育的状况，鼓励社会力量以多种形式办学，形成以政府办学为主体、公办学校和民办学校共同发展的格局"。"在发展民办教育方面，可以迈出更大的步伐。要鼓励社会力量以各种方式举办高中阶段和高等职业教育，有条件的也可以举办普通高等学校。"③ 国家这些教育政策的实施，客观上为社会各界参与高等教育的发展创造了良好的条件，在这个背景下，高等教育的投资主体将进一步呈现多元化的格局，高等学校的数量，尤其民办高校与高职院校将迅速增加。民办高校的地位将不断提高，发展速度无疑将进一步加快。近年来，通过学校之间联合产生了一批巨型的大学。以高教园区为特征的"大学城"建设掀起热潮，在浙江省，仅杭州的三个高教园区就规划投资百亿元以上。网络技术的发展，远程教育的兴起，网络大

---

① 教育部：《2000 年全国教育事业统计主要指标及简析》，《教育发展研究》2001 年第 3 期。

② 侯靖方：《以高质量促进高教健康快速发展》，《中国高等教育》2001 年第 1 期。

③ 杨东龙、宝利嘉：《深化教育改革　全面推进素质教育》，高等教育出版社 1999 年版。

学发展迅速，仅两三年时间，仅教育部批准的网络大学就达 30 余所，多层次、多功能、多模式办学正在丰富和充实高校的办学功能，进而引起整个办学模式和功能的改变，高等学校的办学类型和办学体系多元化的局面已经初步形成。同时，高等学校也正视形势，加快了教育改革的步伐，促进和推动办学功能的转变和办学模式的创新。学分制、弹性学制、时学时辍的学习形式也逐渐为许多高校所认可和采用，学习期间的创业行为为许多高校所默许和鼓励。取消高考考生年龄、婚否限制将为构建终身教育奠定基础，从而为真正意义上的大众化高等教育创造必要的条件。高校的专业改革、课程改革，也以更贴近经济发展和社会进步的目标展开，高教的培养目标、培养模式也发生了较大的变化。随着高校的发展，就学机会日益增多，学生对于所学的学校、专业有了更大的选择空间。这些都为学生按照"个人意愿和兴趣"选择学习创造了条件。

以上种种情况表明，我国高等教育虽然尚未进入马丁·特罗教授所提出的"大众"阶段，每个国家的高等教育在发展进程中所表现的性质也不可能完全一致，但是从我国高等教育发展的现状和趋势来看，已经逐渐表现出"大众化"的一些特征。大众化高等教育正迈步向我们走来，"我国将迎接通常所说大众化的高等教育阶段的到来"[1]。正是基于这一点，许多教育专家和学者潜心于大众高等教育的研究，有的提出我国正处于大众化"过渡阶段"的理论，是有一定的道理的。

三　民办高校应该抓住机会，在大众化　高等教育进程中发展壮大

大众化高等教育对于民办高校来说，既是发展的极好机遇，也面临更加严峻的挑战。首先，大众化高等教育需要社会提供大量的高等教育资源，这必然促进高等教育数量上的大发展。要在 2005 年实现 15% 的毛入学率的目标，有关方面测算，高校每年的招生将扩招百余万人。而浙江省则提出 2002 年实现 15% 毛入学率的指标，并且计划在 2020 年毛入学率达到 40%，全日制在校生达 80 万，而 2000 年全省高校的在校生仅 20 万人，

---

① 董洪亮：《我国逾十分之一适龄青年进入高校》，《人民日报》2000 年 11 月 28 日。

可见高教仍有相当的发展空间。而由于国家财力有限，所缺的高教资源不可能完全由国家举办公办高校提供，民办高校将担当起更重要的角色，这无疑为发展中的民办高校提供更宽阔的发展机遇。另外，大众化高等教育对高等学校提出了全新的要求，民办高校将遇到一系列全"新"的问题，需要有新的思路，新的对策。教育观念、教育思想，都要有新的转变。大众化高等教育要求高校提供多样化的、优质而有特色的高等教育，由此可能引发和加剧高校之间优胜劣汰的无情竞争，这种竞争对提高高等教育的教学质量将起到积极的推动作用，但由于民办高校发展历史短，办学的信誉、质量、办学条件和办学经验等与公办高校相比仍有一定的差距，建设的任务仍十分繁重。他们既有成长、完善的任务，又要被迫参与和应付与公办高校之间的竞争，这个全新的挑战使得民办高校的办学路子更为艰难。许多民办高校的领导已经意识到这个严峻的形势，纷纷考虑应战的各种思路和对策，在"强筋壮骨"的同时注意采取行之有效的措施，努力跻身于大众化高等教育的行列。笔者根据民办高校的办学实践，认为当前尤其要注意以下几方面的问题。

1. 坚定不移地加快基本建设。当前民办高校正处于重要的发展阶段，与前几年相比，相当多的民办高校办学条件有了较大的改善，但社会对民办高校的软、硬件建设，就总体而言是不太满意的。大众化的高等教育给社会提供了就学的选择空间，学校的基本办学设施是学生择校的一个直观内容。当前特别要加快基础设施和办学硬件（如实验室、图书馆、计算机房、多媒体教室、体育活动设施和生活设施等）的建设，满足教学需求，树立学校形象。除了"硬件"方面，"软件"的建设也十分重要，有关方面的调查显示，一些民办高校之所以缺乏社会信誉，教学的管理乃至学校的管理都有不同程度的问题存在，其中很重要的就是教学不规范，秩序无保证，质量提不高，社会难认同。必须加快教学基本规范的建设，使之符合高教的规律，为教学质量的提高提供条件。

2. 坚定不移地抓专业建设，增加学校整体竞争实力。专业是高等学校的产品，是形成学校办学特色的重要手段。大众化高等教育意味着高等教育逐步实现由卖方市场转向买方市场，专业是主要的"卖点"之一。笔者认为，当前应重点从以下几个方面入手：（1）加强市场调查工作，更好地使专业设置贴近社会的需要。要以市场需求为导向，运用灵活高效的民办机制，优化学校专业结构，增加专业对社会的吸引力。（2）聘任专业负责人，是专业建设的关键环节。由于民办高校专职教师缺乏，专业负责人不落实，专业建设到不了位，有必要全面推行专业负责人制度，使专业建设工作落到实处。（3）积极推行主干（重点）课程的建设工作。通过启动课程建设工作，使课程的实施条件（师资队伍、教学大纲、教材、教学设备与手段）、状态（教学的组织、管理）及方法（教学方法、考核方法）等方面有明显的改善，确保专业建设跃上新的台阶。（4）启动名牌专业建设工程。学校专业特色的形成有赖于一部分在省内外有知名度、有影响力的骨干专业的建设。当前特别要加快校级重点专业的建设，制定建设规划和实施方案，集中教学资源，加大人力、物力、财力的投入，促使其尽快上规模、上水平。力争通过几年的努力，办出特色、办出质量、办出影响，为学校的发展挑大梁。

3. 坚定不移地抓教师队伍建设。由于大众化高等教育政策的实施，近几年高校的扩张将呈现更快速的态势，包括师资在内的高教资源紧张状况将进一步加剧。民办高校要办出质量、办出特色，在继续用好外聘教师、充分发挥外聘教师作用的同时，必须抓住时机，加快步伐，及时建设好一支稳定的、起骨干作用的专职教师队伍。外聘教师在民办高校教师队伍中占主体，在民办教育发展中功不可没。但是，近几年来的情况也表明，民办高校专职教师队伍的建设仍无大的进展。据有关方面的调查，近80%的民办高校没有专职教师或专职教师很少，主要靠校外聘请兼职教师，这种状况不利于教学质量的提高，阻碍了民办高校向高层次、大规模发展。从另一方面说，随着高等教育的快速发展，近几年来整个高校的师资都会呈现紧张的趋势，外聘教师将会更加困难，请好的、优秀的教师难度更大。民办高校要做到上规模、上水平，办出特色、办出质量，仅凭一支外聘教师队伍是不可能做到的。必须根据本校的办学思路，抓紧做好教师队伍的规划，确定专职教师队伍的规模和整体要求，拟定切实有效的引进措施。近年来，由于经济结构的调整，民办高校正在成为就业的关注点，应该抓住机遇，加快专职教师队伍建设的步伐，促进整体教学水平的提高。

4. 坚定不移地抓教学质量。质量是民办高校持续发展的生命线。近年来高教事业的发展，为学生按照个人意愿和兴趣选择学习创造了条件。但是，大众化高等教育情况下，人民群众不但要求能接受高等教育，而且要求能接受更好的高等教育。在相当长的时间内，优质高等教育仍将呈现供不应求的局面。近几年来，高校的规模扩张引起各方面对高教质量的各种议论，而快速发展的民办高校首当其冲受到质疑。对于高等教育的质量观，当然有待于深入思考和审视，问题是质量终归有一个客观的衡量标准。在学校规模大幅扩张的情况下，更要注重教学质量的问题，特别是要抓好教学秩序的稳定和常规教学的环节。教学计划、教学大纲、常规教学管理制度、教师聘用、课堂教学、备课、作业布置与批改、实验与实习、考试与考核等，都必须按照教学要求，严格把关。许多优秀的民办高校之所以得到社会青睐，很重要的一点就是一丝不苟，严格管理，可惜也有一些民办高校一味地抓扩招，忘了质量是学校生存与发展生命线的座右铭。发展是硬道理，但是，有质量的发展才是硬道理，我们所需要的是有质量保证的高速度。没有质量的高速度只会给发展制造隐患和障碍，最终会葬送高教高速发展的成果。

5. 坚定不移地深化教学改革，探讨民办高校人才培养的新模式。根据马丁·特罗教授的观点，大众化高等教育的根本是要改变高等教育的功能，使其服从于"大众化"的需要，培养社会所欢迎的建设人才。人才培养模式是教学改革中一个极为重要的问题。我们要培养的人应该是素质高、基础实、知识面宽、能力强的复合型、应用型的人才。目前，民办高校在办学条件、办学经验等方面，与公办高校相比确有一定的距离，并且这个差距在短期内难以消除，但在教学改革方面，则有可能比公办高校做得更好。要扬长避短，在这方面努力探索，办出特色。首先，要针对大众高等教育情况下学生生源发生的变化，制定适宜的培养方案。其次，要按照培养应用型人才的要求，加大教学计划中实践环节的比重，以增强学生应用能力的培养，逐步通过向学生开放实验室、成立课外科技活动小组、甚至组织学生来参与一些课题的研究等来培养学生的创业、创新能力。最后，积极推广学分制、弹性学制、双学位制等，适应生源情况，更好地体现大众高等教育"宽进严出"的办学要求。

大众高等教育正在向我们走来。这是经济发展和社会进步的必然需要，它为民办高校的发展腾飞带来了机遇，同时也赋予民办高校历史的责任和严峻的挑战。民办高校只有大胆解放思想，坚持实事求是，努力走创新之路，才能跻身于大众化高等教育的行列，获得快速、健康、持续地发展。我们有理由相信，通过民办高校同仁的齐心努力，民办高校的明天将会更加辉煌，在大众化高等教育的进程中贡献应有的力量。

参考文献

纪宝成：《中国高等教育大众化趋势的政策选择》，《中国高等教育》2000 年第 24 期。

王义兴：《高等教育大众化的研究与思考》，《中国高等教育》2000 年第 21 期。

潘懋元：《论从精英到大众高等教育的"过渡阶段"》，《高等教育研究》2001 年第 2 期。

北京市政协社会力量办学课题组：《民办教育调查问卷分析报告》，《民办教育动态》2001 年第 3 期。

徐绪卿：《民办高校必须加快建设专职教师队伍》，《中国高教研究》2001 年第 6 期。

［美］马丁·特罗：《从精英向大众高等教育转变中的问题》，王香丽译，《外国高等教育资料》1999 年第 1 期。

附记：2001 年 10 月 25—27 日，浙江大学、杭州市政府和联合国教科文组织在杭州举办"高等教育发展与研究国际研讨会"，本文因约稿而作，发表在《浙江树人大学学报》2001 年第 3 期，后被田正平主编的《国际视野中的高等教育》（浙江大学出版社 2002 年版）一书收录。

民办高等教育新发展中面临的问题

内容提要：简述了我国民办高等教育发展的最新状况，分析了当前民办高等教育发展中存在的主要问题。对开展民办高等教育研究，具有一定的参考意义。

关键词：中国；民办高等教育；发展现状；问题；研究

一　发展概况

民办学校在中外教育史上由来已久。国外的民办学校最早可追溯到古希腊亚里士多德、柏拉图创办的"学园"。现代意义上的私立大学也有几百年的历史。中国的民办学校源远流长，可追溯到由孔子创办的私塾，私立大学（古称"书院"）始于唐朝，盛极于宋代。在中华人民共和国成立初期，全国有高校227所，其中私立的高等学校69所，占30%。到了20世纪50年代，由于国家政治体制变革所带来的社会所有制关系发生了变化以及其他多种原因，私立高校基本改为公办。从此，民办高等教育在我国绝迹30多年。

1982年3月，全国第一所民办高校——中华社会大学在北京成立，标志着中国民办高等教育在经历了30多年的沉寂之后又重新登上了历史舞台。伴随着我国改革开放和现代化建设的进程，经过近20年的发展，我国民办高等教育从无到有，从小到大，不仅在数量上已经达到了相当的规模，而且质量也逐步取得了社会的认同，形成了一定的结构、层次和办学特色。近几年来，在"积极鼓励，大力支持，正确引导，加强管理"的十六字方针指导下，特别是在高等教育大扩招的政策推动下，民办高等教育得到了迅猛的发展，并逐步成为我国高等教育体系中的一支强有力的生力军，在我国高等教育迈向大众化的进程中发挥了重要作用。

据不完全统计，到 2001 年年底，经各级教育行政部门批准的各类民办高等教育机构有 1391 所，注册在校生 128.1 万多人。其中经批准有学历文凭颁发资格的民办高校已经有 89 所（到 2002 年 6 月 12 日止已有 105 所），在校生 15.11 万人，学历文凭机构 436 所，在校生 32 万人；其他类型（学历文凭助考机构）772 所，在校生 81 万余人。2001 年全国普通高校 1224 所，在校生 719 万人，成人高校 719 所，在校生 455 万人，另外还有劳动部门审批的部分高级技工学校和近年来出现的公办高校民办二级学院以及采用新机制、新模式运作的高职学院未统计在内。民办高校已经占到我国高中后教育机构总数的 40%。而在整个普通高校、成人高校和民办高等学校的在校生中，普通高校、成人高校为 1174 万人，民办高校为 128 万余人，约占在校生总人数的 10% 多。根据浙江省教育厅下发的 2002 年招生计划①，2002 年浙江省民办本、专科招生 3.49 万人，另有运用新机制新模式运行的高职学院招生 5.62 万人。这样，运用民办机制的院校已经占到省内高校招生数 14.15 万人的 64%。② 这是一个了不起的成绩。

从办学条件来看，2001 年有关部门曾经对 24 个省市的民办高校进行了调查，情况喜人。调查数据表明，大约有 200 多所民办高校的办学条件已达到或接近教育部 1993 年颁发的《民办高等学校设置暂行规定》的要求，这些民办高校的生均面积已经达到 12.5 平方米，专业设置平均达到 6.2 个，校均规模达到 1300 多人；1993 年教育部印发的《民办高校设置暂行规定》明确了民办高校的设置条件为：生均面积 10—16 平方米，专业 3 个以上，规模 500 人以上。调查说明在 1000 多所学校里，有 200 多所条件是比较好的，基本达到民办高校的设置要求。但在规模方面，1997 年普通高校校均规模是 3111 人，成人高校是 2461 人，民办高校和高等教育机构是 1087 人。2001 年年底，89 所民办高校的在校生是 15.11 万人，校均也不到 2000 人。与公办高校、成人高校相比，尚有较大差距。

民办高校的成长和发展，改变了我国高等教育投资体制长期以来单一的由国家财政独家承担的局面，拓宽了高等教育资金的投资渠道，减轻了

---

① 根据浙江省高等院校招生委员会《浙江招生考试》（2002 年 9 月 10 日）整理。

② 邬大光：《注重市场，办出特色，促进发展》，《浙江树人大学学报》2002 年第 4 期。

国家负担，增加了高等教育的投入，兴办了新的高等学校，扩大了我国高等教育的紧缺资源，缓解了我国高等教育供求关系严重失衡的矛盾，增加了高中毕业生读大学的机会，满足了人民群众对接受高等教育的愿望，为社会培养了大批经济建设和社会发展需要的人才，推出了新的办学机制，推动了高等教育的改革和发展。民办高等教育正在为越来越多的人们所认同，正在成为我国高等教育的重要组成部分，在我国社会主义现代化建设事业中发挥重要的作用。

二　发展问题

中国民办高等教育发展迅速，同时发展机遇与挑战并存。从民办高校的实践来看，还存在相当多的困难和问题，制约和影响了民办高等教育事业的发展。

1. 事业地位问题

这个问题，说到底就是对民办高等教育发展的认识问题，特别是政府对发展民办高等教育的认识问题。经过多年的努力，目前政府和社会各界对民办高等教育的地位和作用的认识有了一定的提高，观念正在转变。但就总体而言，认识还很不够。歧视、忽视甚至鄙视的现象还不同程度地存在。在对民办高等教育的认识方面，有五种论调。第一是多余论，认为民办高校存在的必要性不大，是多余的，只要把公办学校办好就行了。第二是冲击论，认为举办民办高校冲击了公办高校，公办学校培养出来的人岗位都不好找，还办民办高校？在生源上，民办高校和公办高校有了竞争，认为是冲击。第三是营利论，有的人只要一说民办高校，在感觉上就觉得他们是以办学之名行赚钱之实的。公办高校可以积累，可以贷款建校，民办高校投资者收回成本就难以容忍。第四是怀疑论，对民办学校持不信任态度。认为公办学校问题都不少，民办学校能办好？表示怀疑。特别是对民办高校的办学质量要求甚至高于公办高校。第五是过渡论，认为民办高校在公办高校不足的情况下作为过渡的形式发展是可以的，但随着公办高校的发展，民办高校就没有必要存在了。这"五论"严重地制约着发展民办高校的决策和政策制定，从而阻碍着民办高校的壮大和持续发展。

2. 法律保障问题

近几年来，民办高校快速发展，但至今为止，我国还没有一部有关民办高等教育的正式国家法律。民办高校无章可循，无法可依。民办高等教育的投资者利益得不到保证，民办高校的办学行为缺乏规范，社会褒贬不一，成为社会热点。《民办教育促进法》历经两届人大的酝酿和修订，由于在一些敏感问题上认识难以统一，迟迟难以出台；也有人担心，法律反反复复修改，使得一些大家关心的"热点""重点"条款缺乏执行的力度，最后起不到法律应该起的作用，对法律的期望值出现了弱化的心理趋向。至于发展民办高等教育的专项立法，短期内更难以解决。立法的滞后，增加了民办高校投资者的担心和顾虑，影响了社会各界举办民办高等学校的积极性，严重制约了民办高等教育办学条件的完善和资金的再投入，从而影响了民办高校整体办学水平的提高。对于加入 WTO 后的高等教育竞争，更是一个隐患。

3. 产权界定问题

民办高校的产权问题是伴随民办高等教育发展的重大问题之一，同时也是民办高校能否健康持续发展的关键所在。产权问题应该说是公办、民办高校共有的问题，但由于投资体制、投资渠道不同，民办高校的产权问题更加突出，特别是在多元投资或公办高校改制的民办高校中问题尤甚。由于目前我国对民办高校的产权问题可资借鉴的文件法规不多，因此产权问题已经成为涉及民办教育立法和运行争论最多的问题之一。

民办高校的产权问题，既有投资所形成的校产归属问题，同时也有一个学校办学积累资产的归属问题，而且学校校产的归属、使用与收益、分配同企业管理经营的概念颇不一样。由于我国民办高校投资主体异常复杂，不同的民办高校投资来源不尽相同，大量国营企业事业组织、接受财政津贴的社会组织和公办学校参与创办"民办高校"，各民办高校之间私人投资所占比例相差较大，一个标准也难以涵盖。目前，相当一部分民办高校采取股份制的形式起步，其资产界定是明确的。但是也确实有一部分民办高校的资产是不明确的，如一些二级院校、改制院校和合并组建的院校，甚至于一些股份制的院校，资产的界定问题至今无人提起。从另一个方面讲，由于主要是市场的运作，相应的就会忽视产权问题。有专家分析，在西安的民办高校就是私立高校，在浙江，说不清楚。在这个问题上，部分办学者认为，不搞争论，把主要精力集中到学校建设、教学工作和管理工作上来，有利于教学秩序的稳定和教学质量的提高。但资产的性质决定办学和管理的模式，资产归属不清晰，投资者利益的保证不明朗，势必影响举办者投资高等教育的积极性，弱化社会资金对民办高校的投入。产权关系说到底是一种利益关系，产权常常是利益分配的依据。在现阶段，没有产权就难以有持续的投资热忱和内在的投资动力。同时，对政府来说，产权不清，也存在着风险。由于政府对民办高校相对放松管理，而经营者的职责又不明确，增值部分的归属也是不明确的，相应的亏损的责任也是不明确的。一旦民办高校关门倒闭，只能由政府来托盘，到时候再做界定就是"亡羊补牢"了。这个问题不是危言耸听，国内此类案例已有出现。近几年来民办高校的扩张，基本建设规模空前，相当一部分靠银行贷款，如有意外，责任谁负？产权问题对民办高校的举办者的合法权益和建立正常的民办高校产权运行机制也具有重要的协调作用。说到底，产权界定工作对举办者、办学者和政府来说都是十分重要的。重视和抓好这个问题，对能否办好学校影响很大，同时也是民办高校人事制度的改革、学校后勤工作社会化实施过程中的教职员工的剥离等所必备的基础。

4. 经费筹集问题

目前，民办高校的财政危机仍然存在，并且有越演越烈之势。财政和经费筹集问题成为民办高校校长最头痛的问题之一。我国民办高校办学历史不长，经济发展的水平严重制约了社会对高等教育的投入。民办高校要接受教育行政部门对举办高等教育的刚性要求需要筹集大量建设资金；要参与国内已经举办几十年、在教育市场占绝对优势的公办高校的竞争和民办高校同行之间的竞争；要接受加入 WTO 后国际高等教育的严峻挑战；资金问题是个瓶颈。近年来由于经济的发展和各级政府对发展高等教育认识的深化，公办高校的办学经费有了较大幅度的增加，而目前民办高校除了向学生收取学费以外，几乎得不到政府的任何补贴，其他捐助形式收入几乎没有。由于民办高校的办学大都在大专层次，并且大都带有社会认可度较低的"高等职业技术"的帽子，低层次、高收费、办学信誉不高，使得民办高校的学费调整空间非常有限，而办学成本又不断攀升，经费收支难以平衡，导致办学条件日益恶化，优秀教师无力引进。在这种情况下，民办高校的持续发展可以说步履艰难。

5. 公办、民办高校公平问题

从民办高校的角度来看，民办高校的办学环境还是不容乐观，其中相当大的一个问题就是公办、民办高校之间的公平问题。民办高校不仅得不到国家的投资，而且在办学环境方面也得不到应有的公平。除了得不到政府补贴的公用经费不说，在学生的待遇、教师评奖和科研、教师的人事档案保管和养老保险金缴纳、土地征用和税收、毕业生就业等，许多方面都得不到政府部门政策的支持。近两年来，由于认识的逐步提高和有关方面的大声呼吁，情况有所好转，但距离还是相差很远。如民办高校教师的养老保险金缴纳标准和办理手续问题，政府部门非常清楚，有的领导也感到确实有解决的必要，但就是下不了手，迟迟得不到解决。

6. 办学自主权问题

办学自主权问题，是公办、民办高校共有的问题，但相对而言，民办高校更加突出。民办高校的出现，最初的动因主要是为了解决高中毕业生上大学难和筹集办学资金的问题。随着改革的深入和民办高等教育的发展，认识逐步深化，使得人们能够从高等教育改革和发展的高度来看待发展民办高等教育的意义，人们希望民办高校在教育改革方面能够走出一条新路。作为民办高校的举办者，希望能在减少干预的环境下得到更多的办学自主权。但从目前来看，情况不如人意。教育行政部门往往用过去计划经济的尺子、用管理公办高等学校的办法来管理民办高校。在招生计划、招生批次、招生分数、招生区域等方面，基本上还是用计划经济年代的老办法来进行管理；在专业设置、课程及课程内容安排、教学计划、甚至教学大纲等方面，几乎还是用一个统一的标准来衡量。这种做法限制了民办高校办学的自主权，也使得民办高校难以办出特色。应该承认，近几年来，社会各界特别是教育行政管理部门，观念的改变和认识的提高是比较明显的，例如在民办高校设置问题上进展较快。2000 年以前经国家教育行政部门批准的民办普通高校只有 43 所，2000 年一年只批准了 6 所，而 2001 年一年时间里批准的民办普通高校就达 46 所，比过去近十年的总和还要多。但是，也应该看到，在民办高校的升格、民办高校专业设置和民办高校的办学特色等方面，有关部门一方面提倡个性；另一方面又强调统一性，这种自相矛盾的管理办法使得民办高校的办学自主权受到损害，民办高校办学活力被抑制，难以形成自己的办学特色。

7. 质量和评估问题

高等教育的质量问题是社会十分关注的问题，尤其是高等教育扩招和高等教育实行收费制度以来，人们对高等教育的质量和教育消费的价值更加敏感。值得一提的是，由于长期以来人们对民办高校的偏见，民办高校从产生以来，人们心目中就产生了对质量的疑义。在人们印象中，民办高校是与高收费、低质量结合在一起的。校舍靠租、教师靠聘、资金靠收费的"三靠"起步，办学低层次、学生低考分等因素客观上也带来了提高教育质量的难度。同时，实施高等教育大众化以后，人们的高等教育质量观仍停留在原来精英教育的水平上，习惯于用精英教育的眼光来看待大众化后的教育质量，使得高等教育改革步伐更加缓慢。而有关部门在教育评估中，往往也只用一个标准来衡量，使得社会对民办高校的偏见难以改变。起点不一致、条件各有异，而标准一个，要求一样，在很大程度上没有可比性。从民办高校与公办高校的特殊性来看，也难以用一刀切的办法来衡量。比如对师生比的统计，民办高校教师主要是教学工作，但在一些公办高校中一部分教师主要从事科研工作，统计就可能产生偏差。

8. 配套改革问题

民办高校应该用改革的思路来办学，但目前社会改革不配套，使得民办高校一些应该实施的改革也无法实施。比如，在民办高校教师队伍建设中，民办高校教师的职称评定及科研经费的到位、人事档案存放及个人养老金的缴纳、工作业绩的评奖以及人才的流动等，都难以得到落实。而民办高校教师问题是办学中碰到的最关键问题，教师问题的存在制约了民办高校质量的提高和教学秩序的稳定。有关部门虽然对这个问题有所了解，但苦于国家没有出台相关文件，操作缺乏依据而难以实施。

9. 内部建设与管理问题

除外部环境外，民办高等教育的内部建设与管理问题也是制约民办高校发展的重要因素。由于体制的不同和办学目标的差异，民办高校的管理就应该有自身特点。但是，由于传统习惯势力的作用，使得民办高校的管理工作自觉不自觉地向公办高校的管理模式靠拢，逐步失去民办高校自身的管理特色。社会筹资、收费为主、自主办学、注重质量、机构精简、人员高效、机制灵活、思路新颖等，是民办高校的办学特色和优势所在，然而目前许多民办高校不仅体现不了这些特色，有的方面甚至比公办高校还要"公办"，这样的民办高校为数不少。个别的民办高校甚至出现回流现象，即有关领导部门给予学校一个帽子，给予领导一个级别，民办转回公办。发生这样的事虽然是少数，但它混淆了民办高校的性质，造成管理上的混乱，影响很大。

10. 科研和信息传递问题

从总体上看，我国民办高等教育乃至整个的民办教育仍处于发展的起步阶段。由于特有的国情，我国民办高等教育既与国外的私立高等教育有较大的不同，又与过去精英教育时期的私立高等教育有着较大的区别。如何走出一条有中国特色的民办高等教育办学道路，需要业内人士、有识之士的不懈探索和经验积累，需要各校之间的经验交流。但目前民办高校之间联系甚少，地区间的民办高校之间联系也不多，就是本省各类民办高等学校之间，来往也不多见，信息不灵，缺乏一种联系的纽带，处于独立操作，孤军作战、各自为营、各自为政的状况，更谈不上信息交流和资源共享。全国还没有一个跨省的民办高等教育学术团体，而全国民办高等教育规模庞大，类别不一，活动组织也很困难。从浙江省来看，省民办学校协会至今尚未建立高等教育分会，实际上尚未涉及民办高等教育领域。对民办高等教育的研究更是滞后。见诸报端的民办高等教育研究机构寥寥无几，面向整个民办高等教育研究的主要是厦门大学高等教育研究发展中心等为数不多的几个机构。近年来，在民办高等教育研究方面，出现了一些新人，展现了一些研究成果，一部分课题被列为全国重点课题，在民办高等教育研究方面发表了一些论文和专著，取得了一些进展。但系统地研究我国民办高等教育发展的课题和文章尚很少见。比较整个教育研究，我国民办高等教育研究力量单薄，成绩更待努力。

参考文献

瞿延东：《民办教育改革与发展中的几个问题》，《浙江树人大学学报》2002 年第1 期。

附记：本文系全国教育科学"十五"规划教育部重点课题——中国民办高等教育发展战略研究开题报告的第一部分。课题由叶宏主持，本人作为主要成员参与其中。本文由本人执笔，发表在《浙江树人大学学报》2002 年第 5 期，中国人民大学书报资料中心《高等教育》2003 年第 1 期全文转载。

首批民办高校发展经验的思考

摘　要：改革开放以来，我国民办高校发展已经走过了十多年的历程。本文介绍了首批民办高校的由来，分析了各校的特点，展示了首批民办高校发展的现状，回顾了首批民办高校的发展历程，整理、总结了首批民办高校办学的主要经验，展示了民办高校发展的美好前景。

关键词：首批民办高校；现状；发展；思考

元月6日至9日，来自浙江树人学院、上海杉达学院、南京三江学院、四川天一学院、北京海淀走读大学、黑龙江东方学院的校长们，聚集在黑龙江东方学院会议室里，有说有笑，欢聚一堂，全国首批民办普通高校协作会在这里举行。校长们久别重逢，格外亲切，他们畅所欲言，回味着各自艰苦创业的历史，畅谈多年来办学的体会和心得，憧憬民办高校美好的明天。笔者有幸参加本次盛会，从中受到许多鼓舞和启发。

一　首批民办高校的由来和主要特点

首批民办高校，严格地说是首批民办普通高校，指改革开放以来，由国家教委（教育部）最早批准具有独立颁发高等教育学历文凭资格的一批民办高校。1992年春天，邓小平同志南方谈话发表，极大地鼓舞了我国社会力量办学的积极性，民办高等教育机构如雨后春笋，快速发展。为了迎接和适应市场经济条件下高等教育发展的形势，引导和规范民办高等教育事业的健康发展，1993年8月17日，当时的国家教委制定出台了《民办高等学校设置暂行规定》，并于1993年10月21日至24日在湖南长沙召开高校设置评议会议。按照有关标准和民办高等学校的实际，评定黄河科技学院、浙江树人学院、上海杉达学院和四川天一学院具有大专文凭颁发资格。1994 年，国家教委又评定南京三江学院、黑龙江东方学院具有大专文凭颁发资格。加上在这以前批准的民办公助性质的北京海淀走读大学，共有七所民办高校。由于这批民办高校办学时间早，又是一直招收全日制学生，按大专的规范办学，积累了高等教育办学的丰富经验，相同的东西较多。为了加强相互之间的了解，交流办学的经验和教训，互通办学信息，研究教学改革和学校管理，取长补短，共同繁荣，促进民办高教的健康发展，几个学校的领导商定以全国首批民办高校的名义召开协作会。笔者有幸参加会议，较为深入地了解了这些民办高校的创业历史、发展现状。

总的来说，这批民办高校代表了我国民办高校办学的较高水平，是我国民办高校发展的领头雁。他们的共同特点：一是办学历史长。浙江树人学院、北京海淀走读大学都是 1984 年正式开始招生的，其他各校也是教育部建立民办高校批准制度以来最早获得批准的民办高校。二是办学条件较好。主要依靠自身努力，艰苦创业，滚动发展，这些学校办学条件有了较大的改善，固定资产已达亿元以上，有的甚至达数亿元，如浙江树人学院评估校产总值已达 4.5 亿元。办学条件的完善为教学质量提供了基本保证。三是管理严格规范，既符合国家对全日制高校的要求，又运用民办机制，办出了自身的特色，走出了一条在市场经济条件下办民办高校的成功路子。四是具有一定的办学规模。黄河科技学院、浙江树人学院、北京海淀走读大学在校生均已达到万人以上，其他各校在校生也都在数千人以上，规模效益明显。五是教学质量较高，招生生源丰富，毕业生就业情况良好，在当地有一定的办学信誉。树人学院虽然 2000 年、2001 年的招生数倍增，但连续两年报考生源仍十分富足，第一志愿上线考生为招生数的近 2 倍。各校的毕业生就业率均较高，超过了当地专科院校。六是注重制度和机制的创新，大胆进行教学改革，争办特色学校，培养特色人才。七是经过努力，积极筹备，已经或正在争取申办本科。黄河科技学院 2000 年已获本科文凭学历颁发资格，上海杉达学院、南京三江学院申办待批（2002 年元月 9 日已获通过），黑龙江东方学院、北京海淀走读大学、浙江树人学院已经分别通过本省、市有关部门的评审，正在向教育部申报。

总之，首批民办高校的发展令人鼓舞，研究这批民办高校的办学历史、成长过程、办学经验、办学模式等，对于我国民办高教的发展乃至整个高等教育事业的发展，都有着重大的现实意义和指导意义。

二　不同的起步，同样的艰辛

首批民办高校的诞生，是我国改革开放的产物，是解放思想、实事求是、从实际出发加速高教事业发展的重要尝试。

我国私立教育历史悠久。但是，由于历史的原因，新中国成立被基本取消，改为公办。改革开放以后，国家从穷国办大教育的实际出发，积极鼓励社会力量办学。1982 年，全国人大五届五次会议通过的《中华人民共和国宪法》指出："国家鼓励集体经济组织、国家企业事业和其他社会力量依照法律规定举办各种教育事业。"这是改革开放以来第一次在宪法中对社会力量办学做出原则规定。在这个精神鼓舞下，一批有识之士和教育专家开始了民办高等教育的艰难探索，首批民办高校应运而生。

1984 年 7 月，浙江省政协的几位老同志根据浙江高等教育资源十分紧缺、人民群众子女上大学十分困难的实际情况，提出办一所民办大学的建议，得到当时的政协主席王家扬的肯定和支持，报省政府批准筹建，校名定为"浙江树人大学"，"纳入省教育事业发展规划"，"学生入学参加高校招生统一考试，学完规定课程，考试合格，承认学历"。但在当时，学校仅有一块牌子，无校舍、无校园、无资金、无教师，有的是一批老教授、老教育工作者对教育事业的拳拳之心。在各方面的支持下，学校创始人带领大家东奔西跑，租借校舍，购置桌椅板凳和家具。他们东借西凑，筹集资金，为了保证学校开学的经费，王家扬同志自掏腰包，把落实政策所返还给自己的工资也投了进去。他们走访在杭州的高等学校，聘用高质量的师资。他们用艰辛的劳动，迎来了 1985 年秋首届学生进校。1993年，《中国教育改革与发展纲要》发表，极大地鼓舞了树大人的办学积极性。他们千方百计筹措资金，征土地、造校舍，聘用优秀师资，提高教育质量。1991 年，树人大学终于有了自己的校园。1993 年 10 月，树人大学通过国家教委高教设置评议组的认定，成为一所国家承认学历、具有大专学历文凭颁发资格的民办高等学校。

与树人学院的情况相似，黄河科技学院也是在艰难的岁月里起步的一所民办高校。1984 年，因公致残的郑州大学教师胡大白不甘心三年多的病榻生活，与病魔展开了顽强的斗争，针对当时上大学困难，高等教育自学考试风靡全国的形势，她萌发了帮助热血青年自学成才的愿望，开始了黄河科技大学艰难的创业。学校创办伊始，一无所有，白手起家。胡大白用自己的 36 元钱，买来纸墨，制作广告，在大街小巷里张贴。由于行走困难，经常是丈夫用自行车推着她找教室，求教师。身残志坚的胡大白，终于办起了黄河科技学院前身——郑州市高等教育自学考试辅导站，从而开始了创办民办高等学校的艰难探索。1985 年，辅导班 143 名学员在统考中取得令人惊异的好成绩，从此，胡大白的名字和她的辅导班声震郑州！18 年过去了，高等教育自学考试辅导班也走过了黄河科技专科学校、黄河科技学院的发展历程，学校也从单一的高等教育自学考试辅导站发展到具有颁发大学专科、本科文凭学历资格的全日制高等学校。而今，黄河科技学院已成为全国最早升入本科的民办大学。1984 年，根据当时学校资源紧缺的实际，北京成立了民办公助的走读大学——北京海淀走读大学。校长傅正泰在一篇文章中写道："1984 年学校初创时，没有经费，没有校舍，没有设备，没有教职工，而其中最突出的是没有最低限度的开办费。作为创办人，我向清华大学核能研究所吕应中同志借了 5 万元，应付急需。从此走上民办公助、自负盈亏的创业道路。"①

如果说民办高校是改革开放的必然产物，那么，邓小平南方谈话则是民办高校发展的春风。一批热心教育的老教授、老专家以教书育人为己任，挑起了发展民办高等教育的重担。1992 年 6 月，以南京大学、东南大学的离退休教授为主体，由其中长期担任教育管理的老同志为核心，创办了江苏省第一所民办全日制普通高等学校——南京三江大学。8 月，上海交通大学、北京大学、清华大学的部分老教授在上海发起成立了杉达大学。1992 年 11 月，黑龙江省高校老教授科技咨询工作委员会发起成立了黑龙江东方大学。在这以前，1991 年，四川天一集团在成都成立了天一大学。他们不要政府投资，但求政策扶持，艰苦创业，办学育人，一心为培育现代化的建设人才而工作，为提高民族文化科学素质、培养一代新人而努力，理应得到社会各界的支持和赞赏。

根据民办高校发展的形势和国家对民办教育"积极鼓励，大力支持，正确引导，加强管理"的十六字方针，国家教委颁发了《民办高等学校

---

① 《中国教育报》2002 年 1 月 22 日第 4 版。

设置暂行规定》，并按照条例的规定和民办高校发展初期的实际，组织专家对上述高校进行了考察、评估，经专家设置委员会审议通过，正式批准了这些学校的办学资格。回过头来看，当时国家教委的领导以及专家评议组的教授们，确实有着对民办高校满腔的热情、极大的宽容、巨大的勇气和超前的胆识。这些民办高校，大都从无场地、无资金、无教师的"三无"境地中走过。就是国家教委审批的时候，按照今天的标准来衡量，其办学条件也是不堪回首。值得一提的是，学校的创始人以事业为重，一心扑在学校建设上，从来就没有考虑个人的得失。东方学院的校领导，每月薪水仅 250 元，他们戏称自己为二百五校长。树人大学的老教授，自己经常当搬运工，也舍不得请民工帮忙。四川天一学院的冯蜀龙校长，从公办学校调入民办高校，工资未拿多少，到头来却背上一身债务。尽管如此，他们却毫无怨言，心甘情愿投身民办教育。他们的艰辛终于感动了上帝，得到了社会的理解和支持。这里需要说明的是，国家教委在审批这些民办高校时，考虑到当时学校的办学条件和办学规模，均批准"学院"冠名，但是，这无伤他们的办学积极性，毕竟，首批民办高校正式诞生了。

三 首批民办高校办学的成功经验

首批民办高校的办学只有短短的几年时间。得益于改革开放的伟大决策和社会主义现代化建设的大好形势，各校都得到较快发展，走出了一条民办高校的成功之路。同时，积累了市场经济条件下运用民办机制持续发展的成功经验。

1. 坚持面向经济建设、服务地方需要，是民办高校持续发展的生命力所在。始终面向市场开设专业，按需培养，紧紧贴近社会经济发展和产业结构调整，设置和举办定位于优势产业、朝阳行业、前景职业的专业，针对性强，不仅满足了经济发展对专科层次人才的需要，同时也使民办高校办出了自己的特色，赢得对社会的吸引力，找到民办高校自身的发展空间。树人学院成立之初设置的两个专业，是国际贸易和工商管理。这是当时浙江省内高校唯一设置的两个专业。在我国改革开放事业大发展的年代，这两个专业的人才格外紧俏。浙江省是市场经济发展较快的省份，商品经济和对外开放都走在全国前列，对国际经贸人才需求更加紧迫。树人学院国际经贸专业的毕业生，成了省内许多外经贸企业争抢的对象。1988年，浙江省面向全国招聘外贸人员，树人学院有 34 名毕业生参加，被录用的有 26 人。1992 年，省外办受委托招考外商在浙代理工作人员，考试成绩前五名中，树人学院有 4 人。

东方学院针对黑龙江省是实施沿边开放的重要省份的实际，设置外向型企事业单位急需的外经贸人才。针对全省 466.9 公顷草原、百万头奶牛、占全国乳制品产量 1/3 的产业状况，专门设置了乳品工艺专业，与技术先进的乳品企业联合培养，实行"2+1"形式，两年在校学习，一年到企业一边学习一边实践。由于办学思路新，面向生产一线，毕业生深受欢迎，得到社会的好评。

办市场之所需，补公办高校之所缺，发挥民办灵活机制，扬长避短，把开办社会急需专业、培养市场短缺的人才作为民办高校办学的切入点，根据市场的变化动态地设置一些短线专业、热门专业和边缘专业，使专业设置、人才培养与人才市场紧密接轨，是民办高校持续发展的一个重要方面。这一点，在海淀走读大学更加突出。在海淀走读大学，始终面向市场开设专业，按需培养，已经制度化。只要市场需要，海大就设置专业。在海大，专门制订了《关于设置高等职业教育专业的原则规定》，从专业设置的必要性、可行性、办学条件、教学计划制定等作了明确而严格的规定。2001 年，海大的招生专业达到 98 个专业和专业方向，这些专业定位于优势产业、朝阳行业、前景职业上，满足了经济发展对专科层次人才的需要，从而大受市场的欢迎。而海淀走读大学也通过专业设置，缩短了学校培养与人才市场的距离，学校也由此拓宽了办学空间。2001 年海淀走读大学共招收计划内学生 4064 人，加上自学考试面授班等，全部新生达到 9000 多人。开学典礼选择在人民大会堂举行，反映了民办高校强大的生命力和巨大的发展潜力。

2. 质量优先，取信社会，是民办高校成功的永恒规律。质量是民办高校的生命线，它关系到民办高校的生存和命运。由于历史和现实的原因，民办高校对教学质量的重要性认识更加到位。首批民办高校成功的奥秘，其中很重要的一条就是质量优先，取信社会。

黄河科技学院校长胡大白认为，"民办高校面临多方面的压力和挑战，最突出的是教学质量。把参差不齐起点不高的学生培养成合格人才，实现宽进严出是最大的难题，也是全力追求的目标。"为此，黄河科技学院多年来采取了许多强有力的措施，如不惜重金延聘优秀教师、实行小班上课、灵活设置课程、适当增加课时、购买现代教学设备、改革教学方法和教学手段等，一切为了学生，千方百计提高教学质量，务求教学质量达到或超过公办大学同等学历层次的水平，取得了明显的效果。在东方学院，实行专家办学、教授治教。制定了严格而系统的教学管理制度，层层把关，确保质量。他们对聘用的教师严格筛选，奖罚分明，使教学质量始终得到稳定和提高。

杉达学院办学九年来，坚持"以诚意对待社会，以严谨的教育管理取信于社会，以较高的教育质量回报社会"的办学理念，坚持学校的办学特色和把提高教育、教学质量放在首位，取得了喜人的成效，赢得了社会良好声誉。2001届全校涉外专业专科毕业生（不含艺术类）通过国家大学英语四级考试为81.9%，六级为31.4%；在2000年全国大学英语四、六级口试中，全国全部本科院校、部分专科院校共1906人参加，该校有12名学生参加，11名获得通过；全国取得A级成绩的209名学生中，该校占了4名。2001年全校有资格参加口语考试的学生上半年增加到86名、下半年增加到161名，分别是2000年的7倍和13倍，毕业生英语水平位于国内大专院校非英语类专业的前列。同样，2000年59名日语专科29名毕业生中，通过一级考试的有49.2%，通过二级的占83%。这个成绩不能不使人感到兴奋。三江学院的毕业生参加专升本，考试成绩和录取人数均居全省专科院校前列。在前几年浙江省招聘外贸人员中，浙江树人学院的毕业生一直占有一定的优势。杭州市装潢设计行业的从业人员中，树人学院三分天下有其一，办学质量得到社会的认可和赞赏。

教师队伍的质量是教学质量的重要保证。民办高校不可能像公办高校一样建设一支完善而齐全的专职教师队伍，这个特点加重了民办高校教学质量工作的难度。首批民办高校的一个共同特点，就是十分注重教师队伍的建设，严格把关，把尽可能好的教师聘进来，同时抓住机会，加快自身骨干教师队伍的建设，使学生能接受较好的教育。据材料分析，首批民办高校的教师队伍中，除了自身的专职教师以外，聘用的公办高等学校优秀教师是教学工作的主要承担者。由于这些学校都在大城市，区域优势使得他们能够依托名牌高校聘到较好的师资。如杉达学院主要依托上海复旦大学和交通大学、三江学院主要依托东南大学和南京师范大学、东方学院主要依托黑龙江师范大学、黑龙江大学和哈尔滨工业大学等。各校的做法，一是适当提高教师待遇，用经济杠杆吸引人才；二是严格把关，择优聘用，保证聘用教师有较高的教学质量，这是民办高校的优势所在；三是采取多种办法，使一批相当稳定的外聘教师安心工作，形成相对固定而优质的外聘教师队伍。现在各校的教师队伍建设基本形成，副高以上职称的教师大致占到70%以上，为教学质量的稳定提供了保证。

较高的办学质量取得了良好的办学信誉，为学校持续发展创造了条件。三江学院毕业生的就业率多年保持在100%。各校毕业生就业率在当地专科院校中均居较高水平。正因为这样，在高校大幅扩招的情况下各校仍保持了充裕的生源。树人学院连续几年生源爆满，2000年、2001年招生数分别为2100人和3000人，第一志愿报考的上线生达4300余人和5000余人。三江学院2001年在江苏招生1550人，第一志愿报考的有2600人。进得来、留得住、学得好、出得去，学校信誉良好、质量过硬、就业率高和生源充裕，已经形成一个持续发展的良性循环。

3. 加快积累，完善办学条件，是民办高校持续发展的保证。首批民办高校全都经历过无校舍、无资金、无教师的"三无"境况。在坚持不以盈利为目的的前提下，得益于国家政策，充分利用社会资源办学，坚持规模和效益的并举发展，为学校办学积累了难得的资金，再投入学校的建设，加快了办学条件的改善和完善，而这又反过来为学校办学规模的扩大和教学质量的稳定提高创造了条件。随着近几年高校扩招的展开，首批民办高校的办学规模也得到快速的扩大，学校发展进入一个新时期。表1、表2列出了各校办学硬件和招生数增长情况。①

表1　　　　　　　部分首批民办高校主要办学硬件情况

学校名称（简称）	占地面积（亩）	建筑面积（平方米）	藏书量（万册）	大学在校生（人）	设备总额（万元）	计算机（台）	专任教师（人）	专业数（个）
东方学院	392	10.5万	21	3800	1442	1004	77	17
三江学院	421	12万	20	5800	2000	650	300	16
杉达学院	402	10万	12	3700	1700	1300	206	20
树人学院	501	18万	30	6300	2500	1400	360	41
海淀大学	438	22万	34	10200	3095	—	511	98

---

① 《黄河科技大学学报》2001年第3期及1999年第1卷增刊。

续表

学校名称（简称）	占地面积（亩）	建筑面积（平方米）	藏书量（万册）	大学在校生（人）	设备总额（万元）	计算机（台）	专任教师（人）	专业数（个）
黄河学院	570	23 万	30	5900	1259	—	373	10（本科）13（专科）

资料来源：根据各有关院校网站资料整理。

说明：方格内画线表示未查到有关数据信息，下同。

表 2　　　　　　部分首批民办高校近年全日制计划招生人数　　（单位：人）

年份 学校名称	1997	1998	1999	2000	2001
海淀大学	1094	1021	2500	—	4064
黄河学院	—	—	—	—	2870
杉达学院	—	700	960	1393	1450
树人学院	352	583	736	2234	3147
三江学院	600	684	1544	1712	2637
东方学院	400	500	700	1200	1900

值得一提的是，这些高校的硬件设施主要是近几年建设起来的。表2说明，这些学校大幅扩大招生，主要的也是因为有较为完备和齐全的办学设施作为支撑。可以肯定地说，如果没有一定的"硬件设施"的建设，这些民办高校不可能发展得这么快。长期处于"三无"状态的民办高校，不可能取得持续发展。

4. 注重整体培养质量，坚持社会主义办学方向，是民办高校发展的基本要求。首批民办高校十分重视班子建设，十分重视思想政治工作，注重学生德、智、体全面素质的提高。各校都建立了校党委，关系均挂靠在省教育工委，同时根据学校需要，配有专门从事学生思想政治工作的机构和人员。在日常教育工作中，各校重视学生怎样做人的素质教育，指导学生树立正确的世界观与价值观，严格执行校规校纪，认真进行思想品德教育，实行以法治校和以德治校相结合，增强学生法律意识和遵纪守法的行为规范，使学生的整个素质都得到提高。杉达学院在全面贯彻素质教育中，坚持邓小平理论"三进"和以"三个代表"的思想为指导，加强精神文明建设，做好党建工作，发展学生骨干和青年骨干教师入党。学校举办了八期业余党校，参加者达883人，共发展学生党员78人。据2001年9月统计，学生申请入党的人数为815人，占全校在校生数的22.1%。各校重视党风的建设，带动了校风、学风的建设，促进了学生整体素质的提高。东方学院的学生在今年的冰雕节上运用自己的知识奉献多件作品，获得几个大奖，有的还参加了全国和国际冰雕节比赛，扩大了学校的影响，受到了社会好评。三江学院专门配有强有力的班主任队伍，专职从事学生思想政治工作，使学生管理和思想工作落到实处。该校所实施的"十中汰一"滚动竞争制，使学生领略到市场竞争的严峻性，培养学生的竞争意识，激励学生奋发求学的自觉性，起到很好的效果。树人学院几年来在全校持久开展树优良学风、建文明校园活动，推进了学校精神文明建设的步伐，2000 年被评为浙江省优秀民办学校，2001 年学校党委又被评为优秀基层党组织。黄河科技学院的胡大白校长还被选为河南省党代会代表和"中国十大女杰"，受到党和国家领导人的亲切接见。杉达学院的常务副校长袁济作为上海市高校的代表出席全国高校党建会议。民办高校的党建工作和思想政治工作也已经取得了显著的成绩。

5. 宽松的办学环境、开明的政策扶持，是民办高校发展的有力保证。纵观首批民办高校的产生和发展，政府的支持是成功的主要因素之一。政府支持的直接作用，是明确给予民办高校发展的优惠政策，如征用土地、建设配套费、招生办法、专业设置、收费审批等方面，给予相对宽松的政策。由于历史的原因，我国民办高校发展相对滞后，发展实力还比较薄弱，还需要一些政策的扶持。各地本着积极鼓励、大力支持、正确引导、加强管理的精神，在鼓励和支持民办高教发展方面做了许多卓有成效的工作。如浙江省的教育投入免所得税政策和民办高校收费备案制政策、北京市关于民办高校专业设置的政策、江苏和上海两地 2001 年实行的自主招生政策等，对民办高校的发展起到了有力的促进作用。政策扶持的另一个方面，是共同营造社会认可、理解和支持民办高教发展的环境，转变社会对民办高教的偏见，为民办高校的发展营造有利的氛围。在首批民办高校，留有许多政府和教育部门领导来校考察的照片和记录，他们深入校园，研究问题，解决困难，与民办高校领导一起探讨如何促进学校健康有序稳定持续发展，这本身就是对民办高校发展的有力支持，同时也为社会理解、支持民办高校发展做出了表率。

首批民办高校的发展是健康而令人骄傲的，它已经成为我国民办高校发展的领头雁。从它们身上，可以看见我国民办高教事业的未来。

附记：首批民办高校，指改革开放以来，由国家教委（教育部）最早批准具有独立颁发大专学历文凭资格的一批民办高校。为了加强相互之间的了解，交流办学的经验和教训，互通办学信息，研究教学改革和学校管理，取长补短，共同繁荣，促进民办高教的健康发展，2001 年 5 月，全国人大教科文卫委员会和中国高教学会在杭州召开全国民办高等教育学术研讨会会议，会间黑龙江东方学院院长孟新专程来到浙江树人大学，提议全国最早获批建立的民办高校能够建立一种机制，加强交流和合作，共同办好学校，为民办高校的发展建言献策。这一提议得到时任浙江树人大学校长朱玉的赞同，并确定由我负责做好联络工作

2002 年元月 6—9 日，来自浙江树人学院朱玉校长、上海杉达学院袁济、南京三江学院陶永德和丁承慧、四川天一学院冯蜀龙、北京海淀走读大学陈宝瑜、黑龙江东方学院孟新及各位领导，聚集在黑龙江东方学院会议室里，全国首批民办普通高校协作会在这里举行。中国高教学会秘书长张晋峰、黑龙江省教育厅副厅长张永洲等应邀参加会议。黑龙江省教育厅副厅长赵敏及高教处长李高贵专程到会看望大家。校长们聚集在黑龙江东方学院会议室里，久别重逢，格外亲切，朋友相聚，分外高兴，三天的会议，大家欢聚一堂，畅所欲言，回味着各自艰苦创业的历史，畅谈多年来办学的体会和心得，憧憬民办高校美好的明天。

会后，我整理了会议纪要，征求意见后，专门赴京将情况向教育部规划司瞿延东副司长作了汇报，并根据大家的意见，起草了"关于适当放宽民办院校升本的建议"，希望适当发展民办本科教育，由瞿延东副司长帮助递交给陈至立部长和李岚清副总理，得到领导的肯定。

本文发表在《浙江树人大学学报》2002 年第 2 期。

相关情况，请参阅徐绪卿《加强协作，共同繁荣——首届民办普通高校协作会综述》，《浙江树人大学学报》2002 年第 2 期；徐绪卿：《民办高校协作会在黑召开》，《中国教育报》2002 年 1 月 21 日第 4 版。

学习贯彻《民办教育促进法》
促进民办教育大发展

摘　要：叙述了《民办教育促进法》的出台背景和重大意义，就如何学习贯彻《民办教育促进法》，提出了见解。

关键词：《民办教育促进法》；颁布；意义；民办教育；持久发展

一

盼望已久的《民办教育促进法》于 2002 年 12 月 28 日终于通过了全国人大常委会的审议，正式颁布了。这是我国民办学校、民办教育工作者的一件大喜事，广大民办学校的师生员工无不感到欢欣鼓舞。

改革开放以来，随着我国社会主义市场经济体制的逐步建立，促进了国民经济的快速发展，社会经济结构从单一的公有制向多样化的所有制格局发展，民间逐步产生和积累了投资教育的热情和能力。特别是20 世纪 80 年代后期开始，伴随着经济的发展和人民群众生活水平的提高，一些有识之士和立志奉献教育事业的人士，把投资的眼光瞄向教育，民办教育得到快速发展。据有关方面提供的数据，截至 2001 年年底，全国经批准的民办教育机构已有 56000 余个，在校生 1000 余万人。其中经各级教育行政部门批准的各类民办高等教育机构有 1391 所，注册在校生 128.1 万人。有学历文凭颁发资格的民办高校已有 89 所（到2002 年 9 月 1 日止已有 122 所），在校生 15.11 万人，学历文凭机构436 所，在校生 32 万人，其他类型（学历文凭助考机构）772 所，在校生 81 万余人。2001 年全国普通高校 1224 所，在校生 719 万人，成人高校 719 所，在校生 455 万人，民办高校已经占到我国高中后教育机构总数的 40%。在整个普通高校、成人高校和民办高等学校的在校生中，普通高校、成人高校为 1174 万人，民办高校 128 万余人，约占在校生总数的 10% 左右。另外还有部分劳动部门审批的民办高级技工学校和近年来出现的为数不少的公办高校民办二级学院以及以学费作为主要开支来源的采用新机制、新模式运作的高职学院未统计在内。① 从浙江省的情况来看，2002 年全省民办本、专科招生 3.49 万人，另有民办高职学院招生近 2 万余人，民办高校招生数已经占到总招生数的 30% 以上，这是一个了不起的成绩。

然而，由于种种原因，我国民办教育在大发展的同时，也面临着许多困难和问题。由于立法的滞后，民办教育的地位和作用还没有得到确立和应有的重视，有关民办教育的法律法规还不健全，完整的管理制度尚待建立，社会认可度不高。政府支持缺乏法律的依据，力度不够，措施不够得力。有些地方，公办学校和民办学校的结构布局不尽合理；少数民办学校办学不甚规范，办学条件亟待改善；一些民办学校产权不清、管理不规范、产权纠纷和劳资纠纷日益凸显；有的民办学校教师队伍不够稳定，影响学校教学秩序的稳定和教学质量的提高；一些靠收取教育储备金开办的民办学校，随着银行的几次降息，办学风险增大。由于缺乏法律的保证和引导，民办教育的投资热情受到削弱，投资行为不稳定，民办学校、特别是民办高等学校融资困难，财政问题严峻，难以持续发展。从总体上看，民办教育的规模不大，在整个教育事业中所占的比例仍然偏小。民办教育所产生的这些困难和问题，已严重影响和制约了民办教育的进一步发展，引起了全社会的广泛关注，急需立法，通过法律来规范和调整。尽管 1997 年国务院颁布了《社会力量办学条例》，对民办教育一些基本问题进行了规范，但随着形势的变化，民办教育发展中不断出现一些新情况、新问题，《社会力量办学条例》在某些重要方面的规定已不适应快速发展的形势和民办教育发展的实际，社会各界呼吁用法律来规范和促进民办教育的发展，要求尽快出台《民办教育促进法》的呼声日益高涨。

---

① 中国民办高等教育发展战略研究课题组：《民办高等教育新发展中面临的问题》，《浙江树人大学学报》2002 年第 5 期。

二

《民办教育促进法》的颁布，具有重大的现实意义。

1. 从法律的角度，明确了民办教育的性质，确立了民办教育的地位和作用，使民办教育的发展有法可依，有利于推进公办教育为主体、公办学校与民办学校共同发展新格局的形成。

《民办教育促进法》指出："民办教育事业属于公益事业，是社会主义教育事业的组成部分。"这个结论，明确地回答了多年来民办教育特别是民办高等教育到底是"过渡性""补充性"的，还是持久性的、必须持续发展的争论，为民办教育的进一步发展奠定了法律基础。民办教育与公办教育一样，在全面建设小康社会、加快推进社会主义现代化的进程中负有同样光荣而艰巨的使命。

2. 明确了民办教育的基本界定，确定了《民办教育促进法》的调整对象。《民办教育促进法》指出：国家机构以外的社会组织或者个人，利用非国家财政性经费，面向社会举办学校及其他教育机构的活动，适用本法。就是说，符合以上三个条件的学校和教育机构，才是民办教育（学校）。这就从法律上明确了民办教育的基本涵盖。虽然从微观的角度看这个界定还有一些问题，但是从宏观上已经有了一个明确的界定。

3. 明确了民办教育与公办教育、民办学校师生与公办学校师生享有"同等"的法律地位，赋予民办学校师生合法的身份。这一条款为解决目前民办教育发展中许多悬而未决的问题奠定了法律基础，必将极大地鼓舞民办学校教职员工的工作热情，使之积极投身学校各项工作，为教育事业的繁荣和发展做出贡献。

4. 突破了民办教育发展中融资问题的重要障碍，为民办教育解决资金来源提供了法律依据。《民办教育促进法》指出，民办学校在扣除办学成本、预留发展基金以及按照国家有关规定提取其他必需的费用后，出资人可以从办学结余中取得合理回报。《民办教育促进法》对民办学校财产的产权界定、归属问题也做出了明确的规定。"合理回报"和"产权归属"过去甚至被看作教育法律的"禁区"，成为历次人大审议《民办教育促进法》的重点、难点和焦点。这个问题的突破，将大大激发社会对民办教育的投资热情，确保投资人与管理者专心致志地办好民办学校。

　　5. 明确了民办学校的办学规范，引导民办教育健康有序持久发展。《民办教育促进法》对民办学校的领导体制、理事会和董事会与校长的分工和职责、民办学校的财务制度、民办学校的办学自主权、民办教育的评估等做出了具体的规定，必将引导民办学校规范办学，促使民办学校加大教育投入，规范管理，提高办学质量和办学水平，从而促进整个民办教育健康、有序、持久地发展。

三

　　刚刚通过的《民办教育促进法》，确立了民办教育在我国社会主义教育事业中的地位和作用，体现了积极鼓励、大力支持、正确引导、依法管理的方针，规范了民办学校的办学行为，规范了政府的管理行为，保护了民办学校出资人、学校和师生的合法权益。《民办教育促进法》的出台和实施，必将促进民办学校健康有序地发展。我们有理由相信，由于《民办教育促进法》的颁布和实施，我国民办教育必将迎来新的发展热潮。

　　当前学习贯彻《民办教育促进法》，重点要抓好以下几个问题。

　　1. 认真学习《民办教育促进法》的法律文本，领会《民办教育促进法》的法律意义。《民办教育促进法》立法的重点是"促进"，其内容涉及面广，需要很好地消化和理解，一知半解可能产生对法律的误解。比如，一些同志谈到，《民办教育促进法》提出，民办学校必须"利用非国家财政性经费"，据此就认为《民办教育促进法》实际上已经将民办学校接受政府财政补助的大门彻底关上，从而得出法律制定过于粗浅的结论。实际上，"利用非国家财政性经费"和"接受政府财政补助"并不矛盾。《民办教育促进法》中明确提出，"县级以上各级人民政府可以设立专项资金，用于资助民办学校的发展，奖励和表彰有突出贡献的集体和个人"。"人民政府委托民办学校承担义务教育任务，应当按照委托协议拨付相应的教育经费"。可以看出，接受政府财政补助是《民办教育促进法》的应有之义，但是，作为办学经费的绝大部分，应该是由社会筹集、来自民间的，这也符合《民办教育促进法》的立法初衷。对于法律条文本身是否把"国有民办""转制学校"等排除在调整范围之外，有待于国务院制定的《实施细则》具体明确。

2. 抓紧出台《民办教育促进法》的配套文件。《民办教育促进法》的颁布，明确了民办教育发展中许多亟待解决的问题，值得充分肯定。但是《民办教育促进法》作为促进法，充分考虑到教育行业的特殊性，充分考虑到各地区经济发展水平和人民群众的支付能力，从鼓励、促进和规范的立法宗旨出发，在统一大的法理原则的基础上，留出了一些操作空间。这些问题，有的需要国务院、教育部来制定实施细则，如《民办教育促进法》明确，民办学校"取得合理回报的具体办法由国务院规定"。有的需要各省市政府根据地区的实际情况制定具体实施办法。如土地征用和划拨、教师的养老保险缴纳和人事档案保管等，只有与这些"实施细则"和"办法"配套，法律才会变得有血有肉，充实和完善，才能使法律落到实处、条文得到兑现。现在，距离《民办教育促进法》的实施只有8个月的时间，热切盼望有关部门和地方政府抓住时机，抓紧时间，加快工作，出台相应的法规和文件，保证《民办教育促进法》的实施。

3. 认真做好各项工作，为《民办教育促进法》的顺利实施创造宽松的环境。由于历史的原因，我国长期以来都是公办教育一统天下，计划经济体制下长期形成的只信"公"、不信"私"，宁信"公"、不信"私"的对"民办""民营"的偏见顽固地占据人们的头脑。改变这些观念和偏见，既需要社会环境的改善，也需要有一个过程。《民办教育促进法》的颁布和实施，从法律上澄清了社会的一些模糊认识，但仅靠这一点还是不够的。还需要指出的是，在树立地位和形象的过程中，民办学校决不应该是被动的、无为的。民办教育要真正立足于社会，成为我国教育事业不可缺少的重要组成部分，很大的程度上要靠民办学校全体同仁的不畏艰难，发奋努力，真正做到有为有位。民办学校应该抓住《民办教育促进法》颁布的大好机遇，认真做好学校发展规划的制定和调整，采取积极有效的措施，加大教育投入，加强教师队伍建设，规范办学行为，提高管理水平，全面提高教育质量，以实际行动，迎接《民办教育促进法》的实施，迎接民办教育大发展的又一个春天。

参考文献：

《中华人民共和国民办教育促进法》，《中国教育报》2002 年 12 月 29 日。

　　附记：经过先后四次会议的审议，2002 年 12 月 28 日，第九届全国人民代表大会常务委员会第三十一次会议通过了《民办教育促进法》草案，这是我国教育体制改革的重要成果，也是民办教育发展的里程碑。2003 年年初，教育部在国家教育行政学院召开学习贯彻《民办教育促进法》座谈会，我应邀参会并在会上发言。本文根据座谈会上的发言稿整理，发表在《浙江树人大学学报》2003 年第 1 期。

对发展我国民办高等教育
中介组织的若干思考

摘　要：本文论述了中介机构在发展民办高等教育中的重要意义，分析了民办高等教育中介机构的现状和问题，就如何加快建设中介机构，发挥中介机构在发展民办高教中的作用等提出了见解。

关键词：民办教育；立法；中介机构

即将实施的《中华人民共和国民办教育促进法》明确指出："国家支持和鼓励社会中介组织为民办学校提供服务。"（第四十三条）"教育行政部门及有关部门依法对民办学校实行督导，促进提高办学质量；组织或者委托社会中介组织评估办学水平和教育质量，并将评估结果向社会公布。"（第四十条）这里至少有这样几层意思：一是民办教育的发展，需要社会教育中介组织为民办学校提供有关的服务，对社会中介机构为民办学校提供服务，国家是支持和鼓励的；二是社会中介机构至少是为民办学校提供服务的机构之一，它具有为民办学校提供服务的职能；三是除了服务之外，受政府有关部门的委托，教育中介机构可以组织对民办学校的办学水平和教育质量的评估，换句话说，评估教育质量和办学水平是社会教育中介机构的功能之一。

一

什么是社会中介组织呢？所谓社会中介组织，就是介于政府与利益团体（或民众）之间，通过提供特殊服务进行沟通、协调等职能活动，促进社会矛盾的相互转化和融合的一种社会团体。① 那么，什么是民办高等教育中介组织？民办高等教育中介组织是指按照一定的法律法规建立起来的一系列社会组织的法人实体，它遵照独立、公开、公平、公正的运作原则，在政府、社会和民办高校之间的教育活动中分别发挥信息传递和沟通、咨询监督和评价、教育质量评估等服务功能，从而搭起民办高校与社会、政府之间的联系的桥梁和纽带。民办高等教育中介组织的工作特点有四个：一是服务对象的确定性，即民办高校、政府和社会有关民办高等教育的活动；二是服务形式的非强制性，即在经营服务工作中，服务对象可以接受服务，也可以拒绝服务，受政府委托的服务项目除外；三是服务行为的公开性，即在经营服务活动中民办高等教育中介组织的服务行为必须坚持公开、公平的原则，工作过程高度透明；四是服务过程的独立性，即在经营服务活动中，独立行使职责，不受任何组织、任何个人左右，依据法律和规章独立操作，保证经营服务活动的公正性。

发展民办高等教育中介组织是发展民办高等教育的必然需要。由于民办高校的特殊性，在办学方面具有更多的自主性，政府对民办高等学校相对下放权力。民办高等学校在办学的过程中更加重视效率，同时自身又有许多不熟悉和不需要很熟悉的工作领域，如民办教育理论、政策研究，如民办学校的前期论证、评估，如民办学校发展规划、教育教学和学校管理，如民办学校招生、师资等，需要民办高等教育中介组织参与替补，承担起政府下放而民办高校又没有能力承担的工作，为民办高校传递信息，提供教学活动以外的辅助工作。在民办高等教育中介组织的经营服务活动中，一方面，民办高等教育中介组织将有关信息提供给民办高校，以使民办高校掌握更多的办学信息，充分利用社会资源，借鉴好的经验，提高教育质量，办出学校品牌。另一方面，又将有关信息收集后进行分析、整理和研究，提供政府部门和社会有兴趣的人士，在政府决策和制定规章，指导民办高校办学和判断民办高校办学质量以及办学水平时作参考。

发展民办高等教育中介组织是高等教育大众化的必然需要。高等教育大众化，一方面，高等学校的数量大量增加，高等学校的办学规模进一步扩大；另一方面，高等教育呈现多样化的发展趋势，大量民办高校的建立、多样化的办学模式、多规格的办学目标、多品种的办学形式，高等教

---

① 李亚东：《试论我国教育评估中介机构的构建》，《教育发展研究》2002 年第 11 期。

育在满足社会不同需求（用人单位不同需求和社会成员个人发展不同需求）等方面，越来越呈现"贴近"的趋势。与此相应，政府的管理越来越难包揽全部事务，过去对公办高校的高度集中、高度统一的、依靠行政命令直接调控的高等教育管理体制已经不能适应对民办高校管理的实际，既不可能也无必要把民办高校的管理事务全部掌握在自己手中。理论研究、政策咨询等服务也应当走多元化发展的路子。现在很多民办高校在教育教学和学校管理及思想观念上都存在很大的问题，归根结底是缺乏专业技术性服务，即关于民办高等教育事业的专业系统咨询服务，包括专业的理论性、专业的政策性和专业的技术性服务。

发展民办高等教育中介组织是社会适应对民办高教信息化管理的需要。从当前民办高校办学的实际情况来看，社会对民办高校的认识很不够，办学信息不对称，在选择民办高等教育时发生困难。对民办高校的办学质量缺乏公正权威的评价，发生纠纷时也没有一个熟悉民办高校办学活动的机构提供帮助，民办高校的发展需要民办高等教育中介组织的参与。

发展民办高等教育中介组织比发展其他民办教育中介组织更迫切，比较公办高校也显得更为需要。一方面，民办高教区域面广。民办高等教育大多数跨省市招生，办学活动面广；另一方面，民办高校办学规模大，据了解全国民办高校校均在校生已经超过千人，133 所民办普通高校校均在校生 2200 余人，万人民办高校已有十多家。面广量大、工作繁重，而民办高校也不像公办高校那样有政府部门提供的"全程管理"，很多办学环节依靠自己想办法，因此希望有民办高等教育中介组织提供招生、就业、教师聘用及其他有关事项的服务和代理工作，以了解和掌握信息，减少成本，提高效率，而这正是民办高等教育中介组织职能的重要内容。

二

当前我国民办高等教育中介组织发展非常缓慢，业务开展的不多，与快速发展的民办高等教育极不相称。从组织机构上看，目前大多数民办教育中介组织还是政府机关、事业单位的衍生物，如厦门大学民办高等教育研究中心、北京教科院民办教育研究中心、上海教科院民办教育研究所等，独立注册并见报的仅有最近成立的浙江省民办高等教育研究所。组织机构本身数量不多，独立注册的就更少，难以满足民办高等教育快速发展的需要。从业务方面来看，目前许多民办高等教育中介组织的业务开展不多，主要的工作内容是对民办高教的办学开展学术研究，开展专题调研。除了前面提到的浙江省民办高等教育研究所明确工作对象是面向民办高等教育以外，大多数机构面向整个民办教育，并且联系的对象中小学的居多。有的机构也印发一些研究资料，如上海民办教育研究所的《民办教育动态》和北京民办教育研究中心的《民办教育资料》，对民办高等教育开展研究，为政府决策和指导提供参考，同时为民办高校的办学提供经验，受到有关方面的好评。但是，这只是工作的一部分内容，并且这些工作的效果所发生的作用都是间接的，从实际情况来看工作的效果并不是很好。相反，民办高校办学一线所急需的信息传递和交流、办学事务咨询以及社会所企求的评估、评价工作，却开展得很少，有的机构根本就没有这方面的工作内容。从整体队伍方面来看，专职人员不多，专家稀少，工作能力和水平也难以承担政府部门、民办高校和社会对机构的期望，难以胜任目前民办高等教育发展的需要。值得一提的是，近年来在许多省市发展起来的民办高等教育行业协会，在联系民办高校、交流办学经验、开展校际协作、规范办学行为、约定自律规章等方面，工作表现突出，虽然有的机构商业味较浓一些，但工作应该说还是很有成效的。目前，社会上还出现了以提供信息为主要工作内容的民办高等教育咨询机构，这类机构工作内容过于狭窄，服务面不宽，影响也不大。

目前民办高等教育中介机构的工作现状和能力水平总体来说还不能令人满意，从社会各界的观念来说也还存在着问题。独立性差、队伍不强、水平不高，政府部门不愿意也不放心将有关管理事务交给中介组织。社会对中介组织的认知度还不高，权威性有待于确立。民办高校还没有意识到发挥民办高教中介机构作用的重要性，对民办高教中介组织的产生和发挥作用准备不足，不懂得如何运用中介机构处理有关事务，提高工作效率。民办高等教育中介机构总的来说作用还发挥得不够。因此总体上来说，我国民办高等教育中介机构还处于比较低的发展水平。

三

加快民办高等教育中介机构的建设十分必要。我国要大力发展民办高等教育，推进高等教育大众化，需要加快发展民办高等教育中介机构，以完善民办高等学校的服务和管理体系，促进民办高等教育健康有序发展。当前发展民办高等教育中介机构要着重抓好以下几个方面。

1. 确立民办高等教育中介组织的法律地位，充分认识民办高等教育中介组织在发展民办高教中的积极作用。党的十五大政治报告明确指出，要大力培育中介组织机构。《中华人民共和国民办教育促进法》也明确，国家支持和鼓励社会中介组织为民办学校提供服务。传统的高等教育管理模式本身就需要改革，民办高校具有相当多的特殊性，更需要全新的管理模式与之相适应。多种形式的中介机构，协助以政府为主的民办高等教育政策、理论等专业方面的咨询，为民办高等学校提供服务，必将促进民办高等教育事业的繁荣和发展。各级高等教育管理部门应该转变观念，消除各种思想顾虑，转变职能，下放权力，简政高效，集中力量加强宏观管理能力，营造有利于民办高等教育中介机构成长的环境。

2. 积极发展民办高等教育中介组织，加快机构发展步伐。首先，一些原来是政府部门的附属机构应该逐步与政府部门分离，增加其独立性。其次，考虑到目前一些民间举办的民办高等教育中介机构的认可度较低，需要政府部门加强指导，规范管理，帮助健全功能，提高水平。再次，还是要积极鼓励和支持发展独立注册自负法律责任的民办高等教育中介机构，有关部门应该为此提供方便。据笔者了解，目前虽然有政策法规支持，但有关部门对民办高等教育中介组织了解甚少，在审批过程中产生了许多不应有的困难。比如，在一些民办高等教育中介机构的经营项目中，要求增列"政府授权下的质量调研和评估"，工商部门一定要求国有资产管理部门盖章同意才可以办理。诸如此类的事不少。希望有关部门改进工作，采取有效措施加快民办高教中介组织的发展。

3. 加强民办高教中介组织内部建设，提高服务质量，扩大社会影响。加强内部建设有3件工作要做。首先是队伍建设。一个好的中介组织，必须具有一支一流的专家队伍，才能胜任经营服务工作的任务，取得社会的信任，这一点非常重要。民办高教中介组织能否站稳脚跟，其作用发挥状况，很大的程度上决定于有没有一支精通业务善于服务的专家队伍。值得一提的是，目前这方面专家很少，应该借鉴民办高校的办学经验，从社会上聘请有经验的专家加入中介组织的工作，本着"不求所有、只求所用、资源共享"的原则，充分发挥专家的作用。同时要注意积极培养年轻的专家队伍，逐步拓宽服务面，承担更多的业务，在未来的民办高教发展中发挥着巨大的作用。

4. 积极主动，做好服务，以质量求生存，以服务求发展。服务是民办高教中介组织的主要工作，也是赖以生存的基础。民办高教中介组织要明确经营项目和方向，着力在服务上做文章。当前一部分民办高教中介组织经营发生困难，主要是业务不多。其实，当前民办高教中介组织可做的事情还是很多的，宣传国家有关民办教育的法律、法规、政策，提高行业自律和遵纪守法意识；开展民办高等教育基础理论与政策研究，为政府制定政策提供理论性、政策性和技术性服务；开展政府委托的民办高校前期论证、质量评估、政策咨询等中介服务；为民办高校提供发展规划、教育教学和学校管理指导，提高民办高校的办学质量和水平；组织民办高校开展教育教学研讨、人员培训和国内外合作交流等活动；维护民办教育机构及其举办者、投资人、办学人和师生的合法权益，为社会各界提供民办高等教育的综合信息服务等，都可以大有作为。关键是服务的能力、水平和质量。只有服务工作开展了、做好了，民办高教中介组织才能站稳脚跟。

5. 明确民办高等教育中介机构的工作职责，理顺政府、学校和民办高等教育中介机构之间的关系，形成工作联动的局面。民办高教中介组织的作用是有条件的、有限的，它们不可能替代政府的工作，民办高校也不可能什么工作都交给中介组织去办，民办高教的发展还必须有政府的指导、管理和民办高校自身的努力。发展民办高教的中介组织，并没有削弱政府管理的职责，相反，政府的宏观管理要求更高，并且还要加强对民办高教中介组织的管理和指导。因此，民办高教中介组织要努力摆正关系，合理分工，协调工作，找准和抓住政府、学校和中介组织工作的结合点，形成工作联动、互相促进的工作机制，积极有效地开展服务工作。通过各方的努力，共同创造一个有利于民办高校发展的有利环境，在发展民办高教的进程中发展壮大民办高教中介组织自身。

附记：2000 年，浙江树人大学成立了民办高教研究所，但是这一机构 "没有注册"，因此服务受限。2003 年，在浙江省工商局领导支持下，我商请几位研究人员合作，注册成立了 "浙江省民办高等教育研究所"，完成工商登记。机构成立以后怎么做，是一个大问题。此文就是本人在思考过程中的一些想法，发表在《黑龙江高教研究》2004 年第 1 期。

关于民办高校正确定位的思考

　　高等学校的定位正确与否直接关系到其能否健康、快速、稳定和可持续性的发展。一所高校要在激烈的市场竞争中占据有利的地位，就必须正确估量自身，比较优、劣势，正确定位，扬长避短，突出自身的特色，更好地适应经济发展和社会进步对人才的需求。当前，民办高校的发展正处于一个关键时期，只有合理规划好了自己的战略思路，发展导向，才能更好地把握机遇，实现新的跨越式发展。

　　就目前情况来看，尽管一些民办高校的就业率高于当地同类高校的水平，但是数据显示，许多民办高校的就业率明显偏低。一方面，由于高教市场的不成熟，竞争仍时不时地出现无序状态，不利于处于弱势地位的民办高校参加竞争。另一方面，面对发展，许多民办高校办学者表现出急躁、浮躁的心理，有的民办高校校长怨气冲天，情绪波动不稳，理不清思路，找不到方向，怨天尤人；有的民办高校领导傲气十足，举办没有几年，就急于争着升格本科；还有不少民办高校热衷于"照搬"公办普通高校办学模式与人才培养模式，无视自己师资水平低、办学条件与办学经验缺乏的现实，不切实际地按照中外名校的办学模式，企求短时间办成"世界一流大学"。这种"照搬病"与"攀高症"带来的严重后果是"大专不专""高职不职"。所培养的毕业生既比不上普通高校培养的本科生、专科生的综合素质与理论功底，又缺乏高级技能型人才的过硬技能，这种"夹生饭"人才处于高不成低不就的尴尬局面，导致了相当一批民办高校学生就业困难。这些成为制约民办高校发展的重要因素。面对持续发展的障碍，民办高校应该冷静思考，梳理思路，明确定位，坚定信心。要正确判断形势，认真思考自身优势，扬长避短，寻找有利于自身优势的发展空间，赢得市场竞争的主动权。今后发展的重心应从扩大数量规模转向提高质量和办出特色，质量好、有特色的民办高校才有竞争力，才能维持或扩大规模，而质量差、无特色的民办高校将逐渐失去生源，甚至走向衰落。

民办高校的定位，首先必须充分考虑区域性因素。即从当地高等教育的布局和发展状况出发，贴近经济发展和社会进步的需求。前者可以清醒地认识学校自身在区域高等教育中的位置和优势，后者可以明确学校发展的方向，贴近社会需要，从而制定出能够发挥出自身体制优势的发展战略。区域性因素首先会影响到民办高校的专业结构和特色定位。我国幅员辽阔，经济发展极不平衡，地区之间经济发展水平差异很大，经济结构、产业结构相差很远，这就导致了各地区的人才需求总量、科类结构具有极大的不一致性。民办高校在专业设置和办学特色上要与该地区的产业结构调整相适应，着力于适应主导产业的发展。其次，民办高校人才培养规格定位也受到区域性因素制约。东部沿海发达地区和西部后发地区对人才规格的需求也不尽一致，因而处于不同区域的民办高校人才培养层次定位也不会相同。需要指出的是，一所学校不可能"全面发展"，即使在同一区域内，各民办高校的办学也应有所分工和协调，以发挥自身的优势和特色。社会对人才的需求是多层次、多规格的，这就使得民办高校办学不能云集在某些专业和层次上，应该突出特色，互为补充。

民办高校的定位，核心是人才培养目标和模式确定。通过正确定位，选准发展目标，发挥机制优势，确定适合自身优势发挥的培养模式，更好地凸显办学特色。民办高校是高等教育大众化的主要力量，其定位必须从这个实际出发，从民办高校的办学实力来看，目前定位于需求大、多样化的高等职业技术教育无疑是一种普遍的选择。世界各国经济和社会发展的事实证明，当一个国家处于工业化快速发展和经济结构迅速转型阶段，都十分重视应用型专门人才的培养。一个健康可持续发展的社会，其就业人员中的高级研究型人才、高级管理人才、高素质的应用型专门人才和高技能的工人的比例是呈金字塔形的。显然，高等教育培养的专门人才中应用型的应占大多数，从而为层出不穷的新型职业岗位，为迅速扩充和升级的经济和社会发展提供人才支持。因此，许多专家认为，绝大部分民办高校应当选择技能型高校，换句话说，民办高校发展的重点应该主要以培养高级技能人才为主，即创新型"银领"人才。从长远看，有的民办高校可能办成高水平的学术型、研究型大学，但这是长远的过程，而且只是少数学校。在现阶段，实事求是地说只能把重点放在培养高级技能人才即"银领"人才方面。道理很简单：其一，基础理论原创型、技术创新型与技术应用型人才按照高教职能分工与办学定位可以由研究型大学、教学研究型高校与教学型高校去培养，在这个领域公办高校占据绝对优势，民办高校没有可能而且没有必要去抢占这三类学校的地盘；其二，民办高校不仅办学条件、师资力量与公办高校有较大差距，而且生源都来自于高考"落榜生"或低分段学生，从生源素质来看，如果用一个标准来衡量，也难以达到同样的质量。

民办高校的定位，要充分注意学校自身的实际情况。民办高校成立的时间都较短，无论在学校内部的宏观管理上还是在微观的具体运作上都缺乏可资借鉴的经验，这无疑影响着民办高校的办学定位。目前，在民办高校内部管理上普遍存在着两大问题：一是缺乏先进的办学理念和教育思想，照搬公办高校的比较盛行；二是缺乏充足的资金投入，办学条件还有待改善。这两大问题影响着办学的人才培养规格定位和特色定位。民办高校要想在竞争日益激烈的教育市场中立稳脚跟并有所发展，必须拥有一套行之有效的科学决策的管理系统和一套先进的教育理念的支撑。首先，民办高校应该提高学校定位的认识。民办高校的举办者和办学者是民办高校发展大计的制定者，应该高度认识学校定位工作，在比较自身优势的基础上，确定学校发展的方向。其次，应该以定位为指向，制定好学校发展规划。在认真总结过去办学经验的基础上，注意进行理论的思考，逐步形成自己独特的办学理念，要在中国高等教育改革与发展的大潮中，根据国家、区域经济和社会发展的需要，找准自己的位置，搞好学校的中长期发展规划、学科发展规划和校园建设规划。再次，要注重定位的贯彻和落实。正确定位，狠抓落实，咬定青山不放松，是许多民办高校成功经验的精髓。人才培养是一件踏踏实实的工作，要培养出适合市场需求的优秀人才，来不得半点的虚伪和造假，也没有什么捷径可走。学校定位要有一系列措施来落实，否则再好的决策也不过是纸上谈兵。要制定一系列的配套措施来保证，如专业和学科结构的改善、教职工队伍建设等。最后，要高度重视特色的建设。定位是一个过程，既不是学校与生俱来的，也不是一成不变的，是一个摸索、调整、发展的过程，是特色凸显和调整的过程。通过一系列改革的措施，加快学校建设，改善学校管理，提高人才培养的质量和效率。在大众化、多样化的进程中，特色是质量的重要因素，对于实力薄弱的民办高校来说，凸显特色更为重要。

民办高校的定位，离不开政府的正确引导。一是政府应该重视民办高校的发展，应当将民办教育事业纳入国民经济和社会发展规划。高教发展规划要体现公办、民办高教事业的协调发展。二是政府掌握的信息应该进一步透明化，以便为民办高校的正确定位提供参考和依据，一些大的决策出台前应该广泛听取民办高教实践者的意见。三是政府应该加强民办高校定位的指导，结合政府发展政策和地区高等教育的发展规划，指导民办高校做出选择，避免重复建设和发展。四是在政策导向上引导民办高校的发展定位。按照分类管理的指导原则，区别不同类型的高校制定好分类评估的指标体系，引导民办高校正确定位，坚定办学信心，促进健康发展。

附记：2004 年 11 月 8 日，浙江树人大学举行建校 20 周年校庆。趁此机会，本人商请中国高教学会和浙江省高教学会主办、浙江树人大学承办首届《中外民办（私立）高等教育发展论坛》，参加会议的有来自加拿大、英国、日本、韩国、我国台湾和港澳地区的境外代表 70 余人，国内代表 120 余人。会议的主题是民办（私立）高校的定位和可持续发展。时任《中国高等教育》编辑的吴绍芬女士，对会议主题很感兴趣，专门与我约稿，围绕民办高校如何开展内涵建设，我先后撰写了(1)《关于民办高校正确定位的思考》（2005 年第 2 期）、(2)《师资队伍建设：民办高校可持续发展的根基》（2006 年第 8 期）、(3)《民办高校亟需实施内涵发展战略》（2007 年第 6 期）共三篇文章在《中国高等教育》期刊发表，其中第一和第三篇被人大书报资料中心《高等教育》全文转载。

本文被人大书报复印资料《高等教育》2005 年第 4 期全文转载。

读者如欲了解会议情况，可查阅本人撰写的会议报道：《定位：精于准确荒于盲目》，2004 年 12 月 24 日《中国教育报》第七版。

发展本科教育：拓宽民办高校
发展空间的重要策略

一

我国民办高校的办学层次长期以来局限在大专层次、办学类型局限在高等职业技术教育，制约了民办高校的进一步发展。当前和今后一段时期，加大建设力度，支持和扶助一部分民办高校升格，适度发展民办本科院校，具有十分重要的意义。

1. 扩招以来，本科教育人才培养比例大幅下降，人才培养结构失衡，为民办高校举办本科教育提供了机会。我国实施高校扩招，很大一部分增量来自专科层次的高等职业技术学院。从 1998 年到 2004 年，我国普通高校从 1022 所增加到 1731 所，其中本科院校从 590 所增加到 682 所，高职高专院校由 432 所增加到 1047 所（其中专科院校 168 所）；本专科招生从 108.36 万人增加到 447.34 万人，其中本科招生从 65.31 万人增加到 209.92 万人，高职高专招生从 43.05 万人增加到 237.43 万人；在校生从 340.87 万人增加到 1333.50 万人，其中本科在校生从 223.46 万人增加到 737.84 万人，高职高专在校生从 117.41 万人增加到 595.65 万人，相应的我国本专科招生和在校生比例已经从 1998 年的 1∶0.66 和 1∶0.52 降低到 2004 年的 1∶1.13 和 1∶0.8。① 从国际高等教育发展的经验来看，20 世纪 90 年代，高等教育的层次结构是本科或学士级为主。有统计分析结果显示，在 50 个国家的高等学校在校学生中，学士级别占 60% 以上的国

---

① 根据《一九九八年全国教育事业发展统计公报》和《2004 年中国教育事业发展状况》整理。

家有 34 个。美国、挪威、丹麦、以色列、捷克等国家，虽然本科层次占在校学生数的比例在 50% 以下，但是本科层次及其以上的占在校学生总数的 59%—90%。① 高等职业技术教育的迅猛发展补充了高教资源的不足，满足了社会多样化的需求，但是专科层次人员的大量增加，也造成了人才培养层次和规格新的不平衡，难以满足社会对本科人才的需求。本科教育的比例下降幅度过猛，不利于社会对人才培养的结构平衡。在大批大专层次的民办高校产生以后，需要适当发展一批本科院校，以保持人才培养的结构与社会需求的一致性。

2. 民办高校升格本科，是高等教育发展与竞争的需要。为适应高等教育的发展与竞争，民办高校既需要扩大规模，也需要提高层次。随着高等教育的发展，整体教育水准的提高，高等教育的需求层次也逐渐提升，高等职业技术教育吸引力和需求量下降，本科生教育与研究生培养越来越受到社会欢迎，这种市场导向势必促使有实力的民办高等学校转向举办普通本科高等教育。同时，高等院校之间的竞争逐渐加剧，民办高等院校要在竞争中发展，就必须扩大教育规模，提升办学层次，增强办学综合实力。民办高校作为高等教育的重要组成部分，长期局限在低层次的办学领域发展，难以增强发展实力与公办高校竞争。长此以往，社会举办民办高等教育的热情将消退，对民办高校的认可度将下降，势必制约民办高教的健康持续发展。

3. 适当增加民办本科院校的数量，可以缓解人民群众接受本科教育的要求。经过多年的发展，我国高等教育已经有了较大的发展，短短 5 年时间，高等教育的毛入学率从 9.8% 提高到 19%。人民群众要求接受高等教育的需求初步达到满足。经济水平的提高、高教资源的丰富，人民群众生活水平的改善，对接受高等教育的层次需求发生了变化，从过去的单纯求学逐渐转向接受更高层次、更优质的高等教育。不仅希望上大学，而且希望上本科及重点院校。由于本科资源紧缺，近年来专升本生源火爆。特别是近年来本科毕业生就业率大大高于高职高专的状况，进一步增加了本科教育的吸引力。适当增加民办本科院校的数量，提高民办高校的办学层次，也是增加高等教育优质资源，满足部分有经济支撑能力的家庭子女依

---

① 陈中原：《教育结构缺陷影响教育大众化进程》，人大报刊资料中心《教育学》2000 年第 6 期。

靠缴纳一定的学费就读本科院校的需要，缓解日益增长的人民群众接受本科教育的强烈愿望。

4. 民办高校升格本科，有利于逐步扩大优质高教资源，也是国际高等教育大众化的经验。从国外情况看，美国全部普通本科高校中私立大学占到72%，排名前十位的高校多数是私立高校。2002年日本全部四年制大学686所，其中私立高校512所，占高校总数的73%，本科教育在校生278.6万人，其中私立高校204.8万人，占本科段在校生的68.6%。[1] 而韩国1998年有四年制大学156所，其中私立大学130所，达到83%以上，本科段在校生147.8万人，其中私立高校本科在校生112.9万人，占76.4%。[2] 可以看出，许多国家的公立、私立高校在办学层次上是相互竞争、相互促进、比翼齐飞的。在民办高等教育体系中，以普通本科院校为主的取向，实际上反映了高等教育大众化中所蕴含的国际化趋势，即中国民办高等教育在办学体制、教学层次和人才培养诸多方面将与国际接轨。并且，最终建立起比较规范、相对完备的、公办与民办并举的国民高等教育体系。

5. 从公、民办高校之间的比较来看，发展民办本科教育，有利于形成公、民办高校共同发展的格局。从公办本科高校与民办本科高校的比例看，民办高校本科比例显然太低，力量太弱，不利于形成竞争态势、推进高教改革。从两类学校的内部结构看，目前我国公办高校本、专科比例约为1:1.62，招生数比例也基本差不多。但是，民办高校本、专科学校比例，截至2005年2月底是1:24.3，民办高校招生90%以上都是专科层次。全国至今为止还没有一所民办高校能够举办硕士研究生教育。巨大的层次落差，不利于民办高校做大做强，不利于发挥民办高校投资者的积极性，不利于公、民办高校共同发展格局的形成。

二

我国民办高校发展本科院校既是高等教育发展的必然，从我国民办高

---

[1] 浙江树人大学民办高等教育研究所：《中外民办高等教育发展研究论坛文集》，第392页。

[2] 田以麟：《韩国高等教育的总体规模及结构性特征分析》，人大书报资料中心《高等教育》2000年第11期。

校实际情况看，也具备了发展的可行性。

1. 《民办教育促进法》及其实施条例的颁布和实施，确立了民办高等教育的法律地位。从立项到颁布，《民办教育促进法》立法经过了 6 年多的时间。由于在立法的过程中存在争议，其间反复调研，数易其稿，出现了几上几下多次审议的情况。许多著名专家学者参与立法相关问题的讨论，提出了许多建设性的建议，既解决了法律条文的合理性，又大大普及了民办教育的知识，立法过程与普法过程同步展开，在社会上扩大了民办高等教育的影响，统一了思想，初步解决了发展的认识问题，从而为民办高等教育的更大发展打下了思想基础。

2. 经济发展及各项事业繁荣，为民办高校发展提供了基础。"十五"期间经济继续保持健康、快速发展，经济秩序继续好转，经济总量增长快速，全国 GDP 总值从 2000 年的 89404 亿元增加到 2004 年的 136515 亿元人民币，按照现行汇率计算，2003 年中国人均国内生产总值已突破 1000 美元大关。据报道，2004 年长江三角洲地区人均 GDP 达到 35147 元，按现行汇率折算为 4247 美元。① 随着经济的发展，民办高校的投资增加，国内许多民办高校的硬件建设已经可以与同类公办本科高校相媲美。一些已经完成基本建设的民办高校依靠学费就可以维持正常运转。同时由于社会主义市场经济体制的不断完善和深化，民营经济持续发展，资本集聚进一步加速，民间投资能力增强，为民办高等学校的发展和建设提供物质保证。

3. 民办高校的办学积累了经验。我国民办高校发展已经有近 30 年的历史，民办普通高校的办学也已经有 20 年的历史。由于我国民办高校绝大多数都是高校的一批老教授、老领导主持办学，起点不低，办学规范，注重管理，社会认可度较高。在队伍建设方面，许多民办高校抓住当前社会就业的有利时机，根据需要大胆引进优秀教师，同时严把质量关，聘请高层次的教师，加强科学管理，教师队伍的建设取得了较大突破。从我国现有的办学实际来看，民办院校举办本科教育办学质量是有保证的。民办普通本科院校虽然数量不多，但是社会认可度较高，招生容易，发展势头良好，在当地有较高的办学信誉。

4. 高等教育民营化是世界高等教育发展的趋势之一。近几年，许多

---

① 《长三角人均 GDP 去年超过 4000 美元》，http：//news. xinhuanet. com.

公立高校比较发达的国家也在积极发展私立高等教育，包括本科教育。如加拿大、英国等，过去私立大学只能举办大专层次的职业教育，近几年也开始改革，放宽准入，鼓励私立高校举办本科教育。我们可以借鉴这些国家实施高等教育大众化的模式，同时也需要吸收和学习他们的经验来发展高层次的民办大学。

<h2 style="text-align:center">三</h2>

积极发展民办本科院校，不是说所有的民办高校都要升格为本科院校。就大多数民办高校来说，当前和今后相当长的时期，主要目标仍应是立足于办好社会需求量大、满足多样化需要的高等职业技术教育。

对于有一定办学实力的民办高校，应审时度势，正确定位，根据自身的投资和办学实力，细心筹划，紧密结合地区高等教育的布局和发展规划，确立更高的发展目标。

第一，要转变思想，更新观念，理清办学思路。民办高校从专科升格本科，在这个过程中，硬件建设只要有资金就可以解决。但是观念的转变却不是一蹴而就的。民办高校与公办高校只有办学体制上的不同，在培养人的规格和质量上应该是一视同仁的。要通过参观、学习、取经，深入开展建设本科院校的大研讨活动，学习和研讨活动着重解决"本科教育与专科教育有何区别""培养什么样的本科人才""建设一个什么样的本科院校""学校的特色如何体现"等问题。由于民办普通高校的教师和管理人员相当一部分来自公办高校，如果不解决对本科教育的认识问题，就不会重视培养模式的转型，升格以后就很有可能不知不觉地将本科教育办成专科的"膨化食品"。因此学校领导必须高度重视教师教学观念、教育思想的转变工作，尤其要明确"专"与"本"的区别和联系，建立起本科教育的基本概念。

第二，要加大资金投入，不断完善办学条件。由于历史等原因，民办高校较之历史较悠久的公办高校普遍在硬件和软件上还存在一定的差距，因此民办高校必须坚持和保障本科办学的基本条件，扎扎实实地按照本科的规范予以建设，实施"办学条件的达标工程"。教育部颁发的《本科教学工作水平评估指标体系》，是保障和提高人才培养质量的基本条件，反映了高等教育的规律，也是学校制订发展目标及落实建设任务的重要依据。本科教育的基本办学条件比专科教育要求要高得多，民办院校也不例外，需要加大投入力度，完善办学的设施。

第三，以学科建设为核心，调整学校的专业结构。众所周知，专业、学科建设是人才培养、师资队伍建设、科学研究的重要基础，是学校教学基本建设的核心内容，对学校的改革发展具有深远的影响，因而它决定着学校人才培养的格局和办学水平。随着社会经济的发展、产业结构的调整和学校的"升格"，多数民办高校的专业建设还存在许多不足。

民办院校要以普通本科院校的学科建设为依据，努力调整和优化专业结构，并且以学科（或学科群）为依据进行教学单位的重组，全面整合和壮大本科教育力量，力争经过几年的努力逐步使本科教育成为学校教育的主体部分，实现专科教育向本科教育的转型。专业建设总的发展策略是要控制专科专业发展的数量和注重本科内涵的建设，要在现有专业的基础上，进一步拓宽专业口径，努力增设本科专业。为了使专业和学科尽快发展，学校应对重点的专业和学科给予适当的扶持，明确专业的培养目标和学科的研究方向，加强专业负责人、学科带头人的培养，并且在师资、实践条件、课程设置等方面加强建设，使其做强、做大，这也是实施学校"品牌战略"的核心内容所在。

第四，加强师资队伍建设和强化科研工作。教师是提高教学质量、培养合格人才的根本。民办高校升格本科，最关键的还是教师队伍建设。我国民办高校大多依靠聘任公办高校闲置教师或退休教师，这在一定程度上保证了教学质量，同时降低了办学成本。但是，主要依靠外聘教师，缺乏专职教师队伍的支撑，稳定性差、管理难度大。

民办高校应该抓住机会，加快教师队伍建设。首先要以形成专业结构合理、具有发展潜力的师资梯队为目标，加快专职教师队伍的引进和调配，形成本科教育所需要的师资力量，并注意不断提高主讲教师中副教授职称或研究生学历教师的比例。其次是抓紧落实专业负责人或学科带头人，要舍得花本钱，采用"走出去、请进来"的办法，抓好骨干教师队伍的建设。再次，要严把外聘教师关，对原有外聘教师重新进行梳理，保证外聘教师的教学质量。目前，民办高校普遍存在师资队伍年龄相对偏大的现象，为了适应本科教育和增强学校的可持续发展，应把师资队伍的建设重点逐步转移到充实和培养中青年教师（尤其是中青年骨干）上来。

从长远来看，民办高校升格本科的成功与失败，最终取决于师资结构、数量、水平的改善和提高。

民办本科院校也要重视科研工作。当前，由于师资队伍和条件的限制，民办高校科研工作基本属于空白，工作开展不多，很少甚至没有科研成果。事实已经证明，没有科研工作的配合，单边的本科教学工作是难以搞好的。学校升格以后，民办高校要调整力量，采取有效措施，尽快启动科研工作，以提高学校整体办学水平。这既是建设高水平师资队伍的需要，也是提高本科人才培养质量基础。

第五，凸显办学特色，提高教学质量，坚持教学工作的中心地位不动摇。教学工作是学校的中心工作，教学质量的好坏直接关系到人才培养的质量，关系到学校的生存和发展，民办机制不应该成为降低高校培养质量的障碍。首先，要科学定位人才培养的规格和类型，为教学工作提供依据。要严格按照教育部《关于加强高等学校本科教学工作、提高教学质量的若干意见》规范教学工作，建立一系列本科教学规章制度。其次，要围绕提高管理水平和教育质量苦练内功。教学组织要按本科教学的要求制订教学计划、课程大纲、实验大纲、试题库等教学文件，细化人才培养的任务，健全和严格执行教学规章，加强教学工作的监管力度，把质量工程落到实处。

特色是民办高校生存和发展的基础。我国民办高校办学历史短，要保证学校实现跨越式的发展，就必须办出自己的特色，在办学指导思想、专业学科设置和课程体系优化、建设优良学风等方面努力去发掘和实践。过去，民办高校在举办大专教育中已经积累了凸显办学特色的经验，这些经验在本科教育中仍然有效，同时也需要有所创新。通过对办学特色的发掘和培育，提高民办高校办学的核心竞争力。

第六，民办高校升格，政府的作用非常重要。首先，政府部门要制定发展规划，根据地区经济和社会发展需要以及高等教育发展的规划，合理布局本地区民办本科院校的发展，避免重复建设造成投资浪费。在目前高等教育发展的信息沟通还不通畅的背景下，政府的指导和规划对民办本科院校的发展具有重大意义。其次，要积极引导，对于一些办学历史较长、办学条件相对较好、管理严谨、特色明显，有意上层次的民办高校，要鼓励和保护他们举办本科教育的热情，帮助他们制定好学校发展计划，明确发展的目标和步骤，引导他们制定计划，明确目标，夯实基础，提高质量，帮助他们积极创造条件。再次，对于已经升格的民办高校，要加强管理，严格要求，鼓励他们规范办学，巩固办学成果，不断提高办学质量。

民办高校的升本，说明了政府对民办教育的认可和支持，预示着民办高等教育良好的发展前景。我们必须抓住机遇，以本科办学规范为基本前提，以市场对人才的需求为导向，不断加强教学基本建设，努力办出特色和水平，为民办高校的办学做出示范和榜样。

附记：2003 年正值民办高校大发展之际，本人在《教育发展研究》第 10 期专辑上发表了题为《首批民办高校的升格本科及其思考》一文，从宏观的层面论述民办高校升本的重要意义，呼吁管理部门提高认识、解放思想，适当增加民办高校升格本科的名额，同时也提出政府应在民办高校升本方面积极引导，避免一哄而上，降低质量。2005 年上半年，教育部一次性公布了 15 所民办本科院校升本名单，这是民办高等教育发展史上的大事和喜事，同时感到，民办院校的大量产生，升本是许多民办高校的选择，在 2003 年撰写相关建议书的基础上，再写此文，希望推动民办高校的升本工作。本文发表在《教育发展研究》2005 年第 15 期。

积极发展工科教育，拓宽民办
高校发展空间

摘　要：回顾我国民办高校科类结构的发展，分析其设置特点及其形成原因，针对当前实际情况，论述了民办高校发展理工科专业、特别是工科专业，拓展发展空间的重要意义，讨论民办高校科类结构转型的背景、问题与挑战，并就民办高校如何发展理工科专业以进一步拓宽办学空间提出了建议与对策。

关键词：民办高校；科类结构；工科专业；发展空间

在"十五"期间，我国民办高等教育得到快速发展。据有关部门公布的资料显示，截至 2005 年 3 月，我国已有民办普通高校 228 所，比 2004 年初的 173 所增加 55 所，占全国 1683 所普通高校的 13.6%。民办普通高校在校生 139.63 万人，比上年的 81.3 万人增加了 52.33 万人，占全国普通高校 1333.5 万在校生的 10.5%（上述数字没有包括独立学院）。[①]民办高校机构数和在校生数在整个国家高教系统中的比例均超过了 10%，这是民办高等教育发展的重大突破。从类型上分析，民办高校在金融贸易、计算机信息工程、管理财会、涉外语言等领域培养了各种规格的实用型人才，较好地满足了我国地方经济对于人才的需求和学生接受高等教育的需求。许多民办高校"以质量求生存，以特色求发展"，培养出了一大批高质量的毕业生，受到用人单位的高度评价，赢得了良好的社会声誉，社会认可度得到很大的提高，走上持续发展的道路。

但是，随着社会政治、经济、文化的发展与转型，民办高等教育开始步入了历史的转型期。进一步明确民办高校人才培养的规格，改革和调整

---

① 据新华网相关报道资料整理而得。

现有的学科和专业结构，是民办高校拓宽发展空间、适应社会政治经济文化等多层面转型的需要。因此，进一步转变民办高等教育发展模式，不仅要从人才培养层次结构上入手，而且要着重从现有的民办高校的科类结构改革入手，分析科类结构形成的历史原因、存在问题以及解决措施，进一步拓宽自身的发展道路。这是当前中国民办高等教育面临的一个重要而崭新的课题。

一　民办高校科类结构的发展及其形成原因

1. 民办高校的整个发展过程中，其科类专业结构突出以下两个重要的现象。第一，实用性专业占优势，纯学科性专业较少。自主就业的实施，使就业前景好或就业后工资水平较高的专业受到学生与家长的青睐。许多民办高校为了招生，很大程度上迎合了这一需求。从市场角度分析，民办高校在专业设置上迎合学生与家长的需求，是市场规则作用的结果。在发展初期，诸如涉外语言、财经贸易、工商企业管理和房产营销等专业备受欢迎，几乎每个民办高校都设置了上述相关的专业，而一些纯理学或当时相对受到冷落的工学专业则少人问津。这一情况满足了社会需求，但由于缺乏宏观控制，公、民办高校一哄而上，导致了热门专业的重复设置，使某些专业的人才短时间内出现供给过剩的状况，如金融与会计专业等。第二，在民办高校发展初期，专业科类结构主要以人文、社科和经管类等应用性专业为主，以培养相应的社会急需的专业人才，并且这一状况一直延续至今。

按照工科与人文社科两大类专业划分的标准，对我国目前仅有的9所民办本科院校本科专业的结构状况做如下统计（见表1）。

表1　　　　　中国9所本科民办院校本科专业结构统计①　　　（单位：个，%）

学校名称	工科类专业	人文社科类专业	总计	工科占比	人文社科占比
黑龙江东方学院	2	12	14	14.29	85.71
黄河科技学院	6	11	17	35.29	64.71

① 根据相关民办高校网站公布的数据整理。

续表

学校名称	工科类专业	人文社科类专业	总计	工科占比	人文社科占比
吉林华侨外国语学院	0	9	9	0.00	100.00
三江学院	3	8	11	27.27	72.73
上海杉达学院	4	11	15	26.67	73.33
西安培华学院	6	12	18	33.33	66.67
仰恩大学	3	9	12	25.00	75.00
浙江树人大学	5	5	10	50.00	50.00
北京城市学院	5	7	12	41.67	58.33
总计	34	84	118	28.81	71.19

这9所民办本科院校是我国民办高等教育发展的典型代表，其中的本科专业是各民办高校专业中办学历史较早、力量较强、经教育部审批备案可招收本科学生的专业，很大程度上反映了我国民办高校科类结构的现状。从表1的统计可以看出，这些学校本科专业共有118个，其中人文社科类专业有84个，占到71.19%，工科类专业共有34个，占到28.81%。其中浙江树人大学的工科类专业比例最高，为50%，而吉林华桥外国语学院是一所语言性的单科性学院，从其校名可以判断其专业建设的定位，它没有设置工科类专业。然而，各校的人文社科类专业的比例却比较高，一般都在60%—80%之间（不包括吉林华桥外国语学院），黑龙江东方学院人文社科类专业的比例最高，达到85.71%。这一数据反映了我国最早一批民办高校办学初期学科专业结构的状况，也反映了我国民办高校学科专业建设中还未改变人文社科类专业占绝对优势的不平衡状况。

同时，根据对我国20所民办高校专业设置的统计，排在前20位的专业中，人文、社科、经管类的专业占了14个，工科类专业占了5个，医学类专业占了1个，其比例分别为70%、25%和5%，其中排在最前面的5个专业均为人文、社科和经管类专业，分别为财会（17）、英语（17）、工艺美术（14）、法律（13）以及工商企业管理（13）。①

总体来看，我国民办高校的学科专业发展具有三个基本的特征：第

---

① 专业后面的数字为设有该专业的民办高校数。"中国教育在线——高考专栏"，http://www.cer.net，2005-01-05.

一，科类结构不平衡，人文社科类专业偏多，理工类专业较少；第二，发展"短、平、快"的热门学科专业多，有利于民办高校本身降低办学成本与持续发展；第三，由于各校均发展热门专业，在民办高校中热门专业重复设置现象比较严重。

2. 民办高校科类结构形成的主要原因。中国民办高校科类结构的形成有其特定的历史原因，它适应了当时我国社会经济发展的状况，也适应了民办高等教育发展初期的实际情况。首先是市场意识的体现。产业结构是制约高校学科专业建设与发展的一个重要的外部因素。民办高校发展的初期正值我国第三产业兴起，市场对该产业的人才需求旺盛，高等学校中与第三产业相关的专业成为热门专业，备受家长与学生的青睐，而这些专业大多为经济管理等文科类专业。民办高校及时瞄准市场，找准切入口，充分发挥市场机制的功能，积极发展第三产业所需求的专业，培养相应的人才，体现了民办高校机制灵活的特征和贴近社会需求办学的市场意识。

其次是参与竞争的需要。民办高校办学初期，受办学实力限制与公办高校挤压的影响，民办高校必然避开公办高校实力较强的传统专业。当时公办高校中与第三产业相关的专业设置较少，而且受国家计划管理和经费投入的影响，专业转换难度较大。民办高校设置此类专业，能够避开公办高校的办学优势，占据市场。从浙江树人大学等民办高校的专业设置来看，许多专业都是区域内高校首次设置的专业，浙江省早期的外贸机构业务人员中来自树人大学的毕业生几乎近半。

再次是发展实力的制约。民办高校发展初期办学条件相对较差，社会认同度较低，资金严重缺乏，绝大多数学校处于滚动发展的状态。民办高校的发展必须考虑到举办学科专业的办学成本，促进自身的可持续发展。在高等教育的各类学科专业范围内，文科类学科专业的办学成本相对较低，不需要建太多的实验室，适合民办高校发展初期投入少、成本低的要求，有利于学校的资金积累和滚动发展。

复次是师资方面的因素。民办高校办学初期，主要聘用公办高校的兼职教师。在教师的聘用和管理上，与工科类的教师相比，人文社科类专业的教师在时间上更灵活，很少受到实验、现场教学等因素的制约，管理相对比较方便。因此，民办高校很好地利用了这一资源空间，通过特聘、专聘、返聘等形式，聘用了大量从公办高校退休的人文社科类专业的教授、专家，也通过聘用公办高校在职的人文社科类专业的教师，解决了起步阶段教师队伍不足的困难。

最后，实利主义与实用主义思想的影响。招生是民办高校生存的第一要素。许多民办高校为了招生，迎合家长与学生追求，采取实利主义或者实用主义的价值取向。在人文社科类的专业中，财经类专业非常热门，工商企业管理、国际贸易、金融、外语等专业是实现学生与家长经济追求的最热专业平台；在工科类专业中，主要是与计算机、电子信息相关的专业非常"热"。实用、实惠、能挣钱成为家长鼓励子女选择这些专业的根本驱动；好招生、好就业、市场需求旺盛则是学校开办这些专业的主要原因。

二　科类结构转型是民办高校发展的新趋势

1. 从产业结构的变化和人才需求看专业的发展

首先，随着知识经济的进一步渗透，产业结构不断地调整与升级，社会发展中行业经济对于人才的需求有了新的变化。传统工业技术产业的复苏与发展对人才提出新的需求，以制造业为代表的工业发展加快，国外许多制造业迁移至我国，在经济发展中占据较大的份额，一些省市纷纷加大制造业发展的力度，如杭州、苏州、南京等。制造业的复苏和兴起，对人才的培养提出了大量的需求。

其次，新技术、新工艺、新材料的发展，对工科技术人员提出了新的需求。随着科学技术水平的不断提高及应用范围的不断拓宽，传统产业结构不断得到调整与升级，如传统产业中的机械行业、材料行业、能源交通行业等不仅对行业专业人才需求旺盛，而且对与生产相关的信息、工程管理等专业人才也有很大的需求。据中国教育网报道，未来的十大热门行业分别为：电子信息类、生物技术类、现代医药类、汽车类、物流类、新材料类、环境能源类、管理类、法律类与营销类，其中工科类相关专业占了60%左右，这预示着未来产业结构调整的方向，也预示着行业经济对工科专业人才的需求。

从人才市场的需求来看，由于几年来的发展，一些文科专业重复设置和过多人才的培养，许多文科专业毕业生基本饱和，此类专业的毕业生就业越来越困难。国家教育行政部门曾专门下文限制部分专业招生，其中绝大多数是文科专业；在各省市教育部门公布的限制设置招生专业主要也是文科专业。与此同时，一些应用类工科技术专业的毕业生出现了供不应求的状况，就业市场需求旺盛。这虽然很大程度上受产业结构调整的影响，但是，就业市场信息对于民办高校生存发展及其学生就业是一个更为直接的信号。在广东，工科毕业生继续走俏，就业率仍高居各专业类别榜首，保持就业强势。其中就业率较高的专业有：计算机、通讯、电子、广告、土建、自动化、机械、机电、环境工程、国际贸易、金融、企业管理等。

2. 从民办高校内部看加快调整专业结构、发展工科专业的必要性

首先，知识经济的发展和高等教育大众化的深入，对人才培养提出了更高的要求。通识教育、文理渗透、综合素质培养已成为高校人才培养的新课题。从专业设置的定位来看，民办高校主要以培养应用型人才、复合型人才为目标，学科专业之间需要交叉渗透。例如，现在的贸易类专业不仅要传授贸易理论知识与技巧，而且要使学生了解贸易产品的行业知识，如加工业、制造业、机械材料业等。因此，民办高校的人才培养不仅需要适应外部社会经济与市场的需求，也需要专业科类之间的相互渗透，形成一个相对平衡的科类结构。事实说明，适当地发展工科类专业，有利于改善人才培养的知识结构，从而提高人才培养的整体质量。

其次，民办高校要发展规模，也必须发展工科专业。规模是民办高校发展的重要因素，没有规模就不会有效益。近年来民办高校规模发展较快，2000 年全国民办高校校均在校生仅 1000 多人，2004 年已经发展到校均 6124 人。规模的发展需要有一定数量的专业支撑，向工科发展，可以拓宽专业的设置思路，从而拓宽整个学校的发展思路。

再次，民办高校竞争实力的增强，具备了逐步发展工科教育的条件。民办高校办学初期，办学经费困难，条件相对较差。全国仅有的 9 所民办本科高校中，除福建仰恩大学属于外资投入外，其余全部都是依靠学费积余滚动发展起来的，经费非常紧张，办学相当艰难。随着经济的发展和高等教育市场化的影响，部分起步较早的民办高校较好地完成了资本的原始积累。后续发展的民办高校则通过资本运作、甚至负债经营的方式办学，加快办学硬件建设，实验设备的投入也大幅增加。同时从 9 所民办本科高校的实际情况来看，民办高校专职教师队伍建设的步子加快，已经克服了以往完全依靠外聘教师的状况，专职教师的比例逐年上升，满足了教学和管理的需要。专职教师队伍的建设为稳定地开展工科教育提供了保证。

三　民办高校发展工科教育的对策

第一，加大专业设置的自主权。民办高校要面向市场需求，及时了解市场信息来调整自身的学科专业结构，因此，它在专业结构调整方面应具有相当大的自主权。然而，民办高校专业设置过程中，必须经过主管部门的层层审批，教育行政部门往往用管理公办高校的传统模式来要求民办高校，致使民办高校在专业设置自主权方面受到限制。因此，有关部门应该从战略的高度来认识民办高校发展工科教育的重大意义，给予民办高校在工科专业设置方面更多的自主权，充分发挥民办高校弹性灵活的市场机制。同时，政府要对民办高校中的工科类专业的建设与发展进行相应的重点扶持，推进民办高校工科类专业的发展强大，一方面可以帮助政府扩大招生；另一方面有利于拓宽民办高校发展的空间。

第二，准确的目标与定位。我国的民办高校以面向地方经济与文化发展、适应市场人才需求为主要目标培养各行各业的人才，因此，发展工科教育必须要充分考虑到地方经济对于工科专业人才的需求，了解区域经济资源的布局与类型，充分考虑地方经济的发展方向，以确保学科专业的生命周期。各民办高校的发展历史、区域环境、发展道路等各不相同，其不同的定位、学校类型与层次也决定了发展工科教育模式的多样化。总体上，民办高校要将学校现有的学科专业建设与工科专业建设结合起来并进一步拓展，形成"以学校定位为中心、区域经济与市场需求为导向、现有工科类学科专业为基础"的工科教育发展原则，寻找适合自身发展的工科教育发展道路，建设具有特色的工科类学科专业，为区域经济的发展服务，谋得自身更大的发展空间。

第三，加大工科学科专业建设的经费投入。发展工科教育往往需要实验室、实验教学设备与仪器等的大量资金投入，并且，工科类学科专业的建设周期相对较长，从经济学"成本—收益"的角度分析，短期内收益率不高。但是，民办高校的管理者要转变观念，要看到民办高等教育不平衡的科类结构现状，看到工科教育在民办高等教育中的潜力，积极采取多种投入方式（如银行借贷、资本运作等），扶持有前景的、与地方经济相适应的工科类学科专业的发展，改变民办高校薄弱的工科教育现状。

第四，根据工科类学科专业师资队伍比较薄弱的现状，民办高校要从四个方面加强建设：一是根据工科类学科专业的建设需求，积极引进学科专业带头人；二是加强本校工科类专业教师的培养与进修；三是聘请其他大学、企业的专家、教授对学校工科类学科专业的建设进行指导；四是外聘一些工科类学科专业的教师到校任教，加强教学力量。从师资管理角度上，学校要形成"以人为本"的竞争激励机制，对工科类学科专业的发展要有倾斜，在薪酬、职称、学科带头人与骨干教师评审等方面要有自由宽松的竞争环境，对在教学、科研与学科建设方面有成果的个人与单位要进行表彰奖励。

第五，转变管理观念，以"产学研"合作为纽带，加强校企合作。一方面，学校领导必须转变观念，发挥民办高校弹性灵活的内部管理体制，转变部门职能，推进并理顺二级管理关系，扩大二级学院（系所）的办学与管理自主权限，以利于工科类学科专业在市场机制的推动下自主发展；另一方面，有关的学院（系所）要发挥自身的能动性，积极开展教学、学术研究与社会实践服务活动，以"产学研"为纽带，加强与企业公司的联合，加强横向的科研项目产品应用、人才培养、基地建设、创业与发展、服务项目等方面的合作，以多样化的合作形式推进工科类学科专业的发展。

总之，在当前的社会经济与就业市场的需求背景下，民办高校应该平衡内部人文社科与工科教育的科类结构，克服体制、资金投入、师资队伍等方面的障碍，转变管理观念，加强制度创新，实施相应的组织变革，积极发展工科教育，为民办高校进一步做强做大拓展更宽阔的空间。

附记：2004 年，教育部开始组织制定全国教育事业"十一五"发展规划，本人有幸获得全国教育事业规划招标课题《"十一五"期间中国民办高等教育发展研究》（编号：教发厅函〔2004〕9 号）。此文是课题研究的部分成果，同事周朝成博士参与撰写和修改，刊登于《浙江树人大学学报》2005 年第 3 期。

民办高校的发展，主要依靠民办高校自身的努力，有远见的民办高校领导，应该眼睛朝内，从专业建设、课程设置和队伍建设等各个方面，关注人才培养的各个环节和细节，努力提升人才培养质量。本文连同后面两篇论文就是一个尝试。

关于民办高等学校课程体系改革的思考

摘　要：本文对于课程理论与民办高校的课程体系之间的关系进行了阐述，从公、民办高校的课程体系比较的视野分析公、民办高校课程体系的基本特征。同时基于大众化背景下的教育变革，分析了大众化高等教育下民办高校课程体系的价值走向，重点分析了民办高校的人才培养目标，围绕目标的民办高校课程价值基础、民办高校课程体系的设置、课程内容与结构体系等，并对改革的途径做了分析。

关键词：民办高校；课程体系；改革

课程体系改革是大学教学改革过程中的一项重要内容，它是实现大学人才培养目标的一个知识框架体系，而且也反映当前社会政治、经济、科技以及文化等在大学教育中对于人才知识结构的要求。

大学的组织与文化往往是以学科为单位的，学科的发展与形成受到知识体系本身与社会分工的制约与影响，所以，学科是知识与社会在大学中的一个载体。对于学科而言，专业是一个相对较小的单位，它同样受到社会分工的影响，也受到学科及其发展的影响，同时也反作用于学科的发展。从学科、专业的角度分析，课程是支撑与构成的最小单位；从大学组织与文化的角度分析，课程也是大学管理的一个最小单位，大学管理必须融入课程改革与管理的理念。因此，学科、专业、课程之间形成一个层级关系。在大学教育中，课程虽然属于一个比较微观的层面，但是它却发挥着基本单位的功能，影响着大学宏观层面的发展。从市场与教育的关系入手，课程在其中也起着重要的联结作用。市场对于教育的需求分为两个主要的层面，一个是对知识的需求，另一个是对人才的需求。大学中的知识大体沿着学科、专业、课程的路径形成知识的体系。对于人才的需求则涉及人才的规格与类型，也即劳动力市场上的职业的需求与大学教育之间的对应关系。职业类型与层次的需求往往对应于大学专业的类型与建设水平，这种关系可能是不完全的对应，但是这种关系的发生却必须通过课程来实现，每一个专业通过不同的课程群构成，最后关系的作用仍必须归结到课程的层面上来。

我国的高等教育的传统改革往往注重宏观体制的改革，而忽视了像课程这样微观层面的内容。20 世纪 90 年代中期，我国的高等教育改革从人才培养的基点出发，提出要培养适应能力强、知识面宽的高级人才，进而发起专业改革，提出"宽口径、厚基础"的意见，全国各高校对计划时代的专业建设模式进行了大规模的整改，并取得了积极成效。之后，教育部又提出全国高等学校精品课程建设工程与全国高等学校教学改革与教学质量工程，重视大学教育中课程建设的地位。并且，在学术研究中，关于课程的论著增多，课程在学术研究中的地位也得到提升。因此，在高等教育改革中，课程的改革与研究已经处于越来越重要的位置，它与大学的其他各项改革有着密切的关系。

当前的课程研究主要集中在课程体系改革研究、比较课程研究、课程理论研究等，大多数的研究没有从公、民办性质的视角来提出公、民办高等学校课程体系的对比研究，专门研究民办高等学校的课程体系建设的则几乎成了空白。目前，我国的民办高等教育发展势头很好，在办学规模与教育质量方面取得了很大的成绩。但是众所周知，公、民办高校之间在培养目标、培养模式、管理理念与方式等存在很大的差异，其课程体系之间也必然存在很大的差异。因此，及时研究民办高等学校的课程体系十分必要，也具有十分重要的意义。

一　课程理论与民办高等学校课程体系研究

"什么知识最有价值""人应该接受什么样的教育"是高等教育改革永恒的话题，它直接指向课程理论与实践研究。基于不同的知识价值观，对于上述问题的不同回答就形成了不同的课程理论。从历史的纬度分析，这些知识价值观有基于政治主义、社会职业与经济、科学技术、人文主义以及文化主义等，于是就形成了课程的政治价值论、社会本位价值论、科学主义论、人文（人本）主义价值论以及文化主义价值论等。实际上，各种课程价值论在不同的历史阶段交替或者同时成为课程理论的主流，很大程度上取决于历史与社会现实所赋予的价值追求。

根据西方学者 B. 霍尔姆斯与 M. 麦克莱恩的研究，有四种主要的课程理论，分别是要素主义课程论、百科全书主义课程论、综合技术主义课程论以及实用主义课程论。要素主义课程论实际上是一种政治英才主义的价值观，它可以追溯到古代希腊、罗马时期的教育，"在柏拉图的《理想国》中，人们对教师所履行的社会职责的要求，基本上是政治型的。在这种模式中，教育的目的是维持一个以稳定为主要特征的公正的社会"。当时文法、修辞、逻辑的"三艺"教育以及注重雄辩的教育主要为培养政治家服务。这种课程价值观在我国也历史悠久，儒家教育长期统治我国的封建时期教育，历代君王要求书生读"四书五经"，读书为官的思想长期存在。甚至在中华人民共和国成立以后很长一段时间内，课程政治价值理论占据了统治地位。百科全书主义课程论是以教育内容应该包括人类所有知识的假设为前提的，代表人物是夸美纽斯。他主张教育应该"把一切知识教给一切人"，并提出"百科全书式"的课程体系。综合技术主义课程论是马克思主义的课程理论，基本前提是教育与生产劳动相结合。这是一种以广泛学科为基础的课程理论，与百科全书主义有相近之处，但是在知识与课程体系构建方面却存在很大的难度。实用主义课程论指向知识的价值问题，主张"活动"在教育过程中的重要作用，但是其代表人物杜威对于课程体系的设计最终也未能很好地完成。

我国关于课程理论的研究往往侧重下述几种层面的划分：科学主义与人文主义的课程论，人本主义与社会本位主义的课程论，知识本位主义与职业本位主义的课程论等。这些研究与西方的课程论研究是交叉的，如百科全书主义的课程论实际上是属于人文主义课程论的范畴，要素主义则主要属于社会本位主义的范畴。我国大学课程价值取向的变化与社会政治经济形势的变化具有密切的相关性，经历了一个曲折发展的历程：（1）对大学课程政治价值的赋予和膜拜；（2）对大学课程经济价值的认可与追求；（3）对大学课程文化价值的思考与关注；（4）对大学课程人性价值的呼吁和倡导。从我国大学课程取向的变化来看，除非常时期之外，总体而言，大学课程价值取向基本上是与我国政治、经济、文化的实际情况大致相适应的。

民办高等学校课程体系的改革研究必须以各种课程理论作为研究的理

论基础。首先，在宏观层面上，民办高校要适应国家与社会对于人的培养目标的追求，探悉其中所蕴含的价值，确定与人才培养目标相适应的课程价值追求以及相应的课程体系。其次，在人的发展问题上，要注重人发展的本身的价值追求，所构建的知识与课程体系必须与此相适应。再次，民办高校有着自身发展的特征，与公办学校的情况差异较大，在知识与课程体系的改革过程中受到不同的课程论的指导。实际上，由于政策供给、体制、文化等方面的差异以及民办高校自身的定位等内外部因素的影响，民办高校与公办高校存在着培养目标的差异，因此，民办高等学校实现培养目标的课程体系与公办高校的课程体系是不同的。目前，人们对于课程理论与实践的研究忽视了民办高等学校与公办高等学校之间的课程体系差异，一定程度上缺乏针对性。因此，专门研究民办高校的课程体系及其改革具有一定的开创性，研究非常必要。

二　现状与问题一：公、民办高等学校课程体系之间的比较

1. 公办高校课程体系的特征

学术性课程占据优势：在大众化高等教育到来之前，我国高校主要实行的是精英模式的教育，在课程体系中体现为学术性课程占据优势。大众化教育到来之后，学术性课程在公立高校仍占据优势地位。首先，我国公办高校从事普通教育的较多，其中有相当大的一部分是研究型大学以及教学研究型大学，在这些大学中仍实行精英主义的教育，它们引领着我国的高等教育发展，培养科学研究的高级人才。其次，在我国读书为官的思想仍然存在，大多数人仍没有在思想上接受职业教育。最后，科研是高等学校三大基本功能之一，发展科研是国家政府、社会以及高等学校发展的需要。

当前公办高校课程体系有两大特征：一是专业课程比例偏高。中华人民共和国成立后由于苏联高等教育模式的影响，我国的高等教育过于注重教育的专业化，它们为当时各行各业所继续的高级人才的培养发挥了重要的作用。但是，我国社会主义市场经济改革过程中，这种高等教育的模式越来越不适应时代的需求。教育部提出了在专业建设中的"宽口径、厚

基础"的意见，相应的课程体系中应该加强基础性课程的建设。这一意见对于我国高校的基础性课程的建设起到了极大的促进作用，但是，基础性课程的建设仍需要相当的一段时间。目前，我国大学的教学内容和课程体系受计划模式影响的痕迹仍然明显，过于强调专业知识的"对口"与"适应"。由于我国高等教育的集权体制，同一专业，全国大学课程设置大同小异，缺乏变通和特色，单一课程多，内涵丰富的综合课程少。二是重理论轻实践。长期以来，我国的高等教育课程体系突出的问题是学科课程和必修课程模式主宰着课程结构，人才培养模式机械单一，并且受这一学科型人才培养模式的影响，授课模式主要以传授理论知识为主，课程的实践环节相应地受到忽视。

2. 民办高校课程体系的基本特征

各专业的课程结构受公办高校的影响。民办高等教育恢复发展以后，很大一部分民办高校的发展受到公办模式在管理、科研、教学等方面的影响。由于公办高校受到我国集权体制的制约，在专业建设中的课程结构比较单一，同一专业的课程设置大体相同。民办高校，尤其是实行普通教育的民办高校，很大程度上受到这种状况的制约，有的甚至直接搬用公办高校的课程设置模式，导致课程体系比较单一的情况。但是，毕竟有着灵活市场机制，一部分民办高校走出公办高校的课程体系，开设了许多面向市场的新型实用性课程，可谓是一个亮点。

当下民办高校课程体系也有两个特征：一是实用性课程占优势。能够招到学生和学生毕业后能够就业是民办高校生存发展的重要内容，因此，民办高校的专业设置必须是热门专业，市场对于这些人才有着强烈的需求，这一点在民办高校发展初期尤其明显。这种专业与课程设置的市场机制模式导致了民办高校课程体系中实用性课程、应用性课程占据绝对优势的状况，表明民办高校的人才培养目标的功利性、实用性、职业性的价值取向。二是通识性与基础性课程比例偏小：由于民办高校的功利性与过度依赖市场机制调节，通识性课程与基础性课程在其课程体系中的比例较小。虽然教育部在专业调整中强调"宽口径、厚基础"，但是对于民办高校而言，这需要一个转型时期。在大多数民办高校中，哲学、历史学、文学、经济学、数学、物理学等这些通识性、基础性学科专业是非常少的，相应的课程也是很少的。从市场角度分析，民办高校的通识性课程与基础性课程建设薄弱是自然适应的结果，但是却违背了人的发展的基本规律。

例如，人文主义课程在民办高校课程体系中是缺乏应有的地位的，许多文史哲类的课程都很难得开出，然而，人文主义课程对于通识教育的实施是非常重要的；基础性课程由于耗资巨大，成本高，对于学生就业的影响不明显，民办高校自然不敢也不想问津基础性学科、专业与课程。通识性与基础性课程的缺失让我们看到了中国民办高校教育的不平衡性与狭隘性。

3. 公、民办高校课程体系的比较

从上述公、民办高校课程体系的特征分析可以看出，民办高等学校课程体系不平衡比较严重，一方面可能是民办高校的发展历史较短，受到市场机制的制约；另一方面可能是受到传统公办高校的影响，由于有许多民办高校的领导、学科带头人是从公办高校过来的，其中肯定会受到公办模式的影响。通过公、民办高校的课程体系的比较，这种不平衡性主要表现为：第一，民办高校课程体系中学术性课程少，职业性课程多；第二，民办高校课程体系中基础性课程少，应用性课程多；第三，民办高校课程体系中通识性课程少（尤其是人文课程少），专业性课程多。民办高校在课程体系建设中，必须根据教育基本规律与自身的定位，寻找发展的主动空间，摆脱课程体系建设中被动、适应与迎合的尴尬局面，平衡处理好上述三个关系。

三 现状与问题二：高等教育大众化与民办高校课程体系的关系

1. 大众化教育对课程体系影响

高等教育大众化时代的到来给长期处于统治地位的精英教育带来了巨大的冲击，它不仅仅是高等教育规模、速度与数量的变化，它必然会从外在的规模的扩张引发高等学校管理理念、目标与模式的转变，引起大学组织与行为的转变，最终引起教育知识价值与社会文化层面的转变，走向文化的大众化。从这个意义上，高等教育大众化不仅有了制度与组织的保障，而且有了文化层面的保障。实际上，大众化已经引起高等教育在人才的培养目标、教育质量标准、教育价值的取向等方面发生重要的变革。

高等教育人才培养目标的转变受到大众化过程中教育价值转变的制约。在西方各国的高等教育大众化进程中，由于科学技术与政治经济的发展，大学从过去那种追求博雅教育、追求内在精神享受的价值观念中走出来，功利主义与实用主义极大地推进了高等教育的大众化。但是这种功利主义与实用主义的价值观是片面的，在它们的指导下，教育让人成为政治、科技以及经济的工具，脱离了人性的追求，大学的传统价值观念湮没在大众化的浪潮中。前车之鉴，我国的大学应该在大众化过程中极力保持大学的传统人文价值与人文精神。

大众化要求高等教育走向开放，目标发生转变，作为教学载体的课程体系必须进行重构。首先，课程价值目标要适应功利主义与实用主义的价值追求，也要保持高等教育的人文主义功能，科技实利主义与人文精神同存。其次，课程体系要适应高等教育大众化过程中多样化的特征，课程内容、结构多样化，适应多种需求，在结构上具有弹性，内容上具有包容性，不能一概地排斥功利性的课程内容，也不能一概地保守大学传统主义的圣地，要求课程体系走向开放。最后，课程体系中要融入文化性的内容，这种文化性的内容实则与通识性的内容在某种意义上是一致的。高等教育大众化须提升到文化的层面上来，最终才能反作用于高等教育的大众化，才能避免将大众化简单的视为功利主义和实用主义的历史重现。

2. 大众化背景下民办高校课程价值走向

民办高等教育自恢复发展以来，在规模、速度上发展很快。据教育部提供的数据，截至 2003 年年底，全国有经批准的民办高等教育机构 1277 所，全国万人民办大学已经有 20 多所，全国民办高校在校生（注册生）181.4 万人，其中 173 所民办普通高校的在校生达到 81.3 万人，在校生已经占到全国普通高校在校生 1108.5 万人的 7.31%。因此，民办高等教育已经成为我国高等教育大众化的一条重要途径，是促进高等教育走向竞争与繁荣的生力军。

但是，在中国高等教育大众化道路上，民办高校的招生被安排在最后一批，生源质量比较差，培养目标也是根据学校定位与生源状况而定，相应的课程体系必须适应民办高等教育承载大众化的培养任务，做出调整与变革。首先，课程体系必须适应大众化的价值观念。民办高等教育在大众化思潮的冲击下，课程体系不能仍停留在精英时代的价值取向，必须从精英主义的圣坛上走下来。实利主义的价值观在一定的时期内可以促进大众化的进程，民办高校课程体系做出这种调适是必要的——满足学生与家长的职业追求的需要以及适应现代社会经济转型的需要，但是，民办高等学校的这种调适具有阶段性，长期用这种实利性的课程体系培养出来的人才是危险的，缺乏人性的，因此，从长远来定位，课程的价值仍必须回归到人本的位置上来。其次，课程体系建设必须适应生源基本特征。传统的过于强调学科知识与学术性的课程体系必然会超过学生的学习能力或者学习负荷，学生难以接受，不仅需要转换教学模式，而且还需要转换内容与知识体系，最后需要落实到课程的层面上来。某著名大学有一个二级学院（教育部已经要求这类学院走独立学院模式），其任课教师有很大一部分来自本部，有教授反映说，在本部上课只需要一句话学生可以明白的内容在二级学院讲三句学生还不一定能够听懂，当然这涉及课程性质、教学模式、内容体系以及教材等方面的原因。但是，这里也很明显地告诉我们因材施教的重要性，课程体系的转换显得十分必要而且重要。最后，课程体系适度服从市场机制。市场的需求很大程度上反映了学生与家长的需求，这是中国家长实利主义取向的一个重要方面。在民办高校中，大多设置了诸如市场营销、金融会计、国际贸易、外语、文秘、建筑、新闻、证券、电工电子、计算机、旅游等相关的专业，这种专业体系下的课程结构必定会包含着实用、实惠的知识。一些人文课程也被"市场化"，被演变成适应市场就业的适用性课程。这种服从走向极端以后，导致学校办学理念肤浅，缺乏大学的精神与历史的责任感，大学的实质内涵将会迷失。

四　事实与价值之间：民办高校可能选择的价值基础、课程目标、课程设置、课程内容与结构分析

1. 民办高校的人才培养目标

民办高等学校要保持健康持续发展，进行科学的人才培养目标的定位是一个首要问题。根据我国民办高等学校起步晚、力量相对薄弱以及发展过程中趋于实利性的历史，民办高等学校大多以培养适应社会多元化、多层次就业的实用型人才为主要目标。根据发达国家的经验，应用型人才与高级研究人才之间的比例应该是 4 : 1 或者 5 : 1，而当前我国的应用型人才的数量与质量还远远不能适应社会、经济发展的需要，民办高校走应用型培养模式，为国家培养大批的在生产、服务、管理第一线的高级应用型人才是时代的需求，也是民办高校自身生存发展和走向强大的正确选择。

不可否认，这是一种基本的定位。部分实力强的民办高校可能会走向教学研究型大学甚至研究型大学的道路，因此，在个体层面上，民办高校仍须根据自身的实际正确定位。

2. 关于民办高校课程体系的价值基础

很显然，中国民办高校课程体系的价值取向是趋于功利主义与实用主义的，课程价值主要是适应实利主义的价值追求，很少能融入高等教育的人文主义功能。这已经从社会、政府和市场的层面得到了印证。第一，市场的压力。市场是趋利的，这是市场价值的一个基本特点。民办高校为了生存发展，从课程专业的设置、收费制度的选择、内部管理改革的效率目标等都有自我生存发展的外驱力推动。从课程体系的目标追求上分析，就是要用实用的知识去培养实用的人才，而这个培养的过程也不乏实利主义的模式。从关于民办教育营利性问题的探讨到《民办教育促进法》的出台，可以看到民办教育的趋利性的现实与发展困境，市场的竞争压力驱使民办高校的课程体系沿着实利主义价值取向进行改革。第二，政府与学术定位的偏颇。政府希望民办高校的发展培养实用型的人才，甚至将民办高教定位在高等职业教育的层面，在学术层面，如《高等教育研究》，将高职与民办高等教育作为一个栏目。一方面，这种定位上的偏颇可能导致实用主义、近利主义成为民办高教培养目标的一个取向；另一方面，这种定位会影响民办高等教育的人文主义价值取向的形成。第三，社会需求实用型的人才。当前的劳动力市场也具有深刻的实用主义倾向，要求学生一毕业就能拿得起工作，录用人时要看学生的能力。这本无可厚非，但是学校里的学生在校期间拼命地考证：会计从业资格、旅游从业资格、外销员考试、律师资格考试、注册会计师考试；计算机与英语等级考试以及驾照；等等，许多学校课程也往往受到这些考试的影响，课程的基础不够厚实，导致学生在校期间没能很好地掌握基础知识。第四，是生存还是停滞？民办高校课程体系是培养人才的重要载体，民办高校培养实用型人才、适应社会经济发展的需要的定位是正确的，但是我们必须认真审视实用型人才的知识结构，不能简单地认为实用型人才即为掌握技术、具备职业知识与技能的人。在课程体系的设置中，必定要根据教育的类型进行相应的人文教育，有通识性课程资源提供给学生学习。即使是职业教育定位的民办高校，也应该有职业道德、职业文化、企业家精神之类的课程设置。民办高教价值取向走向何方？是生存还是停滞？是诉求单一地科技实利主义还是科技实利主义与人文精神同存？

3. 民办高校课程体系设置

第一，民办高校课程体系的改革必须具有准确的定位，外部强大的实用性渗透必须要有内在的大学自主发展理念下的人本文化去平衡，这是民办高校在课程体系改革中首先要明确的重要思想，同时，在课程建设中要融入科学客观的教育理念。这是指导民办高校课程设置的基本思想与原则，是课程设置的依据与出发点。第二，明确的教学方式。民办高校的教学方式受制于生源质量相对较差的状况，其课程体系适应民办高校学生学习的方式，教师的授课方式、指导形式也要适应民办高校学生学习方式。第三，课程内容适应培养目标。民办高校课程体系的设置必须明确课程培养的社会目标，重点是要适应市场经济体制下的人才素质与能力的要求。教育是为了培养社会所需要的人才，满足社会的需要，但是教育也要适应人本的需求，这一点在民办高校课程建设中尤其值得注意。课程体系内容要考虑到知识的内在关系与社会、市场以及个人的需求，目标应该体现民办高等教育的多样化特征，人文课程、学术性课程、职业类课程、技术技能性课程、实践性课程等都应该有合理的比例，内容上要考虑学生的实际接受能力与教育目标要求之间的平衡关系。一个课程体系的设置实际上在具体回答"培养什么人"的问题，随着社会发展、人才需求的变化、教育理念的更新，民办高校课程体系的调整既是一个迫切的课题，也是一个永恒的课题。第四，明确的实施要求。民办高校课程体系的实施要求与设施条件要考虑到民办特色，不仅提出教学所必须做到的方面，还要考虑到本课程设置在实施中的民办高校的教学管理、教学设备（施）、组织实施等方面的可行性因素。

4. 民办高校课程内容与结构体系

课程内容是知识学习与能力培养的载体，应能体现时代发展的要求。民办高校应该将课程体系与特定人才的培养及就业需求结合起来，形成市场导向、用人单位导向的教育思想，适应我国中低层专业技术岗位的人力资源需求，民办高校应该注重能力培养，使学生在走上职业岗位后能充分发挥作为，为开发卓越职业生涯打下扎实的基础。这是民办高校课程实用性的一面，民办高校无法超脱这个阶段。同时，通识性教育、人文教育是民办高教不可或缺的重要部分，民办高校要充分考虑加强文、史、哲类课程建设，加强数学、物理学、化学等学科性课程的建设。目前，民办高校课程建设中这部分课程的建设比较薄弱，没有这些基础性课程的建设，实用性课程的水平是难以提高的，人的品性的培养也是失衡的。

课程体系围绕教育目标进行划分模块。从结构上分析，民办高校的课程体系主要包括以下几个板块。

专业类课程：主要包括基础课程、专业基础课程、专业课程等，专业课程是更具有直接性、职业性、功利性的课程。首先，民办高校课程体系中的专业课程指向培养学生合理的专业知识结构，培养实用型专业人才，体现实用主义的价值。基于某一学科专业的某一组课程群中，实用课程较多，如在国际贸易专业中，贸易实务、商贸谈判技巧、进出口业务之类的课程多，而像作为贸易专业基础理论的区域经济理论、区域贸易理论是很少的；再如心理学课程群中，心理咨询、管理心理学、社会心理学等应用型的课程多，而像心理学基础、心理学文化史等课程却相对较少。其次，专业课程受到传统学科知识体系的影响，沿用公办大学课程体系的模式，注重知识的文本性，忽略知识作为一个过程的概念，忽视实践性专业课程建设，专业知识成为单薄的、平面的知识，缺乏立体感。"课程连续统一体"是一个具有启迪性的概念，是指"由不同课程模式依据其内在的逻辑关联和层次递进关系所形成的链式结构的课程体系"，民办高校的课程体系必须走出这种断裂的、缺乏紧密逻辑与关联的以及静态的构建框架，变传统的职业性的专业教育为基础性的专业素质教育，从而从根本上支持宽口径要求，实现真正实用的专业人才培养目标。

通识课程：这是当前民办高校需要这种建设的一个课程板块。学术性课程、人文课程、方法类课程以及外语计算机课程等是实施通识教育的显性课程，同时大学精神、物质与制度层面也需要纳入到通识教育课程的层面上来，如学校建筑、校园环境、学生间的交往、师生间的关系、校风、办学方针、教学观念和教学指导思想等。目前，物质与制度层面上的建设在资本注入模式发展起来的民办高校中相对较好，但是大学文化核心课程——一种批判现实、承载社会历史责任、开拓创新的大学精神仍相对欠缺，学术性课程在其中具有重要功能。所有这些层面可以纳入到课程建设的高度上来（人们称之为通识课程中的隐性课程）。通识教育隐性课程门类众多，其中部分课程的通识教育作用明显大于其他课程，有人称这类课程为通识教育主导隐性课程，它主要包括大学的各种讲座、课外阅读、社团活动和社会实践等。因此，通过通识性课程体系的建设，提升民办高校的通识性、人文性教育，真正培养文化素养高、个性张扬的合格公民。

特色课程：这类课程主要是一些校本课程以及地方性课程。这些课程是根据民办高校自身的专业课程特色进行建设。如浙江树人大学的茶文化研究课程、家庭教育文化课程，浙江大红鹰职业技术学院中的"诗文与修养"、"企业家之路"以及"高新技术概论"等都非常有特色。同时，特色课程还必须瞄准地方经济与文化，开始职业性、技术性、技能性的文化课程，不仅起到对专业教育的补充作用，也可以很好地起到通识教育的作用，是专业教育与通识教育的一个良好结合点。

上述的课程结构板块与传统的或者说公办高校的情况差异不大，但是作为课程群或者单一课程来分析，它们是具有民办特色的，各种课程构成比例上的差异（主辅修比例、通专课程比例、选修必修比例、理论实践比例等）、内容上的差异以及课程本身的创新是民办高校课程体系建设的重要创新点。

五　民办高等学校课程体系改革的途径

1. 课程体系价值取向的多元目标

在与公办高等教育的竞争中，民办高校仍处于不利的局面，适应市场竞争、适应大众化的发展要求民办高校调整培养目标，走多样化、多元化的发展道路，并最终落实到课程体系价值取向的多元化。从宽泛的意义上理解知识，除了传统意义上的文本知识以外，知识可以被理解为一个过程。课程体系的逻辑关系走向动态化，重视实验实践课程的建设，从某种意义上理解，与教育走出应试教育，走向培养学生的素质能力是相一致的。这是一个文本课程活化的过程。民办高等学校的课程体系在充分利用市场机制、内部灵活弹性机制改革课程体系，调整人才培养目标。同时，课程体系的建设须兼顾学生的就业问题，课程体系必须包含一些职业性课程，满足学生为职业生涯做准备的要求。另外，民办高校课程体系还要接受社会、政府、市场等维度的影响，同时保持民办高教遵循教育规律的一面，适应人性发展的需求，建设人文课程。

2. 通专课程结合，加强课程开发

从上面的分析已经看出，专业教育的极端会走向功利主义，通识教育

的极端会走向过于高雅的教育，所以，课程建设必须是通专课程兼具，这实际上是所有大学的共识。但是，民办高校应该顺应现成的专业教育现状，必须在专业教育巩固的同时，加强通识教育课程的建设。另外，课程体系建设过程中加强地方性、校本课程以及特色课程的开发是民办高校发挥特色的一条重要途径。

3. 网络课程资源补充

由于民办高校的课程资源受到现成师资力量较少的制约，导致课程体系的类型结构、层次结构的不合理。一是实用性、技能性、职业性的课程资源比较丰富，而文化性的课程资源较少；二是精品课程、高水平的课程比较少。民办高校必须充分考虑到平衡课程结构体系的现实意义，在现有师资力量的情况下鼓励教师多开课、开好课，平衡课程体系的结构，适应人的发展过程中的多方面需求。同时，引进优质网络课程资源来补充课程数量、优化课程体系的结构仍是一条重要途径。

4. 学术课程与隐性课程建设的加强

大多数的民办高校定位于教学型大学，以传授知识、培养能力为主，在科学学术研究方面很薄弱。从大学的教学、科研与社会服务的三大基本职能上来看，缺乏科研的大学是肤浅的。这种状况也可以从课程体系上反映出来——学科知识性课程少，学术课程少。科研与教学之间存在本与源的辩证关系，这里不想细析，但是重视科研，创造学术氛围，树立大学批判精神，在课程改革层面上要求加强学术性课程的建设，如数学、物理学、经济学、生物学等。这些课程需要大的人力物力的投入，但是这不能成为民办高校回避这些课程的理由，民办高校中的职业性、技能性、实用性课程必须有这些学术性课程来支撑。同时，民办高校须加强隐性课程的建设，来补充显性课程的不足，将学生培养成既具有思想文化性、又具有较高素质能力的实用型人才。

附记：同事周朝成博士参与撰写此文，发表在西安外事学院《民办教育研究》2005 年第 3 期。2011 年，本人应邀约稿再就相关问题深入研究，在《黄河科技大学学报》2011 年第 1 期发表《课程改革是民办高校人才培养模式改革的核心》一文。

师资队伍建设：民办高校
可持续发展的根基

我国民办高校的教师队伍主要由三部分构成：一是退休教师，即在公办高校从教学科研一线岗位上退休后，来到民办高校任教的。这部分教师从事的专业学科齐全，大多数具有高学历、高职称，是民办高校师资队伍的主体。二是兼课教师，主要是公办高校在职教师或企、事业单位科技人员到民办高校兼课的教师。三是社会招聘教师，主要是指民办高校面向社会招聘的大学毕业生和具有高学历的年轻教师。从实际情况来看，当前许多民办高校仍然实行以外聘为主的教师队伍建设体制，尤其是办在大城市的民办高校，这个比例非常高。这种教师队伍建构情况，为民办高校的可持续发展带来了许多不稳定的因素，主要表现在以下几点。

1. 外聘退休教师的资源日益稀缺，并且适应新需求时易反应"失灵"。自1999年以来，国家加快了高等教育发展的步伐，连续多年的高校扩招，加剧了教师不足的矛盾，不少高校教师队伍出现了青黄不接的危机。为克服教师不足的困难，许多公办高校也采取一些政策吸引退休教师留校任教，或推迟了部分优秀教师的退休。在教师资源全面紧张的压力下，优秀老教师也日益难聘。并且现在的民办高校规模都比较大，教师动辄需要数百人，有的甚至上千人，外聘教师资源日趋紧张。

另外，在民办高等教育的"初创阶段"，由于当时实施精英教育，公办学校的退休教师在民办高校任教，总体上是适应的，教学质量能够得到社会的认可。然而，时至今日，情况已经发生了很大的变化，高考录取已经分为5个批次，单就生源的文化基础而言，民办高校与公办高校之间差距总体呈现拉大的趋势。近几年来，许多民办高校从实际出发，在办学过程中正确定位，确定了不同于公办高校的人才培养方案。教学的对象变化，培养的目标不同，人才的类型各异，势必引起教学理念和方法的变化。面对这些情况，许多退休教师原有用于公办高校的教学方案和经验失灵了，原有知识结构也显老化，观念上也慢慢呈现出与现实脱节的状况。同时由于条件的限制，也难以花费很多精力去研究学生，研究教学。由于"教"与"学"难配合，教师厌教、学生厌学情绪时有出现，课程不合格率大幅上升，教学效果每况愈下，提高教育质量难度很大。

2. 兼职教师队伍流动性强、稳定性差，专业建设和规范体系难以保证。聘用兼职教师是民办高校发展初期节约开支、降低办学成本的有效手段。调查显示，近80%的民办高校中，兼职教师占到师资队伍的70%左右。兼职教师比例过大，容易带来很多负面影响：（1）教师流动现象过于频繁。由于大量教师主要靠外聘，有时出现了叫不应、来不了、管不到的混乱局面，教学不稳定因素太多，教学秩序受到冲击，常规教学的考核困难很多，教学管理难度很大，对教学改革就更难寄予希望。而且，某一教育思想的形成，良好习惯的培育，高尚情操的陶冶，需要很长一段时间，如果教师的调换现象严重，极不利于学生的发展。（2）教育的功利现象严重。大家为了保全各自的饭碗，往往重视外在的显性的分数教学，应试考试特点十分突出，很容易忽略学生隐性的素质教育的培养。（3）教育肢解现象显现。多数教师往往只考虑自己的科目发展情况，各走各的道，各唱各的调，整体协调性太差，衔接度不够。（4）专业建设和课程规范难以建立，教学质量无法提高。对于民办高校来说，其中心工作是人才培养，需要从专业设计、课程规划和课堂教学等一系列具体的系统工作来实施，需要教师的大量投入。而外聘公办高校的兼职教师，在公立高校都有自己的一份工作，民办高校的教学工作只是他们的兼职，其工作的稳定性和教学的责任心必然会受到一定的影响。过多地依靠外聘教师，专业建设工作浮于表面难以落实，课程架构和内容改革也难以展开，甚至许多教学的基本制度都难以健全。有些专业架构照搬公办高校，课程内容陈旧老化，教学过程难以规范。在这种"宽松"的环境中，人才培养的质量难以提高，毕业生缺乏市场竞争力，社会认可度低，学校难以做到可持续发展。

3. 社会招聘的年轻专职教师，教学经验和实践能力都显不足。目前，民办高校吸引高学历青年的能力不足，民办高校教师的社会地位、实际待遇、社会保障，尤其是职业前途、发展前景，大家普遍觉得不如公办高校，因而这一层面的教师在民办高校所占的比重确实很少。即使吸引了一些年轻的大学毕业生来校任教。但也还有一些问题亟待解决：比如，虽然年轻的专职教师具有发展潜力和青春活力，但学术水平和教学水平都有待提高；另外，由于他们长期在高校接受教育，所受的实践技能训练较少，实践能力显得严重不足，这影响到民办高校对学生实践能力的培养。精良的教师队伍是支撑学校的脊梁，是保证教学质量的关键。很多民办高校的教学质量提不高，效益上不去，很大程度上与教师队伍的建设有关。

当前民办高校的教师队伍建设，要着重抓好以下工作：

一是制定规划，明晰教师队伍建设的基本思路。加强民办高校教师队伍的建设，从董事会到校院系领导都必须高度重视，真正确立人才兴校的思想。从民办高校可持续发展的战略高度，统一对加强教师队伍建设的认识，把其纳入学校工作重点。同时，要根据学校的发展目标，制定好规划，明晰教师队伍建设的基本思路，进行全校统筹。根据学校的办学定位、培养目标等实际情况和条件，科学、合理地确定教师队伍的结构和专、兼职教师的比例，确定教师队伍建设的重点，提出实施的措施和步骤等。当然，一所学校需要多少教师，专、兼职教师的比例如何确定，这要从学校的实际出发，不能一刀切。工科院校与文科院校不同，公共基础和专业课程也不一样。另外，区域位置也是一个重要因素。一些民办高校处在高校较为集中的大城市，聘任教师较容易些，专职教师相对可以少一些；而在一些中小城市，由于教师资源较少，则专职教师队伍的比例可以相应大一些。应从实际情况出发，在教学上保证基本平衡，满足教学需要。另外，各校要明确专职教师队伍建设的重点学科、专业、职称和学历等，提高针对性和有效性。

二是发挥机制优势、完善考核制度，加强外聘教师队伍的管理。民办高校是市场经济的产物，外聘教师既可以降低办学成本，克服人员统包的负担；有时又能应社会所需，较好解决学生应用型能力培养的问题，也是民办高校理性的选择。事实上，许多民办高校在初创时期注重办学质量，注意选聘那些既有经验又有责任心的外聘教师，使得民办高校的教学工作起点较高，大大增加了社会对民办高校的认同感。因此，建立一支开放式的教师队伍，充分有效地利用社会优质的教师资源，对于增强教师队伍的活力，提高教学质量，办好民办高校意义重大。当前社会优质教师资源相对紧张，这为外聘教师的选聘增加了难度，需要民办高校高度重视。为继续保持民办高校机制优势，首先必须严格把关，保证外聘教师的质量，从入口杜绝不适应教学的人员进入教学岗位；其次，要重视外聘教师的日常管理，加强教学环节的监督和考核，切实保证教学效果和教学质量；再次，要花大力气，建设好外聘教师资源库，不断充实优质教师资源，满足民办高校持续发展的需要；最后，必须采取优惠措施，鼓励和吸引外聘教师安心教学，克服他们流动量大的弊端，建立稳定外聘教师的相关制度。

三是采取积极有效的措施，加快高层次、高职称专职教师队伍的建设。民办高校专职教师建设应当坚持少而精的原则，突出重点，优化结构，重点引进高层次、高学历的教学科研骨干，特别注意采用优惠政策，引进具有硕士、博士学位的中青年高级人才，以胜任教学和科研重任，或者是经过教学和科研的实践具有副高级以上职称和较高教学科研能力的学科带头人和专业负责人，为稳定教学秩序、提高教学质量和开展科研工作提供人才。充分发挥专职教师在教学科研和教书育人方面的骨干作用。在专业建设、课程建设、教学研究、教学改革和学风建设等方面，专职教师应承担更多更重要的任务，使深化教学改革和提高教学质量的措施落到实处，并且通过对本校教学工作的实践、总结、分析和潜心钻研，探索民办高校教学工作的规律性，制定适合于自身的教学方案，逐步形成自己独特的教学风格和教学特色。学校也要注重师德师风建设，关心专职教师的进修提高，营造浓郁活跃的学术氛围、和谐的人际关系，改善他们的工作条件和生活待遇，激励他们脱颖而出，为成长创造有利的环境，使之成为学校稳定教学秩序、提高教学质量、凸显办学特色、创立学校品牌的中坚力量。

四是团结协作，专、兼职教师取长补短并有机结合。民办高校是国家整个高等教育事业的重要组成部分，就任教性质来讲，在民办高校与在公办高校没有什么差别，都是为社会培养现代化的建设人才，没有专职、兼职区别，只要是教师就应该树立严谨求实、爱岗敬业的良好风范。当然，与公办高校相比，民办高校有其特殊性，作为民办高校的教师，在工作中需要花费更多的心血，要用特殊的思维、思路和方法。既要遵循教育的基本规律，也要有一手处理特殊问题的能力，对民办高校的学生要敢于教更要善于教。另外，民办高校专、兼职教师应相互尊重，相互学习，取长补短。民办高校专职教师要虚心肯学，特别是要学习外聘教师中优秀的教学成果和丰富的教学经验。现在许多民办高校的专职教师都是来自高校的毕业生，他们年纪轻、肯钻研、观念新、有闯劲，不足的是对教育规律掌握得不够，理解不深，缺乏教学实践的锻炼，而外聘教师正可以提供这方面的借鉴。民办高校要抓住这个机会，让专职教师拜外聘教师为师，跟班听课，虚心求教，不断充实、提高自己。而兼职教师也要注意到专职教师的长处，注意吸取和运用专职教师对学生和教学研究的成果，努力改进教学工作，共同提高教学效果。

附记：本文发表在《中国高等教育》2006年第8期。

民办高校开展学位与研究生教育
试点的若干问题研究

摘　要：提出我国在实施高等教育大众化进程中应借鉴国外的经验，积极而稳妥地在民办高校开展学位与研究生教育的试点工作，培育学位与研究生教育的新资源，拓宽发展学位与研究生教育的途径，提升民办高校的办学层次，加快学位与研究生的人才培养，为全面建设小康社会提供更多的高层次人力资源。论证了民办高校开展学位与研究生教育试点工作的可能性、可行性，对试点工作中的一些问题进行初步的探讨。

关键词：民办高校；提升层次；加快发展；学位与研究生教育；试点

2005 年 3 月，教育部颁文批准 15 所民办高校升格本科院校，加上已有的 9 所，我国民办本科院校已经达到 24 所。至 2005 年 3 月，我国已有民办普通高校 226 所，其中本科院校占 10.5%，这是民办高等教育恢复办学后的重大进展，表明我国高等教育的发展方式将发生重大的转变。教育部副部长张保庆曾指出：今后高等教育的增量部分将主要靠民办高等教育来实现，政府对此寄予很大希望。可以预见，我国高等教育将逐步从单纯的规模发展向规模和质量并举转变，从以公办高校为主向以民办高校为主要增长点、公办与民办高校共同发展的格局转变。

随着民办高等教育规模的发展，民办高等学校对提升办学层次的呼声越来越强烈。高等教育大众化的不断深入，也对民办高等学校提升办学层次提出了要求。当前主要的呼声是要求加快发展民办高校升格本科的步伐、扩大民办高校的办学空间问题。民办高等学校举办研究生教育的问题，从目前来看似乎还不是那么迫切，但是，随着高等教育的发展和民办高校办学实力的增强，民办高校举办研究生教育是我国高等教育发展的必然趋势。因此本文仅仅讨论民办高校开展学位与研究生教育的试点工作问题。

一

在中世纪现代大学基础上所衍生出来的学位与研究生教育已有数百年的历史，我国也已经开展了近百年。学位与研究生教育，是高等教育的最高层次，是培养高层次专门人才的主渠道。以《中国现代科学家传记》中记录的 676 位成就卓著、国内顶级科学家作为样本群加以分析，676 位中国现代科学家中，取得博士和硕士学位的共有 484 位，占总人数的 70% 以上，这说明学位和研究生教育在高层次人才培养中的重要作用。正因为此，20 世纪 90 年代以来国际高等教育的层次结构大多以学士级以上学位为主。有统计分析结果显示，美国、挪威、丹麦、以色列、捷克等国，虽然学士层次占在校学生的比例在 50% 以下，但是学士及其以上层次的已经占了在校学生总数的 59%—90%。[①]

表 1　　　　　　　　　676 位科学家的学历层次分布　　　　（单位：人，%）

学历	专科以下	学士	硕士	博士	总数
人数	33	161	95	387	676
比例	4.9	23.8	14	57.3	100

资料来源：卢嘉锡：《中国现代科学家传记》（1—6 册），科学出版社 1992 年版。

发展学位与研究生教育，已经成为应对日益激烈的国际竞争的重要发展战略。当今世界，知识经济日新月异，科技进步突飞猛进，以经济为基础、科技为先导的综合国力竞争日益激烈，这种竞争的核心说到底是人才竞争。人才资源的开发，已成为各国经济和社会发展的战略制高点。我国虽然是一个人力资源大国，但还不是人才资源强国。我国每百万人口中科学家和工程师的数量只相当于美国的 1/9，日本的 1/10，韩国的 1/4。20 世纪 90 年代初期，美国每千人中的研究生人数为 7.6 人，英国为 3.3 人，而我国直到 2000 年也才只有 0.7 人。[②] 仅有 4600 万人口的韩国，每年的研究生录取总量超过 10 万人，2002 年研究生在校人数达到 26.2867 万

---

① 陈中原：《教育结构缺陷影响教育大众化进程》，《人大教育学》2000 年第 6 期。

② 路甬祥：《认真落实人才强国战略　加速培养高素质人才》，中国科学院网站，http://www.cas.cn。

人，同期我国研究生在校生为 50.1 万人，我国人口是韩国的近 30 倍，但研究生在校生规模不到韩国的 2 倍（韩国研究生的学制比我国要短），足以说明差距之大。

发展学位与研究生教育，也是全面建设小康社会、开创中国特色社会主义事业新局面的需要。21 世纪头 20 年，我国将集中力量全面建设小康社会，这是一项惠及十几亿人口、集政治、经济、文化、社会、生态和人的全面发展为一体的系统工程，任务艰巨而复杂，夯实人才基础，是最基本、最紧迫的工作。发展学位与研究生教育，既是全面建设小康社会的重要内容，又是全面建设小康社会的重要保证。发展学位和研究生教育，增加高层次人才培养总量，为小康社会的建设提供高层次的建设人才，是高等学校应当担负的神圣使命。

发展学位与研究生教育，是保证高等教育协调健康发展的需要。经过几年的努力，我国高等教育大众化已经取得了重要进展。1999 年，国家实施高校大扩招，短短 5 年时间，高校招生数从 284.2 万人增加到 2004 年的 447.3 万人，在校生从 413.42 万人增加到 1333.5 万人，宽口径高等教育在校生已经超过 2000 万人，高等教育毛入学率从 9.1% 提高到 2004 年的 19%。我国已经拥有世界上最大的高等教育规模，但是，我国高等教育的大众化还是初步的，高等教育的质量和档次还不高，人才培养的层次结构还不够合理。从学位方面来说，目前，美国和英国授予学士学位与硕士学位的比例为 2.8:1 和 1.9:1，而我国 2002 年、2003 年、2004 年的研究生招生人数分别为 20.26 万、26.89 万和 32.6 万，[①] 本科与硕士研究生招生数之比分别为 8.1:1、6.76:1 和 6.41:1，并且相对来说，获得硕士学位的比例要比获得学士学位的比例高得多。虽然本科生与研究生招生之比逐年下降，但可以看出与国际高等教育发展相比仍有较大差距。

高等教育经济和明瑟函数的理论研究表明，个人接受教育的年份、层次与个人收益成正比，2003 年不同学历层次毕业生的起薪：专科毕业生为 1307.4 元，本科毕业生为 1501.7 元，硕士、博士分别为 2995.9 元和 2983.9 元。[②] 在电信行业不同学历的年薪水平为：大专以下 24362 元，大

---

① 许为民等：《优化结构，实现研究生教育跨越式发展》，《中国高等教育》2004 年第 24 期。

② 周甲禄、田建军：《"考研热"折射教育结构严重失衡》，《半月谈》2005 年第 7 期。

专 27581 元、本科 45415 元、硕士（不包括 MBA）73745 元和博士 91165
元（详见表 2），① 这说明接受高层次人才教育对个人发展有着非常重要
的作用，据此引起考生对接受研究生教育的兴趣和热情是完全可以理解
的。需求和供给的巨大反差导致 "考研热" 居高不下。近几年的研究生
招生人数虽然每年都有较大的增加，但录取比例实际上却连年下降。

表 2　　　　　　　　　2002—2003 年来我国不同学历平均年薪一览　　　（单位：万元）

学历层次	2000 年上半年	2000 年下半年	2001 年上半年	2001 年下半年	2002 年上半年	2002 年下半年	2003 年上半年
大专以下	2.17	2.01	1.98	2.08	2.19	2.31	2.43
大专	2.90	2.66	2.96	3.01	3.09	3.16	3.23
本科	4.11	3.72	4.24	4.37	4.42	4.48	4.54
硕士	5.37	5.18	6.02	6.18	6.06	6.06	6.61
博士	5.55	4.72	6.77	6.21	5.80	6.26	6.46
MBA	7.07	6.23	8.12	8.28	8.08	7.88	7.68

　　资料来源：孟东军、褚超乎：《我国研究生教育学费标准和实施方案初步研究》，《中国高教
研究》2004 年第 2 期。

　　在我国高等教育大众化的背景下，利用社会力量扩大研究生培养的资
源，开辟研究生教育和学位工作的新空间，是落实人才强国战略，全面实
现小康的重要环节。民办高校开展学位和研究生教育有其特定的意义。首
先，有利于增加学位和研究生教育资源供给总量，弥补公办高校学位和研
究生教育资源的不足，克服目前在一些高校一个硕士生导师带一群学生的
"放羊" 状况，从而扩大研究生教育的规模，提高学位和研究生教育的质
量。其次，可以提升民办高校的办学层次，使我国民办高校逐步进入国家
高等教育系统的中心，进一步确立民办高校的发展地位。民办高校数量的
大量增加，阵容的不断壮大，必然促使有实力的学校产生提升办学层次的
要求和目标。适当地在民办高校中举办研究生教育，可以鼓舞民办高校的
办学热忱，提高社会对民办高校的认可度，增加社会对民办高校的投资，
从而促进民办高校的快速发展。没有层次上的协调发展，也难以形成协调
的共同发展格局。再次，可以服务于民办高校师资队伍的建设。当前我国
民办高校提升办学水平的关键在于师资队伍建设，近几年来许多高校都加

　　① 课题组：《高校毕业生就业现状》，《中国教育报》2003 年 10 月 8 日第 8 版。

快了专职教师队伍的建设，但是，限于目前体制障碍，民办高校教师的引进、培养和提高遇到了一些困难。在夹缝中求生存、谋发展的民办高校，多年来在贴近社会经济发展需要办学、探索新的学科（专业）人才培养方面做了大量工作，许多学科成为人无我有的独创专业，这些专业的人才质量提升遇到了师资水平的制约。举办研究生教育，也是解决民办高校师资培养的一个有效途径。最后，还可以促进我国学位和研究生教育培养体制的改革，增加我国学位和研究生教育培养的活力，促进培养水平和培养效益的提高，同时增加学位和研究生教育的办学经费。我国教育经费紧张，单一依靠政府财政举办研究生教育的投资体制，事实说明是难以支撑的。

二

民办高校举办学位和研究生教育，从现实的情况来看也是可行的。

经过 20 多年的发展，民办高校在数量增加、办学质量逐渐提高的同时，已经有一批办学理念先进、办学条件较佳、资金实力雄厚、办学质量良好、社会信誉较高、学科特色明显、发展前景广阔的优秀民办高校，开始崭露学校的风采和高层次的办学目标。有的院校已经有意识地在队伍建设、学科发展和科研工作方面做出规划，如浙江树人大学 2004 年获得近20 项省级以上级别的纵向立项课题，并获得省科学技术一等奖和省科技重大贡献奖各一项，成为获此殊荣的少数高校之一。据了解，也有的院校已经尝试与公办高校或国外高校联合开展培养研究生工作，逐步积累人才培养的经验。笔者以为，只要合理安排，正确引导，加强管理，民办高校举办学位和研究生教育是完全可行的。

在多年的发展进程中，我国民办高校立足市场办学，逐步积累了经验，许多民办高校特色明显，已经形成了自身的学科特色，在当地甚至国内外都有一定的影响。重视市场需求、重视面向一线人才培养，民办高校中许多学科（专业）的开设和应用型专业人才的培养模式，比公办高校要早得多。如浙江树人大学的国际贸易专业，至今已经有 18 届毕业生，在省内人才市场具有较大的影响；该校开设的茶文化专业，属全国高校首创，在韩国、日本等亚洲国家都有影响，教师应邀赴国外讲学、参加相关研讨会，该专业的学生受邀为纪念联合国第四次世界妇女大会召开 10 周年暨中国妇女 10 年发展成就展浙江展区作茶艺表演。在这样一些学科领域，民办高校的办学起步较早、起点不低，办学水平与同类公办高校差距不大。民办高校举办学位和研究生教育，有利于学科的发展和建设思路的拓宽。

从研究生教育的发展趋势来看，高等教育的大众化和多样化，必然促进研究生教育培养模式和类型的多样化。高校扩大招生以前，我国的研究生培养主要是普通硕士，以培养教学和科研人才为主，授予学位的类型主要是学术型学位。学术型学位有学科专业目录对其进行指导。目前，我国学术型学位按招生学科门类分为哲学、经济学、法学、教育学、文学、历史学、理学、工学、农学、医学、军事学、管理学等 12 大类，12 大类下面再分为 88 个一级学科，下面再细分为 300 多个二级学科，同时还有招生单位自行设立的 760 多个二级学科。近几年来，根据高等教育发展的实际情况和社会对人才的多样化需求，我国逐步开展了专业硕士培养工作。专业硕士是我国研究生教育的一种形式。根据国务院学位委员会的定位，专业学位为具有职业背景的学位，培养特定职业高层次专门人才。目前我国有 16 种，如工程硕士、MBA，等等。由于两类硕士培养的目标不同，在入学招生条件、培养方式和学位授予形式上也存在差异。从国外研究生教育的状况来看，专业学位比学术型学位培养要多得多。相比之下，我国专业学位量太少，究其原因主要是我国原来的本科教育基本上是以学术科研型为主，缺乏专业硕士培养的环境。而应用型人才培养恰恰是民办高校的强项，在民办高校举办研究生教育，可以适当侧重专业硕士培养，增加专业硕士培养的数量，拓宽人才培养的思路和途径，逐步改善研究生培养的结构，增强研究生培养的活力，从而推进研究生教育的多样化。

民办高校学位和研究生教育也是世界高等教育发展的重要经验之一。在实施高等教育大众化的进程中，许多国家的公、私立高等学校在办学层次上并驾齐驱，在世界一流大学的阵容中，不乏私立大学的地位和作用。在美国排名前列的高校中，私立大学居多，哈佛大学、斯坦福大学等都是美国著名的私立大学。2001 年韩国有研究生院 945 所，其中私立研究生院占研究生院总数的 83%，另有独立建制的私立研究生院 18 所。2002 年私立研究生院在校生 182282 人，占全国研究生在校生数的 69.34%。日本 1997 年建有研究生院的大学 440 所，其中私立大学的研究生院 285 所，占总数的 64.77%。① 这些国家在发挥私立大学在推进高等教育大众化进程中的作用的同时，注意发挥私立大学在精英教育中的作用，取得了良好的效果。在建设一流大学的进程中，许多在世界高等学校排名居前的私立大学给我们树立了成功的典范。完全有理由相信，我国民办高校也一定能够举办学位和研究生教育，为中华民族伟大复兴做出应有的贡献。

三

举办学位与研究生教育，需要较完备的办学条件和更高的办学水平。从民办高校当前实际情况来看，还有一定的距离。但是，我国高等教育发展的现实和发展趋势，决定了我们必须提前准备，尽快在少量民办高校中积极开展学位与研究生教育试点工作。民办高校必须抓住机遇，加快建设，改善管理，培育要素，在准备过程中狠下功夫。作为新兴的高等教育增长力量，政府应该热心指导，积极扶持，加强管理，采取一些超常规的优惠政策，促进民办高校学位和研究生教育试点工作的开展。

第一，要加强规划。教育部门要根据地区经济和社会发展需要以及学位和研究生教育的总体布局，合理规划本地区民办高校学位和研究生教育工作，避免工作的盲目性，提高试点工作的成功率。要选择一些办学水平较高、社会声誉较好、办学实力较强、学科特色明显的民办高校作为对象，认真研究试点工作的可能性和可行性。科学设计，严格把关，谨慎操作，注意保护他们的积极性，并及时加以指导、帮助制定好学校发展的目标和步骤。

第二，要注意引导。目前我国还没有民办高校获得教育部批准举办学位与研究生教育的先例。如果开展试点，面不宜太宽。总体而言，就绝大多数民办高校来说，当前和今后一段相当长的时期，主要目标还是立足于办好社会需求量大、满足多样化需要的高等职业技术教育，一部分办学条件较好的民办本科院校可以有条件地开展举办学位和研究生教育的试点工作。要采取措施稳定民办高校的办学，鼓励他们立足于自身优势举办同类型、同层次的一流学校。民办高校也应认清形势，正确定位，量力而行，

---

① 　课题组：《建设研究生教育强国的战略研究》，《中国高等教育评估》2005 年第 1 期。

切忌盲目攀高，应该有所为有所不为，根据自身的资源和办学实力，科学地选择发展的目标。

第三，加强师资队伍建设。教师是保证教学质量、培养合格人才的根本。民办高校举办学位和研究生教育，关键还是师资队伍的建设。我国民办高校的教学任务大多依靠聘任公办高校闲置教师或退休教师来完成，这在一定程度上保证了教学质量，同时降低了办学成本。近几年来，许多优秀的民办高校抓住当前招聘高层次教师的有利时机，加快高层次教师队伍建设。在较早获准升格本科的民办高校中，多数学校的师资中副高职称以上教师达40%以上，有些学校具有博士、硕士学位的教师也有了一定的比例，学科建设取得了初步的进展。当然，民办高校专职教师队伍建设有一个过程，在开展学位和研究生教育的试点中，导师队伍的建设应该超前考虑。民办高校应抓住当前有利时机，适当引进一些相关学科的高层次、高学历教师，加快高水平的导师队伍的建设，以保证人才培养的质量。同时建议聘用一部分公办高校接近退休年龄的教授、硕导，发挥他们的示范和帮带作用。希望政府部门允许一部分在本学科领域中有一定影响的超龄老教授经批准在民办高校继续招收硕士研究生。通过努力，逐步走出民办高校开展学位和研究生培养的路子。

第四，加强学科建设和科研工作。我国民办高校起步较晚，24所民办本科高校基本上都是近几年升格的，科研工作薄弱，学科建设滞后，要承担学位与研究生教育，急需改变目前的状态。一是学校领导要强化科研和学科建设的意识，转变观念，把科研和学科建设列入学校重要工作，对学校的办学功能逐步做出调整。二是要夯实基础，逐步建立科研工作的刚性要求和考核指标，引导教师走教学、科研并举的发展道路，逐步积累经验，积极开展科研活动，培育学位与研究生教育的要素。三是要选准目标，重点突破，注意发挥自身优势。在我国早期的民办高校中，部分学校已经具有自身的学科优势和特色，有的已经进入省级重点学科的行列，如浙江树人大学的国际贸易学科，2004年被评为浙江省重点学科，在国内有一定的影响。要选择有自身优势、符合人才培养规律、适应社会需求的学科重点建设，占领学科的制高点。四是要切实抓好本科教育，培植学位与研究生教育的肥沃土壤。本科教育是学位与研究生教育的基础，就一所民办高校而言，开展学位与研究生教育试点工作只能在少量的学科展开，学校工作的主体仍然是本科教育，这是学校人才培养工作的立足点，切不可本末倒置，忽视了本科段教育。成功的学位与研究生教育应该是促进本科教学质量和办学水平的提高，这应该成为衡量试点工作成败得失的重要依据。

第五，加大资金投入。举办学位和研究生教育的条件要求很高，需要加大投入力度，完善办学的设施。要统筹安排学校财力，注意轻重缓急，在确保学校教学工作的基础上，优先安排科研和学科建设的经费，加快教学和科研设施的建设，满足学科建设的需要。教育部门规定的办学条件，反映了人才培养的一般规律，通过努力应争取达标。对一时还不能达到的要制定严密的计划，分步实施。学位与研究生教育对科研设施的要求很高，对此学校要有足够的准备，兵马未动，粮草先行。只有基本条件达到了要求，才能创设人才培养的基本环境，人才培养的质量才有保证。

参考文献

《电信行业薪资水平》，中华英才网，http：//salary.chinahr.com。

附记：民办高校的办学层次应予开放，以激励部分优秀的民办高校确定更高的办学目标。提出民办高校举办研究生教育虽然在当时不具有典型意义，但是却具有很重要的发展意义。本文载于《浙江树人大学学报》2005年第5期，人大书报资料中心《高等教育》2006年第1期转载。

认清形势　发挥优势　促进可持续发展

——第二届中外民办高等教育发展论坛综述

由中国高等教育学会举办、浙江省高等教育学会和浙江树人大学承办的第二届中外民办高等教育发展论坛，5月12—15日在浙江树人大学隆重举行。参加会议的有民办高校代表、民办高校研究专家等共110余人。潘懋元、蔡克勇、胡瑞文、邬大光、菲利普·阿尔特巴赫（美）等中外专家学者出席了会议，中国高等教育学会副会长兼秘书长张晋峰出席了会议并主持了专家报告会。

一

参加会议的专家和代表分析了我国民办高教的发展现状。经过20多年的努力，我国民办高等教育已经有了一定的发展规模，特别是国家实施高校扩招、积极推进高等教育大众化以来，我国民办高教抓住机会，乘势而上，加快发展。截至2005年，我国已有252所民办普通高校，是1998年25所的10倍多，在校生212.63万人，约占全国普通高校在校生的13.6%。办学层次也有了较大的突破，民办本科院校迄今已有25所，民办高教在高等教育大众化进程中发挥越来越重要的作用。国家对民办高等教育的发展寄予期望，穷国办大教育的基本国情和国家经济发展对人才培养的需求，高等教育财政的严重不足和人民群众热切希望上大学的期望，亟须社会参与高等教育的投资，民办高等教育在整个高等教育体系中的比例逐步增加，办学信誉将日益提高。许多专家在对民办高等教育发展形势进行分析的同时，还对未来的发展进行了预测。著名高等教育家潘懋元教授从财政性教育经费、高等教育的巨大需求和世界特别是亚洲私立高等教育发展的实例多方位举证，乐观地认为，未来"如果方针正确，政策落实，当高等教育毛入学率达到30%—40%，全国高校在校生达到4000万时，民办高校在校生可能达到1/2以上"。

美国波士顿学院国际高等教育研究中心主任、著名高等教育研究专家菲利普·阿尔特巴赫认为，以下因素综合表明私立高等教育未来将在全球范围内变得越来越重要：（1）政府没有足够的能力和意愿充分满足社会对高等教育的需求；（2）许多社会对高等教育理念的变迁——高等教育如今更多被视为个人从中受益的"私人物品"，而非使整个社会产生收益的"公共物品"。这种理念变迁的必然结果就是"谁受益，谁付费"；（3）人们普遍认为，政府应该较少干预所有的社会事务，包括高等教育；（4）未来全球高等教育的扩张将可能集中在私立部门。

以上因素在中国同样存在，因此有理由相信，中国民办高等教育将在不远的未来得到快速的发展。

二

许多专家学者在对民办高等教育的未来发展持乐观态度的同时，也对当前民办高等教育发展的环境和存在的问题表示担忧。总体来看，目前的环境还不理想，没有取得独立颁发学历文凭资格的民办高等教育机构大幅减少，已经从2002年的1200多所减少到2005年的1077所，呈现锐减的趋势。民办普通高校的办学自主权也没有得到落实，分类管理进展不快。教师队伍建设的障碍没有得到有效的解决，专职教师队伍建设缓慢，主要依靠外聘教师的局面尚未改变，生源文化素质低，教学和管理难度较大。办学资金紧张，基本设施建设难以到位，生均资源占有率低，影响教学质量的提高。民办高校内部关系的理顺和机制运作也有待于努力。总体来看，民办高等教育在高等教育体系中的弱势地位尚未改变。潘懋元教授从外部环境（招生问题、师生待遇问题、评估问题、行政管理问题、优惠政策不到位问题等）和民办高校自身"成长中的问题（生源问题、师资问题、资金问题、质量问题、办学思想与学校管理问题）"等两个方面进行分析，指出"这些问题未能得到及时、有效解决，导致近年来民办高等教育发展相对较为缓慢"。华中科技大学教育科学研究院副院长别敦荣教授在演讲中指出：当前对独立设置的民办高校的政策限制与政策歧视依然存在。从工作机构看，政府并未将民办高校纳入高等教育的行政范畴，政府管理部门不健全，职能不到位；政府对公办高校和独立设置的民办高校采取的是双轨制的财政政策，民办高校得不到政府的任何补助。独立设置的民办高校发展空间越来越窄，呈现出萎缩趋势。民办高等教育的倒春寒现象为民办高校敲响了警钟。2004 年全国民办高校报到率平均不到 80%，个别学校不到 50%，学生流失率上升。许多基础薄弱的民办高校面临着被兼并或倒闭的命运。投资不足使得独立设置的民办高校发展缺乏后劲，而民间资本的回报与盈利是影响投资信心的关键。投资民办高校的风险加大，有的民办高校因资金链断裂而陷入难以维持的境地。独立设置的民办高校初具规模，但始终游离于高等教育的边缘。从学科专业设置看，所设置的大都是应用性的、投资较少的学科专业；从发展定位看，都是些教学型院校，全国还没有一所民办高校被批准具有培养硕士研究生资格。民办高校进入高等教育的中心还需努力。

三

许多专家和代表认为，面对存在的困难和问题，民办高等教育也不是无所作为的。经过 20 多年的实践锻炼，我国民办高校已经在探索中逐步走出适合自身特点和市场规律的发展之路。实际上，现阶段我国民办高等教育的发展仍有自身的体制和机制优势，如何扬长避短，发掘、发挥这些优势，将压力转化为动力，有所为有所不为，是民办高等教育可持续发展的重要方面。

华中科技大学教育科学研究院副院长张应强教授认为，我国高等教育大众化为民办高等教育提供了发展壮大的空间。民办高等教育与高等教育大众化之间具有必然联系，高等教育大众化的继续推进必然带来民办高等教育的快速发展。高等教育市场化趋势也有利于民办高校的发展。我国民办高等教育发展是适应高等教育市场化而发展起来的，民办高校比公办高校具有更强的市场意识、市场运作机制和市场适应能力，因而具有强大的生命力。中国高等教育学会副会长、原教育部发展研究中心副主任蔡克勇教授认为，由于民办高校都是改革开放以后发展起来的，犹如一张白纸，容易描绘最新最美的图画。民办高校没有公办高校的历史包袱，能够做到轻装前进，跑得更快。别敦荣教授认为："民办高校一无所有，可以根据时代要求，遵循高等教育发展规律，进行办学模式的全面规划和建设。创建新的办学模式。应当紧紧抓住民办机制优势，充分利用民办机制在争取教育资源、人力资源配置、教育活动建构、质量效益诉求等多方面所具有的灵活性、敏感性、快捷性和经济性等优势，建立起比公办高校更有竞争力的管理体制、人事制度和教育制度，使民办高校走上快速、高效、优质发展的轨道。"一些专家认为，由于民办高校主要依靠社会投资和学费收入，很少有政府财政性经费投入，民办高校可以拥有更大的办学自主权，相对于公办高校，具有更大的灵活应变的空间和能力，在高等教育竞争加剧的背景下，能够顺应市场，及时调整自身的策略，贴近市场办学，强化办学特色，做到扬长避短，趋利避害，赢得发展机遇。

四

会议期间，专家们就如何促进民办高等教育的可持续发展建言献策，提出了许多有见地的意见。

许多专家和代表认为，当前我国民办高校仍处于竞争的弱势，要争取竞争的有利环境，加快自身发展，就应该必须找准定位，凸显特色。民办高校的可持续发展的关键是要适应市场，准确定位，强化特色，提高质量，错位竞争。

针对当前民办高校的优势和实际，许多民办高校校长都认为，与公办普通高校以培养学术型人才为目标不同的是，民办高校主要以培养应用型人才为目标。目前绝大多数民办高校的定位都是在高等职业技术教育和专科教育层次上，教学内容、教育形式与课程结构的设计普遍倾向于面向就业市场，注重实践与应用，以提升毕业生的就业率，满足民间经济与社会发展的人才需求。即使已经升格本科的民办高校，仍要发挥优势，坚持高级应用型人才培养的方向，努力为生产、管理和服务一线培养人才。

蔡克勇教授指出：民办高校作为后起的办学形式，要避免与历史悠久的强者在竞争上发生正面冲突，就应该坚持"拾遗补缺"。他指出："拾遗"就是"拾"公办高校之"遗"，"补缺"就是"补"公办高校之

"缺"，提供公办高校所没有提供的"另类选择"。他从香港凤凰台的跨越式发展、美英等国家私立高等教育发展的历程和我国高等教育的现状等，阐述了这种"拾遗补缺"、创建特色对于民办高校发展的重要意义。张应强教授则认为：市场是民办高校发展的基础，民办高校在"计划块"无法与公办高校竞争，但在"市场块"有公办高校想做不能做、能做不屑做的市场，而这一块正是民办高校超越公办高校的有利空间。民办高校能够在市场意识上超越公办高校，在市场运作上超越公办高校。通过瞄准市场，面向市场，跟踪市场，服务市场来解决高等教育与市场的高度紧密结合问题，是民办高校发展的重要策略之一。斯坦福大学经济学博士还在会上介绍了美国阿波罗教育集团的成功案例，启发民办高校走向市场，发挥优势，寻找自身的发展空间。

强化特色，是民办高校可持续发展的关键所在。在高教市场初步形成、高校之间竞争日益加剧的背景下，民办高校办学特点越鲜明，就越容易生存，越容易赢得发展。专家和代表对如何突出民办高校的办学特色提出了许多好的建议，认为民办高校的办学特色，应该体现在人才培养的目标、定位、规格和类型，更要体现在专业的设置和课程内容的优化上。原上海教育科学研究院院长胡瑞文教授列举了当前普通高校专业设置和人才培养中存在的问题，希望民办高校从人才需求的实际和民办高校的优势出发，勇于改革，大胆突破公办高校的学科体系、教学计划、教学大纲，根据市场状况适时调节专业，培养需求面广量大、适销对路的应用性人才。美国波士顿学院教育博士汪卫平就正确处理多样性和同类性的关系，培养既符合大学人才标准又体现学校个性的特色的问题，作了专门的演讲。

浙江树人大学校长朱玉认为，加强民办高校的管理对于民办高等教育的健康发展具有重大意义。当前，国家政府、企业、社会和各个行业部门都十分强调提高管理水平，力求通过管理来节约成本，提高效率，加强效益。现在许多民办高校已经达到万人规模，人、财、物、信息等诸方面的管理量大，头绪多，因此，为了尽早使学校上层次、上水平，提高管理水平就显得更为迫切。针对当前民办高等教育发展中的问题，必须加强管理，努力做到决策民主化，科学化，大力提高管理水平，逐渐形成符合民办大学的管理理念，管理机制，管理方法，整体提高民办高校人才培养的质量和水平。

专家认为，大学毕业生就业问题会对高等教育发展起到重要的导向作用，民办高等教育的发展包括规模扩张和质量提升，都要充分考虑到大学生的就业问题。"十五"期间，高校毕业生在求职总人数中的比例从 2001 年的 8.77% 上升到 2005 年的 14.46%，"十一五"期间预计将升至 20%—25%，随着就业压力的加大，将成为考量民办高校办学质量和信誉的重要指标。日本东京大学教育学院博士、北京大学教育学院博士后鲍威在会上专门介绍了对民办高校毕业生就业情况的研究报告，就如何形成民办高等教育在就业市场中的优势提出了三点期望：一是加强培养学生的实践性、职业性技能知识，更好地适应就业应岗的需要。二是要转变学生的择业意识，加强指导，教育学生务实择业。三是要深化改革，保持教学内容与现实需求变化（第三产业）的一致性，学以致用，适应科技和社会发展的需要。

创设宽松而带有鼓励和支持力度的有利于民办高等教育发展的环境，是政府部门义不容辞的责任。代表和专家呼吁各级政府主管部门从民办高校的实际和高等教育的长远发展出发，更新观念，加快管理职能的转变。原北京市人大常委会副主任、全国民办教育工作者联谊会主席陶西平认为，当前特别是要树立整个高等教育协调发展的大局观念，克服偏见，制定和落实发展民办高等教育的各项政策，规范和促进相结合，引导民办高等教育的可持续发展，最终形成政府办学为主体，公办高校和民办高校共同发展的格局，为全面实现小康和中华民族的伟大复兴做出贡献。

会议还协商讨论了成立中国高等教育学会民办普通高教分会的相关事宜，并达成了一致意见。

附记：2006 年 5 月 12—15 日，为延续首届《中外民办（私立）高等教育发展论坛》的成果，本人仍与中国高教学会合作，在浙江树人大学隆重举行第二届论坛。会议的主题是：进一步推动民办高校人才培养模式的改革，加强民办普通高校之间的交流，促进民办普通高校办出特色、提高质量，实施可持续发展战略。会议邀请了潘懋元、蔡克勇、胡瑞文、邬大光、张应强、别敦荣等许多民办高教研究的专家参会并作报告，参加会议的有国内民办高校代表，日本、韩国、菲律宾、美国等国外专家和我国香港、台湾地区私立高校的校长学者等，共 110 余人。应香港教育学院汪惠平女士的推动，我特别邀请美国著名比较教育研究专家菲利普·阿尔特巴赫参会，为此调整了会议时间。潘懋元先生和菲利普·阿尔特巴赫一道在会上作了重要报告，提高了论坛的规格和层次。此文发表在《高等教育研究》2006 年第 6 期。

我国民办高等教育发展空间深度探析

摘　要：以翔实的数据、从多角度多层面，深入分析中国民办普通高等教育发展的广阔空间和前景，为高等教育大众化和发展民办高等教育提供参考依据。

关键词：中国；民办高等教育；发展空间；前景

一　"十五"期间中国民办高等教育发展的基本状况

"十五"期间，中国民办高等教育得益于国家积极发展高等教育的政策、《民办教育促进法》的颁布与实施，抓住了高校扩招的大好机遇，迅速提高了民办高等教育在高等教育中的比重。表1、表2数据反映了民办高校在"九五""十五"期间的发展轨迹。2000年，全国民办普通高校仅有37所，2005年年底已经达到252所，短短五年时间在数量上增加了近7倍。在校生人数达到212.63万人，比2000年增加了30多倍。此外还有其他民办高等教育机构1077所，注册学生109.15万人。①

表1　1994—2006年民办普通高校建校情况及在校生数、校均生数一览表

年份类别	1994	1995	1996—97	1998	1999	2000	2001	2002	2003	2004	2005	2006
专科/所	4	2	4	4	14	—	52	44	40	55	24	26
本科/所	1	—	—	—	—	—	1**	2	5	0	17	0
累计/所	14*	16	21	25	37	37	89	133	173	228	252	278

---

① 教育部发展规划司：《教育统计报告》2006年第1期。

年份 类别	1994	1995	1996— 97	1998	1999	2000	2001	2002	2003	2004	2005	2006
在校生/万人	—	1.2	1.6	2.2	4.0	6.8	14.0	32	81	139.75	212.63	280.5
校均生数/人	—	772	802	967	1086	1518	1577	2404	4624	***	***	***

资料来源：本表根据历年教育部公布的数据整理，学校数为当年审批数，学生数为当年合计数；

说明：** 1993 年以前，部分省市批准了 10 所民办普通高校，报教育部备案；

*** 黄河科技学院升格本科，后两格数字也是升格数字，总数并不增加；

**** 在校生数已经包括独立学院，校均规模未划分。

表 2 **1996 年以来其他民办高等教育机构注册生状况一览** （单位：万人）

年份 类别	1996	1997	1998	1999	2000	2001	2002	2003	2004	2005	2006
民办高等教育机构	106.4	119.0	—	118.4	98.2	113.0	140.35	100.4	105.33	109.15	93.9
学历文凭考试	5.1	9.4		25.8	29.7	32.1	84.17	100.4	105.33	*	*
其他教育机构	103.3	109.6		92.6	68.5	80.9	56.18	*	*	*	*

资料来源：根据相关年份《全国教育事业统计公报》整理；

说明：* 无区分数据。

"十五"期间民办高校的快速成长和发展，改变了我国高等教育投资体制长期以来由国家财政独家承担的局面，拓宽了高等教育资金的渠道，减轻了国家负担，增加了高等教育的投入，兴办了新的高等学校，扩大了高等教育的资源；缓解了高等教育供求关系严重失衡的矛盾，增加了学生读大学的机会，在一定程度上满足了人民群众接受高等教育、选择高等教育的愿望；增加了高等教育的规格和品种，为社会培养了大批经济建设和社会发展需要的人才；推出了新的办学机制，推动了高等教育的改革和发展。

关于民办高等教育发展问题，在我国政府部门、学术界有着截然不同的观点。其中较为典型的意见是：我国民办高等教育的发展历史短、层次低、条件相对较差。由于公办高等教育系统的实力强大和市场覆盖，在完整的公立高等教育体系外发展民办高等教育，在我国只能是一种补偿性的发展，既不可能像历史上的私立大学，随高等教育的产生和社会需求的发展在漫长的历史选择中形成；也不可能像多数发达国家那样，与公立高等教育在同一起跑线上，在竞争中共同形成国家的高等教育体系。我国完整的高等教育体系已经建立，民办高等教育的发展只能建立在公共高等教育体系无法满足的需求基础上，如此确立民办高等教育投资的目标市场才能真正有生命力。[1] 诸如这样的分析和结论具有较大的代表性，某种程度上甚至代表或影响了政府部门的理念和决策，值得重视。本文认为，随着教育体制改革的深化，随着国家高等教育大众化进程的推进和民办高校办学实力的不断增强，我国民办高等教育的发展空间仍十分广阔，前景将更加光明灿烂。

二、高等教育发展的空间和压力，为民办高等教育发展提供了舞台和空间

贯彻科学发展观、建设和谐社会，全面建设小康，必须大力发展高等教育。

1. 实施科教兴国的基本国策和人才强国的发展战略，必须大力发展高等教育

我国人口众多。2005 年 1 月 6 日，中国大陆人口（不包括香港、澳门特别行政区和台湾省）已达 13 亿。如此庞大的人口如果素质低下，将成为经济发展沉重的负担。贯彻科学发展观，实施经济增长方式的转变，加快产业、产品的升级换代，实现和谐社会的目标，必须坚定不移地贯彻科教兴国的基本决策和发展战略，加快发展高等教育，全面提高人的素质。

党的十六大提出了"全面建设小康社会"的宏伟目标，实现这一惠及我国 13 亿人民的伟大工程，将大大加快我国现代化建设的步伐，同时也对人才培养提出了更高的要求。培养数以亿计的高素质劳动者、数以千万计的专门人才和一大批拔尖创新人才，把巨大的人口压力转化为丰富的人力资源优势，既是建设小康和谐社会的迫切需要，也是高等教育发展所肩负的神圣使命。可见，在今后相当长的时间内，国家仍将快速发展高等教育，以满足建设小康社会对人才的需求。

人力资源又称劳动力资源，是指能够推动整个经济和社会发展、具有劳动能力的人口总和，是全部人口中能以正当理性的劳动创造财富、推动

---

[1] 戚业国：《民间高等教育投资的跨学科研究》，复旦大学出版社 2001 年版，第 12 页。

社会向前并取得相应报酬的那部分人口的总称。现代人力资源管理把人、人力看作资本，是凝结在人体中的能够使价值迅速增值的知识、体力和技能的总和。世界银行对各国的资本存量做过一项统计，提出了"国民财富新标准"，认为目前构成全世界财富的人力资本、土地资本和货币资本三者的比例约为 64∶20∶16，这就是说，人力资本已成为国民财富中最大的财富。我国专家把人的能力分成体能、技能、智能三种，体能以简单体力劳动者为代表；技能以技术工人为代表；智能以高智力劳动的科学家、工程师为代表，研究表明三种不同能力的人对社会的贡献（即社会获得的收益）比例为 1∶10∶100。就是说，一个智能劳动者创造的财富，相当于一个体能劳动者创造的财富的 100 倍。① 我国虽然人力资源非常丰富，但人力资本十分匮乏。发展教育尤其是高等教育，是加快人力资本开发，实现从人才大国走向人才强国转变的根本途径。

2. 发展高等教育也是增强国际竞争力的重要内容

国际竞争力是衡量一个国家或地区经济和社会发展水平和实力的重要概念。目前世界上流行的主要有瑞士洛桑国际管理学院（IMD）一年一度公布的《全球竞争力年度报告》、世界经济论坛（WEF）发布的《全球竞争力报告》（GCR）、由世界银行（World Bank）发布的《世界发展报告》（WDR）和由联合国计划开发署（UNDP）发布的《人类发展报告》（HDR）等年度文件。无论何种指标体系，教育都是重要的指数之一，占有较高的权重，成为国际竞争力的重要内容。在以上各种指标中，教育都是影响我国排名靠前的重要方面。

《全球竞争力年度报告》是瑞士洛桑国际管理开发研究院（IMD）发布的主要经济体经济竞争力年度研究报告。据 1999 年度 IMD 全球竞争力报告，在参加排名的 47 个国家中，我国科技竞争力综合排名为 25 位，处于中间位置。从人力资源的数量上看，中国从事 R&D（研究开发）工作的人数在世界排名第 4 位，但是"获得合格工程师难易程度"排名为 47 位（倒数第一），"IT 技术人才的可获得程度"排名 46 位。② 据 2005 年 IMD 全球竞争力报告，按照新的评价标准，中国内地的经济竞争力在 60 个经济体中从 2004 年的第 24 位下降到了 2005 年的第 31 位。IMD 全球竞

---

① 徐颂陶：《努力创立社会主义的人才价值理论》，《中国人事报》2005 年 1 月 11 日。

② 刘茂松、曾坤生主编：《教育产业发展与人力资源管理研究》，中国财政经济出版社2002 年版，第 10 页。

争力报告项目负责人斯蒂芬·格拉里（Stephane Garelli）教授分析："未来在中国内地经济发展过程中，中国的基础建设首先会面临压力。在技术性的基础建设领域，中国的排名非常靠后。举例说，中国在'IT 技术的有效性'这个子项中排名第 59 位；在'工程技术有效性'的评比中则排在了第 57 位；'教育的基础建设'也非常薄弱，'金融教育'尤其缺乏有效性，这一项中国排在了末位；另外，中国缺乏一个有竞争力的、经济发展所需的大学教育，中国在这项排名中位列第 58 名。"① 他认为，能够真正实现竞争力提升的"引擎"是科学、技术、金融、教育等。显然，我国教育发展滞后，劳动力接受教育水平低是制约竞争力的一个重要因素。从这个意义上也可以说，发展教育尤其是高等教育，对提升我国的国际竞争力大有好处。

3. 发展高等教育促进经济发展，是世界经济发展的成功经验

教育和科技发展是制约经济发展的关键性因素。按照传统的收益递减规律，经济增长（100%）= 3/4（劳动增长）+1/4（资本增长）。然而一些研究专家对美国 1948—1984 年实际增长数核算的结果，使传统的经济增长公式调整为：经济增长（100%）= 34%（劳动增长+资本增长）+ 66%（科技和教育）。无独有偶，对日本 1952—1961 年的经济增长进行核算，同样发现技术在经济增长中的贡献率是 66.6%，由于高等教育在知识经济中的特殊地位和作用，自 20 世纪中叶以来，许多国家都将大力发展高等教育作为实施经济增长的关键。目前，发达国家技术和知识的增加占生产率增长总要素的 60%—80%。②

美国分别用两个 30 年（1911—1941 年、1941—1970 年）成为世界上第一个进入高等教育大众化与普及化阶段的国家。到 20 世纪 90 年代中期高等教育毛入学率达到 80.9%。高等教育的持续快速发展，为经济跃居世界首位做出了巨大贡献。1929—1969 年的 40 年间，美国高等教育经费增长了 40 倍，同期国民经济生产总值增长了 10 倍。

以韩国、日本为代表的后发式国家发展高等教育的速度更快。韩国用两个 15 年（1966—1980 年、1981—1995 年），完成了高等教育大众化与普及化进程。1963—1992 年，韩国经济年均增长率达到 8% 以上，成为世

①　邬静娜、屈丽丽：《解读中国内地经济竞争力下滑的真实原因》，见中国经营报网站。

②　张惠芳：《落实科教兴国战略　迎接知识经济时代的到来》，《教育探索》1999 年第 1 期。

界上经济增长最快的国家之一。到 1995 年，人均 GDP 突破了 1 万美元大关；2000 年，韩国 15 岁以上国民平均受教育年限已由 1970 年的 4.9 年提高到 10.8 年，在全球 207 个国家和地区中名列第六，仅次于美国、新西兰、加拿大、瑞典和澳大利亚，在实现经济腾飞中很好地发挥了高等教育的作用。日本也在战后极其困难的条件下加快高等教育大众化，1996 年日本高等教育毛入学率已经达到 67.7%，远远超过了英、法、德等西欧发达国家。日本现代化比英国晚 200 年，比美国晚 100 年，经过 100 年努力，已成为世界公认的第二经济大国，1990 年人均 GDP 超过美国。

以巴西、印度为代表的人口大国在经济和人口双重压力下，其高等教育走出了一条超常规发展的道路。2000 年，印度、巴西的人口分别居世界第二、第五位。巴西用 26 年时间（1970—1996 年）高等教育毛入学率实现了从 5% 到 14.5% 的飞跃。高等教育的大众化为拉动巴西经济发展起到了很大的推动作用。1980—2000 年，巴西 GDP 从 2350 亿美元增长到 5955 亿美元，已进入中上收入国家。在 20 世纪 80 年代中期，印度的高等教育规模就跃居世界第三位（仅次于当时的美国和苏联），1996 年高等教育在校生人数比 1950 年增加了 25 倍，高等教育机构由 780 所增加到 9900 多所，增加了 12 倍。近几年来，印度向中东石油国家输出了 100 万名工程师、教师和医生，并有数万人受聘于联合国组织和世界银行，每年获取上百亿美元的高级劳务外汇收入。通过发展高等教育培养高层次人才促进了自己的经济发展。[①]

从各国的经验不难看出，发展和普及高等教育，促进和培育人力资本快速积累，是经济迅速增长的重要推动因素。在现代经济增长条件之下，人力资本积累成为可能，同时人力资本积累又为经济增长创造了条件。在人力资本积累与经济发展的相互关系上，人力资本的发展一般先于经济的发展。而后发展国家相对于先行国家，更倾向于创造有利于推进经济结构和社会发展阶段变迁的教育条件和人力资本条件。[②]

4. 从客观和需求上分析，我国高等教育仍有广阔的发展空间

经过几年的发展，我国高等教育的规模有了较大的增长。但是相比世界发达国家仍显滞后。据了解，我国目前 15—64 岁劳动适龄人口接近 9

---

① 张振助等：《高等教育大发展的国际经验及启示》，《外国教育研究》2003 年第 4 期。

② 胡鞍钢、熊义志：《国运兴衰系于人力资源开发》，《人民日报》2003 年 2 月 21 日。

亿，在业劳动者接近 8 亿，均占世界总量的 1/5 以上，但人均受教育年限过低，总体素质不高。全国第 5 次人口普查显示，2000 年我国在业人口人均受教育年限仅为 7.99 年，只相当于美国 100 年前的水平（13.4 年），也大大低于韩国现在的 11.48 年（表 3、表 4）。2000 年，我国在业人员中高中及高中以上文化程度的只占 17.31%，其中大专及大专以上的只占 4.66%。据经济合作发展组织（OECD）统计，全世界近 30 个经济发达国家的劳动力中，近 80% 具有高中及高中以上文化程度，其中具有大专及大专以上文化的占 25% 左右。以上数据表明，我国就业人员总体文化水平较低，高层次人才数量严重不足，难以形成强大的竞争力。2004 年我国宽口径高等教育规模达到 2000 万人，列世界第一，但是 19% 的高等教育毛入学率只能排在世界 60 位之后，大体相当于中下等收入国家的平均水平。①

表 3　　　　　**1999 年、2000 年我国若干职业人员受教育情况**　　　（单位：%）

职业分类	初中及以下		高中		大专及以上		人均受教育年限/年	
	1999	2000	1999	2000	1999	2000	1999	2000
机关与企、事业单位负责人	28.73	32.12	33.9	32.95	19.64	34.93	10.96	12.24
专业技术人员	28.73	16.35	49.47	43.40	21.79	40.26	11.86	13.05
办事人员	45.56	29.80	42.25	37.85	12.19	32.34	10.77	12.15
生产操作人员	79.41	77.31	19.91	20.46	0.67	2.23	8.85	9.08

　　资料来源：全国第 4 次、第 5 次人口普查资料。

表 4　　　　**中国及 OECD 部分国家 25—64 岁人口受教育状况比较**　　（单位：%）

国家	初中及以下	高中	高等教育	人均受教育年限/年
美国（1999）	13	52	35	12.74
日本（1999）	19	50	31	12.55
英国（1999）	18	57	25	12.46
德国（1999）	19	58	23	12.34
韩国（1999）	34	43	23	11.48
中国（2000）	82	13	5	7.97

　　资料来源：中国网。

---

　　①　焦郁：《"我国高等教育毛入学率居世界第一"纯属误谈》，《光明日报》2005 年 1 月 15 日。

有关研究证明，多接受一年教育，可增加年收入 180 元左右，并且有日渐增加趋势①。较高的教育个人收益和悠久的尊教重教民族文化传统，使得高考人数年年攀升。2002 年比 2001 年增加 62 万，2003 年增加了 86 万，2004 年增加了 110 万，2005 年增加 144 万！2004 年高校招生考试报名人数 723 万、实际入学人数 447 万，录取率为 61.8%。2005 年计划招生 475 万人，报名人数为 867 万人，实际录取率为 54.8%。随着高中段教育普及率的提高和中等职业教育立交桥的构建，今后若干年内，全国高中毕业生每年仍会以百余万人的速度递增。要保持目前 60% 左右的大学录取率，高等教育资源供需矛盾仍很突出。因此，"我国目前普通高校在校生 1350 万人。规模虽然已经相当可观，但还不能充分满足国家和人民群众的要求。也就是说，在今后相当长的时间内，高等教育的规模还须持续发展"②。

三　民办高等教育发展空间广阔，前景美好

1. 办学经费和管理体制构成我国高等教育大众化的主要矛盾

为了经济持续发展，在激烈的国际竞争中处于有利的地位，世界各国都把发展高等教育作为国家发展的基础工作来抓。特别是一些发达国家，高等教育早就进入大众化阶段。

我国高等教育在 1998 年以前发展过于滞缓，高层次教育严重不足，自 1988 年以来全国普通高校一直稳定在 1075 所左右，但到 1998 年只剩 1022 所。1999 年开始实施大学扩招，几年来高等教育有了较大的增长，2004 年全国普通高校录取新生 447 万人，但在校生才达 1333.5 万，而 2002 年美国有 4000 多所高校，在校生 1450 万，13 亿人的大国大学生还不及 2 亿多人口的美国。2005 年，我国所有的大学包括夜大、成人、自考加起来，在校生 2000 多万人，毛入学率也才达到 21%。其中普通高校不到 16%，也就是说 100 个 18—22 岁的青年里，只有约 16 人能读大学。③这充分说明我国发展高等教育任重道远。

---

① 《2002 中国民办教育绿皮书》，上海教育出版社 2003 年版，第 3 页。

② 张保庆：《统一思想　提高认识　注重质量　严格管理　努力促进独立学院健康持续发展》，《中国高等教育》2005 年第 9 期。

③ 根据教育部《2004 年全国教育事业发展统计公报》整理。

发展高等教育需要大量集中使用的资金，而我国高等教育长期落后的主要原因在于有限的财政难以支撑日益增长的高等教育需求。我国拥有世界上最庞大的教育系统，教育经费十分紧张，仅用占世界 1.5% 的教育经费支撑占世界 20% 的教育人口。[①]

我国公共教育经费占 GDP 比例一直偏低。1993 年中共中央、国务院颁布的《中国教育改革和发展纲要》，曾明确提出在 2000 年以前将国家财政性教育经费占国民生产总值的比例提高到 4%，但其后几年一直徘徊在 2.4%—2.8%，3% 都没有达到过，实现 4% 的目标尚需时日。高校扩招以来，高等教育财政经费在绝对数上看虽然有所增加，但生均预算内事业费支出与生均预算内公用经费支出却连年下降，一些省份生均预算内事业费支出仅为 2000 元不到，这极大地影响了高等教育的教学质量。除此之外，捉襟见肘的高等教育财政还使得许多公办高校向银行大量贷款，给国家、银行和高校自身带来了很大的风险。

表5　全国普通高校生均预算内事业费支出与生均预算内公用经费支出情况

年份	1999	2000	2001	2002	2003	2004
普通高校生均预算内事业费支出/元	7201.24	7309.58	6816.23	6177.96	5772.58	5552.50
普通高校生均预算内公用经费支出/元	2962.37	2921.23	2613.56	2453.47	2352.36	2298.41

资料来源：根据相关年份《全国教育经费执行情况统计公告》整理。

表6　　部分发达国家与发展中国家公共教育支出/GNP 的情况

国家 年份	发达国家公共教育支出 GNP（%）						发展中国家公共教育支出/GNP（%）					
	意大利	加拿大	法国	日本	英国	美国	印度	泰国	阿根廷	墨西哥	多哥	古巴
1970	3.7	8.6	4.8	3.9	5.3	7.5	2.6	3.2	1.5	2.3	2.2	4.2
1975	4.1	7.6	5.2	5.5	6.6	7.4	2.7	3.5	1.8	3.5	3.5	5.7
1980	—	6.9	5.0	5.8	5.6	6.7	1.0	3.4	2.7	4.7	3.6	7.2
1985	5.0	6.5	5.8	5.0	4.9	4.9	1.5	3.8	1.5	3.9	4.9	6.3
1990	3.2	6.8	5.4	—	4.9	5.2	1.9	3.6	1.1	3.7	3.6	6.6
1994	4.9	6.9	6.1	3.6	5.3	5.4	1.5	3.8	3.8	4.7	—	6.8

---

① 顾建民、叶宏：《中国民办高等教育发展战略研究》，浙江大学出版社 2004 年版，第 3 页。

续表

国家 年份	发达国家公共教育支出 GNP（%）						发展中国家公共教育支出/GNP（%）					
	意大利	加拿大	法国	日本	英国	美国	印度	泰国	阿根廷	墨西哥	多哥	古巴
1998/1999	4.8	5.8	5.9	3.4	4.7	5.0	1.2	4.9	4.1	4.3	4.5	6.8
1999/2000	4.6	5.7	5.8	3.5	4.4	5.0	4.1	5.1	4.6	4.3	4.8	7.7

资料来源：吕炜：《中国教育经费投入问题解析》，《中国财经报》2005 年 3 月 8 日。

原文注：GDP 是从生产的角度定义，而 GNP 则从一国国民所产生的收入来界定，这样在一国生产的 GDP 的基础上增加了国民来自国外的净收入，而国外要素净收入有时为正，有时为负，因此 GDP 可能大于 GNP，也可能会小于 GNP。对于财政性教育投入比重的测算，国际上对 GDP、GNP 口径都在使用，我国《纲要》中的目标是根据 GNP 制定的，实际测算中一般都采用 GDP 口径。

表 7　　1993—2004 年国家财政性教育经费支出及占 GDP 的比例（单位：万元）

年份	1993	1994	1995	1996	1997	1998
调整前的 GDP 总值	34634.4	46759.4	58478.1	67884.6	74462.6	78345.2
调整后的 GDP 总值	35334	48198	60794	71177	78973	84402
国家财政性教育经费历年支出额	867.76	1174.74	1411.52	1671.70	1862.54	2032.45
调整前占 GDP 的比例（%）	2.51	2.51	2.41	2.46	2.50	2.59
调整后占 GDP 的比例（%）	2.46	2.44	2.32	2.35	2.36	2.41
年份	1999	2000	2001	2002	2003	2004
调整前的 GDP 总值	82067	89468	97315	105172	117390	136876
调整后的 GDP 总值	89677	99215	109655	120333	135823	159878
国家财政性教育经费历年支出额	2287.18	2562.61	3057.01	3491.40	3850.62	4465.86
调整前占 GDP 的比例（%）	2.79	2.87	3.19	3.32	3.28	3.28
调整后占 GDP 的比例（%）	2.55	2.58	2.79	2.90	2.84	2.79

资料来源：相关年份《全国教育经费执行情况统计公告》；我国 1993—2004 年 GDP 经济普查修正数据一览，2006-01-09，网易财经。

按照全国高等教育发展规划调整的初步方案，到 2010 年，我国普通高校在校生要达到 2000 万，2020 年要接近 3000 万。[①] 而按照这一发展目

———————

① 张保庆：《统一思想　提高认识　注重质量　严格管理　努力促进独立学院健康持续发展》，《中国高等教育》2005 年第 9 期。

标，假设现有高校主要立足于内涵发展的话，我国在 2004 年后的 16 年里共需新建 1600 所、平均每年新建 100 余所万人大学。从当前教育投入初始成本看，新增一个普通高校大学生，约需投入 5 万元以上资金，则每年新建大学的总投入需 500 亿元以上（不变价）、总共需 8000 多亿元基建资金。目前维系中国高等教育正常运转的经费大约需要 4000 亿元，而国家现有的实际投入只有 800 亿元，① 要抽出资金来用于新建高校是不可能的。2005 年我国 31 个省市自治区中，GDP 总值超过 8000 亿元的省份只有 8 个，8000 亿元相当于一个经济大省的年国内生产总值。显然，这些巨大的投入需求，仅仅依靠政府财政是难以满足的。

　　从另一方面，目前我国的教育财政结构也很不合理。从教育经费在三级教育分配比例来看，2000 年我国初等教育经费占总教育经费的 33.15%，中等教育占 38.65%，高等教育占 21.99%，而我国高等教育规模远远小于中等和初等教育的规模，与世界上其他国家教育财政分配结构相反。我国高等教育占教育经费比重偏高，而初等教育所占比例相对来说偏低，不利于基础教育的发展。从我国三级学生生均日常经费与人均 GNP 的比例的实际来看，1990 年为 0.05：0.15：1.93，2000 年各级学校生均财政性教育经费支出之比为 1：1.74：14.65，同其他一些国家差距悬殊。我国培养一个大学生的经费相当于培养 36.6 个小学生、12.2 个中学生。1995 年，我国普通小学、中学、高校生均经费分别为 265.78 元、605.97 元、5442.09 元，小学、中学、大学生均经费之比为 1：2.28：20.47。② 而世界一般发展中国家为 1：1.7：8，发达国家为 1：1.1：4.3。教育财政分配结构的不合理，制约了我国政府对义务教育的投入，影响了初等教育的发展。

　　最新公布的 2004 年全国教育经费执行情况统计公告中各级教育生均财政性教育经费机构如表 8 所示。

表 8　　　　　　　**2004 年各级教育生均财政性教育经费**　　　　（单位：元）

类别	生均预算内教育事业费	生均预算内公用经费	合计
小学生	1129.11	116.51	1245.62

① 刘万永：《中国高校现在收钱收上瘾了？》，《中国青年报》2005 年 9 月 8 日。

② 根据相关年份《全国教育经费执行情况统计公告》整理。

续表

类别	生均预算内 教育事业费	生均预算内 公用经费	合计
初中生	1246.07	164.55	1410.62
高中生	1758.63	290.31	2048.94
大学生	5552.5	2298.41	7850.91

由表 8 可见，小学∶初中∶高中∶大学的生均财政性经费比例为：1∶1.13∶1.65∶6.3。但从数字上看，好像结构已接近世界平均水平。但是仔细分析，实际情况并不乐观。主要问题在于我国中小学教育实行的是低标准的收费，甚至是免费的教育。但是高等教育情况则不同，收费已经占到总收入的 40% 以上，一些高职学院达到 60% 以上。甚至有的地方院校达到 70%。高等学校的经费结构从教育部原副部长张保庆的谈话中也可以看出：“目前维系中国高等教育正常运转的经费大约需要 4000 亿元，而国家现有的实际投入只有 800 亿元，高校现在向银行借贷的总金额已经超过了 1000 亿元，差额部分就是各高校靠收学费填充的。”[1] 可见，近几年来教育经费的结构不是缩小了，而是扩大了。长此以往，基础教育经费严重不足，最终将制约高等教育的健康发展。

从以上分析看出，我国高等教育发展经费不足将是长期的。换句话说，期望从政府财政安排中获得大幅度增长的高等教育经费是不现实的。高等教育的发展经费必须从体制外解决一部分。

2. 教育民营化是世界发展高等教育的经验和趋势

在发展高等教育的过程中，许多国家都根据自身的条件和国情选择适合自身发展的道路。从成功的经验来看，私立高等教育是普遍而有效的模式。美国私立高校占学校总数的 58% 左右，日本私立高校占其高校总数的 71.1%，韩国私立高校占其高校总数的 81%，我国香港和台湾地区的私立大学也占总数的 50% 和 66.1%。在许多发展中国家，私立学校学生数也超过一半以上。巴西私立大学占全国大学的 78.5%，印度尼西亚则高达 93.58%。按照发达国家的特点，私立学校，尤其是私立的高等学校，是教育供给的主要力量。

以美国为例。美国在相当长的时期内没有真正意义上的全国性公办高

---

① 谢湘、刘万永：《大学学费是以何标准计算的》，《中国青年报》2005 年 9 月 8 日。

校。后来为体现教育公平，各州政府相继举办了一批州立高校。二战以后面对大量退伍军人就业的压力，政府通过适当增加财政拨款和划拨土地等多种形式，推进私立高等学校快速发展。从 1940 年至 1950 年，私立大学的学生从 70 万人上升到 130 万人，同期州立大学的学生从 80 万人上升到 135 万人，私立大学比州立大学发展更快。1972 年，美国共有高等学校 3535 所，其中私立大学近 2000 所，占高校总数的一半多。20 世纪 70—80 年代，美国高等教育毛入学率已经达到 50% 以上，而私立大学在校生数也占到全部大学在校生总数的 20% 以上。私立大学在实行高等教育大众化的进程中发挥了积极作用。

在具有"学在官府"历史传统的韩国、日本，也无例外地选择了走高等教育民营化的发展道路。韩国公共教育投资占 GDP 的比例多年来保持在 3.8% 左右，从比例上看似乎也不高，但是韩国私人对教育的投入很高。2001 年韩国私人教育投资占 GDP 的比例是 2.96%，居世界第一位。公、私教育投入相加，占 GDP 比例达 7.03%，位于丹麦（7.17%）之后，居世界第二位[①]。资料显示，截至 1998 年，韩国 460 所高等学校中私立高校 373 所；在私立高校就读的学生为 2032563 人，约占在校生总数的 71.14%，5 个大学生有 4 个在私立高校就读，足见私立高校在高等教育体系中的重要地位[②]。韩国通过大力发展私立高等教育，在较短的时间内后来居上，其发展速度和大众化程度超过英国和德国。

日本近代的高等教育是从国立高等学校开始的。1918 年国家颁布《大学令》，规定除帝国大学外可开设公立和私立大学，私立大学的设置才得到了政府认可。实际上在此后相当长的时间里还是公立高校占主体。1943 年时日本有高等教育机构 420 所，在校生总数为 40.1 万人，其中国立、公立高校 254 所（占总数的 60.5%），在校生为 20.6 万人（占总人数的 50.8%）。[③] 在 20 世纪 50 年代以后，私立大学快速发展，并逐渐在高等教育体系中占据主要地位。2002 年度日本 686 所四年制的大学中 99 所是国立大学，75 所是公立大学，512 所是私立大学。从学生数量上来

---

① 张宏杰：《中国人比韩国人少什么》，中国文史出版社 2004 年版。

② 田以麟：《韩国高等教育的总体规模及结构性特征分析》，人大书报资料中心《高等教育》2000 年第 11 期。

③ 于富增主编：《国际高等教育发展与改革比较》，北京师范大学出版社 1999 年版，第 64 页。

看，私立大学 204.8 万人，占总人数的 73.5%。^① 另外，在日本还有二年制的短期大学，几乎全部为私人投资兴办。虽然短期大学的数量每年都在减少，但是到 2002 年为止全国仍有 475 所。日、韩两国私立大学发展的成功为公办高校为主体的高等教育大众化后起国家提供了经验和有说服力的启示。

高等教育经费的紧缺是一个世界性的难题。联合国教科文组织 1998 年通过的《21 世纪的高等教育：展望和行动世界宣言》中指出的："国家对高等教育和研究的支持是主要的，只有这样，高等教育才能完成教学和为社会服务的双重使命。"^② 但是，高等教育的需求总是在不断的增长之中，仅仅依靠政府可能力不从心，高等教育大众化是难以实现的。世界上许多国家都通过发展私立大学的途径来筹集高等教育发展资金，先后进入了高等教育大众化阶段，这一成功经验为我国实现高等教育大众化提供了借鉴。

3. 实施高等教育大众化，必须大力发展民办高等教育

如前所述，我国发展高等教育的瓶颈在于国家有限资金的制约。要实施高等教育大众化，只能从体制外思考，多种渠道解决发展高等教育所需要的巨额资金。

经过几年的扩招，我国公办高校的办学规模基本饱和，难以实现"持续"扩张。2005 年一些省、市、自治区由于高教资源紧张不得不降低连续几年不断攀高的高考录取率（如浙江省，从 2004 年的 76.5%下降为 2005 年的 71.4%）。正因为如此，有关部门才坚定地提出把发展民办高等教育作为高等教育下一步发展的重点。教育部副部长张保庆在接受记者采访时明确指出，今后高等教育的增量部分将主要靠民办高等教育来实现，政府对此寄予很大希望。教育部将坚决贯彻《民办教育促进法》及其实施条例，积极为民办高等教育持续健康发展创造条件，落实相关扶持政策。^③ 可见，加快步伐发展民办高等教育，增加高等教育的供应资源，是高等教育大众化发展的急迫任务。

通过发展民办高校解决办学经费不足是举办民办高等教育的一个动

① 《中外民办高等教育发展论坛论文集》（内部资料），浙江树人大学民办高等教育研究所（2004 年），第 212 页。

② 赵中建：《全球教育发展的研究热点》，教育科学出版社 2003 年版，第 414 页。

③ 陆静斐：《民办高等教育大有可为》，《文汇报》2005 年 4 月 18 日。

机。从另一个角度讲，高等教育的大众化意味着高等教育的多样化，完全由政府举办的高等教育不利于多样化的实现。大胆引进民营机制运作高等教育，既是解决高等教育发展资金瓶颈的需要，也是推进高等教育改革，增强高校运行活力、增加竞争、提高人才培养效率，实施高等教育大众化、多样化的必然要求。有鉴于此，在实现高等教育大众化的进程中，私立高等教育成为高等教育民营的主要形式。当然，期望我国高等教育短时期内达到很高的民营化水平是不现实的。但是，从改革开放以后民间资金集聚的情况来看，发挥社会投资高等教育的积极性，部分利用社会资源发展高等教育，是一条有效的发展高等教育的必由之路。

改革开放20多年来，我国教育资源的配置方式已逐步具备由传统的单一政府机制主导的资源配置方式转变为政府机制和市场机制共存的资源配置方式的条件。尤其是近年来，国家宏观教育政策层面已经初步形成了在教育领域引入市场机制的政策环境。特别是党的十六大报告中强调要"放宽国内民间资本的市场准入领域"，"在更大程度上发挥市场在资源配置中的基础性作用"。据此有理由相信，要顺利实现全面建设小康社会的高等教育发展目标，在不断加大国家和政府投入的基础上，通过市场机制配置教育资源，充分利用民间资本促进我国高等教育的整体发展，带动高等教育市场的合理竞争，推进公办高校改革、发展和提高效益，将成为我国发展高等教育的必然政策选择。

4. 实践证明，民办高校能够逐步成长并担当高等教育大众化生力军的重任

我国民办高校的成长和发展，改变了中国高等教育投资长期以来由国家财政独家承担的局面，拓宽了高等教育资金来源的渠道，减轻了国家的财政负担，增加了高等教育的投入和资源供给，缓解了中国高等教育供求关系严重失衡的矛盾；兴办了新的高等学校，增加了中国高等教育的规格和品种，增加了学生读大学、选择大学的机会，满足了人民群众对接受高等教育的愿望，为社会培养了大批经济建设和社会发展需要的人才；推出了新的办学机制，带来了高等教育的竞争，增强了高等教育的活力，促进了高等教育的改革、发展和效率的提高。随着改革开放的深化和民办高校的发展壮大，民办高等教育将在中国高等教育体系中扮演越来越重要的角色，成为推动高等教育大众化的重要力量。

以2004年在校生规模和基本建设规模的测算，我国民办高校的总投

资已达千余亿元。全国独立学院占地面积 12 万亩，建成校园 1160 万平方米，购置教学设备 42 亿元。这意味着通过举办独立学院，社会、企业已向高等教育投入了巨额资金，形成了一批新的高等教育资源。[①] 226 所民办高校校舍面积达到 4735 万平方米，专任教师增加到 8 万余人。[②] 这是一笔可观的高等教育资源。按照在校生每人每年学费和住宿费 1 万元计，2004 年通过举办独立学院和民办高校吸纳家庭高等教育投入达到 140 亿元，有效地补充了教育经费的不足，相当于国家没有增加财政经费而增加了 140 所万人大学！不仅如此，民办高等教育的发展，还在强化高校市场化意识，推进高等教育投资体制、管理体制和分配体制改革，提高高等学校人才培养的效果和效率，探索大众化条件下高等学校人才培养模式新路子等方面，起到了排头兵的作用。事实说明，我国民办高等教育能够承担高等教育大众化发展重任，在全面建设小康社会的进程中发挥应有的作用。

主要参考文献：

徐绪卿：《新时期中国民办高等教育发展研究》，浙江大学出版社 2005 年出版。

附记：高校扩招，推动高等教育大发展。2002 年，我国高等教育毛入学率达到 15%，跨入高等教育大众化的门槛。在高等教育供求关系有所缓解之时，社会上有的人对民办高校发展吹起了冷风，"补充论""过度论""多余论"开始泛起，影响民办高校发展。本文用大量数据阐明，民办高校有着广阔的发展空间。本文发表在《民办教育研究》2006 年第 4 期。

---

① 张保庆：《统一思想　提高认识　注重质量　严格管理　努力促进独立学院健康持续发展》，《中国高等教育》2005 年第 9 期。

② 平一：《民办高等教育：坚持走持续健康发展之路》，《中国教育报》2005 年 4 月 29 日。

关于我国民办高等教育评估的若干思考

内容提要：本文分析了民办高等教育评估中存在的问题，论述了开展评估工作对于民办高等教育发展的重要性和迫切性，提出了开展民办高等教育评估中应当把握的导向性等四项原则和应当注意的七个问题。

关键词：民办高等教育；评估

民办高等教育与公办高等教育一样，是我国高等教育体系中的一部分。但是由于民办高校发展历史较短、较多地实行按照成本分担的收费机制、目前的招生政策以及大部分民办高校的培养模式为"高等职业技术教育"等原因，制约了民办高校教育质量的提高。社会上也确实存在一些民办高校办学不规范的现象，如办学动机不端正、功利性较强、教学投入不足、缺少有效的教学质量监控体系等。这些情况成为社会上一些人怀疑、否定民办高校教育质量、进而否定整个民办高等教育发展的主要理由。

另外，我国高等教育以公办高校为主，评估目标、体制、标准和模式等比较单一。这既不符合近几年来民办高等教育发展的新形势，也不符合大众化高等教育的发展需要。在高等教育大众化阶段，最为突出的特征就是教育的多样化。与精英教育相比，大众化高等教育的办学体制和领导体制、办学机制和办学模式、培养目标定位、经费筹措办法等等都发生了很大的变化。如果继续沿用精英教育的标准和公办高校评估的模式来衡量民办高校的教育质量和办学水平，既不符合高等教育的实际情况，也不利于政府制定恰当的民办高校发展政策，不利于推进我国高等教育的大众化。

因此，客观地分析和评价民办高校的教育质量，把握质量全局，是促进民办高等教育健康发展必不可少的重要举措，也是政府管理部门不可推卸的责任。推进民办高校的评估工作，既是民办高等教育工作者的呼声，也是政府义不容辞的职责。

一　民办高等教育评估的现状

1. 民办高等教育评估的开展

我国高校评估活动始自 1983 年教育部在武汉召开的高教工作会议。1985 年，《中共中央关于教育体制改革的决定》中首次提出："国家及其教育行政管理部门要加强对高等教育的宏观指导和管理。教育管理部门要组织教育界、知识界和用人部门定期对高等学校的教学水平进行评估，对成绩卓著的学校给予荣誉和物质上的重点支持，办得不好的学校要整顿以至停办。"1990 年 10 月，国家教委颁布了《普通高等学校教育评估暂行规定》，这是我国第一个高等教育评估方面的法规性文件，是我国高等教育评估工作开始走向规范化的标志。在"八五"期间，全国哲学社会科学课题中设立了国家级重点课题《有中国特色的高教评估制度和政策研究》，下设子课题《普通高等专科教育评估》。该项目 1995 年完成，为指导高等普通专科学校的评估，促进专科学校健康发展提供了依据。一段时间来，这一评估体系一直是国家教育部高等专科学校评估的指导性文件。由于当时民办普通高校数量很少，没有其他的标准可用，民办普通高校的评估，基本上也采用了这一体系（民办普通高等专科学校的设置，采用原国家教委 1993 年颁发的《民办高等学校设置暂行规定》）。

随着改革开放和高等教育办学体制改革的深入推进，特别是 1999 年国家实行高校扩招、加快实现高等教育大众化政策以来，高等教育快速发展，发展格局出现了较大变化。尤其是 2001 年普通高等专科学校设置审批权下放之后，大量的民办普通高等教育机构以高等职业技术学院的面貌上报审批，成为普通高等专科层次学校的主体，对传统的大学培养模式构成了较大的挑战。

为适应这一变化，教育部高教司于 2000 年下发了《高职高专教育教学工作合格评价体系（征求意见稿）》（教高司函〔2000〕49 号）；2003年教育部高教司又下发《高职高专院校人才培养工作水平评估方案（试行）》（教高司函〔2003〕16 号），并在许多省市开展评估工作。这些评估试点文件考虑了一些高校发展的具体情况，但限于时间和条件，对民办高校的实际情况考虑仍然较少。

对于民办高校的教育评估，各地目前做法不一。对于民办普通高校，一般都直接采用高职高专同等的评估标准，近几年来更是如此，这当然有失偏颇。对于以前的学历文凭考试试点学校和自学考试学校，目前只有少数的几个省市，如北京、陕西等地这一类学校较集中的地区举行过评估试点。北京市 2002 年将评估结果公布于社会，同时宣布部分不合格学校的名单。这些试点，从政府管理的角度，根据国家有关文件精神进行了规范性的评价，为全面开展民办高校的教育评估提供了基础。

2. 民办高校教育评估存在的问题

多种原因的影响，使得我国目前民办高等教育的评估起步较晚，其中存在的问题也比较多，本文仅就最突出的问题作简要梳理。

——缺乏相应的评估标准。在近 20 年的高等教育评估工作中，国家曾经出台了几套针对公办高校的评估标准，对高等学校的教学工作和办学水平进行了评估，取得了较好的效果。但是，民办高校的办学层次、培养的具体目标、培养规格不会与公办高等学校完全一致，如果用这个标准去评估民办高校，不符合我国高等教育多样化发展的格局，一则难以实施，二则实施了效果也不好。民办教育评估的指导思想和原则、评估的内容和指标体系，应该有自身的特殊性。

——政府在评估中权力过大。在评估工作中政府拥有绝对的权威性，由政府部门通过行政手段领导、组织和实施的教育评估具有较高的权威性，中介机构的民办高等教育评估基本上得不到认可。但是，这种完全由政府来组织的评估形式已经不能适应新形势发展的需要。首先，全国实施高等教育的民办高校数量 3 种类型共 1300 多所，仅仅依靠政府组织评估是力所不及的；其次，由政府独家控制评估权，缺乏监督和竞争的机制，相对降低了评估的客观公正性和科学性；再次，政府在具体的评估中干预过多，必然削弱其对评估活动进行宏观管理和控制的能力，不符合我国高等教育管理体制改革的要求；最后，政府过度参与民办高等学校教育的评估，在客观上抑制和削弱了民办高校的主动性和灵活性，不利于民办高校办学的创新和发展。

——评估的信息来源渠道单一、封闭。教育评估的理论研究表明，多渠道的信息来源有利于提高评价的准确性。但是，目前我国的各类高校教育评估一般以学校自评材料为主要信息来源，专家组在此基础上作验证工作，至于民办高校的社会声誉和生源情况、毕业生就业应岗情况、对区域发展的影响和贡献等外围信息几乎没有涵盖，甚至对统计、档案、人事等部门的数据、资料都极少利用，这就使得评估的科学性无法得到保证。同时，评估过程和评估结论封闭性过强，透明性不够，评估过程中，评估主体所采用的数据来源、评估方法、评估质量指标体系等缺乏透明度；评估结束后，评估结果都只是让被评学校的领导知晓，一般并不向社会公布。

——评估法规体系不完善。我国在《教育法》《高等教育法》中明确提出实行教育评估制度，《民办教育促进法》第四十条也明确规定："教育行政部门及有关部门依法对民办学校实行督导，促进提高办学质量；组织或者委托社会中介组织评估办学水平和教育质量，并将评估结果向社会公布"。但是在民办高校教育评估法制建设方面，还基本上是空白一片，政府和民办高教中介机构的评估无章可循。

——中介评估机构影响力不够。中介性民办高校教育评估是相对独立的评估主体，它使民办高等教育机构与政府、社会之间发生关系，并对三者的关系起到协调和平衡的作用。由于中介性评估由独立的评价机构承担，接受各方面的监督，因而可以克服行政性评估中难以避免的种种缺陷，做出较为客观、公正的价值判断。目前全国的中介性的高等教育评估机构仅有六七家，评估的影响力量不大，也存在与政府部门关系过于密切等问题。

——学校内部的自我评估未得到应有的重视。民办高校内部开展的以教学为主要内容的经常性自我评估活动，是整个教育评估活动的主体和基础，也是学校提高教育质量的重要手段。然而，高校对政府组织的外部评估的权威性高度重视，对学校内部的经常性自我评估却往往忽视，还没有实现从"要我评估"变为"我要评估"。

二　构建民办高等教育评估指标体系的基本原则

评估指标体系是民办高校评估的基本依据，是民办高校发展和建设的指南。没有完善的评估指标体系，就不会有评估工作的开展。而评估工作的成功与否，很大程度上取决于评估体系的制定。在建立评估指标体系的过程中应遵循以下几条原则。

1. 科学性原则。是指在建立指标体系中应不带个人偏见，以客观事实为标准，要反映教育的客观规律，揭示决定教育本质的主要因素及内在联系，看到构成学校各要素之间的联系和区别。高等学校是一个多层次多因素的大系统，其工作任务、工作方法以及校内外各方面的联系是错综复杂的，评估指标条目有限，不可能面面俱到，必须选用那些主要因素来确定指标。指标体系不仅要反映评估的目的和原则，还要考虑使用的方法是科学的，能够采用系统工程、计算机等科学技术手段进行合理的科学计量。

2. 可测性原则。可测性原则是指建立评估指标体系应当以能进行测度量化为基础。测量是对状态变量赋值的过程，是定量分析的基础，无斤两无以知轻重，无尺寸难以定长短。事物的质和量总是联系在一起的，并且质总要通过一定的量表现出来。指标体系中，各指标在可行性的条件下，应当尽量做到能用数量表现。有统一的量化标准，并恰当地确定指标的标量和权值，某些指标不能直接量化，可采用在系统分析的基础上先定性，而后用模糊数学二次量化的方法处理。

3. 可比性原则。是指指标体系能在时间上和空间上具有可以比较的性质，评估包含着评定和比较的意思。每个学校、每一个专业和每一门课程，都有自己的特殊性，只有从这些特殊性中找出共同的东西确定指标，才能反映评估对象的共同属性，反映共同属性中的特征、特点和特色，才具有可比性。因此，评估指标要体现出评估对象之间可以比较的数据或性质。在建立指标体系时，要注意多层次，既有以学校为评估对象的指标，也有按学科、专业的评估指标。对于不等质的评估对象，可用当量法转化为近似等质的评估对象。在选取指标时，不仅社会上要承认，而且要规范化、标准化。

4. 目标与过程并举的原则。对民办高校的评估，很大的程度上是评估民办高校办学的静态状况，很多结论也是依据民办高校的实际状况得出的。我们认为，对民办高校的评估，不仅要考核目标，更要考核过程。鉴于民办高校办学的具体条件，我们认为考核过程比考核目标更有意义。只要民办高校正确定位，明确目标，扎扎实实一步一个脚印，办出特色、办出水平、办出质量是完全有希望的。比如，民办高校外聘教师多，学生自控能力差，如果不注重过程管理，就可能使教学目标的实现落空。

三　制定民办高等教育评估指标体系中应该注意的问题

1. 关于政府评和中介评对民办高等教育发展的不同意义

公办高等教育主要接受国家与政府的财政资助，通过政府的投资达到对学校的控制权是国际高等教育的惯例。因此，公办高校合格评估标准充分体现了政府的办学观点。在市场经济空间中发展起来的民办高校，政府的观点并不能完全等同于投资者和高校本身的观点与价值取向，作为投资者甚或办学者必定参与对高等教育的评估。另外，民办高校是由社会力量参与办学的，其资金来自于社会力量（多为享受教育支付学费的家庭），因此评估标准的制定可以有政府的引导，但是亦应该体现社会力量的参与。

随着社会主义市场体制的建立和完善，中国高等教育管理体制也要做出相应的调整。扩大高等学校的办学自主权，把高等学校办成面向社会自主办学的实体，是中国高等教育体制改革的一个重要内容。减少政府部门对于高等学校过多的直接行政干预，同时建立和完善高等学校履行社会责任的保障和监督机制，是实现这个目标的两个重要方面。

在 1993 年颁布的《中国教育改革和发展纲要》和 1998 年颁布的《高等教育法》两个重要法律和法规文件中，都对中介机构在高等教育评估工作中的地位和作用给予了充分的肯定。实践证明，由中介机构承担高等学校的评估工作，有利于评估工作的公正性和客观性，有利于在学校、政府、社会之间进行充分、准确和及时的信息交流。对于增加高等学校办学的透明度，向社会各界提供关于高等学校办学条件、质量和效益的信息，是十分必要的。

在具体分工方面，评估主体在民办高校的合格评估阶段，由政府部门授权的评估机构进行评估审批比较权威；在办学水平的综合评估阶段，由民间性的评估机构组织完成评估，可能更有代表性。政府评估机构、中介评估机构以及民办高校之间形成三角关系的均衡对于民办高校的评估是一个尝试与改革，同时，中介机构的介入并保持其相当的独立性对于我国评估体制的改革也将意义深远。

2. 关于民办高校的领导管理体制

按照《民办教育促进法》及其实施条例的有关方面规定，民办高校应建立董事会、理事会等决策机构，实行董事会领导下的校长负责制。董事会、监事会、校长构成民办高校领导体制的基本框架是民办高校领导体制的基本形式。在学校领导职数、机构设置、干部定岗等方面，由于投资体制的特殊性，比较讲究精干、精简、适用，以保证较高的人员使用效率和较低的管理成本。

3. 关于民办高校的基本办学条件

限于现阶段我国的经济发展的现状和民间资金的集聚情况，民办高校，特别是一些早期创建的民办高校，主要是依靠自身一步一步的积累实现滚动发展。同时，民办高校恢复发展才 20 年左右，在基本办学条件方面的积累很少，很难与国内同级同类公办高校相比，更难与国外的私立高校相比。鉴于我国民办高校发展过程的特殊性，对于民办高校的办学基本条件的要求不可以照搬国内公办高校与国外私立高校的评估标准，而是应根据我国民办高校发展的实际情况来构架基本办学条件的评估指标体系，应该允许其有一个发展建设的过程，给予民办高校一个良好的发展空间，引导其向高水平、高质量、特色化的方向发展。

民办高校合格评估的基本办学条件标准应参照《普通高等学校设置暂行条例》的有关规定，根据我国民办高校的实际发展情况而提出，同时要考虑区域经济情况，既要有一个集中统一的标准，又要通盘考虑全国民办高校发展的区域平衡。目前大多数民办高校是市场导向型的，学科专业与规模的变化根据市场进行调节，文科、政法、财经类的专业多，理工农林医类的专业少；实用型的居多，基础型的偏少；技术性的较少，管理、服务性的较多，所需的教育投入要求也相对会低一些。所有这些都是我国民办高等教育发展过程中的一些基本特征，这些特征对于制定民办高校合格评估基本办学条件的规定具有重要意义。

4. 关于民办高校的教师队伍

大多数民办高校教师队伍是从社会上聘用教师起步，外聘为主。应该说，大量外聘教师的使用，发挥了离退休教师的"余热"，达到了"社会资源教育化、教育资源社会化"的效果。外聘教师的出现和运作，改变了长期以来高等学校教师"从一而终"的旧体制，推动了高校人才管理的改革。不过，外聘教师可能存在队伍不稳定、质量参差不齐、管理难以到位的情况。因此《民办教育促进法实施条例》提出实施学历教育的民办高校聘任的专职教师数量应当不少于其教师总数的1/3，是有一定道理的。

我们认为，考核民办高校的教师队伍，一是学校要重视，在实际工作中始终抓好教师队伍的建设，这是民办高校办学成功的基础。二是为了保证教学质量，必须落实外聘教师的管理措施。对学生及其家长来说，最关心的是进入民办高校以后接受的是什么教育，接受谁的教育，至于说这个教师的编制身份，不是他们关心的问题。三是民办高校必须建设一支自身的专职教师队伍，以稳定和提高教育质量。注重考察教师队伍的学历结构、来源结构、"双师型"教师的比例及培养培训情况，看是否能够适应教学工作的需要。关于生师比的问题，应当区别民办高校的办学层次、专业性质以及学校所在区域高教资源等因素综合分析，中心城市大多高教资源集中，外聘教师资源相对富裕，专任教师数量相对少一些是可行的。而在一些中小城市，教师资源很少甚至几乎没有，专任教师数量就应该相对多一些。

另外，考虑到当前民办高校设置的大多是人文、经济管理学科的专业，除了语言类专业外，国家有关标准中也有放宽的情况，并且民办高校的教师绝大多数科研任务不多，主要从事教学工作，适当放宽师生比标准不会影响教学工作，并且有利于提高教师使用效率。

5. 关于民办高校的教学基本建设和教学管理

教学基本建设和教学管理，是确保民办高校教育质量的关键，也是当前民办高校的薄弱环节。对于教学基本建设的考察，可以从专业（学科）建设、课程教材建设、学风建设、基地建设四大方面来考虑。专业设置必须紧密结合和适应区域经济发展的需要，应当建立在对当地人才的需求进行充分分析和论证的基础之上，可以有长线和短线专业之分；课程建设的核心是教学内容、教学方法和教材建设，应当有规划、有措施；学风建设对培养学生的素质非常重要，养成良好的学风可以使学生终身受益，通过课程建设抓教，通过学风建设抓学，这是提高教学质量的两个方面；要有良好的实验条件和实训基地，应加大投入，下力量抓好，以突出民办教育的特色。

考察民办高校的教学管理，主要看四个方面，一是教学管理制度情况，是否科学、系统、规范；二是教学秩序管理情况，教学计划是否得到严格执行；三是教学质量管理情况，有无教学质量检查制度、评价办法，有无教学督导、干部听课、学生信息反馈、毕业生信息反馈等教学质量监控系统，执行得如何；四是考试管理和学籍管理情况，是否规范、严格。除此之外，还应看有无相应的奖惩制度相配套，是否建立了激励、竞争、淘汰机制，以了解教学工作是否有活力。

6. 关于民办高校人才培养质量

从目前我国招生制度安排看，民办高校的生源质量较差，很大一部分是高考落榜生；从内部教学管理分析，仍存在一些民办高校教学秩序不够稳定，师资力量短缺，管理不够规范的现象；从教育投入视角分析，目前民办高校教育经费来源比较单一，主要依靠学费，仍未形成政府、企业等多方力量支持的格局，这势必影响教育质量的提高。

对人才培养质量的评估，必须注重对民办高校教育效果的评价。由于民办高校的特殊性，教学组织的形式、提高教学质量的方法和途径等可能有更多的自身特点，但最终是体现在教学效果和教育质量上。对教育效果的评估，主要从对学生的思想道德素质、文化素质、业务素质、身心素质四大方面来考察，通过座谈、分析，通过对主要实践技能的抽测和社会的评价来实现。另外，就业率是一个重要指标。要通过采取切实到位的措施，包括了解考生生源的充裕情况，了解毕业生就业真实情况和社会对办学质量的赞誉度，这是民办高校办学质量的最终体现。

评估民办高校的人才培养质量要立足于特色人才的培养，根据学校的不同培养目标，依照市场对毕业生的接受程度来进行评估，注重横向的多种类型的人才规格，而不是以传统纵深的精英教育质量观作为评判取向。评估同样要在德育、智育、体育等几方面进行，但要侧重市场方面的评估，注重实用型人才培养，从这个思路出发来构建相应的评估指标体系。

7. 关于民办高校的内部评估

内部评估即学校内部自行组织实施的自我评估，是加强学校管理的重要手段，也是各级人民政府及其教育行政部门组织的普通高等学校教育评估工作的基础。民办高校由于办学历史短、教师组成情况复杂、生源之间文化素质相差悬殊，举行经常性的评估能及时了解学校教育教学的具体情况，调整教学环节，深化教学改革，弥补学校其他方面的不足。学校内部评估的重点是思想政治教育、专业（学科）、课程或其他教育工作的单项评估，基础是经常性的教学评估活动。其目的是通过自我评估，不断提高办学水平和教育质量，主动适应社会主义建设需要。当然，民办高校之间的情况很不平衡，内部评估的评估计划、评估对象、评估方案、评估结论表达方式以及有关政策措施，由学校根据实际情况和规定的要求自行确定。

总之，公办高校与民办高校的评估应该是两个不同的体系。公办高校的评估标准基于政府投资、社会、企业等多种力量参与办学的条件，并且公办高校发展相对比较成熟与稳定，其评估标准也相对成熟。对于民办高校而言，目前仍无适用的评估标准，其本身的许多问题仍在探讨与摸索之中，经费来源显得相对单一，学校的类型与层次多样，存在许多积极方面与消极方面的因素，因此，制定标准的客观环境与公办高校是不同的。但是，公办高校的评估标准对于民办高校评估仍是一个重要的参照，民办高校的评估标准正是通过与公办高校的对比中显示其特殊性与创造性。

附记：民办高等教育快速发展，评估是一个难以回避的问题。2003年，本人在《浙江树人大学学报》第 5 期上就发表了《民办高等教育评估若干问题研究》，较早提出和论述了民办高等教育评估的重要性和迫切性、评估的指导思想和基本原则、评估的重点内容和应注意的问题等，引发学界关注。2006 年，第一轮本科院校教学评估在全国如火如荼展开，当时能参与的民办院校仅有黄河科技学院，后来三江学院也通过申请参加，但是大量的民办本科院校将在后续参与。民办院校要不要评估？怎么评估？成为本人思考的一个问题。这篇论文就是本人的一些思考。文章应孙昌立老师约稿，发表在《教育发展研究》2006 年第 11B 期，人大书报资料中心《高等教育》2007 年第 1 期全文转载。

质量和结构："十一五"期间高等教育发展的主题

——来自浙江省的报告

摘　要：本文以翔实的数据为基础，分析了"十五"期间浙江省高等教育发展的进程、现状和主要特征，并针对存在的问题，围绕提高质量和改善结构，对"十一五"期间浙江高等教育发展提出了若干针对性建议。

关键词：高等教育；提升质量；调整结构；持续发展

一

1998 年以来，浙江省高等教育得到了迅速发展。至 2005 年，全省招收的普通本专科学生达到 21.54 万人，在校生达到 65.13 万人。近 5 年内高校招生数和在校生数年均增长率分别为 23.9%、18.3%，高等教育毛入学率达到 34%，比"九五"期末提高了 21 个百分点。现在，浙江高等教育已跻身高等教育大省行列（见表 1）。

表 1　　1998—2005 年浙江省高等教育规模发展主要指标　　　　（单位：万人，%）

年份	1998	1999	2000	2001	2002	2003	2004	2005
招生数	4.05	5.93	9.35	12.02	15.25	17.35	19.56	21.54
在校生数	12.35	15.13	21.24	29.31	39.31	48.46	57.28	65.13
高等教育毛入学率	8.96	11.45	13	15	20	25	30	34
普通高考录取率	35	48	60	70	73	76.5	76.6	71.4

浙江高等教育"十五"期间的变化，呈现以下特点：

第一，发展快速迅猛，实施办学规模跨越式发展。高校扩招以前，浙江是一个高等教育小省，高校数少，在校生规模小。1980 年、1985 年、1990 年、1995 年四个年度，浙江省高校在校生分别为 3.76 万人、5.27 万人、6.03 万人和 9.29 万人，明显低于全国同期平均的 3.94 万人、5.68 万人、6.88 万人和 9.69 万人的水平。1998 年，浙江仅有普通高校 32 所，当年招生数不到 3 万人，在校生 11 万余人，高等教育毛入学率 8.9%，低于全国 9.8% 的平均水平。这与走在全国前列、发展充满活力的浙江经济不相适应，很难满足人民群众子女上大学的迫切需求。高校扩招以后，浙江省借助国家积极发展高等教育的政策，努力推进高等教育大众化。扩招当年，浙江省高校招生人数比上年增加 75% 以上，一改长期以来高等教育发展严重滞后的局面。经过几年努力，横向比较，浙江省高等教育规模发展的主要指标已经超过华东地区各省，高等教育毛入学率位居全国各省区之首，一举跨入高等教育大省行列。

第二，高教园区建设成效显著，办学空间迅速扩大：高校扩招以前，浙江省高等教育资源少，学校规模小，有的百年名校也仅有百亩校园，发展空间有限。高校扩招以后，省政府果断做出了建设 6 大高教园区的决定。至 2005 年秋，高教园区建设已经投资 190 亿元，累计竣工校舍建筑面积 830 万平方米，投入使用高校 34 所，在校生达到 28 万人。高教园区的建设，大大改善办学环境，为浙江省高等教育规模发展创造了良好的条件。

第三，大力发展高等职业技术教育，拓宽人才培养的品种和类型，满足经济和社会发展对一线人才的需求。根据国家有关政策，高职院校由省级政府审批。在这一政策的导向下，浙江省及时抓住机遇，加强规划，加快发展。统计表明，全省高职院校已从 1998 年的 2 所增加到 2005 年的 42 所，招生数从 600 余人增加到 7.2 万余人，在校生数增加到 22 万人，约占普通高校全日制在校生的 1/3，成为浙江省高等教育的重要组成部分。

第四，民办高等教育快速发展，承担起大众化高等教育发展的重任。截至 2005 年，浙江已有民办本科院校 2 所，民办高职学院 10 所。浙江省还大胆创新，率先创办了公办高校二级学院（独立学院）。目前全省已有经教育部备案的独立学院 20 所，大大壮大了民办高校的办学能力。截至 2005 年，民办本科院校和独立学院的招生数已经达到 4.8 万人，约占全省本科院校招生数的 48%，在校生已经达到 16.22 万人，占本科在校生总数的25%。其中，独立学院的招生数和在校生数分别达到3.95万人和12.42万人，占全省本科招生和在校生数的39.3%和35.5%，成为本科教育的重要组成部分。独立学院的举办，改善了民办高校的结构，增加了优质资源的供应。

　　第五，提高质量和规模扩张并举，努力把握高等教育发展的主动权。在2000年高校扩招之初，出于规模扩张可能带来质量下降的担心，浙江省教育厅及时开展了高教质量年活动，扎扎实实抓教学规范和教学基本建设，增加投入，保证办学的基本规格和水平。在高等教育进入大众化以后，省教育厅又适时推进和实施各项教学改革，为高等学校提高人才培养质量、办出学校特色、推进素质教育创造良好的外部环境。如在全省全面实施《浙江省新世纪教学改革工程》的2212345计划：投资2.2亿元，全省高校重点建设100个重点专业和200个基础课实验室，实施300项教学改革计划，建设40个省级文化素质教育基地和500种省级重点教材，从专业、基础实验室、教学改革计划和教材等基础环节着手，抓好教学基本建设，推进质量体系建设。又如在科研方面，省教育厅重点建设若干优势学科，5年投入一亿元建设200个重点学科；投资一亿元建设20个"重中之重"学科；投入300万元建设10个人文社科重点研究基地；实施"钱江高级人才引进计划"和"高层次人才培养工程"等。这一切为把握高等教育发展的全局，保证高等教育稳定、健康和可持续发展提供了有力保障。

二

　　根据科学发展观和高等教育发展规律的要求，以及人民群众求学趋势和经济社会对人才需求的变化，浙江高等教育发展中也面临着提高质量和改善结构的双重压力。

　　1. 层次太低，结构不合理。高等学校大量增加。但是办学层次总体来看提高不快。从本、专科院校的数看，2005年浙江有全日制高校77所（含筹建院校），其中本科院校仅有26所，仅占高校总数的1/3，数量偏少，大大低于全国平均40%的比例。从招生数来看，2005年地方属本科院校招生9.5万人，占招生总数的45%，而全国平均为47%。从在校生数量看，全省本科在校生 32.64 万人，占在校生人数的 52%，而全国同期为 55%。从研究生教育看，2005 年全国招收研究生 364831 人，在校生 978610 人，本、专科招生数和在校生数之比分别为 1∶13.83 和 1∶16，而浙江的比例为 1∶22.5 和 1∶25.4（含教育部直属浙江大学）。尤其是博士招生数和在校生数，浙江仅有 1687 人和 6357 人，占高校招生数和在校生的 7.83‰和 10‰，而全国平均比例为 10.86‰和 12.2‰。从以上的数据可以看出，浙江高等教育尚有很大的发展余地。

2. 学科、专业结构与浙江的经济结构和技术结构不够匹配，可能影响人才市场的供给。高校扩招以后，高等学校的办学自主权进一步扩大，但同时受市场需求和办学功利倾向的影响，高等院校对专业和科类的设置偏重于市场和学生求学的专业选择，致使科类结构发生了偏移（见表 2）。

表 2　　　　1998 年、2005 年浙江省高校主要科类在校生数及比例状况

类别	年份	哲学	经济学	法学	教育学	文学	历史学	理学	工学	农学	医学	管理学
在校生（人）	1998	158	19561	4838	3887	16924	1689	13053	42346	2594	8493	44160 (2001)
	2005	0	51915	22221	30400	109692	1032	35603	200845	5485	42783	125319
所占比例（%）	1998	0.14	17.2	4.26	3.4	14.9	1.49	11.5	37.3	2.28	7.48	17.1
	2005	0	8.3	3.55	4.86	17.55	0.17	5.7	32.1	0.88	6.8	20

说明：管理学学科从 2001 年开始列入统计，表格中为 2001 年数值。

表 2 显示，浙江高等教育长线专业和工科专业都有不同程度的下降，而管理学、文学和教育学均有不同程度的增长。根据浙江省"十一五"发展规划，产业结构调整的重点是"建设先进制造业基地，合力打造中高档纺织、品牌服装及皮革、电子信息及电气等十大产业集群，以及 20 个左右国内重要的制造基地，提升战略地位；加强自主创新，提升产业国际竞争力，优先发展具有重大带动作用的高技术产业。大力发展生物医药、高效低毒低残留农药和医疗器械，积极开发新材料、新能源和先进环保技术，着力提升研发和工艺水平，在电子通信设备、输变电设备、环保专用设备等领域有新突破；加快发展现代服务业，把服务业作为新的经济增长点和结构调整的战略重点，建立'高增值、强辐射、广就业'的服务业体系，提高服务业对经济增长和全社会就业的贡献率。"但是，从目前学科专业布局的现状来看，似乎与之不尽切合。专业门类消长的原因，部分反映了市场对人才的需求，其中有些是必需的，但也不排除受到学生

求学趋向和功利倾向的影响。浙江省实施打造制造业大省的发展战略，对工科专业的人才一直是供不应求，应合理调整学科专业。

3. 从本科院校来看，新建本科院校数量多，建设任务重。高校扩招以来，浙江省在大力发展高等职业技术教育的同时，加大了本科教育的发展，先后有8所专科院校升格本科，又新建了两所本科院校。这本身增加了本科资源的供应，改善了高校的层次结构。但前身为师范专科院校的升格院校，在理顺关系的过程中又或多或少并入一些中专学校。尽管学校和有关部门在提升学校层次和提高办学水平方面做了许多努力，但由于这部分院校的办学质量参差不齐，从而影响到了本科教育的质量。

4. 师资队伍建设始终是发展的主要瓶颈。随着高等教育规模的扩大，浙江省各高校都清醒地把师资队伍建设放在突出的地位。许多高校都从实际出发，制定师资队伍建设规划，出台优惠政策，培养引进高层次人才，一段时间内大批高层次人才落户浙江高校，改善了教师队伍结构，充实了教师队伍实力。但是，数据表明，由于规模的急剧扩张，师资队伍建设还是相对滞后。新教师大量增加，对教学质量提高带来困难，并且影响到科研的水平。同时，高校师生比已经连续多年高居不下（见表3）。这里实际上只计算全日制普通高校在校生，如果考虑到研究生招生不断增加和按其他类型学生的折合，师生比可能还要增加。虽然浙江省高校教师队伍建设已经取得了明显成效，但是建设任务十分繁重和迫切。

表3　　　　1998年、2005年师生比、副高以上教师与在校生数据

年份	1998	1999	2000	2001	2002	2003	2004	2005
在校研究生（人）	5967	7432	9859	13170	16241	19151	21908	25439
在校本专科生（人）	113543	138564	200186	293078	393145	484639	572759	651307
专任教师（人）	11816	13140	18981	22168	25993	29945	39466	42411
正高级职称教师（人）	1025	1150	1392	1708	2084	2585	3241	3703
副高级职称教师（人）	3332	3802	5210	6127	7311	8426	10785	11560
师生比	1∶9.6	1∶10.5	1∶11.7	1∶13.8	1∶15.8	1∶16.7	1∶16.6	1∶15.4

说明：根据有关资料整理，在校生仅计算全日制普通高校。

5. 办学基础条件不足，办学质量受到挑战。从高校扩招开始，浙江省就在增加投入，加快高校基础建设方面做出了努力。特别是大学城的建设和民办高校的发展，为高教发展所需的政府投入分担了很大的压力，提供了物质保证。但深入分析，可以看出高等教育办学基础条件并不令人乐观，如生均图书藏书量已经从 1998 年的 134 册下降到 2005 年的 77 册。总体上看，基础条件的建设要跟上规模的发展还有很多困难。值得一提的是，目前学校办学空间基本饱和，继续扩大规模难度不小，并且许多学校贷款压力沉重，再投入扩大办学空间的能力和积极性已经不高。

6. 高等教育规模适度扩大的压力依然存在。据 2005 年浙江省国民经济和社会发展统计公报显示，2005 年末浙江全省人口已经达到 4898 万，另据估计，外来劳动力为 800 万。人口的增长已经大大超过了预测数。今后几年，随着人口的增加，普通高中毕业生将持续增加，高等教育适龄人口（18—22 周岁）呈平稳增长态势，同时随着高等教育立交桥的构建和公民生活水平的提高，高等教育规模仍会面临压力。省政府已经确定"十一五"高等教育发展目标：2010 年普通高校在校生（含研究生）85 万人，比 2005 年增加 24 万人，高等教育毛入学率达到 45% 以上，比 2005 年增加 11 个百分点，可见在"十一五"期间"适度扩容"的压力仍然存在。

三

浙江省高等教育已经获得长足的发展，为经济和社会发展做出了贡献。要巩固和发展改革的成果，使浙江从高教大省走向高教强省，依然任重道远。

1. 抓住机遇，调整结构，转变增长方式。当前，全国正在贯彻落实国家"十一五"发展规划。浙江省高等教育发展应贯彻科学发展观把握机遇，适时加快结构调整力度，在指导思想上从规模发展为主，向质量提高为主、适当兼顾规模发展的方向转变，带动效益的提高，使全省高等教育在规模、结构、质量和效益方面得到持续健康协调发展。

2. 深化教学改革，提高教育质量，培育优质高教资源。按照分类管理的原则，确定高等学校的基本结构，引导学校正确定位，立足学校分工办出质量和特色。要鼓励学校经过努力提升办学层次，增加优质高教资源，构架更为合理的高校布局和结构，满足社会对高层次人才的需求。要继续深化教学改革，改进人才培养模式，注重人才培养环节和要素的管理和规范，提高教学效果和效益，全面提高教学质量。要加快新建本科院校建设，采取切实有效的措施，努力提高新建本科院校的办学水平，促进整体办学水平和办学质量的提高。

3. 继续增加投入，不断完善办学条件，为适度扩展高教规模，保证教学质量提供物质保障。在规模压力加剧的情况下，应在统一规划和布局的基础上适当增加高等学校的数量，以满足一定的办学资源供应。按照大学城的功能设计和配套要求，完善园区的功能，使大学城尽快达到园区设计的规模。积极探索园区内高校师资课程、图书资料、仪器设备等软、硬件资源的交流、共享机制，提高人才培养的效益和效率。同时要加快发展民办高等教育，落实《民办教育促进法》，抓紧出台《浙江省民办教育促进条例》，从土地免税、银行信贷、师资引进和流动等方面加大优惠力度，采取积极措施，创设有利于民办高校生存和发展的有利环境，充分吸收和引导社会资金和境外资金投资兴办新的高校，扩充高等教育资源，满足高等教育规模适当发展的需要，缓解高等教育资源供应的压力。

4. 加大力度，调整结构，提高高等学校的办学层次。首先，要积极培育本科高教资源，有目的地确定培养目标，促进一批高校升格本科，增加本科人才培养总量，改善人才培养的本、专科结构。有条件的高校，要争取举办研究生教育，扩大研究生招生规模，满足社会对高层次人才培养和使用的需求。其次，要坚持高等教育为经济和社会服务的方向，制定相关政策，引导和规制高校调整科类结构，满足社会多样化的需求。要根据全省"十一五"规划、经济和社会发展的趋势以及产业结构调整的要求，加快制造业、服务业人才培养，积极开办交叉学科、新兴技术等相关专业，满足用人单位的需要。根据毕业生的社会需求情况，适时淘汰一些不适应时代要求的专业，为新专业的开设提供空间，使学科和专业的发展更好地服务经济和社会发展的需要。

5. 理顺政府和高校的关系，逐步建立现代大学制度，健全和完善高等教育运行机制。要进一步理顺政府与高校的关系，使政府在高校的管理上更多地发挥监督、服务和指导的职能，由单一的直接领导与被领导关系转变为多元的间接宏观指导与调控的关系，让市场调节、政府和法律调节、文化调节在高校办学中发挥关键作用，形成政府宏观管理、社会积极参与、学校面向社会自主办学的运行机制，从而使高校真正成为独立的法人实体，面向社会依法自主办学，从而实现高等教育的可持续发展。

附记：高等教育发展状况是民办高等教育发展的重要依据，研究浙江民办高等教育，离不开对浙江高等教育的研究。本文应教育厅相关处室负责人委托研究，刊登在《教育发展研究》2007 年第 5 期。

规范和支持并举　促进民办高等教育健康可持续发展

摘　要：本文从民办普通高校的发展现状入手，深入剖析了民办普通高校发展中存在的问题，对如何规范民办普通高校的管理、促进民办普通高校的健康和可持续发展，提出了建设性的意见。

关键词：民办普通高校；规范管理；可持续发展

自高等学校大扩招以来，我国民办高校抓住机遇，加快发展，在高等教育中的比重大幅增加。据教育部 2006 年教育统计快讯公布，2006 年我国独立设置的民办高校已经达到 278 所，比 2000 年的 37 所增加了 6 倍多，独立学院已经达到 318 所。从办学规模看，2006 年我国民办普通高校在校生 280.5 万人，比 2000 年增加了 40 多倍，占我国普通高校在校生的比例已经上升到 16%；从校均规模看，独立设置的民办高校校均规模已经从 2000 年的 1500 人增加到 2006 年的 4813 人。民办高校在许多地区已经成为承担高等教育大众化任务的重要力量，成为高等教育事业的重要组成部分。如 2006 年浙江省已有民办高校 12 所（含筹建两所），转制高校一所，在校生 79653 人；经教育部备案的独立学院 20 所，在校生 144400 人，两项相加，已经占普通高校在校生的 32% 以上。其中民办本科招生数和在校生数已分别占全省普通高校的 37% 和 36%，3 个在校大学生就有 1 个在民办高校就读，较好地满足了经济建设、社会发展对人才的需求和人民群众求学的愿望。按照目前民办高校 22.4 万在校生的收费统计，浙江民办高校每年从社会募集的教育基金就达 30 余亿元。根据已经公布的浙江省高校生均经费 20643 元计，[①] 每年为政府节省 46 亿余元的教

---

①　盛昌黎：《在全省高等教育工作会议上的讲话》，浙江省教育厅网站。

育投入，还节约直接建校费 100 多亿元。同时，在办学的过程中也积累了教育资源，目前，浙江独立设置的民办高校校园面积达到近 6000 亩，建筑面积 228 万平方米，藏书 480 万册，固定资产近 38 亿元，教学仪器价值 4.2 亿元。另外，民办高校办学促进了社会就业，目前在职职工近6000 人，其中专职教师 4100 人。[①] 可以看出，随着高等教育体制改革的深入和高等教育大众化进程的加快，我国民办高校将发挥越来越重要的作用。

一　存在的问题

1. 民办高校方面

一是产权界定不清。有的民办高校在创办初期，由于预期规划尚未完全实现，因此对学校产权归属问题比较模糊甚至被疏忽。当时也确实没有相关的法律规范可依，致使民办高校难以真正享受法人权益，一旦这些民办高校办学发生问题，政府将不得不承担相关后果。近几年，由于民办高校的法人财产不明确，引发许多相关的纠纷，影响了学校的稳定和发展。另外，部分民办高校内部管理体制不健全，出资者与办学者之间职责不明确，一些民办高校至今还没有建立起系统、科学、严格的内部管理制度，家族化管理现象日趋严重。

二是规模扩张过快。我国民办高校绝大多数属于投资办学，由于资金来源单一，相当多的民办高校走以学养学、滚动发展的道路，以扩张规模来提高效益已成为许多民办高校发展的主要途径。但是，一些民办高校校均规模的过快增长，超越了这些学校的办学能力和管理能力。有的民办高校忽视办学条件，一味追求规模，在校生已达到或超过万人。2000 年以前，全国没有万人民办高校，但是短短几年已经出现了几十所规模超万人的民办高校，有的甚至达到数万人。如此规模的巨形大学，给办学质量、学校稳定和内部管理带来了相当大的难度。

三是办学资金未到位。现阶段，我国社会资金积聚不够，而举办高等教育需要特别巨大的资金投入，举办者对此往往准备不足。目前许多大规

---

① 浙江省教育厅：《浙江省 2006 年教育事业简况》，第 1 页。

模的民办高校不是依靠社会巨大投资来建设的，而是主要依赖于学费的积累。一些民办高校的办学者在办学初期就打算通过收取学费和贷款扩大基建、完善基本办学条件和维持日常开支，甚至期望通过积累归还贷款，以达到滚动发展的目的。显然，这一计划是不现实的。由于办学经费被大量用于基建、归还贷款和完善办学设施，挤占了正常的教学开支，据估计，许多民办高校实际生均经费已不足千元。从而导致优秀师资难以引进，教学质量难以提高。

四是缺乏科学的理论指导。一些民办高校的领导者和管理者，对高等教育发展的客观规律认识不足，缺乏科学的办学思想，淡忘了教育的公益性原则。如个别学校举办者违规操作，抽逃和挪用办学资金；某些学校办学行为不规范，如违规招生，做不负责任的承诺；一些学校财务管理混乱，资金去向不明等。近几年因资金不足、管理不善，导致发生交通、溺水、食物中毒、被盗等安全责任事故屡有发生，由此引发的群体性事件明显增多，且在聚集规模、激烈程度、反复性和影响面等方面，出现了愈演愈烈的趋势。

五是办学理念陈旧。有部分民办高校缺乏对高等教育发展形势的了解和把握，忽视了大众化高等教育背景下民办高校培养目标的定位和培养措施，办学质量不高、特色不明显，影响了学生就业率的提高，导致学校信誉下降、社会认可度降低、可持续发展难度增大。

在我国高等教育大众化的进程中，民办高校已经成为高等教育的重要组成部分，但由于上述问题的存在和发展，直接损害了民办高校的形象，制约了民办高校的健康发展。

2. 政府管理方面

一是民办高校的地位没有得到确立。尽管民办高校快速发展的贡献有目共睹，尽管国务院文件指明民办高等教育已经成为我国高等教育事业的重要组成部分，但在实际工作中，许多主管部门往往另眼看待。同时，由于近几年高教资源紧张的状况有所缓解，又由于个别民办高校办学中出现了一些问题，原有的"多余论""补充论""怀疑论"等有所抬头，从而影响着民办高等教育发展政策的制定和落实。

二是一些地区政府部门的机构、人员不落实，对民办高校疏于管理。从全国来看，短短几年时间，民办高校规模以超常规的发展速度扩张，政府部门对此准备不足，机构、编制、人员、经费落实不到位，管理明显滞后。民办高校布局不合理、设置和管理不规范，对于部分投入不足、办学条件差、达不到设置标准的民办高校，审批部门碍于面子和关系违规批准。需要指出的是，我国民办高等教育作为庞大的高等教育中的特殊群体，需要有专门的管理机构和力量。当前管理机构不健全、管理机制不完善、管理力量不落实，也是导致对民办高校疏于管理的原因之一。

三是民办高校的发展政策有待于完善和落实。应该看到，通过各方面的努力，民办高等教育的发展环境有了巨大的改进。但是，就许多已经颁布的制度、法律与文件来看，"优惠"的条文多是表面性的原则，政策界限、概念比较模糊，虽具有导向性，却少具操作性，有些规定涉及许多方面，仅仅依靠个别部门的努力是无法落实的。例如，办学中的税收问题、投资回报问题表面上看已经解决，实际上由于政策之间的分设和冲突而无法落实。民办高教发展的政策落实，不仅有制度层面的压力，而且还面临执行层面所带来的挑战。

四是民办高等教育的发展空间仍很狭窄。从最早于1978年成立的湖南长沙中山进修大学开始，民办高校已经有近30年的历史。由于多方面的原因，目前民办高校的办学空间仍相当狭窄，并且受政府政策的变动影响较大。2005年由于高等教育学历文凭考试试点的取消，一大批民办高校被迫关闭或转型。在我国至今所有的278所民办普通高校中，只有25所民办本科院校，不足1/10，在全国本科院校中仅占1/30，90%以上的民办高校都是高职学院。我国至今尚无民办高校举办研究生教育。民办高等教育在整个高等教育体系中的份额很小，办学的层次还比较低，这对民办高校的发展是非常不利的。人为限制民办高校的办学类型、办学层次和办学空间，不利于调动民办高校投资者和办学者的积极性。

五是个别民办高校的不规范行为，往往成为影响整体发展的障碍。在民办高校的发展进程中，由于多方面的原因，总有个别学校"不守规矩"，违规操作，损害社会利益，甚至危及社会稳定，对此采取措施及时做出必要的处理是完全必要的。但有关部门在处理问题的过程中，往往注重"堵"，忽视"疏"，一竿子到底，规范措施全线覆盖，但对于促进的具体措施，却少有落实力度。这种奖、罚的强烈反差往往会引发民办高校举办者不必要的担心，影响社会对高等教育的投入，不利于民办高校的稳定、持续发展，也不符合相关的法律规范。

二　教育与对策

教育部 2007 年工作要点明确提出，要加强对民办高校的积极扶持和规范管理，引导民办高等教育健康发展。2006 年 12 月 21 日，国务院办公厅下发《国务办公厅关于加强民办高校规范管理引导民办高等教育健康发展的通知》（国办发〔2006〕101 号），同日，中央组织部和中共教育部党组也下发了《关于加强民办高校党的建设工作的若干意见》（教党〔2006〕31 号）。2007 年 2 月 3 日，教育部部长周济签发 25 号令《民办高等学校办学管理若干规定》。在短短的几个月里，政府及相关部门相继下发 3 个文件，提出了规范民办高校管理、促进民办高校健康发展的具体措施。根据相关政策，遵循高等教育发展规律，规范民办高校的管理，解决好发展中出现的问题，提高民办高等学校的办学质量，构筑民办高校生存和发展的良好环境，依法落实有关扶持政策，促进民办高校快速健康和可持续发展，是民办高等教育发展的当务之急。加强管理，以规范带促进，规范与促进并举，是今后一段时期民办高等教育发展的主要特征。

贯彻落实国办发〔2006〕101 号文件和教育部 25 号令，规范民办高校的管理，有许多工作要做。从民办高校发展的实际来看，建议重点抓好以下工作。

一是学好文件，统一思想。稳定、有序、健康的环境，是民办高校可持续发展的保证。政府要确立民办高校是国家高等教育重要组成部分的思想，真正把民办高校与公办高校同等对待，给予关心、爱护、引导和帮助。管理部门要真正树立"公平管理"的理念，公办、民办"一碗水端平"，不以办学性质划分亲、疏、远、近，担当起领导民办高校健康发展的责任。民办高校领导也要认识到，规范管理、净化民办高校竞争的秩序、完善民办高等教育的发展机制，对渴望健康发展的民办高校，是极大的"利好"消息。要形成规范管理是为民办高校创设更好的发展环境、最终是为了促进民办高校健康和可持续发展的共识，从而取得民办高校的广泛认同和支持，激发落实和执行文件的自觉性和主动性。

二是规范和示范相结合，引导民办高校整体办学水平的提高。规范民办高校举办者和民办高校的办学行为，以及规范民办高教管理者的行为，是《民办教育促进法》的重要规定。民办高校的健康发展，要依靠民办高校的"自律"，同时也需要政府的引导和规范管理。针对民办高校中出现的问题，一方面，应以《民办教育促进法》及其实施条例为依据，加强民办高校管理的制度建设，使民办高校管理有章可循。另一方面，要注意正面引导，培育典型，加强示范性民办高校的建设，以带动民办高校整体管理能力和水平的提高。应该看到绝大多数民办高校是能够做到规范办学的，并且确实已出现了一批办学信誉和质量深得社会好评的民办高校。如能借鉴国家建设"211""985""示范性高职"平台的经验，发现、发掘优秀民办高校，宣传其办学经验，扩大优质民办高校的影响，采取优惠措施，进一步加大扶持力度，这对支持一批优秀民办高校加快提高建设水平、管理水平和教学质量，无疑将起到积极的作用。政府的宣传和扶植具有权威性，能够促进和带动我国民办高等教育的整体发展水平的提高。

三是稳定教师队伍，加大支持力度。现阶段我国民办高校仍处于弱势，需要社会各界的理解，需要政府和各界的支持和帮助。近几年来，我国高等教育有了快速的发展，但是与实际需求和政府规划相比还有很大的差距，未来民办高等教育还有很大的发展空间，对此应该有坚定而清醒的认识。从民办高校的实际来看，当前最迫切的是要切实解决教师队伍建设的政策性问题。根据有关规定，民办高校是"非企业法人"单位，而我国传统的人事制度只有事业和企业单位之分，非企业法人单位职工的相关制度尚无现成的法规可以借鉴。政策的缺失使民办高校教师与公办高校教师在待遇上形成巨大差别，从而影响民办高校高学历、高层次教师的引进和稳定，影响专职教师队伍的建设，同时也阻碍了公办、民办高校之间教师的流动。教师是办好学校的主要因素，民办高校的发展、强大，最终要依靠有实力的教师队伍的崛起。建设一支数量足够、素质较高、专兼结合、相对稳定的教师队伍，是民办高校健康、可持续发展的关键。要贯彻《民办教育促进法》，落实法律赋予民办高校教师的合法地位，尽快在编制、养老保险、职称评定、科研评奖、培训提高、合理流动等方面制定相关的具体规定，以加快民办高校专职教师队伍的建设和结构优化。

四是采取切实有效的措施，努力提升教育质量。当前和今后一段时间，要着重引导民办高校转变发展模式，强化质量观念，把发展重点从规模扩张转移到内涵发展上来。从民办高校办学的实际来看，重点要做好五个方面的工作：（1）根据办学实际，正确确定与学校和学生实际相适应的人才培养目标以及相应的培养模式，并以此指导人才培养的各项工作。（2）根据学校人才培养规格，加快调整专业结构，设计好人才培养的具体方案，细化人才培养的措施，为教学质量的提升提供指导，并注意把办学理念、人才培养的特色融入其中。（3）大力加强学风建设，加强教学督查力度，注重改进教学方法和教学手段，着力提高课堂教学的效果和质量。（4）加大对专职教师，尤其是有学术造诣和教学经验丰富的中年教师的引进力度，加强教师队伍建设。（5）加大办学投入，特别是要增加教学方面的投入，集中财力加快办学设施建设，改善办学条件，为提高质量、实施内涵发展提供物质保障。

五是落实办学自主权，鼓励和引导民办高校办出特色。办学自主权是指高等学校针对面临的任务和特点、为保障办学活动能够依据自身特点和内部客观规律的要求、充分发挥其功能所必需的自主决策权。由于民办高校投资主体的特殊性，需要有更多的办学自主权，以适应市场变化、增强学校的活力和竞争力。在大众化教育背景下，高校办学呈现多元化的办学格局，高校应该有自身的定位和培养特色，如果政府对民办高校不加区别、千篇一律地去评估和"规范"，可能会导致民办高校千校一面，丧失自身特色。

六是继续鼓励多渠道筹资，改善办学条件。经费问题是民办高校稳定发展的重要基础。在现阶段，限于经济实力，也由于民办高校的投资需求特别巨大，许多投资难以完全到位，给学校带来了经费困难和财政危机。近几年，各地政府加大了对公办高校办学经费的支持力度，如浙江高校生均经费已达 2 万余元。民、公办高校之间的贫、富差别越来越大，最终会导致高等教育和谐发展的格局难以形成。当前解决民办高校的资金问题，落脚点主要应放在四个方面：（1）出台优惠政策，继续动员、鼓励和引导社会投资高等教育，加大对民办高校的投入。（2）切实落实"按成本收费"的政策，在学费、住宿费标准的制定和执行中充分考虑到民办高校的特殊性，允许一定的浮动幅度，不搞公办、民办一刀切。（3）贯彻出台扶持政策，在土地征用、建设配套等方面提供优惠，努力降低民办高校的办学成本。（4）引导民办高校加强财务管理，厉行节约，提高资金使用效益。同时要增强资金使用的透明度，接受社会监督，保证资金的使用安全。

七是政府继续鼓励民办高校坚定信念、安心办学。民办高校的举办和发展，是高等教育出现的新生事物，民办高校与旧中国的私立大学不能同日而语，也不能与国际上发达国家的私立大学相提并论。现阶段民办高校起步迟、历史短，在公办高校占绝对统治地位的夹缝中求生存，又遇到高等教育从精英快步走向大众、高教市场急速从卖方走向买方、高等教育从供应型走向选择型的阶段，这些对民办高校的生存和发展都是一个考验。据了解，当前许多民办高校的职工特别是一些年轻的学校领导并不稳定和安心，而民办高校的可持续发展，有待于一大批年轻人才的成长、成熟。政府应出台政策，鼓励民办高校领导安心工作，立足于学校的长远发展，办出特色、办出质量，而不应该鼓励民办高校转为公办学校，否则会动摇民办高校的信心，误导民办高校的发展方向。

八是加强管理机构建设，使政策落到实处。我国民办高校已经有了一定的发展，未来还将有很大的发展空间，因此，加强民办高校管理机构的建设，是当前民办高校规范管理的迫切需要。建议教育部和省教育部门建立、充实专职的民办高校管理机构，解决一定的编制，确定相应的规格，有专门的力量来应对民办高校的管理事务。鉴于民办高等教育管理涉及政府许多部门，如税收、收费、广告管理、编制、保险、财政补助等，因此建议在国家层面和省级政府建立由相关部门组成的民办高等教育管理的协调机构，通报情况、收集信息、研究问题、协调政策，以落实相关措施。同时，建议进一步发挥学会、协会等民间团体和中介机构的作用，疏通信息渠道，协助处理一些诸如督查、评估、自律、规范等具体事务，加强民办高校的自律，使规范管理落到实处。

附记：2006 年，在江西等地民办高校中发生了严重的群体事件。年底国务院办公厅下发了《关于加强民办高校规范管理　引导民办高等教育健康发展的通知》（国办发〔2006〕101 号），中组部、教育部党组也下发了《关于加强民办高校党的建设工作的若干意见》（教党〔2006〕31 号），2007 年 2 月，教育部发布《民办高等学校办学管理若干规定》（第 25 号令），中心思想是加强党的领导，规范民办高校办学行为，促进民办高等教育健康发展。2007 年 3 月 1 日，教育部在青岛召开相关会议，就贯彻落实文件精神听取意见，时任教育部副部长袁贵仁出席会议。本人参与了上述文件的起草讨论，并与于果等四位民办高校代表一起出席会议，受到启发。会后将发言材料整理，在《现代教育科学》2007 年第 9 期发表。

民办高校亟待实施内涵发展战略

目前，我国不少民办高校抓住机遇，加快建设，逐步建立自身的品牌形象，在高等教育市场日趋激烈的竞争中站稳了脚跟，赢得了社会的欢迎。已有一批办学理念先进、办学条件较佳、资金雄厚、质量良好、发展前景广阔的优秀民办高校开始冒尖。当然，我们在充分肯定民办高教发展主流的同时，也不应忽视存在的问题。

一是规模扩张过快，呈现出爆炸式的发展态势。在高等教育大众化的进程中，有的民办高校借高教资源紧张之势，不顾办学条件，一味追求规模。许多学校办学时间不长，而在校生已经超过几万人，2000 年以前，全国没有万人民办大学，但是短短几年已经出现了一批规模超万人的民办高校，有的甚至达到数万人的在校生规模，这样的巨形大学对学校管理带来了很大的难度。

二是经费紧张，经费投入跟不上规模发展的需要。我国目前许多大规模的民办高校不是依靠社会巨大投资建设，而是主要依赖于学费的积累。随着招生规模的迅速扩张，学校投入增长跟不上规模发展，部分高校办学条件不足，生师比、仪器设备、实习场地、教室、宿舍等都有不同程度的下降。许多学校为了接纳新生，缓解校园紧张局面，不得不新辟校园。过大规模的基本建设投资影响了民办高校人才培养经费的投入和使用。甚至有些民办高校实际生均经费不足千元，投入严重不足，质量难以保证；还有些是多校区管理，分散了办学者的精力，学校教学质量徘徊不前，校园人满为患，易引发事故苗头。

三是功利思想抬头，淡忘了教育的公益性原则。一些民办高校教学质量靠边，经济效益优先，为了归还借、贷款，规模必须持续增加，但是就目前有的民办高校的办学信誉和质量，却难以招收到足量的学生。为了争夺生源，不惜采取不正当的手段，做假广告、做不负责任的承诺等，甚至违背国家相关规定违章招生。而当这些承诺难以兑现时，往往引发社会事端，成为影响社会稳定的因素。特别是在学籍、学历、文凭和收费等方面，应该多敲警钟。

四是疏于管理，学校内部关系不顺。眼睛朝外，一切向钱看，内部管理混乱。一旦出现问题，学校领导难以控制。

在我国高等教育大众化的进程中，民办高教已经成为高等教育的重要组成部分。但是上述问题的存在和发展，将直接损害民办高校的形象，恶化发展的环境，影响社会和谐稳定。教育部 2007 年工作要点提出要加强对民办高校的积极扶持和规范管理，引导民办高等教育健康发展，而加大力度积极引导民办高校走内涵发展之路，则是解决问题之关键。

民办高校实施内涵发展战略，是我国高等教育发展转型的必然要求，也是民办高校增强实力，实施可持续发展的必由之路。在经历了连续几年的扩招以后，我国高等教育也需要有一个内涵发展的过程，以消化扩招带来的质量压力，提升办学质量，巩固规模发展的成果。从民办高等教育的现状和长远发展来看，实现从规模扩张向质量内涵建设发展的转变不仅非常迫切，而且意义重大，是提升办学水平、树立办学信誉、实施可持续发展的关键因素。近几年来我国民办高校也得到了较快发展，特别是规模扩张特征明显，有些已经大大超出了办学条件所允许的容量。但是，总体来看，办学仍然处于初级阶段，办学质量还不高，办学认可度还比较低。从目前的办学实力来看，还难以真正参与到以质量为核心的高教市场竞争浪潮中。从考生的意愿来看，选择民办高校还不是乐意的和最佳的选择。而民办高校要进入国家高等教育体系的核心，首先就必须有能够与同类公办高校相媲美的办学质量。国外许多国家私立高校之所以能够在国家高等教育系统中占据重要地位，首先就因为它们有着过硬的质量，培养的人才与许多公立高校相比有着自身鲜明的特色而受到社会的广泛欢迎，而我国民办高校质量还没有达到应有的水平，高学费、低质量的学校难以在高教市场的竞争中取胜，规模发展也难以为继，也不可能实现可持续发展。民办高校应该抓住当前有利时机，实现转型，调整策略，实施内涵发展战略，不断壮大自身实力。

其一，加快办学观念的转变和更新，牢固树立质量立校的思想。实施内涵发展，首先必须转变观念，加深对高等教育发展形势和高等教育大众化深入发展的理解，以科学发展观为指导，以高度负责的态度，走办人民满意教育的路子。毕竟高等教育规模的增长有其特定的阶段性和时效性，不断追求人才培养的质量才是高校永恒的主题。提高教育教学质量，是我国高等教育和高等院校的立身之本，生命之源。在日益加剧的高等教育竞争中，唯有办学质量是最关键的核心竞争力，当前民办高校要牢牢确立教学工作的中心地位，端正办学思想，以育人为宗旨，把主要精力和财力集中到人才培养上来，努力办出水平，办出特色，创出品牌。

其二，正确处理规模发展和内涵发展的关系，合理控制在校生规模。众所周知，民办高校是一个自负盈亏的高等教育机构，其办学经费几乎全部依靠学费和私人投资。因此，通过扩大办学规模提高办学效益是相当多的民办高校谋求发展的重要途径。但是，规模不是越大越好。国外私立高校的平均规模都小于公立院校，即使像私立哈佛、斯坦福大学等世界一流大学与加州大学等公立大学相比，规模仍是有限的。我国私立南开大学的创办者张伯苓先生曾坚定地说，高等教育重质不重量。学校创立之始，即限定学生人数，既不肯多收学费，广招学生，以增收入，又不肯多设大班，节省开支，任凭办学多艰难，决不悖于教育情理，不把教育商品化。也正是这样，才使它久负盛名。规模的过度扩张会不可避免地给办学质量提升带来困难，助长民办高校的功利性倾向，从而制约民办高等教育后劲和可持续发展的能力。我们应该借鉴国内外民办（私立）高校的发展经验，从学校的实际出发，合理确定和控制办学规模，以有足够的精力和财力投入人才培养工作。

其三，遵循高等教育发展规律，以公益性体现举办民办高等教育的办学宗旨。举办民办高校需要社会资本进入教育领域，投资办学是我国民办高等教育融资的根本特征。按照经济学者的观点，资本是具有意志的，资本的本质决定了资本的输出是以利润的回报为终极目标。但是自古以来教育都是培养人、造就人的崇高事业，公益性是教育的固有特性，投入教育的资金完全用资本的概念是难以涵盖的。民办高等教育是公益性和资本趋利性的统一体。过分夸大趋利性，可能误导办学行为，阻碍办学质量的提高，弱化社会对民办高校的支持，削弱民办高校持续发展的能力。从国家发展的长远利益出发，我们既不能用完全意义上的社会资本的概念来定性社会力量对高等教育的投入，放松对社会资本投资高等教育的趋利性的限制，任其高"回报"、高"营利"，同时也不能过分地将公益性视作福利性，抹杀民办高等教育与公办高等教育区别而拒绝社会资本对高等教育的投入。我国《民办教育促进法》在既强调民办学校的公益性的同时又允许举办者取得合理回报，为鼓励社会资本进入高等教育投资领域提供了法理可能，但是从国际和国内私立（民办）高等教育发展的历史来看，大凡办得好、可持续发展的私立（民办）高校，都是那些公益性强、坚持非营利原则的学校，国外知名的私立大学无一例外。可以说，处理好公益性和趋利性两者的关系，是促进民办高校健康发展的一个关键。

其四，采取切实有效的路径，把提升教学质量、内涵发展落到实处。去年底，国务院办公厅、中共中央组织部和中共教育部相继下达了关于民办高校发展的相关文件。落实这些文件，有利于民办高校内涵发展。当前和今后一段时间，民办高校一要根据办学实际，正确定位培养目标，确定适应学校和学生实际的人才培养的目标以及相应的培养模式，并以此指导人才培养的各项工作。二要根据学校人才培养规格，加快调整专业结构，设计好人才培养的具体方案，深化教学改革，细化人才培养的目标，为教学质量的提升提供指导，并注意把办学理念、人才培养的特色融入其中。三要大力加强学风建设，加强教学督查力度，注重改进教学方法和教学手段，着力提高课堂教学的效果和质量。四要加大对专职教师，尤其是有学术造诣和教学经验丰富的中年教师的引进力度，加强教师队伍建设。从当前的实际情况来看，民办高校专任教师队伍建设迫在眉睫，必须着眼于民办高校的长远发展，建设一支胜任教学、乐于奉献、敢挑重担的专职教师队伍。同时要充分发挥优秀教师及有经验的外聘老教师的传、帮、带作用，有计划、分阶段地对年轻教师加强培养，重点加大教学方面的指导，把提升教育质量的理念转变为每个教师的自觉行动。五要加大办学投入，特别是要增加教学方面的投入，集中财力加快办学设施建设，改善办学条件，为提高质量、实施内涵发展提供物质保障。

其五，加强管理、规范办学、提高管理效益，是实施内涵发展的关键。加强民办高校的管理，首先是要理顺关系，建立健全董事会、评议会和监事会制度，健全内部管理体制，明确各方职责。其次，要建立和完善以高等教育发展规律为主导、以市场需求为依据的决策体系，根据民办高校的实际，构建高效精干的组织机构及运行机制。走科学化、制度化、法制化的管理路子，克服家族式、作坊式的管理方式及其弊端，构建现代学校管理体系。再次是完善和规范招生管理工作。按照国家有关规定，招生简章和广告必须经审批机关备案后方可公布，并且公布内容应与备案内容相一致。学校法人要对学校招生简章和广告的真实性负责。民办高校重在依靠高质量的办学水平来吸引生源，而不能靠夸大宣传、大肆做广告来骗生源。最后要注意管理理念和管理措施的改革和创新。我国民办高校与国外私立高校不同，应立足国情建立健全党团组织，充实包括辅导员、班主任在内的党务干部队伍和思想政治工作队伍，加强对学生的服务、管理和思想政治教育，依法维护学生合法权益，建立健全维护学校安全稳定的工作体系。除此之外，还要按照国家文件规定要求，充分发挥督导专员依法监督、引导民办高校的办学方向和办学质量的作用。

附记：本文发表在《中国高等教育》2007 年第 6 期，人大书报复印资料中心《高等教育》2007 年第 8 期全文转载。

积极开展院校研究，促进
民办高校健康发展

摘　要： 我国民办高校近年来得到长足的发展，但由此带来的一些问题也亟待从理论上进行探讨。我国民办高等教育研究应以院校研究为重点，这是民办高校生存和发展的需要，是实现民办高校成功转型的需要，也是民办高校提升质量、办出特色以及加强规范管理、实现管理科学化的需要。为此，应做好"领导认识到位，研究力量到位，研究方法到位"等工作。

关键词： 民办高等教育；民办高教研究；院校研究

一

高等学校大扩招，推进了高等教育大众化的进程。我国民办高校抓住机遇，发挥自身机制优势，加快发展，取得了积极的成效。民办高等教育在高等教育中的比重大幅增加。表1反映了改革开放以来、特别是1993年国家教委颁布《民办高等学校设置暂行规定》以来我国民办高校的发展状况。据教育部2006年教育统计快讯公布，2006年，我国独立设置的民办高校已经达到278所，比2000年的37所增加了6倍多。独立学院仍然保持了增长的趋势，2006年全国独立学院已经达到318所。在我国2000多所普通高等学校中，民办高校三分天下有其一。从办学规模上看，2006年我国民办普通高校在校生280.5万人，比2000年增加了40多倍①，在校生占我国普通高校在校生的比例已经上升到16%。从校均规模

---

① 根据相关年份全国教育事业发展统计公报整理，2006年数据根据教育部公布的教育事业快报整理。

来看，民办高校也扩张得很快。独立设置的民办高校校均规模已经从2000 年的 1500 人增加到 2006 年的 4813 人，体现了我国民办高校规模效益的办学价值取向。需要指出的是，民办高校大多是大专层次的高职学院，且每年都有一批新校，有这样一个规模，实属不易。可以看出，随着高等教育体制改革的深入和高等教育大众化的进程，我国民办高校发展迅猛，已经成为我国高等教育事业的重要组成部分，成为承担高等教育大众化任务的重要载体。

表 1　　　　　1994—2006 年我国独立设置的民办普通高校建校
情况及在校生数、校均生数一览表

类别	1994	1995	1996—97	1998	1999	2000	2001	2002	2003	2004	2005	2006
专科/所	4	2	4	4	14	—	52	44	40	55	24	26
本科/所	1	—	—	—	—	—	1 **	2	5	0	17	0
累计/所	14 *	16	21	25	37	37	89	133	173	228	252	278
在校生/万人	—	1.2	1.6	2.2	4.0	6.8	14.0	32	81 ***	139.75	212.63	280.5
校均生数/人 ***	—	772	802	967	1086	1518	1577	2404	未区分统计	4172	4813	

资料来源：本表由本人根据历年教育部公布的数据整理，学校数为当年审批数，在校生数为当年合计数；

说明：* 1993 年以前部分省市批准了 10 所民办普通高校，报教育部备案；

** 黄河科技学院升格本科，后两格数字也是升格数字，总数并不增加，后相同；

*** 从 2003 年开始在校生数已经包括独立学院。

二

民办高等教育的快速崛起，是我国改革开放以来高等教育改革与创新的重要成果，标志着我国高等教育事业开始进入多元化发展的新阶段。同时也体现了民办教育灵活办学机制的优势。在我国公共教育投入不足、公办教育资源难以充分满足受众教育需求多样化的背景下，我国民办高等教育运用市场机制，自筹资金，自主办学，减轻了国家负担，拓宽了高等教育资金的渠道，增加了高等教育的投入，改变了中华人民共和国成立后长期以来形成的由政府包揽办学的格局，缓解了高等教育供求关系严重失衡的矛盾，在一定程度上满足了人民群众接受高等教育、选择高等教育的愿望。同时，民办高校贴近市场的办学机制，培养了大批合格的应用型、技能型人才，满足了经济和社会发展对人才的多样化需求，推动了我国高等教育大众化、多样化的进程。需要指出的是，我国民办高等教育在推进高等教育体制改革和学校制度创新方面，做了积极的探索和尝试，积累了成功的经验，推动了高等教育改革，促进了公办高校办学效率和效益的提高。另外，民办高校在为社会积累教育资产、推进农村人口向城市转移、缓解全社会就业压力、稳定社会秩序、解决弱势群体的教育公平问题、促进公办教育的改革与竞争等方面，都做出影响深远的历史性贡献。

应该看到，中国民办高等教育曲折而辉煌的发展历程，是在"市场""实践""政策""理论"等多重内外部复杂因素的合力推动下，经过多次和多向度的反复才得以最终完成的。[①] 由于中国民办高等教育独特的发展背景和环境，理论发展和指导成为实践发展的重要方面。在民办高等教育发展初期，生存和发展处境都比较艰难。一些学者因此大力呼吁政府部门改变对于民办高等教育的看法，制定相应的政策，改变民办高等教育的生存环境。潘懋元先生曾于 1988 年在《光明日报》上发表名为《关于民办高等教育体制的探讨》的文章，从政府决策角度阐明我国发展民办高等教育的必要性。扩招以来，随着民办高等教育事业的迅猛发展和随着民办高等教育系统的壮大，对民办高等教育的理论指导诉求急剧增加，逐渐成为中国高等教育理论界关注、探讨的热点问题。民办高等教育理论研究广泛开展并取得显著成效。有关民办高等教育理论研究的论文日渐增多，其内容涉及政府管理和环境营造，如民办教育立法和政策研究、税收制度和师生公平待遇等，也涉及内部管理和体制建设等问题，如管理体制、产权问题、质量评价等诸多方面。此外，还召开了许多学术会议，出版了大量民办高等教育研究著作，创办了一些民办教育类杂志等。时至今日，我国民办高等教育研究可谓成果丰硕。正如民办高等教育事业成为我国高等教育事业的重要组成部分一样，民办高等教育理论研究也已成为我国高等教育研究的重要组成部分。

---

① 黄藤：《关于民办高等教育理论研究及发展问题的宏观思考》，《民办教育研究》2005 年第 1 期。

三

当前，我国民办高等教育发展已进入一个新的时期。本着"理论研究为实践服务，理论引导实践发展"的原则，笔者认为，我国民办高等教育应该以院校研究为重点，以实证研究、案例研究、行动研究为主要研究内容和研究样式，以民办高校发展中的问题为抓手，积极开展院校研究，巩固民办高等教育理论与实践的发展成果，为民办高等教育的规范、健康和可持续发展做出自己的贡献。

首先，开展院校研究是民办高校生存和发展的需要。我国民办高校是20世纪80年代才重新恢复和发展的新生办学形式，没有现成的经验可以借鉴，办学历史不长、文化底蕴不足、办学水平不高。在这种情况下，积极而广泛地开展民办高校的院校研究，认真总结办学经验，边探索边发展，边实践边提高显得尤其重要。目前，我国民办高校的最大问题还是生存和发展问题。在民办高等教育快速发展的同时，我们看到每年都有不少的民办高校倒闭的报道。民办高校倒闭的原因主要有以下几个方面：(1) 办学质量不高。一些民办高校因办学缺乏特色、学生就业率不高、自身形象不佳、社会声誉不高、生源不足而遭社会淘汰。(2) 管理不善。一些民办高校采用"家族式"的管理结构，任人唯亲，关系不顺、职责不明，董事长权力过大，校长缺乏独立行使教育教学和行政管理职权，降低了民办高校在办学过程中的抗风险能力，导致衰败。(3) 规模扩张过快，硬件投资过多，再加上融资投资渠道不畅，资金周转不灵，入不敷出，从而陷入危机、濒临关门甚至倒闭。此外，对环境的剧变缺少应变能力，也是相当多的民办高校陷入困境甚至倒闭的重要原因。

可以说，开展院校研究是民办高校生存和发展的需要，是积累办学经验，办出学校特色、积淀学校文化，确立学校理念，不断提高办学水平，实现民办高校规范、健康和可持续发展的需要。通过院校研究，全面地收集学校内外信息，分析解剖自身优势，深入了解市场趋势，实施特色发展思路，扬长避短，走出困境。从这一点上来说，越是面临生存和发展困难的学校，对院校研究的需要越迫切。可见，民办高校开展院校研究是十分必要的，也是十分迫切的。

其次，开展民办高校的院校研究，是实现民办高校成功转型的需要。经过20多年的发展，我国民办高校已经有了一定的发展。由于国家法律的扶持、政策的引导和民办高校的努力，民办高校的规模有了较大的增长，办学质量有所提高，社会形象逐步确立，认可度逐年提高。随着我国"科教兴国"基本国策的贯彻落实，面对穷国办大教育的基本国情和日益增长的求学需求和高等教育经费严重不足的矛盾，我国民办高校正在由边缘化地位向主流化地位转型，由补充性作用向发展性作用转型。同时，鉴于高等教育大众化的不断深化，民办高校也需要尽快实现由机遇性竞争向实力性竞争转型，由规模粗放型向质量效益型转变。要实现民办高校的转型，就需要有新的办学理念，确立新的办学思想，有一套新的发展思路和具体措施，而这一切必须从院校研究中去获得。民办高校的转型发展期待着理论的指导，用理论与实践的结合开辟新的发展道路是民办高校进一步发展的重要特征。

再次，开展院校研究是民办高校提升质量、办出特色的需要。总体来看，我国民办高校的社会认可度还不高。究其原因，主要是办学质量与人民群众的求学愿望相比，还有一定的差距。专家研究认为，民办高校办学质量提升不快的原因，除了投入不足以外，还有许多内在的因素。人才培养目标定位、人才培养模式、人才培养的手段等，与公办高校相比差距较大。例如，许多民办高校办学定位太高，希望以国内外一流高校为学校发展目标，结果脱离实际，事与愿违。在公办高校占绝对优势的背景下，民办高校要赢得竞争，还必须把重点放在发展自身的特色上。从某种程度上说，特色就是质量，特色就是水平。论办学条件，目前民办高校总体来说还处于弱势，但是民办高校具有机制优势，在创建特色上做文章，使培养的人才适合社会的需要，同样能赢得社会的欢迎。社会对人才的需要是多样的，人才培养也需要多层次、多类型的。大众化高等教育的质量观，其中很重要的一条就是各种层次、各种类型都可以办出质量，都可能办成一流大学，关键是要做到"人无我有，人有我优，人优我特"。民办高校的特色包括办学特色、管理特色、教育特色、教学特色、学科特色、专业特色、课程特色以及行业特色、区域特色、人才培养特色等，显然，这些东西不是学校与生带来的，而是不断研究、不断探索、不断实践总结而形成的。而这正是院校研究的重要内容。因此，民办高校要办出特色，必须扎扎实实地开展院校研究。

最后，开展院校研究是加强民办高校规范管理，实现管理科学化的需要。科学化是与科学研究紧密相连的。重视科学研究，积极探索和把握事物的客观规律，尊重事实，努力按客观规律管理，才能实现管理工作的科学化。

当前，以规模扩张、粗放型发展为特征，以外延式发展为重点的民办高校的管理和决策出现了许多矛盾，一些民办高校在招生、管理、教学等方面存在不少混乱现象和严重问题，集中反映了一些民办高校办学指导思想不端正，内部管理体制不健全，法人财产权不落实，办学行为不规范，也反映了一些地方政府对民办高校疏于管理、监管不到位等问题。这些引起了社会各界的广泛关注。2006 年 12 月 21 日，国务院办公厅专门下达了《关于加强民办高校规范管理　引导民办高等教育健康发展的通知》（国办发〔2006〕101 号），同日，中共中央组织部、中共教育部党组也下达了《关于加强民办高校党的建设工作的若干意见》（教党〔2006〕31号），2007 年 2 月 3 日，教育部又下达了《民办高等学校办学管理若干规定》（25 号令）。如此密集地下达高层次的民办高校管理文件，在我国民办高校恢复办学和发展中还是少见的，显示了加强民办高校规范管理的紧迫性和重要性。

在政府加大力度加强规范管理的形势下，民办高校的生存和发展面临着新的机遇和挑战，仅凭办学者个人经验和智慧是难以应对这些问题的。由于各民办高校的办学环境、成长环境等方面有其独特性，也很难采取统一的办学思路和管理模式。因此，民办高校要实现管理的科学化，必须广泛开展院校研究，努力做到按规律管理，按规范办学，凝聚人心，苦练内功，实施内涵发展战略，从而在高教市场的竞争中立于不败之地。

民办高校开展院校研究不但是必要的，而且也是可能的。民办高校开展院校研究不但具有客观条件，也具备一定的主观条件。

院校研究的可行性是与高校办学的自主性成正比的，高校办学的自主权越大，对院校研究的需要程度就越高，开展院校研究就越有可能。与公办高校相比，民办高校具有更多的办学自主权。这不仅使民办高校开展院校研究的迫切性凸显出来，也为民办高校院校研究的开展提供了客观的条件。所谓主观条件，主要体现在两个方面。一是院校研究得到民办高校领导者的重视。在民办高校的管理实践中，一些领导者能够较好地认识到高等教育的规律，对开展院校研究的重要性认识到位。二是成立专门的院校研究机构。有专门的研究机构和研究队伍，落实研究任务和开展常规性的研究活动，初步形成一定专业化程度的研究队伍。在我国办得较好的民办高校，如浙江树人大学、西安外事学院、吉林华桥外语学院等，已经建立以民办高等教育研究为主要任务的民办高等教育研究所，有明确的人员编制，他们大多立足学校实际，边实践边应用，为解决自身发展过程中的实际问题研究探索，献计献策，并发表了具有一定影响的院校研究成果。而这些学校的健康发展也从某种程度上享用了院校研究的成果。

四

为了更好地在民办高校中开展院校研究，笔者认为，必须做好以下工作：

第一，领导认识到位。要不要开展院校研究？能不能开展院校研究？关键取决于民办高校领导。民办高校领导的认识正确，院校研究就开展得顺利。从院校研究开展得比较好的民办高校来看，领导不仅重视院校研究，而且身体力行，以身作则，带头参加相关研究，并且卓有成效。但是据了解，相当部分院校的领导对院校研究还不是很重视，这一方面说明民办高校开展院校研究还很不够；另一方面也说明民办高校开展院校研究空间很大。我国著名高等教育研究专家刘献君教授认为：院校研究主要是对单个学校的研究。而任何一所学校都是具体的、独特的、不可替代的，它所具有的复杂性是其他学校的经验不能说明的，是理论所不能充分验证、诠释的。每个院校都有自己的特殊性，都是不可替代的，需要有针对性地加以研究。而且，对单个学校研究透了，也才有可能在此基础上，准确地归纳出一般规律。因此，每个学校都有开展院校研究的必要性。[①] 科研是我国民办高校的弱项，许多民办高校领导都在呼喊有关方面放宽政策，给民办高校开展科研提供便利，实际上，院校研究就是民办高校开展科研的最好入口。

第二，研究力量到位。院校研究是一项工作繁杂的研究工作，需要一定的研究力量的投入，否则，研究任务就难以落实。民办高校人员比较

---

① 刘献君：《关于院校研究的几个问题》，《高等工程教育研究》2004 年第 2 期。

少，但是也不能做无米之炊。院校研究是实践与理论紧密结合的研究，但是也不能等同于日常的工作小结，应该有专职研究人员，运用专门的理论，针对专门的问题展开研究。推进院校研究，应建立一个专门的研究资料、研究活动、研究经费、研究成果相统一的院校研究机构，并明确其任务，确立其定位，发挥其作用。① 当然，从民办高校的实际出发，开展院校研究，应坚持兼职为主，专职为辅，在此基础上组建研究队伍。兼职为主，这既考虑到民办高校人员较少的实际情况，同时也是院校研究与办学实践密切结合的需要。大量实践一线人员参与院校研究，熟悉院校研究的问题，便于研究工作的开展，同时也能促使研究的成果更加贴近办学实际。而专职研究人员则在研究中起到理论研究指导和规划的作用，保证研究工作正常进行，提升研究成果的水平和效益，在办好学校的过程中发挥更为重要的作用。

第三，研究方法到位。院校研究是行动研究，是应用研究。② 行动研究强调研究过程与行动过程的结合，以实践取向为主，以解决问题为目的，是实践者在行动中为解决自身问题而进行的研究。而从应用研究角度来看，院校研究通过对高等学校管理方面存在的突出问题进行分析、诊断，以解决学校管理工作的实际问题为基本目的。作为应用研究，院校研究强调理论指导，注重方法的科学性和学校管理问题研究的系统性。即便是解决具体的工作问题，也力求运用科学的方法，以与常规工作小结相区别。什么钥匙开什么锁，特殊类型的研究需要独特的研究方法。根据院校研究的特点，在院校研究中，特别要注意方法的运用，坚持理论联系实际的原则，坚持院校研究为办学实践服务的原则，掌握研究工作正确的路径，达到事半功倍的研究效果。

总之，院校研究作为民办高校理论研究的重要内容之一，应给予高度重视。我们呼吁广泛开展民办高校的院校研究，为民办高校的规范、健康和可持续发展而努力。

附记：中国高教学会是从事高等教育事业的高等学校、社会组织和教育工作者以及支持高等教育发展的事业单位、行业企业和个人自愿组成的

---

① 刘献君：《院校研究论略》，《高等工程教育研究》2006 年第 5 期。
② 刘献君：《院校研究论略》，《高等工程教育研究》2006 年第 5 期。

全国性、学术性的社会组织，承担着组织、动员和引导全国高等教育研究学术活动的职责。为充分发挥高等教育研究机构在高等教育改革发展中的积极作用，推动研究机构不断加强自身建设，宣传推广研究机构的创新成果和先进经验，更好地为高等教育的决策和实践提供切实有效的服务，2005 年和 2017 年，中国高教学会先后 5 次开展全国优秀高等教育研究机构评选活动，浙江树人大学民办高等教育研究院有幸 4 次获得殊荣。这篇论文，是根据本人在第二届全国优秀高等教育研究机构评选表彰大会上的发言稿而整理的，发表在《高等教育研究》2007 年第 6 期。

以规范树形象　以质量立地位
以特色塑品牌

——首次"全国民办高校学报工作研讨会"综述

摘　要：2007年11月10日，首届"全国民办高校学报工作研讨会"在杭州浙江树人大学召开。当前全国民办高校呈现健康快速的发展势头，而民办高校学报的发展由于种种原因显得较为艰难，对相关问题进行研究和探讨显得尤为必要，从而实现两者的协调发展。到目前为止，专门就民办高校学报举行的全国性会议尚属首次，本次会议具有重要的里程碑意义。为此，刊载首次"全国民办高校学报工作研讨会"综述，以向关心民办高校和民办高校学报发展的领导和学者们转达会议的信息。

关键词：民办高等教育；民办高校；民办高校学报

2007年11月10日，首次"全国民办高校学报工作研讨会"在杭州浙江树人大学召开（见封三照片）。本次研讨会由中国高等教育学会和中国人文社科学报学会举办，浙江树人大学承办。教育部社科司出版处领导田敬诚应邀出席会议并作重要讲话。中国人文社科学报学会理事长龙协涛教授、中国社会科学院文献信息数据库主任姜晓辉教授、中国人民大学原学报主编杨焕章教授、北京师范大学原学报主编潘国琪教授、浙江省高校学报研究会创始人方集理教授、上海《教育发展研究》期刊常务副主编董秀华等专家应邀出席会议并作专题报告。会议由浙江树人大学副校长徐绪卿教授主持，校长朱玉教授出席会议并作了热情洋溢的讲话。浙江省高校学报研究会理事长朱君华教授、副理事长徐枫教授到会祝贺。来自全国30多所民办高校的学报同仁与会并围绕学报建设展开了热烈的讨论，其中8位民办高校学报编辑部负责人在会上作了专题经验交流。

一　全国民办高校学报的基本情况

截至 2006 年，我国民办普通高校已有 278 所，其中民办本科院校 27 所，在校学生 280.5 万人。民办高校已成为我国高等教育的重要组成部分。随着学校规模的扩大和层次的提升，许多民办高校已经开始重视和关注科研工作，纷纷创办学报。据了解，全国民办高校已有学报近 200 种，其中有 100 多种获各省、自治区、直辖市新闻出版管理部门颁发的内部出版准印许可证，还有为数不少的民办高校学报还在筹办中。经批准公开出版的民办高校学报仅有 4 家（《浙江树人大学学报》《黄河科技大学学报》《北京城市学院学报》《仰恩大学学报》），其中《浙江树人大学学报》已进入"首届浙江期刊方阵工程"及"中国人文社科学报核心期刊"行列，并在创刊的同时交付邮局发行。由此可见，民办高校学报虽然起步较晚，但数量正在增加，质量正在逐步提高，呈现越办越好的趋势。尽管如此，目前我国民办高校学报"一少二多"（公开出版少，内部准印多，自行印刷交流多）的现状不利于政府监管，也不利于学报整体质量的提高，在一定程度上阻碍了民办高校科研工作的开展和学术水平的提高，已成为制约民办高等教育健康发展的因素之一，应引起有关方面的高度关注。中国民办高等教育既然已经成为我国高等教育的重要组成部分，那么民办高校学报在高校学报队伍中也应该有一席之地。

二　专家呼吁：政府应尽快解决民办
高校学报的刊号问题

与会专家认为，正如高等教育大众化背景下中国高校多样化发展一样，中国大学学报自然也应是分不同层次、不同类型、满足不同需要的。中国民办高等教育作为我国高等教育新崛起的重要组成部分，其科研和学术的环境应引起必要的重视。民办高校学报的健康发展，有待于政府相关部门的关注和支持。浙江树人大学徐绪卿认为，当前，民办高校学报大多无刊号或只有内部临时刊号，难以纳入政府管理视野。无论从哪一个角度看此问题，这样庞大的学报群体尚未获得政府认可，是值得关注的。解决民办高校学报的刊号问题，政府与民办高校之间应是互动的。一方面，希望相关部门能正视民办高校已经成为我国高等教育重要组成部分的现实，正视民办高校学报的特殊性，适度地、有条件有步骤地解决民办高校学报的刊号问题。尤其是对一些办刊时间较长、质量较好、办刊规范的民办高校学报，应出台相关政策，尽快解决，将民办高校学报纳入政府管理的范畴。既保证正确的舆论导向，促进民办高校学报的规范和质量提升，又满足民办高校多样化发展的需要。同时，针对存在的问题，政府部门应帮助提高质量，加强规范管理。另一方面，民办高校领导应重视学报工作，加大投入，加强管理，加快队伍建设，进一步创设科研环境。民办高校学报编辑部应加强自身建设，从编辑的各个环节上把好关，重质量、重信誉，不断提高学报的质量，努力增强社会的认可度，以时间换空间，以有为争地位。

三　办好学报应注重学报的定位、质量和特色

与会专家和代表就如何办好学报进行了研讨。龙协涛认为，要办好学报，首先要明晰学报的定位，应有明确的办刊目标。没有明确的定位和目标，学报就缺少了灵魂。由于办学体制的不同、面向对象的不同，民办高校学报的定位就应该与公办高校学报有所区别。杨焕章认为，高校学报必须立足本校，放眼社会。面向学校办学实际，服务于本校教师的教学与科研，这是由学报的性质决定的。当然，学报也应放眼社会，为加强学报与社会的联系，为教师学术交流和学报融入社会做好自身的工作。田敬诚认为，目前民办高校学报与民办高校一样，有与公办高校学报趋同的倾向，这是值得关注的。他认为，民办高校学报应关注民办高校自身的问题，把民办高校办学的实际问题作为重要内容加以研究。

与会代表还认为，要办好民办高校学报，必须注重质量的提高。诚然，绝大多数民办高校的学报尚未取得公开刊号。但是，相当多的民办高校学报已获内部准印或临时准印。刊号是"临时"的，但办刊思想不能"临时"。与民办高校的发展一样，民办高校学报也应该从严要求，以规范树形象，以质量立地位，以特色塑品牌。针对当前实际，要提高民办高

校学报质量，大家认为应从三个方面入手。一是注意学报文章内容的政治倾向，保证学报沿着正确的政治方向，保证政治上与党中央保持高度一致。二是注重学报内容的品位，不能让不健康的内容在学报有滋生土壤，使学报整体呈现积极向上的品位和较高的学术起点。三是严格按国家标准和规范编辑，避免随意性和不符合标准的编辑。从目前部分民办高校学报的实际来看，优质稿源有待于发掘，编辑力量还应加强。潘国琪分别选择5家已进入教育部名刊工程的学报和5家非名刊学报部分文章共255条经典著作引文，发现出差错的有70条，占45%，其中非名刊学报略高于名刊的差错率，说明当前学报经典著作引用的高差错率是一个带有普遍性的问题，希望引起民办高校学报同行的重视。

特色是高校学报可持续发展的保证。民办高校学报起步晚，在高校林立、高校学报众多的背景下，要想取得市场的竞争地位，就必须在规范办刊、不断提升质量的同时，努力发掘和培育自身的特色，在夹缝中寻找生存和发展空间。浙江树人大学学报的"民办高等教育"专栏创建6年来，发表了大量的专题文章，成为学报的特色和亮点，获得了社会好评，从正面说明突出办刊特色的重要性。杨焕章也认为，民办高校的根本特征是多样化，各校自身的特点和特色，为民办高校学报的特色奠定了良好的基础，民办高校学报应立足学校，努力发掘，使之成为彰显学校特色的阵地，成为学报特色的根基。龙协涛认为，中国的重点院校并非所有的学科都是重点学科，非重点院校并非所有的学科都不是重点。学术研究是个性化的创新活动，大学学报如果千刊一面，诸如麦当劳、肯德基的连锁店，就会丧失学术的基本品格和学报的个性，丧失存在和发展的必要。姜晓辉指出，社会科学研究院的核心期刊重视学术应用，评选不分地区和行业，使用率（包括被引率、转载量、流通率）较高是核心期刊最重要的一个特征，"学术影响较大"则是核心期刊的重要表征之一。对此，学报应练好内功，做好期刊定位和策划，做出特色，注意宣传。董秀华在会上介绍了《教育发展研究》期刊坚持前沿和纵深相结合、理论与实践相结合、学术性与可读性相结合，如何抓质量、抓特色的主要经验和措施，受到与会代表的欢迎。

四　会议决定成立民办高校学报研究会

本次会议就成立全国民办高校学报组织机构进行了磋商，大家认为成立相关机构有利于加强政府及相关部门对民办高校学报的联系和指导，有利于民办高校学报之间的规范自律和质量提升。经中国人文社科学报学会同意，会议决定成立中国人文社科学报学会民办高校系统联络中心，并推选浙江树人大学为联络中心主任和秘书长单位。中国人文社科学报学会理事长龙协涛介绍了学会的相关情况，勉励各民办高校学报积极参加学会组织的活动，定期展开交流和讨论。与会代表纷纷表示全力支持学会的工作，希望民办高校学报越办越好。

附记：学报是大学的学术窗口。由于体制性障碍，民办院校大多没有公开刊号的学报，为此民办高校呼声很高。《浙江树人大学学报》2001年获得创办，经过几年努力脱颖而出，成为民办高校学报中的佼佼者。尤其是"民办高等教育"栏目，已成为"教育部高校哲学社会科学学报名栏"而备受关注。为带动民办高校学报创办和提升质量，经多方努力，在中国人文社科学报学会的帮助下，本人组织筹建了"中国人文社科学报学会民办高校系统联络中心"（对外为"全国民办高校学报研究会"），并应大家的推选担任首届会长。本文反映的就是首次"全国民办高校学报工作研讨会"的相关情况，刊登在《教育发展研究》2007年第12B期。

民办高校专业设置：管制与自治

摘　要： 当前我国的高等教育管理体制使民办高校无法根据社会需求变化对专业设置进行灵活调整，限制了民办高校的发展空间。给予民办高校专业设置自主权有利于民办高等教育质量水平的总体提高，民办高校自主设置专业的尝试也可以为今后公办高校的专业自治提供经验和参考。

关键词： 民办高校；专业设置；自主权

招生和就业是高校生存和发展的两个关键环节。而无论是招生还是就业，都在很大程度上依赖于学校的专业设置。只有设置了能够很好反映社会需求的专业，高校才能在生源市场产生更好的吸引力；也只有设置了较好的专业，毕业生才能顺利就业，高校才能树立起良好的社会声誉并进入可持续发展的轨道。

与公办高校相比，民办高校应更加注重专业设置的灵活调整。因为，当前我国民办高校难以得到政府财政资助，学费是民办高校的主要（甚至是唯一）的收入来源，可以说，"学生就是民办高校的一切"，在这种情况下，专业设置是否合理会直接影响到民办高校的招生和学生的就业。随着我国高等教育市场由"卖方市场"向"买方市场"转变，民办高校和公办高校、民办高校和民办高校之间的生源竞争将越发激烈。民办高校如何克服专业设置滞后的局面，努力办出社会急需的有特色的专业，成为决定民办高校发展前景的重要问题。

一　民办高校专业设置现状

几乎所有民办高校都认识到了专业设置的重要性，很多民办高校也都在专业设置上下了大功夫。浙江树人大学的崛起便与其独具特色和优势专业设置有着密切关系。该校在 20 世纪 80 年代创办之初便开设了风景园林、家政、应用茶文化等专业，这些专业均领先于当时浙江省内其他高校。该校现任校长朱玉教授也非常重视学校的专业设置，认为"办成什么样的学校，很大程度上是由专业来确定的"，还提出了"人无我有，人有我优"的专业设置理念。① 江西蓝天学院董事长于果也坚持"专业跟着市场跑，课程围绕岗位转"的专业设置理念，"专业设置不能一劳永逸，对已经设置的专业要进行复审，专业不符合市场需要的就要调整为符合市场需要。"为了根据市场需要而进行专业调整，蓝天学院从董事长到院系领导每年都要走访用人单位，看望毕业生，以了解企业对专业设置的新要求。② 北京高等秘书研修学院的专业设置也受到了学者的关注，一些学者认为该校合理的专业结构是学校迅速成长的重要原因。该校把一个看似笼统的秘书专业细分为现代高等秘书、涉外秘书、速录秘书等 9 个专业，从而在文秘领域站稳了脚跟。③

　　为了使所设置的专业更有竞争力，一些民办高校在优化专业设置的同时也非常重视提高专业建设的质量。许多民办高校为了保证毕业生能够更加符合劳动力市场的需求，还聘请企业界人士参与到新专业的开发、建设与评估中来。如浙江树人大学进行了"订单式"人才培养模式的实践，尝试与企业合作培养相关专业人才，这进一步保证了新专业与劳动力市场的吻合，最大限度地使人才需求与人才供给达到平衡。④

　　但是，民办高校所能够开设的特色专业仅限于非学历或者专科层次，在本科专业的设置上并没有实现"人无我有"的突破。2008 年 1 月 28 日，教育部新批准设立 13 所民办本科院校，至此我国民办本科院校达 43 所，但这 43 所高校目前都没有开设特色本科专业。虽然民办高校对于开设特色专业有很高的积极性，部分民办高校也具备开设特色专业的条件和能力，但目前没有一所民办高校能够根据自己的办学实力来开设社会急需

① 朱玉：《树人为本》，浙江人民出版社 2005 年版，第 11 页。

② 涂之光：《曹凯新，解密"蓝天"发展之谜——访江西蓝天学院董事长于果》，《教育发展研究》2006 年第 1B 期。

③ 吴根洲、胡四能：《关于民办高校专业设置的思考》，《成人教育》2006 年第 11 期。

④ 陈新民：《民办高校人才培养模式改革的理论与实践》，浙江大学出版社 2007 年版，第 218 页。

的新本科专业。

民办院校诞生于市场环境之中，能够根据社会需求的变化灵活调整专业是其优势之一。如果民办高校不能根据劳动力市场需求的变化来进行专业的调整，那么民办高校很大一部分优势便无从发挥。那么，为什么目前民办高校不能根据社会需求的变化开发相应的新本科专业呢？我们认为，这种状况是由我国民办高校所处的制度环境所决定的。国家的法律和规章构成了一个社会基本的制度环境，这个制度环境决定了个人和组织的基本行动框架。我国的民办高校之所以不能根据自身办学能力和对社会需求的预测来灵活设置新的专业，就是因为民办高校的专业设置受到了一系列条条框框的束缚。

二 民办高校专业设置的制度约束

教育部于 1998 年颁布的《普通高等学校本科专业目录》是我国所有高校在专业设置时必须遵循的基本框架，无论是公办高校还是民办高校，都受到这个目录的严格限制。此目录共分 11 个学科门类，下设 71 个二级类 249 种专业，这个目录规定了所有高校能够选择的专业设置范围。每所高校所能够开设的专业，都要从这个目录中选取，民办高校也不例外。

2001 年教育部在《关于做好普通高等学校本科学科专业结构调整工作的若干原则意见》中对高校专业设置的严格管理稍微作了放松。《意见》指出，"进一步扩大高等学校学科专业设置自主权。高等学校可根据《高等学校本科专业设置规定》，在《普通高等学校本科专业目录》外设置社会发展急需、已具备培养条件的本科专业。"虽然专业设置的管理有所放松，但除了北大、清华等几所名校之外，其他高校设置的目录外专业还需要经教育部审批。而且，目录外专业呈现出被"目录化"的倾向，其表现之一就是各高校所开设的目录外专业基本雷同，比如 2005 年开设"软件工程"这个目录外专业的高校多达 47 所。

2003 年开始实施的《民办教育促进法实施条例》第 22 条规定，民办高校"可以按照办学宗旨和培养目标，自行设置专业、开设课程，自主选用教材。"当然，对于"自行设置专业、开发课程"这个规定，并不能理解为民办高校可以自由地开设任何本科专业，民办高校也要和公办高校一样遵从本科专业设置的规定。而且，民办高校在专业设置上所受到的约束实际上远远大于公办高校。目前已有很多公办高校获得了开设目录外专业的资格，但迄今为止，没有一所民办高校获得开设目录外本科专业的资格。对于公办高校尚未开设的新本科专业而言，民办高校更没有获准开设的可能性。

获得更大的专业设置权直至实现专业自治是众多民办高校的普遍诉求。民办高校诞生于市场之中，与市场的联系远较公办高校紧密。作为办学的实质内涵之一，专业理应按照社会需求变化进行灵活调整。但民办高校的办学自主权受到了约束，这影响了民办高校办学优势的发挥和教育质量的提高。

制度经济学认为，某种在原有制度安排下无法得到的获利机会是促成制度变迁的关键性因素之一，也就是说，制度变迁后的收益可能性与维持现有制度安排的收益之比较，是决定制度变迁是否必要的决定性因素。那么，高校专业设置所受制度约束是否应该改变？专业设置是否应进入高校自治的领域呢？

三　民办高校自主设置专业的必要性

1. 民办高校的产权特点决定了民办高校自主设置专业更为必要

民办高校的产权主体不同于公办高校，这决定了民办高校在法理上更应该具有专业自治的权利。对于公办高校而言，政府是其产权主体，也是公办高校的投资者和所有者，因此，政府对公办高校的专业设置进行干预具有合理性。但是，民办高校的产权主体不是政府，民办高校是独立的法人。对于投资设立的民办高校而言，投资者为民办高校投入巨额资金，投资者是民办高校风险的实际承担者。如果学校发展不利，投资者不仅无法获得回报，也会失去投入到学校的资产。从这个角度看，政府应该在必要的法律框架内，给民办高校尽可能多的自主权，使其实现自我约束、自我发展。当然，按照"权责对应"的原则，民办高校也应该为自身的决策承担责任与风险。作为办学主要内容的专业设置，应该成为民办高校自主决策的对象。民办高校设立什么专业，正如同企业生产什么产品一样，应该成为自身决策范围内的事情，其他主体包括政府不应该进行干涉。其实,《民办教育促进法实施条例》第 22 条已经规定民办高校"可以按照办学宗旨和培养目标,自行设置专业"。所以,民办高校的专业自治应该被看作是为法律所承认的民办高校权利之一,今后的改革中应逐步使民办高校的专业自治权落到实处。

2. 自主设置专业有利于民办高校多样化的形成

"千校一面"是目前我国高等教育发展中的一个突出问题。民办高校诞生于市场环境之中,应该坚持自己鲜明的办学特色,不仅要与公办高校有所区别,民办高校之间也应该各有特色。但是,当前民办高校的特色并不鲜明。不仅各民办高校之间特色不明显,民办高校和公办高校之间的差别也不大。民办高校之间的同质化和民办高校与公办高校的雷同使我国高等教育"千校一面"的现象更加严重。

专业设置的雷同是导致民办高校缺乏独特办学特色的重要原因。而各高校的专业设置之所以高度雷同,正是其缺乏专业设置的自主权的必然结果,当各民办高校只能从本科目录中选择特定的专业作为自己的办学方向时,不可避免会导致各高校专业设置的雷同。当民办高校拥有专业自治权以后,民办高校必定会积极地进行社会需求调查,并根据自己学校的发展定位、师资、教学硬件等基础条件设置专业。这样,民办高校便会逐步形成不同于公办高校和其他民办高校的办学特色,进而促进民办高校多样化发展的格局。

3. 自主设置专业是加快民办高校发展的扶持性政策

我国的民办高校经过二十多年的发展,无论在规模还是在质量上,都得到了较大发展,但就整体而言,民办高校目前仍处于高等教育金字塔的底部。造成民办高校弱势地位的原因固然有很多,但缺少政府的财政资助和更为优惠的政策条件是重要原因之一。通过国际比较可以发现,美、日等国以及我国台湾地区的民办高校之所以在高等教育体系中占有重要地位,与这些国家和地区对民办高校的大力扶持有很大关系。我国政府对民办高校实施大规模财政补助尚有待时日,因此,以政策优惠代替资金补助不失为一条良策。在经济领域,我们往往通过给予某些行业和地区以优惠政策的方式来加以扶持(如改革初期对私营企业和深圳等经济特区的优惠政策),教育领域也可以进行这样的尝试。给予民办高校专业设置自主权可以视为对民办高校的政策扶持,我们有理由相信,民办高校在获得专业设置的自主权以后,会更加注重新专业的开发和建设,从而提高在社会中的吸引力，最终改变当前民办高校的弱势地位。

4. 自主设置专业有利于民办高校人才培养与社会需求相均衡

大学生就业问题日渐为社会所关注，民办高校毕业生的就业问题同样很突出。导致民办高校毕业生就业难的一个重要原因就是民办高校的人才培养（人才的供给）与社会需求相脱节。信息经济学的研究成果表明，社会总供给和社会总需求之间的矛盾是一种常态，解决此问题的最好办法就是给予各个经济主体（个人和企业等）以自由决策的权力，实现决策权力的分散化和多元化是解决社会供求失衡的最好方法。此理论同样适用于高等教育领域。民办高校的专业设置就如同企业的生产，民办高校按照不同专业划分培养出来的人才，应该与社会对人才的需求结构一致。但是，如何保证民办高校所培养的人才与社会需求结构一致呢？以信息经济学的观点来看，民办高校在专业设置上必须要有自主调整的权力。民办高校直接面对劳动力市场，因此对劳动力市场的反应会比政府更加灵敏和准确。所以，在专业设置上高校自身应该有更大的自主权。只有这样，民办高校才能在现有教育资源基础上保持较高的毕业生就业率，保持人才培养与社会需求的均衡。

5. 民办高校自主设置专业可以为公办高校的专业自治积累经验

专业自治应该作为我国高等教育管理体制改革的一个方向和目标，但这个目标的实现不可能一蹴而就，需循序渐进。从专业管制向专业自治的转变过程中，可能会出现许多未曾遇过的问题，这些问题需要在实践摸索中加以解决。"摸着石头过河"是改革初期不得不依靠的前进模式，高校的专业自治也是如此。在这个过程中，给予民办高校设置专业的自主权可以为所有高校的专业自治积累经验。民办高校诞生于市场环境之中，市场意识比较强烈，而且经过几年的市场磨炼，很多民办高校已经具备较强的市场应变能力。因此，民办高校自主设置专业的尝试更易获得成功。即使民办高校在改革过程中出现某些意想不到的问题，也可以及时纠正并做出调整。当民办高校自主设置专业获得成功后，便可以将自主设置专业经验传授给更多高校，避免其他高校在自主设置专业中走弯路。

四　民办高校专业自主设置改革的对策思考

进行详细的政策设计既非学者所长也非学者的必要任务，学者主要应致力于社会问题的分析与解释。[①] 高校专业自主设置改革问题同样如此,我们所能够做的只是对高校专业设置改革进行粗线条的思路描绘。

1. 正确看待《本科专业目录》

高校自主设置专业所遇到的第一个问题便是《本科专业目录》,该如何对待这个目录呢? 在这方面,德国的经验可以为我们提供借鉴。德国联邦统计局定期发布一个大学专业目录,但这个专业目录不是由联邦或州主管部门自上而下设置出来的,而是联邦统计局每年在各高校开"具体专业"的基础上综合统计出来的。比如,联邦统计局 2003 年夏季学期版目录共有大约 300 个"学习专业",这 300 个"学习专业"是在全国高校所开设 2000—2500 个"具体专业"的基础上,或沿用,或归纳合并出来的。学位的授予是根据"学习专业"来进行的,高校可以根据自己的办学条件和对社会需求的判断灵活开设"具体专业"。这样,政府就可以在不影响高校专业设置灵活性的同时,对教育信息进行较为准确的处理和披露。[②]

德国的经验值得我们借鉴。专业设置应该"由下往上"而不应该"自上而下",即高校应该具有专业设置自主权而不应该受到《本科目录》的过多束缚。我国目前的《本科目录》颁布于 1998 年,距今已近十年,这十年正是我国经济快速发展、经济结构快速转换的十年,因此,十年之前的《本科目录》无法承担指导当前高校专业设置的任务。而且,民办高校目前还是侧重于技能型、应用型人才的培养,这就需要更加紧密地联系劳动力市场进行专业的调整。因此,降低《本科目录》的约束性,给予各个民办高校专业设置自主权,应该成为目前我国高等教育体制改革的紧迫任务。我们可以继续保留此目录,但一定要将此目录由计划性的纲领改为指导性、建议性的文件。也就是说,我们可以要求民办高校参照本科目录进行专业设置,但不能强求所有民办高校一定严格按照本科目录进行专业设置。

2. 改革新专业设置审批的方法

给予各个民办高校专业自主设立权以后,并不意味着国家不再对各高校的专业设置进行审批和监督。对新专业的审评仍应该是教育行政部门的

---

① 张五常:《经济解释》,商务印书馆 2000 年版,第 28 页。

② 胡春春等:《德国高等学校学位制度及学科专业设置——传统现状和启示》,《同济大学学报》(社会科学版) 2007 年第 2 期。

工作之一，如果失去政府的必要监管，各高校的专业建设可能会陷入混乱无序的状态。当前还可以继续参考《高等学校本科专业设置规定》中对新专业设置的规定。新专业设置之前，邀请各方面专家进行必要的论证是必需的，我们无法想象在没有科学论证之前就仓促设立的专业能够培养出优秀的学生。这些方式可以促使民办高校在设立新专业之前做好充分的准备，并在师资、经费、实验条件和图书资料等各个方面给予保障。

但是，在强调政府宏观调控的必要性时，一定要和当前政府对专业设置的管理进行严格区分。目前对专业设置的严格规定及对新专业设置过高的门槛规定，基本上堵塞了民办高校设立新专业的门路。在今后的改革中，在处理政府管理和高校自主设置专业这一对矛盾中，应将天平向民办高校的专业自主设置倾斜，降低民办高校设立新专业的门槛，使他们能够根据市场需要灵活地设置专业。

3. 加强对新专业的评估工作

新的专业审批之后，也要特别加强对新专业的管理和评估工作，降低新专业的设立门槛并不等于降低新设专业的教育质量。当前可以将本科教学评估与新设专业的评估有效结合起来。新专业的审批只是质量保障的起点，以办学绩效为主要内容的评估则能够实现对专业质量的连续监控。

以美国为例，新专业设立以后每三年要进行一次评估过程，优秀的专业会得到政府的资助，而质量不合格的专业则被要求整改或停办。州高等教育委员会以发布信息的方式将各类专业的评估结果予以公布，这样学生就可以随时了解各高校专业设置的情况从而做出最佳选择，这也给各高校增加了压力从而促使他们不断提高教学质量。[1] 从本质上讲，这是一种通过市场的力量促进高校提高质量的方式。教育消费者都是理性的，尤其是随着个人和家庭所负担的高等教育成本不断上升的情况下，教育消费者会做出更加慎重的选择。政府的信息发布保证了教育竞争的优胜劣汰，促进了教育资源的优化配置，保证了高等教育的和谐健康发展。

4. 民办高校自身应加强专业建设力度

从高校自身的角度看，根据劳动力市场状况灵活设置专业只是完成了育人的第一步。能否在师资、教学方法、硬件设施等方面保证新专业的学

---

① 旋天颖：《美国州高等教育委员会对大学专业设置的管理》，《中国高教研究》2006 年第 9 期。

生能够具备劳动力市场所需要的技能和素质则是更为根本的事情。很多民办高校已经在专科办学层次上出现了"专业炒作"的现象：专业是新的专业，但专业内的课程、师资、教学设备和以前的专业并没有区别。要防止此类"旧瓶装新酒"的现象发生，在专业自主设置的基础上要切实优化学生的知识、能力和素质结构，只有这样，民办高校才可以进入可持续发展的轨道。

附记：2007 年，本人获得全国教育科学"十一五"规划课题（教育部重点）"民办高校可持续发展研究"（DIA070124），这是本人独立主持的第一个全国教科规划课题。《民办教育促进法》颁布后的几年里，民办高等教育出现了一个稳定快速发展的阶段。在笔者看来，在立法保护、环境友好的背景下，规模扩张较快，但是内涵建设不足，尤其是内部建设方面，任务很重，有可能成为民办高校未来发展的瓶颈和制约。眼睛向内，发挥体制机制优势，加强内涵建设，增强培养能力和办学实力，是民办高校发展中需要引起高度重视的大问题。本文是课题研究的部分研究成果。与同事王一涛合作撰写，发表在《教育发展研究》2008 年第 8 期。

科学发展观视角下的民办
高校发展转型研究

摘　要：高等教育发展观的演变过程表明，高等教育必须以科学发展观为指导。新形势下民办高校应该尽快实行转型，转变发展方式，实现民办高校又快又好的发展。

关键词：发展观；科学发展观；高等教育；民办高校；发展

一

高等教育的发展观是与高等教育相伴而来的，是关于什么是高等教育、怎样发展高等教育的总的看法与观点。高等教育发展观是随高等教育的发展而发展的。从高等教育诞生、发展、壮大，到今天走过了几百年的历程，数量从小到大，功能不断完善，形式逐步发展，结构逐步优化，类型不断丰富。与此同时，高等教育发展观也经历了从传统发展观、综合发展观、可持续发展观和科学发展观的演变。

高等教育，从最早的现代大学产生以后，就存在一个对如何发展的认识问题，即发展观问题。到了近代，社会对高等教育的需求剧增，高等教育的规模扩张成为主要矛盾，从经济发展观引入的以数量扩张为特征的传统发展观应然产生。特别是二战以后，经济发展出现了多次经济奇迹，经济快速发展对人才的需求导致对高等教育的需求大量增加，而经济快速增长的表象形成了人们对发展观念的朴素理解，认为发展就是数量指标的增长。这一理论被延伸、引入后，形成以数量指标快速增长和规模快速扩张为特征的传统的高等教育发展观。这一发展观认为，高速发展的经济增长必然需要高速发展的高等教育，而高速发展的高等教育必然推动经济的高速发展。人们甚至确定高等教育与经济发展之间存在着规定的正比关系，如拉雅德等提出的"人均教育年"① 概念就为当时许多人所接受，甚至成为当时研究经济与教育关系的重要理论依据。

传统的高等教育发展观在推进高等教育的规模扩张和引导高等教育为经济和社会发展服务方面，无疑起到了较好的促进作用。但是单纯以数量增长为特征的持续发展可能会导致高等教育资源的稀释和质量的下降，并与经济发展关系日趋疏远。20 世纪 70 年代以后由于经济危机的影响，造成失业人口大增，教育投入锐减，导致质量下降，从反面证明高等教育单边数量增长的局限。高等教育的质量受到指责，作用受到质疑，教育对经济的直接推动和促进作用渐受冷落，传统的高等教育发展观引发研究学者的关注和思考。

到了 20 世纪 80 年代，整体发展理论产生形成了整体发展观。高等教育学者从当时新型的整体发展观中受到启发，提出了高等教育的整体性发展观。卢卡奇指出，总体范畴，整体对于各个部分的全面的、决定性的统治地位，是马克思取自黑格尔并独创性地改造成为一门全新科学的基础的方法的本质②。在整体发展理论的启发下，人们对以经济增长为目标的传统社会发展观进行反思，逐步形成整体发展观。波士顿大学教授、世界发展研究所所长保罗·P. 斯特里登认为，"经济增长"与"发展"是两个不同的概念。社会的发展内含着经济的增长，但是经济的增长并不意味着社会的发展，社会的发展是社会结构各个部分的整体发展。③ 1983 年联合国推出了法国经济学家佩鲁提出的"整体的""综合的""内生的"新发展理论，在此基础上逐步形成了"经济+自然+社会+人"的综合发展观，强调社会是一个由人口、环境、政治、经济、科学技术以及其他相关系统组成的有机整体，其发展不是各个部分发展的简单总和，而是各要素之间或各子系统之间的协调运行过程④。

受整体发展观和综合发展观影响产生的高等教育整体发展观，认为高等教育的发展是一个整体，数量增长仅仅是发展的一个方面。除了数量增长以外，它还应包括结构的调整、质量的稳定和提高、办学效益的增强等

---

① 房剑森：《高等教育发展论》，广西师范大学出版社 2001 年版，第 20 页。
② 张康之：《卢卡奇的总体范畴》，《马克思主义研究》1999 年第 2 期。
③ 王晶雄：《整体发展科学发展观的根本内核》，《求实》2004 年第 7 期。
④ 张艳玲：《国外几种发展观解析》，《理论前沿》2006 年第 12 期。

等，是在质量和效益得到保证前提下的数量增长，高等教育应该从"增长"走向"发展"。

无疑，"发展"不仅仅是规模的问题，而是有着更为丰富的内涵。它要求高等教育发展进程中妥善处理好数量与质量、结构与效益的关系，推进高等教育数量、质量、结构和效益的同步发展。①

20世纪90年代以来，随着可持续发展理论的引入和普及，高等教育的可持续发展问题引发许多高等教育研究者的关注。他们运用可持续发展理论，观察、思考和研究高等教育发展问题。甚至有的学者直接借用生态学原理来研究高等教育的可持续发展。著名高等教育专家潘懋元认为："可持续发展理念的原生意义是协调人与自然生态环境的关系，但在理论研究与实践过程中，人们发现这一理念所蕴含的价值观、发展观和基本原则，对于人与社会的关系，都有重要的意义，而且只从技术层面而不从文化、教育层面来实施可持续发展战略是行不通的。正如现代生态学，不再局限于自然界的生态系统，而是把世界看作'人—社会—自然'的复合生态系统，从以生物学为基础的生态系统泛化或渗透到一切自然科学、社会科学、人文学科的研究领域，从而使人们能够从新的视角，用新的方法来研究自然的、社会的、人文的问题，包括高等教育问题。世界（人、社会、自然）的可持续发展是现代生态学研究的出发点与归宿，而现代生态学是可持续发展理念的理论基础，从而，高等教育生态研究是高等教育可持续发展的理论与方法。"②

党的十七大把科学发展观纳入了中国特色社会主义理论体系，十七大报告指出："科学发展观，第一要义是发展，核心是以人为本，基本要求是全面协调可持续，根本方法是统筹兼顾。""要全面把握科学发展观的科学内涵和精神实质，增强贯彻落实科学发展观的自觉性和坚定性，着力转变不适应不符合科学发展观的思想观念，着力解决影响和制约科学发展的突出问题，把全社会的发展积极性引导到科学发展上来，把科学发展观贯彻落实到经济社会发展各个方面。"③高等教育作为社会系统重要的组成部分，科学发展观的提出必然需要高等教育具备与之相应的发展观。同

---

① 房剑森：《高等教育发展的理论与中国的实践》，复旦大学出版社1999年版，第38页。

② 潘懋元：《高等教育的生态可持续发展之路》，《高教论坛》2006年第1期。

③ 胡锦涛：《在中国共产党第十七次全国代表大会上的报告》，《中国教育报》2007年10月24日。

时，高等教育对于经济基础的依附性也决定着高等教育只有主动适应和服务于社会需要，才能有更好更大更快的发展。回顾不同时期高等教育的发展观的演变，几乎都能找到同一时期社会发展观的烙印，也可以看出每一次发展观的深化都在推动高等教育发展中起到的重要作用。在"增长"与"发展"作为不同的概念被学界以及管理者区分之后，全面协调可持续的发展成为高等教育发展观的基本要求。追求规模、质量、结构、效益多目标的优化已经成为近年来我国高等教育发展的一个显著特征。而以人为本作为科学发展观的核心，也应当成为高等教育发展的价值内核，成为重新建构高等教育发展的坐标系。以人为本作为高等教育科学发展观的价值内核，应贯穿在高等教育的方方面面。以人为本的科学规模观、以人为本的科学质量观、以人为本的科学结构观、以人为本的科学效益观相互联系、相互作用成为发展观的具体体现，并与以人为本的价值观一起形成高等教育科学发展观的内涵。

二

高等教育发展如何贯彻科学发展观？陈至立国务委员在教育部直属高校工作咨询委员会第十八次全体会议上的讲话中提出了建设高等教育强国的内容，实际上也是高等学校落实科学发展观的基本任务①：一是高等教育的布局、层次、类型和学科结构优化，高等职业教育、本科教育和研究生教育协调发展，形成各类高校相互促进、各具特色、健康发展的格局；二是高等教育质量全面提高，培养一批拔尖创新人才和大批各级各类优秀人才；三是高校拥有一批具有国际领先水平的学科带头人和具有国际竞争力的教学科研队伍，具有国际影响力和吸引力；四是相当一批重点学科达到世界一流水平，具有若干所世界一流大学和一批国际知名的高水平大学，取得一批在国际上具有重大影响的科研成果，支撑发展，引领未来；五是高等教育为社会提供一流的服务，成为科技成果转化为现实生产力的生力军，推动经济社会发展的"思想库"和"人才库"，对经济社会发展

---

① 《陈至立国务委员在教育部直属高校工作咨询委员会第十八次全体会议上的讲话》，《中国教育报》2007 年 12 月 28 日。

的贡献率高；六是高校具有一流的管理，依法自主办学的自主权得到切实落实，高校拥有民主、宽松、开放、和谐的良好学术环境和精神文化氛围。

贯彻落实科学发展观的要求，民办高校必须加快转型，转变发展模式，加快内涵建设。

从高等教育发展的态势来看。随着高等教育大众化的不断发展，民办高校的扩张优势正在受到高等教育资源紧张状态缓解的限制。由于高校资源的大幅增加，高等教育从卖方市场走向买方市场，作为紧缺资源的优势正在弱化，群众上大学的选择意识和行为逐年增强。而由于民办高校的生源处于高考录取的末端，延续粗放型发展的态势难以为继。

从国家的政策导向来看。"985 工程"、"211 工程" 和 "示范性高职" 建设，5 年一轮的教学评估和规模浩大、投资巨大的高等教育 "质量工程" 的实施，大量扶优、扶强、扶持措施的出台，说明政府对高等教育发展的导向已经从规模扩张转为质量的提升。民办高校如果不能把握发展的主流和趋势，将有可能逐步走向边缘化。

从民办高等教育发展的实际来看，转型既有必要，也有较好的基础。

近 30 年来，民办高校发展主要是在规模扩张方面。特别是高等学校大扩招以来，我国民办高校抓住机遇，发挥自身机制优势，规模扩张快速。以民办普通高校发展为例，从 1994 年国家教委首次根据《民办高等学校设置暂行规定》（教计〔1993〕129 号）审批民办普通高校以来，民办普通高校从无到有，在校生也快速增长。2006 年我国独立设置的民办高校已经达到 278 所，比 2000 年的 37 所增加了 6 倍多。2001—2006 年，我国每年批建独立设置的民办高校 20 多所，2002、2003、2004 年民办高校的建校数分别为 44 所、40 所和 55 所。另外，扩招以来政府还批准了独立学院 318 所。从办学规模上看，2006 年我国民办普通高校在校生280.5 万人，比 2000 年增加了 40 多倍[①]，占我国普通高校在校生的比例已经上升到 16%。从 2001 年以来民办高校在校生几乎每年翻番。民办高校校均规模也扩张得很快。独立设置的民办高校校均规模已经从 2000 年的 1500 人增加到 2006 年的 4813 人（见表 1）。

---

① 徐绪卿：《积极开展院校研究　促进民办高校健康发展》，《高等教育研究》2007 年第6 期。

表1　　　　　　1994—2006 年我国独立设置的民办普通高校建校情况

及在校生数、校均生数一览*

时间类别	1994	1995	1996—97	1998	1999	2000	2001	2002	2003	2004	2005	2006
专科/所	4	2	4	4	14	—	52	44	40	55	24	26
本科/所	1	—	—	—	—	—	1**	2	5	0	17	0
累计/所	14*	16	21	25	37	37	89	133	173	228	252	278
在校生/万人	—	1.2	1.6	2.2	4.0	6.8	14.0	32	81***	139.75	212.63	280.5
校均生数/人****	510	772	700	967	1243	1846	1698	2406	2670	3070	4170	4813

资料来源：*本表由本人根据历年教育部公布的数据整理，学校数为当年审批数，在校生数为当年合计数。

说明：**1993 年以前部分省市批准了 10 所民办普通高校，报教育部备案；

***黄河科技学院升格本科，后两格数字也是升格数字，总数并不增加，后相同；

****从 2003 年开始在校生数已经包括独立学院。

民办高等教育与公立高等教育一样，人才培养同样面向现代化建设，是国家高等教育体系中的一部分。民办高校的壮大和成长，改变了高等教育投资体制长期以来由国家财政独家承担的局面，拓宽了高等教育资金的管道，减轻了财政负担，增加了高等教育的投入，兴办了新的高等学校，扩大了高等教育的资源；缓解了高等教育供求关系严重失衡的矛盾，增加了学生读大学机会，在一定程度上满足了人民群众对接受高等教育、选择高等教育的愿望；增加了高等教育的规格和品种，为社会培养了大批经济建设和社会发展需要的人才；推出了新的办学机制，推动了高等教育的改革和发展。民办高教正在成为国家高等教育的重要组成部分，成为推动高等教育大众化的重要力量，在现代化建设事业中发挥重要的作用。

在充分肯定民办高校作用的同时，也要实事求是地看到，我国民办高等教育处于弱势的局面并未改变。从生源来看，民办高校处于录取的最末端，生源文化素质总体不高。从办学层次来看，全国仅有 27 所本科院校，本科比例不足民办高校的 10%。全国至今为止没有一所民办高校举办研究生教育。从科研和学科建设来看，虽然也有一些优秀的民办高校启动了科研工作，也取得了一些成果，但是，绝大多数民办高校尚处于"无项目、无经费、无论文"的状态。从教师队伍建设来看，大多数民办高校存在数量不足，结构不合理，高层次教师严重匮乏的状况。这些情况，对民办高校的质量提升本身就带来了不小的困难。

我国民办高校资金来源单一，相当多的民办高校都走以学养学、滚动发展的道路，以扩张规模来提高效益已成为许多民办高校发展的主要途径。但是民办高校校均规模的过快增长，则超越了一些学校的办学能力和管理能力。在高等教育大众化的进程中，有的民办高校忽视办学条件，盲目追求规模。2000 年以前，全国没有万人民办大学，但是短短几年已经出现了几十所规模超万人的民办高校，有的甚至达到数万人的在校生规模。如此规模的巨型大学，给办学质量、学校稳定和内部管理带来了相当的难度，资源性矛盾突出，容易引发群体性事件，影响社会稳定。由于内涵建设不足，国家出台的扶优、扶强、扶持政策难以享受。随着高等教育改革的深化，部分地区的民办高校实际上已经处于被边缘化的危险。种种事实表明，民办高校必须认真贯彻科学发展观，加快转型，实行发展方式的根本转变。

三

关于民办高校转型，有人认为应该包括：（1）从边缘化地位向主流化地位转型；（2）从补充性作用向发展性作用转型；（3）从行政性管理向法制化管理转型；（4）从指令性调节向加大市场化调节因素转型；（5）从机遇性发展向实力性发展转型；（6）从趋同化模式向多元化模式转型①。也有人认为：我国民办高等教育的发展成绩显著，令人瞩目，而且出现了由初创期向成熟期转型的动力因素，如民办教育规模快速扩张；层次结构不断提升；法规政策逐步调整等。然而，转型就其本质而言是一种变革，必须要改变过去的弊端和不足，尤其是对于民办高等教育的转型来讲，这种变革将是多层面、整体性的，其核心是要致力于提升办学和育人质量，稳定合理的扩张规模，加强制度创新，明确各责任主体的关系，形成一个稳定长效的合理运行机制与完善的市场体系②。限于当前条件，民办高校转型时机还不成熟，理论研究也不足，实际上实施转型还有一定的难度。

---

① 陶西平：《加快民办高教转型推动民办教育进入主流行列》，《中国高等教育》2006 年第 12 期。

② 陈新民：《民办高等教育转型期的矛盾和对策探讨》，《中国高等教育》2006 年第 12 期。

　　笔者认为，民办高校转型，实施从"增长"向"发展"的转变，主要包括5方面的内容。一是转变发展观念。以科学发展观的视角、国际化眼光、现代化理念、大众化要求来审视高等教育的现状和任务，提高转型的自觉性和主动性。二是转变发展重点。从规模建设向内涵建设转型，牢固确立人才培养的中心地位，把主要精力、财力投入到人才培养工作中去。三是转变发展方式。从规模扩张转向稳定规模、提高质量和规范管理。遵循高等教育发展规律，量力而行控制学校发展规模，使之与学校资源相适应，与社会需求和培养能力相适应。四是转变发展途径。正确定位，立足现有办学层次培养优秀人才，不以层次论地位，不以规模论声誉，不求大不求全，重在办出特色，创出品牌。五是转变管理模式。注重过程管理，把握质量监控的基本环节，从粗放型管理转向效益型管理。

　　当前，我国民办高校正在处于良好的发展机遇。贯彻落实科学发展观，坚持以人为本的核心价值，关注"人的发展"，就必然需要更加重视人的教育和培养，这必将激发全社会重新审视教育的地位与作用，牢固确立科教兴国的发展战略和教育优先发展的方针，给高等教育带来新的发展机遇。而穷国办大教育的基本国情，决定了民办高等教育在发展中的空间和地位。全社会不断增长的高等教育需求和日益增大的教育成本与不断下降的生均预算内事业费支出和生均预算内公用经费支出的矛盾，也给民办高校提供了发展机遇。世界发达国家和地区发展私立高等教育的经验为我们提供了有益的借鉴。我国民办高校的发展成果为下一步发展奠定了良好的基础，民办高校有着广阔的发展空间。

　　根据科学发展观的要求，实施民办高校健康稳定和可持续发展，必须加快民办高校转型步伐。当前和今后一段时间，民办高校需要着重抓好以下几项工作。

　　1. 加快办学观念的转变和更新，牢固树立质量立校的思想，以科学发展观引领学校发展。转变观念是转变发展战略和增长方式的先导和关键。民办高校要融入社会，进入国家高等教育系统的中心，就必须贯彻国家的教育方针，坚持社会主义办学方向和教育公益性原则。要以高度负责的态度，走办人民满意教育的路子。国内国际高等教育发展的规律表明，高等教育规模的增长有其特定的阶段性和时效性，不断追求人才培养的质量却是高校永恒的主题。提高教育教学质量，是我国高等教育和高等院校的立身之本，生命之源。在日益加剧的高等教育竞争中，唯有办学质量是最关键的核心竞争力。民办高校只有牢牢确立教学工作的中心地位，端正办学思想，以育人为宗旨，把主要精力和财力集中到人才培养上来，努力办出水平，办出特色，创出品牌，才能在激烈的竞争中赢得地位。

2. 正确处理规模发展和内涵发展的关系，合理控制在校生规模。通过扩大办学规模提高办学效益是相当多民办高校谋求发展的重要途径。但是规模不是说越大越好。有研究认为，5000—6000 名学生规模的大学足以有条件成为质量最好的大学，而在校生超过 15000 人，在经济上会得不偿失，质量上难以保证①。国外经验表明，私立高校的平均规模都小于公立院校，即使像哈佛、斯坦福等世界一流大学与加州大学等相比，规模仍是有限的。规模的过度扩张会给提高办学质量带来困难，助长民办高校的功利性倾向，从而制约民办高等教育发展的后劲和可持续能力。我们应该借鉴国内外民办（私立）高校的发展经验，从学校的实际出发，合理确定和控制办学规模，以有足够的精力和财力投入人才培养工作。

3. 遵循高等教育发展规律，以公益性体现举办民办高等教育的办学宗旨。投资办学是我国民办高等教育融资的根本特征。按照经济学者的观点，资本的输出是以利润的回报为终极目标的。但是自古以来教育都是培养人、造就人的崇高事业，公益性是教育的固有特性，投入教育的资金的性质完全用资本的概念是难以涵盖的。民办高等教育是公益性和资本趋利性的统一体。从国家发展的长远利益出发，我们既不能用完全意义上的社会资本的概念来定性社会力量对高等教育的投入，放松对社会资本投资高等教育的趋利性限制，任其高"回报"、高"营利"，同时也不能过分地将公益性视作福利性，抹杀民办高等教育与公办高等教育区别而阻碍社会资本对高等教育的投入。我国《民办教育促进法》在既强调民办学校的公益性的同时又允许举办者取得合理回报，为鼓励社会资本进入高等教育投资领域提供了法理可能，但是从国际和国内私立（民办）高等教育发展的历史来看，大凡办得好、可持续发展的私立（民办）高校，都是那些公益性强、坚持非营利原则的学校。有学者甚至指出，公益性是民办大学成为优质高教资源的必备条件②，这是很有见地的。

4. 采取切实有效的措施，努力提升教育质量。民办高校的转型，其

---

① 潘留仙：《民办高等教育发展的六大矛盾》，《黄河科技大学学报》2005 年第 3 期。

② 宋秋蓉：《超越营利与高水平民办大学》，《现代教育科学：高教研究》2005 年第 6 期。

核心是加快提升民办高校人才培养的质量。当前和今后一段时间，民办高校必须抓好 5 个方面：一是根据民办高校的办学实际，正确定位培养目标，确定适应学校和学生实际的人才培养的目标以及相应的培养模式，并以此指导人才培养的各项工作；二是根据学校人才培养规格，优化专业结构，设计好人才培养的具体方案，细化人才培养的目标，并注意努力创新人才培养模式，把办学理念、人才培养的特色融入其中；三是贯彻以人为本的理念，不断调整课程结构，更新教学内容，加强实践教学环节，提高人才培养质量；四是大力加强学风建设，加强教学督导力度，注重改进教学方法和教学手段，着力提高课堂教学的效果和质量；五是加大对专职教师，尤其是有学术造诣和教学经验丰富的中年教师的引进力度，加强教师队伍建设，着眼于民办高校的长远发展，建设一支胜任教学、乐于奉献、敢挑重担的专职教师队伍，同时要充分发挥优秀教师及有经验的外聘老教师的传、帮、带作用；六是投入要向教学倾斜，集中财力加快办学设施建设，改善办学条件，为提高质量提供物质保障，通过落实全面系统提升教学质量的措施，进一步稳定教学秩序，提高民办高校的办学质量。

5. 加强管理，规范办学，提高管理效益。从当前民办高校的具体情况来看，不同程度存在着管理观念陈旧、管理制度不完善、管理队伍老化、管理措施不到位、管理效益低下的问题，严重地制约了民办高校的可持续发展，已经引起了社会各界的广泛关注和许多民办高校领导的重视。我国一批办学质量较高、办学信誉较好的民办高校的成功经验表明，管理是民办高校健康快速发展的重要保证。加强民办高校的管理，首先是要理顺关系，建立健全董事会、评议会和监事会制度，健全内部管理体制，明确各方职责。其次，要建立和完善以高等教育发展规律为主导、以市场需求为依据的决策体系，根据民办高校的实际，构建高效精干的组织机构及运行机制。再次，要加快管理制度的建设，建立健全和完善各项制度，规范管理，走科学化、制度化、法制化的管理路子，克服家族制、作坊制的管理方式及其弊端，构建现代学校管理制度。又次，要注意管理理念和管理措施的改革和创新，我国民办高校的发展具有自己的独特性，完全搬用公办高校或外国私立大学的管理，都不符合学校的实际情况，因而难以收到较高的管理效益和效果。最后，在民办高校的管理工作中，应该贯彻以人为本的现代管理理念，最大限度地凝聚学校的人心，采取积极有效的措施，调动广大管理人员的积极性。只有最广泛地集中全校上下的智慧和能力，才能收到最大限度的管理效果。

　　附记：本文为本人主持的全国教科规划教育部重点课题"民办高校可持续发展研究"（项目编号：DIA070124）部分研究成果，刊登于《中国高教研究》2008 年第 6 期。

论建立和完善民办高校法人治理结构

摘　要：论述了民办高校法人治理结构的基本内涵，分析了民办高校实施法人治理结构的必要性、紧迫性和可行性，研究了民办高校法人治理结构的主要特点，就如何构建民办高校法人治理结构提出了建议。

关键词：民办高校；法人治理结构；管理；可持续发展

一

公司是企业的一种重要组织形式。为壮大实力赢得市场竞争，公司规模一般都很大，业务多且杂。在这种情况下，公司董事会不可能、也无法包揽一切。如果公司大小事务的决策与执行都由董事会承担，就有可能顾此失彼。为此公司的最高经营管理层必须要进行某种分离，由公司董事会以外的另一些人组成的专门机构来负责执行日常的经营管理。这个机构就是由职业经理人组成的执行机构。公司的重要经营决策权由董事会直接行使；公司日常事务的经营管理权则交由经理人员即执行机构来行使。这样，董事会与经理人员之间形成了委托代理关系。而按照公司章程规定分配董事会和经理相应权限分工协作达到企业创利目标的这种制度，一般就称作法人治理结构。

法人治理结构（corporate governance），亦称公司治理结构，它原本是一个来自国外企业管理中的专用术语，在我国又被译做公司治理、公司治理机制、公司治理结构等，是法学和经济学研究的重要范畴。关于法人治理结构的概念，国外学者进行了许多深入的研究，但至今为止并没有取得完全一致的结论。有学者认为，法人治理结构可"归纳为一种法律、文化和制度性安排的有机整合"①。1985 年英国《公司法》规定，公司治理是由董事、股东和审计员三方构成的一种制度，其中董事是管理部门的领导者，指导公司实现利润最大化；股东的作用是确保董事这样做；审计员则保证公司不会有财务违规现象，确保董事能提供一个"真实而公平"的公司财务绩效状况②。柯林·迈耶指出，公司治理是"公司借以代表和服务于投资者利益的一种组织安排。它包括从公司董事会到激励计划的所有内容"③。说得通俗一些，法人治理结构是指公司作为一个独立的法人实体为保证正常运作所必需的一整套规范的组织管理体系，这套组织管理体系大都由股东会、董事会和经理层组成。

改革开放以来，伴随着国内企业发展和改革的需要，许多国内学者从法学、经济学、管理学等不同角度对法人治理结构的内涵问题进行了大量的有益的探讨。有专家提出：所谓法人治理结构，是"指由股东大会、董事会和高级执行人员即经理三者组成的一种权力制衡关系"④。也有学者认为公司治理结构是一组规范公司相关各方的责、权、利关系的制度安排，是现代企业中最重要的制度架构。它包括经理层、董事会、股东和其他利益相关者之间的一整套关系。通过这个架构，公司的目的和经理层去实现这些目标的手段得以确定。⑤ 还有研究者指出："现代企业制度的法人治理结构，可着重处理三大问题：一是出资人的利益，二是出资人之间的利益，三是协调出资人与非出资人包括与经理层的关系、管理要素和技术要素资本化、防止内部人控制等。"⑥ 在构建现代企业制度的进程中法人治理结构已成为主要的内容，在企业管理中得到广泛的关注和应用。

---

① ［美］玛格丽特·M. 布莱尔：《所有权与控制：面向 21 世纪的公司治理探索》，张荣刚译，中国社会科学出版社 1999 年版，第 3 页。

② 高明华：《公司治理：理论演进与实证分析——兼论中国公司治理改革》，经济科学出版社 2001 年版，第 17 页。

③ ［澳］谭安杰：《改革中的企业督导机制》，中国经济出版社 1997 年版，第 7 页。

④ 吴敬琏：《大型国有企业改革建立现代企业制度》，天津人民出版社 1994 年版，第 185 页。

⑤ 李维安：《现代公司治理研究——资本结构、公司治理和国有企业股份制改造》，中国人民大学出版社 2002 年版，第 13 页。

⑥ 陈淮：《法人治理结构能较好解决谁是企业主人问题》，《中国经济时报》2003 年 1 月 13 日第 3 版。

二

关于民办高校法人治理结构，近年来也有许多研究。所谓民办高校法人治理结构是指民办高校作为独立的法人实体，在举办者（出资人）、决策者、管理者和教职工等权益相关人之间建立的有关学校运营与权利配置的一种机制或组织结构，以及通过这种组织结构形成的责权利划分、制衡关系和配套机制等一整套制度安排。在这种组织结构中，不同机构依据不同的职权，各司其职、各负其责、相互配合与制衡，以保障学校的正常决策和管理秩序。通过这一结构，出资人将自己的资产交由董事会托管；学校董事会是学校的最高决策机构，作为拥有治理权的常设机关，负责制定学校发展规划、遴选校长、确定经费使用原则等重大问题的决策；校长受聘于董事会，作为董事会意志的执行者，在其授权范围内管理学校。"董事会领导下的校长负责制"，成为民办高校法人治理结构的最一般的表述。① 可见，与公司法人治理结构有相同的渊源和相通的含义。

近几年来，我国民办高校的发展基本上是以规模扩张为特征的。据考察了解全国已有万人民办高校 60 多所。我国民办高校缺乏资本大财团的有力支持，办学规模是取得经济效益实施滚动发展的重要保证，但规模的扩大也必然给学校的管理带来难度，学校董事会包揽投资、决策、办学管理等全部复杂事务成为十分困难的事情。同时，董事会对学校具体事务介入过深，也会影响学校员工的积极性，制约决策执行效率的提高，并且会导致举办者与执行阶层的矛盾冲突。在现代私立大学中借鉴公司法人的经验，建立法人治理结构，将学校的最高决策层与执行管理层进行某种程度的分离，学校的重要决策权由董事会直接行使，学校的日常管理由董事会聘请校长来负责实施。这样，董事会与校长之间就形成了委托代理关系，这实际上就是民办高校法人治理结构。

从法理的角度看，法人治理结构主要是研究在所有权与经营权分离的基础上产生的权力配置和权力运行机制的构造问题，即权力机制问题。民

---

① 张剑波、杨炜长：《完善法人治理结构：民办高校可持续发展的重要保障》，《湘潭大学学报》（哲学社会科学版）2007 年第 1 期，第 153 页。

办高校法人治理结构就是研究举办者所有权与学校管理权分离的基础上学校权力体系的构造问题，即权力的分配与运行机制问题。由于民办高校具有较强的私人性质，并且在其发展中注入了更多的市场和企业运作机制，决定了民办高校将采用不同于公办高校的领导体制与运行机制。作为按照市场规律发展起来的民办高校组织，也可能而且需要引入法人治理结构。特别是在当前我国民办高校管理较为薄弱的背景下，引入和实施民办高校法人治理结构，不失为一种较好的选择。

尽管目前对公办高校法人的性质尚存争议，但就民办高校而言，由于其具有较强的私人法人性质，加之它在创立和发展过程中，就已主动自觉地引入了较多的市场化和企业化运行机制，因此，用法人治理结构进一步规范民办高校的发展，既是可能的，也是可行的。另外，法人治理结构中所包含的法人财产权、决策、执行、激励与约束机制等核心问题，实际上已成为法人制度中带有普遍性的问题，对任何一种类别的法人都是有意义的。民办高校在其办学活动中也不可避免地会遇到这些相似的问题，这些问题在某种程度上的普遍性和相通性，使得构架民办高校法人治理结构成为可能和必要。运用比较成熟的公司法人治理结构来构架现代高校制度，在国外私立高校的管理实践中已经获得巨大的成功和全面推广，可为我国民办高校法人治理结构的建立和完善提供有益的启迪和借鉴。

当然，民办高校作为公益性组织，其法人治理结构也具有自身的特点。

1. 从目标或价值取向来看，高校办学行为不仅受到政治的制约，而且还通过发挥政治功能为特定的阶级社会服务，民办高等学校也不能例外。因此，在价值取向上，民办高校法人治理结构与公司法人治理结构显然存在着明显的差别，后者以追求股东及公司经济利益最大化为主要目标甚至是唯一目标，社会效益只是其在追求经济利益时需要考虑的一个外部环境因素；而民办高校则必须以符合社会主义现代化建设事业为基本出发点，经济利益只是其实现社会效益过程中的手段和物质支撑。因此，构建民办高校法人治理结构时，必须充分注意民办高校办学行为的政治性。

2. 从运行机制来看，我国现阶段民办高校法人实际上是公益法人，在内部运行及外部关系的处理上有着与营利法人不同的特殊性。在我国，虽然民办高校具有较大的办学自主权，但无论如何，政府对于直接关系着国家未来命运的高等教育（包括民办高等教育）的管控是不可能像对公司那样完全放开的，高等学校的工作常常被纳入意识形态领域而受到更大程度的约束，因此，民办高校法人治理结构的运行机制必须考虑与政府管控的恰当衔接和协调。

3. 从一些特定的条件来看，由于我国还将长期处在社会主义初级阶段，穷国办大教育，高等教育改革和发展的任务还非常艰巨，民办高校也还正处于发展的初级阶段，许多问题有待于完善与探索。因此，必须从我国民办高校的实际出发，从有利于促进民办高校健康、稳定和可持续发展的目标出发，实事求是、因地制宜地构建民办高校法人治理结构。

三

高等学校大扩招以来，我国民办高校抓住机遇，发挥自身机制优势，加快发展，取得了积极的成效。民办高等教育在高等教育中的比重大幅增加。2007 年，我国独立设置的民办普通高校已经达到 297 所，比 2000 年的 37 所增加了 7 倍多，独立学院已经达到 310 所，两项相加，约占普通高校总数的 27.7%。2007 年我国民办普通高校在校生 349.7 万人，比 2000 年的 6.8 万人增加了 50 多倍，占我国普通高校在校生的比例已经上升到 18.3%。从校均规模来看也扩张得很快，独立设置的民办高校校均规模已经从 2000 年的 1500 人增加到 2006 年的 5481 人。[①] 通过 30 年的努力，出现了一批办学信誉较好、质量公认度高的民办高校。截至 2007 年 3 月，全国已有民办本科院校 40 所，成为民办高教发展和改革的领头部队。正像国务院办公厅〔2006〕101 号文件指出的，近年来，我国民办高校发展迅速并取得很大成绩，已经成为高等教育事业的重要组成部分，成为承担高等教育大众化任务的重要力量。

鉴于当前我国民办高校发展的实际状况，为理顺管理关系，提升办学质量，提高办学水平和效益，促进民办高校健康、稳定和可持续发展，有关部门一直倡导民办高校加快实施法人治理结构，许多省市甚至将完善民办高校法人治理结构作为加强民办高校管理的重要环节，说明加强这一工

---

① 徐绪卿：《规范和支持并举，促进民办高等教育健康可持续发展》，《现代教育科学·吉林高等教育》2007 年第 5 期。

作的必要和紧迫。当前民办高校法人治理结构突出存在以下几个问题。

1. 相关的法律法规还不完善，缺乏操作依据。现有相关法规内容空洞模糊，多具导向性，少有操作性，难以落到实处。如在《民办教育促进法》中，对民办高校的法人治理结构也有一些规定，如理事会（董事会）等决策机构的组织形式、组成人数、职权规定及相关议事规则；校长的聘任和职权；依法保障教职工学术民主和参与管理、保障教职工和受教育者的合法权益等。但是，这些规定过于原则，并且与其他现有法规存在矛盾和冲突，在实际工作中难以操作。

2. 董事会机构不健全，或者活动不正常。据了解，还有为数不少的民办高校没有建立理（董）事会，有的常年有董事长无董事，名有实无；或者虽建立董事会，也有组成人员，但是职责不落实，一年开一两次会，多以寒暄交流为主，不解决实际问题；有一些民办高校董事会成员结构不合理，"家族化"色彩太浓，熟悉教育规律的人员太少；董事会中教职工代表几乎没有，教职工对学校管理没有知情权和发言权，民主管理渠道不畅；许多民办高校董事会的章程不完善，运行程序不规范，随意性大；有的学校与其所依托的企业关系不清晰，财产和收益由企业统一管理，混淆了学校和企业的区别，等等。

3. 校长和董事会的关系不顺，共同语言不多，矛盾冲突不断。在民办高校法人治理结构中，董事会是最高的决策机构，校长受聘于董事会，并执行董事会的决议，双方应是职责分明，各司其职。实际情况是，一些民办高校教育投资公司董事长、学校董事长和校长三职由一人担任的也不在少数，出现了企校不分、校董合一、决策权和执行权统一掌管的状况，学校领导投入精力不足。有的学校即使两者分开，但是职责分工不明、关系不顺，董事会权力过于膨胀，过多地干预学校具体事务和日常行政事务，导致校长难以独立行使职权；或者校长权力过于集中，董事会难以监控，影响董事会对整个学校发展的决策难以实施，引发决策层与执行层矛盾冲突越演越烈，影响学校秩序的稳定和办学水平的提高。

4. 缺少有效的监督机构，相关利益人各行其是。一方面外部监督不足，民办高校的政府专门主管部门一直以来不落实，其管理业务经常变动，工作时紧时松，难以对民办高校的规范管理和健康发展给予及时有效的指导，影响民办高校的规范、健康发展。许多民办高校出问题的原因在很大的程度上反映了管理部门工作的缺失。另一方面，内部监督也不健全。由于目前还没有法律把监事的设置作为法人治理的必须条件，民办高校少有建立监事会等类似监督机构，使得董事长或校长独揽大权，失去制约和监督，而民办高校管理人员和兼职教师的流动性使得内部监督力量更加薄弱，现有民办高校董事会中几乎没有独立董事或教师代表参加。由于内部监督机制的缺失，决策机构和执行机构的行为缺少过程性约束，难以凝聚学校运行和发展的动力，使民办高校广大师生的权益无法得到充分保障，同时也存在制度缺陷和道德风险。

我国民办高校法人治理结构存在上述问题是有原因的。第一，我国民办高校发展的历史不长，而且是在法律环境不完善、相应的制度完全空白的背景下成长起来的，"先发展，后规范"，法人治理制度的建设和完善也有一个过程。第二，我国经济发展还是初步的，公益性非营利组织的经济文化土壤还有待于培育。从经济环境来看，社会资本集聚度不够，投资高等教育多少还带有营利的动机，特别是部分中小企业或个人举办的民办高校，投资者对办学盈余取得回报持有期望，在学校管理中带有一定的营利色彩，这些加大了构建民办高校法人治理结构的难度。第三，《民办教育促进法》中关于民办学校法人治理结构的有些具体问题没有作出明确的规定，如关于理（董）事任期和产生办法等具体规定、理（董）事会成员资格的具体的要求和亲缘关系的规避条款、监事作为法人治理的必须要件设置等。①

民办高校法人治理结构的不健全，影响了民办高校自我治理、自我发展、自我约束机制的形成，不符合民办高校作为非营利机构的组织原则，同时也不利于决策的民主化、公开化和透明度，这些不仅与民办高校作为社会公益组织的地位极不相称，也严重影响了学校自身的发展和自我约束能力的建设，影响了社会形象，从而影响民办高校健康、稳定和可持续发展。

四

当前和今后一段时间建立和完善民办高校法人治理结构，必须抓住下

---

① 韩民：《完善法人治理结构　促进民办高等教育可持续发展》，《中国高等教育》2006 年第 6 期。

面几个主要环节。

1. 转变观念，深化对民办高校法人治理结构的认识。完善的法人治理结构，是民办高校构架现代学校制度的本质特征之一，也是实现《教育法》和《民办教育促进法》所规定的公益性的重要制度保障。作为独立的法人实体，民办高校要做到规范管理和健康发展，就必须在举办者（出资人）、决策者、管理者和教职工等权益相关人之间建立一套有关运营与权利配置的机制或组织结构，即民办高校法人治理结构。建立和完善法人治理结构，有利于民办高校实现校企分开，所有权和管理权的分离，有利于理顺复杂的管理关系，有效地化解董事会与校长、公益性与营利性的矛盾冲突，保证办学者的精力集中和投入，进一步稳定学校的秩序，在促进办学质量提高的同时，实现办学的社会效益或公益性的最大化。正因为如此，许多地方政府已经将民办高校法人治理结构作为民办高校管理体制的目标模式，对此我们应该提高认识，端正态度，深化对构建民办高校法人治理结构的理解，增强工作的自觉性和主动性。

2. 完善董事会组织形式。董事会是民办高校的决策机构，是投资者产权利益的最高代表，加强民办高校董事会的建设，是实施民办高校法人治理结构的核心内容。首先，作为贯彻落实《民办教育促进法》及其实施条例的具体体现，应对民办高校董事会组织的建立提出明确的要求；其次，对董事会的组成人员也应作出明晰的规定，便于民办高校法人治理结构的顺利实施。从实践经验来看，尽量避免学校领导成员家族化已经成为共识。《日本私立学校法》规定私立高校应设有理事会和评议会。理事会由5人组成，理事长总揽学校法人内部事务，但所作决策和重要决定要经董事会半数以上的人同意。[①] 同时规定，董事和评议员不得由配偶或一名以上三代以内的亲属出任。韩国也有同样的规定，只是没有设立评议会。我国台湾地区也明确私立高校的董事会和校长，不得由家族三代以内的亲属（含直系和旁系）同时担任，这些做法值得我们关注和借鉴。

3. 合理分配董事会与校长的职权，完善董事会领导下的校长负责制，理顺民办高校内部关系。分权制衡是法人治理结构的基本特征。完善的法人治理结构既能够体现集体决策的优势，同时客观上也构成了相互制衡的权力格局，这有助于在出资举办方与办学管理者之间合理配置权力，形成

---

① 陈永明：《当代日本私立学校》，山西教育出版社1996年版，第332页。

科学的决策机制、执行机制和监督机制，协调各不同利益主体之间的关系。由于重大决策由理（董）事会集体作出，消除单个决策者的决策缺陷，使决策达到优化，克服自然人治理中的独断专行和"家族式"管理等不确定因素的负面影响，有效防范经营风险，使内部不同机构发挥最佳效能。在这里，关键问题是在规范建设董事会组织的基础上，科学、合理地明晰董事会和校长的职责和权限。应该说，由于所代表的主体不同，所面对和思考的问题不可能完全相同，董事会与校长之间发生对一些问题的看法的差异是完全正常的。但是，这些差异的体现应该在双方约定的职责范围之内，应该符合学校章程规定，符合社会的利益和学校发展的长远利益。董事会和校长，是民办高校两个不可或缺的领导者，如果分工明确，工作和谐，关系融洽，无疑会起到 1+1>2 的效果，在学校发展中产生巨大的凝聚作用，学校将会发展得更好更快。

4. 完善法人治理结构，推进专家治校和民主管理。民办高校是一个多元的利益共同体，完善的法人治理结构有利于在举办者（出资人）、决策者、管理者和教职工等办学利益相关者之间形成责任分担、利益共享的和谐关系，促进所有利益相关者对决策、管理、监督的有效参与。《民办教育促进法》要求民办学校的理（董）事会成员中 1/3 以上应是具有 5 年以上教育教学经验者，这些规定体现了对专家治校的重视，在国外早已实施。

另外，要大力推进教职工参与民主管理的制度。教职工代表参与决策机构有助于实现学校举办者利益与教职工利益间的相对平衡，预防、减少和化解劳资纠纷，促进学校的民主管理和秩序安宁，谋求社会公共利益的最大化。教职工参与学校法人治理：一是要发挥好职代会及工会在学校决策和管理中的作用，二是有条件地逐步推行董事会的职工代表制，这是教职工参与学校管理和监督的重要形式，也是职工维护和保护自身合法权益的体现。

5. 进一步完善相关的法律、法规和实施细则。在保证民办高校法人治理结构相关法律、法规有效性和权威性的同时，应十分注意其操作性和实践性。当前从政府层面一要抓紧制定与《民办教育促进法》及其实施条例相配套的法律法规，使之形成完整的民办教育法律体系。二是在地方性教育法规的建设中，实事求是，因地制宜，积极探索，勇于创新，制定适合本地区民办高等教育发展的地方民办高校法律法规，进一步贯彻落实

《民办教育促进法》及其实施条例的精神。三是要加强统筹和协调，建立健全冲突法律规范的解决机制，理顺《民办教育促进法》与其他法律的关系，是非常必要和迫切的。通过法规体系建设，逐步引导民办高校管理的科学性、规范性、合理性，为民办高校建立和完善法人治理结构提供法规依据，促进民办高校加强科学管理，构建和谐校园，理顺组织关系，提高办学质量、办学效益和办学水平，促进办学目标的实现。

上述对民办高校法人治理结构相关理论问题做了一些粗浅的探索。还要指出的是，民办高校法人治理结构的构建，必须考虑到各校法人的组成结构不同而体现出的差异。我国民办高校的投资性质比较复杂，全额投资的民办高校、自我积累滚动发展的民办高校、大企业大财团投资的民办高校和中外合资联合举办的民办高校，其法人治理结构不一定是完全一样的。因此，构建民办高校法人治理结构必须在保证基本统一性的同时，针对不同的特点，在制度设计等方面适当承认各自区别，既要强调统一性和共性，以保证法人治理结构的基本制度界定，又要保持多样性和一定的个性特色，以适应复杂多样的具体实际。

正是考虑到这些差异，《民办教育促进法》第十九条明确规定："民办学校应当设立学校理事会、董事会或者其他形式的决策机构。"在这里，民办高校可以根据法人的性质，成立适合自身发展与运行需要的理事会或董事会等决策机构，甚至采用其他的决策机构形式，也是允许的。另外，民办高校法人治理结构的建立和完善只是为民办高校运行机制的高效提供了制度保证，但它没有也不可能解决所有的问题。"而引进企业管理的理念来管理学校，虽有积极意义，但也容易导致单纯使用利益激励和薪酬激励方式。不符合教师工作特点和教师的激励要求，也不符合学校管理人员的特点和激励要求。"① 正如企业法人结构职能的运用有待于加强企业内部管理的配合一样，民办高校法人治理结构的完善也必须与加强管理和深化改革密切结合，才能收到应有的效果。反过来说，即使民办高校法人治理结构暂时还没有建立或完善，也不能妨碍学校内部加强管理，因为它与法人治理结构是两个层面的问题（虽然内部管理必然受到法人治理结构的影响）。民办高校法人治理结构建立得是否规范反映的是学校举办

---

① 张应强：《高等教育改革与我国民办高校的可持续发展》，《大学教育科学》2006年第6期。

者与办学者之间的协调关系和法治意识，而内部管理的水平则反映的是学校办学者的管理能力和努力程度，二者不可偏颇。经常可以看到许多本来可以通过加强管理而提高效益的民办高校，有些人却一味地埋怨体制不顺；也有许多建立了法人治理结构的所谓现代学校制度，由于忽视管理而难以走出困境。这充分说明，建立法人治理结构也不是万应灵药。只有加强制度建设、深化改革和加强管理、共同推进，才是我国民办高校走出困境的正确选择。

　　附记：本文为本人主持的全国教科规划教育部重点课题"民办高校可持续发展研究"（项目编号：DIA070124）部分研究成果，与同事冯淑娟合作，刊登在《黑龙江高教研究》2008 年第 8 期。

分类指导　分类评估
分类管理　促进发展

——全国民办本科高校教学评估研讨会综述

为进一步加强高等学校教学工作的宏观管理和指导，努力提高高校规模扩大后人才培养的质量，提升我国高等教育的综合实力和国际竞争力，2003年教育部决定建立5年一轮的全国高等学校本科教学工作水平评估制度。参加首轮（2003—2007年）评估的592所本科高校中，仅有两所是民办本科高校。时至今日，我国现有的40所民办本科院校，在即将开展的第二轮评估中，将全部被列为评估对象。如何搞好民办本科高校教学评估工作，通过评估来促进民办高校办学质量和水平的提升，规范、推动民办高校的健康、可持续发展，已成为理论界及教育实践中迫切需要回答的问题。2008年4月24—28日，由中国高等教育学会举办、中国高教学会民办普通高教分会（筹）和浙江树人大学承办的第三届中外民办（私立）高等教育发展论坛暨全国民办本科院校教学评估研讨会，在浙江杭州举行。来自全国34所民办高校和部分新建本科院校的130多位代表参加了会议。浙江省教育厅副厅长蒋胜祥，教育部高等教育司高校评估处处长朱洪涛，教育部高校教学评估中心副主任李志宏和专项评估处处长周爱军，著名高等教育研究专家潘懋元、孙莱祥、邬大光，中国高教学会副会长兼秘书长张晋峰和学术部副主任高晓杰以及部分教育部评估专家出席了会议。会议围绕民办本科院校如何正确对待和怎样开展教学评估问题，从理论、政策和实践的角度作了广泛探讨，取得了许多共识。

据统计，截至2007年年底，全国已有民办普通高等学校297所，独立学院310所，民办普通高校已经占全国普通高校总数的33%。民办普通高校在校生达349.7万人，约占全国普通高校在校生的18.5%。从规模上看，我国民办高校已经成为高等教育体系的重要组成部分。学校升格也有所突破，2008 年，教育部又批准 13 所民办高校升格为本科，这样，我国独立设置的民办本科院校已经达到 40 所。随着我国高等教育大众化的积极推进和高等教育需求的持续增长，高等教育经费紧张的局面进一步加剧。教育部领导已经表示，今后高等教育发展的增量，将主要依靠发展民办高等教育解决，可以想见，我国民办普通高校今后将持续快速发展，成为我国高等教育发展的增长点。民办高校的成长和发展，改变了我国高等教育投资体制长期以来由国家财政独家承担的单一局面，拓宽了高等教育的资金渠道，减轻了国家负担。同时，民办高校的发展为缓解我国高等教育供求关系的严重失衡、增加学生读大学的机会、满足人民群众接受高等教育的愿望、培养大批经济建设和社会发展需要的人才做出了重要贡献。另外，民办本科高校以其灵活、高效的机制特性，促进了教育思想观念的更新，推进了办学体制、管理体制、模式和学校内部运行机制等教育改革的深化。民办高等教育正在为越来越多的人们所认同，成为我国高等教育的重要组成部分。

与会代表研讨了民办本科院校开展评估工作的必要性和重要意义。朱洪涛处长介绍了第一轮评估的基本情况，他用"成绩巨大，主流良好，新生事物，问题不少"十六个字概括了第一轮评估工作，并对下一步工作提出了要求。李志宏副主任在报告中认为，第一轮教学水平评估总的来说是好的，参评学校至少在以下几个方面取得了明显成效：理清了办学思路，明确了办学定位；教学中心地位得以强化；教学管理更加规范科学；办学特色不断凸显，大学文化得到发展；教育交流日益扩大，教育观念得到更新；教学投入、办学条件明显改善。代表们普遍认识到，全面开展普通高等学校教学评估工作，确立同期性的教学评估制度，是教育部审时度势，为提高教育质量采取的关键举措。在整个社会对高校办学质量十分关注的背景下，民办本科院校应高度重视教学质量，积极参与教育质量评估，把自己置身于高等教育体系之中，抓住机遇，积极迎战，从评估中吸取经验，牢固确立教学工作的中心地位，进一步提高教学质量，不断提升办学核心竞争力。教育部评估专家、南京三江学院副院长陈云棠教授认为，开展教学水平评估，有利于从政策和制度上规范民办高校的各项办学条件建设和办学行为，引导民办高校采取措施切实提高教育教学质量，进而展示民办高校的办学实力，提高民办高校的办学水平，促进民办高校可持续发展。教学工作评估不仅是教育部对高校办学水平和办学质量的一次全面检验，更是民办本科高校夯实基础、实现新一轮改革与发展的良好机遇。依法治校，健全、完善学校办学体制和投入机制，并按照教育部的评估要求规范本科教育体系，健全和完善学校保障教育教学质量的长效机制，是民办本科高校实现可持续发展的根本。教育部评估专家、上海杉达学院陈建新教授认为，教育部和地方教育行政主管部门这些年来对我国普通高校部署、组织和开展的教学工作评估，无疑对规范民办高校的办学行为、提高民办高校的办学质量和办学水平，起到了明显的促进作用。因此，评估工作同样适合于民办高校。会议代表指出，尽管目前社会上对高等学校教学评估存在这样那样的看法，但教学评估在促进学校重视教学工作、重视教学建设、重视教学质量等方面发挥的重要作用是客观存在的。民办本科高校的教学工作评估不是"要不要"进行的问题，而是如何改革、如何实施的问题。

与会代表分析了我国民办本科院校教学工作的特点，进一步呼吁实施分类指导、分类管理和分类评估。浙江树人大学副校长徐绪卿教授认为，我国民办本科院校是改革开放以来的新生事物，是高等教育大众化的产物，由于特殊的投资体制和管理体制，在教学和人才培养方面呈现出很多自身的特点。我国目前的 40 所民办本科院校中，有 11 所是高等专科学校或由高等医学专科院校升格而成，其余全部由高等职业技术学院升格而成。相当一部分民办本科院校秉承职业教育的优势，在培养应用型人才方面继续下功夫，形成了自身的人才培养特色。经过 10 多年来的发展，高等教育多样化的格局已经形成，高等教育质量已经成为一个多层面的概念，因此，要顺应形势变化和发展实际，避免用统一的尺度来衡量多样化的高等教育质量。要区分不同地区、科类和学校，确定发展的目标和重点，制订高等教育分类标准和相应的评估政策，引导各种类型的学校合理分工，在各自层次上办出特色。广东白云学院副院长李望国认为：从办学定位来看，目前我国民办院校办学类型一般定位于技术应用（教学）型，主要培养面向生产、建设、管理、服务第一线，把技术创造原型进行具体化设计，并组织实施于现实的生产实践；能够维护、监控实际的技术系统或组织系统，发现、分析和解决综合性、复杂的技术或实践问题，可以对基层技术员或业务员提供指导和咨询；在服务领域可以运用专门的知识与技术向特定顾客提供全面或综合性服务，并承担相应责任的高素质的高级专门本科人才，这与传统的本科院校培养目标有较大差异。在培养模式上，许多民办院校的人才培养模式以本科教学和学生基本素质与工程技术应用能力培养为主导，强调学用结合、学做结合、学创结合，以产学研合作的方式培养人才。其毕业生的就业方向与传统本科院校也有很大的不同。潘懋元教授认为，教学评估已经成为高校办学的"指挥棒"，应注意发挥好其对高校教学工作的指导和引导作用。一些民办本科高校所具有的特殊问题，如能通过评估引导进一步落实，则能起到促进民办高校规范办学、提升教学质量的效果。

会议认为，在当前多样化、多层次的高等教育发展格局中，不同类型的高校人才培养规格和标准是呈多样化分布的，它们在办学的基本条件、基本规范和培养创新人才的要求等方面各不相同，因而在认真区分和科学把握评估考察的侧重点方面也应当有所区别。由于民办高校教学工作具有自身明显的特点，评估的指导思想和原则、评估的内容和指标体系，应该有自身的特殊性。分类指导、分类管理，应当包括分类评估。相关部门应贯彻落实分类管理的精神，加强评估工作的分类指导，以促进各高校准确定位，创建特色，为社会培养出多规格、多层次的多样化人才。会议对民办高校的类别区分作了研究。许多代表认为，鉴于我国民办本科院校绝大多数是升格时间不满5年的新建本科院校，对照本科院校的相关规定，各项条件有待于建设完善，教学基本建设有待于规范，因此，实施新建本科院校教学工作合格评估，更加适合于民办高校办学的实际。有代表认为，民办本科院校的评估也可分为两类，一是新建或升格后未满3届毕业生（一般为6年）的本科院校，由于其办学起点较低，条件相对差一些，经验相对少一些，应通过评估促进其加强办学条件建设、规范教学管理，确保达到国家规定的本科教育基本办学条件和合格质量标准，对其评估可在现有本科教学工作水平评估方案的合格等级上进行适当调整；二是新建或升格后已培养有3届以上毕业生（一般为6年）的民办本科院校，由于其已有一定的办学积累和本科人才培养经验，应通过评估促进其进一步提高办学水平和人才培养质量，对其评估也可在现有本科教学工作水平评估方案的基础上进行。

代表们在发言中高度肯定民办高校师资队伍建设的机制优势，认为"专兼结合，以专为主"是民办高校师资队伍的一大特点。安徽新华学院副院长梁金喜教授在发言中认为：高校办学水平和教育质量，关键是看师资队伍的水平。民办高校是社会力量办学，这不仅是一种投资方式，更是一种观念。动员和利用社会各方面的人财物资源，投入民办教育，当然包括吸引社会上的人才资源作为民办高校师资的重要来源之一。特别是一些地处高校和科研机构相对集中的城市民办高校，大量退休的高级专业技术人才正处于发挥作用的第二个黄金时期，他们经验丰富、较少有家庭负担，是非常重要的办学力量，他们对民办高校的学科建设和师资队伍培养发挥着不可替代的作用。因而，在考虑师资队伍时，应该重视并吸引这部分人员，这样做有利于民办高校教师队伍的建设和成长。徐绪卿教授认为，对民办高校的教师队伍，既要承认部分使用"专聘教师"的合理性，允许部分外聘教师列入计算；同时，为稳定教学秩序，提高教育质量，促进学校可持续发展，也应区别学校的办学区域、办学类型等，对专职教师的数量和结构提出明确的要求，作出具体规定。政府有关部门也应落实相关政策，划出专门编制，为民办高校专职教师队伍建设提供条件。

对于图书藏书量的规定也是代表们关注的问题之一。有代表认为，由于我国民办高校起步晚，发展历史短，而图书积累需要一个过程，大量复本或低价值甚至废旧图书的采购，既对办学条件的改善无益，反而会浪费资金，制约其他办学条件的建设，也不符合节约型社会建设的精神。有代表认为，图书藏书量是一个积累过程，应该从实际情况出发，适当降低新建本科院校评估中图书藏书量的标准。许多代表认为，在当今数字（电子）图书日益兴盛的时代，高校图书馆建设应该顺应发展趋势，而相关部门也应该将其列入图书数量的指标之一。有代表认为，高校图书不仅要看藏书量，还要看流通量和图书馆的使用率。徐绪卿教授建议，鉴于我国民办本科院校大多是新建本科院校的实际情况，在评估中既要看存量，也要看增量。具体来说，对藏书既要有一定的数量要求，又应考核升本以来生均图书的年增量，以评估来促进民办本科院校图书馆藏书的基本建设。

代表们对民办高校教学经费统计口径也提出了建设性建议。由于民办本科高校大多为新建高校，其仪器设备多为新近购置且损耗较少，因而用于教学仪器设备维修和维护方面的费用较少，加之民办本科高校主要以本科教学工作为主，科研经费的开支只占一小部分。因此，对民办本科高校来说，更需要进一步加大投入，提高四项经费占学费收入的比例。在计算具体数值时，"四项经费占学费比例"中的"学费"可以当地政府规定的公办高校收费的平均值为基数，也可参考独立二级学院合格评估方案中"生均四项经费值"合格标准为1000元/生、优秀标准为1300元/生来掌握和评价。同时，在考核"生均教学科研仪器设备值"时，还应该结合学校的学科性质来确定。

　　与会专家和代表对民办本科院校教学评估的周期和评估主体的问题也展开了热烈讨论，认为借鉴国外私立大学评价（评估）的经验，从我国民办本科院校的实际出发，教学评估不一定要和公办高校"齐步走"、一刀切，建议适当延迟评估周期，以使学校有一个相对稳定和宽松的建设环境。著名高等教育研究专家潘懋元教授认为，在评估民办本科院校教学相关条件的过程中，既要注意横向比较的评估，也要关注自身纵向（历史）条件的评估。他还指出，从长远来看，高校评估一定要从政府评估向社会评估转变，可以借鉴商业化调查机构的合理之处以提高评估的效率。徐绪卿教授认为：在民办本科院校教学评估中，长远来看应注重发挥中介机构的作用，以克服行政性评估中难以避免的种种缺陷，做出较为客观、公正的价值判断。另外，他认为，民办高校内部开展的以教学为主要内容的经常性自我评估活动，是整个教育评估活动的主体和基础，也是学校提高教育质量的重要手段，应建立健全学校教学工作的自评制度，增加评估的主动性，从"要我评估"变为"我要评估"。教育部评估专家、黑龙江科技学院利民校区吕其诚教授认为，单靠政府组织评估，即政府包办的评估，在评估主体上是有缺陷的，我们不妨由试点开始，实施一种多元主体负责实施的评估，即有中央政府+地方政府（教育行政部门）+区域高校联盟+半官方中介组织+社会中介组织的各种组合，还要有社会各界关注教育的有识之士参加，这样可以避免评估主体的单一化，但评估行为要由政府授权，政府对评估结果要予以认定。代表提出，评估专家一定要了解民办高校的办学实际和相关政策。目前民办高校评估专家太少，难以适应民办高校开展评估的需要，希望相关部门能适当增加相关专家名额。

　　许多代表还在会上介绍了本单位如何搞好评估准备的经验，对与会代表启发很多。陈云棠教授认为，开展教学工作水平评估，目的是规范教学管理行为、提升教学管理水平、提高人才培养质量。面对教育部的本科教学工作水平评估，民办本科院校既要积极抓住机遇，更要勇于迎接挑战。只有依法治校，健全和完善学校的办学体制和投入机制，创新学校的运行机制和用人机制，扎扎实实地搞教学基本建设、积极稳妥地推进教学改革，严格规范地实施教学管理，才能提高学校的核心竞争力，扩大学校的社会影响力，从而促进学校的健康、可持续发展。浙江树人大学教务处长陈新民教授在会上介绍了该校"以建迎评"的工作思路，提出在评估准备阶段，民办高校应更主动地、更积极地去建设，把"建"摆在首位，凸显"建"的主动性和工作的创新性，以更多成绩来迎接评估，这一思路得到了与会领导、专家和与会代表的高度肯定和一致好评。

本次会议是在我国高等学校第一轮教学评估行将结束、第二轮评估工作即将展开之际召开的。由于我国民办本科院校大都是近几年来刚刚升格的民办本科院校，对本科教学评估了解不深。许多民办本科院校十分关注评估工作，渴望了解相关情况。与会代表普遍认为，这是一次非常重要、非常及时的会议，对在民办高校中普及评估知识，统一和端正民办高校对评估问题的态度与认识，消除民办高校对评估工作的神秘感和畏惧感，增强接受评估的主动性和信心具有重大意义。本次会议有利于沟通民办高校与政府之间对评估价值的认同，进而促进民办本科高校的可持续发展。与会专家和代表同时指出，由于民办高校评估问题的复杂性和独特性，很多问题还需要继续探讨和研究，因此，代表建议由教育部评估中心牵头，组织相关专家，成立若干相对独立的课题组，对民办高校本科教学水平评估方案进行专项研究，逐步建立和健全我国民办高校的教学评估体系，为分类指导、分类管理提供依据，为民办高校提供教学工作的规范指导。

附记：第一轮本科院校教学工作评估工作于 2008 年上半年结束，第二轮评估将于 2008 年下半年开始。第一轮 592 所本科高校评估中只有 2 所民办本科高校列入其中，而第二轮评估有 40 所民办本科院校都将参加。为做好民办本科院校的评估工作，经本人牵头组织，2008 年 4 月 24—28 日在杭州华北饭店以中国高等教育学会举办，并以"中国高教学会民办普通高教分会"的名义，承办《第三届中外民办（私立）高等教育发展论坛》，重点讨论民办本科高校的教学评估工作，及时反映和统一民办高校评估中的问题和认识，做好民办本科院校的评估准备。教育部高等教育评估中心副主任李志宏、教育部高教司评估处处长朱洪涛等就评估工作作了讲座。著名高等教育研究专家潘懋元、厦门大学副校长邬大光、复旦大学原副校长孙莱祥、华中科技大学教育科学研究院副院长别敦荣等以及来自黑龙江科技学院、南京三江学院、上海杉达学院等教育评估专家作了精彩的讲演；来自安徽新华学院、湖南涉外经济学院、广东白云学院、烟台南山学院、浙江树人大学等高校的代表就评估相关问题作了交流。专家学者们通过深刻的理论分析、实践经验的总结和大量翔实的数据研究，对民办本科高校的评估进行了深入的探讨，就下一轮即将开展的对民办本科高校教学评估的指导思想、评估内容、评估方法、效果的评价以及民办高校如何通过迎接评估加强自身建设等问题提出了许多建设性的意见和建议。会后本人起草了会议纪要，递交教育部本科教学工作评估中心，得到领导的肯定和重视，并应邀参加财政部、教育部专项课题研究和第二轮评估方案的研讨制定工作。

会议期间，特别邀请陶西平先生来校指导，并就成立中国民办教育协会高教分会等事宜，与陶西平、张晋峰等一起协商。会议初步同意筹备成立"中国高教学会民办高教分会"。但后来协会成立后提出学校只能参加一边活动，受此制约，后续"中国高教学会民办普通高教分会"筹备工作停止。

此文由本人起草，冯淑娟、王一涛两位同事帮助修改并署名，刊登在《教育发展研究》2008年第12期。

民办大学精神探论

摘　要：伴随改革开放政策实施而诞生的民办高校，在办学过程中逐步孕育了既带有浓郁的时代烙印、鲜明的中国特色，又蕴含一定的传统的大学精神。时代的召唤，社会的发展，需要民办高校有机融合市场理念和传统大学理念，孕育适合民办高校阔步前行的独特精神。

关键词：民办高校；大学精神

大学精神之于一所大学的发展是具有重要意义的。伴随着我国改革开放政策实施而诞生并逐步发展起来的民办高校，迄今为止已走过了近30年的路程。在这一历史进程中，民办高校在培养社会主义的建设者和接班人的同时，是否也在孕育独特的大学精神？这种精神的表现是什么？如何看待这种精神？成为影响民办高校发展且亟待探明的重要议题。本文就此试作论述。

一　大学精神的内涵、演变

1. 大学精神的内涵

大学精神是一个内涵丰富、外延模糊的概念。正是由于它外延的模糊性和不确定性，才使得不同时期、不同社会的不同学者对其内涵有不同的注解。

大学精神是一所大学所拥有的相对稳定的群体心理定势和精神状态，是一所大学在长期的教育实践中积淀的最富典型意义的精神特征，是一所大学整体面貌、水平、特色及凝聚力、感召力和生命力的体现，如清华精神，朱自清先生认为是"实干精神"；北大精神，鲁迅先生认为是"常为新"精神；浙大精神，竺可桢先生认为是"求是精神"。大学精神也是大学历久常新的动力和源泉①，对于凸显和稳定一所大学的形象、特色、风格和水准举足轻重。大学精神具有驱动、凝聚、熏陶、评价和规范的功能，优良而健康的大学精神一经形成，便会在教育活动中起到激情励志、调整心态和规范行为的作用。"大学精神是指导大学行为的基本信念、基本准则，是在学校办学历史中形成的和时代、地域密切相关，是学校和社会互动的产物，也是学校各种文化碰撞的结晶，并会随着时代的发展与时俱进。"

2. 大学精神的演变

现代大学起源于欧洲中世纪大学。中世纪大学在其诞生时只是一个行会组织或学术团体，是为了互助和保护的目的，仿照手艺人行会的方式组成的教师和学生的团体，是一个学者的社团，是"学者们自由追求学术，探讨高深学问，进行精神自由交往的地方"②。为了保护这种自由，当时的大学与市政当局和宗教势力进行了艰苦的斗争，取得了诸多自治权利，为大学人提供了一片栖身之地，使自治和学术自由成为大学的精神。在随后的几百年中，大学在追求学术、教授学问、回应社会等问题上不断调整自己。文艺复兴时期，在弘扬人性的大背景下，大学迅速成为时代精神的来源和社会精英的荟萃之地。1852 年纽曼在其名著《大学的理念》中，明确地提出大学的目的在于"传授"学问，而不在于发展知识，大学是一个提供优雅教育、培养绅士的地方，而非专业训练，大学的教养比学识更为重要。纽曼的主张体现了当时英国大学浓厚的人文主义的理想和传统。但在当时的欧洲，资本主义经济已有了一定的发展，传统的大学已经不能满足经济社会的发展，导致人们开始不断审视大学的发展问题。1810 年，洪堡以新人文主义理想创立柏林大学，标举大学的新理念，展示新的大学精神。他认为，大学是高等学术机构，教师的首要任务是自由进行创造性的学问，因此，他把发展科学作为大学的重要职能，主张教学和科研相结合，倡导大学独立和学术自由。"经过文艺复兴和教育的世俗化运动，以柏林大学为代表的现代大学确立了人文精神信仰。柏林大学发端于

---

① 李延保：《现代大学文化精神与历史传承》，《中山大学学报》（社会科学版）2004 年第 6 期。

② 张应强：《现代大学精神的批判与重建——为刘亚民〈大学精神探论〉而作》，《高等教育研究》2006 年第 7 期。

德国的新人文主义运动，它适时地将正在兴起的近代科学纳入怀抱，用科学而非教条和古典人文知识来陶冶人的心性，激发自由理想和理性精神，倡导怀疑和批判精神，使人服从于理性和真理，因而它反对大学的实用和功利目的。"① 20世纪初，美国大学的兴起，提出大学要为社会服务的办学理念。首先，由威斯康星大学进行了深刻的改革，把教学、科研同直接为社会服务紧密结合起来。这种办学模式被美国称为"威斯康星思想"，被誉为美国20世纪最有创造性的思想之一。美国大学倡导要把社会服务作为大学的重要职能，要积极主动地为地方经济发展服务，要成为向社会传授知识的重要场所，大学教师要走出校门，直接投入到社会服务中去。这些办学理念已经在世界各国，包括中国在内产生了广泛影响，成为现代大学的重要特征。20世纪中叶以后，市场经济和社会的快速发展、国家之间竞争的加强、知识经济的初见端倪都对大学提出了挑战，要求大学做出回应，服务于市场经济和民族国家的发展。工具理性主义逐渐成为主宰大学发展的理想信条，大学一直所培育和张扬的人文精神传统开始在工具理性主义的包围下急剧退化。但是大学也在回应社会要求、适应社会的发展中孕育了大学贴近现实、融入社会、服务社会的新的精神。

　　在我国，现代意义的大学是在19世纪末才逐渐出现的。中国大学早期是向日本、美国和欧洲学习，中华人民共和国成立后又向苏联学习。而人们对大学精神的认识则是从对蔡元培先生执掌北大时推行的改革开始的。蔡元培提出了兼容并蓄、学术独立、思想自由、教授治校的思想；梅贻琦先生主持清华大学和后来的西南联合大学期间，提出了通才教育、教授治校和学术自由的思想，这是民国时期我国的大学呈现出同于西方大学传统精神又带有中华民族特性的大学精神。时至今日，这种大学精神仍是我们急需弘扬和最宝贵的遗产。中华人民共和国成立初期，由于照搬苏联高等教育办学模式，致使大学精神受到了实用主义、技术理性主义的严重冲击。改革开放后，大学精神逐渐得到重视，但又受到了逐步发展起来的市场经济的冲击，大学精神在这种冲击下继续发生着嬗变。

　　从大学精神的演变历史看，大学精神是在历史和不同的社会环境中流动变化和发展的。它既是大学主体教育实践的产物，又是社会、时代和民

---

① 张应强：《现代大学精神的批判与重建——为刘亚民〈大学精神探论〉而作》，《高等教育研究》2006年第7期。

族精神的反映和折射。不同的时代、不同的社会情境、不同的民族文化氛围孕育出既一脉相承又有所区别的大学精神。"大学精神体现着大学教育的特质与旨趣，同时又是与社会意识、时代精神和民族特性相通的、互动的；大学精神是一种立足于大学教育的主体性实践，张扬并涵养着时代精神的高层次的精神理念与境界。"① "大学的理念总是随着时代的发展而发展，今日的大学虽然由昨日发展而来，但又受到所处时代的影响，所以今日大学的理念中自然有了时代赋予它的特质。一所优秀大学不仅有优良的传统，也能折射出时代的光芒。能够立于时代潮头、站在时代前列，引领时代潮流，这就是大学理念中的时代精神。"②

二　民办大学精神探寻

我国的民办高校是在改革开放后，在逐步实行社会主义市场经济、国家建设所需高级专业人才缺乏、人民群众接受高等教育愿望迫切以及公办高等教育系统一统天下的背景下诞生并逐步发展起来的。时至今日，虽然民办高校才经历了 20 多年的风雨历程，但特殊的时代、特殊的社会情境、特殊的民族文化环境，在民办高校人的砥心励志，苦心办学过程中，逐渐孕育和张扬出了民办大学特有的精神气质。

1. 为国分忧的民族精神

改革开放后，在"解放思想、实事求是"思想路线的指引下，国家发展的重心开始转移到经济建设上来。经济的建设、社会的发展需要大量的高级专业人才。然而在当时的环境下，高校资源极其缺乏，高教投入难以扩张，既无法满足国家建设对人才的迫切需要，也无法满足人民群众接受高等教育的强烈愿望，千军万马过独木桥成为高考的真实写照。在这种形势下，一批有志之士为了国家的强盛、民族的兴旺，在国家政策的启示、鼓励和引导下，满怀激情地投身于民办高等教育事业的发展中，不为名，不为利，办学目的只有一个：培养人才，为国分忧，体现了崇高的民族精神。

---

① 程水源：《试论地方高校大学精神的构建》，《学校党建与思想教育》2007 年第 9 期。

② 纪宝成：《对大学理念和大学精神的几点认识》，《中国高等教育》2000 年第 1 期。

浙江树人大学的创建者、终身名誉校长王家扬先生在纪念建校十周年的一篇文章中写道："当年，我们就是在小平同志'发展教育'的思想指导下，创办浙江树人大学的。我们在'倡议缘由'中写道：浙江省历来物产丰富，人才辈出，素有鱼米之乡与文物之邦之称。建国以来文化教育事业发展很快，但尚不能满足全省莘莘学子入大学深造的愿望。创建一所民办性质的新型高等学校，一可增加浙江高校招生人数，满足部分学生的要求；二可设置四化建设所急需的专业，以补当前普通大学的不足；三可采取正规教育和短期培训相结合的灵活办学方式，探索高等学校的改革措施。这也是我们的办学宗旨和指导思想。"① 王家扬先生的这一番话，道出了民办高校办学者的赤诚之心。近 30 年来，我国民办高校的发展模式发生了很大的变化，虽然偶有个别民办高校的办学目的和办学方向出现问题，但是坚持把公益性放在首位，勇于为国分忧，乐于为国家建设培养人才的主流始终没有变化。

2. 艰苦创业、无私奉献的精神

民办高校有着不同的起步，但都有着同样的艰辛。很多民办高校都是在无校舍、无资金、无师资的困难条件下起家的。但民办高校的创始人不畏艰难、披荆斩棘，毅然在创业的道路上奋力前行，为学校的发展而不懈地奋斗，为了国家和人民的利益而默默奉献着。

1992 年 11 月，黑龙江省高校老教授科技咨询工作委员会发起成立了黑龙江东方大学。在这以前，1991 年，四川天一集团在成都成立了天一大学。他们不要政府投资，但求政策扶持，艰苦创业，办学育人，一心为培育现代化的建设人才而工作，为提高民族文化科学素质、培养一代新人而努力。东方学院的校领导，每月薪水仅 250 元。树人大学的老教授，自己经常当搬运工，也舍不得请民工帮忙。四川天一学院原校长冯蜀龙，从公办学校调入民办高校，工资未拿多少，到头来却背上一身债务。尽管如此，他们却毫无怨言，心甘情愿投身民办教育。②

3. 高度的社会责任感精神

教育质量是民办高校取信社会、求得生存和发展的生命线，民办大学深刻地认识了这一点，在办学过程中始终坚持以质量优先，朝着以高质量

---

① 朱玉：《树人实践》，浙江人民出版社 2002 年版，第 54、121 页。

② 徐绪卿：《首批民办高校发展经验的思考》，《浙江树人大学学报》2002 年第 2 期。

的教育服务社会、奉献社会的目标奋斗着，体现了高度的责任感精神。

黄河科技学院胡大白校长认为："民办高校面临多方面的压力和挑战，最突出的是教学质量。把参差不齐起点不高的学生培养成合格人才，实现宽进严出是最大的难题，也是全力追求的目标。"为此，黄河科技学院多年来采取了许多强有力的措施，如不惜重金延聘优秀教师、实行小班上课、灵活设置课程、适当增加课时、购买现代教学设备、改革教学方法和教学手段等，一切为了学生，千方百计提高教学质量，务求教学质量达到或超过公办大学同等学历层次的水平，取得了明显的效果。在东方学院，实行专家办学、教授治教，制定了严格而系统的教学管理制度，层层把关，确保质量。他们对聘用的教师严格筛选，奖罚分明，使教学质量始终得到稳定和提高。杉达学院办学多年来，坚持"以诚意对待社会，以严谨的教育管理取信于社会，以较高的教育质量回报社会"的办学理念，坚持学校的办学特色和把提高教育、教学质量放在首位，取得了喜人的成效，赢得了社会良好声誉。①

4. 勇于探索的改革和创新精神

民办高校自诞生起，是新的社会环境下的新生事物，如何发展无经验可循，在民办高校办学人心中也是不明确的。民办高校人不得不在继承、学习公办高校的同时积极探索自身的发展道路，在办学理念、大学制度、管理体制和运行机制等各方面进行开拓创新，走有特色的办学道路。如在专业设置上，始终面向市场开设专业，按需培养，紧紧贴近社会经济发展和产业结构调整，设置和举办定位于优势产业、朝阳行业、前景职业的专业，针对性强，不仅满足了经济发展对人才的需求，同时也使民办高校办出了自己的特色，赢得了对社会的吸引力；在教师队伍建设上，实行专职教师队伍和外聘教师队伍相结合，既满足了教学需要、保证了质量，又利用了社会闲置资源，节省了办学开支；在办学模式上，"经过近 20 年的实践，民办高等教育在办学发展模式上，经专家总结有如下 7 种：收费、滚动发展的模式，企业投资模式，教育集团运作模式，改制运作模式，股份制合作模式，捐资助学模式，中外合作模式。"在领导体制上，也呈现出了多样化："董事会领导下的校长负责制，主办单位领导下的校长负责制，党委领导下的校长负责制，教职工代表大会民主基础上的校长负责

---

① 徐绪卿：《首批民办高校发展经验的思考》，《浙江树人大学学报》2002 年第 2 期。

制，校长领导下的校务委员会体制"① 等。

5. 敢于挑战、勇于竞争的精神

民办大学办学历史短，无政府资助，在公办高等教育系统的强大实力和宽广的市场覆盖面的夹缝中诞生并逐步发展起来，使民办高校的办学之路充满了艰辛。创业之路都是艰辛的，在今日高度竞争的社会里获得生存和发展，拥有竞争精神无疑是一种必须且重要的选择。虽然是白手起家，但民办高校为了生存和发展，自强自信，不畏艰难，锐意进取，勇敢地迎接挑战，积极参与市场竞争。这种竞争，树立了民办高校的自信，磨炼了民办高校人的性格，塑造了民办高校的精神气质，促进了民办高校办学特色的形成，使得民办高校逐步发展壮大起来。

三　民办大学精神探论

民办高校的大学精神是大学精神在新时期的发展，带有浓郁的时代烙印和鲜明的中国特色。这种精神的养成，既有我国民办高校为求自身生存和发展的原因，又是受到了世界大学发展趋势影响的结果，同时也包含一定的大学传统精神在内，是民办高校在发展过程中逐步深化对大学认识，遵循大学内在发展逻辑，运用传统大学理念指导办学而形成的。

1. 民办高校的大学精神是中华民族精神在大学发展中的体现

民族精神是一个民族赖以生存和发展的精神支撑。我国自古以来逐渐孕育了"天下为公""自强不息""天下兴亡，匹夫有责""鞠躬尽瘁，死而后已""先天下之忧而忧，后天下之乐而乐""革故鼎新"等民族气节、民族精神。党的十六大报告对中华民族的精神进行了精辟的概括："在五千年的发展中，中华民族形成了以爱国主义为核心的团结统一、爱好和平、勤劳勇敢、自强不息的伟大民族精神。"这种精神是在中华民族整个历史发展过程中起支撑作用的、一脉相承的民族精神的内核。正是依靠这种民族精神，中华民族几千年来始终保持着强大的生命力、向心力和凝聚力，创造了光辉灿烂的中华文明。大学都是生长在特定的民族文化氛围中的，其精神的生成要从民族精神中吸取丰富的营养，从而也折射出民

---

① 朱玉：《树人实践》，浙江人民出版社 2002 年版，第 54—121 页。

族精神的光芒。民办高校在国家急需人才的背景下诞生，空手起家、艰难创业、勇于探索、大胆创新、为国分忧、为国植才，表现出了强烈的爱国主义精神、自强不息的精神、勤劳勇敢的精神等中华民族精神。民办高校的这种精神正是中华民族精神在民办高校的重要体现和进一步提升。

2. 民办高校的大学精神是时代的产物

从自身的生存和发展来看，民办高校是在改革开放后，在逐步实行社会主义市场经济的环境中发展起来的一类特殊高校，是面向市场自主办学、自筹经费、自负盈亏的法人实体，办学经费主要是靠学费来维持，基本上没有政府的经费资助。因此民办高校在创建之初较多地运用市场理念来引导自己的办学，按照市场机制构建学校的运行机制，注重办学成本和经济效益，崇尚竞争，这是民办高校生存和发展的需要。"一方面，民办高校引入市场理念，增强经营意识、竞争意识、效益观念，创新内部办学机制，如投入产出分析机制、成本补偿机制、质量保障机制、资源优化配置机制，提高了资源的利用效益，适应高等教育市场竞争日趋激烈的要求。另一方面，民办高校运用竞争手段去开辟生源市场、就业市场、资金市场等。这对民办高校生存与发展是至关重要的。因为与公办高校相比，民办高校更加依赖教育市场，其生存和发展更直接受控于教育市场。"[①]运用市场理念来办学，使民办高校具有强大的生命力和活力，在实力雄厚的公办高校的夹缝中逐步扎稳脚跟。

从世界大学发展趋势来看。20世纪中叶以后，伴随着市场经济的繁荣和快速发展，市场开始介入到大学中来，并逐步成为影响大学发展的一种主要力量，也带给了大学一系列的变化：导致了大学之间的生源竞争、经费竞争、名誉竞争等；使大学开始注重办学成本和效益；把学生作为消费者来看待，重视学生的愿望和需求；在日常管理中，越来越多地运用企业化的经营方式、管理手段，如高薪聘请人才、广泛宣传自己、对学校整体形象进行包装等。市场的介入促使大学办学观念和管理行为发生巨大变化，也在重塑着大学的精神，使当代大学精神中逐渐融入了"疑似企业精神"。"以19世纪经典大学理念为核心的大学精神在20世纪中叶以后发生了很大的变化，因为19世纪的经典大学理念是建立在大学象牙塔之上的，而20世纪中叶以后的大学已经走出了象牙塔的藩篱。在这一过程

---

① 张剑波：《民办高校可持续发展研究》，国防科技大学出版社2007年版，第54页。

中，市场化无疑是重要的影响力量。"① "为了灵活应对不稳定的环境和个性化、多样化的高等教育需求，当前世界各国的大学都在从改革内部治理机制和治理结构出发，引入适应、创新和绩效文化。大学的管理者和学术领袖不得不以极大的智慧和勇气去适应新的环境，从而也越来越表现出企业家精神特质。"② 大学兼具企业精神是现时代和社会发展的使然，是大学的必然选择，它于大学发展来说必然是有利的。伯顿·克拉克曾认为，竞争的状态能激励一些院校像企业那样去寻找特色，并从中取得利益。学院式企业精神是大学适应快速变化的 21 世纪的一种有效的制度安排。

3. 民办高校的大学精神是传统大学精神的传承和发展

传统的大学精神，以自主自治和学术自由为标榜，成为几百年来文人墨客书辩不穷的论题。表面上看，我国民办高校的大学精神与之毫无搭界，但是，仔细分析不难看出，当今我国民办高校的大学精神就实质来说乃是传统大学精神的传承、扬弃和发展。为国分忧、为国植才，是千百年来积淀的民族精神的集中体现。艰苦创业、无私奉献的精神，与勤劳勇敢的民族精神相吻合。大学精神与民族精神的一致，正应验了大学引领社会文化的重要内容。而高度责任感精神、勇于探索的改革和创新精神以及敢于挑战善于竞争的精神，正是大学精神在新的时代背景下的新的内容。这种不畏艰难、勇于探索、敢当天下先的自强、自信、自立品格，与传统的自主自治和学术自由的大学精神一脉相承的，是传统大学精神在新的历史条件下的丰富、发展和延伸。在这里，民办高校的大学精神并没有脱离大学精神的轨道，相反，它一如既往地遵循自身规律沿着固有轨道发展。

从当前民办高校的大学精神来看，一方面，不论今天的大学与传统大学相比，发生了多大的变化，其保存知识、传承知识、探寻高深学问、引领和服务社会发展的理想和追求的本质没变，大学传统精神之于今天的大学还必须是根本价值的体现，是指导大学行为的基本信念、基本准则。另一方面，民办高校本质上仍是高校，是大学，不是企业。市场手段在经济领域也不是万能的，其自身尚且存在诸多局限，何况作用于大学的发展。对市场理念的过于崇拜会使民办高校办学功利性倾向严重，行为急功近利，教育本质迷失，进一步发展陷入困境。因此，初步发展起来的民办高

---

① 赵婷婷：《大学市场化趋势与大学精神的传承》，《高等教育研究》2001 年第 5 期。

② 王侃：《论大学精神与产业精神的融合》，《江西教育科研》2007 年第 10 期。

校，需要在现时代既要崇尚市场理念，又要崇尚大学传统理念，实现市场理念和大学传统理念的有机融合，孕育适合民办高校发展的独特精神气质，引领民办高校稳定、健康和可持续发展。

附记：本文的写作缘于与日本一私立大学校长之间的交谈。对方认为当下中国民办大学没有自身的大学精神，缺乏长远发展的理念，长此以往，发展不可能持续。对此本人做了一些思考。本文与同事杨二辉合作撰写，发表在《现代教育科学》2008 年第 6 期和西安外事学院的《民办教育研究》2008 年第 4 期。

我国民办高等教育发展回顾及中长期发展思路

摘　要：我国的改革开放已经走过了30年的历程，这30年也是我国民办高等教育获得长足发展的关键时期，可以说民办高等教育已经取得了一系列辉煌的成绩。笔者简单回顾我国民办高等教育发展的进程，指出民办高等教育的发展现状，阐述发展民办高等教育的重要意义，提炼多年发展的经验，提出中长期发展方向，明确列出今后5—12年的发展思路。

关键词：民办教育；民办高等教育；民办普通高校；发展回顾；发展经验；发展思路

我国改革开放已经走过了30年的历程。30年来，全国人民在党中央的带领下，积极进取，努力探索，大胆改革，勇于实践，取得了经济和社会发展的重大成果，创造了一个又一个奇迹。

与此同时，我国民办高等教育从最早的民办高等教育试点开始，也已经有了30年的历史。1978年年底，党的十一届三中全会"解放思想，实事求是"思想路线的确立和国家把工作重点转移到经济建设上来的果断决策，激发了一批对高等教育充满热情的老知识分子和有识之士的办学灵感。他们租借场地，聘用教师，自筹资金，白手起家，从零开始，"小打小闹"地办起了民办高校，为国家经济建设和社会发展培养人才，从此掀开了我国民办高等教育恢复发展的新篇章。30年来，民办高等教育界的同行们，以为国植才为己任，艰苦创业，知难而进；30年来，民办高校从无到有，规模从小到大，形式从高复班、自考助考班到全日制，办学层次从专科到本科，历经千难万苦，在探索中坚定地前进，为国家经济建设和社会发展培养人才。特别是高校扩招以来，在第三次全国教育工作会议精神的鼓舞下，得益于国家积极发展高等教育的政策，民办高等教育抓住高校扩招的大好机遇，加快了发展步伐，迅速提高了在高等教育中的比重。1993 年全国民办普通高校才 10 所，至 1998 年也只有 22 所，但是到 2007 年底已经达到 297 所，具有民办性质的独立学院也有 318 所，两者之和已经占全国普通高校总数的 33%，三分天下有其一。民办普通高校在校生从 2.2 万人增加到 349.7 万人，10 年增长了近 160 倍，已占全国普通高校在校生的 18.5%[①]；还有其他民办高等教育机构 900 多所，注册学生 87.3 万人。从规模上看，我国民办高校已经成为高等教育体系的重要组成部分。从办学层次上看也有所突破，2008 年初，教育部又批准 13 所民办高校升格本科，这样，经教育部批准独立设置的民办本科院校已经达到 40 所。我国民办普通高校今后将持续快速发展，成为我国高等教育发展强劲的增长点。

一　发展民办高等教育的重要意义

　　民办高等教育与公办高等教育一样，是我国高等教育体系的重要组成部分。发展民办高等教育，是国家高等教育发展的重要决策，是高等教育体制改革的重要成果。

　　从总体上来看，民办教育的发展增强了国家和地方的教育实力，为我国作为教育大国的崛起发挥了重要作用。我国是一个人口大国，同时还是一个经济上处于落后状态的发展中大国。财政的短缺和高等教育筹资渠道的单一，使得高等教育长期以来处于滞后的状态。"穷国办大教育"的基本国情，决定了我国高等教育必须改革，走公办、民办教育共同发展的路子。民办高等教育的发展，拓展了高等教育投资的渠道，扩大了高等教育的规模，也壮大了国家和地方高等教育的实力。从国家的层面来说，2007 年全国高等教育毛入学率为 23%，全日制本专科在校生 1884.90 万人，占全部高等教育规模人数 2700 万人的 2/3 还多，而其中民办普通高校在校生 346.69 万人，接近在校生数的 20%，五个在校大学生中就有一个是在民办高校就读的。当然，在另外的近 900 万其他形式的在校大学生中，民办高等教育机构占据的比重还要大。从这点上可以看出民办高校发展对国

---

① 　根据相关年份《全国教育事业发展公报》整理。

家高等教育的贡献。从浙江省来看，由于高等教育先天资源的不足，改革开放以来人民群众生活水平的逐步提高和人民群众对接受高等教育的强烈渴求，促使民办高等教育发展更为快速，在整个高等教育发展中的贡献更为明显。可以明确地说，如果没有社会对高等教育的投资，没有民办高校同仁的努力，浙江省高等教育不可能出现跨越式的发展。民办高等教育的发展和崛起，为建设高等教育强国和高等教育强省奠定了基础。

表1　　　　　　浙江省近10年来民办高校在校生比例增长情况　　（单位：万人）

年份	1998	1999	2000	2001	2002	2003	2004	2005	2006	2007
高等教育在校生数	11.35	15.13	21.24	29.31	39.31	48.46	57.28	65.13	71.99	77.80
公办高校在校生数	11.16	13.73	18.63	21.41	33.94	36.43	42.78	48.91	49.20	52.33
民办高校在校生数	0.19	1.39	2.61	7.90	5.37	12.03	14.5	16.22	22.79	25.47
比例（%）	1.70	9.19	12.59	26.95	13.66	24.82	25.31	24.90	31.66	32.74

数据来源：根据历年浙江省教育发展统计资料整理。

首先，民办高校的成长和发展，促进了新高校的兴办，形成了高等教育的多样化。它增加了我国高等教育的规格和品种，增加了学生读大学、选大学的机会，在一定程度上缓解了现代化建设的多样化需求与现有高等教育规模有限的矛盾，满足了人民群众对接受高等教育的强烈愿望，为社会培养了大批经济建设和社会发展需要的人才。"文化大革命"结束后，百废待兴。一方面，社会经济的复兴呕待大批人才；另一方面，由于多年积累，大批社会青年渴望上大学。而由于国家经济不发达，高校资源稀少，多方面的原因促成社会资源投资和参与举办高等教育。民办高校的兴起，大大缓解了人民群众上大学的需求，同时，民办高校的举办，增加了高等教育供给方式的选择性和灵活性，为更多的青少年提供了接受高等教育，选择学校、师资和学习内容的机会。由于高等教育资源的增加和丰富，高等教育逐步向可选性教育形式过渡，为促进"以人为本"为核心的个性化培养和人的发展创造了条件。

其次，民办高校的成长和发展，改变了我国高等教育的投资格局及资金来源渠道。长期以来高等教育一直由国家财政独家承担，民办高校的发展打破了这个局面，拓宽了高等教育资金来源的渠道，减轻了国家财政负担，增加了高等教育的投入和资源供给，缓解了高等教育供求关系严重失衡的矛盾。通过举办民办高校，有效地增加了教育投入，补充了财政不足，吸纳了社会资金，促进了资源共享，对优化教育资源配置起到了一定的调节作用。据不完全统计，从 1993 年以来，民办高校已经培养了数以千万计的各类大学生，在政府投入十分困难的情况下，民办高校的加盟大大拓宽了高等教育经费的渠道，推进了高等教育投资体制的改革。目前，300 所独立设置的民办高校和 318 所独立学院的资产已经达到 2000 多亿元。民办高校办学的探索和试验，推进了高校投入体制的改革。据权威人士称，目前维系中国高等教育正常运转的经费大约需要 4000 亿元，而国家现有的实际投入只有 800 亿元，高校现在向银行借贷的总金额已经超过了 1000 亿元，差额部分就是各高校靠收学费填充的。① 高等教育经费紧缺的状况是一个世界性的难题，即使在发达国家也不例外。我国目前支撑着世界上最庞大的高等教育体系，可以想见，仅仅依靠政府的力量是远远不够的。因此，举办民办高校对高等教育的长远发展具有重大的战略意义，其作用绝不仅仅局限于办几所民办高校，更体现在对我国高等教育投资体制改革的巨大推动作用上。

再次，民办高校的成长和发展，给高等教育带来了竞争和活力，有效促进了高等教育的改革。民办高校通过推出新的办学机制，带来了高等教育的竞争，增强了高等教育的活力，促进了高等教育的改革、发展和效率的提高。原有公办高校办学的弊端，集中表现为一切都由国家包下来，一切都由政府统起来的一种封闭半封闭的办学体制。而新时期高等教育体制改革，包括办学体制、管理体制、招生就业体制、经费筹措体制、校内管理体制的改革。"通过五大体制的改革，改变了我国大学按科类设置的状况，使一部分学校的科类更加综合，为我国高等学校培养高水平、高素质的人才，为出高水平的科研成果打下了基础。实行办学体制改革，使我们发展了民办高等教育。实行管理体制改革，使我们的高等学校加大了办学自主权，各地市基本上实现了建有一所高校的目标，大大增强了高等教育为地方和区域经济、为社会主义市场经济服务的能力；也使我们基本结束了行业办学的局面，使所有的大学都面向地方、面向区域、面向社会办学。实行经费筹措体制改革，使我们实现了'财、税、费、产、社、基'多渠道筹措资金，特别是经过多年的努力，实现了大学生缴费上学，大大改善了学校的办学条件，增加了学校的办学容量。实行招生就业体制改

---

① 《张保庆作答大学学费是以何标准计算的》，《中国青年报》2005 年 9 月 8 日。

革，使我们实现了面向社会双向选择的就业体制，招生的改革也进行了多种探索。实行学校内部管理体制改革和后勤社会化改革，使学校各类人员的积极性有了提高，高等教育健康可持续发展有了保障。总之，体制改革使我们的高等教育适应了社会主义市场经济，为规模的发展和质量效益的提高打下了基础、创造了条件。"① 值得指出的是，高等教育五大体制改革，民办高校始终处在改革的前列，许多改革的具体举措是民办高校首先提出并实施的，很多政策是根据民办高校的试验情况提炼的，在高校体制改革中，民办高校起到了良好的试验田的作用，为高等教育体制的改革积累和提供了经验。另外，民办高校的参与，激活了高等教育内部的竞争，促进和带动了高等教育的改革。可以想见，随着改革开放的深化和民办高校的发展壮大，民办高等教育将在我国高等教育体系中扮演越来越重要的角色，成为推动高等教育大众化的重要力量。民办高校只要抓住机遇，大力加强学校各方面建设，不断提高办学水平，必将会有广阔的发展空间和美好的发展前景。

二　民办高等教育的发展经验

30 年来，我国民办高等教育在摸索中发展，在为国家高等教育事业发展做出贡献的同时，也创造和积累了鲜活的改革经验。

1. 政府高度重视，认识逐步提升。我国民办高等教育是在国家经济从计划体制向市场体制转变的过程中恢复和发展起来的。在计划体制仍未完全退出，市场体制处于探索和确立进程中，公办高校"一统天下"的背景下发展民办高等教育，没有政府的重视和支持是不可能的。事实证明，凡是当地政府重视并支持得好的地区，民办高等教育必然发展得好，发展得快；反之，凡是当地政府重视不够、支持不够的，民办高等教育则往往面临重重困难。30 年来的事实证明，凡是办得好的民办高校，无一不是得到当地政府的热情关爱与精心扶持的结果，政府完全有能力、有办法促进民办高等教育的健康发展，形成民办高等教育与公办高等教育共同发展的和谐格局。反之，脱离了政府的支持甚至受到某些政府部门以各种

---

① 周远清：《把高等教育科学研究做强》，《浙江树人大学学报》2008 年第 1 期。

方法挤压的民办高校，即使是依法办学、规范办学，也不能做优、做强、做大，甚至有不少学校半途夭折。政府的理解和支持是穷国办民办高等教育的必然需要。

2. 坚持改革，大胆运用市场机制。我国民办高等教育恢复于计划经济向市场经济的过渡阶段，是改革创新的结果，是市场机制在高等教育领域中的具体表现。实践已经证明，市场机制是高效的资源配置方式，也是现代社会起基础性作用的资源配置方式。民办高等教育引入市场机制后，拓宽了高等教育的投资渠道，为民间资本进入高等教育领域提供了可能性。高等教育投资渠道的拓宽克服了我国高等教育长期以来对公共财政投入的依赖，实现了高等教育投资主体的多样性，在很大程度上缓解了我国高等教育资源不足的局面，为我国成为世界高等教育大国做出了巨大贡献。

市场机制的另一个优点在于能够对社会需求作出灵活的反应。现代社会是一个多元化的社会，反映在教育领域，家长对孩子的期望是多样的，对教育的需求也是多样的；同时，社会对人才规格的需求更是多样化的。单一的公共教育体系不能充分满足社会对教育多样化的需求，民办高等教育在很大程度上满足了社会各界对教育的多样化需求。民办高等教育的健康发展不仅有利于我国高等教育总量的扩大，而且有利于更好地满足人民群众的教育需求，这是我国民办高等教育发展的基本经验之一。

当然，市场也有先天缺陷，教育更应有自身的发展规律。民办高校是市场和教育的结合体，如想获得健康发展，就必须建立"两个制度"（法人治理结构与现代学校制度），"尊重两个规律"（教育规律和市场规律），成为在市场空间成长起来的教育实体。

3. 坚持创新，尊重、鼓励和支持社会各界的积极性和创造性。人民群众蕴含着巨大的创造力，改革开放 30 年的基本经验之一便是要尊重人民群众在实践中的积极性和创造性。民办高等教育的发展同样如此，在民办教育发展过程中，正是因为我们坚持解放思想、实事求是、鼓励创新、大胆实践的宗旨，才使我国民办高等教育取得了今日的巨大成就。在相关的法律、法规框架下，只要有利于增加教育投入，有利于扩大教育规模和提高教育质量，有利于满足社会的教育需要，各种办学形式都在实践中进行了大胆试验和积极探索，在实践的摸索中逐步探索出了一条适合我国国情的民办高等教育发展之路。在今后的发展中，我们要继续尊重、鼓励和支持社会各界发展民办高等教育的积极性和创造性。

教育实践总是在突破现有局限的基础上不断前进和发展的，既有的条条框框往往限制着民办高校的前进和发展。在今后的发展中，我们仍然要鼓励创新，要允许各个地区、各民办高校在办学体制、人才培养模式、产权制度等方面进行的改革，只要不违背相关法律，都可以进行大胆尝试。

4. 坚持依法管理，加强立法和配套，保护各方合法权益。以立法的方式规范和支持民办高等教育的发展，是我国民办高等教育发展的一条基本经验。迄今为止，国家先后出台了《社会力量办学条例》《民办教育促进法》以及《民办教育促进法实施条例》等法律法规，为民办高等教育的健康、可持续发展提供了法律和政策的有力支持。《民办教育促进法》及其实施条例维护了民办高校、民办高校举办者、教师及受教育者的合法权益。民办高校对学校财产享有法人财产权，举办者可以取得合理回报，民办高校的教师、受教育者与公办高校的教师、受教育者具有同等的法律地位。保护各利益相关者的合法权益保证了民办高校的稳定发展格局。

由于民办高等教育实践的不确定性和复杂性，同时由于民办高等教育处于不断发展变化之中，《民办教育促进法》及其实施条例也留下了一些"地方空间"。鼓励各地结合实际情况，制定区域性的民办教育促进法实施条例，很好地解决了一些制约民办高等教育发展的突出问题，收到了明显的成效。这些区域性的地方立法对全国其他地区具有很好的借鉴意义。

5. 坚持民办高等教育的公益性。公益性是我国教育的基本属性，民办高等教育也不例外。教育的公益性并不表现为政府充当唯一的办学主体，由社会团体及个人出资创办的学校并不影响其公共教育的属性。我国民办高校在政府管理和支持下已经成为公共教育体系的重要组成部分，在收费管理、经费支出、培养目标、课程设置、学生来源等方面呈现出较为明显的公益性。在现有条件下，坚持教育的公益性，实际上就是坚持民办教育的合法性，而这正是一些民办高校走上快速发展之路的重要原因。而且，公益性与合理回报是不矛盾的。合理回报是以公益性为基础的，实际上是对坚持公益性的鼓励和奖赏。

6. 坚持规范和支持并重。民办高等教育是我国高等教育体制改革出现的新生事物，因此，在发展初期给予相关的规范是完全必要的，否则就可能失去正确的发展方向。规范是支持的前提，不规范的办学行为得不到社会的认可，也不可能得到政府的支持。支持是规范的力量所在，是扶强带弱、优胜劣汰的具体体现。支持和规范是政府政策不可或缺的重要方面。民办高等教育的立法工作是规范发展的重要基础，除此之外，政府还要加强对民办高校的监督检查，尤其要对民办高校的招生、宣传、资金运作、办学质量、内部治理模式、发展路径等方面进行监督检查和规范。要吸取一些民办高校的办学教训，加大规范力度，切实负起监督的责任，通过规范促进发展。规范要与支持并重。我国民办高等教育的健康发展离不开政府的支持。政府加大对民办高等教育的支持力度，按照《民办教育促进法》及其实施条例的要求，全面落实对民办高校的各项鼓励和扶持政策，切实保护民办高校及其举办者的合法权益，在制度改善、资金投入、舆论环境等方面给予民办高校积极支持，促进其又快又好地发展，具有十分重要的意义。

7. 坚持教育的责任心，牢牢把握质量和水平。改革开放以来，我国民办高等教育从无到有、从弱到强。近年来民办高校的办学质量和办学水平有了新的提高，民办高校的社会认可日益广泛。办学质量是民办高校的生命线，正是因为政府的引导和规制，督促民办高校增加教学投入，关注教学质量，不断提高办学水平，民办高校才会较快地得到社会的认可，逐步在市场中占据份额和发展地位。

总体来看，我国民办高校教育质量还有待提高，与人民群众对优质教育的迫切需求还不相适应。民办高校应该树立危机意识和发展意识，苦练内功，进一步提高教育质量和办学水平。政府和各级教育管理部门也要引导民办高校端正办学思想，全面贯彻国家教育方针，以社会效益为重，以教育质量求生存，以特色办学求发展。要积极探讨针对民办高校的教学评估，促进民办高校尊重教育规律，明确办学宗旨，改善办学条件，强化教学管理，全面提高教学质量和办学效益。

三　民办高等教育的发展方向

随着我国高等教育大众化的积极推进和高等教育上学需求的持续增长，高等教育经费紧张的局面将进一步加剧。教育部领导已经表示，今后高等教育发展的增量，主要依靠发展民办高等教育解决，[①] 可以想见，我国民办普通高校今后仍将持续快速发展，成为我国高等教育发展强劲的增长点。

今后几年，民办高等教育将朝着以下几个方向发展。

1. 规模继续增长。高等教育贯彻科学发展观，不是说不要规模。我国高等教育大众化还是初步的，与国外许多国家相比，还有较大的差距。高等教育的规模扩张并非不需要，问题是规模的发展必须有质量的支撑。虽然大范围、大幅度的高等教育规模扩张期基本结束，但从基本国情出发，今后民办高等教育的办学规模还将进一步增长，民办高等教育在整个高等教育中的比例仍将继续提高。从办学形式来看，鉴于国家已决定从2005 年起取消高等教育学历文凭考试试点招生，为满足高等教育大众化的发展需要，今后民办高校的发展将从以举办高等教育学历文凭考试试点为主加快向以提供普通高等教育为主转变。办学形式除部分专修学院仍在坚持举办少量的高等教育自学考试助考以外，主体是民办普通高校和独立学院举办的全日制教育。

2. 层次逐步提高。当前民办高校的办学类型仍以专科层次的高等职业技术教育为主。同时，随着高等教育的发展，为平衡人才培养层次的供求关系，相当一部分公办专科院校的升格已经完成，国家已经明确规定高职学院不再升格，今后几年本科院校增长主要依靠民办高校。除了适度发展独立学院以外，政府将会加大民办高校升格的力度，鼓励和支持一部分办学条件和办学信誉较好的民办高校向本科教育层次发展，甚至开展学位与研究生教育的试点也有可能。但是限于本科教育对办学条件的要求较高，民办高校升格本科的速度不会太快，学校不会太多。由于对独立学院办学的评估等措施还不配套，按照一般公办高校的规范难度较大，出于国家政策导向和规范办学的压力，预计独立学院下一步的发展速度可能会放慢。

3. 注重内涵建设。随着民办高校的不断壮大，办学质量进一步提升，认可度将进一步提高，办学实力将不断增强，为更大规模的发展打下基础。我国民办普通高校经过 20 多年的艰苦努力，已经积累了一定的办学

---

① 张保庆：《统一思想　提高认识　注重质量　严格管理　努力促进独立学院健康持续发展》，《中国高等教育》2005 年第 9 期。

经验。民办高校阵容的不断扩大，必然会产生对创建品牌和高层次办学的要求。近几年高等教育数量和规模问题已得到初步解决，质量和结构的问题成为突出矛盾。社会对高等教育质量的关注、高等教育周期性评估的逐步推进和高等教育选择性的增强，都将可能成为推动民办高校提升质量的动能和压力。从目前我国民办高校的现状来看，在总体质量逐渐提高的同时，已有一批办学理念先进、办学条件较佳、资金实力雄厚、办学质量良好、社会信誉较高、学科特色明显、发展前景广阔的优秀民办高校开始展露风采和高层次的办学目标，未来民办高校的办学质量将有较大提高，跨入同类高校中的优秀行列。

4. 体制更具多样化。独立设置的民办普通高校还有发展空间，特别是民办高等教育发展比较薄弱的地区和高等教育发展相对滞后的地区。随着社会经济发展和资产集聚的加速，社会投资能力加强，对民办高等教育的投资会进一步加大，而投资民办高校将成为投资民办教育的主要方面。贯彻落实教育部 26 号令，独立学院的"独立"进程加快，大部分完成转型。此外，由于改革开放的深入、社会主义市场经济体制的完善和对公办高校产权改革的突破，公办高校改制将进入实质性操作阶段，部分高等职业技术学院将成为改制的主要对象。或者实行经费"断奶"，运用民办高校机制运作，与行业、企业更好地结合在一起，培养适销对路的应用型人才。随着法制的健全和配套，只要政府许可，可能会有民办高校与资本市场结合的试点。多途径、多渠道筹集经费，将成为民办高校多元办学的主要形式。

四　今后五年至十二年的发展思路

今后五年至十二年，我国民办高等教育改革与发展，必须坚持巩固、提高、规范、发展的方针，大力支持，积极鼓励，拓展空间，完善政策，规范办学，促进民办高等教育持续发展。

1. 积极支持。鉴于我国高等教育巨大的改革潜力和广阔的发展空间，鉴于民办高等教育在整个高等教育体系中发展与改革的地位和作用，今后5—12 年，政府应继续贯彻"积极鼓励、大力支持"的方针，大胆解放思想，坚定国家高等教育两条路发展的思路不动摇。

2. 均衡发展。以国家中长期教育事业发展规划为依据，从国家高等教育发展战略的高度，从实际出发，以协调发展为主线，规划民办高等教育的发展地位、作用、规模和空间，促进区域高等教育生态平衡，促进公办、民办高等教育协调发展。

3. 拓展空间。以总结改革开放 30 周年经验为契机，提升 30 年来民办高等教育的办学成绩和经验，继续解放思想，深化改革，大力鼓励社会各界投资高等教育，促进民办高等教育持续发展。在发展学历教育的同时，积极向继续教育、终身教育和各种素质培养全方位拓展，努力向社会提供更多的教育资源，为经济和社会发展服务。

4. 科学发展。以贯彻落实科学发展观为思想基础，加快民办高校转型，转变增长方式，从规模扩张向内涵建设转变，增加投入，完善条件，规范办学，提高质量。鼓励民办高校大胆创新，发挥体制和机制优势，凸显特色，推进民办高等教育管理改革。转变政府职能和管理方式，依法管理，形成有利于民办高等教育发展的体制机制。

5. 深化改革。以改革人才培养模式为核心，进一步强化教学工作的中心地位，从市场需求和学校实际出发，勇于探索，大胆创新，进一步改革人才培养的目标、规格，改革人才培养方案，改革课程内容和教学方法，以人为本，服务多样化的人才需求，努力凸显人才培养特色，使民办高校继续走在深化高等教育改革的前列。

6. 完善政策。以贯彻落实教育部 25 号、26 号令为抓手，抓紧落实民办高等教育相关鼓励、扶持政策，回归民办高校的办学自主权，继续营造民办高等教育特色发展的良好环境。规制民办高校的办学行为，坚持教育公益性的原则，引导民办高校正确处理好市场与教育的关系，提高民办高校办学的社会认可度。

7. 分类评估。以教学评估为手段，落实分类管理，分类指导措施，从民办高校办学特点出发，制定相关评估指标体系，引导民办高校科学制定发展规划，正确定位，明晰应用型人才的培养目标，确立教学工作的中心地位，坚持以生为本，增强使命感，努力提高教育质量，鼓励一部分有条件的民办高校升格本科和开展研究生学位教育，培育一批优质的民办高校。

8. 规范办学。随着高等教育资源的增加，高校之间的竞争将逐步加剧，民办高校将面临更为艰难的发展环境。在生存遭遇危机的状态下，民办高校仍要加强管理，规范竞争秩序，净化竞争环境，坚持社会主义的办学方向。

9. 建好队伍。以落实教师待遇为突破口，加强民办高校专任教师队伍建设。从政策上制定和完善相关条款，落实公办、民办高校教师同等待遇，解除民办高校教师的后顾之忧，同时要加强师德建设，强化教师培训，提高师资水平。只有改革和完善教师管理制度，努力建设高素质的教师队伍，才能实施民办高校可持续发展战略。

附记： 2008 年，应中国民办教育协会的邀请，本人承担了"我国中长期民办高等教育发展"课题的研究工作，为《国家中长期教育改革和发展规划纲要》（2010—2020 年）制定提供素材。本文是课题研究阶段成果，刊登于《浙江树人大学学报》2009 年第 1 期。

上下联动内外结合打造民办高校品牌

——全国优质民办高校建设专题研讨会综述

由浙江树人大学、西安外事学院和江西蓝天学院共同发起，浙江树人大学承办的"全国优质民办高校建设研讨会"，2月11日在杭州隆重召开。教育部原副部长、中国高教学会会长周远清教授、中国高教学会副会长兼秘书长张晋峰教授、著名高等教育专家潘懋元先生以及19所民办高校的董事长或院长出席了会议。会议主要围绕优质民办高校建设的相关问题展开了深入探讨。

一　优质民办高校建设的必要性

伴随着改革开放的深化，我国民办高等教育逐步得到恢复和发展。特别是1999年第三次全国教育工作会议以后，得益于国家积极发展高等教育的政策，并利用高校扩招的大好机遇，民办高等教育加快了发展步伐，迅速提高了其在高等教育中所占的比重。截至2007年年底，我国民办普通高校已达297所，具有民办性质的独立学院318所，两者之和已经占到全国普通高校总数的33%。民办普通高校在校生达349.7万人，占全国普通高校在校生人数的18.5%，即5个在校大学生中就有一个在民办高校就读。另有其他民办高等教育机构900多所，注册学生87.3万人。从规模上看，民办高校已成为我国高等教育体系的重要组成部分。

但总体而言，我国民办高等教育处于弱势的局面并未改变。从招生来看，民办高校处于录取的最后批次，生源文化素质总体不高，且呈下降趋势。从办学层次来看，目前全国300余所院校中仅有40所本科院校，全国至今为止没有一所民办高校能够举办研究生教育。从科研和学科建设来看，虽然也有一些民办院校启动了科研工作、取得了一些成果，但就绝大多数民办高校来看，还是处于无项目、无经费、无论文的状态。从教师队伍建设来看，许多民办高校还存在数量不足、结构不合理、高层次教师严重匮乏的状况。许多学校经费紧张，缺乏持续的投入，学校运转困难。有的举办者违规操作，抽逃和挪用办学资金，致使办学难以为继，影响学校的正常运作和教学秩序稳定，甚至引发影响社会稳定的群体性事件。

为此，会议召集人、浙江树人大学副校长徐绪卿教授提出，民办高等教育可持续发展面临支持、提高和规范管理并举的双重任务。强校建设可以成为民办高校提升办学水平的重要抓手。2005 年，浙江树人大学民办高教研究所完成的全国教育事业规划招标课题"十一五期间中国民办高等教育发展研究"成果中就专门提出建设优质民办高校品牌强校的建议。2007 年初，全国人大代表、西安外事学院院长黄藤也提出了"建设国家级民办高校示范校"的提案。2008 年 11 月，浙江树人大学民办高教研究所承担的"国家中长期民办高等教育发展规划调研"成果中，呼吁国家相关部门重视民办高校强校建设问题，抓紧制订和实施民办高校示范校建设计划。本次会议的召开，基于建设高等教育强国的宏观背景，旨在进一步推动国家示范性民办高校建设计划的制定和实施，加快优质民办高校建设，学习实践科学发展观，实施民办高校可持续发展战略，带动民办高校整体办学水平的提高。

研讨会上，中国高教学会会长周远清指出，我国民办高等教育需要建设一批民办高等教育强校。浙江树人大学校长朱玉教授指出，"985 工程"和"211 工程"等重点高校建设工程对我国高等教育整体质量提升起到了积极作用，参照这个思路，教育部应该对办得较好的民办高校加以重点扶持，使这些学校优先超前发展。黄藤院长认为，通过优质民办高校建设，可以帮助更多民办高校走上正轨并帮助政府找到一条管理民办高校的道路。

周远清会长在报告中回顾了中国高等教育改革的主要历程，介绍了国家重点高校建设的情况。他认为，中国五大体制改革首先是办学体制改革，就是在中国兴办民办高等学校；中国的高等教育需要民办高等教育；中国的民办高等教育是在夹缝里长出来的，说明有困难，需要努力；中国民办高等教育需要建设民办高校的强校。建设高等教育强国，是要使整个高等教育适应和促进我国经济社会的发展，要使各级各类高等教育都办好办强，各类学校都要有强校。在建设高等教育强国的过程中，要把各类学校关系理顺，正确定位，办出特色，形成领军的强校。

浙江树人大学副校长徐绪卿教授认为，建设优质民办高校，是建设人力资源强国的基本要求，也是建设高等教育强国的应有之义，更是人民群众的强烈期望，同时也是民办高校可持续发展的需要。由于我国公共财政有限，未来几年高等教育的规模增长主要还是依靠民办高校，为此民办高校必须实施可持续发展，重点支持一批优秀民办高校建成强校，利用这些学校的示范和带动，促进和带动整体办学条件和办学水平的提高。可以说，办学理念先进、社会声誉良好、办学条件优异、综合实力较强、教育教学质量较高、具有探索和创新精神的优秀民办高校，代表了我国民办高校的主流形象，应得到重点建设和培育。国家重点支持一批优秀民办高校在较短时间内进一步加大建设力度，增强他们的办学实力，提高管理水平和教育教学质量，并利用这些学校的示范和带动，促进我国民办高等教育整体办学条件的改善和办学水平的提高，从而收到以点带面的良好效果。

二　优质民办高校建设需要政府的大力支持

建设优质民办高校，政府主管部门是主导。为此，与会专家呼吁，要以建设优质民办高校为契机，加大政府对民办高校的财政资助力度，同时给予民办高校和公办高校相同的政策。与会专家在热烈讨论的基础之上，形成了《关于加快我国民办高校发展，推进民办高校示范校建设的建议书》，内容主要包括以下九个方面。

一是将民办高校强校建设纳入国家重点高校建设规划，尽快制定并实施国家示范性民办高校建设计划。坚持公办、民办高校协同发展的指导思想，按照分类指导、分类建设、分类管理的原则，制定切合实际的国家示范性民办高校建设计划，选拔若干所办学条件较好、办学质量较高、办学信誉优良的民办高校进行重点建设。

二是鼓励和引导社会对民办高校的投入，建立国家示范性民办高校建设专用资金，以民办高校自身投入为主、政府予以适当补贴的方式，加大国家示范性民办高校的基本建设和教学基础设施建设力度。从国家政策层面破解民办高校教师队伍建设的难题，加快专任教师队伍建设。

三是给予国家示范性民办高校办学中必要的自主权。如允许根据办学资源自主设定招生计划、根据人才市场变化自主确定招生地区和补招的自主权，经批准，部分学校可开展自主招生的试点；允许自主设置部分市场急需专业或面向市场的传统专业改造等。

四是以提高国家示范性民办高校综合实力为目标，在发展定位、服务方向和机制创新上起到模范带动作用。大力推进教学建设和教学改革，鼓励民办高校面向市场，正确定位，深化教学改革，坚持德育为先，改进人才培养方案，改革课程结构和教学内容，改进教学方法、教学手段和评价方式，创新人才培养模式，提升人才培养质量。探索通过教学改革提高就业水平的途径和方式。

五是加强国家示范性民办高校重点专业建设工作，选取一批办学理念先进、特色鲜明、就业率高的专业进行重点支持。鼓励和支持这些重点支持的专业能够努力培养和引进一批基础理论扎实、教学实践能力突出的专业带头人和教学骨干，合作开发一批具有时代特色、市场急需的课程体系，并在此基础上建设成若干相关专业，形成以重点建设专业为龙头、相关专业为支撑的重点建设专业群，提高人才培养的适应力和竞争力。

六是大力支持国家示范性民办高校启动和加强科学研究，积极参与建设创新性国家的建设进程。从国家层面鼓励民办高校积极参与科研工作，实行国家示范性民办高校科研经费按项目划拨的制度，鼓励在科研工作中凸显特色，提高对经济社会发展的服务能力。鼓励有条件的民办高校升格本科，甚至开展研究生教育试点。

七是鼓励国家示范性民办高校办出质量、凸显特色。把特色作为选拔国家示范性民办高校的重要指标，突出特色意识、特色举措、特色实施和效果，关注特色成长的路径和培育的方法，提炼和借鉴国家示范性民办高校创建特色的宝贵经验，促进民办高校特色办学。

八是鼓励国家示范性民办高校走集团化发展的路子，广泛聚集社会资源投入民办高校，为建设人力资源强国服务，扩大国家示范性民办高校建设经验的辐射功效，推动民办高校走内涵发展之路，带动全国民办高校的优质资源建设，提升民办高校整体办学水平。

九是鼓励社会以各种方式投资民办高校。鼓励各地因地制宜建立民办高等教育发展和奖励基金，专门用于民办高校的专项建设补贴。允许国家示范性民办高校在政策许可范围内适当浮动收费标准。鼓励民办高校在主体资源稳定的状态下适当吸纳社会资源办学，鼓励民办高校在产权明晰基础上的产权多样化，壮大民办高校的办学能力。通过几年时间的努力，打造属于民办高校的"211"，并充分利用这些学校的示范作用，促进和带动我国民办高等教育整体办学条件的改善和办学水平的提高。

三　优质民办高校建设需要民办高校的自律自强

民办高校建设不仅依赖于政府的大力扶持，更依赖于民办高校自身的严格自律和积极发展。优质民办高校建设，首先必须得到民办高校领导的重视和支持；其次，学校本身的品质要比较好，有实力、有特色、有信誉、有品牌。代表们认为，全国上下正在学习和实践科学发展观，建设高等教育强国，提高质量、优化结构、充实内涵和提升水平是每一所高校面临的重要任务。民办高校应该抓住机遇，加快战略转型，由外延发展转向内涵发展，实施可持续发展战略，在创建和谐社会和建设人力资源强国的历史进程中更好地履行民办高校的社会责任。著名高等教育研究专家潘懋元认为，当前形势复杂多变，应该深入研究金融危机背景下的高等教育发展问题。升学、就业等都是一些外显的现象，深层次的问题更应引起我们的重视。民办高校要抓住机会，加快发展转型。民办高校有这个优势，也有这个责任，在改革方面应该走得更前面一些。

经过热烈讨论，本次会议代表共同签署了《履行社会责任强化内涵建设》的倡议书（民办高校"2·11"杭州宣言）。该倡议书的主要内容有：认真学习和实践科学发展观，实施可持续发展战略，抓住当前有利时机，加快学校内涵建设；牢固树立质量立校的思想，坚持把人才培养质量作为学校发展的生命线；深化培养模式、教学内容、教学方法改革，积极发掘自身优势资源，寻求和扩展生存发展空间，全面提高教育教学质量；以党与国家有关民办教育发展的政策为指导，本着对国家、社会、家庭对学生高度负责的精神，淡泊名利观念，强化公益意识，把民办教育作为一项崇高而神圣的事业，树立厚德、公信、包容、创新的良好社会形象；完善管理体制，创新学校机制，建立和完善以高等教育发展规律为主导、以市场需求为依据的决策体系，构建高效精干的管理机构和灵活机动的运行机制，按照科学化、制度化、法制化的要求，构建现代学校管理体系；加强民办高校之间的团结、交流与合作，加强信息沟通和资源互享，共同推进学校人才培养模式改革，拓展特色教育服务，以特色求发展，努力办出特色与水平；重视民办高校的大学文化建设，积淀校园文化，形成各具特色的办学理念和办学思想。

四　成立"优质民办高校 2·11 协作会"

此次会议还成立了"优质民办高校 2·11 协作会"，旨在代表民办高等教育行业的主流形象，提高民办高校的社会地位，维护民办高等教育行业的合法权益，加强民办高校内部的联系与沟通，规范民办高校的办学行为，建立民办高校的行业自律机制和协商交流机制，壮大优质民办高校队伍。

协作会首批成员院校包括浙江树人学院、西安外事学院、江西蓝天学院、河南黄河科技学院、北京城市学院、上海杉达学院、南京三江学院、青岛滨海学院、湖南涉外经济学院、广州白云学院、安徽新华学院等一批优质民办高校。这些院校都是来自全国各省市颇具社会影响的知名院校，是当地民办高校的领头羊，是全国民办高校中的佼佼者，其社会责任心强、办学基础好、设施完善、学科专业特色鲜明、师资力量雄厚、教育教学质量优良、育人成果显著、办学业绩突出，均具有建设全国示范校的良好条件。

北京城市学院副院长陈宝瑜、吉林华侨外国语学院党委书记王守实、南京三江学院副院长董新华、黑龙江东方学院副院长刘国成、广东白云学院党委书记刘许国等专家领导对"优质民办高校 2·11 协作会"的成立给予了积极肯定。各位专家一致认为，首批协作会员应该充分认识到自身的社会责任，以积极进取的态度，坚持公益性办学，为我国民办高校树立榜样，不负社会的厚望，为国家培育人才。浙江树人大学校长朱玉教授认为，要建设优良的民办高校，任务非常艰巨，但只要有信心，政府和我们一起努力，民办高等教育应该能够做出优良的成绩。宁波大红鹰学院党委书记孙惠敏指出，成立"优质民办高校 2·11 协作会"可以引领民办高校的健康发展，将民办高校的良好形象传递给政府和社会，从而在整体上提高民办高校的社会形象，并为民办高等教育的发展争取良好的社会舆论环境。会议还讨论签署了"优质民办高校 2·11 协作会"暂行组织条例，约定所有加入协作会的民办高校须严于律己，凡违反协作会暂行组织条例的原则精神，受到其他高校投诉或者受到政府和社会批评的民办高校，协作会将通过全体成员会议形式予以除名，并通过国家主流媒体向全社会公示。会议代表一致认为，本次会议可能是我国民办高校发展进程中的一次重要会议，标志着我国民办高校发展进入了一个新的阶段。

附记：2008 年 8 月，国家启动了《中长期教育改革与发展规划纲要》的编制工作，这项事关中国教育未来十年乃至长远发展的工程，牵动了许多教育人的心，各界人士纷纷发声，献计献策。而一些民办高校人也希望抓住机会，出台新的政策，加快民办高校发展。其中高水平民办高校建设引起许多民办高校领导的关注。经过本人牵头筹备，由浙江树人大学、西安外事学院和江西蓝天学院共同发起，并由浙江树人大学承办的"全国优质民办高校建设研讨会"，2009 年 2 月 11 日在杭州隆重召开。教育部原副部长、中国高教学会会长周远清教授、中国高教学会副会长兼秘书长张晋峰教授、著名高等教育专家潘懋元先生以及 19 所民办高校的董事长或院长出席了会议。会议主要围绕优质民办高校建设的相关问题展开了深入探讨，并商议成立了"优质民办高校 2·11 协作会"。本文由本人起草，同事冯淑娟、王一涛参与修改，刊登于《教育发展研究》2009 年第 4 期。会后，黄藤董事长和于果董事长根据相关材料整理提案，得到教育部的关注和重视。"办好一批高水平民办学校"写入《国家中长期教育改革和发展规划纲要（2010—2020 年）》。

民办高校产权：公益性对激励性的超越

摘　要： 激励性的民办高校产权制度对于民办高校的发展具有积极意义，但过于强调民办高校产权制度的激励性，又可能给民办高等教育的健康发展带来一些负面影响。构建公益性产权制度，是我国民办高校的重要发展趋势。由激励性产权制度向公益性产权制度的转变，需要民办高校自身和政府的共同努力。

关键词： 民办高校产权；激励性；公益性

一　激励性民办高校产权制度及其弊端

产权问题是当前和未来我国民办高等教育发展中的核心问题。产权是产权主体对财产的权利，反映了产权主体对财产的各项权利以及这些权利可能受到的法律约束和限制。除收益权（即追求合理回报的权利）之外，民办高校产权还包括控制权和剩余财产的分配权。① 因此，民办高校产权问题就是界定民办高校举办者对收益权、控制权和剩余财产分配权这三项基本权利的占有状况，以及这些权利应该在何种程度上受到法律的约束和限制。

目前，学术界关于民办高校产权问题的主流观点是加强民办高校举办者对民办高校各项权利的保护，建立一种更具激励性的民办高校产权制度。激励性的民办高校产权制度与经济领域中的私有产权制度存在某种程度的类似，即通过排除其他主体对民办高校产权的拥有和干涉，进一步明

---

① 王一涛：《民办高校产权：分析框架的建构及应用》，《华中师范大学学报》（人文社会科学版）2009 年第 3 期。

确民办高校举办者所拥有的各项权利，在一定程度上承认民办高校产权的私有性，从而激励民办高校举办者更加努力办学、提高育人质量。从经济学意义来讲，一种产权结构是否有效率，主要看它能否为在其支配下的人们提供将外部性较大内在化的激励。[①] 在私有产权结构下，私产所有者在做出一项行动决策时，会考虑未来的收益和成本，并选择使私有权利实现价值最大化的方式来安排资源，而且他们为获取收益而产生的成本也只能由其个人来承担。可以说，私有产权可以避免外部性问题，是一种较优的产权模式。

激励性的产权制度对于我国民办高等教育的健康发展具有重要意义，它可以吸引更多社会资金进入高等教育领域，可以激励现有的民办高校投资者和创办者积极提高办学水平和效益，促进民办高等教育不断发展。如果投资者或创办者无法取得合理回报，或者所投资本金缺乏安全，则现有的民办高等教育投资者就会失去投资办学的积极性，进而降低民办高等教育的办学水平和发展速度。

然而，过于强调民办高校产权制度的激励性，又会给我国民办高等教育的健康发展带来一些负面影响。可以说，当前我国民办高等教育发展中出现的一些问题，都与过度追求民办高校产权的激励性有关。深刻认识这些问题，有助于更好地理解我国民办高校走公益性发展道路的意义，从而采取科学的态度，引导民办高校的办学行为，促进我国民办高等教育健康、可持续发展。

1. 举办者对民办高校的过度控制

在民办高校产权主体所追求的三项主要权利中，收益权和剩余财产分配权并没有得到《民办教育促进法》及其"实施条例"的认可和保护，而控制权则受到了法律的默许。因此，一些民办高校举办者利用相关法律规定，对民办高校进行了严格的控制。

目前不少民办高校举办者自任董事长，牢牢控制了董事会，进而实现对学校的控制。具体的控制形式有两种：第一，董事会成员"虚拟化"，即学校的实际董事只有一个，就是作为投资者或创办者的董事长，其他董事并不实质性地参与学校决策，完全听命于董事长的安排，董事会仅仅是

---

① [美] 科斯等：《财产权利与制度变迁——产权学派与新制度学派译文集》，刘守英译，上海人民出版社1994年版，第98页。

一个"摆设"。① 第二，董事会或学校领导班子家族化，董事会或学校领导班子的全部或骨干成员都是家族成员，夫妻、兄弟姐妹等成为董事会或学校领导班子成员，家族意识成为整个学校的意识，家族控制了学校。②

举办者对民办高校的过度控制，至少在以下两个方面阻碍了学校的发展。

首先，使得学校的决策不公开、不透明、不科学，决策只反映了投资者或者创始人的意志。根据利益相关者理论，除了投资者或创办者之外，教师、学生、一般管理人员、校友等也是民办高校的"利益相关者"，他们的智慧和建议也是促进学校发展的重要动力。其中，教师对于高校的发展最为重要，当教师因为受到冷落而感受不到主人翁地位时，他们的工作积极性就会降低而流失率就会提高。另外，封闭的决策也往往会给学校发展带来风险。如深圳华茂学校本来发展形势很好，但由于学校董事长在学校师生（包括校长）不知情的情况下，将办学资金挪用于其投资的其他产业，从而导致学校资金链断裂。决策的封闭性是导致该校倒闭的重要原因。③

其次，使得民办高校呈现出一定的保守性和对外排斥性。我国不少民办高校难以获得外界投资，其原因之一就是在产权缺乏有效保障的情况下，资金拥有者缺乏投资民办高校的积极性；但另一个原因也是客观存在的，即有的民办高校对外界的投资有一种抵触态度，他们并不愿意接受外界投资，担心这样会削弱自己对学校的控制。一些民办高校甚至对来自政府的奖励资金都不敢使用，担心用了这些资金会为政府的干预留下借口。这种保守性和对外排斥性不利于民办高校筹措资金，也不利于民办高校同政府建立稳固、合作的关系，而同政府保持良好关系是促进民办高校发展的重要因素。④

2. 民办高校对营利目标的过度关注

很多第一代民办高校创始人艰苦创业、不计回报。如著名农林科学家

---

① 文东茅：《走向公共教育：教育民营化的超越》，北京大学出版社2008年版，第71页。

② 王一涛：《民办高校家族式管理现象的成因及对策》，《中国高等教育》2009年第8期。

③ 王一涛：《民办学校财务风险及其防范——由华茂学校资金链断裂所引发的思考》，《教育发展研究》2008年第24期。

④ 董圣足、王一涛：《民办高等教育领域"公私合作伙伴关系"的构建》，《教育发展研究》2009年第15—16期。

乐天宇在家乡创办九嶷山大学（今湖南九嶷山职业技术学院）时，将国家补发的 5 万元工资全部用于创办学校，每月 350 元的离休金也大部分用于学校建设。当前拥有这种胸怀的教育开拓者似乎越来越少。一些民办高校对营利目标的关注似乎已经超过了对人才培养的关注，对营利目标的过度追求，至少产生了如下三方面问题。

一是招生宣传中的急功近利。适当的招生宣传对于学校发展是必要的，但有些民办高校的招生宣传呈现出浓厚的商业气息，有的还会在各种媒体发布所谓中国民办高校排行榜，以达到招生宣传的目的。与夸张的招生宣传相联系，一些民办高校还投入了巨大的招生成本，招生手段层出不穷。一些民办高校还给教师安排了招生指标，另有一些民办高校鼓励在校生回家乡招生，招到新生后给予"提成"，这种急功近利的做法难以培养学生与母校的情感，也不利于学校的长远发展。

二是学校规模急剧膨胀。一些民办高校规模巨大，动辄三四万人。而我国大部分民办高校的办学经验尚待积累，办学资金因为主要依赖学费而并不充裕，管理体制尚不完善，最为重要的是，很多民办高校的师资严重不足。因为不具备必要的条件，不少民办高校的大规模扩张走的都是粗放型发展的道路，使得民办高校面临较高的办学风险，一旦由于某些原因生源减少，就可能危及学校的办学。

三是人才培养质量不过关，学生怨言颇多。在粗放型发展模式下，学生难以学到扎实的知识和本领，对学校的满意度低，这也使得部分民办高校学生的流失率较高。一些民办高校学生还在网络上公开表达对学校的不满。这些现象应引起足够的重视。

二　公益性产权制度的特征及表现

什么是公益性产权制度？如果将激励性的产权制度近似地视为"私有"产权制度，那么公益性产权制度就是一种"公有"产权制度，就民办高校而言，"公有"意味着资产属于整个高校所有，而不属于组织内的个别人所有；高校内任何成员都没有使用高校资产的权利，只有通过一定的民主程序，在组织层面上作出集体决策之后，个人才可以为了组织的整体利益而管理和使用组织的资产。从某种意义上说，"公有"产权制度更能够保证办学的公益性。

　　哈佛大学可作为阐述美国公益性民办高校产权制度的典型案例。哈佛大学是一所私立高校，其收入包括学费、政府公共资金、社会捐赠、基金收入等，其收入巨大、资产雄厚。那么，哈佛大学的产权是属于谁的呢？哈佛大学的产权既不属于当时创办者的后人，也不属于任何个人，而是属于哈佛大学本身。哈佛大学的资金并没有被分配到任何个人，而是全部用于学校的教学、科研等事务。哈佛大学中也没有实质性的长期控制学校的特定个人，其主要的校务领导机构就是哈佛大学董事会和哈佛大学校务监督委员会，这两个机构负责财政和校务的管理。董事会成员、校务监督委员会成员和校长等重要决策者都是通过一定的程序，公开透明地选拔产生的，任期结束后通过相同的程序选拔继任者。

　　目前，我国已有一批民办高校开辟了公益性产权制度的道路，与哈佛大学的产权制度基本类似，这方面的代表有上海杉达学院、浙江树人学院和黑龙江东方学院等。这些学校的公益性产权制度有如下几个基本特征。

　　第一，不追求产权的私人化。黑龙江东方学院创始人孟新认为，产权归学校所有也是一种清晰的产权制度，并不是只有将产权量化到个人才算是产权明晰。孟新用了一个形象的比喻来说明此问题："当年办学就像老和尚化缘，建起来的庙能说是个人的吗？"孟新还认为，只要全校上下致力于学校发展，产权即使不量化到个人，学校发展也不会受影响。

　　第二，董事会成员结构优良，排除了家族化现象。董事会是民办高校最高权力机构，董事会的结构在很大程度上决定了民办高校的办学性质。上述高校的董事会都是由社会名流、相关部门负责人、部分学校领导、校外专家学者和优秀企业家代表等组成，董事会坚持"亲属回避"制度，排除了一些民办高校存在的家族化现象。各位董事为学校发展积极建言献策，共同致力于学校发展。

　　第三，决策程序科学民主。上述学校中没有对学校拥有实质控制权的某个人，所有重大决策都是经董事会广泛讨论后通过的，并且充分考虑学校领导、教师、学生、校友等利益相关者的意愿。董事长和校长任期结束，通过同样的程序选举产生新的董事长和校长，排除了家族继承的可能性。由于决策科学民主，也避免了学校领导人变更可能导致的学校动荡。

　　第四，无办学结余分配。学校即使有办学结余，也是将所有结余资金投入到学校的进一步发展中去。其实，只要学校不追求回报，便无所谓办学结余的概念，因为当前所有的结余都有将来的用途。黑龙江东方学院的创办者不仅不求回报，甚至拒绝了政府给予其个人的奖励。按黑龙江省的相关规定，该省内民办高校可以一次性给予创办者相当于学校资产15%的奖励。对于黑龙江东方学院而言，这意味着学校的4位创办人至少可以获得6000万元资产，但4位创办者都婉拒了这些奖励。[1]

公益性产权制度或许代表了我国民办高等教育的发展方向和趋势，其主要具有以下几方面优点：第一，能够避免对营利目标和短期行为的过度关注，将注意力更多放在人才培养上。教育是长期的事业，公益性产权制度能使学校更关注长远发展和人才培养的质量。第二，更容易使民办高校建立起与政府的合作伙伴关系。第三，更容易使民办高校树立良好的社会形象，从而获得更多的社会捐赠。捐赠是美国私立高校的重要收入来源，但能够获得社会捐赠的几乎全部是公益性的私立高校。我国也是如此，浙江树人学院、上海杉达学院等公益性民办高校获得的社会捐赠远高于其他民办高校。[2]

三 公益性产权制度的构建

构建公益性产权制度有利于民办高等教育的健康、可持续发展，为此，应采取多种举措鼓励更多的民办高校建立公益性产权制度。即使由于历史的原因需要实行激励性产权制度的民办高校，也可以在一定程度上借鉴、采纳公益性产权制度的一些优点，从而减少激励性产权制度的弊端，促进自身健康发展。公益性产权制度的构建，需要民办高校自身和政府的共同努力。

（一）民办高校层面

1. 举办者端正办学理念，正确看待回报问题

厦门大学邬大光教授的调查表明，我国80%的民办高校都是"投资"

---

[1] 《张玉亮资产属于谁？一所民办高校的公益性选择》，http://www.xj.xinhuanet.com/2 (2009-07/2l/content_ l7156801. htm. 2 (2009-07-21).

[2] 冉云芳：《民办高校筹资中的社会捐赠问题》，《教育发展研究》2008年第2期。

设立的。① 在此背景下，让大部分民办高校不计回报地办学并不现实。但举办者对办学也不能急功近利，在提取合理回报时要严格遵循《民办教育促进法》所规定的原则和程序。民办高校要始终把育人放在首位，增加经费投入，提高师资水平，千方百计提高教学质量；要避免走盲目扩张的外延式发展道路，适度控制办学规模，走内涵式的可持续发展道路。从我国高等教育发展趋势来看，未来我国高等教育领域的竞争将更加激烈，走公益性发展之路、教育质量高的民办高校具有更强的竞争力。

2. 举办者适当放松对民办高校的控制

民办高校举办者应吸引更多利益相关者如教师、校友等进入董事会，也应吸引更多的教育管理专家和其他专家进入董事会，实施科学、民主决策，提高董事会决策水平。当前，民办高校亟须扬弃家族化管理模式，走现代化管理之路。在民办高校发展初期和规模较小时，家族化管理的确可以发挥其家族集聚效应，增强抗风险能力，但随着民办高校的成长、壮大和规模扩张，专业化分工日益复杂，家族化原有的优势可能会逐步弱化，如果改革不力，就会转化为阻碍学校发展的劣势。② 家族化向现代化转变，最重要的一个要求就是改革董事会组成结构，减少家族成员在董事会中的比例，吸引更多非家族成员进入董事会。在这一方面，我国台湾地区的做法值得借鉴。台湾地区《私立学校法》规定："董事相互间有配偶及三代以内血亲、姻亲之关系者，不得超过董事总额三分之一。"日本相关法律也对私立高校家族化现象进行了引导。

3. 完善学校法人治理结构

完善的法人治理机制是促进学校发展的重要保障，也是学校公益性的重要体现。完善的法人治理结构主要包括董事会、校行政和监督机构（监事会），以董事长为首的董事会是决策机构，决定学校发展的重大问题，包括制定学校的资金和财务决策；以校长为首的校行政是执行机构，贯彻执行董事会的决策，同时，对学校的教学和科研承担主要责任；以党委为领导的监督机构（监事会），主要行使对学校办学方向、财务活动等事项的监督职责。三大结构相互制衡，各司其职，共同致力于学校发展。

---

① 邬大光：《投资办学：我国民办教育的本质特征》，《浙江树人大学学报》（人文社会科学版）2006 年第 6 期。

② 徐绪卿：《我国民办高校家族化的若干问题之探讨》，《高等教育研究》2009 年第 7 期。

此外，还要大力推进教职工和学生参与学校管理的制度，实现学校各利益相关者的利益相对平衡，提高学校的民主化管理水平。

（二）政府层面

1. 对民办高校发展方向进行正确引导

我国各区域经济和社会发展很不均衡。西部和中部地区的部分省份，经济发展水平低于东部地区，一些省份公办高等教育难以满足当地适龄青年的高等教育需求，大力发展民办高等教育便成为这些地区的必然选择。为了吸引更多的社会资金进入高等教育领域，建议这些地区制定较为优惠的民办高等教育政策，允许或者鼓励激励性的民办高校产权制度。但考虑到未来我国大学适龄人口不断下降、公办高校招生能力不断提高的趋势，通过激励性产权制度以扩大民办高等教育供给能力的做法可能只是权宜之计。

上海市的做法也可为其他地区制定民办高等教育长期发展战略提供些许参考。上海市目前的公办高校基本上可以满足市内适龄青年的高等教育需求，因此，上海大力引导市内民办高校走公益化办学道路，从而体现教育作为准公共产品的属性。从长远来看，走公益性办学之路是我国民办高等教育的主要发展趋势，政府应对此早做引导。

2. 为民办高校提供必要的经费支持

加大对民办高校的资金扶持力度对于构建公益性产权制度非常重要。当前我国民办高校的大部分资金都来自举办者自筹资金以及向学生收取的学费。在此背景下，追求投资回报就不可避免地成为举办者的重要目的。而目前已初步形成公益性产权制度的民办高校都或多或少地得到了政府的资金支持或其他形式的支持。今后，应该完善相关制度，细化《民办教育促进法》中关于对民办高校资金扶持的规定，通过多种形式给予民办高校资金补贴，提高公共财政经费在民办高校经费总额中的比例，减少举办者自筹资金和学费在民办高校资金中所占的比例，从而更好地体现高等教育作为准公共产品的属性。此外，政府还应完善社会捐赠的相关法律制度，引导社会公众对民办高校积极捐赠，在全社会形成捐资兴教的局面。

3. 承认民办高校举办者的贡献，通过相应方式对他们进行奖励和补偿

对于经历了早期艰苦创业历程的民办高校而言，承认其创办者的贡献尤为重要。我国不少民办高校创办于改革开放之初，创办者已近退休年

龄，通过何种方式承认其历史贡献并对他们进行适当的奖励和补偿，是摆在政府面前的重要任务。这个问题处理不好，可能会影响民办高校的领导更替，引起学校的动荡，从而影响学校的可持续发展。

民办高校的创办者一般具有较高的素质和文化修养。对于这个群体的激励，根据马斯洛的需求层次理论，精神上的激励比单纯的物质激励更为重要，因此，首先要承认老一辈创始人对学校发展的重要贡献，可以在学校的宣传册、校史中记录他们的功绩，也可以在学校树立创始人的永久雕塑，给予他们相应的社会地位。当然，适当的物质激励也是必要的，可参照一些公办高校的做法，对老同志退休后的物质生活给予照顾，解决他们退出学校的后顾之忧。

4. 进行营利性和非营利性的划分

从长远来看，民办高校进行营利性和非营利性的划分非常必要。划分之后，营利性的民办高校就可以与现代公司一样，建立起清晰的产权制度，而非营利性民办高校则可以走公益性办学的路子。但就目前来看，进行营利性和非营利性的划分还存在一定困难。首先是相关法律的限制，《教育法》对营利性的学校做出了明确禁止，《民办教育促进法》也不鼓励发展营利性的民办高校。其次，很多民办高校并不愿意主动选择走营利性发展的道路。营利性大学需要一系列条件，其中最为重要的是教学质量能够得到消费者的广泛认同。当一所民办高校宣布为营利性学校但并不能满足学生在知识和素质上的更高要求时，学生和家长就可能会通过"用手投票"或者"用脚投票"的方式表达自己的不满。而且，一旦宣称为营利高校，政府的监督将更加严格，优惠政策将减少，税收负担将加重，考虑到这些因素，未来一段时间内主动选择走营利性道路的民办高校恐怕不会很多。进行营利性高校和非营利性高校的划分可能还需要较长的时间。

附记：产权制度是关乎民办高校管理模式的根本制度。本文系本人主持的全国教科规划教育部重点课题"我国民办高校家族化管理问题研究"（DFA090222）的阶段性成果，与同事王一涛合作撰写，发表在《教育发展研究》2009 年第 24 期。部分内容在《黄河科技大学学报》2010 年第 3 期以《当前民办高校产权问题研究与实践的思考》为题发表。

我国民办高校家族化管理问题的思考

摘　要： 民办高校家族化主要是指学校由个人或家族举办，学校产权主要归一个家族所有，或者产权虽然还不明晰，但是由一个家族掌握学校所有的资产使用权和资源支配权，并主要控制学校的办学行为。其主要特征是学校资产产权和资源支配权的家族化、学校主要领导成员及轮换体制的家族化、学校决策机制和管理体制的家族化及学校生存与发展的家族化。传统的"家"文化、特有的资本条件、办学成本的弹性空间和办学的巨额积累以及管理法规的缺失等方面，构成了我国民办高校家族化产生与发展的基本环境。家族化管理在民办高校发展的一定阶段发挥过一定的作用，但不符合我国民办高校发展的现实和可持续发展的理念。应完善法规，科学管理，实施可持续发展战略，全面促进民办高校的健康和可持续发展。

关键词： 民办高校；家族化管理；概念与特征；作用与弊端；可持续发展

一　民办高校家族化管理的含义及特征

我国民办高校已经成为高等教育的重要组成部分。截至 2008 年年底，我国已有民办普通高校 318 所，在校生 182.87 万人，其中本科生 26.9714 万人，专科生 155.892 万人，另有其他注册学生 25.7 万人，独立学院 322 所，在校生 218.4377 万人，其中本科生 196.3143 万人，专科生 22.1234 万人。两者之和，全国已有民办高校 640 所，在校生 401.3 万人，另有民办高等教育机构 866 家，在校注册生达到 87.34 万人。民办高校的数量已经占全国普通高校总数 2263 所的 26.8%，在校生占全国普通高校总数 2021.0249 万的 19.9%。① 据了

---

① 根据教育部发布的"2008 年全国教育事业发展统计公报"整理，载于《中国教育报》2009 年 7 月 18 日。

解，全国共有 10 个省份民办高校在校生超过当地普通高校在校生总数的 20%，比例最高的是浙江省，超过了 30%。民办高校在为我国高等教育发展做出重要贡献的同时，也在不断完善自身。在我国高等教育发展环境和政策转移到提升质量和内涵，竞争内容从规模扩张向质量和特色转移的宏观背景下，民办高校如何加强管理，提升管理模式，提高管理水平和效益，已成为当前和今后一个时期关乎民办高等学校可持续发展的重要命题。当前，关注民办高校家族化管理问题，规范、改善和提升民办高校内部管理，是提高民办高校办学质量和水平，促进学校可持续发展的重要内容。

"家族式私立大学是一个世界性的普遍现象，但它在很大程度上被人们所忽视了。尽管无法确知到底有多少所家族式大学存在，但可以肯定它们至少数以百计或者更多。""这种类型的学术机构需要调查研究，因为它们增长非常快，而且虽然一部分家族式大学已经存在了半个世纪或更久，但它们并没有受到人们普遍的重视和了解。在一些国家，这些机构是高等教育的重要组成部分。至少有以下的国家或地区存在家族式大学：墨西哥、泰国、台湾、日本、韩国、菲律宾、阿根廷、印度、中国大陆。"①在我国，完全意义上的家族式大学还不多。但是随着民办高等教育的发展，一些民办高校出现了不同程度的家族化管理的发展取向，可能会影响民办高校今后发展的趋势，值得引起重视。

关于民办高校家族化管理的学术研究，目前在学术期刊公开发表的文章十分稀少，被清华同方收录的不到 10 篇。但运用先进的网络技术搜索"民办高校家族化管理"一词，GOOGLE 中就达到 82000 多条，说明人们已经关注到这一问题的存在和发展，只是还没有引起学界的高度关注。而对于家族制民办高校的定义，明确的就更不多见。美国著名高等教育研究专家菲力普·G. 阿尔特巴赫认为，家族式大学"是由个人或家族建立的机构，家族拥有该机构的所有权；家族成员往往直接参与学校行政、财政等方面的控制和管理，但也有些家族式大学并不是所有权者直接管理"②。另有中国学者认为："家族制民办学校，是由同一家族中两名或两名以上

---

① ［美］菲利普·G. 阿尔特巴赫：《家族式大学》，颜莉冰译，《国际高等教育研究》2006 年第 2 期。

② ［美］菲利普·G. 阿尔特巴赫：《家族式大学》，颜莉冰译，《国际高等教育研究》2006 年第 2 期。

的成员直接拥有并参与经营管理的学校，学校的控制权在家族内继承，学校的所有权和经营权全部集中在家族成员手中。"① 上述定义从资产所有权和经营权两个角度指出了家族制民办高校的基本特征。但是，由于创办民办高校所需资金相对较多，一般数以亿计，而从我国民间资本集聚的实际情况来看，鲜有数以亿计的闲置资金或资产投入民办高校，大多数民办高校的大部分资产是在办学过程中积累起来的，根据我国《民办教育促进法》及目前相关法规的规定，这一部分资产还不能说是完全家族私有的。因此，笔者认为，目前我国家族制民办高校并不多，比较多的是在许多民办高校中不同程度地出现了家族化管理的现象。民办高校家族化管理主要是指民办高校由个人或家庭举办，学校产权主要归一个家庭所有，或者产权虽然还不明晰，但是由一个家族掌握学校所有的资产使用权和资源支配权，并主要控制学校的办学行为。

当前我国民办高校家族化管理主要有如下基本特征。

1. 学校资产产权和资源支配权的家族化

家族化管理民办高校的产权分两种情况。一种情况是，学校由个人或家族举办，学校的产权归家族所有。例如福建仰恩大学，就是 1987 年由爱国华侨吴庆星先生及其家族设立的仰恩基金会创建的，这种情况在我国民办高校中比较少见。第二种情况是，学校虽然由个人或家族创办，但是举办者没有资金或仅有非常少的资金直接投入，主要资产来源于办学过程中的积累，其产权归属根据目前的法律规定还不能完全算是个人资产。无论以上哪一种情况，学校全部或大部分资产的产权或使用权和资源支配权实际上都由家族控制。可以看出，尽管民办高校家族化管理的概念与学校产权没有直接联系，但是学校资产产权和资源支配权的家族化或家族是民办高校家族化管理的基础和根源。

2. 学校主要领导成员的家族化

学校主要领导成员的家族化是民办高校家族化管理的主要表现之一。"行政部门通常由家族成员掌管——家族成员垄断了校长职位以及其他的高级职位。"② 家族成员至少有一人担任学校最主要领导职务，如校长、董事长或者董事长兼校长。另外，在学校人、财、物等重要管理部门中，

---

① 明航：《论家族制民办学校的内涵和特征——基于新制度经济学视角》，《职业技术教育》2008 年第 10 期。

② ［美］菲利普·G. 阿尔特巴赫：《家族式大学》，《国际高等教育研究》2006 年第 2 期。

至少有一个以上重要岗位由家族成员担任，掌握着学校至少一种以上人、财、物等重要管理权，控制着学校的运行。另外，也有家族成员担任着学校一般管理人员的职务。"家族成员常常占据高级的行政和管理职位，特别是那些关于财务管理的职位。权力部门的理事、主管等能对财务负责、有权做出学术性决策的职位由家族成员所掌控的现象也十分普遍。尽管机构的控制结构从属于特定国家的规范及法律规章，但家族式大学通常会寻求能够确保对机构各个方面的指导和实时监管达到最大化控制的方式。"①

3. 学校主要领导轮换体制的家族化

学校主要领导的更换，如董事长或校长等，仅在家族成员中产生或更替。其他领导成员的更换也主要由家族成员协商确定。随着老一辈民办高校创办者的年龄增长，他们中越来越多的人退出了学校的实际控制，或者虽然没有退出但由于年事已高渐渐力不从心，其子女或直系亲属越来越多进入了学校的领导层，开始或者准备开始领导成员的新老交替。

4. 学校决策机制和管理体制的家族化

根据《民办教育促进法》及其实施条例的规定，民办学校应当设立学校理事会、董事会或者其他形式的决策机构，并且明确规定了决策机构的组成方式和人员构成，规定了学校理事会或者董事会和校长各自行使的职权。但是，根据笔者近10年的研究，目前我国民办高校的管理体制并不健全，绝大多数民办高校是董事长同时兼任校长，董事会实际上是一个虚设的机构，而不是最高决策机构。特别是一些私人举办的民办高校，董事会真正发挥作用的并不多，主要只起咨询、参谋作用。对重大问题的决策，首先是考虑家族成员的利益分配和相关意见。有的民办高校针对重大问题虽然也做一些专家论证，但主要目的只是为协调家族成员意见提供依据。决策的最终决定权实际上是在家族成员手中。

5. 学校生存与发展的家族化

学校的运行与家族的发展之间有着密切的联系。学校的运行状况、发展成就，对于家族成员的家庭生活都会产生直接的影响。学校管理已经成为家族生活和发展的重要内容。

尽管我国民办高校的投资大部分来自于社会的投入，主要来源于对学生的收费和办学积累，根据现行法律，民办高校投资者所拥有的学校资产

---

① ［美］菲利普·G.阿尔特巴赫：《家族式大学》，《国际高等教育研究》2006年第2期。

产权只有其原始投入的部分。但是，民办高校管理的家族化必然会导致家族制民办高校的产生。目前，由于相关法制的缺失，家族制民办高校产生的动力正在累积，可以预见，不久的将来，民办高校家族化管理必将走向家族制民办高校，中国家族制民办高校将越来越多。

二　民办高校家族化管理产生的原因分析

在中国，民办高校家族化管理的产生有其必然性。其原因如下：

第一，中国传统的"家"文化是民办高校家族化管理的重要文化基础。中国是一个"家"文化传统最为悠久和深厚的国家，台湾著名学者李亦园直截了当地认为中国文化就是"家的文化"。[①] 另一位台湾学者杨国枢进一步认为"家族不但成为中国人之社会生活、经济生活及文化生活的核心，甚至也成为政治生活的主导因素"[②]。虽然新中国成立以来家族组织和家文化受到一定的冲击，但是其痕迹还普遍的存在并发挥作用。爱森斯塔（Eisenstadt）认为："虽然现代化会削弱旧传统的某些层面，然而在社会变迁的过程中，旧传统的某些层面有时会被再度提出和强调，以解决文化断层的危机和建立新的集体认同。"[③] 英国学者雷丁在1990年出版的《中国的资本主义精神》一书中，以海外华人企业家族化与儒家文化传统的关系为对象，通过大量的实证调查与研究，得出了令学界瞩目的看法——家族企业"实质上是一种文化产物"；"儒家理想，尤其是以家族主义为核心的儒家信念至今还深深地扎根于绝大部分海外华人的心中，用'儒教'这一单词去表达主宰海外华人大部分社会行为的价值观是比较恰当的"[④]。虽然家族企业和民办高校家族化管理的产生背景截然不同，但是从分析两者产生的文化基础来看，确实有异曲同工之妙。

第二，我国民间特有的资本条件是滋生民办高校家族化管理的经济基础。改革开放以前，由于经济长期落后，实施严格的一大二公的计划经济体制，个人冒富被认为是资本主义而遭到批判和限制，民间资本集聚几无

---

① 李亦园：《中国人的家庭与家的文化》，巨流图书公司1988年版，第113页。

② 杨国枢：《家族化历程泛家族主义及组织管理》，远流出版公司1988年版。

③ Eisenstadt, *Tradition*, *Change and Mode Mity*, New York, 1979, pp. 209-210.

④ 伯文：《海外华人企业家的管理思想——文化背景与风格》，三联书店1993年版。

可能。改革开放以后，人民群众生活逐步提高，国家也实施了"让一部分人先富起来，先富带后富"的政策，鼓励一部分人通过合法劳动致富，允许和保护私人财产，刺激民间投资和民间资本的集聚，民间逐步有了一定投资能力。但是由于基础差和各种因素的影响，总体来看，我国民间资本集聚率较低，与国外资本主义国家资本高度集聚差距甚大。在民间，个人要投资几十万甚至几百万元办一所幼儿园甚至小学已经成为可能。但是要投资数亿元办一所大学，就不是那么容易了。所以，在创办民办高校时选择家族化管理的原因，一方面，一个人的力量有限，家族成员的合力较大，容易形成共同投资；另一方面，在学校开办初期，以家族成员为学校领导和核心，相互之间信任度高，容易统一思想，保证管理内部的和谐一致，从而降低管理成本，同时能集中精力办学，保证学校平稳发展。

第三，办学成本的弹性空间和办学的巨额积累催生民办高校家族化管理。办学，特别是办大学，历来是公益性事业，只有投入，不计收益。在民办高校发展初期，虽然大部分民办高校依靠学费收入维持日常开支，但是由于规模小，收费低，总体来说结余并不多。随着我国高等教育大众化的推进，由于公办高等教育资源的短缺，民办高校的办学规模从最初的几十人、几百人迅速扩张到几千人甚至几万人，校均规模快速扩张。据笔者多年的研究，从 1994 年到 2008 年，校均规模从 700 人左右增加到 6000人左右。迅速发展的学校规模给民办高校带来了可观的经济效益。与此同时，民办高校还采用外聘退休教师、减少行政人员、租借场地、举办文科为主的专业等多种手段节省教学直接投入，加快资金积累。政府对民办高校的政策支持和办学条件的放宽，也是促成民办高校积累增加的原因之一。在多种因素的作用下，最近 10 年来民办高校的资产积累加快。根据笔者多年的研究，5000 人以上规模的民办高校的积累率大致相当于收入的 15%—20%，超过万人的民办高校积累率甚至达到 25%—30%，而办学成本则根据不同地区和学科构成差别很大，从 2000 元到 10000 元不等。实际上，从严密的计划经济年代到现在，由于公办高等教育资源的供不应求，取得独立颁发学历文凭资格本身对民办高校而言就是一个可能带来资本积累的重要资源。

第四，管理法规的缺失是导致民办高校家族化管理产生的政策原因。我国民办高校的家族化管理问题过去并不突出。一方面，除了直接投资办学的家族民办高校以外，大多数民办高校举办者在办学初期并没有太多的投入，几千、几万、几十万、几百万都有，但几千万、几个亿的投入则非常少了。另一方面，民办高校举办者初期没有意识到办学可以积累如此巨大的资产。当时国家对私有资产管理的相关法律和政策非常严格，综合各种因素，民办高校举办者还不可能产生家族所有的念头。当然也不能否认，许多民办高校的举办者当时确实是怀着对教育和人才培养的极大热情参与举办民办学校的。总之，一开始把学校作为家族事业来做的民办高校并不多。

诱发家族化管理趋势的直接原因，一是国家政策的宽松。允许和保护私人财产的相关法律日趋完善，承认举办者在民办高校资产集聚中的作用；二是《民办教育促进法》及实施细则中关于投资者可以取得合理回报的相关规定。虽然这个规定少有操作性，更多的具有象征意义，但是一些地方法规的文件还是给予不少民办高校举办者获取利益的信心和鼓舞。如 2005 年 5 月发布的《黑龙江省人民政府关于促进民办教育发展的若干意见》就明确规定，办学者可得到相当于学校净资产 15% 的奖励。而目前一所民办高校的资产至少有 5 亿—10 亿元，按此计算举办者获得利益相当可观，对一些艰苦创业几十年的民办高校举办者来说，考虑家族化管理是人之常情。三是在实际操作中，政府疏于管理，政策缺失，使得表面上难以操作的民办高校举办者利益回报在实际生活中被改头换面地取得，在"不要回报"的背后，是举办者巨大的物质利益和政治利益。在政策模糊又宽松的实际环境中，一些民办高校的举办者年事渐高，眼看对巨额资产的管理越来越力不从心，交给他人管理实在不放心，因此许多人开始考虑让子女或亲属进入学校领导层，从不可能到可能，从不知不觉到积极主动，加快了民办高校的家族化管理的进程。

中国传统的"家"文化、特有的资本条件、办学成本的弹性空间和办学的巨额积累以及管理法规的缺失等四个方面，构成了我国民办高校家族化产生的基本环境。我国民办高校的家族化管理已经是一个既成的客观事实，它最终将导致家族制民办高校的产生，并可能会对我国民办高等教育的发展产生深远的影响。分析其产生原因有利于我们科学认识和研究民办高校家族化管理的特征和利弊，从实际出发制定相关政策法规，引导和改善民办高校管理，加快现代学校制度的建设，促进民办高校健康和可持续发展。

三　民办高校家族化管理的历史作用

我国民办高校家族化管理具有理性的历史渊源，在民办高校发展初期显示出一定的优越性。"很难对这类学术机构进行概括。它们中有些是由慈善教育家建立的梦想机构，另一些是为了政治统治而建立的，更多的是为了牟利而建立的。"① 在现有的少数研究中，对民办高校家族化管理问题，基本上是持否定态度的。家族化民办学校的"所有权和经营权全部集中在家族成员手中，由于对非家族成员缺乏足够的信任，关键的管理者和知名的教师很难留住，导致在激烈的市场竞争中，家族制民办学校与许多家族制企业一样，越来越多地表现出'一创、二守、三败'或'一小、二大、三破'的发展规律"②。但是，笔者认为，对于民办高校家族化管理的利弊和结果分析不应简单化。据统计，全世界约70%—80%的企业是家族企业。世界500强企业中，大约有40%是典型的家族企业。在我国，340多万家私营民营企业中90%以上是家族企业。办大学当然不能与办企业等同，但是家族制私立大学在日本、韩国、许多南亚国家和我国台湾省等都很普遍，办学也比较稳定，有的甚至成为世界知名大学，如韩国的高丽大学、成均馆大学、延世大学和号称日本私立大学双雄的早稻田大学、庆应大学以及我国台湾的淡江大学等，这足以说明家族化民办高校还是有一定生命力的，有其存在的合理性，不宜简单否定。

我们认为，民办大学家族化管理至少在以下几方面具有优势：

1. 利益一致，凝聚力强

家族化管理理念源于中国浓厚的"家"文化。家族的血缘关系造就的利益共享、风险共担的共同奋斗精神具有强大的生命力。我国从古到今的社会发展变革的过程中一向重视血缘联系。直到今天，中国民营机构选择用人甚至国有单位选拔各级各类人才时无不流露出这种传统文化的痕迹。"肥水不流外人田，血浓于水"是许多民办高校举办者的常见心态。

---

① ［美］菲利普·G. 阿尔特巴赫：《家族式大学》，《国际高等教育研究》2006 年第 2 期。
② 明航：《家族制民办学校的案例评价与诊断》，《民办教育研究》2007 年第 2 期。

诚然，血缘关系在生物学上确定了人们之间的关系，因此具有很强的内聚力，很容易使人们形成一个稳定的整体。中国人对家和家族的认同和信任超过对社会和各类其他组织的认同。我国民办高校产生于经济体制剧烈变革、游戏规则不断变更的背景下，从不合法到合法，从补充地位到重要组成部分，民办高校不断突破已有的政策限制，采取各种变通做法，以赢得竞争优势。这种政策博弈的普遍存在，使得民办高校必须严格控制内部管理人员对学校的忠诚度，以避免内讧导致政府管制甚至停办的情况出现，因此，以家族忠诚为纽带的民办高校家族化管理成为一种相对安全的选择。

2. 决策果断，效率较高

由于实施家族化管理的民办高校领导团队内部的绝对权威和意见一致性，使得在学校发展的一些重大问题上能快速达成一致，减少了决策耗费的时间，提高了决策的效率，而快速灵活的决策机制使得学校能够在瞬息万变的市场中抓住稍纵即逝的发展机会从而取得竞争优势，快速发展壮大自身或化解市场风险。民办高校创办者或拥有股份最多者具有最高权威，可以果断甚至专制式地对学校发展的重大事务做出决策。由于家族成员在利益、观念和时间问题认识上的一致性，以及家族成员对民办高校最高领导所具有的绝对服从的伦理规范，使得学校最高领导人做出的重大决策很容易为家族成员所理解，并能很快在工作中得到全面地贯彻执行，这在一定程度上保证了学校决策在执行过程中的快速性。许多家族式民营企业长期不衰，在市场竞争中保持了蓬勃的发展生机，很重要的经验就是，由于亲情所形成的牢固性、决策的一致性和快速性，成为企业得以基业长青的保障。这在某种程度上为民办高校家族化管理提供了启迪和经验。

3. 便于管理，降低成本

民办高校家族化管理，其内部组织结构比较简单，一般没有庞大的金字塔式的结构，讲求机构精简、人员高效，正式规章少，机构流程简洁，有利于命令的迅速传达和贯彻执行，决策的快速和高效有利于缩短决策周期，在某种程度上降低了决策成本。同时，学校一般都是由家庭成员管理，减少了从社会高薪聘请管理人员的开支，由此可以节省很大一部分办学资金。在所有权与经营权分离的组织制度里，所有者和管理者是一种委托代理关系。这样的组织容易出现因为管理者的疏忽、偷懒、挥霍与作弊的行为，产生代理成本，出现管理者侵吞所有者利益的现象。而运用家族化管理，当所有权与经营权都集中于创业者一人时，就可以大大降低这种成本的发生。① 这种决策的高效性和管理的简洁性与民办高校发展中由于资金紧缺和资源紧张状况所要求的高度集中统一管理的特性是非常吻合的。

4. 内部和谐，发展稳定

在家族化管理的民办高校中，家族成员把学校的发展视为家族事业，把学校工作视为家庭事务的一部分，形成了学校是家族的延伸和模拟家族的观念意识。在这种观念意识作用下，建立在血缘、亲缘和姻缘关系基础上的家族成员把其在家族内的伦理和情感带进来并且融入学校，能够也更容易为了家族利益而相互配合、团结奋斗，他们能够不计报酬、不辞劳苦，在管理内部形成较强的凝聚力。家族化管理讲求以情动人，特别是学校创始人一般都具有良好的品行，以行感人，以德服人，管理者很少用职位权力，而较多运用个人权威和人缘，因而劳资冲突少，学校的人事纠纷相对较少。

5. 重视市场，勇于改革

许多民办高校的举办者的创业起源于办企业。学校创始人往往多年闯荡市场，历经风险，吃苦耐劳，具备丰富的阅历和敏锐的洞察力，市场的锻炼使得他们懂得掌握市场规律和运用市场机制的重要性，这些都被带到学校运营中，使得学校更加重视市场，掌握市场规律，努力贴近社会，充分考虑市场对人才的需求，勇于实施教学改革，培养适销对路的人才。目前和今后一个相当长的时期内我国民办高校大多处于低层次办学，由于民办高校办学的成功与否直接关乎家族事业的发展，要办出质量和特色，没有改革的勇气和智慧是难以取胜的。鉴于此，民办高校家族化管理更加重视教学改革，强调创新人才培养模式，关注学生求学需求和社会人才需求，培养适应市场的应用型人才。特别是在大学生就业比较困难的情况下，为获得更多的生源，他们非常重视学生的就业能力培养，努力提高就业率和就业质量，以实现自身的教育价值，获得更好的社会影响，带动更多的考生报考。

---

① 彭放：《关于民办学校淡化家族式管理的探讨》，《当代教育论坛》2008 年第 8 期。

四 民办高校家族化管理的弊端

我国民办高校发展需要扬弃家族化管理，从家族化走向科学化和现代化。

不容否认，家族化管理在民办高校初期和小规模时期，发挥了其家族聚集效应，减少了交易成本，增强了抵抗风险的能力，确实具有一定的优势。但是应该指出，这些优势是一个相对比较优势，同时这些优势的产生和作用发挥是历史的、有条件的。

诺贝尔奖获得者、美国经济学家施蒂格勒提出的一个生存策略法：凡是能生存下来的企业，天然就有规模。这句话对于我国的民办高校同样适用。规模扩张是民办高校发展中相当重要的形式。由于我国民办高校缺乏大财团的投资，绝大多数民办高校走的是以学养学的道路，因此，规模扩张带动效益就成了民办高校加快建设和发展的主要选择，"为了强大而扩张"在一定程度上成为民办高校办学的一种思维模式和流行思路。甚至一些权威专家也认同民办高校走规模扩张的发展之路。通过规模扩张，一是可以获得规模经济，能赢得更多的市场，获得更多的利润，加快学校的投入和建设；二是可以提高学校的影响力。一些对于民办高校规模的评价活动，如评选万人民办大学，也迎合了这种发展趋势。另外，从高等教育发展的实际来看，在过去30年里，我国高等教育需求与供给不平衡，需求大而供给严重不足。高等教育需求是一种"机会需求"，民办高等教育提供了满足这种"机会需求"的供给，因而得到较快发展。"机会需求"提供了民办高校规模快速扩张的可能和空间。

但是随着民办高校的成长、壮大和规模的扩张，专业化分工日益复杂，原有优势可能会逐步失去发挥作用的基础而逐渐弱化，如果改革不力，有的甚至会转化为阻碍学校发展的劣势。制度化严重不足，"办事逻辑"高过管理原则，"情感逻辑"胜过"制度安排"等一系列家族制管理的缺陷开始慢慢显现，最终酿成学校管理难以克服的弊端。

1. 管理方法渐显陈旧，管理机制失灵，不利于科学决策

缺乏科学有效的管理机制是民办高校家族化管理的一大弊端。民办高校家族化管理中首先形成了固定的家长独裁的决策机制。不可否认，决策

的独断性是许多民办高校初期成功的重要优势，在民办高校创办初期发挥了较好的作用。但是，随着学校规模的扩张、投资的增加和外部环境的变迁，办学的风险也越来越大，此时保证决策的民主性、科学性就显得尤为必要。而民办高校家族化管理中决策往往是由创业者个人拍板，学校管理本身也无法形成对创业者专制决策的制约机制，久而久之形成了"家长"的绝对权威，如果决策者素质不高，对高等教育发展规律不熟悉则难以保证决策质量，容易造成决策失误。

其次，在血缘、亲缘和地缘等关系上建立起来的家族化管理机制不能适应学校规模扩大后的要求。经验性管理在民办高校家族化管理中普遍存在。随着学校规模的扩张、管理半径的拓宽、管理内容的变化等，均超出了创业者本人和家族成员所拥有的经验积淀和知识储备，也是容易造成战略决策的失误的原因之一。从家族整体来看，不可能做到人人都能办教育，特别是高等教育，难免有人素质不高，缺乏应有的管理知识，导致管理越来越难以适应多变的市场，阻碍学校的科学决策，甚至给学校生存与发展带来风险。

民办高校家族化管理中，容易形成制度意识差、血亲意识浓的风气，经常出现以亲情代替制度、以人治代替法治的现象，部分家族成员凌驾于学校规章制度之上，造成管理不顺畅，容易形成不合理的权力运作机制。这样的家族化管理往往扼制了管理体制的创新。"由于实行严厉的中央集权管理，家族式大学在管理上可能更有效率，但也可能会错用那些由家族群体所推动的不可靠的政策。"①

2. 用人长期任人唯亲，缺乏相互信任，不利于队伍建设

民办高校家族化管理往往用人唯亲，而不是用人唯贤，难以从外部吸收高素质的其他人才。为了牢牢掌握控制权，家族化管理治理模式实行所有权与经营权高度合一，高层领导及一些关键部门都由家族成员把持。家族中一些资质平平、能力一般的人进入学校管理层，这对执行学校的管理与激励机制打击很大，严重影响到非家族成员的工作积极性，并使引入优秀人才更加困难。家族化治理模式很难摆脱的恶性循环是：任人唯亲→排斥异己→人才流失→人才匮乏→经营不善→竞争力下降→家族危机②。

---

① ［美］菲利普·G. 阿尔特巴赫：《家族式大学》，《国际高等教育研究》2006 年第 2 期。

② 明航：《家族制民办学校的案例评价与诊断》，《民办教育研究》2007 年第 2 期。

我国民办高校选择家族化管理模式有其理性的一面，但是学校发展到一定规模时，这种模式就难以适应现代巨型大学管理要求，无法形成合理的权力运作体系，导致管理关系不顺，制度执行不畅。内外有别，任人唯亲的用人原则，虽然简化了监督和激励机制，但在人力资源配置上，缺陷也是明显的。

首先，招募高层管理人员，只从家族内部寻找，限制了用人的范围，造成人力资源质量递减。其次，人力资本增长模式采用近亲繁殖方式，家族规则又不能或难以扼制家族成员的违规行为和内讧，往往导致人力资源的内耗。再次，在人力资源管理上，表现出基本制度不健全，员工的录用、晋升、辞退等缺少规范，随意性很大，对家族成员因人设职，家族外成员工作职责设计不合理，工作压力大，处罚多于奖励，使员工队伍不稳定，对学校缺乏归属感、认同感和安定感。家长式集权制模式也抑制了员工的创新活力，一些优秀员工特别是中层管理人员感到没有适合自己发展的空间，人员的流失率居高不下。有的甚至把民办高校作为就业的跳板，工作几年稍有成就就离开，使得民办高校的队伍建设不稳定，难以提高教育质量和管理水平。

3. 投资主体单一化，资金来源不多，不利于打开融资渠道

资金不足是民办高校发展的普遍问题，多方筹资既是民办高校持续发展的需要，也是民办高校办学的难点所在。民办高校要很好的发展，必须善于融资，要有较宽的融资渠道。但是，"肥水不流外人田"的传统观念导致家族化管理的民办高校一般都实行封闭式产权制度，即由家族成员占有全部或者绝大部分的产权。

在学校创业之初，发展资金来源主要是依靠自身积累，这个积累过程一般较为缓慢。由于办学初期学校规模一般都比较小，家族成员的投资勉强可以满足学校发展对资金的需求。然而当学校发展壮大到一定规模以后，对巨额资金的需求与资金来源有限性的矛盾就会变得十分尖锐，其积累资金难以满足民办高校长期快速发展的需要。一方面，办学资金的来源仅仅依靠学费的积累，过高的学费既影响生活的质量，也受到政策的限制。过高比例的积累又影响到学校教学的投入，影响办学条件的完善，制约办学质量的提高。

另一方面，由于在引入社会资金方面家族成员难以统一意见，"利益独享"的原则使他们不愿让投资者来参股分享利益，也不愿产权结构向

多元化转变，或者因为担心外资介入会影响学校的利益分配而拒绝外来投资。这种排他性的产权加剧了民办高校融资的困难，也与民办高校的巨大资金需求不相适应，内部产权配置结构的封闭性与民办高校资本产权多元化结构的内在要求相悖。笔者了解到某家族化管理的民办本科高校甚至对政府的奖励资金都抱有戒心，担心由于拿了政府奖金会给今后产权分配带来问题而拒领。办学资金跟不上，迫使民办高校或者放慢发展速度，或者采用其他高风险、高成本的融资手段，从而制约了学校的有效扩张。家族成员持有学校产权易导致学校产权的单一化，投资主体的单一化，削弱了学校在复杂多变的市场环境中的抗风险能力。

4. 功利倾向凸显，经济效益至上，不利于社会形象建立

在民办高校家族化管理中，由于家族成员的利益与学校发展密切挂钩，家族成员的积累大都投入学校办学，因此，家族化管理的民办高校格外重视学校的办学成本和积累。根据笔者多年的研究观察，民办高校目前的资金积累率大致相当于收入的15%—25%，有的甚至更多，人均办学开支高低不等，办学成本的弹性空间为民办高校的建设发展提供了资金支持。除此之外，民办高校家族化管理还实施了严格的财务管理一支笔制度。在人员经费、工作条件、办学环境以及职工福利等方面，学校采取各种措施，严格管理，增收节支，以获得最大的经济效益。个别举办者甚至不惜损害社会利益，乱收费、乱摊派、克扣员工工资、减少职工福利等，造成很多负面的社会影响。如，一些家族化管理的民办高校发给职工的住房基金仅每月百元，与同类公办高校之间的差距在十倍以上，严重损害了员工的利益。有的学校把食堂等生活设施承包给社会管理和经营，学校收取所谓的"资源占用费"，导致伙食费高涨，学生苦不堪言。实际上，民办高校家族化管理不一定会导致营利性学校的产生，但是由于我国民间资本集聚率不高，十分富庶的家族并不多，很多人是将全部家产用于办学，对通过学校办学取得利润的期望较高。近几年来，因办学过分功利性导致一些家族化管理的民办高校群体性事件屡有发生，损害了学校的社会形象，也严重影响了社会稳定。

5. 守业思想严重，改革动力渐弱，不利于办学特色张扬

民办高校发展到一定阶段时，可能积累了巨额资产，来之不易。这里面虽然主要来自对学生的收费，家族成员的艰苦创业，悉心管理和奉献也功不可没。另外，家族成员对于所积累的资产非常珍惜，特别是创建学校

的奠基人或创始人守业思想逐渐抬头，并逐步成为家族成员的共识，改革步伐逐步放慢，办学趋同化蔓延，原有的办学特色逐步丧失。与此同时，民办学校的内部逐渐膨胀的"近亲繁殖"现象，开始束缚学校教育教学的视野，阻碍各种学术思想、教学经验的融会贯通和学校民主学术风气的形成，削弱了教学教研的合力。另外，家族式管理难以吸引教职员工参与民主管理决策，教职员工工作缺乏主动性和创造性，雇佣思想严重，业务上不求上进，教书育人氛围不浓。学校中高级管理人员一定程度的任人唯亲，既导致管理水平下降，又阻碍了学校的教学改革和管理创新，并易使得非家族的管理人员和高层教师丧失信心，认可度降低，久而久之将会导致学校凝聚力弱化。由于过分重视市场，忽视教育规律，人才培养的德育环节比较薄弱，通识教育缺乏，导致人才培养基础不够扎实，人才成长的可持续发展能力较弱。

6. 内部冲突加剧，均衡机制缺失，不利于学校可持续发展

在家族化管理的民办高校，家族成员之间关系错综复杂。在学校具有一定规模、有一定的积累和收益的状况下，多种复杂交错的关系可能会使学校管理陷入一种角色冲突之中，成员之间不能处理好工作与生活关系而内耗增加，决策的效率开始下降，资源分配难以公平，管理的执行力受到削弱，家族成员因利益分配上的纠纷而相互之间矛盾日趋尖锐。由于国家政策的限制和学校不同于企业的特有性质，目前很少对家族成员之间的产权进行界定，这为日后家族成员之间的产权纠纷埋下了隐患。特别是在出现学校由谁继承的时候，或者夫妻共同创业办学后离婚时，这个问题就更为突出，出现内部纷争有可能导致学校被人为肢解，或者办学不稳定甚至破产和关闭。"家族式大学面临着一些重大的挑战——其中最重要的是延续性问题：当极富魅力的奠基教育家去世的时候，将会发生什么？其他的家族成员是否会继续执行大学最初的使命，或更甚者他们还会不会把大学经营下去？家族成员是否有领导、管理一所大学的才能？随着时间的推移，为学术、慈善或者政治原因而建立起来家族式大学，是否还会维持创建者的梦想？为牟利而建立的大学也许不会遇上延续性问题，但是复杂的学术性机构要求一个超出企业经营的思辨水平。"①

---

① ［美］菲利普·G. 阿尔特巴赫：《家族式大学》，《国际高等教育研究》2006 年第 2 期。

五　结语

我们分析民办高校家族化现象的优劣利弊，是期望引起政府和业界对此问题的关注。需要说明的是，这些分析是基于"可行""可能"的研究，虽然也有不少个案，也不能说明就一定如此。如前所述，家族化管理的民办（私立）大学成功的案例不少，关键在于如何改进管理模式，实施科学的可持续发展。因此，我们不应该简单地断言民办高校家族化管理模式的好与坏，其实际利弊究竟如何，还取决于我国民办高校所处的时代背景和历史条件、学校自身的发展状况及其所实施的管理模式状况等。认真研究和分析我国民办高校的发展之路，高度关注民办高校家族化管理问题，从法律上规范民办高校的办学行为，学习实践科学发展观，引导民办高校科学管理，改善管理方法，创新管理模式，提高质量，是促进我国民办高校健康稳定可持续发展的重要内容。我们有理由相信，在政府法律法规引导下，在业内人士的艰苦努力和悉心探索中，我国民办高校一定会认清使命，明晰责任，加强管理，服务大众，为国家经济和社会发展贡献力量。

附记：2009 年，本人又获得全国教科规划教育部重点课题"我国民办高校家族化管理问题研究"（编号：DFA090222）。第三次获得此类课题，仍秉持认真、踏实的学风对待，一丝不苟。正值第一代民办院校举办者年老体弱退出管理、大量"创二代"接班之时，这个课题研究更为引人注目。围绕这一课题研究，共发表 7 篇论文，其中 C 刊为 4 篇。本文系统全面研究了民办高校的家族化管理问题，基本体现了全国教科规划教育部重点课题《民办高校家族化管理研究》（编号 DFA090222）的部分成果，经曾新老师约稿并修改，发表在《华中师范大学学报》（人文社会科学版）2009 年第 6 期。人大书报复印资料《高等教育》2010 年第 3 期全文转载。另一主题论文《我国民办高校家族化若干问题之探讨》发表在2009 年第 7 期《高等教育研究》。

民办高校内部管理体制改革若干问题探析

摘　要： 民办高等教育已经成为我国高等教育的重要组成部分。面临日趋严峻的高等教育竞争和人民群众对高等教育需求的结构性变化，民办高校应加强内部管理，理顺关系，建立法人治理结构，坚持公益性办学，提高投资者的办学境界，以人为本，提高人才培养质量，提高管理效率与效益。唯有如此，才能在激烈的竞争中不迷失方向，赢得社会的认可。

关键词： 民办高校；内部管理；可持续发展

一　民办高等教育已经成为我国高等教育的重要组成部分

近几年来，随着我国高等教育大众化的深入发展，高等教育资源不足的状况日渐明显。民办高等教育抓住机遇，加快了发展步伐。截至2008年年底，我国已有民办普通高校318所，在校生182.87万人，其中本科生26.9714万人，专科生155.892万人，另有其他注册学生25.7万人；独立学院322所，在校生218.4377万人，其中本科生196.3143万人，专科生22.1234万人。两者之和，全国已有民办高校640所，在校生401.3万人，另有民办高等教育机构866家，在校注册生达到87.34万人。民办高校的数量已经占全国普通高校总数2263所的26.8%，在校生占全国普通高校总数2021.0249万的19.9%。据了解，全国共有10个省份民办高校在校生超过当地普通高校在校生总数的20%，见下表。比例最高的浙江省已经达到33%左右。① 民办高等教育已经成为我国高等教育的重要组

---

① 根据教育部公布的2008年全国教育事业发展统计公报和相关材料整理。

成部分，在高等教育体系中已占重要地位，在承担培养现代化事业建设者和社会主义事业接班人的宏伟事业中负有重要的使命和责任。建设高等教育强国的进程中不可能也不应该没有民办高校的参与。民办高校在为国家高等教育发展做出重要贡献的同时，也在不断完善自身。在国家高等教育发展环境和政策转移到提升质量和内涵，竞争内容从规模扩张转移到质量和特色的宏观背景下，民办高校如何加强管理，改革管理模式，提高管理水平和效益，已成为当前和今后一段时间民办高等学校可持续发展的重要命题，也是民办高等教育研究工作者应予关注的重要课题。

表1　　　　　　2008 年全国民办高校比例最高的 10 个省市数据

	浙江	海南	湖北	广东	福建	陕西	江苏	河北	云南	江西
在校生数（万人）	26.65	3.5	31.24	31.87	14.03	20.86	38.33	23.43	7.76	16.22
占本地普通高校在校生比例（%）	32.74	27.72	26.36	26.20	24.93	24.84	24.38	23.43	22.32	21.23
其中独立学院在校生数（万人）	16.98	1.25	24.46	16.03	5.95	6.13	19.34	16.44	4.59	8.80

二　管理体制改革是民办高等学校
可持续发展的重要命题

研究民办高校管理体制改革，既是重大的理论问题，又是重大的现实问题，对我国民办高等教育理论的推进和促进民办高校的可持续发展，都具有重要的意义。而且民办高校是我国高等教育体制改革的"先行者"和"探路者"，民办高校管理体制的改革可以为我国高等教育体制改革积累宝贵经验。

1. 我国民办高等教育十几年来的发展存在着一个非常突出的问题就是至今尚未形成较为完善有效的管理体制。

近 10 年来我国民办高等教育快速发展，主要体现在规模扩张上。规模扩张对于民办高校建立形象、扩大影响、占领市场、积累资金和办学经验，无疑都是非常重要的。但十几年来的发展，相对于发展规模而言，我国民办高校的内部管理，无论是体制、机制的创新，还是目标、规范的形成，都还没有十分明显的突破。我国民办高校产权和办学主体较为复杂，董事会、理事会等决策机构的建立、举办者与办学者之间的关系、决策机构与执行机构的责权划分等，这些方面都缺乏明确的法律指导。从实践的层面上说，各地的民办高校对管理体制改革所进行的探索不多，深度不够，可以供民办高校学习借鉴的对象还很少。管理体制改革的落后阻碍了我国民办高校的可持续发展。一方面，从发展规模上看，年年增长，欣欣向荣；另一方面，从发展过程来看，困难重重，缺乏后劲，危机四伏，风险剧增。因而，从长远发展来说，民办高校的发展不能仅仅依靠规模的扩张，更应该通过内涵建设来实现。从数量走向质量，从规模走向内涵，是民办高等教育可持续发展的必然要求。

2. 管理体制是民办高校内部管理问题的核心。

所谓管理体制，是指一个管理系统内各类、各层管理组织关于决策权责与执行权责的划分及它们彼此之间的从属关系，即决策权归哪个机构，执行权归哪个机构。管理机制是指涵盖于一个管理体制内的各个管理组织之间及各个组织内部管理的主客体之间权责关系及其相应的利益分配机制。[①] 在民办高校内部管理系统内各类、各层管理组织决策权责与执行权责的划分中，管理体制问题是最基础的条件和最重要的依据。只有建立和完善管理体制，才能确定内部机构设置，建立各个管理机构的职能，理顺各个机构和层面的相关关系，划分相应的职权范围和工作职责。并且也只有建立了科学有效的管理体制，才能建设和完善相应的管理机制，明晰各个组织、机构中相关者的利益分配，在确定的制度安排框架下，调动各方面的工作主动性、积极性，增强内部工作的协调性。在全国高等教育全面进入内涵建设、提升质量的宏观背景下，我国民办高校必须进一步贯彻落实科学发展观，依法办学，规范管理，加强内涵建设，提升办学质量，增强民办高校的核心竞争力，改变我国民办高校与公办高校之间落差悬殊的格局。研究探索民办高校管理体制改革，建立和健全管理体制，理顺内部关系，分清机构职责，可以提高民办高校的管理水平和效率，促进内部和谐，集中精力深化教学改革，搞好人才培养，从而重塑民办高校的办学形象和品牌。

3. 微观层面的高等学校管理体制改革尚未深入。

新时期高等教育体制改革，包括办学体制、管理体制、招生就业体制、经费筹措体制、校内管理体制的改革，这五大体制改革对于我国高等

---

① 杨敬华：《民办高校管理体制的比较研究》，《中外教育研究》2009 年第 4 期。

教育的大发展起到了积极的推动作用。周远清指出："五大体制的改革，改变了我国大学按科类设置的状况，使一部分学校的科类更加综合，为我国高等学校培养高水平、高素质的人才，为出高水平的科研成果打下了基础。实行办学体制改革，使我们发展了民办高等教育……体制改革使我们的高等教育适应了社会主义市场经济，为规模的发展和质量效益的提高打下了基础、创造了条件。"[①] 需要指出的是，至今为止，高等教育体制改革，比较多的是在宏观层面进行的，而处于微观层面的高等学校管理体制改革，则由于许多主客观原因难以深入。比如，高校如何贯彻落实科学发展观的要求，在实施科教兴国、人才强国和建设创新型国家发展战略的进程中承担起自己的责任？如何加快高校产权制度改革，逐步建立现代大学制度？如何理顺学校内部关系，建立更加科学高效的决策体制，减少决策成本？如何适应大学巨型化，设置和建设精简、合理的管理机构，提高管理效率和水平？如何落实高校的办学自主权，发挥大学在办出特色、办出质量方面的主动性和积极性，集中精力加快人才培养模式改革等，都有待于理论的研究和实践的探索。积极尝试和探索民办高校管理体制改革，不仅会为民办高校自身的管理体制改革提供理论支撑，同时也将为全国高校管理体制改革提供探索和实践的借鉴，从而促进我国高校内部管理体制和机制的改革，提高我国高等学校整体的办学效率和效益。

三　民办高校内部管理体制改革的若干关键问题

经济学家刘易斯在谈到经济增长的阻碍因素时说，在某个地方和某个时候，某一阻碍增长的因素可能比其他因素更为突出，也就是说这个缺陷在这一时点上是最突出的，或者说从这点出发比从其他点开始要容易，在寻找解决途径的时候，也要从最突出的因素着手[②]。我们在进行民办高校管理体制改革时，也要寻找民办高校发展的最大障碍。当前我国民办高校内部管理体制改革，首先要解决好如下几方面的问题。

---

① 周远清：《把高等教育科学研究做强》，《浙江树人大学学报》（人文社会科学版）2008年第1期。

② ［美］阿瑟·刘易斯：《经济增长理论》，周师铭等译，商务印书馆1999年版，第18页。

1. 民办高校产权问题。

邬大光认为，我国 80% 的民办高校都是"投资"设立的，这是现阶段我国民办高等教育的基本特征。[①] 由于调查所选样本的偏差，"80% 的民办高校是投资型"的结论不一定完全符合我国民办高等教育的实际情况，但是，追求对民办高校产权的拥有并取得相应的利益回报，却代表了相当一部分民办高校投资者的办学期望。

产权制度是民办高校内部管理体制架构的基础，产权制度的基本要求是要在产权的公益性和营利性（激励性）之间保持恰当的平衡。一方面，教育不同于经济，民办高校不同于企业，投入民办高校的资金不能完全等同于投资经济领域的资本，对民办高校的投资也不能像对企业投资一样以利润最大化为目的，对产权的过分激励有可能助长民办高校的营利性，这是民办高校产权制度公益性的要求。从国际私立高等教育的发展经验来看，大部分发展较好的私立高校都不是营利性的，都不追求产权回报，如美国哈佛大学。另一方面，适当地保护民办高校创办者或投资者的收益权、控制权等各项产权权利，对于激发创办者或投资者的积极性，吸引更多社会资金进入民办高等教育领域，也具有重要的作用，这是民办高校产权制度对营利性（激励性）的要求。从我国发展现实来看，追求一定的回报，正是民办高等教育在短时期内能够迅速发展的主要动力。那么，从长远来看，如何既能保持民办高校产权的公益性，又能够关照到民办高校产权的营利性，是今后民办高等教育研究的重点问题之一。

2. 民办高校的决策机构问题。

决策机构问题是民办高校内部管理体制的基本问题之一。《民办教育促进法》第十九条规定：民办学校应当设立学校理事会、董事会或者其他形式的决策机构。根据这一规定，董事会（理事会）是民办高校的决策机构。鉴于董事会（理事会）在民办高校内部管理中的重要地位，《民办教育促进法》及其实施条例用了大量篇幅对董事会（理事会）进行了规定。

《民办教育促进法》第二十条规定：学校理事会或者董事会由举办者或者其代表、校长、教职工代表等人员组成。其中 1/3 以上的理事或者董

---

① 邬大光：《投资办学：我国民办教育的本质特征》，《浙江树人大学学报》（人文社会科学版）2006 年第 6 期。

事应当具有五年以上教育教学经验。学校理事会或者董事会由五人以上组成，设理事长或者董事长一人。理事长、理事或者董事长、董事名单报审批机关备案。第二十一条规定，学校理事会或者董事会行使下列职权：（一）聘任和解聘校长；（二）修改学校章程和制定学校的规章制度；（三）制定发展规划，批准年度工作计划；（四）筹集办学经费，审核预算、决算；（五）决定教职工的编制定额和工资标准；（六）决定学校的分立、合并、终止；（七）决定其他重大事项。其他形式决策机构的职权参照本条规定执行。

《民办教育促进法实施条例》第九条规定，民办学校的举办者应当依照民办教育促进法和本条例的规定制定学校章程，推选民办学校的首届理事会、董事会或者其他形式决策机构的组成人员。民办学校的举办者参加学校理事会、董事会或者其他形式决策机构的，应当依据学校章程规定的权限与程序，参与学校的办学和管理活动。第十六条规定，"学校理事会、董事会或者其他形式决策机构的人员构成不符合法定要求，或者学校校长、教师、财会人员不具备法定资格，经告知仍不改正的"，审批机关不予批准。

以上规定虽然比较全面，但可以看出大都是原则性的规定，可供操作的内容不多，从而导致这些规定很难在实际操作中实施。根据我们的调查，许多民办高校决策机构不健全，有的有董事长没有董事，或者董事就是夫妻两人；有的看似健全，实际虚设，一年开一次会，董事会没有真正的决策权力；有的民办高校不仅没有董事会，连实际的负责人都难以找到。这样的民办高校是难以提高质量的。

3. 民办高校校长和执行机构问题。

以校长为代表的民办高校执行机构，是民办高校的"办学者"，肩负着培养社会主义接班人和社会主义现代化事业建设者的重任。虽然投资者的资金对于办学具有一定的制约作用，但是办学者的办学理念和责任感会对办学的方向和目标产生直接的影响。《民办教育促进法》第二十四条规定：民办学校校长负责学校的教育教学和行政管理工作，行使下列职权：（一）执行学校理事会、董事会或者其他形式决策机构的决定；（二）实施发展规划，拟订年度工作计划、财务预算和学校规章制度；（三）聘任和解聘学校工作人员，实施奖惩；（四）组织教育教学、科学研究活动，保证教育教学质量；（五）负责学校日常管理工作；（六）学校理事会、董事会或者其他形式决策机构的其他授权。很显然，民办高校校长的角色是双重的。相对于董事会来说，他受董事会的委托管理学校，是董事会决策的执行者；相对于学校内部管理来说，他又是内部具体事务的决策者，这也正是民办高校"董事会领导下的校长负责制"的内涵，校长在董事会的授权下，独立自主地完成自己在学校治理中的分工。

从民办高校的现实来看，虽然有部分民办高校从自己内部培养起较为年轻的职业化校长，也有民办高校招聘较为年轻的学者到校担任校长，但是从总体来看，民办高校校长大部分都是公办高校退休的校领导。他们大都具有丰富的教学和学校管理经验，而且具备兢兢业业、为国植才的责任感和道德素质，可谓"德才兼备"。而且公办高校的校长都有良好的"社会资源"，他们到民办高校以后，可以利用自己的"社会资源"积极促进民办高校各项事务的解决。因此，这样的校长队伍对于提高民办高校管理水平，进而提高民办高校的育人质量和社会认可度，都起到了重要的作用。

但是，从公办高校选聘的校长也有不足之处。一是有些民办高校校长到任后，观念难转变，办学凭经验，结果事倍功半，效果不佳。民办高校的生源和公办高校存在重大差别，民办高校的教师和公办高校的教师也有所不同，民办高校的管理体制与公办高校相比更是差异悬殊。因此，单纯利用公办高校的治校经验很难管理好民办高校。二是有些校长对民办高等教育的认可度不高，关心程度不够，对民办高校一味地抱怨，对民办高等教育和民办高校缺乏感情。三是有些校长缺乏办学主见，放弃原则，忘却教书育人的基本准则，将经济利益放在首位，忽视了教育的公益性和奉献性，把领导工作作为单纯的职业，雇用观念较重，将民办高校看作是"养老"和"创收"的地方。四是有些民办高校校长年龄偏高，虽工作勤恳，但观念陈旧，不思变革，创业不足，守业有余，学校发展缺乏应有的闯劲和活力。有些学校的校长甚至身体素质欠佳，难以适应大学校长这一需要较高体力和精力的岗位要求。

因此，以《民办教育促进法》和实施条例以及相关法规为依据，研究和探索民办高校校长的选拔、任用、培训、发展制度，逐步建立民办高校校长专业化成长的环境，是研究民办高校内部管理的重要内容。江西等省根据本省内民办高校发展的实际情况，对民办高校校长的任用进行了积极尝试，比如规定民办高校校长、副校长人选的年龄在65岁以下，任职年龄不得超过 70 岁，任职期限原则上为 4 年；民办高校决策机构负责人不得兼任校长，民办高校校长、副校长应实行与决策机构负责人直系亲属回避制。这些规定对于民办高校的发展会产生怎样的积极作用？是否值得在全国其他地区推广？这些问题还有待跟踪观察和研究。

4. 民办高校监督机构问题。

对于民办高校的监督机构及机制的研究，目前来说几乎处于空白状态。监督机制是实现民办高校法人治理分权与制衡的有力保证，也是完善民办高校法人治理结构最为迫切而又十分必要的方面。当前来看，我国民办高校的监督机构不健全，监督机制未建立，力量十分薄弱。在我国，民办高校得到的捐款量较少，捐款人的监督力量很有限。家长或学生虽然承担了教育成本，可以对学校进行监督，但这些监督没有明确的法律授权，再加上学校组织绩效评估的困难，家长力量又较分散，所以难以形成制度性力量。社区、校友和媒体的力量更是微乎其微，难以起到监督作用。监督机构的缺少，导致学校利益相关人的利益得不到保障。为此，建立健全监事会这一组织结构，提高监事会的地位，明晰监事会监督职权范围，保障其独立行使监督职权和增进监督实效，应该成为健全民办高校内部管理体制的重要内容。

针对一些地方政府对民办高校疏于管理，办学行为不规范、内部管理体制不健全、法人财产不落实以及行业自律、社会监督薄弱等突出问题，国家有关部门出台政策，要求加快建立对民办高校的督导制度，由省级教育行政部门向民办高校委派督导专员。督导专员依法监督民办高校贯彻执行有关法律、法规、政策的情况，监督、引导学校的办学方向、办学行为和办学质量，参加学校发展规划、人事安排、财产管理、基本建设、招生、收退费等重大事项的研究讨论，向委派机构报告学校办学情况、提出意见建议，同时承担有关党政部门规定的其他职责。这一重要举措将加强政府督导管理和引导民办高校健全内部管理体制有机结合起来，对于加快构建政府依法管理、民办高校依法办学、行业自律和社会监督相结合的管理格局，促进民办高校又好又快发展，具有十分重要的意义。

政府向民办高校派驻督导专员已有 3 年左右时间，这一制度尚需在实践中继续完善，存在着继续探索的空间。比如，督导专员的督导如何与直接的行政干预相区别？督导专员如何才能做到参与民办高校重大事项的研究讨论，但主要是起监督、引导和保障作用，而不是办学事务的直接决策者？督导专员不能越俎代庖，"越位"操纵民办高校内部事务，更不能凌驾于学校之上，干扰学校的自主权。另外，督导专员如何尽好"督""导"职责，保证民办高校的办学方向，保证利益相关人的利益，落实法人财产，严防学校办学风险等问题，都需要在理论研究和实践层面继续探索和提炼。

5. 民办高校内部管理制度问题。

董事会、以校长为首的执行机构、监督机构是民办高校内部管理的三大基本组织架构。除了要完善这三大基本组织架构的内部结构和运行机制之外，民办高校也要完善内部管理的其他方面。如果将这三大机构看作是民办高校内部组织结构的"骨架"，则其他方面的管理制度可以看作是民办高校内部组织结构的"血肉"，是民办高校依法办学，实现发展目标的重要保证。建立健全合法的、规范的、系统的、科学的民办高校内部管理制度，对于保障学校正常教学秩序，提高办学效率和效益，完成各项教学、科研任务和发展目标，都有着重要意义。

民办高校与公办高校在内部管理制度上有许多共同点，公办高校的内部管理制度可供民办高校学习和借鉴。但是，由于办学体制的不同，民办高校的内部管理体制具有自身的一些特点。比如，由于存在大量外聘教师，民办高校的教师管理制度必然区别于公办高校。再比如，为了体现"机构精简、人员精练"的原则，民办高校的许多管理流程必须简化。还有，由于学生的学习基础相对较弱、学习自觉性较差，同时又是自费接受教育，学校在进行学生管理和教学管理时必须考虑到这些特点。目前，民办高校的教师待遇和福利等各方面均不如公办高校，保护教师权益，提高他们的待遇，也是民办高校需要重点关注的因素。

相比于公办高校，民办高校具有管理体制和运行机制自主灵活、市场意识强、市场敏感度高、历史包袱少等特点和优势，民办高校应该利用自身优势，抓住机遇，积极进行内部管理制度创新。目前很多民办高校已经在内部管理制度建设方面进行了尝试，并且得到了地方教育行政部门的大力支持和指导。我们因研究工作的需要，到过许多优秀民办高校考察，发现很多民办高校在内部管理制度改革上积累了很多宝贵经验。比如，黑龙江省大部分民办高校按照《劳动合同法》的有关规定，规范了与教职工的聘任行为，教职工的合法权益得到有效保护，而且该省大部分民办高校也建立了教师、学生申诉机制，畅通了校内救济途径。这些做法都值得全国其他地区民办高校借鉴。除了要勇于创新、敢于实践之外，民办高校也应该以开放的胸怀相互学习，相互借鉴，取长补短，学习先进民办高校在内部管理制度方面所进行的创新，只有打破封闭办学的局面，我国民办高校才能够实现共同发展，共同繁荣，共同为建设高等教育强国贡献更多的力量。

附记：2010 年，本人获批教育部人文社科规划基金课题《我国民办高校内部管理体制改革和创新研究》（编号：10YJA880156），在原有成果的基础上，进一步深化对民办院校内部管理问题的研究。本文为课题部分预研成果，发表在《中国高教研究》2010 年第 5 期。

建设国家级高水平民办高校的若干思考

摘　要：在建设高等教育强国的背景下，国家层面的高水平强校建设工程中应有高水平民办高校的地位。本文论述了国家层面高水平民办高校建设工程的必要性和可行性，从民办高校和管理部门两个层面提出国家层面高水平民办高校建设工程的建议和工作思路。

关键词：国家级；高水平；民办高校

一

国家级高水平民办高校，指的是借鉴高等教育发展进程中强校工程建设的思路和经验，在国家教育部门的统一规划和布局下，选择一批质量较高、特色鲜明和信誉较好的民办高校进行重点建设，给予相应的政策支持和指导，着力提升办学实力和质量，并注意发挥其辐射作用，影响和带动民办高校整体的发展水平。[①]

开展国家级高水平民办高校建设，首先是民办高校生存和发展的需要。经过30余年的努力，我国民办高校已经得到长足的发展。民办普通高校总数已占全国普通高校总数的30%，在校生也已经超过20%。[②] 规模扩张、层次突破，民办高校已经成为国家高等教育体系中新的增长点，成为我国高等教育的重要组成部分，在推进高等教育大众化、多样化和选择性方面，做出了巨大贡献。与此同时，随着高教资源的逐渐丰富，高等教育市场供不应求的局面逐渐向供过于求的状况转变，高等教育发展开始从

---

①　徐绪卿：《优先开展公益性高水平民办高校建设工程》，人民政协报教育在线 2011-06-01。

②　教育部：《2010 年全国教育事业发展统计公报》。

资源约束转向需求约束，高教市场逐步从卖方市场向买方市场转变；随着少子化带来的影响，高教适龄生源急剧下滑，丰富的教育资源与日益减少的生源之间落差逐年增大，受教育者逐步掌握了上大学的主动权和选择权；随着社会进步和人才需求的变化，人民群众接受高等教育的观念正在转变，从要求接受高等教育走向要求接受优质高等教育。这些转变给一直处于弱势而依赖规模扩张的民办高校带来了发展的巨大压力和严峻考验。不少民办高校甚至出现了招生困难。据新华网报道，"由于生源紧张，2009 年全国民办高校的招生人数普遍下降了一半左右"①。有学者甚至断言，在不远的将来，"随着出生人口基数的下降，特别是随着 18 岁到 22 岁适龄大学生青年数量的减少，某些高校，特别是某些民办学校和独立学院离破产可能不遥远了"②。事实说明，民办高校只有办出质量，办出特色，才能适应社会需求，在激烈的竞争中赢得生存和发展的空间。

　　开展国家级高水平民办高校建设，也是贯彻落实《国家中长期教育改革和发展规划纲要（2010—2020 年）》（以下简称《纲要》）的需要。《纲要》从全面建成小康社会和现代化建设全局的宏伟目标出发，对未来十年我国教育事业发展作出了新的战略决策，进行全面谋划和前瞻性部署，宣告了未来 10 年我国教育改革与发展的战略目标和新的任务。同时，《国家教育规划纲要》高度肯定了民办教育的发展地位，提出"支持民办学校创新体制机制和育人模式，提高质量，办出特色，办好一批高水平民办学校"和"对具备学士、硕士和博士学位授予单位条件的民办学校，按规定程序予以审批"等重要的发展战略思路和举措。但是，正如教育部鲁昕副部长所指出的，在新的环境下，对民办教育"支持发展的基本导向是支持特色发展、高质量发展、规范发展。鼓励和支持民办教育发展，要通过政策引导民办学校内涵发展，充分发挥财政资金和优惠政策的作用，使办学水平高、教学质量好、特色鲜明的民办学校得到更多的支持，从而促进民办学校办学模式、管理体制和人才培养模式创新"。③ 可以说，在高等教育资源不断丰富的今天，国家对高校发展的基本导向是加强内涵建设，深化教学改革，培育优质资源，努力提高人才培养质量，满

---

① 王经国、顾烨：《民办高校破产危机吹响教育改革号角》，［EB/OL］http：//news. xin-huanet. com/politics/2010-04-01/c_ 1212966. htm.

② 《武汉大学校长顾海良称：未来十年某些高校破产》，《中国青年报》2010 年 3 月 24 日。

③ 鲁昕：《在中国民办教育协会第三次全国代表大会上的讲话》，中国民办教育协会网站。

足日益增长的人民群众对接受更好的高等教育的需求。

开展国家级高水平民办高校建设，更是当前高等教育强国战略的重要组成部分。当今世界高等教育在经济和社会发展中的地位越来越突出，各国在发展高等教育中的重要经验之一就是以重点建设带动整体发展。值得指出的是，相关部门在强校工程的政策指导和实施过程中，虽然并没有把民办高校排除在外，但是也没有与公办高校进行分类立项审批，而是用同一标准申报和评审，在公平竞争的背后，造成了对目前尚处于发展初期阶段和许多运行体制与现有体制差异较大的民办高校竞标不利的状况。广大民办高校被游离在建设高等教育强国的强校工程之外。民办高校目前还不能参加"211 工程"。国家投资数百亿建设的国家示范性高职院校中，民办院校仅有一所。但是在全国高职学院中民办占 1/3 余。至于说质量工程，虽然从文件上看包括了民办高校，但是由于客观情况所限，实际上能参与的项目非常少。由于各种客观情况的影响，扶持民办高等教育的各项措施总体来说落实不多。民办高校作为民办教育系统中高端层次，在自身经济资源十分紧张的状况下，承担了培养数以百万计职业性、应用性的本、专科人才的任务，为国家的经济文化建设做出了应有的贡献，在建设高等教育强国的政策支持中，应有国家级高水平民办高校示范校的位置。当然，如果没有占高校总数 30% 的民办高校的参与，要实现高等教育强国的建设目标，也是不可能的，至少也是不完整的。事实证明，开展高水平民办高校建设应是建设高等教育强国战略，实施强校工程的重要组成部分。中国的民办高等教育需要建设一批民办高等学校的强校。[①]

二

我们认为：国家级高水平民办高校应是在我国民办高校发展行列中走在最前列的民办高校。其特征主要表现在以下六个方面。

1. 坚持办学的非营利性，学校形象良好。非营利性不仅仅具有公益性，而且意味着任何人不能占有学校资源和控制学校，也不能分配办学盈

---

① 周远清：《在高等教育强国的目标下推进各级各类强校建设》，《浙江树人大学学报》2009 年第 2 期。

余，所有的办学收入和积累都将被用于人才培养。笔者认为，尽管现代大学发展中也有营利性大学的存在，有的国家营利性大学甚至发展速度较快，但考察古今中外所有的私立大学，办得好的无一例外都是非营利性的。由此可知，"非营利性"是高水平民办高校示范校建设的规律之一。

2. 教学质量得到公认，社会认可度高。目前我国的民办高校都是新建本科院校。因此，国家级高水平民办高校首先必须在教学质量上得到社会的公认。办学条件相对较好，教学管理比较规范，人才培养质量基本得到保障。这一指标的外在表现主要在于就业率高和生源充裕两个方面。质量认可度高，社会反响也会好，就业率就高，学校品牌效应明显。生源报考主要是根据学校信誉，而不是夸大的广告宣传，学校办学质量认可度高，就会形成良好的良性循环，学校的可持续发展就有保证。

3. 学科专业优势凸显，有较强竞争力。在现代社会普遍存在高教资源丰富的背景下，民办高校如果没有特色彰显的专业和学科，就不会有发展的优势。要建设国家级高水平民办高校也缺乏强有力的抓手。在高等教育大众化条件下，所谓各类学校都可以办出水平，主要是指在学科和专业上的独特性和优势。国家级高水平民办高校的"高水平"，主要应体现在学科和专业的"高水平"。因此，国家级高水平民办高校应该具有一批优势凸显的专业学科，由此带动学校的品牌创建。

4. 人才工程成效显著，实现可持续发展。队伍建设是高水平民办高校建设的基础工程。经过多年的引导和努力，目前绝大部分民办高校都开始重视专职教师队伍的建设，数量上增长较快，也引进了部分高层次的人才。但从总体来看，增加数量和优化结构仍然是民办高校教师队伍建设重要的紧迫任务，教师队伍严重不足和结构上"青黄不接"的问题始终制约着民办高校人才培养的质量提升和教学改革的进一步深化。国家级高水平民办高校必须根据学校的定位、所处的区域和学科专业，科学确定专兼职教师的比例，加快专职教师队伍建设，大力引进高学历高职称人才，改善教师队伍结构，保证教学秩序的稳定和质量的持续提高，促进学校的可持续发展。

5. 校园文化特色斐然，教风严学风正。每一所学校都有自己的文化，没有文化的大学是一所没有灵魂的大学。民办高校的校园文化有其独特性。民办高校的成长，很多是得益于市场规律，但是，企业不能代替学校，市场不能代替校园。过多的企业文化成分将助长学校的功利行为，挤占大学精神的发展空间。国家级高水平民办高校校园文化建设应贯穿民办高校学校管理、人才培养的全过程，德育为先、育人为大，要正确处理校园文化与企业文化之间的关系，根据育人规律办学，注意文化积淀，凝练办学理念，挖掘和培育学校精神，逐渐形成和培育适合自身发展的校园文化。

6. 法人治理结构完善，内部和谐稳定。内部法人治理结构是国家级高水平民办高校建设的基本条件。由于民办高校与公办高校的举办体制不同，其内部的管理体制也有很大的差异。法人治理结构是现有民办高校管理体制中比较普遍的管理体制，应该得到完善和加强。市场的体制和灵活的机制是民办高校优势的核心，但是学校的办学活动都是在一定的管理体制下进行的，责权明晰、关系和谐的法人治理结构，是学校能否健康可持续发展的权力保证。同时，也要清醒认识到民办高校法人治理结构与企业法人治理结构的区别，注意法人治理结构的适用性和创新性，遵循高校育人的规律，避免大学管理的企业化。

国家级高水平民办高校的建设是一个系统工程，以上提出的六个方面是从它与传统的公办高校之间的差异分析研究中提炼出来的。从现有条件出发，我们认为目前的"高水平"也是在国内民办高校范围内而言的。当然，从建设目标出发，我们认为国家级高水平民办高校建设不应以现有民办高校为目标，而应根据区域高等教育的实际发展状况，精心设计、定位、培育和支持，并根据发展状况逐步提高建设的标准，最终使得国家级高水平民办高校在同类高校中脱颖而出，成为整个高等教育体系中的高水平大学。

三

政府主管部门是国家级高水平民办高校建设的主导。根据我国高等教育管理体制的特点，为使项目建设具有较高的权威性，更好地发挥强校的带动和辐射作用，国家级高水平民办高校建设应该与其他的重点学校建设工程一样，由国家教育行政部门来组织、统筹和协调。从当前民办高校发展的实际出发，笔者认为，国家级高水平民办高校建设需要政府给予以下支持。

　　第一，出台专门文件，从国家层面设计"国家级高水平民办高校建设工程"。与此相配套，制定专门的选拔标准和选拔机制，确定专业的专家队伍，选拔一批办学质量较好、办学信誉较高、办学条件完善、办学形象较佳的民办高校列为国家级高水平民办高校（与国家示范性高职院校相当），重点予以支持和建设。

　　第二，加大支持力度，加快提高国家级高水平民办高校的整体办学水平和办学实力。各级政府落实公共财政支持民办高校发展政策，建立各级民办高校发展专用资金，以民办高校自身投资为主、政府予以适当补贴的方式，加大国家级高水平民办高校的基本建设和教学基础设施建设力度，力争通过一个周期的建设，学校基础条件达到同类学校较好水平。

　　第三，落实各项措施，给予国家级高水平民办高校必要的办学自主权。国家级高水平民办高校应该具有更多的办学自主权，如民办高校反应强烈的招生自主权和专业设置权等，可以通过国家级高水平民办高校办学自主权的改革试点，为其他民办高校和公办高校办学自主权改革积累经验，增强高校人才培养与市场需求的契合性。

　　第四，深化教学改革，大力推进国家级高水平民办高校教学建设和改革工作。民办高校是改革的产物，没有改革就没有民办高校。[①] 在国家级高水平民办高校建设中，要大力鼓励和倡导改革，鼓励民办高校创新人才培养模式，探索通过专业教学的改革来提升人才培养质量，进一步提高毕业生的就业竞争力，扎实提高毕业生的就业率和就业质量。

　　第五，加强专业学科建设，在国家级高水平民办高校中选取一批办学理念先进、特色鲜明、就业率高的专业进行重点支持，提高专业培养质量，满足经济和社会发展对人才的需求。支持国家级民办高校根据自己的办学条件和对社会需求的判断预测，培育、开发自己的重点和特色专业，在此基础上推进学校整体办学水平的提高。

　　第六，积极启动科研，从国家层面鼓励国家级高水平民办高校积极参与科研工作。鼓励在科研工作中凸显特色，提高对经济社会发展的服务能力。当前我国民办高校的科研工作总体较为落后，影响了我国民办高校的总体质量和社会声誉。国家要借助于国家级高水平民办高校建设来推动和

---

　　① 周远清：《在高等教育强国的目标下推进各级各类强校建设》，《浙江树人大学学报》2009 年第 2 期。

促进民办高校的科研工作，从而带动我国民办高校总体科研水平的提高。

第七，不断总结提升，扩大国家级高水平民办高校建设经验的辐射功效。总结现有国家"强校工程"的经验，要鼓励相关民办高校走集团化发展的路子，广泛聚集社会高教资源为建设人力资源强国服务，推动民办高校走内涵发展路子，不断总结和交流经验，带动全国民办高校的优质资源建设，提升民办高校的整体办学水平。

附记：本文系 2010 年教育部人文社科规划基金项目"我国民办高校内部管理体制的改革与创新研究"（10YJA880156）的部分成果，发表在《教育发展研究》2012 年第 7 期。

关于民办高等教育政策顶层设计的思考

摘　要：当前，我国民办高等教育已进入一个新的发展阶段，面临着严峻的挑战。优化顶层设计、加快政策转型，已成为民办高校新一轮发展的突破口。明确发展目标与发展模式，完善民办高等教育发展的国家制度，明晰发展导向，制定完善的政策体系，既是民办高等教育发展的迫切需要，也是高等教育深化改革的必然要求。

关键词：民办高等教育；顶层设计；政策转型；优化政策

一　问题的提出

"顶层设计"（Top-DownDesign）源于西方国家自然科学或大型工程技术领域的一种设计理念，意指在工程设计中，统筹考虑项目各层次和各要素，追根溯源，统揽全局，在最高层次上寻求问题的解决之道。本文所说的"顶层设计"，意义有所延伸，是指对于一个大的事业，能站在一个战略制高点，从最高层开始，明晰目标、优选内容和确定路径，加强宏观指导，使所有层次和子系统都能围绕总目标，产生预期的整体效应和效益，实现稳定健康和可持续发展。

在《中共中央关于"十二五"规划的建议》中，提出要"以更大决心和勇气全面推进各领域改革，更加重视改革顶层设计和总体规划，明确改革优先顺序和重点任务，深化综合配套改革试验，进一步调动各方面积极性，尊重群众首创精神，大力推进经济体制改革，积极稳妥推进政治体制改革，加快推进文化体制、社会体制改革，在重要领域和关键环节取得突破性进展"①。因此，"顶层设计"已经成为国家工作的重要指导原则。

---

① 《中国国民经济和社会发展第十二个五年规划纲要》［EB/OL］. http：//ghs. ndrc. gov. cn/ghwb/gjwngh/P020110919590835399263. pdf.

教育领域的顶层设计，实质是从教育的国家利益和国家意志出发，对教育发展的总体目标、总体性质、各个层次、各个要素进行统筹设计，提出要求，落实路径，促使教育改革和发展目标的实现。近年来，"顶层设计"开始进入高等教育理论领域，在高等教育政策制定、高校人才培养和战略规划等方面得到广泛运用。在"优先发展、育人为本、改革创新、促进公平、提高质量" 20 字方针统领下，《国家中长期教育改革和发展规划纲要（2010—2020 年）》（以下简称《规划纲要》）对我国教育事业的总体战略、发展任务、体制改革、保障措施等四个方面进行了通盘考虑，形成了涵盖教育改革发展各个环节的战略体系，这是从国家层面对我国教育事业进行"顶层设计"的典型案例。

刘延东曾强调指出，贯彻落实《规划纲要》任务繁重复杂，必须加强顶层设计，全面规划部署，分步有序推进。① 她在 2011 年全国教育工作会议上的讲话中强调要"科学谋划，注重整体设计"，指出："每项改革和发展任务都是一项系统工程，必须整体谋划和前瞻布局，这样才能事半功倍、少走弯路。'十二五规划'是今后 5 年国家经济社会发展的顶层设计，教育规划纲要是未来十年教育改革发展的顶层设计，在编制出台教育事业'十二五规划'和分地区、分领域规划时，要按照这两个规划的要求，把 10 年改革发展目标任务按时间节点规划好，形成清晰的工作指南。"② 也就是说，在今后的教育事业发展中，必须加强顶层设计，统筹规划，保证各项工作的健康发展和目标实现。

二　我国民办高等教育政策顶层设计缺失的原因

我国民办高校已经进入一个新的发展时期。从 1993 年正式启动民办高校审批制度以来，我国民办高校从无到有，从少到多，从小到大，有了一定的规模。从学校总数来看，截至 2012 年年底，民办普通高校总数已达 706 所（含独立学院），占全国普通高校的 29% 多。从在校生

---

① 刘延东：《切实抓好全国教育工作会议和教育规划纲要学习贯彻》，教育部网站［EB/OL］http：//old.moe.gov.cn.

② 刘延东：《坚持改革创新，狠抓工作落实，努力开创教育事业科学发展新局面》，中国教育报，2011 年 2 月 24 日。

规模来看，2012 年全国民办高校在校生已经达到 533.18 万人，约占全国普通高校在校生 2391.32 万人的 22.3%。从办学层次上看，民办本科院校逐渐增加，民办本科在校生 341.23 万人，占全国本科在校生 1427 万人的 24%左右；全国已有 5 所民办本科院校获得国家特殊需求研究生培养试点。更为可喜的是，抓住《规划纲要》实施的大好机遇，一批民办高校自加压力，提出"高水平民办高校"的建设目标，在一批国家级质量工程项目中也能见到民办高校，重品牌、实内涵、抓质量、创特色已经成为部分民办高校的自觉行动。可以看出，民办高校已经成为国家高等教育体系中新的增长点，成为国家高等教育的重要组成部分，在推进高等教育大众化、多样化和选择性方面，担当了重要角色，发挥了积极作用，做出了巨大贡献。

近年来，国家加大教育投入，设计了很多竞争性项目，在表面看似"公平"的评审制度安排中，隐含着对民办高校的歧视和不公，民办高校很难得到政策的阳光。一方面，政府财政性经费进入民办高校障碍没有理顺；另一方面，评审条件的限制实际上将民办高校排除在外。在全国和各省市设置的众多重点学科、重点专业、重点基地、重大专项等大量项目中，民办高校所占比例极低；在国家级的重点专业、重点实验室、重点实习实践基地，动辄数亿、数十亿的国家财政投入中，民办高校所占比例少得可怜。这种状况表明，若任其发展，民办高校与公办高校的质量差距将进一步拉大。在原有政策优势逐渐弱化的趋势下，民办高校的发展环境将越来越严峻。

转变观念、苦练内功，提高质量、凸显特色，加强内涵建设，发挥体制优势，加强内部管理等，都是民办高校健康发展的重要路径。但从系统发展的视角看，民办高校发展的政策与制度环境不完善、不够系统，顶层设计的缺失也是其中重要的因素。

1. 民办高等教育政策缺乏一致性。

一方面，国家顺应国际潮流，倡导发展民办高等教育，希望民办高等教育在未来的高等教育改革和发展中担当重任。另一方面，民办高等教育发展可供操作的政策却非常少。例如，教育部第 25 号令《民办高等学校办学管理若干规定》指出，"民办高校的资产必须于批准设立之日起 1 年内过户到学校名下。本规定下发前资产未过户到学校名下的，自本规定下发之日起 1 年内完成过户工作。"这对于当时许多民办高校发展而言是难以做到的，甚至至今部分民办高校仍没有实现资产过户，虽然其中有很多利益因素在内，但恰恰反映出了该政策缺乏现实基础、操作性差的问题。又如，2004 年教育部门突然叫停学历文凭考试，影响了许多民办学校的生源，导致很多民办高校改变原有运行管理模式，带来了较大政策冲撞，政府政策不连续，民办高校意见很大，矛盾也很激烈。另外，由于缺乏国家层面制度的系统设计，教育、工商、财税、人事、劳资等部门各自都有自己的政策，相互之间矛盾尖锐，国家给予民办高校扶持政策难以落实。

2. 民办高等教育政策执行状况较差

由于民办高校国家层面的制度架构还没有完全建立，一些已经出台的政策也难以落实。例如，《规划纲要》提出要落实公共财政的资助政策，这对经费匮乏的民办高校来说当然是重大利好。但是两年多时间过去了，这一政策始终没有下文。比如民办高校发展的性质问题，一方面文件规定说公益性质；另一方面又提出要分类管理，事实上默许和承认了营利性学校的存在。再如教育部 26 号令明确规定独立学院要做到 8 个独立，但是时至今日，期限已过，真正"独立"的院校又有多少？民办高校的管理体制问题、政策体系问题、财政支持问题等，难以有文件来系统阐述。虽然有的省市出台了一些地方性的支持政策，但由于缺乏国家层面的制度支持和依据，往往有始无终，短期效应，难以持续。

3. 民办高等教育发展对政策的需求已经进入"全面、系统、完整"的阶段

这一阶段的政策诉求，有待于国家相关部门的通力合作，高度协调，否则都可能是一文空纸。民办高校发展中的教师队伍建设"编制"问题、"法人属性"问题、公共财政的支持问题、税收问题等，分别由国家人力资源部门、民政部门、财政部门掌管，教育部门无力解决。这些问题不解决，民办高校的发展环境则难以得到根本的改善，将导致民办高校发展失去方向，失去发展的活力。由于缺乏顶层设计，部门之间难以协调。另外，头疼医头、脚疼医脚的应急政策，不但时限性差，而且也缺乏普适性。民办高校的健康发展急迫需要一个自上而下的顶层设计。不能再靠"摸着石头过河"，"水深了"已经摸不着"石头"了，

这就需要顶层设计。①

三　我国民办高等教育政策顶层设计
需要解决的关键问题

民办高等教育政策国家层面的"顶层设计",就是国家层面民办高等教育发展的基本政策与基本制度。这一制度必须基于我国民办高等教育的历史发展阶段、文化传统和国家意志,必须与我国的教育制度改革方向一致。笔者认为,"顶层设计"在我国民办高等教育目前的"现实语境"中,至少有以下几方面的内涵:

1. 民办高校发展的合法性

所谓民办高校发展的合法性问题,即国家是否允许民办高校存在和发展的问题。换句话说,就是国家允许不允许举办民办高校的问题。这是民办高等教育发展国家制度设计中须首先解决的问题。在中国现代大学的发展进程中,公、私立大学一开始就是双轨并行发展的,私立大学在国家现代高等教育体系中具有很大的影响。1949 年以后,由于国家政治制度、经济制度的变迁,私立大学渐渐失去了生存的空间,消失于中国高等教育舞台。改革开放以后,鉴于国家经济体制改革和社会发展对人才的巨大需求,国家开启了民办高等教育发展的禁闸,并通过《宪法》《民办教育促进法》等法律法规,初步解决了民办高校的合法性问题,从而为民办高校的建校和发展以及其他政策的制定提供了依据。当然,从长远来看,民办高校发展的合法性尚未完全解决。国家层面的法律法规在解决民办高校合法性中仍然肩负主要的责任。

2. 民办高校发展的价值

民办高校发展的价值问题,说到底就是国家为什么要允许举办民办高校。《民办教育促进法》规定,民办教育是国家整个教育的组成部分。国务院办公厅[2006]101 号文件中提出,"近年来,我国民办高校发展迅速并取得很大成绩,成为高等教育事业的重要组成部分。这对于满足人民

---

① 黄颖川、周强、厉以宁:《"水深了"已经摸不着"石头"了》,[EB/OL]. http://fi-nance.ifeng.com/news/special/2012lianghui/20120312/5736106. shtml.

群众接受高等教育的多样化需求，为国家培养各类适用人才，以及深化高等教育办学体制改革，具有重要的积极作用"。30多年来民办高等教育的发展，已经为支撑和完善中国的教育格局做出了不可磨灭的贡献，实践证明民办高等教育是我国整个高等教育事业的重要组成部分。民办高校的崛起和发展，其根本价值在于创新。

第一，创新高等教育融资方式。通过举办民办高校，拓宽了高等教育资金来源的渠道，改变了我国高等教育投资单独由国家财政承担的局面，减轻了国家财政负担，增加了高等教育的投入和资源供给，缓解了高等教育供求关系严重失衡的矛盾。随着高等教育规模的扩大，世界性的教育财政危机始终伴随着高等教育的发展而存在，即使是在发达国家也不例外。目前，我国支撑着世界上最大的高等教育体系，仅仅依靠政府的力量是远远不够的。因此，举办民办高校对我国高等教育投资体制改革的推动作用是巨大的，对于高等教育的长远发展也具有重大的战略意义。

第二，创新人才培养模式。举办民办高校新增加了高等学校的数量，在一定程度上缓解了现代化建设的多样化需求与现有高等教育规模有限的矛盾；另外，由于民办高校人才培养模式的改革，增加了高等教育的供给方式，提供了人民群众读大学、选择大学的机会，培养大量适应社会经济发展需要的应用型人才，满足了经济建设和社会发展对多样化实用性人才的需要。

第三，创新办学体制。新时期高等教育五大体制改革（包括办学体制、管理体制、招生就业体制、经费筹措体制、校内管理体制的改革），民办高校始终站在改革的前列。民办高校的参与，激活了高等教育内部的竞争，推动了高等教育的改革，促进了高等教育系统质量和效益的提升。在高校体制改革中，民办高校起到了良好的试验田的作用，为高等教育体制改革积累和提供了经验。但是，民办高校发展到如今，环境发生了变化，许多优势弱化，新制度的执行实施也遇到阻力，管理模式与时代改革的适应性存在距离，制度创新出现了一定的瓶颈效应。因此，举办民办高校的长远价值，在于国家教育制度改革和创新的需要，国家应该规划民办高校的发展空间，政策和制度设计，从而促进民办高等教育的健康、稳定和可持续发展。

3. 民办高校发展的性质

这里提出的民办高校发展的性质，主要还是指民办高校主体的性质是公益性、营利性还是混合型的。高等教育发展到今天，其性质已经发生变化，公共的、私人的、公共和私人混合的，各种性质都有存在的理由。发展何种性质的民办高校，实施何种制度，应从本国的国情、传统和国家制度出发。我国《中华人民共和国教育法》、《中华人民共和国高等教育法》和《中华人民共和国民办教育促进法》等法律法规中都明确规定，教育事业是公益性事业、民办教育是公益性事业。这里的公益性不是一般意义上的，而是排除营利性的。之所以提出这个问题，一方面是现实法律法规出现了冲突。2010 年前后相关文件一直强调"分类管理"，即根据民办高校办学的性质——公益性、营利性，给予相应的政策支持和管理。这也就默许了营利性民办高校存在的事实，而这与现有的法律法规相冲突。另一方面是民办高校发展的现实。有研究认为，"投资办学是中国民办高等教育的本质特征"。既然是投资，就有取得"回报"的驱动和追求。这就折射出国家制度与实际之间的巨大差异。"捐资办学与投资办学的差异，将导致不同的教育制度安排，将导致不同的学校制度安排，甚至于政策框架和发展模式。"① 由于顶层设计不明确，造成法律法规严重空壳化，制约了许多实际政策的制定，甚至阻碍了国家已经出台政策的落实。

4. 民办高等教育未来发展的空间问题

关于私立高等教育的模式和作用，目前比较流行的主要有两种划分标准。第一种是耶鲁大学的 Roger L. Geiger 教授依据私立高等教育招生数与整个高等教育招生数的比例，将其划分为大众型（私立比例为 70% 左右）、平行型（或者称作双轨型，私立比例为 50% 左右）、边缘型（私立比例很小）三种模式。这种方法已逐渐为比较高等教育界人士所接受，确实能够在某种程度上反映各国私立高等教育的一些数量特征。另一种比较流行的划分方法，是根据政府与私立高等教育的关系，把各国的私立高等教育划分为自治型、控制型、放任自流型、不即不离型等四种模式。② 这两种划分的差异在于划分的依据不同，但是不同类型的私立高等教育模式有着不同的政策诉求，这一点是毫无疑问的。问题是国家需要设定民办高等教育在高等教育体系中的发展空间。《规划纲要》中指出"未来发展

① 邬大光：《投资办学：我国民办教育的本质特征》，《浙江树人大学学报》2006 年第6 期。

② 魏贻通：《国外私立高等教育的模式与作用研究》，《厦门大学学报》（哲学社会科学版）1995 年第 1 期。

空间主要留给民办高校",但是实际工作中出现挤压和紧缩民办高校招生指标现象。不仅如此,有关部门多年以来还安排民办高校的"西部计划",在东部沿海的民办高校由于成本高和收费高,实际上西部考生由于经济条件所致,报到率极低,国家计划执行的效率大打折扣。因此,国家层面上必须统筹协调,采取相应的政策来鼓励、限制和引导,发挥民办高校应有的作用和效率。

四　民办高等教育政策顶层设计的策略

民办高等教育发展的"顶层设计"是一个复杂的系统工程,涉及方方面面的工作,在顶层设计中需要注意以下几个问题。

1. 科学论证,设定发展目标

发展目标是顶层设计的核心内容,它将规范和制约民办高校的发展性质、发展价值和发展空间,尽管"顶层设计"的字面含义是自高端开始的总体构想,但并不意味着"将一切问题推给顶层去设计"。"顶层设计"不是闭门造车,须有自上而下的权力推进和制度驱动,让各个利益相关方都参与进来,应该是充分吸纳公众参与、尊重民意、集中民智的民主过程。在民办高等教育发展的顶层设计中,要高度发挥"民办"的作用,集举办者、管理者、所涉部门和社会各界的智慧,经过周密详细论证,理顺各方面关系,凝聚各方面力量。现实中,民办高等教育发展的一些政策往往没有得到大部分民办高校的认同和响应,甚至激化了政府管理部门与民办高校之间的矛盾,根本原因就在于调查研究不够,政策制定不透明,基层参与度欠缺。没有社会参与的顶层设计是欠科学的。很多决策表面上看似非常理性和科学,实际上脱离社会现实,不能反映民办高校发展现实的需求,应以长期战略思维,全面系统综合性地确定我国民办高校发展的价值、性质、空间和目标任务,明晰发展思路、进程和路径。

2. 实事求是,确定发展方向

如果说目标着重在于"量的概念",那么,方向则是落实目标的具体路径。这里的方向主要是指要举办什么样的民办高等教育。是公益性的?还是营利性的?还是两者混合型的?如果两者混合的,那么具体比例如何规制?民办高校发展的性质,某种程度上决定着顶层设计的基本框架、实施路径、行动措施和发展路径。必须根据我国民办高等教育的历史发展阶段、文化传统和国家意志，与我国的教育制度改革方向一致的原则，"顶层设计"意味着政府要在未来的民办高等教育发展中真正担负起"舵手"的角色，主动担当，当好民办高等教育发展的"总设计师"。在整个高等教育转变发展方式，加强内涵建设，提高服务能力的背景下，我国民办高校也不能置身度外，不能沿着规模扩张、粗放发展的老路一意孤行，政府有责任做出决策，引导民办高校及时抓住机遇，转变方向，不断增强核心竞争力。

3. 统筹协调，着眼发展全局

顶层设计强调的是一项工程"整体理念"的具体化。就是说，要完成一项大工程，就要以理念一致、功能协调、结构统一、资源共享、部件标准化等方法，从全局视角出发，对项目的各个层次、要素进行统筹考虑。民办高等教育的"顶层设计"，涉及国家许多部门、许多工作之间的协调。"顶层设计"的关键是制度层面的平衡。顶层设计总的特点是具有"设计的前瞻性"、"整体的明确性"和"具体的操作性"，既要考虑理念的先进性，也要关注可行性，以便于"按图施工"，避免部门之间各自为政造成"工程"实施过程的混乱无序。为了顺利实施顶层设计，需要建立专门的设计机构。从实践来看，成立由中央政府直接领导的民办高等教育政策领导协调机构，有利于从全局上把握发展的进程，以便强化决策机制，做好总体部署，对所涉及的各方面政策实施具体、统一协调，使决策机制更加统一有力。

4. 突出重点，扫除发展障碍

顶层设计要在重点领域和关键环节有所突破，除了要在蓝图设计、制度平衡、政策协调性、战略性调整等方面取得实质性突破以外，一个基本的改革着力点就是要破除制约发展的体制机制障碍和解决社会的深层次矛盾。换句话说，就是要解决制约民办高等教育发展的"短板"问题，促进民办高等教育的健康和可持续发展。《规划纲要》中指出，要"依法落实民办学校、学生、教师与公办学校、学生、教师平等的法律地位，保障民办学校办学自主权。清理并纠正对民办学校的各类歧视政策。制定完善促进民办教育发展的优惠政策。对具备学士、硕士和博士学位授予单位条件的民办学校，按规定程序予以审批。建立完善民办学校教师社会保险制度。"这些问题既是民办高等教育发展中的短板问题，制约着民办高等教育的健康发展，同时又是制定民办高等教育发展政策中的重点问题。但《规划纲要》已经出台三年多了，仍然缺乏系统解决这些问题的具体实施政策。在实际的管理过程中，公办高校与民办高校之间享受着不同的政策待遇。在当下民办高校发展中，对于产权制度、分类管理、发展空间、财政资助和办学自主权等方面反映突出，久悬未决，顶层设计中应该理顺关系，明确方向，重点突破，推进各项政策的落实，创设民办高等教育良好的发展环境，发挥民办高校在整个高等教育事业发展中的积极作用。

5. 研究路径，落实顶层设计

顶层设计的最终目的在于落实，再好的设计没有落实的路径都会成为空中楼阁。纵观我国民办高等教育发展的基本历程，存在着政策落实不到位、问题解决不彻底以及出现历史遗留问题的现象，转换一个角度分析，实际上存在着缺乏政策路径以及顶层政策没有落实到位的现象。例如，《中华人民共和国民办教育促进法》和一些政策制定之所以没有办法实施，关键在于没有考虑好实施的路径。在《中华人民共和国民办教育促进法》中明确规定，"民办学校在扣除办学成本、预留发展基金以及按照国家有关规定提取其他的必需的费用后，出资人可以从办学结余中取得合理回报。取得合理回报的具体办法由国务院规定。"《中华人民共和国民办教育促进法》已经颁布实施 10 年，但是"国务院规定"一直没有出台，"合理回报"的法律规定也就成了一纸空文。这一悬而未决的问题，成为了理论界一直讨论和关注的问题，导致了在实际办学过程中，一些民办高校以"合理回报"为理由，出现了在经费管理上的不规范甚至违纪违法现象。类似情况在民办高等教育发展政策、规定和实施中并不少见，制定顶层设计政策应该对实施路径与对策进行通盘考虑与优化。因此，在顶层设计中，必须高度重视实践路径，分析相关要素，制定实施政策、细则甚至方案，确保顶层设计得到全面落实。

附记：本文是本人主持的教育部人文社科规划基金一般课题《民办高校内部管理体制改革和创新研究》（编号 10YJA880156）阶段研究成果，发表在《教育发展研究》2013 年第 21 期。

我国民办高校发展趋势分析

——《国家中长期教育改革与发展规划纲要（2010—2020 年）》颁布后的思考

摘　要：《国家中长期教育改革和发展规划纲要（2010—2020 年）》（简称《纲要》）的颁布实施为民办高等教育发展带来了新的机遇，本文在回顾国家立法和政策实施对民办高等教育发展影响的基础上，分析了《纲要》颁布实施背景下我国民办高校八大发展趋势。

关键词：《国家中长期教育改革和发展规划纲要》；民办高等教育；民办高校

《国家中长期教育改革和发展规划纲要（2010—2020 年）》的颁布，必将对我国未来十年甚至更长远的教育发展产生重大影响，也为我国民办高等教育的发展带来了新的机遇。《纲要》充分肯定了我国民办教育的贡献和发展地位，进一步强调要"大力支持民办教育"，用"民办教育是教育事业发展的重要增长点和促进教育改革的重要力量"、"各级政府要把发展民办教育作为重要工作职责"[①]，表达了政府发展民办教育的信念和决心。除此以外，《纲要》还从宏观和微观两个层面针对民办高等教育发展提出了一些具体措施，如"支持民办学校创新体制机制和育人模式，提高质量，办出特色，办好一批高水平民办学校"等；又如"依法落实民办学校、学生、教师与公办学校、学生、教师平等的法律地位，保障民办学校办学自主权。清理并纠正对民办学校的各类歧视政策。制定完善促进民办教育发展的优惠政策。对具备学士、硕士和博士学位授予单位条件

---

① 本文未加注明的引文均为《国家中长期教育改革和发展规划纲要（2010—2020 年）》中的内容，引自中国政府网 http://fffg6df12d910d784b15a33d367580539cfbhonnc0x5q560q6nck. fgfy.zjsru.cwkeji.cn：8081/jrzg/2010-07/29/content_ 1667143. htm.

的民办学校，按规定程序予以审批"。这些民办高等教育发展中亟待解决的问题，通过《纲要》来明确，有利于从国家层面建立起发展民办高等教育的基本制度框架，抓住了重点，非常实在。据悉，笔者所在的浙江省，已经获得国家教育体制改革项目"改善民办教育发展环境实验区"的立项，先期进行制定民办教育发展政策、优化民办教育发展环境的试点工作。我们有理由相信，贯彻实施《纲要》，必将理顺我国民办高等教育发展的关系，逐步建立和完善中国特色民办高等教育发展的体制，促进我国民办高等教育又好又快地健康发展，最终"形成以政府办学为主体、全社会积极参与、公办教育和民办教育共同发展的格局。"

起步于改革开放初期的我国民办高等教育，经过 30 年的艰难发展，已具有一定规模。有关资料显示，截至 2009 年年底，我国已有民办普通高校 336 所，在校生 204.77 万人，其中本科生 33.466 万人，专科生 171.3 万人；另有独立学院 322 所，在校生 241.37 万人，其中本科生 219.01 万人，专科生 22.36 万人。两者合计，全国已有民办高校 658 所，在校生 446.14 万人，民办高校的数量已占全国普通高校总数 2305 所的 28.55%，在校生占全国普通高校总数 2144.657 万人的 20.8%。① 据了解，2008 年全国共有 10 个省份的民办高校在校生比例超过当地普通高校在校生总数的 20%，其中浙江省的比例将近 33%（参见表 1）。② 事实说明，至少在规模上，民办高等教育已经成为我国高等教育的重要组成部分。

可以说，这一轮民办高等教育的快速发展主要得益于国家层面的立法和政策支持。1998 年，全国人大常委会启动《民办教育促进法》的立法程序。2001 年开始加快了《民办教育促进法》的立法进程，2001 年 12 月 21 日，《中华人民共和国民办教育促进法（草案）》经九届全国人大教科文卫委员会第 46 次全会审议通过并提请九届全国人大常委会审议，此后历经 4 次审议，2002 年 12 月 28 日，我国首部民办教育发展的专门法律《中华人民共和国民办教育促进法》终于通过了人大常委会审议，并定于 2003 年 9 月 1 日起施行。2004 年 2 月 25 日国务院第 41 次常务会议审议通过了《民办教育促进法实施条例》。3 月 5 日，温家宝总理签署发

① 教育部：2008 年全国教育事业发展统计公报［EB/OL］. http：//fffgc7b6b508be544d84be
0f6eb45de36e1ehonnc0x5q560q6nck. fgfy. zjsru. cwkeji. cn；8081/edoas/website18/28/info12622444585
13828. htm.

② 根据相关资料整理。

布了《民办教育促进法实施条例》，并定于 2004 年 4 月 1 日起施行。这一连串"利好"给我国民办高等教育发展注入了强劲动力。《民办教育促进法》立法过程中的研讨和争议，使人们对一些重大问题达成了共识，民办教育的社会认同度也大大增加，并激发了社会投资举办民办高等教育的热情。从 2001 年开始，我国民办普通高校连续 4 年每年审批达到 40 所以上，可见《民办教育促进法》立法的显著效应（参见表 2）。回顾这一历程不难看出，国家立法和政策规章对于我国民办高等教育的发展是十分重要、十分迫切的。从本次《纲要》颁布的过程、制定的形式和内容来看，我们有理由对其实施充满信心。

表 1　　　　　　　　　2008 年全国民办高校比例最高的十个省市数据

	浙江	海南	湖北	广东	福建	陕西	江苏	河北	云南	江西
在校生数（万人）	26.65	3.5	31.24	31.87	14.03	20.86	38.33	23.43	7.76	16.22
占本地普通高校在校生比例（%）	32.74	27.72	26.36	26.20	24.93	24.84	24.38	23.43	22.32	21.23
其中独立学院在校生（万人）	16.98	1.25	24.46	16.03	5.95	6.13	19.34	16.44	4.59	8.80

资料来源：根据相关资料由作者整理。

表 2　　　　　　　　　1998 年以来历年民办普通高校建校数

类别＼年份	1998	1999	2000	2001	2002	2003	2004	2005	2006	2007	2008	2009
增加数/所	1	15	6	46	44	40	53	26	26	19	21	18
合计数/所	22	37	43	89	133	173	226	252	278	297	318	336

资料来源：根据相关资料由作者整理。

可以说，《纲要》描绘的是 2010—2020 年教育改革发展的宏伟蓝图，体现的是教育的国家意志，反映了今后 10 年教育发展的国家目标，是新世纪继"科技发展规划纲要"、"人才发展规划纲要"之后的又一个支撑国家发展战略的纲领性文件。在《纲要》实施背景下，我国民办高校将呈现新一轮又好又快健康发展的势头。

思考之一：规模平稳扩大

在《纲要》继续"大力支持民办教育"思想的指导下，各地政府会更加坚定发展民办高等教育的认识，在本地的中长期教育发展规划中预留民办高等教育的发展空间，加大政策力度，鼓励和支持民办高等教育的发展。尽管近几年高考生源逐年下降，但随着经济社会发展对人才整体要求的提高和人民群众生活水平提高后求学愿望的持续高涨，高等教育规模仍将持续平稳增长，而民办高等教育则责无旁贷地挑起"重要增长点"的担子。实际上，许多地区已经出台了相关政策，在未来发展中将进一步发挥民办高校的作用，承担新增加的高等教育人才培养的任务，民办高等教育的整体规模将继续增长。

同时，民办高校校均规模亦将扩大。当前我国绝大多数民办高校是依靠学费运行的，许多民办高校甚至是负债建设，期待通过办学结余归还贷款。可以说，规模仍然是民办高校获益的主要路径。为求得较高的办学效益，民办高校还会适当扩大办学规模。从我国高等学校实际校均规模来看，民办高校也有适度增长的空间。据了解，2009 年我国普通高校校均规模为 9086 人，但民办普通高校只有 6094 人，[①] 相比之下校均规模扩张仍有潜力。

思考之二：本科快速增加

首先是民办高职院校升格为本科的数量将进一步增加。从民办专科院校升格本科来看，在独立设置的 336 所民办普通高校中，只有 43 所本科院校，其中 3 所为中外合作办学高校。民办本科院校比例较低，升格仍有空间。同时，教育部原有规定是公办高等职业学院一律停止升本 5 年，虽然期限已满，但至今仍未开闸。国家示范性高职学院的建设和支持政策，打消了相当一批条件较好的高职院校升格为本科院校的冲动。上述这些原因为民办高校升格本科提供了可能和动力。其次，民办本科高校和在校生比例将持续提高。根据教育部规定，2012 年以前大量独立学院将转设为独立设置的民办高校，民办高校的本科资源总量将快速增加。与此相应，民办高校的本科在校生也将呈现快速增长的势头，在整个本科教育中的比例将明显提高。另外，《纲要》中明确提出要"制定完善促进民办教育发展的优惠政策。对具备学士、硕士和博士学位授予单位条件的民办学校，按规定程序予以审批。"这个规定对一些办学目标较高的优质民办高校是

---

① 根据相关资料整理。

一个鼓舞。据笔者了解，除一些民办高职学院紧锣密鼓准备升本以外，也有一些民办高校在做开展研究生教育的相关准备，以便在政策实施时冲关，成为国家首批举办研究生教育的民办高校。可以预见，今后5年可能有一批民办高校举办学位与研究生教育。

提升民办高校的办学层次只是一种相对趋势，囿于现有条件和规划，能升格本科院校和举办研究生教育的民办高校毕竟只是一小部分。大多数民办普通高校还是应该立足办好高等职业技术教育，办出特色和质量，不断提高办学水平。

思考之三：注重办学质量

一方面，随着高等教育大众化的深入，整个社会都把质量作为发展的重要导向。《纲要》提出，要"把提高质量作为教育改革发展的核心任务""实现更高水平的普及教育"；要求"全面提高高等教育质量""提高人才培养质量"。对高等教育的质量选择和追求成为高等教育发展的主流。同时，整个高等教育体系从规模发展向内涵发展转型，也促使民办高校努力提升办学质量和水平。从市场的角度来看，近几年随着高教资源的日益丰富，老百姓的求学需求也在发生变化，从简单的接受高等教育到自主选择适合自身发展要求的有质量的高等教育。民办高校的办学实践也说明，要想获得良好的社会信誉和丰富的生源，就必须高度关注质量，走质量立校的道路。另一方面，从《纲要》的政策导向来看，政府将出台扶持民办高校优质发展的政策，引导民办高校提高教育质量，"支持民办学校创新体制机制和育人模式，提高质量，办出特色，办好一批高水平民办学校。"这种高调而明晰的政策指向无疑将牵引民办高校的质量发展。部分有较好办学信誉的民办高校还成立了优质民办高校"211"协作会。在高等教育发展主流与国家政策牵引的双重作用下，有远见的民办高校举办者、办学者将会更加深刻认识质量问题，自觉转变发展方式，加快发展转型，把主要精力集中到学校内涵建设上来，努力办社会满意的优质民办高校。

思考之四：凸显办学特色

《纲要》指出，要"树立以提高质量为核心的教育发展观，注重教育内涵发展，鼓励学校办出特色、办出水平，出名师，育英才。"从当前和今后一段时期来看，民办高校在整个高教市场的竞争中仍将处于弱势。办学资金紧缺，办学层次较低，条件相对较差，收费高于公办高校2—3倍，这些都是竞争中难以避免的不利因素。从实际情况来看，除少数学校外，民办高校的整体办学质量一段时期内还很难与公办高校竞争，越来越多的办学者开始认识到，特色已经成为办学质量的重要组成部分。要赢得竞争的有利位置，就必须采取特色办学的策略，形成自身优势，实施差异发展，避免与公办高校的正面竞争，在竞争中发挥自身特长，扬长避短，以特色取胜。

办学特色主要体现在人才培养方面。民办高校要在与公办高校的竞争中赢得地位和空间，关键就是能不能培养出有特色的人才。民办高校应从人才培养计划、教学大纲、课程结构、课程内容和教学方法等方面深化改革，在保证人才培养基本规格的前提下，鼓励不同专业体现各自人才培养的优势和特色，培养具有"基本规格+特色"的创新型、应用型人才。另外，从当前实际情况来看，民办高校最大的特色——灵活的办学体制和机制尚未得到很好的建立和完善，表现为灵活的用人机制、市场化的运行机制、特色化的办学机制上的优势尚未得到有效发挥。如何发挥体制和机制优势，大胆开展制度创新和机制创新，争取竞争的有利条件，也将成为民办高校新一轮发展的重要趋势。

思考之五：发展定位多样

多样化源于高校分工理论。对高等院校进行分工的问题实际上也是实现高等教育系统结构多元化的问题。不同的人才需求、不同的发展目标，导致高校之间不同的工作任务和分工。现代大学的发展，"对各高等院校进行分工已经变得越来越必要，因为这有利于不同单位全力投入不同的工作，不同层次的专业培训，不同类型的、适合于不同学生的一般教育，复杂程度不等的研究（从最基础的理论研究到最侧重应用的研究），所有这一切都可以因院校分工后产生了各类相应的组织结构得到承担"。① 多样化的办学满足多样化的社会需求，这一价值理念已成共识，也是高等教育大众化不断深化的重要特征。各类高校在高等教育系统内部合理分工，科

---

① ［美］伯顿·R. 克拉克：《高等教育系统》，王承绪等译，杭州大学出版社1994年版，第391页。

学定位，确定适合自身的发展空间，才能确立发展优势，满足不同主体的需求，整个系统才能呈现多样化的发展格局。与公办高校相比，民办高等教育本身是一种选择性教育。在高等教育资源日益丰富的状况下，民办高校更应做好多样化定位的文章，更多考虑社会的多样化需求，实施多样化发展。从国际经验来看，世界上许多国家私立高等教育的经费特征已经逐步淡化，而多样化的选择特征却长盛不衰，这值得我们关注。

多样化发展另一方面的含义，是在政策与现实的各方作用下，民办高校群体将发展分化，各自的办学呈现多样化格局，有的升格本科，甚至创造条件举办研究生教育；有的办好高等职业教育，培养生产一线人才；有的专门做职业培训，直接服务就业市场；有的走社区大学的发展路子。总体来说，按照自身优势和实力，正确定位，有所为有所不为，寻找适合自身的发展道路与空间，是民办高校发展的重要趋势。

思考之六：密切贴近市场

从人才培养的类型来看，我国现有高校95%以上都是应用型大学，培养应用型人才，满足生产、服务和管理一线的需要。在我国民办高校群体中，主体部分是高等职业技术教育。全国336所民办普通高校，高等职业技术学院占近90%。在已经升格的民办本科院校中，主要的也是由高职学院升格而来。因此，办好应用型大学，培养市场需求量大面广的高级应用型人才，既是民办高校的办学优势，也应成为我国民办高校人才培养的基本定位。

民办高校立足于办好应用型大学，需十分关注人才市场的发展变化，贴近区域经济和社会发展对人才的需求，服务产业结构调整和优化。要树立市场意识，善于研究市场，人才培养与市场紧密接轨，掌握市场的主动权，培养适销对路的人才，提高毕业生的就业率和就业质量，从而形成自身的核心竞争力。同时，"遵循教育规律和人才成长规律，深化教育教学改革，创新教育教学方法，探索多种培养方式"将成为民办高校市场化办学的必然选择。社会是一个庞大的系统，市场需求是多样化的。民办高校要根据自身条件，选取市场对人才需求的某一个区段，做精做细，办出质量，服务市场，从市场服务中创建自身的品牌。

思考之七：引进国际智力

引进和借助国外优质教育资源发展自己，是民办高校未来发展的重要趋势。《纲要》提出，要"借鉴国际上先进的教育理念和教育经验，促进我国教育改革发展，提升我国教育的国际地位、影响力和竞争力。适应国家经济社会对外开放的要求，培养大批具有国际视野、通晓国际规则、能够参与国际事务和国际竞争的国际化人才。"这一要求为正在寻求创建品牌、提升办学水平的民办高校指明了方向。从世界高等教育发展进程来看，依靠国际智力和品牌提升办学品位，提升办学质量和水平，积极开拓发展空间，是国际私立大学发展的基本经验。

目前，许多民办高校已经开展了多种形式的中外合作，取得了一些经验和成效，但总体来看合作的领域较窄、内容单一。随着国家改革开放力度的加大和教育国际化程度的提高，民办高校将抓住机遇，乘势而上，把办学资源扩大到国际市场。除了积极引入国际资本直接参与学校建设以外，与国外高校开展各种形式的合作，引入国际优质教育品牌和教育资源，包括国外先进的教育思想、培养模式、优秀师资、教学方法、教材资料、设备设施等，为我所用，从国际高等教育的发展中汲取营养，增强办学实力，将成为民办高校国际化办学的重要内容。与此同时，通过交流与合作也将中国传统优秀文化推向世界，将中国民办高等教育人才培养的触角伸向国际广阔天地，积极开拓海外市场，创造更宽阔的生存和发展空间。

思考之八：自主自律并举

依法规范办学将成为民办高校的自觉选择。在高等教育资源相对较为丰富的背景下，社会将更加关注民办高校的办学行为，国家也必然加大对民办高校规范办学的监督。《纲要》提出要"大力推进依法治校"，要求"教育行政部门要切实加强民办教育的统筹、规划和管理工作。积极探索营利性和非营利性民办学校分类管理。规范民办学校法人登记。完善民办学校法人治理结构。民办学校依法设立理事会或董事会，保障校长依法行使职权，逐步推进监事制度。积极发挥民办学校党组织的作用。完善民办高等学校督导专员制度。落实民办学校教职工参与民主管理、民主监督的权利。依法明确民办学校变更、退出机制。切实落实民办学校法人财产权。依法建立民办学校财务、会计和资产管理制度。任何组织和个人不得侵占学校资产、抽逃资金或者挪用办学经费。扩大社会参与民办学校的管理与监督。"这些对民办学校规范办学的基本规定民办高校理应贯彻落实。

我国 30 多年民办高等教育发展的经验和教训告诉我们，尊重高等教育发展规律，坚持教育的公益性，规范办学，育人为先，把办学质量放在首位，才能得到社会和政府的支持，学校才能获得更好的发展机遇和平台。现在，越来越多的民办高校办学者也已认识到，规范是获得支持的前提，是改善办学环境的必要条件，也是学校可持续发展的长远之计。只有规范办学，规范管理，自主与自律并举，才能赢得社会的信任和认可，学校发展的长远利益才能得到保证。

《国家中长期教育改革和发展规划纲要（2010—2020 年）》的颁布实施，使我国高等教育站在一个新的发展起点上，对于我国民办高等教育而言更是一个崭新的发展平台。相信在《纲要》指引下，我国民办高校一定能抓住机遇，加快内涵建设，提升办学质量，加强内部管理，规范办学行为，实施科学发展，在建设创新型国家和人力资源强国的进程中做出自己的贡献。

附记：2008 年 8 月 29 日，国务院正式启动了《国家中长期教育改革和发展规划纲要》研究制定工作。2009 年 1 月 7 日《规划纲要》工作小组办公室发布公告，就《规划纲要》初稿公开征求意见。教育部发布《关于做好国家中长期教育改革和发展规划纲要公开征求意见工作的通知》，要求广纳群言、广集众智，充分听取社会各界意见，努力制定一个让人民群众满意，符合中国国情和时代特点的《规划纲要》。2010 年 2 月 28 日，教育部公示《国家中长期教育改革和发展规划纲要》文本，再次征求意见。4 月 15 日上午国家科技教育领导小组召开会议，审议并原则通过了《国家中长期教育改革和发展规划纲要（2010—2020 年）》。

《教育规划纲要》是 21 世纪我国第一个中长期教育改革和发展规划，是此后 10 年乃至较长时期指导全国教育改革和发展的纲领性文件，因此引发国内外的高度关注是在所难免的。本人有幸多次参与《教育规划纲要》制定讨论，并发表多项意见。2010 年 2 月，日本滨松大学召开国际高等教育研讨会，特邀本人前往参会，并就"《教育规划纲要》颁布后的民办高校发展走向"做演讲。本文系根据演讲稿整理而成，《纲要》正式颁布后重新做了修改，发表在《教育发展研究》2010 年第 18 期。

全面落实《纲要》促进公、民办高等教育和谐发展

摘　要：分析了《教育发展规划纲要》的颁布实施对民办高等教育发展带来的机遇和挑战，指出全面贯彻落实《教育发展规划纲要》对民办高等教育今后的发展有重大影响。为促进我国公、民办高等教育和谐发展，就民办高校如何贯彻落实《教育发展规划纲要》提出了基本思路。

关键词：《教育发展规划纲要》；民办高等教育；教育改革

一　《纲要》为民办高等教育发展提供了机遇

2010 年教育战线最重要的会议，莫过于 7 月 13—14 日中共中央、国务院在北京召开的第四次全国教育工作会议。这是我国自 1999 年 6 月召开第三次全国教育工作会议以来，时隔 11 年召开的教育盛会，也是我国 21 世纪以来召开的第一次全国教育工作会议。此次会议认真总结了我国改革开放以来，特别是 21 世纪以来教育改革、开放和发展的经验，更加坚定了"百年大计，教育为本""大力发展教育事业，是全面建设小康社会、加快推进社会主义现代化、实现中华民族伟大复兴的必由之路"的信念和决心。会后颁布的《国家中长期教育改革和发展规划纲要（2010—2020 年）》（以下简称《纲要》），从全面建成小康社会和现代化建设全局的宏伟目标出发，对未来 10 年我国教育事业发展作出了新的战略决策，进行了全面谋划和前瞻性的部署，宣告了未来 10 年我国教育改革与发展的战略目标和新的任务，即到 2020 年，基本实现教育现代化，基本形成学习型社会，进入人力资源强国行列。贯彻实施《纲要》，必将促使我国教育事业在新的历史起点上加快改革和发展的步伐，坚定不移地

把教育摆在优先发展的战略地位，切实转变教育发展方式，在人才培养、考试招生、办学方式与管理体制等方面进行大胆创新，更好地适应我国经济社会发展的新要求，为经济社会又好又快发展和社会主义现代化建设提供强大的人才支持和重要的知识贡献；必将进一步营造全社会教育发展的良好环境，落实各项政策措施，完善中国特色社会主义现代教育体系，全面推进教育事业科学发展，显著提高教育现代化水平，使教育发展更加符合时代发展的潮流，更加符合建设中国特色社会主义对国民素质和各类人才的需要，更加符合广大人民群众对教育的殷切期望。

在改革开放进程中成长、在 21 世纪开始得到快速发展的我国民办高等教育学人，对此次会议和《纲要》的颁布实施充满憧憬，期待从国家层面对民办高等教育的发展给予更高的关注和更大力度的支持，进一步营造公、民办高等教育和谐发展的良好环境，推进民办高等教育的可持续发展，在建设小康社会和人力资源强国的进程中做出自己的贡献。

《纲要》的颁布，为我国民办高等教育更好、更快的发展提供了机遇和条件。

首先，《纲要》高度肯定了民办教育的发展地位。对民办教育发展地位和作用的认识是随着教育事业改革的深入逐步提升的，特别是民办高等教育的发展环境是随着政府层面认识的提升和相关政策的实施而逐步改善的。与以往的相关文件不同，《纲要》首次提出"民办教育是教育事业发展的重要增长点和促进教育改革的重要力量"，这就在国家教育事业体系的发展中进一步确定了民办教育的发展地位和发展指向，从而将国家层面对民办教育发展的认识提高到了一个新的水平，对一直以来社会上反复出现的民办教育"补充论"、"过渡论"和"多余论"也有了一个明确的回应。而且对发展中的民办教育而言，这也是一个强有力的舆论支持，必将极大地鼓舞广大民办高校的办学热情和信心。

改革开放以来，我国民办高等教育从无到有，从小到大，经过 30 年的艰难发展，已经具备了一定的规模，在推进高等教育大众化、多样化和选择性方面，担当了重要角色。据有关资料显示，截至 2009 年年底，我国已有民办普通高校 336 所，在校生 204.77 万人，其中本科生 33.466 万人，专科生 171.3 万人；独立学院 322 所，在校生 241.37 万人，其中本科生 219.01 万人，专科生 22.36 万人。两者相加，全国已有民办高校 658 所，在校生 446.14 万人，民办高校的数量已经占全国普通高校总数 2305

所的 28.55%，在校生占全国普通高校总数 2144.657 万人的 20.8%。① 据了解，2008 年全国共有 10 个省份的民办高校在校生人数超过当地普通高校在校生总数的 20%。比例最高的浙江省已经达到 33% 左右。② 事实说明，民办高等教育已经成为我国高等教育的重要增长点。

其次，《纲要》高度肯定了民办教育在教育体制改革中的作用。过去对民办教育的发展之所以有许多模糊的认识，实际上是对民办教育的作用认识不清。许多研究认为，民办高等教育的举办增加了高等教育的资金来源，节省了财政开支。这个分析没有错。笔者也认为，世界私立高等教育的发展，其起因可能主要是政府财政经费不足。但资金是民办（私立）高校唯一的办学动因吗？如果是这样，那是不是国家富有了，高校资源丰富了，民办高校就不需要了呢？《纲要》就提出，民办教育"是促进教育改革的重要力量"，这个结论从另一个角度充分肯定了民办教育发展的作用。应该说，民办教育是我国改革开放以来教育办学体制改革的成果。原有高校办学的弊端集中表现为一切都由国家包下来，一切都由政府统起来，是一种封闭半封闭的办学体制。新时期高等教育体制的改革，包括办学体制和管理体制、招生就业体制、经费筹措体制和校内管理体制的改革，这五大体制改革对我国高等教育的大发展起到了积极的推动作用。教育部原副部长、中国高等教育学会会长周远清曾经说过："办学体制改革，说到底就是在中国兴办民办高等教育。民办高等教育的兴起，是改革开放后体制改革最重要的一个成果，没有体制改革就没有民办高等教育。"③ 从另一个角度分析，改革开放以来我国高等教育实施的五大体制改革，可以说很多是从民办高校开始试验的。民办高校的成长和发展，是我国高等教育领域推出的新的办学机制，它推动了高等教育的竞争，增强了高等教育的活力，促进了高等教育的改革和发展，提高了高等教育的办学效率。在新时期高等教育体制改革中，民办高校始终走在前列，许多改革的具体举措是民办高校首先提出并实施的，很多政策是在民办高校的试验实践中提炼的，可以说民办高校起到了良好的体制改革试验田的作用，

①　教育部：《2008 年全国教育事业发展统计公报》［EB/OL］.（2009-07-21）.http：//news.xinhuanet.com/edu/2009-07/21/content_ 11741791_ 1.htm.

②　根据相关资料整理。

③　周远清：《在高等教育强国的目标下推进各级各类强校建设》，《浙江树人大学学报》2009 年第 2 期。

为高等教育体制改革积累和提供了经验。同时，民办高校的参与使高等教育引入了市场因素，激活了高等教育内部的竞争，从而促进和带动了高等教育的人才培养改革。正如温总理指出："民办教育是我国教育的重要组成部分。发展民办教育，是满足人民群众多样化教育需求、增强教育发展活力的必然要求。"①

　　再次，《纲要》明确了许多发展民办教育的具体措施，必将促进民办高校的进一步发展。《纲要》作为国家层面的一个宏观规划，不可能面面俱到，过于微观。但是，《纲要》仍花了很大篇幅从国家层面论述了发展民办教育的具体措施，其中很大一部分是针对民办高等教育发展的，如"支持民办学校创新体制机制和育人模式，提高质量，办出特色，办好一批高水平民办学校"等，为民办高校的发展指明了努力的方向；而"依法落实民办学校、学生、教师与公办学校、学生、教师平等的法律地位，保障民办学校办学自主权，清理并纠正对民办学校的各类歧视政策，制定完善促进民办教育发展的优惠政策，对具备学士、硕士和博士学位授予单位条件的民办学校，按规定程序予以审批"等这些民办高等教育发展中亟须解决的问题，通过《纲要》得以明确，从而从国家层面建立起发展民办高等教育的基本制度框架，抓住了重点，办了实事。据悉，笔者所在的浙江省已经获得国家教育体制改革项目"改善民办教育发展环境实验区"的立项，先期进行制定民办教育发展政策、优化民办教育发展环境的试点工作。有理由相信，《纲要》的贯彻实施，必将理顺我国民办高等教育发展的关系，逐步建立和完善中国特色民办高等教育发展的体制，促进我国民办高等教育又好又快地健康发展，最终"形成以政府办学为主体，全社会积极参与，公办教育和民办教育共同发展的格局"。

二　贯彻落实《纲要》对民办高等教育发展具有重大影响

　　温家宝总理在全国教育工作会议上指出："在一个拥有 13 亿人口的

---

① 《教育规划纲要》工作小组：《全国教育工作会议文件汇编》，教育科学出版社 2010 年版，第 45 页。

大国，推进教育事业改革和发展是一项长期而艰巨的任务。《纲要》的制定和实施只是一个新的起点。"① 全面理解和贯彻落实《纲要》，是各级政府、各级各类学校当前和今后一段时间的主要任务。《纲要》的贯彻落实对于民办高校今后的发展既是一个良好的机遇，但也可能是一个挑战。在实际工作中，如何促进民办高等教育和公办高等教育和谐发展，形成共同发展的格局，可能是落实《纲要》的一个难点。如果这个问题处理得不好，政策不配套，措施不落实，可能会对我国民办高等教育今后的发展产生严重的影响。

第一，贯彻落实《纲要》后，公办高校办学资金将明显增加，总体办学条件将大幅度改善。《纲要》提出要切实保证经济社会发展规划，优先安排教育发展，财政资金优先保障教育投入，公共资源优先满足教育和人力资源开发的需要。特别提出到 2012 年要实现教育财政性支出占国内生产总值 4% 的目标，从而使 1993 年中共中央、国务院在《中国教育改革和发展纲要》中确定的 4% 的目标有了一个确切的实现时间表，表明了党和政府推动教育改革和发展的坚定决心。但在公共财政对民办教育的扶持政策尚未建立和健全的背景下，4% 目标的实现也可能进一步拉大公、民办高校之间的条件差距和质量差距。笔者作为教育部普通高校本科教学工作合格评估专家，在参与评估中强烈地感受到了这个差距的存在和影响，因而殷切期望尽快建立公共财政对民办教育的扶持政策。

第二，贯彻落实《纲要》后，公办高校办学体制改革力度将进一步加大。《纲要》提出，要深化公办学校办学体制改革，积极鼓励行业、企业等社会力量参与公办学校办学，扶持薄弱学校发展，扩大优质教育资源，增强办学活力，提高办学效益。各地可从实际出发，开展公办学校联合办学、委托管理等试验，探索多种形式办学，提高办学水平。这一政策的实施将进一步拓宽教育投入资金的渠道，加快学校基本条件建设。但由于公办高校相对来说办学条件好，又有政府支持，社会认可度高，对社会资金的吸纳能力显然较高，会对民办高校吸纳社会资金投入构成强有力的竞争和挑战。我国民办高校办学资金投入不足，学费难以提高，经费匮乏，与公办高校形成强烈反差。贯彻落实这一精神，如果没有其他配套措

---

① 《教育规划纲要》工作小组：《全国教育工作会议文件汇编》，教育科学出版社 2010 年版，第 51 页。

施，可能会加剧民办高校吸引社会资金投入的困难。

第三，贯彻落实《纲要》后，公办高校内部管理体制改革力度将进一步加大。《纲要》提出，要进一步"落实和扩大学校办学自主权。要求政府及其部门树立服务意识，改进管理方式，完善监管机制，减少和规范对学校的行政审批事项，依法保障学校充分行使办学自主权和承担相应责任。高等学校按照国家法律法规和宏观政策，自主开展教学活动、科学研究、技术开发和社会服务，自主设置和调整学科、专业，自主制定学校规划并组织实施，自主设置教学、科研、行政管理机构，自主确定内部收入分配，自主管理和使用人才，自主管理和使用学校财产和经费"等措施，对于推进我国教育改革和教育服务现代化建设的步伐，将起到引领作用。虽然从文本来看这些改革措施对民办高校并没有任何的歧视和偏见，但鉴于当前民办高等教育发展和政府管理的实际，落实这些措施存在许多条件限制和政策障碍，使得公办高校的这些改革逐渐走在了民办高校的前面。长此以往，民办高校办学体制和机制的优势将被弱化。

第四，贯彻落实《纲要》后，公办高校教师队伍建设的力度将进一步加大。《纲要》指出，要"建设高素质教师队伍。严格教师资质，提升教师素质，努力造就一支师德高尚、业务精湛、结构合理、充满活力的高素质专业化教师队伍"，要"不断改善教师的工作、学习和生活条件，吸引优秀人才长期从教、终身从教。依法保证教师平均工资水平不低于或者高于国家公务员的平均工资水平，并逐步提高，落实教师绩效工资"。如果民办高校教师待遇的相关政策不配套、不落实，肯定会进一步拉大公办高校与民办高校教师队伍的差距，会对正在成长中的民办高校教师队伍建设提出严峻的挑战。实际上，近几年来，随着高校规模的扩张和公办高校教师待遇的大幅提升，民办高校教师流向公办高校的现象越来越严重，一些民办高校领导甚至抱怨"本校几近成为公办高校教师的培训基地"，这个问题不得不引起各界的高度关注。

第五，贯彻落实《纲要》，要防止若干民办教育发展政策虚化。前文已经指出，《纲要》出台的若干针对性政策措施必将促进我国民办高等教育更好、更快地发展。但这是从文本本身分析得出的结论，在对《纲要》充满信心的同时，也要关注《纲要》的贯彻落实情况。由于一些政策的冲突、原有理念的影响和周边环境的制约，《纲要》中有关民办高校的发展政策也有可能虚化。前几年实施的"国家示范性高职学院建设计划"，从文本来看也没有任何歧视条款，但是在现有的 200 所国家示范性高职学院中，仅有 1 所民办高职学院，许多地区在具体操作中仍存在歧视。如《纲要》中提出"对具备学士、硕士和博士学位授予单位条件的民办学校，按规定程序予以审批"。而根据相关规定，举办硕士学位教育的必备条件之一就是要取得学士学位 10 年以上。实际上，除个别学院外，我国民办本科院校大多是在 2005 年后升为本科的，最早的民办高校也只是 2000 年升为本科的，并且只有 1 所。从实际操作来看，许多省市 2015 年以前硕士点建设培育工作数目和名单已经确定并公布。因此，如果这个门槛没有调整，民办高校举办硕士学位教育就成了一句空话，更不要说举办博士学位教育了。

由此可见，贯彻落实《纲要》，首先必须全面系统地学习和理解《纲要》，把握其精神实质，在实际问题的处理中，以科学发展观为指导，从实际出发，实事求是，以全国教育事业"一盘棋"的工作思路，不偏不废，"公、民"兼顾，特别是要考虑到我国民办高等教育的现实情况和长远发展，加大扶持力度。只有这样，才能真正做到全面贯彻落实《纲要》，促进公、民办高等教育的和谐发展，提高教育事业的整体水平。

三　对民办高校贯彻落实《纲要》的建议

分析以上的问题和困难，是为了客观地制定民办教育发展的策略。从《纲要》制定的过程和内容以及全国教育工作会议上中央领导的讲话中，不难体会到政府对民办教育的关注和支持。透过这些文件更可以坚定地认为，发展民办教育是我国教育事业必须长期坚持的战略。在对《纲要》的贯彻落实充满信心的同时，也要站在新的发展起点上，抓住机遇，乘势而上，在贯彻落实《纲要》时，科学谋划、扬长避短、发展自我、壮大自我。

下面从民办高校的角度，对其贯彻落实《纲要》提五点建议。

一是要组织好《纲要》的学习，全面理解和把握《纲要》的精神。对民办高校来说，学习《纲要》不能搞实用主义，仅仅学习与民办教育相关的部分。《纲要》内容丰富，涉及教育事业未来发展的大局，对现实中的许多教育问题做了细致的分析和安排，指明了未来 10 年教育发展的目标和方向。而民办高等教育的发展离不开整个教育事业的发展。全面学习和领会《纲要》精神，可认清我国高等教育未来的发展方向，不断增强发展的机遇意识、自觉意识和主动意识，逐步明晰学校新的发展目标和方向，牢牢把握学校发展的主动权，根据社会发展需求更好地规划学校未来发展，这些都是民办高校十分重要的基础工作。

二是要科学梳理发展思路，正确定位，明晰方向。我国高等教育正处于一个重要的转折期，随着高等教育大众化的不断深化，高校特别是民办高校可能存在一个功能分化期。在高等教育资源丰富、生源锐减、就业困难等环境下，民办高校必须重新定位，根据自身的实际情况，重新梳理目标、任务和工作思路，调整结构，优化办学内容，扬长避短，明确重点，不断增强自身的办学实力。在民办普通高校的群体中，可能出现办学定位和功能的多元化和差异化，有的升格，有的继续办好高等职业教育，甚至不排除一部分投入不足、条件较差或以教育培训为主的院校及时主动地转型，在激烈的市场竞争中寻找和占领适合自身发展的空间。这种主动的"退出"、"转型"和"发展"，实际上具有同样的内涵和意义。

三是要努力提升办学质量，树立学校品牌。《纲要》的贯彻实施，将加快我国高等教育从数量到质量的发展转型，促进高校进一步加快内涵建设，提升人才培养质量更好地服务社会主义现代化建设。一方面，从精英化到大众化，高等教育资源不断得以增加和丰富，市场逐渐主导发展，高等教育从"卖方市场"快速转向"买方市场"。另一方面，多样化的高等教育扩大了人民群众上大学的选择范围，人们对大学的选择趋于理性。"上好大学、品牌大学，接受优质高等教育"将成为选择高等教育的重要内容。当下，民办高校属于高收费教育，人才培养的质量和接受高等教育的支出不匹配，在大众化、多样化和选择性的背景下，这类矛盾将更加突出。只有加快转型，努力提升人才培养质量，创造学校的优质品牌，才能更好地满足人民群众上大学的需求，在未来的发展中巩固自身的地位，实现学校的可持续发展。

四是要实施差异化的办学思路，凸显人才培养的特色。《纲要》指出，要"树立以提高质量为核心的教育发展观，注重教育内涵发展，鼓励学校办出特色、办出水平，出名师，育英才"。从当前和今后一段时期来看，民办高校在整个高等教育市场竞争中仍将处于弱势。办学资金紧缺，办学层次较低，办学条件较差，学费高于公办高校2—3倍，这些都是民办高校在竞争中难以避免的不利因素。从实际情况来看，除少数学校外，整体而言民办高校的办学质量在一段时期内还很难与公办高校竞争。越来越多的民办高校办学者认识到，特色已经成为办学质量的重要组成部分。若要赢得竞争的有利地位，就必须采取差异性的发展策略，凸显办学特色，形成自身优势，实施特色发展，避免与公办高校的正面竞争，扬长避短，以特色取胜。

办学特色主要体现在人才培养方面。民办高校要在与公办高校的竞争中赢得地位和空间，关键是要培养出有特色的人才。一方面，应从人才培养的计划、教学大纲、课程结构、课程内容和教学方法等方面深化改革，在保证人才培养基本规格的前提下，鼓励不同专业体现各自人才培养的优势和特色，培养具有"基本规格+特色"的创新型高级应用型人才。另一方面，从当前的实际情况来看，民办高校最大的特色——灵活的办学体制和机制——尚未得到很好的建立和完善，表现在灵活的用人机制、市场化的运行机制、特色化的办学机制上，这些优势尚未得到有效发挥。因此，如何发挥体制和机制优势，大胆开展制度创新和机制创新，取得竞争的有利条件，也将成为民办高校新一轮发展的重大课题。

五是要尊重高等教育发展规律，依法规范办学。在高等教育资源相对较为丰富的背景下，社会更加关注民办高校的办学行为，必然会使国家加大对民办高校规范办学的监督。尊重高等教育发展规律是优质民办高校的自觉选择。《纲要》提出要"大力推进依法治校"，要求"教育行政部门要切实加强民办教育的统筹、规划和管理工作。积极探索营利性和非营利性民办学校分类管理。规范民办学校法人登记。完善民办学校法人治理结构。民办学校依法设立理事会或董事会，保障校长依法行使职权，逐步推进监事制度。积极发挥民办学校党组织的作用。完善民办高等学校督导专员制度。落实民办学校教职工参与民主管理、民主监督的权利。依法明确民办学校变更、退出机制。切实落实民办学校法人财产权。依法建立民办学校财务、会计和资产管理制度。任何组织和个人不得侵占学校资产、抽逃资金或者挪用办学经费。扩大社会参与民办学校的管理与监督"。这些对民办学校规范办学的基本规定，民办高校应严格贯彻落实。

我国30多年民办高等教育发展的经验和教训告诉我们，正确处理和科学把握市场规律与尊重高等教育发展规律并不一定矛盾，两者在一定的条件下可以和谐并存，发挥各自的优势和作用。坚持教育的公益性，规范办学，育人为先，把办学质量放在首位，才能得到社会和政府的支持，学校才能获得更好的发展机遇和平台。现在，越来越多的民办高校办学者也已认识到，规范是获得支持的前提，是塑造学校品牌、改善办学环境的必要条件，也是学校可持续发展的长远之计。只有规范办学、规范管理，自主与自律并举，才能赢得社会的信任和认可，学校发展的长远利益才能得到保证。

民办高校的发展有待于政府加强统筹和协调，促进公、民办高等教育的和谐发展。《纲要》再次强调了"坚持教育公益性原则，健全政府主导、社会参与、办学主体多元、办学形式多样、充满生机活力的办学体制，形成以政府办学为主体、全社会积极参与、公办教育和民办教育共同发展的格局"的办学体制改革目标模式。"两条腿走路、双轨制发展"是未来高等教育发展的基本体制。在这样的背景下，加强统筹和协调，推进公、民办高校之间的借鉴和交流，促进合作和资源共享，鼓励公办高校支持民办高校，共同提高、和谐发展，应该成为落实《纲要》的重要内容。只有这样，高等教育强国和人力资源强国的目标才能最终实现。

附记：本文根据本人在教育部举办的学习《国家中长期教育改革和发展规划纲要（2010—2020 年）》座谈会上的发言稿整理，刊登于《浙江树人大学学报》2011 年第 1 期。

关于建立全国民办高校战略联盟的若干思考

摘　要： 在高等教育大众化不断深化的形势下，高校战略联盟的产生和运作具有重要意义。在我国高等教育体系中组建民办高校战略联盟不仅非常必要，而且具有可行性。建设和完善民办高校战略联盟，一要增强认识，转变观念，形成共识，提高建立民办高校战略联盟的自觉性和主动性。二要引导、鼓励和参与差异性较多、互补性较强的高校之间缔结战略联盟。三要保持独立，着眼长远，明确重点，坚持不懈。四要建立战略联盟的相关制度，规范战略联盟的管理。

关键词： 战略联盟；民办高校；发展；机遇与挑战

一

战略联盟（Stratagem Alliance）是 20 世纪 90 年代以来国际上流行的一种新兴的战略管理思想，其概念是由美国 DEC 公司总裁简·霍普兰德（J. Hopland）和管理学家罗杰·奈格尔（R. Nigel）最早提出的，原指经济领域两个或更多的企业主体为保证信息流通和资源的充分利用，实现企业可持续发展而自愿结成的有组织的、松散的、以契约形式为联结纽带的优势相长、风险共担、要素双向或多向流动的战略伙伴关系，以便达到共同拥有市场、共同使用资源等战略目标。由于这一理论适应了企业发展的需要，因而在企业战略发展的实践中取得了很大的成功。有人认为，当今时代已经发生了很多变化，企业之间基于单干的竞争已经演变成基于合作的竞争，战略联盟是应对这种竞争的全新的现代组织形式。战略联盟带来的巨大成功和巨大效益，对包括教育机构在内的社会组织的变革和创新产生了深刻的影响。高校战略联盟应运而生，开始从经济领域进入高等教育领域。战略联盟已成为美国高校合作的重要形式。目前，美国已有数十个高校战略联盟，其中人们熟知的有"常青藤联盟""十大联盟""大东方联盟""东南联盟"等。

在我国，从 20 世纪末开始，学界开始研究高校战略联盟问题。但是，当时鉴于我国高等教育发展的阶段和竞争的特殊关系，在实践中并没有得到重视和应用。随着高等教育大众化进程的深化和高等教育市场竞争的日益加剧高校战略联盟理论又一次受到关注。高校产学研战略联盟、区域高等教育联盟、行业高等教育战略联盟、应用型本科教育联盟等机构的产生，说明运用高校战略联盟理论组建高校战略联盟、实施高校联合与竞争相结合的时代已经来临。

所谓高校战略联盟，就是高校与高校、企业、科研院所、政府、社会之间形成的一种长期的稳定的合作关系。通过这种联盟，可以实现优势互补与资源共享，增强高校的实力和竞争力。在高等教育大众化不断深化的形势下，高校战略联盟的产生和运作具有重要意义。

第一，有利于高校教育思想和观念的创新。有关研究表明，创新活动发生的可能性有赖于组织间交互作用的数量和强度。在高等教育大众化不断深化的背景下，高校的办学思想、办学理念显得格外重要，它具体指导复杂多变的办学实践，成为办学的灵魂。各个高校之间的办学思想和办学理念不可能完全相同，但是战略联盟成员之间的密切联系与频繁的合作交流所形成的集聚效应，势必相互碰撞、相互启发、相互提携，取长补短，不断优化升级，从而使教育思想和观念得到提升。

第二，有利于办学资源的优化和共享。在高等教育大众化条件下，大学综合化、巨型化成为发展的主要趋势。学科资源不断整合和交叉，办学规模不断扩张，2009 年我国高校的校均规模已经达到 9086 人，其中本科院校 12634 人①，大规模的办学和小范围的资源配置矛盾突出。高校间、高校与社会其他组织间组建战略联盟，有利于各高校区别轻重环节，集中力量加强重点环节的建设；有利于成员之间特色与优势互补，使各自的比较优势得到充分发挥。可以运用各自学科的特长和优势，联合作战，协力攻关；可以实行师资共享，学分互换，甚至学历互认等制度，扩大学生跨

---

① 教育部：《2009 年全国教育事业发展统计公报》，《中国教育报》2010 年 8 月 3 日。

学科、跨校区学习的范围，感受不同风格的校园文化，让更多学生感受教学名师和优秀教师的教学风采。在校企合作方面，可以通过组建战略联盟关系，建立合作平台和机制，创新人才培养模式，走产学研结合的特色发展之路等。

第三，有利于办学水平和质量的提高。高校战略联盟有多种形式：强强联合、特色联合、强弱联合和弱弱联合等。不同的联盟有不同的目的、不同的发展目标；不同类型的高校联盟起着不同的作用，收到不同的效果。在我国 2305 所普通高校（含独立学院）中，60%以上是近 10 年创建的新校，高等教育规模很大，但是质量和水平很不平衡，尚待提高。如能组建若干高校战略联盟，强强联合则显然有利于加快一流大学建设；而通过强弱联合的战略联盟，加强强弱高校之间的学习、交流和合作，更可以以强带弱、以强扶弱，加快优质高校办学经验的推广和应用，促进基础薄弱高校和新建本科院校办学水平的提升，带动高等教育整体质量的提高。

第四，有利于高校核心竞争力的不断增强。在高等教育大众化条件下，高校之间的竞争日趋加剧。随着考生生源减少、办学容量增大等矛盾的凸显，高校之间的竞争将会更加激烈和严酷。以特色和质量为主要内容的高校核心竞争力将成为竞争取胜的法宝。但是，战略联盟的理论启示我们，单个高校单枪匹马参与竞争，或者单个高校的单项核心能力，并不能形成难以对抗的核心竞争力，因而不可能保证在竞争中获胜。而通过战略联盟，可以融合各成员高校的核心能力，从而形成某种聚合效应，提升整体核心竞争力，为联盟的成员提供发展机会，从而有助于其在竞争中取胜。

二

改革开放以来，随着经济社会的发展和人民群众生活条件的改善，对建设人才和上大学的需求推动着高等教育快速发展，特别是从 1999 年开始，国家实施了高校扩招和积极发展高等教育的重大决策，我国高等教育进入快速发展轨道，从此开始了大众化的进程。高等教育需求的快速增长，也推动了民办高等教育的快速发展，大量民办高等院校积极参与高等教育大众化进程，成为我国高等教育发展新阶段的重要特征。根据教育部发布的《全国教育事业发展统计公报》，1998—2009 年间，我国民办普通高校从 25 所增加到 658 所，在校生从 2.2 万人增加到 446.14 万人。截至 2009 年年底，民办高校的数量已经占全国普通高校总数（2305 所）的 28.55%，在校生占全国普通高校总数（2144.657 万）的 20.8%。① 据了解，2008 年全国共有 10 个省份民办高校在校生超过当地普通高校在校生总数的 20%，比例最高的浙江省已达到 32.74%（见表 1），我国民办高校已经成为高等教育的重要组成部分。著名高等教育研究前辈潘懋元先生曾著文指出，民办高等教育的复兴是我国过去 30 年中发生的、影响深远的高等教育改革、发展的三件大事之一。②

表 1　　　2008 年全国民办高校在校生比例最高的十个省市数据③

	浙江	海南	湖北	广东	福建	陕西	江苏	河北	云南	江西
在校生数（万人）	26.65	3.5	31.24	31.87	14.03	20.86	38.33	23.43	7.76	16.22
所占比例（%）	32.74	27.72	26.36	26.20	24.93	24.84	24.38	23.43	22.32	21.23

新近颁布实施的《国家中长期教育改革和发展规划纲要（2010—2020 年）》（以下简称《教育规划纲要》），强调要继续"大力支持民办教育"，肯定"民办教育是教育事业发展的重要增长点和促进教育改革的重要力量"，明确"各级政府要把发展民办教育作为重要工作职责，鼓励出资、捐资办学，促进社会力量以独立举办、共同举办等多种形式兴办教育"。《教育规划纲要》对民办高等教育发展还提出了一些具体措施，如办好一批高水平民办学校，依法落实民办学校、学生、教师的法律地位，保障民办学校办学自主权；清理并纠正对民办学校的各类歧视政策，制定完善促进民办教育发展的优惠政策；对具备学士、硕士和博士学位授予单位条件的民办学校，按规定程序予以审批；建立、完善民办学校教师社会保险制度；健全公共财政对民办教育的扶持政策等，在国家政策层面上推动民办高等教育再上新台阶。这个事实表明，我国民办高等教育正处在一个新的发展起点上，面临着进一步宽松的发展环境和更大力度的政策

---

① 根据 1998—2009 年全国教育事业发展统计公报整理。

② 潘懋元：《民力民智推进高教事业大发展》，《中国教育报》2008 年 6 月 2 日。

③ 根据相关资料整理。

支持。

但是也要客观地看到，当前我国民办高校仍然处于高等教育发展的边缘。法律缺失，政策到不了位，办学自主权匮乏；办学经费紧张，投入断链，条件改善举步维艰；法人地位不落实，教师队伍不稳定；办学层次低，学费收费高，生源文化素质处于底层，办学质量提升不快。特别是在当前高考生源逐年萎缩的形势下，民办高校首当其冲受到冲击，近几年来屡屡出现招生不足的情况，显现了民办高校办学可持续发展的困境。我国民办高校发展还存在许多不确定的因素，我们在看到民办高校快速发展、充分肯定民办高校在高等教育大众化进程中的卓著贡献的同时，也不免为民办高校的可持续发展担忧，在年年增长、欣欣向荣的背后，也隐藏着与日俱增的办学风险。

三

在我国高等教育体系中组建民办高校战略联盟不仅非常必要，而且具有可行性。

一是在整个高等教育体系中，民办高校属于新产生的弱势群体。相对于公办高校，民办高校建立战略联盟的需求更加迫切。30 年来，在各方面的努力下，民办高校尽管取得了比较快的发展，但是发展仍是初步的，所谓快速也是就纵向比较而言。民办高校的发展还面临许多的困难和问题，有的问题还比较严峻，依靠单个民办高校的努力，解决起来非常困难，需要大家加强沟通，形成共识，共同呐喊，抱团取暖，互相勉励。

二是我国民办高等学校虽然带有"私人"办学的性质，但是与国外的私立大学有很大的不同。经济条件、政策环境、社会心理等，都在考验着民办高校的举办者和办学者的品格、智慧和能力。通过组织民办高校战略联盟，及时交流，相互启发，取长补短，资源共享，对于民办高校自强自律、积累经验、办出特色、节省成本、探索体制与机制的创新，具有非常重要的意义。

三是民办高校发展中的许多问题和困难具有普遍性，但是全国各地办学条件与环境不平衡，国家层面一下子全面解决难度很大。从民办高校的实践来看，许多政策往往在一个地区首先获得突破，单兵突进，解决问题，积累经验，逐步推广。例如收费、招生、税收等，需要及时相互传递信息，寻找解决的途径和方法，力争从单个击破中寻找推广的机会和可能，赢得主动。

四是与公办高校相比，民办高校办学天然需要建立与市场的密切关系。但是市场经常是瞬息万变难以掌握的，并且市场之大难以覆盖，完全依靠单个民办高校自身的力量来了解市场、把握市场，是非常困难的事情。通过建立民办高校战略联盟，民办高校之间合理分工，区域负责，互通信息，分析生源趋势，交流政策动向，对于民办高校办学，是一件有利而无害的好事情。

五是我国民办高校办学层次较低，绝大多数是大专层次的高等职业技术学院，职业教育是岗位教育，需要与企业建立广泛而紧密的联系。专业面向社会、教学面向企业、产学研紧密结合，是职业教育的基本要求。通过民办高校与相关企业单位之间建立人才培养和科学研究的战略联盟，可以提高民办高校人才培养的针对性、应用性和应岗性，提高毕业生的就业力。同时，企业也因此建立了人才培养和人力资源培训基地。

六是民办高校与公办高校之间不仅仅是竞争关系，而且也需要合作共赢。它们既有相同点，也有差异性。比如，新建本科院校的建设和应用型人才培养等，在培养的规格和目标上，大家具有普遍性。在高等教育改革不断深化的背景下，各种性质、各个层次的高校根据自身的条件和目标，科学定位，合理分工、凸显特色、差异发展也显得格外重要。公办、民办高校之间结盟，能够优势互补，知己知彼，让机制和资源的优势发挥得更有成效。

组建民办高校战略联盟，不仅必要，而且可行。从现有的民办高校有关战略联盟来看，应该还是有成效的，在争取民办高校合法权益、推进各项支持政策、规范民办高校办学行为、交流民办高校办学经验和各类办学信息资源等方面，起到了一定的作用。当然，就目前来看，此类联盟数量不多，参加学校还比较少；就对象来说，民办高校之间的比较多，公办、民办高校之间的比较少，境外高校之间的就更少；就领域来看，高校之间的结盟比较多，与社会其他的系统结盟的比较少；从工作的内容来看，由于关系似乎过于松散，合作形式太单一，资源整合有困难，并且成员比较注重眼前利益，忽视长远的、具有战略意义的目标，这在一定程度上影响了战略联盟作用的发挥。

四

《教育规划纲要》的颁布和实施，使我国民办高等教育走上一个新的发展平台。研究高校战略联盟理论，加强民办高校之间、民办高校与公办高校之间及民办高校与社会其他相关系统之间的联系、交流和合作，是民办高校抓住机遇，加快转型，实施可持续发展战略的需要，也是民办高校规范办学、快速提升，增强核心竞争力的可靠途径。

建设和完善民办高校战略联盟，有许多工作可做，这里仅从一般意义上提四点想法。

第一，要增强认识，转变观念，形成共识，提高建立民办高校战略联盟的自觉性和主动性。建立民办高校战略联盟，是一项自愿、共赢的工作。鉴于民办高校所处的办学环境，作为民办高校领导，更应以开放的心态、学习的精神和共赢的胸怀，树立吸纳资源、联盟制胜、合作共赢的新观念，高度重视民办高校战略联盟的建设，并认真分析自身的优势和弱项，主动、有意识地积极参与内涵设计和相关活动，力争在参与中获益。

第二，引导、鼓励和参与差异性较多、互补性较强的高校之间缔结战略联盟。战略联盟不是一般务虚的学术机构或协作机构，它的成员之间有明确的目的和目标。民办高校大都是建校历史不长的高校，整体水平不高但许多学校特色鲜明。相互之间明显的差异性和互补性，有利于成员之间优势互补，取长补短，更能凸显战略联盟的针对性和共赢性，增强战略联盟成员之间的合力，从而促进成员民办高校核心竞争力的建设。

第三，保持独立，着眼长远，明确重点，坚持不懈。民办高校战略联盟应当是多方参与、多方共赢的相对松散的联系组织，各成员单位地位平等，绝无高低贵贱之分，各方应保持自身的独立性和主动性，以实现成员的各自目标。在与公办高校或企业的联盟中，民办高校不应该自卑，不应放弃原则。当然，战略联盟要实现的是战略任务和战略目标，需要全体成员学校长时期坚持不懈的努力才能获得成功，任何过分功利和短视的行为，都可能导致联盟的散伙。

第四，建立战略联盟的相关制度，规范战略联盟的管理。战略联盟虽然是一个松散组织，但既然是组织，就需要有相关制度，以规范成员的行为，保证组织的可持续发展。战略联盟是各成员单位出于自身发展目标和利益而自愿组成的机构，没有严密的约束，这就需要各成员单位相互之间多联系、多沟通，相互理解，友好相处，服从大局，着眼长远。要加强联盟活动的设计和运作，事先做好准备，活动制度化，并力求成效；要经常沟通和交流相关信息，保持成员单位的经常性往来和联系，在互学互帮、共同提高中发展联盟成员之间的友谊，为共同实现各自的发展目标而努力。

附记：伴随着民办高等教育的发展壮大，各类机构也在发展，但是有影响的机构不多，并且凝聚力不强，组织较松散。但是，根据国际经验，民办高等教育相关机构的发展非常重要，它是民办高等教育存在和发展的助推器。本文是在中国高教学会年会上的发言，整理以后发表在《黄河科技大学学报》2011 年第 2 期。

开展分类管理　推进高水平民办高校建设

编者按： 2011 年 5 月 27 日，部分民办高校"支持公益，推进高水平民办高校建设研讨会"在北京召开。该会议由上海杉达学院、北京城市学院和浙江树人大学发起，由浙江树人大学中国民办高等教育研究院和北京城市学院高等教育研究所承办，来自全国 11 所民办高校的领导、研究人员和谈松华、韩民、阎凤桥、贺春兰等专家共 30 余人出席了会议。与会代表呼吁积极开展分类管理，大力支持公益办学，加快推进高水平民办高校建设。为使关注民办高等教育发展的专家和学者了解会议内容，本刊特刊发研讨会侧记，以飨读者。

关键词： 民办高等教育；民办高校；营利性；非营利性；分类管理；公益

《国家中长期教育改革和发展规划纲要（2010—2020 年）》（以下简称《纲要》）颁布实施以后，我国高等教育发展进入了一个新的阶段，加大投入、加快改革和加强质量已成为发展的主旋律。从民办高等教育发展的角度来看，各地把大力支持民办教育、积极开展营利与非营利分类管理作为探索的试点。基于对分类管理的认识存在诸多差异，导致短期内相关政策难以出台，上海杉达学院、北京城市学院和浙江树人大学三所民办高校发起召开了相关的研讨会，旨在凝聚共识，呼吁推动科学分类，推进公益性高水平民办高校的建设，得到了众多民办高校的积极响应。

一　《纲要》鼓舞民办高校加快内涵建设

与会代表认真学习《纲要》，一致认为：《纲要》描绘了我国 2010—

2020 年教育改革发展的宏伟蓝图，体现了国家意志，回应了群众关切，是一份指导我国教育改革发展的纲领性文件，也是 21 世纪继《科技规划纲要》和《人才规划纲要》之后的又一个支撑国家战略的纲领性文件，将对我国教育事业今后十年的发展产生巨大影响。《纲要》充分肯定民办教育的重大贡献和发展地位，从未来发展和实际需要出发，提出民办教育发展的重要方针和政策，对我国民办高等教育的发展将起到极大的鼓舞和导向作用。《纲要》提出，民办教育是教育事业发展的重要增长点和促进教育改革的重要力量；各级政府要把发展民办教育作为重要职责；要"大力支持民办教育。鼓励出资、捐资办学，促进社会力量以独立举办、共同举办等多种形式兴办教育，支持民办学校创新体制机制和育人模式，提高质量，办出特色，办好一批高水平民办学校"……这些论述深得广大民办高校举办者、管理者的真心拥护和高度好评。目前，教育战线学习贯彻《纲要》，制定科学发展规划，设计相关专项，出台相关政策措施，力求将精神落到实处。广大民办高校工作者翘首以盼落实《纲要》，以便给学校建设带来新的发展机遇和环境。对《纲要》的学习热情和政策期待，正在转变为贯彻落实的具体行动。各民办高校要抓住机遇，加快内涵建设，提升办学水平和办学质量，提升核心竞争力，争取在新的十年再创佳绩，为国家发展和民族振兴做出更大的贡献。

二　开展营利性和非营利性分类管理试点

在贯彻落实《纲要》、制定地区发展规划的进程中，许多省市都把发展民办教育作为一个重要的方面。在实现的路径上，将开展民办高校的分类管理放在突出的地位。据报道①，作为全国唯一的民办教育综合改革试点省份，浙江省将以实施分类管理为重点，积极探索"学校自愿选择，政府分类管理"的新模式，按营利性和非营利性两大类进行区分。政府将制定相应的许可登记、管理、税收和财政补贴等制度与政策，完善年检年审制度，强化督导评估，建立评估结果和招生计划挂钩的机制；以设立专项资金为重点，建立对民办教育的公共财政资助体系，省、市、县

---

①　朱振岳：《浙江将实施民办学校分类管理模式》，《中国教育报》2011 年 1 月 3 日。

（市、区）三级政府设立"民办教育专项资金"，探索建立差额补助、定额补助、项目补助、奖励性补助以及购买服务等多元化的民办教育公共财政资助体系等。福建省已经出台了闽教发〔2010〕196号，下发了"福建省教育厅关于开展非营利民办高校办学制度改革试点的通知"，确定了6所民办高校作为试点。提出"建立与非营利民办高校相适应的产权制度；建立与非营利民办高校相适应的资产财务制度；建立非营利民办高校扶持与资助政策体系；建立非营利民办高校社会监督机制"为内容的试点工作方案。据了解，上海等其他地区的方案也在紧锣密鼓的制定中。几乎所有地区的"中长期教育改革和发展规划"都提到要"开展对营利性和非营利性民办学校分类管理试点或探索建立营利性和非营利性民办学校分类管理制度"。这表明了各地政府对分类管理的高度重视和坚定决心。然而，由于我国民办教育举办和发展的特殊环境，民办教育举办主体和动机的多样性与复杂性，对正在开展的营利与非营利分类管理工作认识纷杂，支持者众多，反对的也不少。对于为什么要分类管理、如何分类和如何管理等问题意见相左，对当前已经出台的试点方案，分歧亦很大，致使对民办高校各项政策的制定进展缓慢，甚至有停顿之势。有地区的领导叹言，这个问题太复杂了，可以考虑暂时不搞。为此一些代表认为，分类管理不仅是针对营利性民办高校的管理，也是一种全面的科学管理。当下，我们不仅缺乏对营利性民办高校的管理，而且对非营利性民办高校的管理也同样缺失。只有建立起科学的民办高校分类管理体系，明确政策导向，举办者才能加以自主选择，政策才更具有实施的思想认识基础。

　　鉴于此背景，与会代表重点研讨了《纲要》所提出的"开展对营利性和非营利性民办学校分类管理试点"和"积极探索营利性和非营利性民办学校分类管理"等问题。总体认为，这是鉴于我国民办教育发展中"理论准备和实践探索不足，目前尚未建立对营利性和非营利性民办学校进行分类管理的国家制度，导致实践中鼓励和规范的政策产生了矛盾，法律规定的优惠政策得不到有效落实"① 的实际需要。同时，"如果不界定的话很多优惠政策和管理制度就不好分类出台。因为各个管理部门有各自的考虑，所以这方面也要加以试点，看看是不是能够有所创新。这样才能

---

　　① 　鲁昕：《认真贯彻落实〈规划纲要〉促进民办教育蓬勃发展》，《湖南民办教育》2010年第6期。

使民办教育分类更加清晰，政策更加有针对性"①。有专家指出，民办学校分类管理问题已经提出多年，但一直没有引起重视和实施。在《纲要》的制定过程中，关于分类管理的问题上上下下提了很多意见，经过多方讨论后形成共识，最后确定为"开展对营利性和非营利性民办学校分类管理试点"。借鉴世界各国私立大学发展的经验，实行分类管理是私立大学管理的通例。因此，《纲要》提出"积极探索营利性和非营利性民办学校分类管理"，不仅仅是立足于我国民办教育的实际国情提出的重要举措，而且是符合国际私立大学管理发展惯例的。对于分类管理的种种意见，反映了不同层面对发展民办教育的不同认识，也折射出我国投入多元、动机多样的不同诉求，值得关注和研究。从我国民办高等教育发展的长远目标出发，与会代表呼吁民办高校要端正认识，积极支持和参与分类管理的讨论和试点，建立健全规范的、有利于各类民办高等教育发展的制度环境。

三　尊重意愿自主选择

我国民办高校大多是个人投资办学，《民办教育促进法》的实施已经承认营利性学校的存在和合理回报的客观事实。无论是营利性学校还是非营利性学校，都是在法律允许的范围内办学，无论哪一个层面都应尊重举办者的选择。尽管社会上对民办高校的合理回报多有争议，但只要是在法律的框架下，就不应该受到歧视，也不存在道德之高低，尤其不存在相互对立。相反，营利性大学的跨国发展应引起我们足够的重视。讲求效率和成本的管理模式、基于生存与发展的快速适应市场机制、以生为本的服务理念的运用等，对民办高校的发展都有启示意义，值得我们关注和借鉴。

现有试点方案中存在不足。在民办高校分类管理的相关讨论和试点方案中，对于举办者投入资产的产权规定不明晰、不到位或者不符合投资者的期望和诉求是问题的焦点，而解决问题的关键却在于办学积余资产的产权处理。许多投资者和研究者认为，现有产权制度和试点方案与办学实际之间尚存有四个问题：（1）政策不合理。对非营利民办高校的支持政策

---

① 孙霄兵：《纲要考虑对民办学校实行分类管理试点》［EB/OL］.（2010-03-02）.［2011-05-06］. http：//www. jyb. cn/china/gnxw/201003/t20100302_ 343243. html.

不清晰，单向要求举办者选择，困难很大；（2）界定不合理。非营利学校界定中要求举办者投入的办学资产一律作捐赠处理、举办者放弃对校产的所有权，不符合我国国情；（3）产权不合理。投资者拥有的产权应该包括投入学校形成的资产和学校增值部分的资产，现有政策和方案未包括学校增值部分的资产，与投资举办者的诉求距离太远；（4）回报不合理。现有政策合理回报的基数仅指投资者投入的资产，未包括学校办学积累（增值）的资产部分。我国民办高校大多是个人办学，除一些现代股份公司的大手笔投入以外，绝大多数为个人办学，从直接的资产投入来看，相当多的人只有少量投入或没有实际资产投入，而大多数民办高校的增值部分要比直接投入的资产多得多。很多投资者认为应拥有学校部分增值资产。因此，以个人实际资金投入作为举办者对学校产权的拥有权和合理回报的基数，与营利性学校投资者办学的诉求相距甚远，难以满足一部分"投资办学"者的利益诉求。

　　民办高等教育为我国高等教育事业的发展、为我国经济和社会人才培养以及人民群众文化科学水平的提高做出了巨大贡献。以美国为例，其建国以前只存在私立大学，尽管现在私立大学占普通高校的70%以上，但其在校生不足全部普通高等教育在校生的1/4。而截至2010年年底，我国民办高校数量已经接近全国普通高校总量的30%，在校生接近21%，民办高校在短短的30年里，就发展到这个规模，没有广大热心教育的投资者参与，是难以想象的。对于广大民办高校投资者投身教育，为国植才，从事符合国家法律规定的办学行为，都应得到尊重。对于一些民办高校举办者由于各种原因，期望通过办学取得经济效益，担心分类管理会影响学校的政策支持和形象塑造，应该表示理解。科学合理设计分类管理的制度，应充分尊重举办者的意愿，允许举办者根据自身投入的实际和价值判断自主选择举办类型。从某种意义上来说，只要法律许可并管理得当，举办一定数量的营利性民办高校，也有利于公益性民办高校的改革和提高，不会影响国家教育事业的发展。制定和实施民办高校发展的政策，既需要认真借鉴国外管理经验，也需要考虑我国的基本国情。与会代表认为，应该充分讨论，凝聚认识，积极引导，做好示范，科学合理地设计分类管理的制度，允许举办者有一个思考、选择的过程，充分尊重举办者的意愿，由举办者根据国家政策导向、自身的投入实际和价值判断自主选择举办类型，确定自身的发展定位和空间，获得相应的政策支持。

四　坚持公益性是重要条件

有研究报道，近几年来世界上一些国家出现了营利性大学大量增加的现象。特别是在美国，20世纪90年代后，美国营利性大学的发展变得迅速。以学位授予为例，从1995年到2005年，营利性大学授予的学士学位从10800个增加到62000个，增长了474%；授予的硕士学位从3900个增加到45100个，增长了1069%。① 其中在两年制的教育机构中，营利性学位授予型大学的数量从1989—1999年十年间增长了78%，达到483所，而同期公立大学的数量增长仅九个百分点，共1075所，而非营利性私立教育机构的数量下降了6%，仅为169所。但是，纵观全球高等教育，可以看出两个明显的特征：其一，坚持公益性办学和分类管理始终是世界私立大学发展的主流和方向。研究表明，与非营利性大学相比，美国私立大学在校生不足高校在校生总量的1/4，营利性大学更是其中的一小部分，并且大都为二年制的学院。在高层次人才培养的院校中，非营利性高等教育机构仍占绝对地位。就世界范围而言，营利性大学的比例就更小。其二，质量上乘、享有美誉的私立大学都坚持公益性办学。研究表明，私立大学的成长和发展与办学动机不无关系。中外民办（私立）大学的发展历史和现状都可充分说明这一点，即使在营利性高校发展比例较高的美国也无例外。哈佛、斯坦福等私立大学之所以跻身世界一流大学的行列，坚持公益性是一个极其重要的原因。在世界排名靠前的大学中，至今尚难找到营利性大学的影子。由此我们有理由相信，坚持公益性（非营利性）是建设高水平民办高校的重要条件。与会代表认为，要实施高水平民办高校建设，必须坚持公益性的原则。也只有坚持公益性办学并得到政府强有力支持的民办高校，才有建成高水平民办高校的可能。因此，支持民办高校的发展，建设高水平民办高校，首先是要关注和大力支持公益性民办高校的发展。

---

① Natioanal Center for Education Stataistics. Degrees Conferred by Public and Privaten Institutions (2008) [EB/OL]. [2011-02-16] http：//nces. ed. gov/programs/coe/2008/section5/indicator41. asp/2008-12-05.

五　分类管理推进高水平民办高校建设

与会代表一致认为，高水平民办高校建设不仅十分必要，而且十分迫切。1999 年第三次全国教育工作会议召开，从国家层面启动了推进高等教育大众化的进程。经过十多年的努力，我国高等教育大众化正在深入发展，全国高考录取率平均达到 60% 以上，许多省市甚至超过 80%。浙江省 2010 年的高等教育毛入学率达到 45%，正朝着普及化的目标快速迈进。高等教育资源严重紧缺的局面得以完全改变，供求矛盾快速缓解。在新的发展阶段，高等教育市场逐渐由卖方（高校）走向买方（考生），老百姓接受高等教育的态度和理念正在发生重大变化，从被动接受高等教育转向主动选择高等教育，从要上大学转向要上好大学。2010 年，第四次全国教育工作会议召开，标志着我国高等教育进入了一个新的发展阶段，质量、特色和内涵，成为高等教育发展新阶段的主题词。在新的时期，我国民办高校发展挑战与机遇凸显：一方面，《纲要》的贯彻落实，将为我国民办高校在新的起点上的新发展提供良好的机遇和空间；另一方面，我国民办高校教师队伍整体成长缓慢，办学层次和质量较低，在日趋激烈的高等教育市场竞争中的弱势地位尚难改变。当下高考生源的快速萎缩又带来了民办高校需求的快速下滑，有的民办高校已经出现了生源严重不足的状况。有专家预言，随着我国生源的下降，各高校间的生源竞争将会越来越激烈，部分民办高校可能会破产。可以说，民办高等教育面临的形势十分严峻。

开展国家层面的高水平民办高校建设工程，尽快提升我国民办高校的核心竞争力，为民办高校的改革和发展提供示范和经验，意义非常重大，任务十分急迫。《纲要》已经将高水平民办高校建设提上议事日程。当前各地正在制定相关政策，开展营利性、非营利性民办高校分类管理的试点，这是十分必要的基础性工作。对非营利性民办高校的界定、管理和支持政策的制定，既需要理论研究，也需要实践探索，更需要关心引导，凝聚共识。鉴于分类管理工作的复杂性和艰巨性，政策制定需要时间，学校选择也需要过程和相关引导，与会代表和专家呼吁，在全面和系统的民办高等教育政策制定和实施过程中，应先易后难，突破重点，积极落实

《纲要》提出的各项措施，不因困难和障碍而停滞，重点支持一部分产权清晰、坚持公益、不求回报的民办高校，优先启动公益性高水平民办高校建设工程。建议尽快出台公共财政扶持公益性民办高校的政策；落实民办高校教师与公办高校教师同等的政治地位和经济待遇，支持公益性民办高校教师队伍建设；落实民办高校的自主权，给予公益性民办高校更加宽松的办学环境。以明确的政策导向和有效的措施，扶持一部分公益性民办高校实现高水平民办高校建设的目标，促进一部分民办高校进入国家强校、名校和示范校行列，带动整个公益性民办高校建设，确立国家政策的公益性导向和示范。同时要经过调查研究、开展试点、反复论证和积累经验，逐渐明晰科学合理的分类界定标准，制定实施分类管理的相关政策，让不同诉求的投资主体和办学动机获得各自相应的支持和发展空间，真正形成以政府办学为主体、全社会积极参与、营利性与非营利性合理分工、公办教育和民办教育共同发展的格局。

　　附记：本文系本人在"支持公益，推进高水平民办高校建设的研讨会"上的讲话稿整理而成，增加了会议上的一些观点，刊登于《浙江树人大学学报》2011年第4期。

　　《国家教育中长期改革和发展规划纲要》（2010—2020年）提出的"开展营利性、非营利性民办学校管理试点"引发民办高教界热议，也引发许多举办者、办学者的思考。据此，本人牵头组织了本次会议，召集部分民办高校领导和专家学者进行了座谈。会议在北京京民大厦召开，提出进一步统一思想，认清形势，坚持公益，稳定办学。欲了解会议详情，可参阅本人撰写的会议综述《优先开展公益性高水平民办高校建设工程》，《人民政协报》教育在线2011年6月1日。

关于民办高校分类管理的思考

摘　要：在落实《国家中长期教育改革和发展规划纲要（2010—2020 年）》中有关民办高等教育发展的内容时，相当多的地区将视线放在非营利性和营利性民办高校的区分上，希望以此来推进民办高校的分类管理。借鉴理论成果与实践的经验，本文认为应遵循稳步推进、尊重选择、既往不咎、鼓励公益、坚持改革、和谐发展等原则来进行民办高校的分类管理。

关键词：非营利性；营利性；民办高校分类；科学管理

一

2010 年颁布的《国家中长期教育改革和发展规划纲要（2010—2020 年）》（以下简称《纲要》）明确提出要"积极探索营利性和非营利性民办学校分类管理"，"开展对营利性和非营利性民办学校分类管理试点"。此后，许多省市把发展民办教育作为教育发展的重要方面，围绕民办高校的分类管理制定方案、开展试点。浙江作为全国唯一一个民办教育综合改革的试点省份，也在积极探索"学校自愿选择，政府分类管理"的新模式：（1）按营利性和非营利性两大类分别制定许可、登记、管理、税收、财政补贴等政策，完善年检年审制度，建立评估结果和招生计划挂钩的机制，强化督导评估；（2）以设立专项资金为重点，建立公共财政资助民办教育体系，省、市、县（市、区）三级政府要设立"民办教育专项资金"，探索建立差额补助、定额补助、项目补助、奖励性补助以及购买服务等多元化的公共财政资助民办教育体系等。① 福建省出台了"福建省教育厅关于开展非营利民办高校办学制度改革试点的通知"，确定了 6 所民办高校作为试点学校，提出：（1）"建立与非营利民办高校相适应的产权制度；（2）建立与非营利民办高校相适应的资产财务制度；（3）建立非营利民办高校扶持与资助政策体系；（4）建立非营利民办高校社会监督机制"为内容的方案。据了解，上海市等其他省市的方案也在制定过程之中。几乎所有的省市在本地区"中长期教育改革和发展规划"中都明确提出要"开展对营利性和非营利性民办学校分类管理试点"或"探索建立营利性和非营利性民办学校分类管理制度"。这表明，各地各级政府已把民办学校分类管理提上议事日程。但我们也发现，对于为何要分类管理、如何分类管理等问题，大家的意见并不一致。因而，研究民办高校的分类界定和管理，成为当下民办高校研究的重要议题。

二

　　分类是否需要、是否适时？这是讨论的第一个焦点。从世界范围来看，20 世纪 70 年代后，随着全球性高等教育财政危机的到来，市场机制和一些经济管理的法则开始被引入高等教育领域，使得高等教育系统在两个层面上发生了重大变化。一是公立大学的市场化。在许多国家，伴随着高等教育大众化进程，不同程度地推进高等教育市场化。二是私立大学中营利性和非营利取向日益明晰。② 世界银行组织在 2000 年的报告中强调，"区分私立教育机构的营利性和非营利性比传统上划分公立和私立教育机构更具实际意义，因为非营利私立教育机构从其使命和结构来看与公立教育机构往往非常相像"③。相应地，各国在私立教育分类方面也开展了不少比较深入的研究，并形成了较为丰富的成果。

　　我国学术界也逐渐认识到该问题的重要性，并围绕非营利性和营利性

---

　　① 朱振岳：《浙江将实施民办学校分类管理模式》，《中国教育报》2011 年 1 月 4 日。

　　② 高晓杰：《美国营利性私立高等教育与资本市场》，广东高等教育出版社 2008 年版，第 2 页。

　　③ The Task Forceon Higher Educationand Society. Higher Educationin Developing Counties：Peril-and Promise. Washington，D. C.：The World Bank，2000：29.

民办学校分类的意义、界定依据和内容等方面开展了研究。早在《民办教育促进法》颁布前，许多专家就提出应对民办学校实施分类管理。有学者从三个方面指出了我国民办高校分类的必要性：（1）非营利性与营利性教育机构并存是我国民办教育发展的客观现实，我国民办院校大部分依靠投资举办，投资者从办学中不同程度地取得回报，为国家政策所允许又是普遍存在的事实；（2）非营利性与营利性学校不分遗患严重，目前我国对民办学校基本实行一视同仁的优惠政策，这不仅打击了公益性法人办学或社会捐资办学的积极性，而且造成许多高校以公益之名兴营利之实情况的发生；（3）有助于规范公办学校的办学行为，分类管理既利于规范公办学校扩招中的高收费营利行为，又利于推动公办院校的办学体制改革。① 随着民办高等教育的发展，要求对民办高校分类管理的呼声逐渐升温。有学者认为，我国民办教育的现行法律法规和一整套政策是基于民办学校的非营利性而设计的。由于民办高校部分非营利性和营利性都享用同样的法律法规，这样的"游戏"规则必然存在很多模糊区域，导致营利性和非营利性民办高校相互"搭便车"的现象十分普遍，再加上政府尚没有严格有效的监管措施，其结果是更多的民办高校打着"不营利"或"少营利"的招牌却行"获取暴利"之实。在法律上重新界定民办高校营利性与非营利性不同的性质，明确目标、市场与政府监管上的分野，有利于实现民办高校的分类调整与规范。②

对于分类评估的必要性，教育部副部长鲁昕的一番话可以作为政府的主要考虑："由于理论准备和实践探索不足，目前尚未建立对营利性和非营利性民办学校进行分类管理的国家制度，导致实践中鼓励和规范的政策产生了矛盾，法律规定的优惠政策得不到有效落实。"③ 换句话说，如果没有建立分类管理的制度，不分营利非营利，混混沌沌，享受同类政策，承担同样义务，这样的政策是难以落实的。教育部政策法规司司长孙霄兵也认为，民办高校的营利和非营利"如果不界定的话很多优惠政策和管理制度就不好分类出台。因为各个管理部门有各个管理部门的考虑，所以

---

① 邵金荣：《中国民办教育立法研究》，人民教育出版社 2001 年版，第 56 页。

② 石邦宏、王孙禺：《民办高校营利性与非营利性的制度思考》，《中国高教研究》2009 年第 3 期。

③ 鲁昕：《认真贯彻落实〈规划纲要〉促进民办教育蓬勃发展》，《湖南民办教育》2010 年第 6 期。

这方面也要加以试点，看看是不是能够有所创新。这样才能使民办教育分类更加清晰，政策更加有针对性"①。这些观点实际上代表了政府的声音，也代表了许多举办者和研究者的想法。

对于分类管理，大多数人还是认为需要的。关键在于时机的选择。忻福良和陈洁认为，当前开展分类管理的时机尚不成熟，开放营利性学历教育的生态环境尚未形成，普遍推行民办非营利教育的捐资办学基础也相对薄弱。② 如果在这种条件下硬性推进这一试点，可能会削弱社会对民办高校的投资热情，甚至引发部分举办者退出，从而影响民办高等教育的发展。这一观点在民办高教研究者中具有典型性和代表性，得到较多的民办高校举办者的认同。但笔者认为，分类管理的生态环境和捐资办学的基础都不是自发形成的，必须确定分类管理的方向并且通过政策引导和营造才能逐渐完善。当然，也有人从另一个角度提出分类管理的"不成熟性"，认为"根据现有法律，教育都应该归属公益事业，根本就不应该让营利性民办学校存在，营利或变相营利即违法，应追究营利者责任，分类管理就是纵容违法行为，持上述观点的人以非教育界人士居多，《教育法》是其最有力的'武器'"。这一观点有些过时，因为《民办教育促进法》及其相关法律已默认"合理回报"的存在，实际上也已默认营利行为的存在。有的专家对分类管理的观点更加犀利，提出应该尽快开展分类管理，认为"尽管法律严禁民办学校举办者营利，但由于政府监管不到位，许多表面风光的民办学校，实际已面临被掏空之虞，一旦生源锐减，马上可能发生社会性事件。一些举办者之所以敢置法不顾，公然把学校当做'提款机'，主要是看清了政府的'软肋'。正像有位专家所说，'与其说现阶段实施分类管理还早了点，不如说有人钱还没赚够！'"③ 对此笔者不敢苟同。当前围绕分类管理问题的争论，至少折射出我国民办高校复杂的办学动机的实际，并且越来越多的人已认识到，解决我国民办教育性质模糊的关键，在于区分非营利性和营利性，厘清民办学校的产权归属、税收优惠和合理回报等难题，从而实现政府对民办教育的有效管理、民办学

---

① 孙霄兵：《纲要考虑对民办学校实行分类管理试点》，《中国教育报》2010 年 3 月 4 日。

② 忻福良、陈洁：《对民办学校实行分类管理的调研与思考》，《教育发展研究》2009 年第 18 期。

③ 刘林：《分类管理安民兴教》，人民政协报教育在线，2011 年 6 月 1 日。

校向公益性的转变以及民办学校与国际私立教育的接轨。①

三

对于如何分类、分几类、如何界定民办高校的营利性和非营利性是当前争论的第二个焦点。目前对于分类标准认识上的差异，也是引发争论的重要原因。

许多人认为，民办高校是营利性的还是非营利性的，首先是看到底是捐资办学还是投资办学。在一些已经出台的试点方案中，也明确提出"举办者投入属于捐资，对投入学校的财产不保留或者享有任何财产权利，学校注销后的剩余财产由主管部门转赠给其他学校继续用于办学或其他公益性、非营利性活动"②。厦门大学副校长邬大光教授认为，我国民办高校大多数都是投资办学。另有人认为，90%以上的民办学校都是投资办学。但是根据国情和国际经验，不可能有这么多的营利性民办高校。换句话说，有相当多的投资举办的民办高校，在政策的规制和引导下还是要走非营利性的办学路子。但是试点实施立竿见影，要求举办者立即无条件地将原有投入学校的资产捐赠社会，这确实难度很大，而且还可能为部分投资举办的民办高校回归公益性办学带来了障碍。

其次，将是否谋取"合理回报"作为分类的第二个标准，意见也难一致。对于谋取合理回报的民办高校，能否作为非营利民办学校，争议很大。虽然《民办教育促进法》明确了可以取得合理回报，但《教育法》等重大法律中有关"任何组织和个人不得以营利为目的举办学校"的规定又是限制营利性办学的，不过在实际工作中，由于缺乏配套政策的支撑，这一规定不具操作性。当下民办高校的合理回报总是在羞羞答答的状态中进行的。应该说，合理回报是《民办教育促进法》所允许的，社会对部分民办高校中获取"合理"回报也是有承受力的。只要"回报"是在"合理"范围内，许多人认为也应属"非营利"办学，许多人都能理

---

① 忻福良、陈洁：《对民办学校实行分类管理的调研与思考》，《教育发展研究》2009 年第18 期。

② 福建省教育厅：《关于开展非营利民办高校办学制度改革试点的通知》。

解。但是，合理回报是需要有严格的"度"的界限的。"现阶段对合理回报的认识和实践，还没有完全统一到《民办教育促进法》的立法本意上。民办教育确实需要找到合理回报的理论边际，到底谁是参照系，以谁为基点来确定什么是合理回报，什么不是合理回报，合理回报是百分之多少？"目前还没有政策明确。[1] 确实也有一部分举办者太贪，拿得太多。另外，对提取合理回报的方式和数额，"有52.3%的人认为可从办学结余中提取，其比例为结余的10%—80%不等；有33.3%的人认为，可从学费总收入中提取，其比例为当年学费的20%—30%不等。"[2] 如果按照这个比例来操作，就江浙沪一带的民办高校来看，以在校生15000人计算，则回报额为每年5000万—8660万元之间，这完全是获取暴利。如果这样的"回报"也能算非营利，也要享受非营利学校的优惠政策，笔者估计无论如何都难以得到社会的认同和支持。

关于现有民办高校分几类的争论也很激烈。最简单的分类，借鉴国外已有经验，无非是营利性与非营利两类，非此即彼。这样的分类并不能完全涵盖现有民办高校的办学实际。胡卫就认为，依据我国民办高校整体上形成了捐资办学、投资办学和混合集资办学三种筹资形式的状况，应将民办高校区别为准营利、营利和非营利三种。捐资举办的无疑是非营利办学，投资举办学校中，依教育服务类型和学校盈余分配，可分为准营利和营利性两类。准营利型民办高校"不以营利为目的但可获得适当回报。营利型民办高校，特指以营利为目的实施各种教育培训服务的机构，盈余由学校内部解决"[3]。浙江省部分民办高校领导在讨论中主张，非营利学校的界定包括捐资办学和出资保值办学两种模式，后一种指举办者放弃合理回报和办学资产结余，但对出资投入的资本保留权属并要求保值。笔者认为，我国民办高校投资主体多元，办学动机多样。对于产权和回报的态度至少有四类：第一类为"举办者不求所有权的民办高校"，举办者不追求所有权，也不求回报。第二类为"举办者要求所有权的民办高校"。举办者不求回报，学校的所有办学结余都用于学校的继续发展。但是并不放

---

① 鲁昕：《认真贯彻落实〈规划纲要〉促进民办教育蓬勃发展》，《湖南民办教育》2010年第6期。

② 忻福良、陈洁：《对民办学校实行分类管理的调研与思考》，《教育发展研究》2009年第18期。

③ 胡卫：《民办高校的发展与规范》，教育科学出版社2000年版，第82页。

弃对学校资产的所有权，也不放弃对民办高校的控制权。第三类为"举办者要求合理回报的民办高校"。举办者不仅不放弃所有权和控制权，而且也希望得到"合理"的回报，但是不以营利为目的。第四类为"营利性民办高校"。如此等等，还可以细分。在制定政策时，如何科学合理地制定分类标准，值得深入思考。

当然，产权归属和获取回报只是界定民办高校的两个主要内容。要使界定的标准更加合理科学，在实际工作中，还要考察学校法人产权完整性、举办者是否享有办学结余资产的所有权、办学结余是否全部用于教育以及学校终止办学时剩余资产是否用于发展教育等相关因素来综合考虑。

四

分类管理争论的第三个焦点，是政府对营利或非营利民办高校的支持政策不明晰。目前出台的试点方案，没有明确的营利与非营利民办高校的相关政策，只有对民办高校产权的规范要求。布袋里买猫，不知黑白。在调查中了解到，许多民办高校举办者表示，试点政策不明晰，举办者选择无依据，让我们稀里糊涂地放弃投资和产权，这个难度很大。从实际情况来看，我国民办高校投资主体非常复杂，办学的动机也是多样化的。有的明确是捐赠办学，有的投资办学期望有所回报，有的投资不求回报，但求投入保值，有的投资完全是出于回报社会，也愿意将投资转为捐赠，简单地用一个非此即彼的划分标准，本来就难以涵盖多样化的办学主体的实际，也难以表达不同办学主体的诉求。

在现有的民办高校政策制定中，比较习惯的做法是规范和引导为主，扶持为辅。规范措施地毯式，一个也不能少；支持政策往往只见刮风不见雨点，或者风大雨小。特别是许多学校期待和拥护的民办教育政策，或者不具操作性，或者缺乏配套措施而束之高阁，并没有得到有效的贯彻落实。民办高校的政策出台多、落实少，使得许多举办者对政策的信任度降低，经常与政策对立。从民办高校的投资办学实际来看，在相关政策不明晰的状态下，举办者不可能轻轻松松将投资拱手捐赠。实际上，分类管理是在民办高等教育发展了30余年才提出的，选择营利与非营利，不仅仅是一个简单的价值判断，也有一个投入的实际问题，还要结合具体的政策引导。特别是在举办者进退两难的状态下，清晰的政策往往能起到重要的导向作用。

另外也要看到，当前的政策在实践中难以顺利落实。许多民办高校主张，如果选择非营利办学，希望在土地征用、税收交纳、教师编制、经费资助等方面，享受公办高校同等待遇。这里面有一些是原来政策的落实，政府应该兑现；有的实际上是做不到的，换个角度说，完全按照公办高校的待遇，要不要完全按照公办高校管理？如果与公办高校同等待遇、同等管理，民办高校自身的体制机制优势就没有了，民办高校存在和发展还有必要吗？并且公办学校本身的改革也在不断深化，完全照搬公办高校的政策，也不符合改革精神。这些问题应该引起我们的深入思考。

事实证明，只有认真论证，制定科学的分类标准和明晰的管理政策，才能给不同的投资主体以政策的导向和选择。

五

经过 30 余年特别是最近 10 余年来的发展，我国民办高等教育已经具有一定的规模。截至 2010 年年底，我国民办高校已占全国普通高校总数的近 30%，在校生占总数的 21% 左右，分类管理的条件基本成熟。正像有的专家所言："时至今日，再去争论教育本身是营利还是非营利，就像当年争论市场经济姓社姓资一样，没有意义。实践已经充分证明，教育既可以是公益事业，也可以为营利工具。主政者可以根据执政理念规定本国教育的定位，是事业还是产业，允不允许营利；举办者可以按照办学目的选择办营利性还是非营利性学校；受教育者更可以从自身出发选择进入营利性还是非营利性学校。作为政府部门，应站在民众立场上，除了积极提供公共服务外，还要合理使用、分配公共资源，区分营利性与非营利性学校，制定规则区别对待，这是政府的分内之事，当然前提是允许非营利性学校存在。"[1] 笔者认为，对民办高校分类管理是大势所趋，也是世界高等教育发展的基本经验。从我国高等教育发展的阶段和我国民办高等教育的长久发展出发，合理分类和科学管理不仅非常必要，而且迫在眉睫。当

---

① 刘林：《分类管理安民兴教》，《人民政协报教育在线》2011 年 6 月 1 日。

然，由于事物本身的复杂性，解决问题需要一个过程。《纲要》只是提出试点的要求，本身还需要众多的调研、广泛征求意见和制定试点方案，期望在一个不太长的时间内推广实施是不现实的，对此我们有足够的认识。

分类管理有大量工作要做。这里就几个原则问题提几点简单的想法，供同行讨论。

一是稳步推进原则。分类管理是一件系统的创新的工作，既需要理论研究，需要实践探索，需要凝聚共识，更需要关心引导，不容操之过急。必须在调查研究的基础上认真试点，积累经验，逐渐明晰科学合理的分类界定标准，制定实施分类管理的相关政策。

二是尊重自愿原则。我国《民办教育促进法》及其相关法律法规实际上已经默认了投资办学、合理回报的营利性民办高校的存在，只要符合国家法律，对于营利性和非营利性的选择就没有道德高低和境界的区分，都应得到尊重和允许，并应获得相应的政策支持和发展空间。

三是既往不咎原则。对于部分已经获取回报的民办高校，愿意从政策明确之日起放弃营利性办学的，就不应追究，还应达到鼓励和表彰，就应享受非营利学校的相关支持政策。

四是鼓励公益原则。研究表明，尽管近几年来世界上出现了营利性大学大量增加的现象，但是坚持公益性办学和分类管理始终是世界私立大学发展的主流和方向。[①] 要通过社会环境和政策驱动营造公益性民办高校发展的良好环境，确立对非营利民办高校的支持导向，鼓励更多的民办高校选择公益性办学。

五是坚持改革原则。民办高校是改革开放的产物，民办高校的长久可持续发展只能依靠改革。分类管理政策不能引导民办高校向公办高校看齐，决不能走回头路，而丧失民办高校的生存基础、发展优势。

六是协调发展原则。既然政府确定允许发展适量的营利性民办高校，就应该规划营利性民办高校的发展空间的相应的支持政策。适度发展营利性大学，形成办学主体多元、办学形式多样、充满生机活力的办学体制，能促进高等教育更好地服务社会和经济发展，在全面建设小康和建设和谐社会的进程中做出自身应有的贡献。

---

① 徐绪卿：《科学分类，优先开展公益性高水平民办高校建设工程》，《人民政协报教育在线》2011 年 6 月 1 日。

附记： 2010 年 7 月 29 日，中共中央、国务院印发了《国家中长期教育改革和发展规划纲要（2010—2020 年）》。由于这一文件中首次提出"积极探索营利性和非营利性民办学校分类管理"和"开展对营利性和非营利性民办学校分类管理试点"，这就从国家层面认可了营利性学校存在和发展的合理性，突破了中国自有国家教育制度以来坚持的教育"不得以营利为目的"的制度框架，因而引发社会的广泛关注。本文就是对分类管理的思考，发表在《教育发展研究》2011 年第 12 期。

浅论教学服务型大学的若干问题
——兼论地方院校和民办高校的发展定位

摘　要：教学服务型大学是在尊重高等教育规律的基础上，以现代服务理念为指导来配置办学资源和运行、管理的教学型大学。将"教育服务"、"服务科学"和"服务经济"作为教学服务型大学的基本理念，是现今教学服务型大学概念的新内涵。根据我国地方院校和民办高校的办学实际，将其定位为教学服务型大学应更准确。构建教学服务型大学需确立服务理念，转变办学指导思想；明确服务面向，掌握服务主动权；抓住服务"主业"，构建"服务型"人才培养模式；完善学校职能，拓展学校的服务空间；加强队伍建设，提升服务能力；优化组织流程，提高服务效率。

关键词：高等教育；教学服务型大学；地方院校；民办高校

随着高等教育大众化的不断深化，高校定位逐渐呈现多样化的格局。2007 年，有学者研究高等教育发展规律、预判未来发展趋势，从高等学校的服务功能入手，从完善高校服务职能，凸显学校办学特色的高度，阐述了建设教学服务型大学的意义，提出了建设教学服务型大学的路径。[1]这对于我国高等学校发展具有重大理论意义和实践指导意义，可惜当时没有引起高教界同行的重视，教学服务型大学的研究和实践也未得以持续。当前，在贯彻落实《教育规划纲要》，制定新一轮学校发展规划的过程中，一些高校在探求学校定位和发展目标时，认为教学服务型大学可能更加适合自身在某一阶段的发展定位，从而选择"教学服务型大学"作为本校一个阶段内的发展目标，于是，又启动了有关"教学服务型大学"

---

① 刘献君：《建设教学服务型大学——兼论高等学校分类》，《教育研究》2007 年第 7 期。

的讨论、研究和实践。笔者在研究过程中产生了一个强烈的感受："教学服务型大学"比较适合于一般地方高校和民办高校的定位。

一　教学服务型大学的理念设计

清楚地定义教学服务型大学的概念和内涵，是定位于教学服务型大学首先必须解决的问题。从目前的情况来看，相关高校对教学服务型大学的认识和设计是各不相同的。总体来看，这些教学服务型大学的"服务"还仅仅是处于大学传统的服务职能上，而传统的大学服务职能主要是指科技服务，与目前这些学校的实际职能还有较大差异。因此，虽然许多学校提出要创建教学服务型大学的目标，但对于教学服务型大学的概念和内涵并不清晰，这势必阻碍学校规划的工作目标和实施效能。

笔者认为，教学服务型大学是指：在尊重高等教育规律的基础上，以现代服务理念为指导来配置办学资源和运行、管理的教学型大学。理解教学服务型大学的关键是"教学"和"服务"。我们认为，概念设计应着重于以下几方面。首先，教学是根本任务。选择教学服务型大学的高校，相对而言，办学层次属于教学型的高校，其科研实力还不太强，人才培养是学校的主要工作，教学始终是学校工作的重点。其次，现代服务理念是学校的基本理念。"服务"源于高校的三大职能，但高于原有职能的含义。一般认为，社会服务的职能是大学教学和科学研究职能的延伸，是以满足社会需要为目的的各种服务活动。但作为教学服务型大学的概念，"服务"在这里有了新的内涵和新的定位。教学服务型大学中的"现代服务理念"，主要是吸收"教育服务"、"服务科学"和"服务经济"理论研究的精华，将满足服务对象的需求作为办学的基本理念，并以此为指导，以"服务"对象的需求来配置学校资源、布局学科专业，重视教学质量，彰显培养特色，创新管理流程，提高办学效益，实现学校的跨越发展。

"教育服务"中的"服务"是从企业全面质量管理中引入学校管理的一个概念，是以"消费者为中心"和"质量的持续提高"为核心观念的全面质量管理思想，强调尊重消费者的利益和要求，并置消费者于整个管理体系的最重要位置。教育经济的理论研究认为，教育也是一种"服务"，学生和社会则是学校教育最主要的"服务对象"，学校的各项工作就构成了一种服务链，最终通过教师的教学和科研将一种优质的教育服务提供给学生和社会。服务科学，是在信息技术和现代管理理论高度发展的背景下，融合计算机科学、运筹学、经济学、产业工程、商务战略、管理科学、社会认知科学及法律等诸多学科，研究发展以服务为主导的经济活动所需的理论和技术的一门新兴学科。[①] 其精华主要是以服务对象为中心，从服务对象的需求出发，设计产品内涵和管理流程，从而最大限度地提高服务的质量和管理的效率。在服务科学的相关研究中，经常可以见到的是"基于对象"或"面向对象"之类的词语。服务经济研究的观点认为，世界已经进入"服务"经济时代。当今社会各个产业结构之间不仅"你中有我、我中有你"，而且更直接地体现为它们都是以服务为载体、以服务为手段、以服务为依托、以服务为目标，按照服务的标准来经营所有的产业，确定和规划自己的行动，"服务"越来越成为成功的力量之源与可靠保证。

将"教育服务"、"服务科学"和"服务经济"研究的成果引入高校办学定位，成为教学服务型大学的基本理念。其意义在于，积极推进高校办学思想的改革和创新，在遵循高等教育基本规律的同时，以社会需求为导向，在人才培养、资源配置、管理职能等各个环节贯穿"服务"的精神，依据市场规律，服务社会需求，提高学校工作的针对性、服务性、应用性和适切性，在"服务"的过程中提高教学质量，在服务中建立自身的形象和品牌，获得较高的效率和效益，从而实现学校的跨越式发展。这是"教学服务型大学"概念的新内涵。

这里有两点需要特别强调。一是教学服务型大学中的"服务"与大学的服务职能不是完全意义上的同义语。大学职能中的"服务"是与教学、科研并列的学校职能。教学服务型大学中的"服务"，则是贯穿学校各项工作的理念和方法，它处于学校发展决策和设计的高端，起着领航作用。在教学服务型大学中同样需要教学、科研和社会服务，但是教学、科研和服务只是教学服务型大学中"服务"的三种主要方式，两者不能等同。二是教学服务型大学与西方所谓的"服务型"大学既有联系，又有区别。他们的联系在于"它的一切活动，包括教学和科研，都以公众和

---

① 张润彤：《服务科学概论》，清华大学出版社 2011 年版，第 9 页。

社会的需要为标的，将顾客利益放在学校工作的首位"①。从这一点上看，两者基本相同。但西方的"服务型大学"重点是放在科技服务方面，因此，国外服务型大学往往都是研究型大学或研究教学型大学；而教学服务型大学的服务的重点则放在人才培养上，即在服务的方式和重点上，两者有明显侧重。

二　教学服务型大学的主体定位

建设教学服务型大学特别适合我国地方院校和民办高校的办学实际，可以成为这类院校的准确定位。

根据《全国教育事业发展统计公报》数据，到 2009 年，我国地方院校已经发展到 2194 所，在校生 1972 万人，占全部院校总数 2305 所和在校生 2144.66 万的比例为 95.2% 和 92%。地方院校已经成为我国高等教育大众化的主要力量。地方院校多属于教学型院校，与部属院校相比带有浓厚的"地方"色彩。

第一，大学使命的地方性。地方院校由地方政府出资举办，是推动地方经济和社会发展最直接、最可靠的教育基地，肩负着满足地方求学需求，为地方培养高级应用型技术人才和服务地方经济文化建设的重要职责。地方大学办学的目标和宗旨，应该是为地方经济和社会发展服务。

第二，教育管理体制上的地方性。地方院校由地方政府举办并管理，与地方政府具有紧密而清晰的上下级联系，从某种程度上说，是地方政府的资源库和智囊库。

第三，教育经费投入上的地方性。地方院校主要是依靠地方财政拨款。在现有高教拨款体制下，地方经济和社会的发展水平将直接影响地方高校的办学经费投入。

第四，教育服务区域的地方性。地方院校的生源主要来自本地区，培养的毕业生主要在本地区工作；科研开发和文化创意产业以服务本地区发展为主，成果转化主要服务于本地区企业。

---

① 黄学军：《论服务型大学的缘起和发展策略》，《湖南师范大学教育科学学报》2008 年第 3 期。

　　服务当地经济社会建设是地方院校的主要任务。以服务增贡献，以贡献求发展，已经成为广大地方院校的自觉行动。选择教学服务型大学，能够促使学校更好地端正办学思想，把主要精力和资源放在人才培养上，坚定服务理念，立德树人；更加关注质量，紧紧依托区域经济和社会发展，贴近需求办学，布局学科和专业，提升质量和水平。从这个意义上说，地方院校选择建设教学服务型大学的定位，非常必要，非常贴切。

　　我国民办高校实际上大多是地方院校，绝大部分民办高校面向地区经济和社会发展培养人才。根据《全国教育事业发展统计公报》，截至 2010 年年底，民办普通高校总数已占全国普通高校总数的 30%，在校生也已经超过 20%。据了解，2010 年全国共有 10 余个省份民办高校在校生超过当地普通高校在校生总数的 20%，比例最高的浙江省已经达到 33% 左右。民办高校已经成为国家高等教育体系中新的增长点，成为我国高等教育的重要组成部分，在推进高等教育大众化、多样化和选择性方面做出了巨大贡献。但随着高教资源的逐渐丰富，高等教育发展开始从资源约束转向需求约束，高教市场逐步从卖方市场向买方市场转变；随着少子化带来的影响，高教适龄生源急剧下滑；随着社会进步和人才需求的变化，人民群众接受高等教育的观念正在转变，从要求接受高等教育走向主动选择高等教育。这些转变，给处于弱势的民办高校带来了发展的巨大压力和严峻考验，特别是民办高校发展受到了自身办学定位的制约。

　　从发展的历史看，长期以来，作为公办高校的"拾遗补缺"，我国民办高校大多走过一段定位不明晰的时期。发展初期，民办高校实际上进行的是精英教育，与公办高校之间生源差距不大，教学计划照搬，带有很深的公办高校痕迹，甚至"复制"公办高校的培养方案和管理模式。

　　随着高等教育大众化的不断深化，民办高校"不适应经济社会发展的要求，不适应国家对人才培养的要求"等问题日渐显现，学校办学实际与社会经济发展的需求逐渐脱离。与此同时，仍有一些民办高校举办者眼光"太远"、定位高悬，"东方哈佛""民办清华""一流民办"等不着边际、虚无缥缈的定位不在少数，民办高校的办学定位问题凸显。

　　在整个高等教育系统加强内涵建设，加快质量提升的进程中，许多民办高校却仍在趋同化的迷惑中艰难探索，导致办学摸不着方向、走不稳步子。由于定位不准、服务目标不明确，与地方经济发展对接不紧，处于"上不着天、下不着地"的艰难境地，严重制约了民办高校的发展和改革。教学服务型大学的提出和确立，将为民办高校正确定位提供启示和借鉴。

相对于地方院校，民办高校更有实现教学服务型大学发展目标的优势。由于办学体制的差异和办学自主权的宽松，机制相对灵活，民办高校办学与社会需求、市场需求应该有着更为紧密的联系，服务的区域更宽阔，服务的内容更丰富，招生就业、专业设置、科研成果应用以及内部管理机制等都将更加开放。民办高校本质上提供的是教育服务。从办学的要求来看，民办高校具有自主办学、自负盈亏和讲究效益的特点，需要牢固树立服务理念，站在教育消费者的立场，从教育消费者需求出发，为消费者提供更好更多的服务。

三　教学服务型大学的构建策略

教学服务型大学的研究既是院校研究的重要内容，还应当是一种行动研究。我们需要探索和设计理想的定位和目标，更需要踏踏实实的行动。

（一）确立服务理念，转变办学指导思想

教学服务型大学是一种全新的大学发展定位，强调以服务理念为主导，以满足社会发展需要为宗旨，配置学校的办学资源，布局和设计学校的教学科研、队伍建设、管理流程和校园文化，努力提高办学质量。贯彻建设教学服务型大学的要求，要将服务理念融入到大学理念之中，确立现代的、开放的大学理念，使得学校发展站在一个全新的高起点之上。必须在全校教职工中牢固确立"服务"理念，要通过多种途径和方法，组织学习讨论、凝聚共识，使服务理念深入人心，以进一步增强服务的自觉性和主动性。学校的定位是阶段发展的重要目标和依据，只有人人理解和掌握，才能奠定学校发展的思想基础，形成强烈的"服务"氛围和特色。

（二）明确服务面向，掌握服务主动权

办教学服务型大学，以服务为导向，首先就要了解服务的面向，了解和掌握服务对象的需求，使服务工作更加有针对性。任何一所大学所能提供的服务及其影响总是有区域边界的。教学服务型大学应了解区域需求，

依据所提供服务地区的自然地理环境、历史文化基础、政治经济发展特点及其社会对当地高等教育的特殊要求来定位自己的发展。地方公办院校自然是为当地服务的。但是在许多民办高校，服务其实还不一定全部在办学所在地，它们有的时候是跨地区、跨行业的。比如江西的许多民办高校是为深圳特区培养人才的，因此，对这一地区的产业结构和社会需求进行调查研究就显得非常必要。教学服务型大学在社会服务面向上必须清楚你是为哪个地区服务的，你能为这个地域提供什么样的服务，哪些"可为"、哪些"不可为"；要考虑服务于哪个领域、哪个层次，提供哪几种形式的服务等。只有做到胸中有数、服务对路，工作才能更有实效。

（三）抓住服务"主业"，构建"服务型"人才培养模式

教学服务型大学，主要是以教学的形式、以人才培养为内容提供服务的，因此，人才培养是这些高校的服务"主业"。必须在服务理念指导下，大胆推进教学改革，遵循以人为本规律，创新人才培养模式。以服务国家为宗旨，培养社会主义事业可靠的接班人；以服务经济和社会对人才的需求，布局学校的学科专业；以服务学生成长需要为依据，构建新的知识体系。在贯彻党的教育方针，遵循高等教育规律的基础上，构建服务型的人才培养模式。一是要贴近社会需求，调整专业学科布局。特别是要关注服务地区的产业结构及其发展趋势，关注经济和社会发展水平及其对人才的需求，发展一批适切性强的专业学科，为社会发展提供紧缺人才。二是要坚持"注重学理、服务需求"，大胆改革，构建新的知识体系，服务学生成长。在高等教育大众化条件下，民众接受高等教育的目的是多样化的，要从服务满足学生健康成长的要求出发来深化改革，培养多样化的人才，服务学生个性化发展。三是要创建优秀课堂，不断提高教学质量。通过加强课堂管理，改善教师结构，改革教学内容、教学方法和手段等多种途径，培养和增强学生的学习兴趣，提升学生的学习积极性，提高教学工作的成效。

（四）完善学校职能，拓展学校的服务空间

作为教学服务型大学，科研水平提升是服务地方经济发展的基础，缺乏科学研究的大学是缺乏真正内涵的大学。"教学服务型"是从这一类高校的实际能力和发展阶段而言的，并不意味着只要搞好教学就可以了。学

校除了常规的教学工作以外，还要发挥优势，面向社会开展人才培训、科技开发和文化工程等服务，故科研工作应该加强而不应该削弱。通过科研和社会服务，培育学校的服务能力，促进教学内容的更新和教学水平的提高，同时也可以加强与地方政府、企业以及社会团体的合作，加强横向项目研究驱动力，促进科技知识传播与应用，推广科技成果转化，丰富产学结合的内容和从社会获得一定的办学经费支持教学条件的改善，扩大学校服务的联系和影响。

（五）加强队伍建设，提升服务能力

根据建设教学服务型大学的要求，必须构建一支观念新、会教学、能研究、肯实践的教师队伍。要实施人才强校战略，加强人才引进力度，注意队伍结构，增强团队实力。要加强师德师风建设，转变观念，树立服务理念，刻苦钻研业务，提高服务能力和水平。在教师引进和培养中，要重视教师的价值认同；热爱地方、融入地方，为地方发展甘于清贫、乐于奉献。既要重"学"，又要重"术"。"学"即"求真"，指基础理论研究学术型人才；"术"即"求用"，指应用研究、实用型人才，愿意深入基层，具有宣传、鼓励、说服的能力。

（六）优化组织流程，提高服务效率

教学服务型大学定位，必须要有与此相应的管理体制和机制相适应。如果说教学服务型的"服务"主要是面向社会的话，那么，管理则是面向校内的服务，也可以认为是教学服务型大学的体制和机制保证。许多定位于教学服务型大学的高校，由于在内在的制度与组织设计以及管理流程上，仍然沿袭了旧模式，导致内部教学和科研与外部经济和社会之间在机制上难以衔接，教学服务型高校建设无法落到实处。要按照教学服务型大学的要求，坚持以人为本，重新配置管理资源，优化管理流程。通过改善组织结构和职责划分，提高管理效能，建设和谐校园。要改变考核方式，从制度上营造教学服务型大学建设的氛围，同时注意总结、提升和积淀，最终形成教学服务型大学的文化，构建起整个学校教学服务型大学的特色体系。

附记：2009年，浙江树人大学制定学校中长期发展规划，确定了

"教学服务型大学"的发展定位。但是教学服务型大学到底如何定义，如何建设教学服务型大学，缺乏现有理论的指导。学校领导班子要求民办高等教育研究院加强这方面的研究，为规划中的教学服务型大学建设提供理论支撑。经过大家努力，民办高教院同行们不负众望，拿出了一批研究成果。本文载于《教育研究》2012年第2期。本人撰写的另外两篇主题文章《教学服务型大学：民办高等学校的新定位》发表在《中国高教研究》2011年第10期；《跳出"象牙塔"高度——聚焦地方高校的新选择：教学+服务》发表在《光明日报》2011年10月27日教育专版。

论教学服务型大学的合法性和发展逻辑

摘　要：教学服务型大学是大众化背景下大学发展的一种类型，是大学多样化发展中新建本科院校发展的新定位，是大学职能发展的必然。教学服务型大学的提出，集聚了"服务科学"研究领域的最新成果，同时也具备广泛的合法性。从大学发展演变的历程中也可以看出，这一分类和定位也符合大学自身发展的逻辑。

关键词：民办高等教育；教学服务型大学；合法性；发展逻辑；大学职能；大学分类

高等教育大众化推进了高等教育多样化。在多样化语境中，不同的大学具有不同的办学理念、办学动机、培养目标和运行机制。大学分类为多样化提供了界限相对清晰的类别标准和依据，便于政府管理和资源配置，并为大学的定位和运行提供了指导。教学服务型大学是现代大学发展分类的产物，是指在遵循高等教育基本规律和基本规范的基础上，以服务理念运行、管理的现代大学。① 经过诸多学者的深入思考，反复斟酌，吸收并借鉴其他学科的研究成果，使这一概念越来越清晰。笔者在 2010 年以来撰写的多篇论文中，也曾多次阐述过这一概念。由于统领学校发展的多元化理念，形成了教学服务型大学不同于其他类别大学的资源配置、运行管理、组织架构、对外关系和校园文化。具体而言，教学服务型大学有六个特征：教育价值人本性、办学理念服务性、大学职能教学性、人才培养应用性、学校系统开放性以及管理流程优化性。

自 2010 年部分高校提出教学服务型大学的办学定位以来，学界和业

---

① 徐绪卿：《浅论教学服务型大学的若干问题——兼论地方院校和民办高校的发展定位》，《教育研究》2012 年第 2 期。

界花费了大量精力来深化研究。伴随着教学服务型大学研究的深入，各种意见也接踵而至，疑问者有之，质问者有之，动摇者有之。笔者针对当前教学服务型大学的相关问题，阐述几点研究体会，供大家商榷。

一 教学服务型大学的概念

本文开头已陈述了教学服务型大学的基本概念，但是具体如何廓清和界定这一概念，也要找到相关依据。概念界定不清晰，就会动摇教学服务型大学存在的价值和必要性。对教学服务型大学概念界定的难点在于廓清它与当下流行的教学型大学和服务型大学的区别。

笔者认为，教学服务型大学与教学型大学相似，都具有以教学工作为主要任务的特征，但两者又具有显著差别，尤其体现在两者的办学指导理念上。教学型大学主要依据传统本科院校的办学思想，主要职能是传播知识和为少数关键职业提供训练。教学服务型大学以服务理念为指导，依据"服务对象"来布局学校的学科专业，面向"对象"来设计知识结构和教学运作流程。突出"服务"的意识和职能，变被动适应为主动服务，体现的是办学主体和实现方式的根本转变，使适应和应用落到实处，更加体现人才培养的服务导向。这种服务战略对大学的要求更高，它要求大学以社会为中心而不是以学校为中心，考虑教学、研究和服务职能的发挥。由于办学指导理念的差异，教学服务型大学需在教育内容、教学方式、教学观念，科学研究的内容、研究方法，社会服务的范围、模式及制度创新方面，做出新的顶层设计和制度安排。

教学服务型大学与服务型大学在服务的内容上有较大差异。20世纪七八十年代，国外也提出过"服务型大学"的概念，本世纪初开始引入我国。挪威奥斯陆大学教育研究中心比较与国际教育部阿瑞德·特捷德维尔教授提出的"服务型大学"，其主要特征是："对其学术劳动力的管理是通过与外部客户在购买研究、教学或咨询服务时所达成的合同来控制，依赖于它所得到的合同以及它在市场上的持续竞争力。与传统的大学相比，服务型大学主要提供以职业为导向的持续一周到四个月的短期课程，这些课程主要为满足客户或劳动力市场的需求而定制。服务型大学拥有大量的临时性雇员，其最重要特征在于以市场为导向，生产在知识市场里有竞争力的产品。"① 不难看出，教学服务型大学和服务型大学均强调"服务"，但两者还是有明显差别。"服务型大学"强调"服务"，其服务的内容主要偏重于科技开发和实用技术培训，适合于科研能力较强的研究型大学、研究教学型大学；教学服务型大学强调的"服务"，主要是通过教学即人才培养的途径实现的，因此更适合于科研学科建设相对较弱、研究生教育还没有或者刚刚开展的新建本科院校甚至一部分教学研究型大学。通过强调教学的中心地位，强调服务意识，增强这一类大学人才培养的适切性和针对性，促使应用型人才培养的各项措施落到实处。教学服务型大学强调的是教学的服务，把教学工作和人才培养作为主要的服务内容。当然就大学来讲，在人才、信息和科技等方面都可以为社会提供服务，但是教学服务型大学服务的主要内容和路径是教学和人才培养。

　　1998 年，美国教育家伯顿·克拉克在其著作《建立创业型大学：组织上的转型途径》一书中，根据 20 世纪中后期以来欧洲一些大学的发展特征，提出了"创业型大学"（Entrepreneurial University）的概念。几乎在同一时间，纽约大学社会学教授亨利·埃兹库维茨也根据美国大学的发展史给出了"创业型大学"的定义。他认为，判断一所大学是不是创业型大学要根据其使命，创业型大学的使命除了教学、研究外，还要服务于区域经济和社会的发展。从这一定义来看，创业型大学与教学服务型大学也具有相同的"服务"使命。但是，"创业型大学的形成需要以下五个关键要素：团体研究的组织；具有商业潜力的基于研究的创造物；开发出能够以受保护的知识产权形式将研究成果转移到大学以外的组织机制；大学拥有组建企业的能力；学术和商业因素整合入新的方式，如大学—产业研究中心等"②。可以想见，创业型大学必须具备较强的科技开发、成果转化的能力，有关研究也认为"创业型大学是在研究型大学的基础上发展起来的，学术研究能力是其必不可少的要素"③。创业型大学说到底就是大学科技研究与创业一体化的办学模式。从这一点上说，创业型大学与国外的服务型大学有许多相似之处，从某种程度上可以说，创业型大学就是高水平的服务型大学。从国外已有的创业型大学来看，也主要是研究型大学或者是研究教学型大学向创业型大学转型。而教学服务型大学科技开发

　　① 　余承海、程晋宽：《西方服务型大学的发展模式与展望》，《江苏高教》2009 年第 6 期。

　　② 　卢胜：《创业型大学及创业生态系统初探》，《当代经济》2009 年第 2 期（上）。

　　③ 　卢胜：《创业型大学及创业生态系统初探》，《当代经济》2009 年第 2 期（上）。

和成果转化能力都还较弱，难以承担创业型大学的使命。

综上所述，教学服务型大学的"服务"构成了与"教学型大学"的区别；教学服务型大学的"教学服务"内涵与"服务型大学"、创业型大学形成界限，由此确立了教学服务型大学在大学类别之林中的地位。

二　教学服务型大学的合法性

合法性是任何一个社会组织赖以存在的基础。与其他大学分类一样，教学服务型大学是现代大学的重要类型，它仍然是大学——高等教育机构，当然能得到国家高等教育相关法律的支持。因此，本文所探讨的合法性，只是教学服务型大学作为一种新的大学分类，其所具备的其他层面上的合法性，或者说是科学性。

借鉴高丙中对社会团体合法性类型的划分，可以从社会层面、政治层面和行政层面分析教学服务型大学的合法性问题。① 其中，社会层面的合法性指教学服务型大学取得社会的认可；政治层面的合法性则是一种实质合法性，涉及教学服务型大学内在的方面，如办学的宗旨必须贯彻党的教育方针、教育教学活动符合某种政治规范（即政治上正确），从而被判定是可以接受的；行政层面的合法性指将教学服务型大学的教育教学活动纳入行政组织监督管理的范围和程序，得到行政组织的认可和保护。以上三种层面的合法性对教学服务型大学的建设来说缺一不可。

（一）社会层面的合法性

一种新的高等教育类型、机构存在的必要性、合法性，主要看其是否与一定的社会经济、科学技术发展需要相契合并有利于推进社会经济的发展。② 由于高等教育的发展和大众化的深化，推进了大学职能和服务面向的分化，注重服务意识、服务实践和服务贡献，已成为许多大学越来越主动的办学行为。对于部分地方院校和新建本科院校来说，如何确立人才培

---

① 高丙中：《社会团体的合法性问题》，《中国社会科学》2000 年第 2 期。

② 刘献君：《经济社会发展与教学服务型大学建设》，《高等教育研究》2013 年第 8 期。

养的社会需求导向，改革人才培养模式，落实应用型人才培养的各项措施，已成为许多高校的自觉行动。许多高校已经在面向"客户"办学方面迈出了可喜的步伐。从近几年大学的办学经费组成来看，由国家和政府直接下拨的事业"纵向经费"在一定程度上已经只是高校总体经费预算中的一部分，比例呈明显下降趋势。来自其他方面的"横向经费"和自筹部分在总经费中占有越来越大的份额。政府许多"纵向经费"的下拨方式也发生了一定的变化，由过去的计划分配方式转变为现在更多的"项目方式"。许多大学在专业和学科建构中，强调社会需求的"适切性"，重视各种"客户"的不同需要及变化，体现了高等教育服务对象方面的转型。尤其是大量带有浓厚地方色彩的新建本科院校，更是竭尽全力走"以服务增贡献、以贡献争支持"的发展路子，为地方经济和社会发展培养人才，得到了社会的认可。

（二）政治层面的合法性

教学服务型大学首先是国家大学系统的一部分，它的所有活动必须符合国家法律法规。教学服务型大学的办学宗旨仍然是办人民满意的高等教育，必须保证社会主义办学方向，其人才培养应当符合党和国家的教育方针，教学工作应当贯彻执行党和国家的各项方针政策，坚持德育为先，用社会主义核心价值教育引导学生，教书育人，尊重育人规律，遵守办学规范，不断提高人才培养质量，培养社会主义事业可靠的接班人和现代化建设合格的建设者，为全面建成小康社会服务，为和谐社会建设和社会主义现代化建设服务。

（三）行政层面的合法性

随着高等教育的发展，党和国家对高等教育提出了新的要求，在明确加强内涵建设，提高教育质量、凸显办学特色的同时，要求大学深化改革，鼓励大学走出校门、服务社会，并把服务置于大学发展的重要地位。

党和国家高度重视大学服务职能和优势的发挥。胡锦涛在清华大学建校100周年大会上的讲话指出："全面提高高等教育质量，是高等教育的生命线，必须始终贯穿高等学校人才培养、科学研究、社会服务、文化传承创新各项工作之中。""必须大力服务经济社会发展。要紧紧围绕科学发展这个主题、加快转变经济发展方式这条主线，不断增强服务经济社会发展能力。"① 温家宝在同济大学建校 100 周年的视察讲话中提出，要树立为社会服务的办学理念，把学校的命运、每一位老师和同学的命运同国家与民族的命运紧紧联系在一起。开放办学，勤俭办学，办出特色，培养全面发展的人才。② 习近平就任上海市委书记时，就要求高校全面贯彻落实科学发展观，充分发挥知识密集和智力优势作用，主动服务于国家和上海经济社会各个领域，服务于科教兴国和科教兴市战略，在服务中谋发展，在贡献中求辉煌，为上海加快推进"四个率先"、加快建设"四个中心"和现代化国际大都市提供强大的智力支持。③ 国务院副总理刘延东认为，大学应该始终以服务社会为方向。中国正在推动大学增强服务社会的功能，使学科建设、专业设置、人才结构、民众需求与社会需求更加契合，构建与科研院所、行业企业相互开放、紧密合作的格局，让创新的成果更好、更多地回馈社会，造福人类。她提出，高水平大学的价值不仅体现在学术的前沿性上，也同样体现在服务社会、推动解决重大问题上。只有敏锐地把握时代的脉搏，主动深刻地融入社会、引领社会，大学才能拓展自身发展的空间，赢得社会的崇高威望。大学还应该成为区域经济社会发展的助推器，立足区域产业行业发展特点，突出学科与专业特色，增强服务能力。大学还应该成为学习型社会的建设者，开放教育资源，帮助提升从业人员的知识、能力和技能水平，提高公众的科学素质和人文素质。大学还应该成为高端智囊团和思想库，关注人类的未来、国家和民族的未来，为解决全球性的重大问题和本国的经济社会发展中的难点问题提出建设性意见。④

《国家中长期教育改革和发展规划纲要（2010—2020 年）》第二十一条明确提出，要"增强社会服务能力。高校要牢固树立主动为社会服务的意识，全方位开展服务。推进产学研用结合，加快科技成果转化；开展科学普及工作，提高公众科学素质和人文素质；积极推进文化传播，弘

① 新华社：《胡锦涛在清华大学建校 100 周年大会上的讲话》，2011 - 04 - 24，http：//www. gov. cn/ldhd/2011/04/24/content_ 1851436. htm.

② 《温家宝在纪念同济大学 100 周年时对学校的祝愿》，《中国教育报》2007 年 6 月 27 日。

③ 《习近平：大学是城市振兴发展的强大支撑》，2007 - 05 - 10，http：//www. xinhuanet. com/chinanews/2007 - 05/10/content_ 9984522. htm.

④ 《刘延东：中国正推动大学增强服务功能　让创新成果回馈社会》，2011 - 04 - 23，http：//news. xinhuanet. com/video/2011 - 04/23/c_ 121338912. htm.

扬优秀传统文化，发展先进文化；积极参与决策咨询，充分发挥智囊团、思想库作用。鼓励师生开展志愿服务"。教育部《关于全面提高高等教育质量的若干意见》第十六条也提出，要"增强高校社会服务能力。主动服务经济发展方式转变和产业转型升级，加快高校科技成果转化和产业化，加强高校技术转移中心建设，形成比较完善的技术转移体系。"

党和国家领导对大学服务提出的要求，体现了国家层面对大学职能和发展趋势的新动向和新把握。大量密集的"服务"理念和要求的提出，必然需要一批相关大学为载体，直接呼应和落实国家对大学的"服务"要求。由此，教学服务型大学的行政合法性也是显而易见的。

三　教学服务型大学发展的内在逻辑

高等学校主要是基于对高等教育职能的相对侧重来进行分类的。[1] 高等教育职能的分化与高校的分层分类发展是互为因果的关系。高等学校职能的历史演变过程伴随着高等学校的不断分化而呈现出类型的多样化，这种类型的多样化是由高等教育职能的分化发展所引起的。在一定意义上说，高校的分类与高校职能的分化是同一问题的两个方面。[2] 因此，分析教学服务型大学发展的内在逻辑，应该首先以大学职能的演变作为切入口。

（一）符合大学职能的演变趋势

细心研究大学发展史，可以得出一个结论：中世纪大学就具有包括教学、科研和社会服务在内的各种功能，这是确定无疑的。中世纪的教会大学，其职能主要是培养神职人员和服务宗教事业的人才，但其中也有许多宗教知识的讨论和研究。如果教会大学有科研的说法还比较勉强的话，那么许多世俗大学本身就是由于研究的原因和基于服务的目的建立起来的。从研究来看，博洛尼亚大学主要是为了罗马法的研究和运用，服务于自由城市兴起和政府管理对法律人才的需要而创建的，法学学科成为博洛尼亚

---

① Bowen H R, *Investment in Learning*, *Jossey bass Publishers*, 1977, p. 8.
② 戚业国、杜瑛：《试探我国高等学校分类思路及方法》，《教育发展研究》2005 年第12 期。

大学最强的学科。巴黎大学也有许多神学祭奠和礼仪的研究与探讨，最早设置的学科是神学，服务教会成为巴黎大学的主要职责。因此也可以这样说，即大学的三大功能，在大学建立之初就具备了，只不过发扬光大的阶段和程度有所不同。人们都说人才培养是大学的第一职能，笔者认为这里的"第一"是针对重要特征而言的，而不应该指产生的次序。所有的大学都必须有人才培养，教学是大学与其他机构最重要的区别，否则就不能成为大学。然而中世纪大学确实只有传授知识的职能，这一方面是社会的需求，中世纪社会没有要求大学具有科研的职能，教授只需讲授课程；另一方面，在教权、王权的争斗和城市兴起的进程中，社会对大学培养人的职能更加注重，使得大学的教学功能得以大力发展。到了18世纪，自然科学发展和工业革命兴起，大学开始利用人才聚集高地的优势介入科学研究。洪堡开创了大学必须具有科研职能的制度，成为"现代大学之父"，但是远离社会的"象牙塔"里的庭院式科研，难以满足社会对大学的期望，难以满足国家对大学的要求。美国的赠地大学运动和威斯康星大学的实践，使得大学的服务功能逐渐得以张扬和开发，经过探索和积累后，大学的社会服务功能逐渐上升为社会职能，大学开始直接服务于经济和社会发展。在大学不同的发展阶段，功能逐一上升为职能，不断满足着社会对大学的需求。从大学最基本的职能"人才培养"开始，慢慢地发展科学研究和服务职能，大学职能逐一得到培育、开发和优先拓展，为大学定位发展提供了不同的组合和选择。教学是基本职能，科研是重要职能，社会服务是必要职能。[1] 各类高等学校的职能都是育人为本，教学、科研、社会服务协调发展，区别在于科研和社会服务所占的比重不同。[2] 大学之间办学职能的不同侧重，形成了大学之间不同的定位。围绕人才培养这个中心，研究型大学、研究教学型大学、教学研究型大学、教学服务型大学和教学型大学，同样都是大学多样化定位的不同选择。西方服务型大学本质上就是研究服务型大学。笔者有理由相信，研究服务型、教学服务型大学的出现也是大学发展的必然产物。

---

① 潘懋元：《新编高等教育学》，北京师范大学出版社2004年版，第42页。

② 周济：《解放思想　开拓创新　推动高校科技创新工作蓬勃发展——在高等学校加强科技创新工作座谈会闭幕式上的讲话》，2013-10-28，http：//www. eol. cn/20021021/3070477_6. shtml.

（二）符合大学转型的发展趋势

再从大学发展转型的视角来对教学服务型大学发展的必然性作一番思考。在高等教育大众化、多样化不断深入的背景下，为赢得竞争，大学在不断提高教育质量的同时，必须加以转型，积极进行自我规划，不断调整自身定位，增强服务意识，提升服务能力，在服务中做贡献，在服务中寻机遇，在服务中求发展。清华大学谢维和教授在国内最早提出了大学转型的"服务"方向，他认为，高等教育转型发展，首先"客户"意识应该成为高等教育和高校办学的价值取向。"从高等学校的角度看，必须淡化和改变过去'隶属'的观念，不是仅仅把自己看成是某个部委的学校，而是在坚持社会主义办学方向的基础上，把自己看成是为'客户'服务的机构。这里的'客户'包括政府、学生、企业、各种社会机构和团体、地方部门，以及所有需要从高等教育中获得服务的组织和公民。由此形成一种非常广泛的社会依托和支持系统，在资源配置和经费来源上形成一种多元化的结构特征。这样，才能缓解和逐步改变高等教育经费紧张的局面，使高校的发展获得良好的资源基础。"[①]　其次，高等教育改革和发展的本位应该从学科转向市场。应该更多地根据市场的需要进行高校的配置，或者说，按照人才市场或劳动力市场的要求和变化整合高校的各种资源。因此，市场需求已经成为大学发展的重要指向。了解市场、掌握市场、服务市场，应该成为大学获取社会资源的重要路径。

（三）符合大学发展的实践需要

大学从中世纪走来已逾千年。随着社会的发展和社会对大学需求的深化，不断强化自身的职能，最终形成人才培养、科学研究和社会服务的职能。然而，在大学教育实践中，学校往往以被动的"适应"，"追赶"社会的需求，而社会需求是处在千变万化之中的，因而这种"被动适应"往往难以达到理想的效果。在高等教育大众化、多样化背景下形成的高等教育市场，是一个完全不同于以往的买方市场，人民群众逐渐掌握了接受高等教育的选择权。在这种情形下，我国许多大学仍然存在严重的"两个不适应"问题——不适应国家对人才培养的要求，不适应经济社会发

[①]　谢维和：《当前中国高等教育的转型及其主要取向》，《中国高等教育》2001年第6期。

展的要求。大学只有"脱下袈裟""放下架子",确立服务意识,主动走进社会,服务社会,积极推进以社会需求为导向的人才培养模式改革,努力满足社会对人才、对大学的时代要求,才能从社会获得丰富的资源和足够的营养,才能在激烈的竞争中立于不败之地。换句话说,大学已经进入"服务"的时代。

大学的科研、教学和社会服务职能是统一的。通过科技成果转化和技术开发应用,促进生产力发展,是大学社会服务的一种形式。不过,这不是大学服务社会的唯一内容。通过教学培养品德高尚、素质全面、具有独立思考能力和批判能力的人才,也可以促进生产力的发展,净化社会风气,推动社会进步。[①] 其实,教学工作和人才培养本身就是大学社会服务的重要形式,也是其他社会服务项目得以展开的基础,是大学最重要的职能。当年威斯康星大学就提出,大学的基本任务是把学生培养成有知识、能工作的公民;进行科学研究,发展新知识、新文化、新科技;传播知识给广大民众,并帮助解决社会生活中的各种问题。可见,把学生培养成有知识、能工作的公民也是大学的职能内容。因此,特别是对于大多数新建本科院校来说,服务社会并不一定要"弃长取短""舍近求远",花尽精力、财力在教学之外去寻找所谓的"社会服务项目",立足人才培养,做好教学工作,输送合格人才,服务人力资源素质提升,也是社会需要和欢迎的服务项目,而且是更重要、最主要的服务项目。

(四) 集成"服务"研究的最新成果

随着经济的发展和理论的深化,近几年来对"服务"相关的理论研究不断取得新的成果,并在社会发展中发挥了重要作用,为教学服务型大学的提出孕育了社会环境。"教育服务"研究认为,教育是一种服务,是一种有别于服务性企业的服务。[②] "服务"最初是从企业全面质量管理中引入学校管理的一个概念。以"消费者为中心"和"质量的持续提高"为核心观念的全面质量管理思想,强调尊重消费者的利益和要求,并置消费者于整个管理体系中最重要的位置。显然,在教育服务理论中,服务对象的需求是教育活动的出发点和归宿。这里的服务包括了国家、社会和学

---

① 李曙明:《高等院校应大力增强社会服务功能》,《光明日报》2011 年 10 月 9 日。

② 王旭东:《树立教育服务理念》,2013 - 10 - 21, http://www.shgczx.com/zixun/200903/jyfw.htm.

生各个层面的综合需求。教育经济理论研究也认为，教育是一种"服务"，而学生和社会则是学校教育最主要的"服务对象"，学校的各项工作就构成了一种服务链，最终通过教师的教学和科研将一种优质的教育服务提供给学生和社会。[①] 服务科学（Service Science）是在信息技术和现代管理理论高度发展的背景下，融合计算机科学、运筹学、经济学、产业工程、商务战略、管理科学、社会和认知科学以及法律等诸多学科，研究发展以服务为主导的经济活动所需的理论和技术的一门新兴学科。[②] 其精华主要是以服务对象为中心，从服务对象的需求出发，设计产品内涵和管理流程，以最大限度地提高服务的质量和管理的效率。在服务科学的相关研究中，经常可以见到的是"基于对象……"或"面向对象……"之类的词语。服务经济研究认为，世界已经进入"服务"经济时代。当今社会各个产业结构之间不仅"你中有我、我中有你"，而且更直接地体现为它们都是以服务为载体、以服务为手段、以服务为依托、以服务为目标，按照服务的标准来经营所有的产业，确定和规划自己的行动，"服务"越来越成为企业成功的力量之源与可靠保证。还有专家提出，21 世纪是高扬"服务"旗帜的世纪，要根据这个时代精神来重新设计教育理念。当下人类已经进入服务型社会，所有部门或行业，所有生产和消费的运行、管理与经营等，均以服务为理念、以服务为手段、以服务为形式、以服务为目的，方能取得成功。[③] 服务贯穿于整个社会的运行之中，成为人们的行为准则和在竞争取胜中的主要法宝。谁能提供服务、谁能提供具有较高质量或较有特色的服务，谁就能得到社会的认同，获得发展的机遇、资源和环境。

将"教育服务""服务科学"和"服务经济"等理论研究最新成果引入高校办学分类和定位，推进高校办学思想的改革和创新，进而为解决长期以来高校办学的"两个不适应"问题创造条件，全面落实应用型人才培养的各项措施。在遵循高等教育基本规律和规范的同时，转变办学思想，加快从单纯的教学组织向社会转型中的服务组织转变的步伐，以服务社会需求为宗旨，在人才培养、资源配置、管理职能等各个环节全面贯穿

---

① 《教育是一种服务》，2006-03-23，http：//www.edn.cn/zong_ he_ news_ 465/20060323/t20060323_ 19553. shtml.

② 张润彤、朱晓敏：《服务科学概论》，清华大学出版社 2011 年版，第 9 页。

③ 孙希有：《服务型社会的来临》，中国社会科学出版社 2010 年版，第 2 页。

"服务"的理念，凸显人才培养改革、学科建设和科学研究的需求指向，优化内部组织及管理流程，进一步增强人才培养工作的针对性、服务性、应用性和适切性。在"服务"的过程中提高教学质量，建立自身的形象和品牌，获得较高的效率和效益，从而实现学校的跨越性发展。这正是"教学服务型大学"的主要价值和深刻内涵之所在。[①]

　　大学能否顺利发展取决于它所处的社会历史环境的制约。大学地位的确立以及大学职能的发挥取决于它面对社会需要能否及时做出应对、能否有效利用社会所能提供各种支持和资源。[②] 更好地服务社会、服务广大求学者的需要，已经成为大学存在和发展的价值所在，成为大学自身发展的不竭动力，成为大学获取社会资源和支持的保证。斯坦福大学校长约翰·亨尼曾经说过，"人们都说没有斯坦福就没有硅谷，我还要加一句话，没有硅谷就没有一流水平的斯坦福大学。斯坦福在硅谷最大的好处是我们知道企业在干什么，判断企业会遇到什么问题，我们提前替他们去做。科技园帮助大学更好地履行教学科研的职责。第二个好处是从产业界找精英来大学教书，让我们的学生更了解世界和社会，以及未来他们工作的环境……大学和企业双方都欣赏彼此发挥的作用。"[③] 笔者坚信，随着教学服务型大学自身建设的不断推进，其价值将进一步得以彰显，其服务社会、引领社会的大学功能将真正得以体现。

　　附记：本文刊登于《浙江树人大学学报》2014 年第 1 期。

---

　　① 徐绪卿、周朝成：《教学服务型大学——高校办学定位的新选择》，《中国高教研究》2011 年第 10 期。

　　② 张磊：《欧洲中世纪大学》，商务印书馆 2010 年版，第 4 页。

　　③ 杨晨光：《服务社会，大学创新的意义所在》，《中国教育报》2006 年 7 月 18 日。

行业学院：概念内涵、组织特征与实践路径

——兼论民办本科高校应用型人才培养

摘　要：在民办本科高校转型发展过程中，行业学院成为应用型人才培养的重要模式，引发社会关注。行业学院是本科高校与行业（或行业中的骨干企业、典型企业）紧密融合，以行（企）业生产链、产品链、技术链和服务链为对象，共同开展人才培养和科技服务的应用型专业学院。行业学院的兴起主要受经济转型升级、创新驱动和民办高校转型发展三种因素的影响，其组织特征表现为共同构建治理方式、共同制定培养方案、共同组建教学团队、共同推进管理改革、共同打造产学研基地及共同开展项目研发。文章以浙江树人大学行业学院建设的实践为例，提出行业学院建设应注重扎根地方、加强协同、引入标准、推进融合及发挥优势等对策建议。

关键词：民办高等教育；民办本科高校；发展转型；行业学院；概念内涵；组织特征；实践路径

目前，我国高等教育发展政策呈现两条基本路径：一是建设"双一流"，主要面向高水平的研究型大学；二是推进应用性建设，主要面向地方本科院校。随着我国社会主义市场经济体制的不断完善、科学技术水平的不断提升和产业结构的不断优化，社会服务需求逐步扩大，迫切需要地方本科高校培养大量的高素质应用型人才。《国家中长期教育改革和发展规划纲要（2010—2020 年）》提出要"重点扩大应用型、复合型、技能型人才培养规模"，"调动行业企业的积极性，建立健全政府主导、行业指导、企业参与的办学机制，制定促进校企合作办学法规，推进校企合作制度化"。2014 年，习近平在全国职业教育工作会议上指出："要树立正

确人才观，培育和践行社会主义核心价值观，着力提高人才培养质量，努力培养数以亿计的高素质劳动者和技术技能人才……坚持产教融合、校企合作、工学结合、知行合一。"国务院出台的《国务院关于加快发展现代职业教育的决定》（国发〔2014〕19号）指出："引导普通本科高等学校转型发展。采取试点推动、示范引领等方式，引导一批普通本科高等学校向应用技术类型高等学校转型，重点举办本科职业教育……独立学院转设为独立设置高等学校时，鼓励其定位为应用技术类型高等学校。"2015年，教育部、国家发改委和财政部出台的《关于引导部分地方普通本科高校向应用型转变的指导意见》（教发〔2015〕7号）明确指出："推动转型发展高校把办学思路真正转到服务地方经济社会发展上来，转到产教融合校企合作上来，转到培养应用型技术技能型人才上来，转到增强学生就业创业能力上来，全面提高学校服务区域经济社会发展和创新驱动发展的能力。"《教育部2017年工作要点》进一步指出："深化地方高校转型发展改革，推动实施应用型高校建设项目，继续搭建应用型高校校企合作平台。"

民办本科高校作为我国新建本科高校的重要组成部分，其培养目标主要是应用型人才，绝大多数高校也已经认识到这一培养类型，明确自身的定位，正在努力加快人才培养模式改革。那么，如何推进该类高校的转型发展呢？从诸多改革实践来看，关键是要抓住产教融合、校企合作这一重要突破口，因为以往"校方一头热、企业不主动"的现象常常导致校企合作难落地、成效不明显。校企合作不深入有两个非常关键的因素：一是校企合作双方没有真正形成一个基于互惠共赢之上、服务双方的"利益共同体"，很难建立持久又深入的合作关系；二是缺乏一个结构科学合理的紧密型组织，不能达到制度化、组织化及对"利益共同体"组织固化的状态。基于校企双方攻克这两个难题的努力以及多年积极的实践与探索，行业学院模式横空出世，并很快成为推进地方高校应用型转型的重要途径。

一　行业学院的概念内涵

大学组织主要是按照一定的学科专业等知识体系为基本逻辑架构形成

的，但随着现代社会经济、技术与产业的变革，大学组织在适应外部发展的过程中不断地进行组织创新，在基于学术组织的基础上，出现了许多面向社会问题解决与服务功能的混合型组织，包括跨学科组织、公私合作伙伴组织等不同标准类型的组织。学院主要是按照一定的学科或者专业群关系架构的大学内部的二级学术组织，随着大学与社会关系的变化，近年来也出现了一些功能性组织，如创业学院。在与企业不断推进合作的过程中，为了紧贴市场和行业发展，一些地方本科高校对内部机构进行调整，设置了行业学院。由于行业学院在应用型人才培养方面显现出许多新动向、新优势，很快引发了很多高校的兴趣和社会的高度关注。

目前，行业学院的建设与发展还刚刚起步，没有成熟的模式与路径可借鉴，其概念内涵也缺乏学理方面的深入探讨。笔者根据多年的实践与学理逻辑分析，认为"行业学院是本科高校与行业（或行业中的骨干企业、典型企业）紧密融合，以行（企）业生产链、产品链、技术链和服务链为对象，共同开展人才培养和科技服务的应用型专业学院。"具体而言，主要包含以下四层含义。

1. 行业学院由本科高校与行业（或行业中的骨干企业、典型企业）合作共建。行业学院可以与行业合作，也可以与行业中的某些骨干企业、典型企业合作；所培养的学生具有行业的广泛适应能力，也具有广泛的行业需求，因为学生的技术应用能力是针对行业需求培养的，这确保了毕业生的应岗能力和就业水平。

2. 行业学院是一种本科高校与行（企）业系统全面且紧密融合的合作新模式。校行（企）在人才培养、科研服务等方面全面合作，双方共同投入、开放和共享设备、场地以及人力等资源，按照一定的行（企）业标准与需求，共同培养行（企）业所急需的应用型人才。学校与行（企）业之间的合作是一种紧密融合的合作，双方的结合度不是物理性质的，而是化学甚至是生物性质的，"你中有我，我中有你"。其中，行业学院是校行（企）之间紧密融合的结合点。

3. 行业学院的人才培养具有明确的对象性和针对性。行业学院人才培养明确以行（企）业的生产链、产品链、技术链和服务链为对象，具有明确的行业标准与规格要求，所培养的学生既具有行业标准的技术与服务等应用能力，又具有行业职业文化的素养。因此，行业学院培养的不是泛泛而谈、无的放矢的假应用型人才，而是实实在在符合企业用工需求的真应用型人才。

4. 行业学院是一个以行业产业链为基础、统合相关资源而设置的应用型专业学院。行业学院建设主要以行业产业链、行业典型产品或者生产过程等为基础统合专业资源，打破传统学院以学科知识为基础的专业集群与方向模块布局，从而形成围绕行业、产业的专业集群布局。与传统学术型学院不同，行业学院是一个典型的产业导向的应用型学院。

二　行业学院的组织特征

大学中任何一种组织的创生与再造，均有其特定的内外部影响因素。作为校企紧密合作的组织载体，行业学院的出现既有外部环境变化的因素，也有内在发展需求的因素。第一，经济转型升级是建设行业学院的政府动因。党中央、国务院一直在推进经济转型升级、优化经济结构，这是行业、企业发展的主方向，也给地方高校与行（企）业合作发展创造了新空间。2014 年国家提出"建设混合所有制行业学院"的指导意见，2017 年教育部要求将搭建应用型高校校企合作平台作为重点工作之一，许多地方政府近年来也出台了一系列促进校企合作的政策。行业学院正是地方本科高校响应国家政策、转型发展的重要形式。第二，创新驱动是建设行业学院的企业动因。企业与高校建立"利益共同体"，形成紧密的合作关系，这是企业创新的重要路径。由于社会分工不同，企业在技术应用和产品开发等方面具有很强的优势，但在基础研究和技术创新等方面存在诸多困难，而高校拥有人才优势，科研能力较强，因此，当企业现有技术手段难以满足市场需求时，通过与高校联合组队、优势互补并共同攻克产业技术难题，可有效缩短研发的时间、降低研发成本，促进产业的技术创新和优化升级。同时，通过人才"定制化"培养、员工培训等形式，可以让企业获得急需的技能型创新人才，从而使企业持续保持创新竞争力。第三，民办高校转型发展是建设行业学院的高校动因。民办本科高校大多定位在"地方性"与"应用型"，校行（企）合作是应用型人才培养的重要途径，行业学院更是校行（企）深度融合的"利益共同体"组织载体。通过改革应用型人才培养体系、将行业标准引入课程体系以及行业实景作为教学场景等举措，行业学院有效地推动了高校的应用性建设。

　　行业学院是我国民办本科高校应用型建设、改革与发展的必然结果，是新时期产学研合作的新型组织，是对传统大学内部学术型组织的重构与再造。从校企合作互动与产教融合的视角分析，行业学院呈现出以下六个方面的特征。

　　1. 共同构建治理方式。行业学院是校行（企）双方高度融合的模式，共同治理才能共同建立和共担责任。在实践中，校行（企）双方派遣骨干人员建立共同参与的治理结构，形成共同治理机制，这是行业学院区别于松散校企合作的重要特征。在一般的校企合作中，学校是主角、企业是配角，企业作为合作方，积极性和作用的发挥并不明显，参与度也不高。在行业学院中，行（企）业作为重要的治理方，对学院的发展方向和人才培养等重大发展战略具有重要的发言权、决策权，并兼有建设的责任，直接参与学院的运行管理。在共同治理方式的架构上，民办本科高校具有天然的优势。

　　2. 共同制定培养方案。行业学院是学校与行（企）业之间紧密融合的教学共同体，既然为行（企）业培养人才，就有必要在人才培养中引入行（企）业标准，紧密结合行（企）业对人才知识、素质和能力的需求，依托学校现有专业（专业群、专业方向），形成凸显行业特色的人才培养模式。在共同制定培养方案过程中，要将行（企）业标准引入课程体系改革，对专业的培养方向、课程模式和具体的行（企）业课程等进行系统调整，形成全新的适应行（企）业标准与需求的人才培养方案。在遵循教育基本规律的基础上，行业学院的人才培养要大力倡导以行（企）业需求为导向，对理论教学和实践教学体系进行大胆改革。

　　3. 共同组建教学团队。行业学院的发展必须构建校内外结合、专兼职结合的教学团队。一方面，要开展基础理论教育，没有基础理论教育就不可能开展面向应用的专业教育；另一方面，要着眼于应用型人才的培养，将最新的应用技术成果及时、完整地教授给学生。高校教师一般很少长期处于生产一线，不可能时时追踪技术应用的前沿，而行（企）业的科技人员正好具有这方面的优势，宜将企业导师纳入学校专业课程的教学团队。应用型人才培养需将技术应用与课堂教学很好地对接起来，在实习实训、毕业设计等环节，企业导师可以发挥更大的作用。因此，行业学院应建设一支高校教师与业界导师高度融合的教学团队，并让两支队伍的优势在应用型人才的培养中相得益彰，切实提高人才培养的精准性、针对性、适切性和有效性。民办本科高校本就需要聘任兼职教师，行业导师的设置为教师队伍建设找到了新的方向。

4. 共同推进管理改革。行业学院的管理涉及多方面的内容，从实践来看，面向人才培养是当前行业学院建设的中心任务，教学管理改革是重要的工作之一。与传统学院不同，行业学院在培养计划、内容和目标上发生了变化，需要与相关行（企）业团队一起，共同协商教学管理的相关安排，并对教学管理及其流程等进行创新与改造。如在学期制方面，行业学院应在"三学期制"改革的基础上，尝试多学期、多元化的教学，体现学生在学习时空上的灵活性与交叉性，以便于与行（企）业实践需求在时空上进行对接；在学分修习制方面，鼓励行业学院进行相关的课程置换、学分替代改革；在教学组织形式上，可以单独建班，也可以打破专业、学院、层次及人数界限，在全校范围内单独招生或设置班级（或虚拟班）等。

5. 共同打造产学研基地。产学研基地建设是应用型人才培养的重要平台。行业学院建设需要一批具有行业产业典型性的实践基地，既服务于人才培养和教学改革的需求，又服务于应用研究与创新的需求。因此，校行（企）双方应积极探索多元化、多层次和多样式的合作，在共建、共用和共管的基础上，实现产学研基地的共同治理，形成复合、开放和共享的基地长效管理机制，保障学校在实践教学、业师来源、学生就业及教师实践培训等方面的实景场地资源，同时也为行（企）业的人才培养、项目研发提供有力保障。

6. 共同开展项目研发。项目研发包括教学改革项目的研发与科技项目的开发。行业学院整合校行（企）双方力量，共同打造一批校行（企）合作的模块课程、教材，建设资源共享的课程和新型教材；围绕实际应用，发挥技术优势，研发新产品与新工艺，改进管理流程，并带动学生创新创业。同时，以市场需求与行业技术需求为导向，高校发挥人才优势、技术优势和学科优势，与行（企）业骨干一起，围绕生产服务等一线问题，开展技术项目研发与服务咨询，直接服务于行（企）业的技术改造、产品升级和转型发展。目前民办本科高校科研力量相对薄弱，合作项目难寻，而行业学院的建设在某种程度上为民办本科高校教师的科研工作创造了很好的机会和条件。

三　行业学院发展的实践路径

行业学院已经成为民办本科高校转型发展的一个重要模式。目前，一些民办本科高校根据地方产业结构及其自身的专业资源，在校内设置了一批行业学院，如南京理工大学泰州科技学院、浙江树人大学等。从实践效果来看，行业学院已突破校企合作原有的障碍，给传统学院发展模式注入了新的活力，有力地推进了学校的应用型改革。下面以浙江树人大学为例，探索并分析行业学院发展的实践路径。

1. 扎根地方，瞄准地方产业发展需求设置行业学院。2011 年，浙江树人大学确立了"教学服务型大学"的办学定位，致力于开放办学，服务社会、服务地方经济转型升级，要求学科和专业充分对接产业发展需求。2015 年，学校成为浙江省应用型试点示范建设院校，以此为契机，学校积极探索"以行业学院建设为龙头、紧密对接地方产业发展需求"的实践改革。

浙江省"十三五"经济与社会发展规划提出："重点打造信息、环保、健康、旅游、时尚、金融、高端装备制造和文化八大万亿级产业。"新兴产业与主干产业的确定与发展，必然带来对于产业人才、技术以及资金等方面的旺盛需求。浙江树人大学围绕八大万亿级产业布局，寻求并对接地方核心产业、特色产业发展需求，根据学科和专业资源，抓住地方经济产业转型升级与"双创"发展的重要机遇期，主动出击寻找合作，先后与地方行（企）业共同建立了树兰国际护理学院、浙江省养老与家政产业学院、山屿海商学院以及绍兴黄酒学院等 9 个行业学院，涉及八大万亿级产业布局中的 7 个产业。

2. 加强协同，围绕产业需求大力推进学科和专业集聚。行业学院的协同主要包括三个方面：一是学校与行（企）业之间的协同，如治理、运行等，即上述组织特征中所提及的六个"共同"；二是行业学院与传统学院之间的协同，学校内部同时存在着以学科、专业为基础的学术型学院和以产业需求为基础的应用型学院两种组织形态，它们共生共存、互补发展（见表 1）；三是学科与专业之间的协调，即围绕行业产业需求所进行的学科和专业调整、集聚。围绕八大万亿级产业，在每一个行业学院创建的过程中都对学科与专业资源进行不同层面和不同程度的调整，如围绕大健康方向，与树兰（杭州）医院合作成立树兰国际护理学院，并专门调整学院、学科和专业资源，成立健康与社会管理学院，统合护理学、老年服务与管理、社会工作以及公共事业管理等专业，纳入现代服务业专业群之中，形成"行业学院—传统学院—学科专业群"之间的对应衔接关系，形成围绕行业发展方向的学科与专业协同。通过实践探索，学校初步实现了学校与行（企）业、行业学院与传统学院、学科专业群落与行业产业等三个层面对接的协同机制（见图1）。

表1　　　　　　浙江树人大学与企业协同共建行业学院关系表

序号	行业学院名称	主要对接学院	主要合作单位
1	树兰国际护理学院	健康与社会管理学院	树兰（杭州）医院
2	浙江省养老与家政产业学院	健康与社会管理学院	浙江省民政厅
3	山屿海商学院	现代服务业学院	上海山屿海投资集团
4	同花顺金融信息服务学院	现代服务业学院	浙江核新同花顺网络信息股份有限公司
5	绍兴黄酒学院	生物与环境工程学院	会稽山绍兴酒股份有限公司
6	中白科技学院	生物与环境工程学院	白俄罗斯国立大学
7	华为信息与网络技术学院	信息科技学院	华为技术有限公司
8	红石梁学院	管理学院	红石梁集团
9	定格梦想创意学院	艺术学院	杭州定格文化创意有限公司

3. 引入标准，面向行业特色需求改造课程培养体系。行业学院培养的人才应当掌握行业标准，符合行业人才标准，因此必须将行业标准引入课程体系和课堂教学，确保学校专业理论知识与行业生产技术实际相对接。各行业学院以行业需求、职业能力需求为导向，着力培养学生的技术技能和创新创业能力，并完善"平台+模块"的课程体系。如养老与家政产业学院发挥自身参与（起草）制定国家、地方家政服务、母婴护理和家庭保洁等标准的优势，将这些标准嵌入课程体系之中；同花顺金融信息服务学院根据行业特点和要求，增设互联网金融数据分析、互联网金融产品销售等课程，并通过校企合作团队实施课程教学。近年来，各行业学院通过紧密的校企合作，结合岗位能力培养设计项目化课程教学方案，开发结合企业生产实际的项目化课程教学资源，将企业的实际项目或培训资

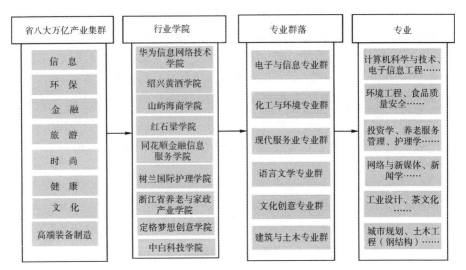

图1　行业产业、专业群落与专业的协同关系

源、企业文化、岗位责任意识以及真实的职场环境带入课堂，先后开发了20门校企合作课程，初步形成了具有行业特色的课程培养体系。

4. 推进融合，促进校企紧密合作形成科学治理结构。在治理结构上，行业学院实行理事会领导下的院长负责制，由校行（企）双方共建理事会，学院领导班子由校企双方共同委派组建，校方代表成员有校领导、对接学院的领导、学科专业带头人与骨干教师等，企业方代表有企业董事长、总经理、总监以及技术骨干等。同时，双方共同派员组成管理团队，负责行业学院的日常教学运行与人才培养。行业学院院长执行理事会决定并全面负责教育教学和行政管理工作。通过一段时间的运行，行业学院不断完善校行（企）双方的治理结构，初步形成了符合行业学院运行的科学治理机制。

5. 发挥优势，完善行业学院的体制机制建设。民办本科高校面向市场和应用的体制机制，在行业学院建设中具有得天独厚的优势。共同治理本身就是民办本科高校内部治理的要求，在行业学院治理中又得到进一步的发挥。由于与市场有着更加紧密的联系，民办本科高校在与行（企）业共同建设行业学院时具有较好的合作基础。行业学院的建设和行业应用型人才的培养，也将大大提升民办本科高校的自身价值，在服务社会、学生和国家发展战略的过程中不断发展壮大，在行业学院的建设中与行（企）业真正实现融合与双赢。

　　附记：建设教学服务型大学、培养高级应用型人才，坚持行业学院的培养路径，构成浙江树人大学人才培养模式的核心内容，本人为此花费了很大的精力进行深入研究，努力成为学校发展的理论指导，有的已经写入学校发展和规划文件。教学服务型大学背景下的高级应用型人才培养探索与实践，获得浙江省人民政府高校教学成果一等奖。同事金劲彪、周朝成参与本文讨论修改，刊登在《浙江树人大学学报》2018年第1期。

科研工作：高水平民办高校
建设的重要着力点

摘　要：民办高校的层次绝大部分还处于较低的层次。民办高校的发展既期待于政策，更应注重自身的建设。在高水平民办高校建设中，科研工作应该成为特别重要的着力点。

关键词：高水平民办高校；科研工作；论文；课题；发明专利

《国家中长期教育改革和发展规划纲要（2010—2020 年）》提出建设高水平民办学校的问题，引发了社会各界对民办高校如何从外延扩张走向内涵建设、从粗放发展走向优质提高的讨论。2012 年，国家批准 5 所民办高校举办专业硕士学位资格后，各级各地相继推出一批相关政策，鼓舞了民办高校进行高水平建设的热情。然而迄今为止，"高水平"民办高校建设的讨论大多停留在政策的层面，就民办高校内部而言，如何进行"高水平"建设似乎缺乏抓手，无从入手。诚然，高等教育的发展有赖于政策的扶持和指导，民办高校也不例外。但笔者认为，民办高校的发展既期待于政策，更应注重自身的建设。在高水平民办高校建设中，科研工作应该成为特别重要的着力点。

一　"五个偏少"：民办高校科研工作
总体滞后的基本特征

2012 年 12 月 7 日，由浙江树人大学中国民办高等教育研究院和武汉大学中国科学评价研究中心共同研制的《2012 中国民办本科院校科研竞争力评价研究报告》（以下简称《评价研究报告》）发布，全国数百万个网站转载并引发讨论和思考。报告从论文、课题、专利、奖励等考察维度，对全国 84 所民办本科院校 2010—2011 年科研发展状况进行了定量分析，并确定了排名（见表 1）。《评价研究报告》的出台，不但有助于民办高校了解自身的科研工作状况，增强民办高校开展科研工作的自觉性和主动性，为教育主管部门制定政策提供决策参考，同时为学生、家长及社会相关机构了解民办院校提供了重要的信息。

表 1　　　　2012 年民办本科院校科研竞争力评价排名 20 强

序号	学校名称
1	浙江树人大学
2	黄河科技学院
3	湖南涉外经济学院
4	江西科技学院
5	西京学院
6	武汉生物工程学院
7	宁波大红鹰学院
8	大连东软信息学院
9	北京城市学院
10	长沙医学院
11	南昌理工学院
12	三江学院
13	安徽新华学院
14	三亚学院
15	海口经济学院
16	广东培正学院
17	潍坊科技学院
18	辽宁对外经贸学院
19	山东英才学院
20	西安外事学院

这份《评价研究报告》主要的动机是为了推动民办本科高校增强科研意识、重视学术建设、加强科研工作、提升科研能力和水平，进而促进民办高校办学质量的不断提升。

在高等教育大众化深入发展的进程中，民办本科院校将越来越多，其办学质量也将越来越成为社会关注的热点。综观当下我国民办本科院校，在质量和信誉方面大多仍处于高等教育结构金字塔的塔基部分。究其原因，科研工作薄弱是重要的因素之一。从本次发布报告的相关数据来看，民办高校绝大部分还处于很低的科研发展水平，主要表现为"五少"。

一是论文发表数量偏少。87 所民办本科院校 2011 年共发表论文12794 篇，校均 147 篇；发表论文数最多的学校有近 900 篇，但不到 50 篇的也有 23 个学校，甚至有 3 个学校一年发表的论文还不到 10 篇（见表2），说明分布极不平衡。在 CSSCI 期刊上发表的就更少，其中有 50 所院校的记录是 0 篇，32 所学校少于 10 篇，只有 2 个学校发表论文在 30 篇以上（见表3），浙江树人大学最多。在国际三大检索上能查到的有关民办高校的论文更是稀少。

表 2　　　　2011 年 84 所民办本科院校在 CNKI 数据库发表论文统计

篇数	学校数（所）
500 篇以上	5
400—499 篇	1
300—399 篇	3
200—299 篇	11
100—199 篇	21
50—99 篇	21
10—50 篇	19
10 篇以下	3

表 3　　　　2011 年 84 所民办本科院校在 CSSCI 数据库发表论文统计

篇数	学校数
30 篇以上	2
11—29 篇	0
5—10 篇	6
2—4 篇	13
1 篇	13
0 篇	50

二是高层次的课题偏少。从各校主持的课题来看，2011 年民办本科

院校共获得 2 项全国哲学社会科学基金规划项目、12 项国家自然科学基金项目（其中青年基金项目 5 项）、1 项全国教育科学规划教育部重点课题、13 项教育部人文社会科学规划项目（其中规划 9 项、专项 3 项、西部和边疆项目 1 项）、2 项国家星火计划项目。所获得项目数量占全部高校所获得项目数量的比例与民办高校的数量占全国普通高校的比例形成强烈的反差，民办高校获得高层次课题的能力确实还很弱小。

三是发明专利偏少。专利是衡量一个高校技术创新贡献力和科研能力的重要标志之一。通过查询国家知识产权局网站发现，只有 10 个民办本科院校在 2011 年获得了发明专利授权（见表 4）。显然，这样的状况也还处于初步阶段。

表 4　　　　2011 年 84 所民办本科院校获得发明专利统计

项数	学校数
3	1
2	2
1	7
0	74

四是高层次的科技奖励偏少。除少数学校外，基本上处于空白。

五是课题经费少。从了解到的科研经费状况来看，大部分也只有几十万元，像浙江树人大学和西京学院年经费破千万的院校凤毛麟角。当然，校际之间发展也不均衡，一部分民办高校抓得早、收效快，呈现出良好的起步态势，如浙江树人大学、湖南涉外经济学院、西京学院和黄河科技学院等。浙江树人大学 2011 年科研经费近 2000 万，课题的档次和成果获奖都呈现良好的发展势头。但总体看，绝大多数的学校还处于较低水平。

二　科研工作：民办本科院校高水平建设的短板

笔者认为，大学不仅是传授知识的场所，更是创造知识的摇篮。科研是大学的基本职能，没有科研的民办高校意味着办学职能的不完善；没有科研成不了大学，更成不了高水平的大学。从办学实践来看，没有科研，教学工作的质量难以保证和提升。

首先，科研滞后制约民办高校教师队伍的成长。没有科研，就不会有优秀的师资。当前，民办高校普遍存在着专任教师队伍建设任务重、时间紧、教师队伍成长性差等问题，甚至许多民办高校至今还没有产生自己培养的教授，其中一个重要的原因在于民办高校教师的科研能力和水平普遍较低。著名科学家钱伟长认为："你不教课，你就不是教师；你不搞科研，你就不是好教师。"① 从实践来看，没有科研，没有对新技术、新材料和新工艺的钻研，教师本身就难以成为"应用型"，民办高校培养"应用型人才"的目标就会落空。

其次，民办高校科研滞后影响教学改革的深化和教学质量的提高。笔者作为教育部新建本科高校教学工作合格评估专家，参加了多所民办本科院校的评估，感觉一些民办本科院校课堂教学和学生的毕业论文质量都不高，主要原因也可以从科研缺乏中得到解析。教师不搞科研，不能系统了解和掌握新知识和新技术，照本宣科，讲课内容大多在书本中，教学效果自然难以提高。许多老师自己都没有写过论文，也没有承担过科研项目的研究，指导学生撰写论文和指导毕业设计，其质量和水平可想而知。

再次，科研工作还是高水平民办高校建设的重要内容。世界一流私立大学的发展经验告诉我们，私立大学要在国家高等教育体系中跻身中心地位，学校的科研和学术工作也应跻身一流。我们难以想象，如果没有一流的科研作为基础而可以诞生一流的高校。从美国等大量著名的私立大学发展经验来看，许多学校人才培养质量上乘、特色鲜明，同时在科研和学术上也敢于与公立大学相挑战和媲美。因此，重视科研和学术工作，也是世界一流私立大学成功的经验和规律。

客观上看，民办本科院校开展科研工作确实有许多矛盾和困难。民办本科高校大多是规模超万人的巨型大学，专任教师少、教学任务重，难以顾及科研。教师队伍结构不合理，高端师资严重缺乏，缺乏科研领头者。由于教师中新教师偏多，缺少科研工作的训练和经验，参与科研的兴趣不高。主观上看，许多民办高校的领导对科研重视不足，认为作为"教学型"大学把教学搞好就可以了，担心开展科研会影响教师的教学工作。许多院校科研方面投入少，甚至个别院校还未设置科研管理部门。另外，从政府部门的工作来看，许多地方民办高校科研项目的申报和经费支持都

① 钱伟长：《大学必须拆除教学与科研之间的高墙》，《群言》2003 年第 10 期。

不到位，有的教师虽然获得了课题立项，但没有经费支持，科研成为无米之炊，自然难以吸引教师的兴趣。

三　多管齐下，推动民办高校开展科研工作

民办本科高校科研滞后严重制约民办高校的可持续发展。建设高水平民办高校必须抓住科研这个薄弱环节，下大工夫培育队伍，加大投入，制定鼓励政策，引导和激励教师开展科研工作。

（一）努力提高民办高校领导对科研工作的认识

从目前的情况来看，相当多的民办高校没有将科研工作列入学校规划，对科研工作没有足够的重视。近年来，许多民办高校办学规模快速增长，教师教学工作量相当饱满，但一些领导对科研工作感到心有余而力不足，一些民办高校的举办者对办学的功利性考虑较多，认为科研是公办高校特别是公办重点高校的事情，民办高校教师只要搞好教学工作就可以了。这些状况有一个共同点，就是割裂了民办高校科研和教学的关系，并使之对立，显然是片面的。从几所科研工作比较好的民办高校来看，领导的重视和举办者的支持，是能否开展和搞好科研工作的关键性因素。

（二）加快民办高校专职教师队伍建设

与教学工作一样，搞科研也是实实在在的工作，需要团队的力量。民办高校必须加快专职教师队伍的建设，并且应该从实际出发，在队伍建设中注意引进科研骨干和学科带头人，建立合理的团队结构，充分兼顾教学和科研的双重需要，使专职教师能在学校科研工作中发挥积极作用。

（三）科学选取科研方向，重点突破

民办高校的科研工作应该研究什么？怎样开展科研工作？相对于老牌的公办高校，民办高校是无可比拟的。因此，民办高校在科研工作中，应该与在教学上的策略一样，正确定位、发挥优势、差异发展、重点突破，坚持有所为有所不为，并从自身实际情况出发，正确选定科研的方向和内容，突出研究重点。对于大多数民办高校来说，以下三个方面可以考虑作

为科研工作的重点：一是面向区域经济发展需要的应用技术的开发和推广；二是面向人才培养的教学研究；三是研究"自己"，开展民办高等教育研究。

（四） 制定切实有效的政策，鼓励和引导教师积极投入科研工作

政策的作用，一是"逼"，即针对教师的实际对教师搞科研提出一些刚性的要求，"逼"教师搞科研；二是"引"，即运用优惠的利益机制，如职称、晋级、分配等方面适当地向科研倾斜，引导教师搞科研；三是"创"，即为教师搞科研创造良好的环境，包括时间、空间、经费等，使教师愿意在科研上投入。

（五） 政府应加大对民办高校科研工作的引导和支持

推动民办高校开展科研，提高核心竞争力和人才培养质量，也是政府的工作职责。一方面，政府在指导和评价民办高校办学指标时，应适时将科研工作纳入考核的重要指标。另一方面，应切实落实"同等地位"的相关政策，对民办高校的科研工作给予支持，特别是在人才引进、课题申报和经费资助等方面，给予适当的倾斜，以扶持民办高校开展科研工作，全面提升民办高校的办学能力和水平。

附记：科研工作是大学的基本职能，尤其是对于一所本科院校来说。而民办院校科研薄弱，成为质量提升的短板。2003 年，在校长的安排下，本人就作为分管副校长积极启动学校科研工作，并且多次撰文，建议民办高校重视并尽快启动科研工作。担任校长职务后，为推动这项工作，本人与团队成员一起，从 2013 年开始，与国内一些相关机构合作，开展了《民办高校科研排行榜》的研究工作，意在鼓励和推动民办高校的科研工作，在国内民办高校中引发思考和热议。本文刊登于《黄河科技大学学报》2013 年第 2 期。部分内容曾作为刊首篇，刊登在《教育发展研究》2013 年第 1 期。

论我国民办高等教育政策
从"规范"向"扶持"的转型

摘　要：我国民办高等教育已经进入一个新的发展阶段，民办高等教育政策也应做出相应的调整。从"规范"转向"扶持"，落实公共财政扶持民办高校的各项举措，给予民办高校更多的办学自主权，促进高水平民办高校的建设，是当前和今后一个时期我国民办高等教育政策转型的主要着力点。

关键词：民办高等教育；教育政策；政策转型

一　民办高等教育政策对民办高校的发展具有重要作用

　　教育政策是党和国家为实现教育目标所制定的有关教育的谋略、法令、办法、方法、条例等的总称。制定教育政策的主体是各级政治机关，上至中共中央、全国人大、国务院和教育部，下至最基层的教育行政机构。教育政策旨在解决存在于两个或更多所学校间的普遍性问题，"学校内部的决策主要是管理学研究的范畴"，而不是教育政策所要解决的问题。① 广义上的教育政策包括教育法规。根据法规的层次和效力，《立法法》将我国的法规依次分为宪法、法律、行政法规、地方性法规、自治条例和单行条例、规章（包括部门规章和政府规章）六个层次，每个层次的法规对教育都有所涉及。除了教育法规之外，教育政策还包括各级政治机关出台的规范各级学校办学行为的教育规划、通知、（部长）令、意

① 袁振国：《教育政策分析与当前教育政策热点问题》，《复旦教育论坛》2003 年第 1 期。

见等文件。

我国民办高等教育已经成为国家高等教育体系的重要组成部分。伴随着民办高等教育的发展壮大，国家陆续出台了许多针对民办高等教育的政策，其政策体系包括以下几个基本组成部分。

第一，党的全国代表大会报告对民办教育的表述。如党的十三大报告（1987 年）提出"继续鼓励社会各方面力量集资办学"；十四大报告（1992 年）提出"鼓励社会力量办学"；十七大报告（2007 年）提出"鼓励和规范社会力量兴办教育"；十八大报告（2012 年）提出"鼓励引导社会力量兴办教育"。值得注意的是，十七大报告中的"规范"一词没有出现在十八大报告中。

第二，《宪法》（1982 年）以及《教育法》（1995 年）、《高等教育法》（1999 年）、《国家中长期教育改革和发展规划纲要（2010—2020年）》（以下简称《教育规划纲要》）等关于教育发展的重要法律和规划对民办教育发展作出的重要规定。

第三，《民办高等学校设置暂行规定》（1993 年）、《社会力量办学条例》（1997 年开始实施，2003 年废止）、《民办教育促进法》（2002 年）、《民办教育促进法实施条例》（2004 年）、《国务院办公厅关于加强民办高校规范管理引导民办高等教育健康发展的通知》（2006 年）、《民办高等学校办学管理若干规定》（2007 年，即"教育部 25 号令"）、《关于鼓励和引导民间投资健康发展的若干意见》（2010 年，以下简称《若干意见》）、《教育部关于鼓励和引导民间资金进入教育领域促进民办教育健康发展的实施意见》（2012 年，以下简称《实施意见》）等相关法规、规章，是直接规范民办教育发展的政策。

第四，国家税务、金融、财政、人事编制、民政等部门出台的部门规章也对民办高校具有约束作用，是我国民办高等教育政策体系的重要组成部分。比如，民政部、教育部印发的《教育类民办非企业单位登记办法》（2001 年），财政部制定的《民间非营利组织会计制度》（2004 年），国家发改委印发的《民办教育收费管理暂行办法》（2005 年）等。教育政策规定了教育发展的基本目标、基本方向和基本路径，"在各种层次、各种类别的教育中，在教育发展的不同阶段与不同时期，教育政策总是或强或弱、或显性或隐性地左右着教育的改革和发展”①。在我国民办高等教育发展进程中，政策对民办高等教育的健康、持续发展起到了积极的作用，可以说，没有民办高等教育的政策，就没有我国民办高等教育今日的成就。徐绪卿认为，在我国，教育资源及其配置权主要集中在政府手中，政策决定民办高校发展的规模、层次和水平。② 黄藤甚至认为，民办教育政策是“推动民办教育实践的决定性因素”。③ 具体而言，民办高等教育政策尤其在以下三个方面对我国民办高校的发展起到了重要的作用。

1. 赋予了民办高等教育以合法地位

改革开放以前，我国高等教育体系是公办高校一花独放，民办高校销声匿迹于高等教育舞台近 30 年。改革开放以后，经济的恢复和发展需要大量的建设和管理人才，人民群众渴望接受高等教育，强大的社会需求呼唤着民办高校的产生。但在当时的政治环境下，民办高校实际上难有生存的空间和合法性。1982 年颁布的《宪法》提出：“国家鼓励集体经济组织、国家企业组织和其他社会力量依照法律规定举办各种教育事业。”这就从国家法律层面初步解决了民办高校的合法性问题，从此我国民间办学逐渐兴起。1993 年颁布的《民办高等学校设置暂行规定》指出：“民办高校是我国高等教育事业的组成部分。”这就进一步明确了国家发展民办高等教育的目标，也使民办高校的设置、创建和办学有法可依，从而为民办高等教育的发展拆除了政策围栏，此后以“民办”冠名的普通高校开始创建和办学。可见，政策在我国民办高校的恢复办学中发挥了积极的作用。

2. 保证了民办高等教育的规范发展

不以规矩，不能成方圆。民办高等教育政策为民办高校提供了一种行动的标准，规定着民办高校的办学行为。举例来说，《民办高等学校办学管理若干规定》（教育部 25 号令）对民办高校提出了“资产过户”的要求，不能按时进行资产过户的民办高校将受到减少招生等严厉处分。这个规定规范了民办高校的资金运作和产权制度，在很大程度上解决了民办高

---

① 张乐天：《教育政策法规的理论与实践》，华东师范大学出版社 2008 年版，第 1 页。

② 徐绪卿：《我国民办高校内部管理体制改革和创新研究》，中国社会科学出版社 2012 年版，第 36 页。

③ 黄藤：《民办高等教育可持续发展的政策演进：必须坚持开放性原则》，《浙江树人大学学报》2011 年第 3 期。

校的产权虚置问题，从而提高了民办高校抗击风险的能力，保持了民办高校办学秩序的稳定。正因为有政策的约束和指导，我国民办高校逐步实现了规范发展和健康发展，帮助千百万青年实现了接受高等教育的梦想。

3. 引导了民办高等教育的区域特色

我国地域辽阔，各地的经济和教育发展水平差异性大，因此，除了宏观的政策指导以外，还需要从不同区域的实际出发，制定适合本地区的"操作性政策"。从不同区域民办高等教育发展情况来看，那些民办高等教育发展良好的地区，都是区域民办高等教育政策体系较为完备的地区。例如，陕西省是全国民办高等教育最具影响的地区之一，作为一个区域经济不太发达的省份，民办高等教育能够有较大的规模和较高的水平，与其民办高等教育政策健全有很大的关系。早在 1996 年，陕西省人大常委会便颁布了《陕西省社会力量办学条例》，比国务院颁布的《社会力量办学条例》还要早半年多。① 江西省民办高等教育在发展过程中曾经走过一段弯路，不规范的办学行为致使一些民办高校发生了群体性事件，造成了负面影响。江西省管理部门亡羊补牢，抓住机遇，加大力度，规范办学，先后出台了《江西省民办普通高等学校巡视工作暂行规定》《江西省民办普通高等学校董事会（理事会）议事规则（试行）》《江西省民办普通高等学校行政管理工作规程（试行）》《江西省民办普通高等学校党委会议议事规则（试行）》《江西省民办普通高等学校督导专员工作规程（试行）》等文件，以引导民办高校的稳定健康发展。浙江省温州市的民办教育也走在全国前列，温州市的很多民办教育改革措施得到了教育部的高度肯定，为全国民办教育改革提供了宝贵的经验。温州市民办教育之所以取得如此显著的发展成绩，一个重要的原因是温州市出台的一系列"民办教育新政"非常有利于民办教育的发展。② 实际上，用政策规范、引导和支持民办（私立）高校健康发展，也是世界高等教育的发展经验。事实证明，私立高等教育的发展离不开健全的法律法规体系。

---

① 黄藤：《民办高等教育可持续发展的政策演进：必须坚持开放性原则》，《浙江树人大学学报》2011 年第 3 期。

② 董圣足：《温州新政：区域民办教育制度创新的典范》，《教育发展研究》2011 年第 22 期。

二　"合法"和"规范"是我国民办高等教育
初级发展阶段的政策基调

任何政策都具有阶段性，不同发展阶段具有不同的政策需求，民办高等教育政策也不例外。从 1982 年的《宪法》提出鼓励社会力量依照法律规定举办各种教育事业，一直到 2010 年《教育规划纲要》颁布之前，这一阶段我国民办高等教育政策主要是解决民办高校的合法性和规范性问题。

首先必须打破原有政策的禁锢，给予民办高校合法的地位和发展空间，鼓励民办高等教育的发展。我们发现，在 1982 年的《宪法》明确了民办高校的法律地位之后，直到 1993 年《民办高等学校设置暂行规定》颁布之前，很长一段时间内我国没有明确的民办高等教育政策。实际上，"没有政策"也是一种政策，是一种宽松的政策。在民办高等教育发展初期，社会环境对民办高校的接受程度较低，政策暂时"空白"，让社会有一个思考的空间，是非常必要的；同时，民办高校的许多办学行为是"摸着石头过河"，民办高校的发展目标、发展模式还不明确，也需要"看"，不宜急忙下结论。因此，"没有政策"的默认态度有利于民办高校的自我成长和发展，在各方面还不成熟的情况下匆忙出台政策，可能会制约甚至扼杀民办高校的发展。

1993 年以后，"规范"成为我国民办高等教育初级发展阶段的另一政策基调，它具体表现在以下两个方面。第一，民办高等教育政策对民办高校的"义务"强调很多、很细、很严格，表现在政策文本中，就是政策文本用大量的篇幅来规定民办高校"应当干什么"或者"必须干什么"。比如，《民办教育促进法》全文共 5511 字，其中"应当"一词出现了 36 次；《民办教育促进法实施条例》共 6419 字，其中"应当"一词出现了 47 次；《国务院办公厅关于加强民办高校规范管理引导民办高等教育健康发展的通知》共 2900 余字，其中"规范"一词出现了 12 次，"必须"一词出现了 6 次；《民办高等学校办学管理若干规定》（教育部 25 号令）共 3488 字，其中"应当"一词出现了 22 次。第二，民办高等教育政策对国家扶持民办高校的规定很少、很粗、很随意，表现在政策文本中，就是对政府和公共财政扶持民办高校的措施往往用"可以"等字眼来表达，致使有限的扶持措施在实践中根本无法落实，尤其是使民办高校无法得到公共财政的扶持。比如，《教育法》关于民办教育的扶持规定只有一句话："国家鼓励企业事业组织、社会团体、其他社会组织及公民个人依法举办学校及其他教育机构。"至于如何鼓励则一字未提。《民办教育促进法》规定："县级以上各级人民政府可以设立专项资金，用于资助民办学校的发展。"既然是"可以"设立专项资金，也就意味着"可以不"设立。

若以历史的眼光来看待这一阶段的民办高等教育政策，就会发现以"规范"为基调的政策是符合当时我国民办高等教育发展实际的，有其必要性和合理性。改革开放后兴起的民办高校，是在强烈的社会需求驱动下发展起来的，部分民办高校举办者办学动机不端正，办学指导思想有偏差，功利观念严重，出现了许多不规范的办学行为。如有的民办高校内部管理体制不健全，法人财产权不落实，资金运作极不规范，举办者擅自抽逃办学资金，掏空学校财政，致使学校运作困难。一些民办高校招生虚假宣传、乱发学历文凭，教学质量很差。有些地方的民办高校甚至发生了因学籍、学历、收费等问题而导致的学生群体性事件。这种状况既不利于民办高校提高质量，还有可能引发社会稳定问题，因此引起了政策制定者的高度关注，希望通过政策杠杆来强制纠正和规范民办高校不良的办学行为，进而促进民办高校健康、稳定发展。

以"规范"为基调的政策在促进了我国民办高等教育发展的同时，也存在三方面的问题。第一，规范带有纠错的性质，这一阶段的民办高等教育政策带有明显的"滞后性"。因为政府缺乏管理民办高校的经验，制定民办高等教育政策的过程是一个典型的"摸着石头过河"的过程，政府往往是在民办高校出现某些较为严重的问题之后，才意识到某些办学行为是不规范的，进而制定和出台相应的政策来规范这些办学行为。政策的滞后性在私立高等教育处在起步阶段的国家都很普遍，俄罗斯、智利和墨西哥等国的私立高等教育政策也存在"延迟监管"的现象。① 第二，这一阶段的政策往往是发现一个问题就解决一个问题，"头痛医头，脚痛医脚"，缺乏全局考虑，不究其根本。这种政策治标不治本，缺乏系统性和

---

① Levy D. C. The Unanticipated Explosion: Private Higher Education's Global Surge. *Comparative Education Review* 2006, 50（2）.

连续性，难以从根本上促进我国民办高等教育的健康、持续发展。第三，这一阶段的政策表现出"一刀切"的特征。国家发现某一地区或者某一学校存在某个问题之后，就要求所有地区的所有民办高校都进行整改，即所谓"一人打喷嚏，全行业被迫吃药"。但我国各个地区的民办高校之间存在很大的差别，某个地区或者某所学校存在的问题可能是个别现象而不具有普遍性。

三　以"规范"为基调的政策
需向以"扶持"为基调的政策转型

政策是动态连续的主动选择过程，当教育事业发展变化以后，教育政策必须随之调整，否则就不能对教育发展起到促进作用。如果说之前我国民办高等教育的政策基调是"合法"和"规范"，那么当前和今后一个时期的政策基调应逐步转向"鼓励"和"扶持"。这种转型主要基于以下三方面的原因。

1. 大部分民办高校的办学行为已经较为规范

我国民办高等教育已经完成"合法"和"规范"发展阶段。民办高等教育发展的合法性已经得到法律的确认。就规范来说，虽然还有必要，但从整体而言，规范任务已经基本完成。

第一，国家对民办高校的监管体系日渐完善，监管绩效日渐明显。向民办高校派驻党委书记和督导专员、对民办高校进行年检、民办高校领导更换实行报批制度等一批规章制度的建立，使得民办高校的办学行为始终处于政府的有效管控之中，规范办学已经成为大部分民办高校的自觉选择。

第二，民办高校的内部管理体制进一步健全。例如，董事会领导下的校长负责制普遍建立，法人治理结构日益完善，绝大多数民办高校的董事长、校长分设，在学校运行中分工明确，相互配合，关系融洽；以党委为政治核心的监督机制已经确立，并逐步完善；一些民办高校中的教代会、学术委员会等群众性、学术性组织也具有了一定的监督权和决策权。许多民办高校的举办者认识到，只有规范办学，注重质量，完善管理，才能实现稳定和持续发展。

第三，我国民办高等教育的公益性已大大增强。2012 年，浙江树人大学等民办高校发起成立了"中国公益性高水平民办高校联盟"，得到全国 20 多所民办高校的积极响应。这说明，坚持公益性发展已经成为越来越多的民办高校的共识。

2. 提高民办高校的办学水平需要政策的大力扶持

30 余年来，我国民办高校紧跟教育改革的步伐，紧紧抓住高等教育大众化的机遇，在国家政策的规范和指导下，经过艰难曲折的发展历程，已经成为我国高等教育的重要组成部分。据统计，截至 2012 年年底，我国民办普通高校已占全国普通高校总数的 30%，在校生人数占全国普通高校在校生总数的 23% 左右，其比例已经接近美国私立大学在校生的规模。民办高校的发展，为经济社会发展培养了大批应用型人才，同时也激活了高等教育竞争，推进了高等教育改革[1]，在高等教育大众化、多样化和选择性发展方面做出了重要的贡献。在高等教育发展转型、注重内涵建设的进程中，部分民办高校抓住机遇，调整发展思路，转变增长方式，质量提升较快。目前已有 5 所民办高校顺利通过教育部的教学评估，另有 5 所民办高校获得了硕士学位授予权。一批在全国有一定影响、具有较高质量和较好信誉的民办高校正在茁壮成长，发挥了榜样示范效应。

但我们也要看到，由于民办高校产生和发展的特殊国情，由于历史和社会各方面的特殊原因，我国民办高校处于"弱势"地位的现状没有改变。首先，民办高校"拾遗补缺"的配角作用没有改变。民办高校整体实力不强，绝大多数只能提供专科层次的教育，还不具备提供高层次、高质量教育服务的能力，在不断增长的高层次、优质化高等教育需求面前，民办高校显得无能为力。而目前的政策对于民办高校提高办学层次还存在诸多限制。其次，民办高校的社会认可度不高。大学的办学质量要为社会和民众所认可，需要一个相当长的过程。我国大多数民办高校是在极其艰难的条件下创办起来的，并且大都以学费作为主要的运作经费，办学资金不足，学科实力不强，持续发展的能力比较弱。可与许多国家相比，我国至今为止尚未制定切实可行的公共财政扶持民办高校的政策。再次，民办高校正在经历艰难的竞争期。我国民办高校本身实力不强，却又面临着日益激烈的竞争环境。特别是随着高等教育大众化的不断发展和计划生育政

---

[1] 周远清：《高等教育体制的重大改革与创新》，《中国高等教育》2001 年第 1 期。

策产生的效应，高考适龄人口逐年大幅萎缩，生源竞争激烈，民办高校遇到了前所未有的生源危机。生源不足和不稳，正在进一步压缩民办高校的发展空间。然而，目前政府对民办高校的办学空间缺乏科学合理的布局规划。最后，民办高校的体制机制优势正在丧失。民办高校的生命力在于它的体制机制优势，办学自主权是民办高校体制机制优势的重要内容。但由于现行政策的重心在"规范"，政府对民办高校行使办学自主权缺乏足够的信任和信心，至今为止民办高校的办学自主权大都是空中楼阁，并不落实，专业设置、自主招生、收费备案、课程开发等，虽然相关政策一再提及，实际上并不具有操作空间。因此，要解决上述困扰民办高校长久发展的根本性问题，提高民办高校的办学水平，我国民办高等教育政策必须尽快实现从"规范"向"扶持"的转型。

3. 国家民办高等教育政策的"扶持"导向已初步确立

近年来，随着民办高等教育的发展及其作用的发挥，国家也意识到了民办高等教育政策转型的必要性。2010年开始实施的《教育规划纲要》是我国民办高等教育政策从"规范"向"扶持"转型的分水岭。《教育规划纲要》及其之后的相关政策开始体现出国家对民办高校的"扶持"。

第一，《教育规划纲要》对民办高校的扶持。《教育规划纲要》是指导我国今后一个时期教育改革和发展的纲领性文件，体现了全局性、宏观性、长远性和战略性。其中有多处文字体现了对民办教育的扶持。比如，《教育规划纲要》指出，要"大力支持民办教育。民办教育是教育事业发展的重要增长点和促进教育改革的重要力量。各级政府要把发展民办教育作为重要工作职责"。并进一步提出，要"清理并纠正对民办学校的各类歧视政策"，"制定完善促进民办教育发展的优惠政策"，"健全公共财政对民办教育的扶持政策"；"支持民办学校创新体制机制和育人模式，提高质量，办出特色，办好一批高水平民办学校"。在此之前，没有任何政策文本对民办教育的重要地位做出如此的强调，没有任何政策文本对民办教育如此强调"扶持"的政策导向。

第二，《若干意见》对民办高校的扶持。2010年国务院下发的《若干意见》指出，要"积极推进医疗、教育等社会事业领域改革"，"加快培育形成政府投入为主、民间投资为辅的公共服务体系"。具体到民办教育事业，《若干意见》提出，要"鼓励民间资本参与发展教育和社会培训事业。支持民间资本兴办高等学校，……修改完善《中华人民共和国民办教育促进法实施条例》，落实对民办学校的人才鼓励政策和公共财政资助政策，加快制定和完善促进民办教育发展的金融、产权和社保等政策"。特别引人注目的是，《若干意见》明确提出了修改《民办教育促进法实施条例》的要求，为今后完善有关的民办教育政策指明了具体的方向。

第三，《实施意见》对民办高校的扶持。2012 年教育部下发的《实施意见》指出，要"支持高水平有特色民办学校建设。扶持和资助民办学校提高管理水平，加强教师队伍建设，建立民办学校与公办学校共享优质教育资源的机制"。《实施意见》再次提出要"清理并纠正对民办学校的各类歧视政策"："各级教育行政部门在自查自纠基础上，积极协调相关部门，重点清理纠正教育、财政、税收、金融、土地、建设、社会保障等方面不利于民办教育发展的政策"，"完善促进民办教育发展的政策"。这些耀眼的词汇体现了政府对民办教育的新认识，凸显了国家民办教育政策的新走向。

第四，党的十八大报告对民办高校的扶持。党的十八大报告明确指出："鼓励引导社会力量兴办教育。"而在十七大报告中，相应的表述则是"鼓励和规范社会力量兴办教育"。用"引导"一词来代替"规范"，显示出国家对民办教育更加信任和肯定。党的十八大报告是指引我国未来建设、改革和发展的纲领性文件，十八大报告对民办教育的大力肯定，必将鼓舞更多的民办高校努力办好教育事业。

四　进一步扶持民办高等教育发展的三个政策着力点

从以上分析来看，我国民办高等教育政策转型的条件已经基本成熟，国家扶持民办高等教育的政策导向已经基本明晰。下一步的工作就是要在做好顶层设计的同时，出台可操作化的政策文本，使国家的扶持政策能够落到实处。根据我国民办高校的发展实际和未来趋势，当前和今后一个时期对民办高校的扶持政策尤其应该重视如下三个方面。

1. 加强公共财政对民办高校的扶持

公共财政对民办高校的扶持力度偏弱甚至缺失，是制约我国民办高校健康发展的主要原因之一。由于缺乏资金，大部分民办高校的办学条件远逊于公办高校。一些民办高校虽然从外观上看整齐漂亮，但内部的教学设施设备、实验和实习条件等都有待充实和完善。这是制约民办高校提高教学质量的一个重要因素。"所谓大学者，非谓有大楼之谓也，有大师之谓也。"民办高校的教学质量难以和公办高校相媲美，另一个重要的因素是民办高校的师资队伍弱。其深层次的原因还是在于民办高校经费不足，绝大部分民办高校教师的薪酬水平偏低，而他们退休后的收入水平与公办高校教师之间的差距更大。教师待遇差导致近几年来民办高校中出现了一股不小的教师流失潮，一些民办高校几乎成为公办高校教师的"训练基地"。因此，加强财政资助，改善办学条件，稳定教师队伍，已经成为民办高校当前发展中亟待解决的重大问题。

加强公共财政对民办高校的扶持，也是实现教育公平的需要。如前所述，我国民办普通高校在校生人数现已占全国普通高校在校生总数的23%左右，但这样一个庞大的学生群体基本上得不到国家的财政补助，完全需要"自费上学"，民办高校的学费一般是公办高校学费的2—3倍。而且，民办高校学生获得奖学金、助学金、助学贷款的机会和额度也少于公办高校的学生。我们知道，来自于纳税人的公共教育经费，在分配上应该遵循"效率"和"平等"的原则。"效率"原则意味着教育经费应该向优秀的人才倾斜，"平等"原则意味着教育经费应该保持一定程度的均等化，尤其要保障弱势群体的受教育权。同样是接受高等教育，在公办高校读书可以得到公共财政补助，而在民办高校读书就无法得到公共财政补助，这与教育公平的理念是相悖的。我国公共财政在过去很长一段时间内没有对民办高校进行补助，客观原因是国家财力紧张。但经过30多年的改革开放，我国经济有了长足的发展，经济总量已经跃居世界第二，财政性教育经费支出占GDP比例4%的目标也已实现。可以说，我国已经具备了对民办高校进行资金扶持的经济实力。另外，从2011年起，陕西、上海和温州等地已经开始了地方财政扶持民办教育的尝试，为国家层面出台公共财政扶持民办教育的政策积累了经验。因此，国家应尽快出台更具操作性、更具约束力的政策，加快建立公共财政扶持民办高校的渠道。

2. 给予民办高校更多的办学自主权

民办高校是面向市场办学的。为了适应市场变化，服务社会需求，民办高校需要更多的办学自主权。这一方面是为了发挥民办高校体制机制的优势，促进民办高校自身的发展，另一方面也是为我国探索高等教育管理体制改革积累经验，促进整个高等教育发展的需要。当前尤其应该在以下三个方面落实民办高校的办学自主权。

第一，给予民办高校学费定价权。当今高等教育正在由卖方市场转向买方市场，资源日渐丰富，市场逐渐成熟，学费收取成为市场竞争的一个重要内容。在这种情况下，应该给予民办高校较大的学费定价权。考虑到我国高等教育发展的实际，采用自主定价、政府备案的机制操作比较妥当。对于一些办学质量较高、社会信誉良好的民办高校，应允许他们根据自身的办学成本适当提高学费标准。

第二，给予民办高校自主设置专业的权利。专业特色是办学特色的重要表现和基础，没有富有特色的专业和课程体系，学校就很难有自己的特色。目前我国民办高校和公办高校的专业设置实际上都属于计划审批，由于民办高校与公办高校专业产生和成长的机制差异很大，民办高校所受到的管制事实上更为严格。要激活民办高校的体制机制优势，就应该适当"放手"，给予民办高校必要的专业设置权，使其能够根据市场需求灵活调整专业，满足市场对人才的需求。考虑到政策的过渡性，可以考虑先在一些办学规范的民办高校进行试点，给予这些学校一定数量的自主设置专业，以弥补计划管理带来的不足。

第三，给予民办高校招生自主权。当前民办高校的招生仍然像公办高校的招生一样，依赖于政府分配的招生指标。但相关部门在分配招生指标时，往往从定势思维出发，优先安排公办高校的招生，这就使得民办高校的生源更加紧张，办学空间不足。近几年教育部提出了"招生指标向西部倾斜"的要求，但在具体落实过程中，许多南方省份的教育主管部门没有考虑到民办高校的实际，公办、民办高校"一刀切"，给民办高校也安排了许多西部的招生指标。实际上，由于民办高校的学费相对于西部家庭而言非常昂贵，所以西部生源到民办高校的报名率和报到率非常低，不仅使得国家原本为西部考生提供的优惠招生指标付诸东流，而且减少了民办高校的有效生源。学生是办学的根本，一定数量的学生规模是民办高校正常运转的必要条件。由此我们建议政府应妥善处理民办高校的招生问题，赋予民办高校比公办高校更大的招生自主权，使民办高校能够根据自身的办学条件和社会需求来确定招生的地区、数量和标准。

3. 大力扶持高水平民办高校建设

《教育规划纲要》提出要"办好一批高水平民办学校"，这是在国家高层次文件中第一次提出"高水平民办学校"的建设问题。此后，教育部 2012 年下发的《实施意见》也提出，"支持高水平有特色民办学校建设"；同年下发的《全面提高高等教育质量的若干意见》则明确提出，要"加强民办高校内涵建设，办好一批高水平民办高校"。2011 年，教育部副部长鲁昕在一次会议上指出，政府"扶持民办教育发展的基本导向是扶持特色发展、高质量发展、规范发展"。[①] 这一系列文件和讲话表明，"高水平民办高校建设"已经成为国家高等教育发展的目标之一，体现了国家对民办高校发展的新期望和新要求。

但至今为止高水平民办高校建设进展不大，主要原因是，现有文件只是提出了"高水平建设"的命题，缺乏具体的设计和实施方案。同时，随着国家财政对公办高校投入的持续增加，公办高校和民办高校之间的差距呈现出越来越大的趋势。如此下去，我国民办高校不仅不能实现高水平建设的目标，已经取得的成绩也很难巩固甚至存在半途而废的风险。为此，我们建议教育部尽快启动高水平民办高校建设工程，安排专项资金，设计具体方案，制定标准，开展试点，加快培育国家级高水平民办高校示范校。在试点中应注意积累经验，逐步推广，带动和推进更多民办高校实施内涵建设，提高我国民办高校整体办学水平。

最后需要明确的是，加大对民办高校扶持的力度，并不意味着减少或取消对民办高校办学行为的规范。民办高校既然是市场的产物，就必然会受到市场负面效应的影响，不顾办学条件盲目扩大规模、功利至上、粗放管理等情况在一些民办高校中仍不同程度地存在。政府必须规范民办高校的财务运作，防止资金流失；规范民办高校的内部管理体制，完善民办高校的法人治理结构；加强对民办高校办学质量的评估和监督。完善并落实上述政策，同样体现了国家对民办高校的扶持，有利于民办高校的健康、持续发展。

附记：同事王一涛参与了本文的撰写，发表在《高等教育研究》2013 年第 8 期。

---

① 鲁昕：《全面落实教育规划纲要，进一步促进民办教育发展》，《湖南民办教育》2011 年第 6 期。

治理背景下我国民办高等教育管理的转型

摘　要：基于"完善和发展中国特色社会主义制度，推进国家治理体系和治理能力现代化"的宏观背景和我国民办高等教育独特的发展阶段和使命，民办高等教育应加快管理转型，从单向管理走向多元治理。贯彻治理理念、加强顶层设计、加大政策力度、加快发展转型，是当前我国民办高等教育从管理走向治理的关键环节。

关键词：民办高等教育；多元发展；管理转型；教育治理

一

党的十八届三中全会通过的《中共中央关于全面深化改革若干重大问题的决定》中强调指出：全面深化改革的总目标是"完善和发展中国特色社会主义制度，推进国家治理体系和治理能力现代化"。在这里，将"推进国家治理体系"和"治理能力现代化"置于改革开放新的目标的高度，说明"治理体系"和"治理能力现代化"的建设在国家各项事业管理中将得到凸显和加强，并将预示着党和国家管理模式和方法的转型和变化。这一论述，为我国新的形势下改革开放明晰了新的目标，进一步指明了方向。

"治理"一词在古代汉语中的含义，既包含管理、统治，也有修整、处理的意思。据考证，英文中的"治理"（Governance）概念，来源于古典拉丁文和古希腊语中的"掌舵"一词，原意是指控制、引导和操纵的行动或方式。20 世纪 90 年代，西方兴起了一股"治理"热，学者赋予"治理"以新的含义，使之与"统治"的概念区分开来，凸显出"因势利导、多元参与、多方共赢"的特有内涵，并在此基础上形成了西方治理理论。尽管迄今为止"治理"的具体定义尚无统一的确切的阐述，但是"政府并不完全垄断一切合法的权力，政府之外，社会上还有一些其他机构和单位负责维持秩序，参加经济和社会调节"① 已经形成共识。治理理论的主要创始人之一詹姆斯·N. 罗西瑙认为：治理是通行于规制空隙之间的那些制度安排，或许更重要的是当两个或更多规制出现重叠、冲突时，或者在相互竞争的利益之间需要调解时才发挥作用的原则、规范、规则和决策程序②。他比较了当代"治理"与"统治"两个概念的区别，认为治理指的是一种由共同目标支持的活动，这些管理活动的主体未必是政府，也无须依靠国家的强制力量来实现。英国学者格里·斯托克指出："治理的本质在于，它所偏重的统治机制并不依靠政府的权威和制裁。'治理的概念是，它所要创造的结构和秩序不能从外部强加；它之发挥作用，是要依靠多种进行统治的以及互相发生影响的行为者的互动'。"③ 不难看出，理解"治理"有两个核心思想值得关注：第一，治理是多权力主体的，相对于统治概念的单一君权而言，治理体系下各方权力更为平等，既包括政府也包括社会组织和人民多方利益博弈、协调；第二，治理需要构建起一个符合各方利益、大部分人认同的正式或非正式的制度安排，并在制度安排下协调各方行为。

当下"治理"理论越来越广泛地被用于公共管理领域。除了一般意义上人们所说的治理污染、治理河道等具体事务外，在政治学领域，"治理"一词通常指国家治理，即政府如何运用国家权力（治权）来管理国家和人民。在商业领域，又延伸到公司治理，指一套程序、惯例及制度，影响着如何带领、管理及控制公司。此外，近年来在社会学和国际关系领域出现了"全球治理"一词。1992 年成立的全球治理委员会在 1995 年发表的《我们的全球伙伴关系》中对治理的概念进行了界定：治理是各种公共的或私人的机构管理其共同事务的诸多方式的总和。治理是相互冲突的或不同的利益得以调和，并且采取联合行动的持续过程。这既包括迫使人们服从的正式制度和规则，也包括各种人们同意或符合其利益的非正式

① ［瑞士］彼埃尔·德·塞纳克伦斯：《治理与国际调节机制的危机》，《国际社会科学》（中文版）1999 年第 1 期。

② ［美］詹姆斯·N. 罗西瑙：《没有政府的治理》，江西人民出版社 2001 年版，第 9 页。

③ ［英］格里·斯托克：《作为理论的治理：五个论点》，《国际社会科学》（中文版）1999 年第 2 期。

制度安排。

治理与过去的国家管理相比，强调了政府之外社会、人民的主体地位，强调了制度建设与"顶层设计"的重要性，是治国理念的巨大飞跃。从"管理"到"治理"，一字之变，体现的是我国现代化建设进入了一个新的时期，体现了国家管理进入了新的阶段，就是要通过全面深化改革，使经济、政治、文化、社会、生态文明和党的建设等各方面制度和体制机制更加科学、更加完善，实现党和国家事务制度化、规范化、程序化，把各方面制度优势转化为管理经济社会事务的效能。

二

在此背景下，教育领域综合改革也要努力以教育治理方式创新引领教育发展方式创新。现实情况要求高等教育管理向高等教育治理转变，强调政府管理由微观走向宏观、由直接走向间接、由管理向服务转变。

长期以来，高等教育始终是在政府的直接掌控之下，我们总是在强调如何"加强管理""规范管理"。在这种单向的、一元的、带有严格强制性的管理体制下，大学成为政府的附属单位，被称作"学府"；大学领导成为有较高行政级别的"官员"；政府按照对下属单位的要求来领导和管理大学，按照管理"官员"的方式来管理大学的干部。

但是，时过境迁，今天我国的高等教育，无论是规模还是内涵，都在发生着深刻的变化，构成对传统高等教育管理模式的巨大挑战，推动着我国高等教育的管理改革。首先，高等教育规模实现了跨越式发展，进入大众化阶段，与社会建立了最广泛的联系，也成为社会高度关注的领域。其次，高等教育多样化不断发展。我国民众接受高等教育的自主性和选择性快速提升，形成求学目的多元、求学类型多样、教育消费诉求开始发生分化的新格局，人民群众对高等教育的"个性"需求日益增长，并高度关注高等教育改革的走向和趋势，渴望参与高等教育改革。再次是高等教育的投资方式和举办主体结构发生了根本的转变。由原来"国立"部属院校为主向"省立"地方院校为主转变，由原来的清一色的公办高校向"公办高校为主体，公办、民办高校共同发展"的格局转变。地方政府和社会力量广泛而深入地参与到高等教育发展中来。民办高校三分天下有其一，在高等教育体系中占有较大比重。初步形成多样化的高等教育投入方式和举办类型。学校多种渠道筹集办学资金，实施大学生缴费上学，受教育者兼有高等教育消费者的身份，更加关注教育收益率，维权意识、民主诉求意识增强。高等教育不同的投资目的和价值观正在挑战我国传统的高等教育管理模式。又次，高等教育国际化快速发展。越来越多的国外高等教育机构进入我国，高等教育市场竞争从国内走向国外。全球化高等教育需要"与国际接轨"的、共同的治理法则。最后，改革的深化和竞争加剧，大学的生存和发展需要更多的"个性化"和"特色"，比以往任何时候都需要办学自主权。最后，在整个社会倡导"治理"理念、实施"治理"模式的背景下，我国高等教育转变管理模式，注重发挥各利益相关者的积极性，满足多样化的需求，促进高等教育健康可持续发展，意义深远而重大。

特别需要强调的是，由于独特的发展条件和环境，相对于传统的公办高等教育，我国民办高等教育的组织复杂化、结构多样化、水平差异化、权益多样化和民主诉求多元化等问题更加凸显，加剧了我国民办高等教育实施治理的急迫需求。由于公共财政政策滞后，我国民办高校主要由社会出资。当下民办高等教育相关的管理法规严重短缺，已经颁发的法律法规得不到全面系统地贯彻落实。相关部门和管理人员习惯于公办高校单一的、单向的、带有严格强制性的"管理"和"规范"，忽视广大高等教育消费者的选择权，漠视广大投资者和举办者的办学自主权，无视民办高校艰难的生存环境。举办者、办学者和高等教育消费者等相关利益主体在民办高等教育管理中鲜有发言权。"生不逢时"和"营养不足"造成我国民办高校质量难以提升、特色难以凸显、核心竞争力难以增强。在满足不断增强的优质高等教育的需求中，民办高校举步维艰。事实说明，民办高校的发展环境仍然是制约民办高等教育事业发展的关键环节和因素。

三

"管理"和"治理"，内容有同有别。根据笔者的研究和工作体会，当前我国民办高等教育"治理"中，主要应该把握以下 5 个环节。

第一，加快民办高校国家制度的顶层设计。民办高校国家层面的

"顶层设计"，即国家层面民办高等教育发展的基本政策与基本制度，这是民办高校治理的基本依据和政治基础。笔者认为，一个国家、一个地区民办（私立）高等教育的发展模式、发展方向、发展规模、发展速度和发展质量，不仅仅在于政府给了多少钱，给了多少人，而取决于是否有一整套完整、系统的既能体现本国国情、又能适合于民办（私立）高校体制和机制优势发挥的制度安排、社会环境和文化传统。同时，民办高校国家制度的建设必须基于我国民办高等教育的历史背景和发展阶段，基于我国的基本国情、文化传统和国家意志，必须与我国的教育制度改革方向和目标相一致。[①] 从欧美等高等教育发达的国家和地区来看，私立大学往往都具有先发优势。欧洲中世纪大学可以说毫无例外都是私立的，并且在大学产生以后的几百年间私立大学独霸天下。在国家主义和资本主义工业兴起后，才慢慢有了公立的或者国立的大学出现。美国当下许多优秀的私立大学建校都早于建国，经过漫长的进程已经确立自身的地位。分析可以看出，欧美高等教育发展的进程是"民退公进"的，而我国民办高校是在公办高校高度发达、一枝独秀的基础上起步发展的，是在法律和政策的夹缝中生存和成长的，高等教育的资源几乎为国家所掌握，民办高等教育发展某种程度上可以理解为"公退民进"的进程。另外，国外私立大学以捐资办学为主，后起的私立大学举办者往往规制为非营利社团法人，如日本、韩国和我国台湾地区。即使发展营利性私立大学也是在国家具有充分的管控之下。而我国民办高校主体是在国家政策一片空白的状态下"摸着石头过河"探索起步的，捐资不足，大量为投资性办学，并且不具有原有的制度管控。这种明显不同的发展模式，凸显出国家层面顶层设计的重要性和急迫性。"顶层设计"这一概念在我国民办高等教育目前的"现实语境"中，至少应解决以下四个方面的问题：一是要解决好民办高校的"合法性"；二是要明确民办高校发展的价值；三是要明确民办高校发展的性质（营利与非营利）；四是解决好民办高等教育未来发展的空间[②]。

第二，切实尊重民办高校各利益主体的相关权利。相对公办高校，由于投入渠道和主体的不同使得民办高校更加呈现"相关利益体"的性质。面对当下民办高等教育发展中的问题，我们不能仅仅解释为管理能力不

---

① 徐绪卿：《我国民办高校内部管理体制改革和创新研究》，中国社会科学出版社 2012 年版，第 319 页。

② 徐绪卿：《关于民办高等教育政策顶层设计的思考》，《教育发展研究》2013 年第 21 期。

足，而更应认识到治理能力不足和不够现代化的问题。政府主管部门、学校投资者和办学者、学生及家长、教师和员工，各利益相关者共同作用于民办高校，各方既有相应的义务和相应的工作机制，也有相应的责任和权利。各方应该明确义务，各尽其责，齐心协力服务于民办高等教育的发展。如前所述，解决好民办高校相关利益者的和谐关系，发挥各利益相关者的办学积极性，相互理解，相互尊重，相互鼓励，是当前民办高校发展的重要工作。笔者认为，"治理"与"管理"的区别关键在于"多方"与"单向"。实施"治理"的关键就是要形成各利益相关者共同参与的机制和制度。它既包括政府机制和正式的机制，同时也包含非正式、非政府的机制。从现实来看，这一机制的建设和形成任重道远。在政府集中掌握教育资源的管理体制下，政府管理部门尤其要换位思考，敢于突破，在遵循国家基本制度的基础上，尊重投资者的管理权，尊重办学者的自主权，尊重教育消费者的选择权，调动和发挥各利益相关者的积极性。当然，举办者和办学者也要严格遵守国家规定，规范办学，自觉承担办学的社会责任。

第三，落实好民办高等教育发展的各项政策。在政府仍然集中掌握高等教育资源的背景下，政策始终是我国民办高校发展的重要导向和驱动力。制定好政策本身就是民办高校"治理"的重要内容。当前制定政策的一个基本着力点就是要从根本上继续消除歧视政策的影响，破除制约民办高等教育发展的体制机制性障碍，解决民办高校发展的深层次矛盾。《国家中长期教育改革和发展规划纲要（2010—2020年）》中指出，要"依法落实民办学校、学生、教师与公办学校、学生、教师平等的法律地位，保障民办学校办学自主权。清理并纠正对民办学校的各类歧视政策。制定完善促进民办教育发展的优惠政策。对具备学士、硕士和博士学位授予单位条件的民办学校，按规定程序予以审批。建立完善民办学校教师社会保险制度"。这些问题既是民办高等教育发展中长期存在的难点问题，同时又是治理背景下制定民办高等教育发展政策中的重点问题，需要切实解决。但是，从当前的情况来看，对此问题仍然缺乏系统解决的方案和对策。在当下民办高校发展中，对于产权制度、营利与非营利学校的分类管理、发展空间、财政资助和办学自主权等方面问题久悬未决，治理中应该理顺关系，明确方向、重点突破，推进各项政策的落实。

第四，切实解决好民办高校的办学自主权。办学自主权是高校治理的重要内容。民办高校由于投资体制和依托市场的办学体制，决定了办学中需要更多的自主权。这些自主权都基于国家的政策赋予，也是民办高校发挥体制机制优势的载体。因此，在民办高等教育治理中，应该下大力气解决好民办高校的办学自主权。近几年来，在专家学者和广大民办高校办学者的呼吁下，在国家相关部门的支持下，民办高校的办学自主权问题取得了一定进展，解决了部分民办高校发展中的问题。但是从总体而言，还没有根本性的好转和改变，应该引起高度重视。当前民办高校办学自主权仍然集中在以下四个方面：一是专业设置自主权。近几年来相关部门出台了一些规定，下放了高校的专业设置权。但是在实际工作中，仍然实行公办、民办高校一个标准，忽视公办、民办高校专业设置和建设的机制差别，实施限额申报、审批式备案（即带有否决权的备案）的办法，以各种理由控制民办高校专业发展，使得民办高校专业和学科发展难以真正面对市场。二是招生自主权。近几年来由于生源下降，造成招生计划萎缩，民办高校的招生自主权更加显得急迫和重要。相关部门在招生人数、招生层次、招生区域以及招生方式上仍然坚持"一盘棋"的工作方式，甚至仍在扩大公办高校办学资源，导致部分民办高校招生困难，甚至有些民办高校陷入困境。这里并不是要求保护落后和质量低劣的民办高校，但是政府大量投入和依靠社会筹资本身就存在很大的不平衡，这一差别应该看到并重视。三是收费自主权。随着我国经济社会的发展和民众生活水平的提高，个人投资高等教育和按成本收费等观念逐渐深入人心。对于民办高校收费，也得到许多部门的理解和支持。但从研究中得到的信息中看出，这一方面还很不够，并不稳定。四是机构设置自主权。相对前面三个问题而言，这一自主权长期被忽视。机构精简，人员精干，节省人员成本，是世界各国私立大学的基本做法。我国《民办教育促进法实施条例》也规定，"民办学校内部组织机构的设置方案由校长提出，报理事会、董事会或者其他形式决策机构批准"，但是根据笔者的调查和研究分析，近几年来民办高校的内部管理机构有较大的增设，这一方面是为了适应规模增加加强管理的需要，另一方面，很多机构的设立主要是上级管理部门的硬性要求。这种不尊重法律规定、不尊重民办高校现实的强制要求，一定程度上抵消了民办高校发挥机制体制优势的努力，不利于民办高校的自主发展，也必须得到有效解决。

第五，建设健全民办高校内部的法人治理结构。内部治理是民办高等教育治理的重要内容和方面。与民办高校整个治理一样，政府对于民办高校内部治理也应承担相应的职责。尤其是在民办高校法人治理结构相关规定的制定、执行和监督等方面，还有许多问题亟待解决。目前，我国现有法律法规对于民办高校内部管理体制的规定甚少，相当一部分散落于一些文件中，不系统、不全面、不完善、执行力差，并且缺乏一个有效的监督机制。民办高等教育的治理，很重要的就是要重视内部治理，否则就会出现"学店乱象"。我国民办高校已经有了较大的发展，内部管理也是制约民办高校提高水平的薄弱环节，如法人治理结构不完善，董事会、校长和党委会、职代会职责不清，教师队伍待遇不高、稳定性差，这些问题都需要政府有所作为，统筹规范。如果这一环节疏忽或不引起重视，要实现我国民办高校的有效治理，提高整个民办高等教育的水平，是难以做到的。

　　附记：此文是本人主持的教育部人文社科规划基金课题《我国民办高校治理及机制创新研究》（15YJA880084）的部分预研成果，发表在《中国高教研究》2014 年第 8 期。

贯彻落实《民办教育促进法》新法的若干思考

摘　要：新修订的《民办教育促进法》将于今年9月1日正式实施。原先法律中缺失的一些问题得到明确，一些争议较大的问题得到突破，由此带来一些贯彻落实新法具体的问题。贯彻落实《民办教育促进法》新法，必须从国家对民办学校发展的要求和目标出发，从民办学校发展的实际和阶段出发，全面理解，细心领会。要正确区分营利性和非营利性民办学校，消除落实中的误区，加强地方政府政策创新，发挥各界智慧，解决现实问题，促进民办学校健康、稳定、可持续发展。

关键词：《民办教育促进法》新法；贯彻落实；若干思考；研究

一

新修订的《民办教育促进法》（以下简称"新法"）是在我国民办教育新一轮发展的关键时期颁布的重要法律，对于加强民办教育发展国家层面的顶层设计，从法律层面破解民办教育发展面临的关键问题，继续营造民办教育发展的软环境，深化民办教育治理，提高民办学校品质，指导民办教育健康和可持续发展，具有重大意义。一是进一步加强民办学校党的建设。新法从法律高度确立民办学校党的领导的合法性，强调民办学校党的建设的重要性，要求积极发挥党组织的政治核心作用，确保民办学校始终坚持社会主义办学方向。二是确立分类管理的法律依据。新法突破原有法律框架，允许社会力量举办学前教育、高中阶段教育、高等教育以及非学历教育的营利性民办学校，实行非营利性和营利性民办学校分类管理的差异性政策。三是进一步保障举办者权益。新法规定举办者可以自主选择设立非营利性或营利性民办学校，根据学校章程规定的权限和程序参与学校的办学和管理。现有民办学校继续实施非营利办学的，在办学终止时给予出资者相应的补偿或奖励。四是进一步完善师生权益保障机制。新法提出，民办学校应当依法保障教职工的工资、福利待遇和其他合法权益，并为教职工缴纳社会保险费，鼓励民办学校按照国家规定为教职工办理补充养老保险。县级以上各级人民政府可以采取助学贷款、奖助学金等措施保障民办学校学生的权益。五是进一步完善国家扶持政策。新法强调民办学校与公办学校具有同等的法律地位，规定非营利性和营利性民办学校在财政、税收优惠、用地、收费等方面的差别化扶持政策，明确国家的鼓励方向。六是进一步健全民办学校治理机制。新法规定，民办学校应当设立理事会、董事会或者其他形式的决策机构并建立相应的监督机制，教育行政部门及有关部门应建立民办学校信息公示和信用档案制度。

围绕新法的实施，有关部门密集下发了一系列文件。2016 年 11 月 7 日，第十二届全国人民代表大会常务委员会第二十四次会议审议通过了《民办教育促进法》修正案。12 月 29 日，中共中央办公厅印发了《关于加强民办学校党的建设工作的意见（试行）》，对民办学校党的建设做出新的部署；同日，国务院印发了《关于鼓励社会力量兴办教育促进民办教育健康发展的若干意见》（国发〔2016〕81 号，简称"国办 30 条"），对民办教育改革发展做出全面部署。12 月 30 日，教育部、人力资源社会保障部、民政部、中央编办、国家工商总局联合下发了《关于印发〈民办学校分类登记实施细则〉的通知》，教育部、人力资源社会保障部、工商总局联合下发了《关于印发〈营利性民办学校监督管理实施细则〉的通知》。这些法律法规及相关政策是新形势下我国民办学校办学的基本依据，构成了保障和规范我国民办教育发展的主要制度体系，应该成为今后一个时期民办学校和相关部门学习贯彻的重要内容。

二

本次民办教育立法和政策制定的主题之一，也是最重要的要求，就是要加强民办高校党的领导。我国民办学校是在中国共产党领导下的社会组织，应该接受中国共产党的领导，坚持社会主义的办学方向，培养可靠的社会主义事业接班人和现代化建设合格的建设者，牢牢掌握意识形态的主动权和话语权。由于历史的限制，原有的《民办教育促进法》整个文本没有提到党的建设相关问题。《高等教育法》规定："国家举办的高等学校实行中国共产党高等学校基层委员会领导下的校长负责制。中国共产党高等学校基层委员会按照中国共产党章程和有关规定，统一领导学校工作。""社会力量举办的高等学校的内部管理体制按照国家有关社会力量办学的规定确定。"而指导社会力量办学的国家总法《民办教育促进法》又没有提到党组织建设问题，由此在实践中造成某些误解。在现实中，确实也有少数民办学校党组织不健全，隶属关系不落实，党的建设和党的领导弱化。具体表现为：党组织法定地位不落实，职权不明确，作用难发挥；党的建设工作淡化，在节省人力、节约经费的幌子下，党的机构被精简，人员很少甚至没有安排；党组织生活不健全，党组织经费没预算，存在有组织没机构、有组织没经费、有组织没活动的情况；党组织的主体责任虚化，从严治党力度小、不见效；党的作用边缘化，党的组织涣散、软弱无力，作用发挥不明显，成为学校的摆设。学校内部治理混乱，事故苗头频出，影响学生培养，甚至给社会稳定带来影响。尽管总体上民办学校党的建设有所加强，但是由于先天不足、缺乏法律依据，因此并没有得到应有的重视。本次新法修订的第一个方面，就是明确"民办学校中的中国共产党基层组织，按照中国共产党章程的规定开展党的活动，加强党的建设"。"国办30条"中也提出了"切实加强民办学校党的建设"的要求："全面加强民办学校党的思想建设、组织建设、作风建设、反腐倡廉建设、制度建设，增强政治意识、大局意识、核心意识、看齐意识。完善民办学校党组织设置，理顺民办学校党组织隶属关系，健全各级党组织工作保障机制，选好配强民办学校党组织负责人。民办学校党组织要发挥政治核心作用，强化思想引领，牢牢把握社会主义办学方向，牢牢把握党对民办学校意识形态工作的领导权、话语权，切实维护民办学校和谐稳定。"文件把"加强和改进民办学校思想政治教育工作"纳入民办学校党的建设的一项重要内容，也凸显了民办学校思想政治工作的重要性和紧迫性。不仅如此，作为一份专项文件，中共中央办公厅在《关于加强民办学校党的建设工作的意见（试行）》中不仅强调了民办学校党建工作的重要性，而且对民办高校党的建设的地位、职能、内容以及工作机制等做出了全面规划和布置。几个文件密集下发，从而在法律高度确立了党的领导的合法地位，为民办学校加强党的建设提供了法律依据。有代表认为，当前这一系列文件的下发，尚未引起广泛的重视，许多单位和部门把过多的精力集中于"分类管理"上，许多会议讨论的主题局限于"分类管理"，民办学校党的建设问题提及不多，有被淡出的倾向，值得有关部门重视。

<h1 style="text-align:center">三</h1>

"分类管理"问题是伴随民办教育发展产生的重大问题，也是本次修法的重大问题之一。由于这一条款承认了营利性民办学校存在和发展的法律地位，与以往教育法律对于"办学营利"的排斥条款相抵触，因而一直广受社会关注和争议。现在，多个相关法律条款得到修订，从国家层面允许营利性民办学校的存在；同时，实施分类管理，实行差异性优惠和扶持政策。实施分类管理，一是有利于破解长期以来民办教育发展的瓶颈，使民办学校发展中存在的许多问题和矛盾在法律层面得以澄清和解决；二是有利于贯彻国家鼓励社会力量办学的导向，分类落实财政、税收、土地等方面的扶持政策；三是有利于拓展民办教育发展空间。非营利性民办学校可以获得政府更多扶持，提高办学质量；营利性民办学校可以利用市场机制，创新教育产品，增加教育供给，满足社会接受教育的多样化需求。新法充分考虑到我国的国情，顾及民办教育发展的现状，也充分考虑到民办学校举办者的利益。教育法律是国家意志的具体表现形式，是国情、文化和历史的集中体现。无论实行哪种形式（营利/非营利），都要有利于国家教育事业的健康发展，有利于教育资源和教育品种的增加，满足社会接受个性化、多样化教育的需求。鉴于目前新法的具体实施意见尚未出台，对于新法部分条款的宣传和理解总体来说都不到位，现有规定与一些举办人的期待又有巨大反差。因此，部分举办人采取一些过当措施保全资产的想法和行为是可以理解的，关键是要尽快出台实施新法的具体意见，做好教育引导工作，稳定举办人的思想。在实施新法之前，少量举办者的行为只要不是有意违规违法，就不应受到谴责和处理。

四

就理论而言，既然营利性民办学校和非营利性民办学校都是国家允许举办的，那么，举办这两类学校中的任何一类都是合法的，不存在法律上的障碍和道德上的缺失，都应该得到鼓励和支持。实施分类管理，民办学校可以根据自身的性质（营利或非营利），获得相应的政策优惠和扶持。营利性学校有望通过股权激励等方式，改变教师报酬结构，吸引更多优秀教师加入；非营利性学校也有望获准登记为民办事业单位，获得土地、税收、贷款等方面的优惠。

按照笔者的理解，根据现行法律，营利性与非营利性民办学校具有六个方面的政策区别。

一是分类登记。登记是营利性民办学校和非营利性民办学校的入门区别。《民办学校分类登记实施细则》中专门列有"分类登记"一章：

"第七条正式批准设立的非营利性民办学校，符合《民办非企业单位登记管理暂行条例》等民办非企业单位登记管理有关规定的到民政部门登记为民办非企业单位，符合《事业单位登记管理暂行条例》等事业单位登记管理有关规定的到事业单位登记管理机关登记为事业单位。

......

第九条正式批准设立的营利性民办学校，依据法律法规规定的管辖权限到工商行政管理部门办理登记。"

由此可见，民办学校设立之初，就应当明确选择营利性或者非营利性民办学校进行登记。

二是结余分配。新法规定："非营利性民办学校的举办者不得取得办学收益，学校的办学结余全部用于办学。营利性民办学校的举办者可以取得办学收益，学校的办学结余依照公司法等有关法律、行政法规的规定处理。"举办者是否可以分配办学结余资金，构成营利性与非营利性民办学校的核心区别。营利性民办学校的举办者可以分配剩余资金；非营利性民办学校的举办者不能分配剩余资金。"区分营利性民办学校和非营利性民办学校的关键，是看学校创办者是否分红，分红就是营利，不分红把经费用于教育发展就是非营利。①"

三是校园用地。非营利性民办学校按照公办学校的同等待遇获得土地，营利性民办学校是"可以供给土地"，政策的差异化明显。根据现有政策，政府供地是可能的，关键是供地的方式和土地的价格。

四是税收政策。非营利性学校按照公办学校的税收政策，营利性学校按照公司法的规定缴纳税收。从目前各地的政策看，对于举办学历教育的民办学校，都是给予免税的。湖南某民办学校在章程中明确标明"营利性办学"。该校举办的是高等学历教育，因此也不曾被要求纳税。估计在今后相当长的一个时期，各地为了稳定民办学校办学，营造民办学校的发展环境，创设政策洼地，还会对营利性民办学校尤其是营利性学历教育学校实施税收优惠政策。

五是财政补贴。对于非营利性学校，政府会给补贴，这是政府承诺的，也是分类管理的必要性所在。那么，补贴多少？如何补贴？法律没有提到，需要地方政策去落实。另外，是否对营利性学校予以补贴，法律也不明确。从目前部分省市的政策看，对明确营利性办学的学校还是给补贴的，但在补贴的标准方面一般会减半处理，如上海、重庆等地。

六是终止清算。新法规定，现有民办学校"选择登记为非营利性民办学校的，……终止时，民办学校的财产依照本法规定进行清偿后有剩余的，根据出资者的申请，综合考虑在本决定施行前的出资、取得合理回报的情况以及办学效益等因素，给予出资者相应的补偿或者奖励……营利性民办学校终止办学时，清偿上述债务后的剩余财产，依照公司法的有关规定处理"。由此可见，本次修法充分考虑到举办者利益。

综上所述，本次颁布的新法，对于一些原则性问题考虑周全，内涵清晰，为举办者的选择提供了明晰的指导，也为法律的实施创造了良好的条件。

五

由于新法两方面内容都突破了以往的法律框架，它的颁布引发了社会

---

① 《民办学校学费十多万也是非营利？教育部释疑》，http：//news. qq. com/a/20161102/032900. htm? t＝1478085623057.

的广泛议论，这是必然的。尤其是分类管理写入法律以后，对此理解不一，由此造成一些误区。在新法的贯彻落实中，有必要澄清认识、消除误导。

第一，非营利性等于公办。有人认为，非营利办学就是捐资办学，而捐资办学是不能参加管理的，由此得出"非营利办学＝捐资办学＝放弃管理权"的结论，认为新法实施后捐资办学的举办者就要卷铺盖走人了。这个观点是错误的，也引发一些举办者的担忧。的确，捐资办学是非营利办学，但是法律并未规定非营利办学就得放弃学校管理权。法律规定"民办学校的举办者根据学校章程规定的权限和程序参与学校的办学和管理"，民办学校举办者是否参与管理由学校章程约定，而与营利或非营利的办学类别无关。从国家现有法律来看，并未规定非营利或者捐资办学就必须放弃学校管理权。从国际上私立大学发展的实践来看，日本、韩国和我国台湾地区私立大学实施的都是非营利办学，而这些大学大多是由举办者自行管理的，甚至家族制管理的私立大学也不在少数。实践证明，非营利只说明办学的类别，而民办体现办学的性质，两者不是一个层面的概念。民办学校可以办成非营利性的，也可以办成营利性的。

第二，非营利性等于低收费。这一观点也是不准确的。举办者选择非营利办学以后，其民办的性质不变。从民办学校的实际情况来看，绝大多数民办学校的主要经费来源还是学费。学校要走向市场，办出质量，留住优质师资，势必增加办学成本，收费也会比较高。教育部发展规划司司长谢焕忠曾表示，"目前社会上有人认为高价学校或者贵族学校等同营利性学校，这种认识并不准确。收费高不一定就是营利性。收费比较高的学校，会高薪聘请很好的老师，学费收得高，但是支出也会很高。这些学校的开支和耗费都比较大。非营利性不等于不收费或者低收费"①。

第三，非营利等于低酬金。这一观点也是错误的，会导致非营利性民办学校的教师队伍不稳定。其实选择举办非营利性民办学校，不涉及内部酬金分配。无论是营利性民办学校还是非营利性民办学校，若要办出特色，办出水平，就必须引进和留住优秀人才，就需要下大力气和本钱建好队伍，当然也包括提高教职员工的待遇等。因此，非营利学校也需要通过高酬金招揽人才。这也会受到政府的鼓励。上海目前出台的政策是鼓励民

---

① 《非营利性学校不等于低收费》，《成都商报》电子版 2016 年 11 月 2 日第 3 版。

办学校提高教师待遇，民办高校职工工资发得越多，政府提供的配套经费越多。"国办30条"也提出："国家鼓励民办学校按照国家规定为教职工办理补充养老保险。"这里当然也包括非营利民办学校。

第四，非营利性等于更严格的政府管理。这一点有些举办者比较担心。诚然，实施分类管理之后，政府会加大对非营利性民办学校的支持力度，当然也会加大对民办学校的监管力度。但如果让政府接管非营利性民办学校，我们的改革就失败了。实施分类管理后，对于营利性民办学校，政府无疑也会加大监管的力度，这一点是肯定的。政府已经出台《营利性民办学校监督管理实施细则》，监管力度也不会小。目前，既缺乏非营利性的制度框架，也缺乏营利性的制度安排。因此，至少从现有政策文本上我们还看不出两者的区别。同时我们也要相信，从国际高等教育管理的主流来看，随着国家治理和治理现代化的推进，政府会逐渐放松对教育的管制，充分尊重民办学校自治权。

第五，营利性民办学校得不到政府资助。这也是一个极端的误区。从目前的制度安排来看，政府对营利性民办学校和非营利性民办学校都持鼓励态度。当然，从政府的导向来看，政府大力鼓励和支持民办学校选择成为非营利学校，这个倾向是公开透明的，但法律并不排除对营利性民办学校的支持。在国家层面，新法和"国办30条"中都有这方面的条款。从地方政府来说，若要有利于形成政策洼地，吸引更多的投资进入民办教育，也不可能采取单边的支持政策。

第六，非营利民办学校等于放弃产权。这一认识误区是对法律系统的全面学习和理解不够造成的。实际上，根据现有法律法规的规定，无论是举办营利性民办学校还是非营利性民办学校，在学校存续期间，资产均属学校法人资产。新法第五章"学校资产与财务制度"中有如下规定："第三十六条　民办学校对举办者投入民办学校的资产、国有资产、受赠的财产以及办学积累，享有法人财产权。第三十七条　民办学校存续期间，所有资产由民办学校依法管理和使用，任何组织和个人不得侵占。""国办30条"也明确提出："民办学校应当明确产权关系，建立健全资产管理制度。民办学校举办者应依法履行出资义务，将出资用于办学的土地、校舍和其他资产足额过户到学校名下。存续期间，民办学校对举办者投入学校的资产、国有资产、受赠的财产以及办学积累享有法人财产权，任何组织和个人不得侵占、挪用、抽逃。"可以看出，对于民办学校的法人财产权，不会因为举办者对营利或非营利的选择而发生变化。这一点对于民办学校的稳定和发展有着重要意义。

<h1 style="text-align:center">六</h1>

我国幅员辽阔，各地之间民办学校发展的环境和条件差异较大。因此，本次《民办教育促进法》的修订，秉承了以往立法的经验和传统，给地方政府留有很大的政策创新空间。由于新法实施时间紧、任务重，许多省市都在紧锣密鼓地考虑地方政策，压力很大。当然，地方政府的政策创新也要顾及合法性和风险性问题，不能没有底线、"无法无天"。

对于地方立法的几个方面问题，有以下几点建议。

第一，政策实施的时间节点问题。按照全国人大常委会决议，新法将于2017年9月1日起实施。根据这个时间安排，时间紧、任务重，各地教育部门资源缺失、压力很大。尽管如此，我们认为必须严格按照这个时间去落实。反之，国家立法机构就会产生诚信问题，实践中也可能留有执法的空白地带，给法律实施带来更多的问题。

第二，奖励和补偿问题。新法规定："本决定公布前设立的民办学校，选择登记为非营利性民办学校的，根据依照本决定修改后的学校章程继续办学，终止时，民办学校的财产依照本法规定进行清偿后有剩余的，根据出资者的申请，综合考虑在本决定施行前的出资、取得合理回报的情况以及办学效益等因素，给予出资者相应的补偿或者奖励，其余财产继续用于其他非营利性学校办学。"这里的关键问题是：补偿或者奖励由谁出钱？可否兼得？

第三，政策制定的协调问题。由于新法的实施涉及政府各部门的权限，除了教育部门以外，人力资源保障、工商、物价、土地、民政、编制等部门都有涉及。即便在一个教育部门内部，也有内设机构各个部门的协调问题，协调工作量大面广。为了争取时间、加快进度，应该建立由地方政府主要领导牵头的领导小组，协调和指导具体工作，及时消除工作障碍，保证工作顺利进行。

第四，国家层面的具体政策协调问题。新法颁布以后，现有一些相关法律也会发生冲突。例如，转设营利性民办学校资产转移中的税费问题，营利性民办学校运行过程中的税费问题，营利性民办学校的土地供给问题，对于营利或非营利的选择可否悔选等。地方政府没有权限，政策创新具有一定的风险。笔者建议，最好由国家税务部门统一明确相关要求，保持政策的适度平衡。

第五，贯彻落实新法，既需要政策创新，也需要一些智慧。新法不可能解决所有问题，现有法律之间的冲突也还客观存在，各地的民办学校之间也不是千篇一律的。实施新法，既要严格执法，解决实施中的问题，也需要集中智慧，善于解决重点难点问题。对于新法实施中的问题，还要分清轻重缓急，有的甚至可以暂时搁置，待条件成熟时再实施，以保证新法实施得以有序推进。

附记：2016 年 11 月 7 日，全国人大常委会三审通过了《民办教育促进法修正案》，决定实施分类管理，允许举办营利性民办学校（义务教育阶段学校除外）。这一重大立法突破，体现了国家民办教育制度的重构和创新，同时也意味着民办教育研究的新空间。为了深入学习理解《民办教育促进法》新法，2017 年 2 月 25 日，本人特别邀请组织部分学界朋友在杭州召开小型座谈会，来自浙江、上海、江苏、山东、江西、辽宁、湖北等省市的民办教育研究学者和《教育发展研究》、《复旦教育论坛》、《浙江树人大学学报》以及《浙江教育报》等报刊的相关人士 30 余人参加研讨会。到会代表认真学习《民办教育促进法》新法，结合前段时间的调研和各自研究的成果，阐述对学习贯彻《民办教育促进法》新法的体会，并就下一步《民办教育促进法》新法落实落地，提出了各自的见解和建议。会后根据相关要求，本人将发言稿做了整理，在《复旦教育论坛》2017 年第 2 期上发表。文中部分内容，曾以《把握六大区别，消除六大误区，贯彻落实〈新法〉》为题，组入"笔谈"，发表在《教育发展研究》2017 年第 3 期，并被人大书报资料中心《教育学》全文转载。欲了解会议详情，尚可参阅徐绪卿：《认真学习领会，加快推进落实，促进健康发展》，《浙江树人大学学报》2017 年第 2 期。

新常态下民办高校发展的着力点

摘　要：新常态下民办高校发展面临发展积淀不厚，基础薄弱，外部环境挑战严峻等困难，具体表现为：生源下滑挑战、培养模式挑战、经费短缺挑战、教师队伍稳定性挑战和管理创新挑战。为适应新常态、迎接新挑战，需在五方面着力：加深对高等教育发展新常态的基本特征和发展趋势的理解；加强民办高校内涵建设；加快师资队伍建设；深化人才培养模式改革；完善内部治理体制。

关键词：经济新常态；民办高校；可持续发展

一　认识和适应新常态是高等教育发展的新逻辑

所谓常态，就是事物的正常状态；新常态，就是经过一段发展演变后出现的一种新的稳定的状态。其主要特征是："新常态下，我国经济发展表现出速度变化、结构优化、动力转换三大特点，增长速度要从高速转向中高速，发展方式要从规模速度型转向质量效率型，经济结构调整要从增量扩能为主转向调整存量、做优增量并举，发展动力要从主要依靠资源和低成本劳动力等要素投入转向创新驱动。"[1] 这些论述概括起来，就是"速度变化、结构优化、动力转化"。

经济结构调整和产业结构优化，必然引发人才市场中人才的"类"和"层"供求关系的变化，必然需要高等教育与之"配套"，从而推动高等教育学科专业结构的调整，影响人才培养的层次。因此，中央领导高度

---

[1] 习近平：《关于〈中共中央关于制定国民经济和社会发展第十三个五年规划的建议〉的说明》，《人民日报》2015年11月4日。

重视新常态下高等教育的改革和作用。另外，与经济发展相适应，高等教育经过规模扩张和深化改革，也开始呈现自身发展的新常态和新特征。从20世纪末高校大扩招开始，我国高等教育规模开始了历史性的跨越式发展，高等教育的大众化、多样化不断深化。高等教育规模早已稳居世界首位，为改革开放和各项事业发展提供强有力的人才支撑。截至2014年年底，我国已有2529所普通高校，各种形式的高等教育在学总规模达到3559万人，高等教育毛入学率达到37.5%[①]。高等学校的办学条件和服务能力都在显著增强。但是，我国高等教育人才培养质量、品种和类型与经济社会发展的不相适应性的矛盾仍然日益突出，发展理念不够成熟、发展机制不够完善、发展方式不够科学，制约着我国高等学校办学质量和效率的提高。因此，高等教育发展必须站在战略和全局的高度，主动适应和服务经济社会发展的新常态和新要求，进一步推动我国高等教育在新常态下更高水平地发展。

根据学界的研究和归纳，当前高等教育新常态的基本特征，一是从发展的环境来看，人才市场的供需关系正由高校为主导的供给驱动变为行业企业为主导的需求牵头。处理人才供求关系的主动权已经从高校的供应侧转到企业需求侧。二是从发展的定位来看，全社会对先进科技和高素质人才需求日益增加，高等教育的角色定位需要从过去的支持服务逐步转向服务和引领同步。三是从发展的方式来看，随着我国高等院校"规模扩张、学科布局、校区建设"三大历史任务的基本完成，高等教育资源紧张的状况已经大为缓解，取而代之的是对优质高等教育不断增长的需求，质量提升、内涵发展已成为发展主题。四是从发展的动力看，改革红利已经成为高等教育发展的最主要的动力源。五是从发展的内容来看，适应经济发展新常态的人才培养模式已经成为改革的关键，而内部治理成为新常态下各项改革的重要保障。这些特征为新时期高等教育发展奠定了基本条件，也是制定学校发展规划、谋划学校改革和发展的基本依据。

二　新常态下民办高校发展面临新挑战

民办高校抓住高等教育大发展的机遇，迅速发展和崛起，成为我国高

---

① 根据2014年全国教育事业发展统计公报整理。

等教育大众化的重要力量。2014年年底，我国共有民办高校728所（含独立学院283所），占全国普通高校2529所的28.8%，招生172.96万人，占比达到总数721.40万的24%，在校生587.15万人，占普通高校在校生总数2547.70万的23%。另外，民办高校还有自考助学班学生、预科生、进修及培训学生31.73万人。民办的其他高等教育机构799所，各类注册学生88.30万人。其他民办培训机构2万所，867.94万人次接受了培训①。

我国民办高校已经成为高等教育发展新的增长点，为国家经济和社会发展做出了贡献。民办高校在丰富人才培养品种和类型，创新人才培养模式，激活高等教育内部竞争，提高办学效率和效益方面，充当高等教育改革先锋角色，逐渐受到政府的肯定和社会的认可，在推进高等教育改革、服务全面实现小康社会的进程中发挥积极作用。

但是，新常态下民办高校的发展也出现了许多困难和问题。首先，我国民办高校发展积淀不厚。我国是高等教育后发国家，私立高等教育发展历史不长，产生不久又人为中断。而改革开放以后发展起来的民办高校，则与1949年前的私立大学无直接的历史关联和连续性，基本属于另起炉灶。我国民办高校发展积淀不厚，根基不深，在整个高等教育群体中处于弱势，这给民办高校发展带来先天不足和缺陷。其次，从民办高校发展的现状看，基础薄弱。我国民办高校发展崛起，得益于国家实施高等教育大众化的重大决策，属于典型的"需求带动"。我国民办高校是在国家经济尚不发达的背景下起步发展的，缺乏大资金的投入，政府资助制度尚未建立，绝大部分民办高校的投资来自于学费积余。而国家对于民办高校的办学条件又十分严格，这就使得大部分民办高校的早期投资主要用于硬件建设，而对于软件建设、平台建设、质量保障和培养特色等内涵建设尚待完善。新常态下整个高等教育体系都将发展重点转向内涵建设，因此民办高校内涵建设任务更加艰巨。再次，从民办高校发展的环境看，挑战严峻。一是生源下滑挑战。随着少子化带来的影响，高教适龄生源急剧下滑，部分民办高校报到率大幅降低，生存面临考验。二是培养模式挑战。新常态下经济和社会发展开始转型，对人才培养提出新的要求，民办高校传统的培养模式难以适应新的要求，亟须开展人才培养模式的改革。三是经费短

---

① 根据2014年全国教育事业发展统计公报整理。

缺挑战。新常态下经济增长速度放缓,办学转型助推办学成本提高,由于规模的扩大,民办高校由于需要面对不同经济条件的学生家庭,学费增加难以为继,加大了民办高校经费筹集的难度。四是教师队伍稳定性挑战。总量不足、层次不高、结构不合理、年轻教师多、成长平台少、身份不认同等,导致民办高校教师层次较低、成长性慢、队伍不稳、流动量大等问题,且短期内难以消除。要应对新常态下高等教育内部竞争,教师队伍是关键。五是管理创新挑战。管理本是民办高校的优势。但是,当前许多民办高校领导班子建设遇到障碍,结构老化,理念难落实,家族化趋势明显,中层成长缓慢。关系不顺畅、体制不健全、责任不落实等体制机制问题制约着民办高校的发展。

三 新常态下民办高校发展着力点

2015年3月2日,杜玉波同志在《光明日报》刊发署名文章,文章提出:"面对我国高等教育发展新常态下的新特征、新趋势,要做到四个'更加注重':要更加注重内涵发展,而不是一味扩规模、上专业、改校名、提规格;要更加注重特色发展,而不是一味盲目攀高或求全求大;要更加注重创新发展,而不是拘囿于原有利益格局和固定模式套路;要更加注重需求导向,而不是蒙着头、关着门、脱离社会需求办学。"[1]

据此,笔者认为,适应新常态下的发展,民办高校应在以下五个方面着力。

第一,深刻认识新常态对于我国民办高校发展的影响,加深对高等教育发展新常态的基本特征和发展趋势的理解和掌握。现代大学的发展,已经将自身的命运与经济和社会的发展牢牢地结合在一起。新常态反映的是经济和社会发展的态势,也必然会对高等教育的发展带来影响。高等教育新常态,体现了在新常态下高等教育发展的新方向和新趋势。从经济发展新常态到高等教育发展新常态,教育的外部规律和内部规律都在发挥积极的作用。作为与高教市场、人力资本市场联系紧密的民办高校,显然也不能例外。只有切实掌握新常态的特征,探索新常态下高等教育发展规律,

---

[1] 杜玉波:《把握新常态下的高教发展》,《光明日报》2015年3月2日。

才能更好地理解国家发展的大政方针和社会需求的发展趋势，从而掌握发展的主动权。

第二，切实转变发展方式，加强民办高校的内涵建设。新常态下高等教育大幅扩张的时机不再，学校发展的核心竞争力将成为衡量学校能否可持续发展的根本因素。民办高校应该抓住新常态发展的良好机遇，转变观念，改变发展方式，加快调整专业和学科结构，把发展重点从过去的拼规模、拼数量转向在稳定规模的基础上拼质量、拼内涵，提高优质资源的供给能力和水平，实现由"以量谋大"到"以质图强"的战略转变。把发展重点和主要精力集中到学校内涵建设上来，集中到质量提高上来，集中到服务社会能力的提升上来，民办高校要充分发挥适应社会需求、办学机制灵活的竞争优势，深化教学改革，探索人才培养模式，坚持应用性人才培养的方向，在发挥优势、彰显特色上下功夫，在创新驱动、内生增长上下功夫，全面建立保障"质量提升、内涵发展"的制度体系和机制，增强民办高校可持续发展的基础和实力。

第三，加快师资队伍建设，增强民办高校发展实力。教师是学校最重要的办学资源。当下民办高校教师队伍建设，有许多体制性的障碍，人才难引进，教学任务重，人才流失大，使得许多民办高校教师队伍建设成为一个难题。当然，随着国家事业单位各项改革的深化，环境也在逐渐好转。比如，事业单位养老制度的改革，将逐渐淡化教师身份的差别；专业技术职务评聘改革，有利于民办高校青年教师的成长；收费制度的改革，民办高校收入增加，在队伍建设方面有所投入，加上公办高校自身队伍的满足，有利于教师队伍的稳定。尽管如此，当前民办高校教师队伍建设任务仍很艰巨。高端人才缺乏，教师结构不合理，教学水平有待提高，科研意识有待培育，应该引起民办高校的高度重视，采取切实有效措施，加快教师队伍建设。

第四，深化人才培养模式改革，提升质量，凸显特色。新常态下要求高校办学更加贴近经济和社会的发展，切合社会发展和学习者个性发展需求。为了适应社会需要和市场竞争，民办高校必须以立德树人为宗旨，牢固树立起市场竞争意识和优胜劣汰的危机感，坚持与国家战略和区域发展需要同向同行，主动积极对接企业行业产业需求，在优化人才培养结构，坚持需求导向、合理定位，立足实际、找准服务面向、不断强化办学特色，与国家"五位一体"总体布局和"四化同步"发展的新要求贴紧靠实，找寻到适合自身的发展道路。通过改革创新，激发大学组织蕴藏的无限活力，通过拓展服务能力和提升贡献力实现与经济社会的深度融合，赢得更为广阔的发展空间。

第五，理顺利益相关者的关系，完善内部治理体制。新常态下传统的管理体制和方式已经难以成为高等学校纵深发展的有力支撑，对高等教育治理能力现代化和治理方式的转型也提出了迫切要求。高等教育治理方式的转型，则是要改变以往一元、单向的管理方式，走向多元共治的现代治理方式。就当前的情形而言，当务之急是通过合理的制度设计和程序安排，让高等教育的各个利益相关者有机会参与到治理的进程中来。民办高校是一个利益相关者共同体。要实现可持续发展，必须理顺内部关系，加强内部治理，激发各利益相关者的办学积极性。当前许多民办高校治理不畅，职责不清；董事会、校长、党委会和教代会之间关系不顺，年轻干部关注度不高，多种因素使得民办高校内部难以形成核心凝聚力，体制机制优势难以发挥，办学效益和效率都不理想。因此，必须下决心通过深化体制机制综合改革理顺民办高校的内部关系，释放发展活力，促进民办高校的可持续发展。

附记："新常态下我国经济发展表现出速度变化、结构优化、动力转换三大特点，增长速度要从高速转向中高速，发展方式要从规模速度型转向质量效率型，经济结构调整要从增量扩能为主转向调整存量、做优增量并举，发展动力要从主要依靠资源和低成本劳动力等要素投入转向创新驱动。"这些新常态的形成，对民办高等教育的发展具有一定的影响和启示，需要我们去认真研究和思考。本文刊发在《中国高教研究》2016年第2期。

"供给侧改革"背景下民办
高校的发展思路

摘　要：供给侧改革是经济型常态发展的根本要求。在人才市场中，高校处于供给侧地位。高等教育供给侧改革的根本要求是转变方式，优化存量，改善结构，补齐短板，实现可持续发展。在供给侧改革的背景下，民办高校需做好以下工作：转观念、强责任；重市场、强改革；重转型、强内涵；重调整、强特色；重行动、强实效。

关键词：民办高等教育；民办高校；经济发展新常态；供给侧改革；高校优化存量；可持续发展

自 2015 年 11 月以来，"供给侧"成为经济政策表述中的高频词。11 月 10 日，在中央财经领导小组第十一次会议上，习近平总书记强调：在适度扩大总需求的同时，着力加强供给侧结构性改革，着力提高供给体系质量和效率，增强经济持续增长动力，推动我国社会生产力水平实现整体跃升。[①] 11 月 11 日召开的国务院常务会议，也提出以消费升级促进产业升级，"培育形成新供给新动力扩大内需"[②]。而在早前公布的十八届五中全会公报中，也有"释放新需求，创造新供给"[③] 的措辞。一时间，有关"供给侧"的研究随即兴起，从中国知网的相关统计也可清楚地看出这个趋势（见表 1）。

---

① 《结构性改革该如何推进——解读中央财经领导小组第十一次会议》，2015-11-10，http://news.xinhuanet.com/fortune/2015-11/10/c_1117101242.htm.

② 《培育形成新供给新动力扩大内需》，《解放日报》2015 年 11 月 12 日，第 1 版.

③ 国务院新闻办公室：《十八届五中全会公报》，2015-10-30，http://www.scio.gov.cn/zxbd/tt/jd/Document/1453365/1453365.htm.

表1			2007—2016 年"供给侧"相关论文发表数量一览						（单位：篇）	
年份	2007	2008	2009	2010	2011	2012	2013	2014	2015	2016
文章数	25	33	46	61	85	59	116	202	556	111

说明：数据截至 2016 年 1 月 31 日。

一　"供给侧"的概念

何为"供给侧"？"供给侧"的原名是 Supply-side，也可以说是供给端、供给方等。20 世纪 70 年代发轫于美国的供应学派，是"供给侧"经济研究的先声，在西方经济学文献中，就有"供给学派经济学或供给侧经济学"（Supply-side Economics）思潮的说法。"供给学派"或"供给侧"这个词，是由美国经济学家裘得·万尼斯基在 1975 年提出的。罗伯特·门德尔和阿瑟·拉弗两位也是极力推崇"供应学派"的经济学家。从字面上理解，"供给侧"就是供求关系相对于需求侧的另一侧（方面）。供给与需求作为市场经济主要矛盾的两个方面，在不同时期交替成为矛盾的主要方面。供给学派强调供给侧的作用，主张降低边际税率、强化市场调节、放松政府限制以及减少福利开支等，通过调节供给谋求经济的均衡。供给学派之前的凯恩斯学派，强调通过需求管理来调节经济周期，以积极的财政政策和货币政策来刺激投资与社会需求，弥补私人市场的有效需求不足，从而实现充分就业，特别是在经济不景气时通过加大政府公共支出来保持经济的稳定。[①] 凯恩斯主义的核心是注重需求侧的管理，通过刺激需求达到经济调控的目的，其典型工具是货币政策。尽管凯恩斯主义被一再证明在短期内确实行之有效，但长期来看，一味扩大需求会导致持续通胀，进而导致经济停滞。

与"供给侧"概念紧密相连的是"供给侧改革"，全称是"供给侧的经济结构性改革"。所谓供给侧改革，简单来讲，就是从供给、生产端入手，通过解放生产力、提升竞争力促进经济发展。"供应侧"和"供给侧结构性改革"近期成为经济改革领域的高频词，也成为最高经济决策机

---

① 陈爱民：《宏观经济学总供给理论与经济增长：观察与思考》，《经济学动态》2013 年第 9 期。

构在宏观调控方面的一个新思路。

　　长期以来，我国经济的高速增长主要通过改革需求侧加以实现，强调扩大由投资需求、消费需求和净出口增长"三驾马车"构成的总需求。长时期的扩大需求和高速增长，使得经济运行难以为继，下行压力逐渐增大。与此同时，经济下行虽然有周期性的因素，但根本上还是结构性问题。其表面上是由于有效需求不足，实际上是由于有效供给不适应市场需求结构的变化。传统的制造业规模很大，扩张很快，但高端制造业的供给严重不足，导致一些行业和产业产能严重过剩，而一些有购买力支撑的消费需求在国内却得不到有效供给。市场需求已经开始发生明显变化，而供给侧没有跟上这种变化。产能过剩与供给不足交织并存，出现一系列不协调、不平衡、不可持续的矛盾和问题。解决"供需错位"的问题不能依靠需求管理政策，要在供给端寻找解决问题的方法。而新常态下，我国经济运行还面临着劳动力供给量减少、劳动要素成本上升、企业自主创新能力不足、产业结构不合理以及资本投资效率下降等问题。因此，结合中国经济发展的现状，中央提出了"供给侧结构性改革"。在这样的背景下，供给侧改革是决策层对当前中国经济开出的一帖新药方，试图从供给生产端入手，通过解放生产力、提升竞争力，促进经济发展。

　　作为全新表述，"供给侧"概念的延伸和发展，表明了宏观经济政策思路的新认知，也指明了今后宏观经济政策的走向和着力点，"供给侧"提供了解读中国经济政策和经济前景的新视角。而回顾"供给侧改革"的理论探索和相关先行经验，对照中国经济的现状，就能更清晰地把握"供给侧改革"的出发点、内在逻辑和推进领域，加深这一改革对中国经济发展的重要意义。着力加强结构性改革，在适度扩大总需求的同时，提高供给体系的质量和效率，提高投资有效性。2015年12月召开的中央经济工作会议强调："推进供给侧结构性改革，是适应和引领经济发展新常态的重大创新，是适应国际金融危机发生后综合国力竞争新形势的主动选择，是适应我国经济发展新常态的必然要求。"① 基于此，《国家"十三五"规划纲要》强调：在适度扩大总需求的同时，着力加强供给侧结构性改革，着力提高供给体系质量和效率，增强经济持续增长动力。②

---

　　① 王军：《推进供给侧结构性改革　培育经济发展新动能——中央经济工作会议精神解读》，《紫光阁》2016年第1期。

　　② 思远：《谋局中国经济　供给侧改革将发力》，《资源再生》2015年第11期。

供给侧结构性改革的核心是放松管制、释放活力和让市场发挥更大作用,从而降低制度性交易成本,提高供给体系的质量和效率,增强投资的有效性。对于如何解决供给侧的矛盾,有关方面比较统一的思路是"去库存、去产能、去杠杆、降成本、补短板"。"去库存"即化解房地产库存;"去产能"就是积极稳妥地化解产能过剩,严格控制增量;"去杠杆"主要是防范与化解金融风险;"降成本"就是帮助企业降低成本,增强企业活力;"补短板"是扩大有效供给。① 通过"三去一降一补",改善供给,增强活力,取得更好、更健康的新发展。可见,今后一段时间,供给侧结构性改革是我国经济改革和发展的主旋律。

二 "供给侧改革"背景下民办高校发展的着力点

高等教育发展与管理的许多理念、方法源于经济发展与管理的理论。供给侧结构性改革理论对于我国高等教育发展也有着重大的现实和指导意义。经济结构的调整和产业的转型升级,必然对人才的数量和类型提出相应的要求,从而为产业发展提供强有力的人才支撑。而高等教育自身特殊的发展阶段和任务,也有必要借助供给侧改革的方法。高等教育结构和国家经济结构、产业结构的不尽吻合,直接引发另外一种后果:一边是大学毕业生较难找到适合的岗位;另一边是用人单位较难找到合适的人才,这就是结构性矛盾。②

从高等教育发展的宏观形势来看,经过 10 多年的发展,我国高等教育已经进入了大众化阶段,其标志之一就是高等教育规模已经达到世界第一,高等教育毛入学率超过 30%,局部地区超过 50%,大众化正在向纵深发展。随着高等教育资源的增加,高等教育供不应求的矛盾得到根本的缓解,制约高等教育发展的主要矛盾从总量转为质量,亟须加强内涵建设。从中观层面分析,高等教育人才培养与地方经济和社会发展的联系度、适切性亟待改善,高校毕业生的就业已经成为全社会高度关注的一个重要问题,高等教育为地方服务的能力尚待加强,人才培养的结构矛盾较

---

① 《去产能 去库存 去杠杆 降成本 补短板》,《今晚报》2015 年 12 月 22 日第 1 版。

② 《教育部长袁贵仁就"教育改革和发展"答记者问》,2016-03-10,http://www.china.com.cn/lianghui/news/2016-03/10/content_ 37990239_ 2. htm.

为突出，亟须加强结构优化；从高校自身来看，规模扩张基本结束，生源争夺日益激烈，亟须加强特色建设，提高学校综合实力。现在，人才培养和人力资源市场已经到了更加关注供给侧改革的时候了。

高等教育供给侧改革对民办高校来说既是挑战、又是机遇。整体而言，民办高校办学历史短，缺乏经验积淀；体制障碍多，缺乏制度支撑；师资队伍弱，质量认可度低。在日趋严峻的市场竞争中，民办高校处于弱势。但是，民办高校与市场有着天然的联系，运作机制相对灵活，又有国家政策支持，具有实施改革的机制优势，更容易实施供给侧改革。

针对民办高校办学实际，当前和今后一段时期，民办高校供给侧改革须做好以下五个方面的工作。

第一，转观念，强责任。一方面，民办高校要切实转变观念，当前尤其是要转变大学的象牙塔观念和大学毕业生是"皇帝女儿不愁嫁"的观念，把学校发展与社会需求密切结合起来，把为经济与社会服务作为自身的职责担当起来，靠做好服务获得更多的社会支持。另一方面，供给侧改革非常需要一种责任意识。在经济发展转向供给侧改革的过程中，高校责无旁贷，应主动担当，有所作为，研究实际问题，掌握经济发展趋势和规律，端正认识，放下架子，把服务经济和社会发展作为学校发展的使命，竭尽全力为社会发展转型提供人才。

第二，重市场，强改革。供给侧改革说到底是一种以市场为导向的改革，"供给什么""如何供给"这些基本问题，必须根据市场需要和发展趋势加以判断。民办高校要充分发挥贴近市场办学的优势，广泛开展市场调研，梳理真实需求，主动调整和优化办学思想、学科专业结构，用市场的需求倒逼办学行为，努力培养适合市场需要的建设人才。供给侧改革需要一种改革意识：原有的修修补补已经不能满足新的发展需求，必须加大改革力度，加快转型速度。改革是高校发展的强大动力，要实施供给侧改革，必须深化改革，形成系统、全面的改革框架，走出新路子、创造新局面。

第三，重转型，强内涵。"鼓励、推动或者引导部分地方高校向应用型转型"，已经成为国家意志。教育部原部长袁贵仁指出："在中国高校的转型发展，实质上是中国高等教育供给侧结构性改革……地方高校是适应我们高等教育这种大众化的需求新设的、新升格的，因此他们要率先转型，从培养理论型人才转到培养技术、技能型人才，来适应当前经济转型的需要，来适应我们地方经济社会发展的需要。"① 因此，转型不是要不要转的问题，而是如何转的问题。现在，粗放式的规模扩张已成历史，不再也不符合新常态发展的主流。民办高校需要理清思路，果断停止外延式扩张的相关工作，一方面加强基础建设，夯实办学基础，改善办学条件，为提高教育质量创造条件；另一方面稳定招生和办学规模，不断加强内涵建设。民办高校应从实际出发，尤其要在高水平师资队伍建设和深化教学改革方面下功夫。在加强高端师资建设方面，采取优惠措施吸引人才，鼓励现有教师进修，内培与外引并举，形成高质量的教学团队；针对供给侧改革的需要，加快转型，以培养应用型人才为目标，深化人才培养模式改革，从培养内容、培养方式和培养机制等方面进行彻底改革，使应用型人才培养落到实处、生根开花。

第四，重调整，强特色。供给侧改革很重要的一个方面是"供给侧结构"的改革。要适应市场需要，培养"适销对路"的人才，就要重视调整结构。"转型的关键是调整专业设置，因为设置专业，可能有的学校专业贵的设的少，要花钱，包括工科、理科，相对（来说）文科成本就比较低，这个结构就是和国家的经济结构、产业结构不尽匹配，所以转型的首要内容就是要调整专业设置。"② 当然，也有一些专业国家规制严格、门槛过高，造成社会人才奇缺，需要通过供给侧改革，调整思路，顺应市场，优化提高。对于严重供过于求的专业，要下决心调整；而对于一些供不应求的专业，要加快建设步伐，尤其是对于一些国家产业政策倡导的有发展远景的专业，要舍得投入，通过努力，培育适应社会需求的专业体系。

在专业调整的过程中，还要注意培育特色。要在供给侧的众多主体中脱颖而出，就必须勇创特色，突破陈规，形成优势。社会行业是复杂多样的，即使同一个专业，实际工作也会有很多差异，要力求满足需求方的需要。与此同时，人才培养还要注重突出特色，根据服务面向，合理选择课程，确定科学的培养模式，使毕业生能更好地对接生产管理岗位。通过优化结构、办出特色、提高质量，来满足经济社会对高等教育的需求，满足人民群众对教育多样化的需求。

---

① 《教育部长袁贵仁就"教育改革和发展"答记者问》，2016-03-10，http：//www. china. com. cn/lianghui/news/2016-03/10/content_ 37990239_ 2. htm.

② 《教育部长袁贵仁就"教育改革和发展"答记者问》，2016-03-10，http：//www. china. com. cn/lianghui/news/2016-03/10/content_ 37990239_ 2. htm.

第五，重行动，强实效。供给侧改革需要增强行动意识。当前，供给侧改革已是经济发展的重点，必然对高校人才培养和科研工作提出要求。从人才培养角度说，高校是人才供求的供给侧，供给侧改革应该成为高校的自觉行动。明者因时而变，知者随事而制，强者乘势而进，当前贯彻供给侧改革，需要的是实实在在的行动。面对供给侧改革，民办高校必须增强紧迫感和责任感，顺势而为、主动作为、奋发有为，抓紧制定方案，落实各项有效措施，做出成果、做出质量、做出特色，为经济和社会的供给侧改革做贡献，在供给侧改革中展现民办高校的活力和风采。

附记：本文刊登于《浙江树人大学学报》2016 年第 4 期。

关于贯彻落实《民办教育促进法修正案》五大热点问题的思考

摘　要：《民办教育促进法修正案》颁布以后，各省（市、区）政府紧锣密鼓地开展了相关实施办法和配套措施的制定工作。由于《修正案》实施工作量大、牵涉面广，许多问题引发争论，其贯彻落实问题成为2017年教育研究界的重要议题。调查发现，过渡期、现有民办学校的补偿奖励、财政扶持、办学自主权以及教师权益保障，是贯彻落实《修正案》的五大关键问题，需要各省（市、区）根据各地的实际情况进行制度创新，充分利用制度红利，促进我国民办教育的健康发展。

关键词：《民办教育促进法修正案》；过渡期；补偿奖励；财政扶持；办学自主权；教师权益保障；制度变迁

2016年11月7日，全国人大常委会经过三次审议，通过并颁布了《民办教育促进法修正案》（以下简称《修正案》），这是我国民办教育发展历史上值得记载的重大事件。《修正案》决定实施民办教育分类管理，明确了营利性民办学校和非营利性民办学校的划分标准为举办者能否取得办学收益、办学结余如何处理。营利性民办学校的举办者可以取得办学收益，非营利性民办学校的举办者不得取得办学收益。《修正案》正式认可了民办学校分类管理的合法性。该法第二章第十九条明确规定："民办学校的举办者可以自主选择设立非营利性或者营利性民办学校。"允许举办营利性民办学校（义务教育阶段除外），突破了我国有史以来教育不可以营利的传统观念，从国家法律高度为社会力量举办营利性民办学校扫清了障碍，开始建立全新的国家民办教育发展制度，因此受到各界的高度关注。

《修正案》是国家层面的制度建设。考虑到我国幅员辽阔、各地发展不平衡的实际，法律在作出普遍规定的同时，还留有各地配套政策制定和实施的空间，以便各地根据实际情况作出调整和安排。全国人大修法以后，笔者先后调查了浙江、贵州、广西、广东、山东、上海、内蒙古、宁夏和陕西等10多个省（市、区），走访了大量各方面的相关代表。调查发现，过渡期、现有民办学校的补偿奖励、财政扶持、办学自主权以及教师权益保障，是贯彻落实《修正案》过程中反映较强烈的五大关键问题，有的问题在相关文件中规定得不清晰，有的问题尚未在举办者、学校、政府及学术界达成统一的认识，均给后续的贯彻落实带来一定的影响，值得关注和探索。

一 关于过渡期的问题

全国人大常委会在《关于修改〈中华人民共和国民办教育促进法〉的决定》中明确："本决定自2017年9月1日起实施。"中华人民共和国主席令第五十五号也规定："《全国人民代表大会常务委员会关于修改〈中华人民共和国民办教育促进法〉的决定》已由中华人民共和国第十二届全国人民代表大会常务委员会第二十四次会议于2016年11月7日通过，现予公布，自2017年9月1日起施行。"

从2017年9月1日到各个民办学校正式选择非营利性或营利性期间有一个过渡期。过渡期是新旧法律衔接过程中需要留有的过渡阶段，客观上也是一个"政策空窗期"。在过渡期内，民办学校实际上处于"法律真空"状态。《修正案》从2017年9月1日开始实施，但是由于各方面原因，民办学校尚未作出非营利性或营利性的选择，这是法律所允许的。问题的关键是，在此期间，民办学校应依据哪一部法律开展活动，该享受什么样的政策待遇，具体表现在：第一，根据《修正案》，非营利性民办学校的举办者不得取得办学收益，营利性民办学校的举办者可以取得办学收益，但是民办学校尚未作出非营利性或营利性的选择，那么，民办学校是否可以继续获得合理回报？第二，在过渡期内，民办学校应该享受非营利性民办学校的税收优惠、财政扶持和学生资助等优惠政策还是营利性民办学校的相关政策？有的地方规定，在地方配套政策到位以后，未作出选择的民办学校在过渡期内一律视作非营利性，但这个规定缺乏上位法的支撑，也影响民办学校真正自主自愿的选择。

过渡期的长短受三个方面因素的制约。第一，地方配套政策的出台时间。由于各地政府相关部门制定配套文件需要足够的时间和相应的流程等，至今还没有一个省（市、区）公布实施方案。地方配套政策不出台，民办学校就无法作出非营利性或营利性的选择，自然就处于"政策空窗期"内。第二，地方配套政策对过渡期的规定。从对各地调研获得的信息看，为了改革的整体推进，不少地区从实际出发，统一设置或按学段分别设置2—10年不等的过渡期。如果允许民办学校在10年内作出选择，那么民办学校所处的"空窗期"就会更长。第三，民办学校自身的选择。选择非营利性或营利性，对民办学校的举办者和学校的未来发展均是大事：选择非营利性，可以获得更多的财政扶持、更优惠的税收政策，但是可能会失去获得合理回报的机会，失去很多融资机会，而且国家的财务监管将大大加强，再通过"关联交易"等方式获得合理回报的法律成本将大大增加；选择营利性，所享受的优惠政策则要少些，但是可以进行更灵活的资金运作、获得更多的融资机会。这对举办者而言是一种艰难的抉择，在短时间内作出选择确实有困难。因此，即使地方出台政策，民办学校可能还有一段时间的"犹豫期"。

过渡期过长会导致政府无法有效管理民办学校，过渡期过短会导致民办学校匆忙间作出非理性的选择。笔者认为，正确对待过渡期问题要把握好两个原则：第一，各地要根据不同类型、不同层级民办学校发展的实际情况，因地制宜制定规定；第二，对尚未作出选择的民办学校，主要应依据各校的教育质量进行财政资助，通过专项经费而非生均经费的方式对其提供财政资助，而对已经作出选择的非营利性民办学校，则提供以生均经费为主的财政资助更加合适。

二　关于现有民办学校的补偿奖励问题

全国人大常委会在《关于修改〈中华人民共和国民办教育促进法〉的决定》中明确：本决定公布前设立的民办学校，选择登记为非营利性民办学校的，根据依照本决定修改后的学校章程继续办学，终止时，民办学校的财产依照本法规定进行清偿后有剩余的，根据出资者的申请，综合考虑在本决定施行前的出资、取得合理回报的情况以及办学效益等因素，给予出资者相应的补偿或者奖励，其余财产继续用于其他非营利性学校办学；选择登记为营利性民办学校的，应当进行财务清算，依法明确财产权属，并缴纳相关税费，重新登记，继续办学。具体办法由省、自治区、直辖市制定。

关于补偿奖励问题，也存在需要继续探索的空间。第一，奖励和补偿是针对现有民办学校的，因此，在此规定以后建立的民办学校将不能享受。但是，在 2016 年 11 月 7 日以前筹备、2017 年 9 月 1 日以前获批的民办学校是否符合这一规定，则需要由各地自行做出规定。第二，奖励和补偿只有在学校办学终止后才可以实施，那么可否在学校运行期间、在不影响学校资金稳定性的前提下提前获得补偿或奖励？第三，奖励和补偿的经费是从终止办学清算积余经费中开支的，如果清算以后没有结余，奖励和补偿的经费就没有着落，似乎不符合奖励和补偿的条件，因此不可能实施。第四，对具体的补偿奖励测算方案也存在争议。有的地方认为，补偿数额为累积出资额或累积出资额及其增值部分，应视情况再给予不同额度和形式的奖励。也有的地方认为，应该以依法清偿后的净资产作为核算依据，扣除已经取得的"合理回报"后，按照比例进行补偿奖励。还有人认为，应对民办学校的办学效益和贡献进行补偿奖励。这有一定的道理，但从调查的情况来看，还没有地区这样考虑。

补偿和奖励是激发现有民办学校举办者办学积极性的主要方面，能真正体现国家对举办者以往办学贡献的认可和鼓励，鼓励民办学校选择非营利性办学。对于选择非营利性并继续办学的民办学校，各地应从办学层次、资产规模和原始投入等方面加以考虑，采取不同的奖励政策。比如，对初始投入很少、办学历史较长及目前资产规模较大的民办学校的补偿和奖励政策，应区别于初始投入较大、办学历史较短的民办学校，必须遵循"一事一议、一校一策"的原则。对于选择营利性并继续办学的民办学校，则可采取"扣除财政投入和社会捐赠等之后都是举办者"的简单原则，允许民办学校在缴纳土地出让金之后继续办学。由于民办学校建校时往往以"行政划拨"的方式获得土地使用权，现在选择营利性的民办学校一般需要以"出让"的方式获得土地使用权，而"出让"土地的价格与当时"行政划拨"的价格存在很大的价格差，导致民办学校无法承受，也就无法顺利转为营利性民办学校。因此，各地需要根据实际情况，制定转变为营利性民办学校的土地政策。

三　关于财政扶持民办教育的问题

《国家中长期教育改革和发展规划纲要（2010—2020 年）》明确提出："健全公共财政对民办教育的扶持政策。政府委托民办学校承担有关教育和培训任务，拨付相应教育经费。县级以上人民政府可以根据本行政区域的具体情况设立专项资金，用于资助民办学校。国家对发展民办教育作出突出贡献的组织、学校和个人给予奖励和表彰。"《国务院关于鼓励社会力量兴办教育　促进民办教育健康发展的若干意见》（以下简称"30条"）明确指出："国家积极鼓励和大力支持社会力量举办非营利性民办学校。各级人民政府要完善制度政策，在政府补贴、政府购买服务、基金奖励、捐资激励、土地划拨和税费减免等方面对非营利性民办学校给予扶持。各级人民政府可根据经济社会发展需要和公共服务需求，通过政府购买服务及税收优惠等方式对营利性民办学校给予支持。""地方各级人民政府应建立健全政府补贴制度，明确补贴的项目、对象、标准、用途。完善政府购买服务的标准和程序，建立绩效评价制度，制定向民办学校购买就读学位、课程教材、科研成果、职业培训和政策咨询等教育服务的具体政策措施。地方各级人民政府可按照国家关于基金会管理的规定设立民办教育发展基金，支持成立相应的基金会，组织开展各类有利于民办教育事业发展的活动。"

建立公共财政对民办学校的支持制度，既是体现教育公平、解决民办学校资金不足的重大举措，也是落实《修正案》、实施分类管理的关键。近年来，各地出台了许多好的政策和做法，如设立民办教育专项资金、通过建立购买服务机制（生均经费拨付、市场供需匹配型的购买服务等）、分担办学成本（补助教师工资、社保和培训经费；补助校舍租赁建设费、教学设备购置维修费、融资贷款利息等）和实施各种奖励机制（办学绩效奖励、引资引智奖励、捐资、投资办学奖励）等。这些举措对激励民办学校的办学热情、提高教育质量以及鼓励社会资金的投入，均起到了重要作用。陕西、上海和重庆等地的政策创新特别值得借鉴和推广，在全国民办教育政策制定中发挥了引领作用。

　　在实施分类管理后，推进公共财政资助民办学校政策的制定，需要进一步解放思想、大胆创新。事实上，各地在政策制定过程中也是将此作为工作重点，认真论证，以"加大财政投入力度、创新财政扶持方式、明确财政扶持重点、加强财政资金监管"为着力点，完善非营利性民办学校的财政资助体系，提出切实可行的突破性方案。比如，陕西省将在每年3 亿元民办高校发展专项基金的基础上进一步提高标准；吉林省继续设立"民办高等教育发展专项资金"和"民办教育发展专项资金"。目前了解到的政策草案有：湖北省从 2018 年起，省级财政每年单列 1 亿元专项资金，重点支持一批高水平民办学校的发展；河北省从 2018 年起，省级财政每年设立 2 亿元专项资金，重点支持一批高水平非营利性民办学校的发展。估计绝大部分省（市、区）都将建立"民办高等教育发展专项资金"和"民办教育发展专项资金"，并根据管理权限，分层分级实施，落实支持政策。江苏省明确：本区域内义务教育阶段的民办学校，可依据购买的学位数，按照不低于生均义务教育经费标准（教职工编制标准、工资标准、学校建设标准和学生人均公用经费标准等）给予足额补助；对政府认定的普惠性幼儿园，按公办同类幼儿园学费标准上限收取学费，政府以购买服务的形式补助办学成本的差额部分；在"十三五"期间，省财政对非营利性民办高校的生均经费投入达到公办高校生均拨款的 30%。安徽省提出：对义务教育阶段的民办学校，落实与公办学校同等的生均公用经费补助政策；对非义务教育阶段的民办学校，按照不低于公办学校生均拨款或生均公用经费的 30% 给予补贴。在财政性经费的使用方面，有的地区倾向于宽松的安排，也有的地区设定了一定的条件。辽宁、上海等地提出：财政扶持民办教育发展的资金重点用于鼓励、扶持、促进民办学校的内涵发展和特色创建，民办教育公共服务和信息平台建设，非营利性高水平民办学校的重点项目建设，表彰和奖励为民办教育做出突出贡献的集体、个人，推动民办教育重大改革和发展等。可以相信，随着分类管理的积极推进和不断深化，公共财政支持民办学校尤其是非营利性民办学校的发展将成为新常态，并逐步扩大和增加。

四　关于办学自主权的问题

　　办学自主权是民办学校面向市场的依据，也是民办教育发展的必要条件。对于民办学校的办学自主权，《修正案》没有过多涉及，但是在国务院"30 条"中明显增加了相关内容，可见随着分类管理的实施和深化，民办学校的办学自主权将权归原主，得到充分的尊重和落实。就目前来看，民办学校的办学自主权主要体现为三个方面的"自主"。

1. 自主设置专业。这一权利主要针对民办高校和中职学校。中职学校大部分已下放县、市举办，相关矛盾不是很突出。高职院校近年来主要由省级政府管理，在专业设置方面大多已实现自主设置，因此难题还是在民办本科院校层面。尽管《高等教育法》第三十三条规定"高等学校依法自主设置和调整学科、专业"，但实际上并未得以实施。国务院"30 条"提出："扩大民办高等学校和中等职业学校专业设置自主权，鼓励学校根据国家战略需求和区域产业发展需要，依法依规设置和调整学科专业。"当前，本科院校设置专业大多需要通过专家论证、条件评估和申报批准三个流程。民办高校面向市场设置专业，往往难以做到"万事俱备，只欠东风"，很多情况下是先组织专业申报、后投入专业建设、再逐步完善办学条件，因此很多专业设置难以获得"备案"。在调研过程中，许多民办高校的领导呼吁主管部门理解民办高校专业设置的难处，掌握面向市场办学的真谛，真正体现自主设置专业。

2. 自主招生。招生自主权是法律赋予民办学校的权利。2004 年出台的《民办教育促进法实施条例》第二十七条明确规定："民办学校享有与同级同类公办学校同等的招生权，可以自主确定招生的范围、标准与方式。县级以上地方人民政府教育行政部门、劳动与社会保障行政部门应当为外地的民办学校在本地招生提供平等待遇，不得实行地区封锁，不得滥收费用。"国务院"30 条"也规定："支持民办学校参与考试招生制度改革。民办高等职业学校可在核定的办学规模内自主确定招生范围和年度招生计划。中等以下层次民办学校按照国家有关规定，在核定的办学规模内与当地公办学校同期面向社会自主招生。各地不得对民办学校跨区域招生设置障碍。"在办学实际中，落实民办学校招生自主权并不简单。一些优质民办学校倾向于扩大招生范围，而一些非品牌学校则希望招生区域保护，民办学校"掐尖"式的招生对整体招生秩序造成冲击，破坏了当地教育生态，还可能加剧学校发展的不平衡，加剧应试教育。在民办学校充分享有招生自主权和地方教育部门维持整体招生秩序的努力之间，可能短期内还难以取得平衡，要完全解决这一问题还需要过渡时间。

3. 自主收费。国务院"30条"提出："实行分类收费政策。规范民办学校收费。非营利性民办学校收费，通过市场化改革试点，逐步实行市场调节价，具体政策由省级人民政府根据办学成本以及本地公办教育保障程度、民办学校发展情况等因素确定。"在《民办教育促进法》修订前，江苏、福建、山东、湖南、广西、宁夏和陕西等省（市、区）相继放开了民办高校的收费管制。江西、山东、云南和湖南等10多个省（市、区）全面放开民办学校收费，实行自主定价。实施分类管理后，大多数地区对非营利性民办学校的收费办法倾向于放开，由学校自主确定收费标准并向社会公开。一些物价部门担心放开收费标准可能会导致民办学校学费的全面涨价，成为社会不稳定的因素，但从已经实施的地区来看，这一担心完全是多余的。相反，有的民办学校还主动降低了收费标准，因为举办者会更加理性地看待收费，将收费、办学成本和增强学校竞争力等因素加以全盘考虑，使之更加符合市场预期。

一方面，自主办学是民办学校生存的机制优势所在，政府应从民办教育可持续发展的高度，切实落实好民办学校的办学自主权；另一方面，自主办学不是"自由"办学，需要与之相应的条件和行为。自主办学并不意味着政府放手不管，而是管理的方法和路径发生改变。比如，专业自主设置以后的专业建设督查问题、自主招生的校域计划协调问题和收费放开以后的乱收费治理等问题，都需要政府的监管和督查，以维持民办学校发展的良好生态环境，真正做到把好事办好。

五　关于教师权益保障的问题

教师队伍建设是民办学校可持续发展的核心竞争力。民办学校教师队伍建设已引起政府相关部门的关注，在《修正案》中也有体现。近年来，在"全面提高教育质量、办人民满意的教育"方针的指导下，各地在加强民办学校教师队伍建设方面已有不少政策创新和实践。比如：调剂部分公办学校教师到民办学校交流任教，通过制定最低工资指导线、发放长期从教津贴等方式提高民办学校教师工资待遇；通过制定相关政策允许符合条件的民办学校教师参加事业单位养老保险、鼓励民办学校为教师办理补充养老保险，提高民办学校教师在职和退休待遇；完善人事代理制度，落实民办学校教师在职称评审、评奖评优、培训提高和专业发展等方面的同等权益；探索人事制度变革，协调教师在公办与民办学校之间流动的人事关系、社会保险、工龄和教龄计算等问题，促进教师的合理流动；加大对民办学校师资建设的扶持力度，对符合条件的民办学校选派公办学校的教师支教或长期任教，核增公办学校教师编制专项用于民办学校或为优质民办学校核定教师事业编制数等。这些举措，对加强当前民办学校教师队伍建设具有积极的意义。

实施分类管理后，教师权益保障政策的重点有以下两个方面。

1. 教师参加事业单位养老保险的问题。由于事业单位和企业单位人员退休后的待遇存在较大差距，民办学校教师要求参与事业单位养老保险、享受事业单位退休待遇的呼声不绝于耳，认为这是落实"公办、民办学校教师同等待遇"的集中体现。现有政策享受人员面小且不稳定，在事业单位养老制度出台以后又面临新的问题，因此呼吁能切实落实。调研发现，解决这一问题也有难度。从政府有关部门来看，改革的方向是减少事业编制，他们担心人员大批涌入事业编制养老，会造成养老机构经费支付能力的不足；现实中事业单位养老制度刚刚实施，2014 年以前的事业编制人员视同已交，而民办学校教师若享受事业单位养老政策，将面临公共财政无力承担巨额"视同缴纳"费用的问题。部分民办学校举办者则顾虑参与事业单位养老保险将增加巨额的经费负担而不愿参与，认为不符合民办学校的体制需求。从目前政策制定过程中了解到，普遍的考虑是为符合条件的非营利性民办学校教师缴纳事业编制养老保险，并对单位缴纳部分给予一定比例的补助。此外，各地对民办学校为教师缴纳年金普遍给予支持。这一政策落地的难点在于目前养老制度的改革，缺乏合理的制度支撑。

2. 教师的培训与提高问题。由于经费不落实、时间没保证和领导不重视，民办学校教师往往得不到培训与提高，甚至连参加学术会议的机会都很少，形成了自身知识更新慢、教学水平难提高的职业发展困境。《民办教育促进法》第三十二条规定："民办学校教职工在业务培训、职务聘任、教龄和工龄计算、表彰奖励、社会活动等方面依法享有与公办学校教职工同等权利。"对于教师参加培训难的问题，各方的认知都比较一致，但是政策尚未落地。多地在制定政策中已经考虑到这一问题的严重性，也在想方设法地推动问题的解决。目前的解决思路是：从教师成长、学校发展和学生受益的角度考虑，应该为教师安排一定的时间和机会参加培训，经费也应由学校和相关部门共同承担。

《修正案》将在很多方面影响我国民办教育的发展，这是一个深刻的制度变迁过程。阎凤桥认为，《修正案》对我国民办高校的内部治理和发展态势所造成的影响只能看作"潜在"的："由于我国法律具有原则性较强而操作性较弱的特点，今后面临着如何以及在多大程度上将分类管理的思想落实到实处的挑战。"修法之后民办教育如何发展，存在两种可能性：第一种是后续的配套措施不及时，举办者我行我素，民办教育系统没有发生明显变化；第二种是后续配套及时跟进，国家以较大的行政力量促进民办教育分类管理①。

教育制度、经济制度和政治制度的形成原因基本是一致的，都是个体在追求自身利益的过程中经过多方博弈所形成的规则。康永久指出，教育制度"根植于人们自身的教育利益和理性计算，是各种力量相互冲突和妥协的结果"。教育制度的创新"不是在历史发展的客观需要、而是在个人发展的主观欲求的引导下进行的"②。民办教育发展中的主要利益群体包括举办者、校长、管理干部、教师和学生等，这些群体的利益有相互冲突之处，但更多时候是一致的。根据制度变迁的相关理论，利益相关者能否争取到对自身有利的政策，主要依赖于各利益相关者能否开展卓有成效的集体行动③。如果民办教育的各个利益相关者能够高度团结，深刻影响到媒体、学者等政策精英以及政策制定者，让政策制定者明白当前民办教育发展的困难、发展民办教育的重要意义以及今后的政策着力点，就可能使教育政策朝着更有利于民办教育发展的方向快速前进。

　　附记：本文刊登于《浙江树人大学学报》2017 年第 6 期。

---

　　①　阎凤桥：《我国民办教育格局会因修法而得到怎样的改变?》，《教育与经济》2016 年第6 期。

　　②　康永久：《教育制度的生成与变革——新制度教育学论纲》，教育科学出版社 2003 年版，第 89 页。

　　③　[美] 曼瑟尔·奥尔森：《集体行动的逻辑》，生活·读书·新知三联书店 1995 年版，第 39 页。

加强顶层设计，坚定分类管理，
促进健康发展

—— 对《民办教育促进法实施条例（修正案）
（送审稿）》讨论的几点思考

摘　要：司法部公布的《民办教育促进法实施条例（修订草案）（送审稿）》引发社会强烈反响和高度关注。就其修订流程、主要内容和逻辑主线而言，其影响效应是正面和积极的。然而，由于公共政策制定中利益主体的博弈、民办教育国家政策重构的必然、坚定实施分类管理政策使然、历史遗留问题未得到妥善处理、改革导向有待更具体的措施支撑等原因，相关条款难以得到民办教育界普遍认可。扎实民办教育法制建设，应坚定不移地实施分类管理，堵牢营（利性）、非（营利性）不分、名实不符的政策漏洞，落实支持民办学校发展各项措施，鼓励地方民办教育政策大胆创新，加强民办教育法律和法规正面解读。

关键词：民办教育促进法实施条例；分类管理；顶层设计

2018 年 8 月 10 日，司法部公布了《民办教育促进法实施条例（修正案）（送审稿）》（以下简称《送审稿》），听取社会各界意见。标志着民办教育立法和政策法规建设取得重要进展，对于落实新法新政，完善民办教育发展的制度环境，意义重大。但是，《送审稿》个别条款的改动引发社会广泛关注，相关研讨会、分析会、解读会和咨询会密集召开，报纸、网络、微信、微博全线登场，许多专家、学者、业界人士纷纷发声。从相关会议和媒体传出的信息来看，消极、负面和过激的意见偏重，尤其是涉及非营利性民办学校监管升级的相关条款，客观上引发港股教育板块大幅下跌，引发社会各界的高度关注和强烈反响。有观点认为："不让举办者'挣点钱'的制度设计，脱离了国情，也不符合民办教育发展实际"；有观点认为："新修订条款涉及对协议控制模式的最后审判，完全阻断营利与非营利性之间的联系，民办教育难以为继"；还有观点断言：相关条款违背了"规范和发展"的立法宗旨，正式颁布将对民办教育发展起到"促退"作用。由于 4 月 20 日教育部已经就《中华人民共和国民办教育促进法实施条例》修改稿征询社会各界意见，几经修改最终形成的司法部《送审稿》掀起争议热潮与业界焦虑情绪，也出乎立法层相关部门的意料之外，值得学界深思和研究。

一　理性分析：分类管理"营""非"分道导向清晰

《送审稿》相关修改是否应引发如此担心和忧虑？笔者认为，有必要对其修订流程、主要内容和逻辑主线进行理性分析。

第一，从修订流程来看，此次立法是我国较为规范、严谨、民主的立法案例之一。2002 年，民办教育首次进入立法视野，《中华人民共和国民办教育促进法》（草案）经过全国人大常委会四次审议才获得通过，这本身就体现了遵循科学立法、民主立法、依法立法的要求，其中"允许取得合理回报"条款就是根据当时的社会实际情况和举办者的诉求写入草案的。在制定《中华人民共和国民办教育促进法》（修正案）、《中华人民共和国民办教育促进法实施条例》的过程中，立法机关很好地延续了这些好的做法。一方面，教育部等相关部门围绕贯彻落实党中央有关实行民办学校分类管理改革的精神，开展了历时长久、量大面广的调研工作，了解一线举办者、办学者、管理者和研究者的意见建议，为政策的制定奠定了广泛的社会基础和受众认知；另一方面教育部就《中华人民共和国民办教育促进法实施条例（修正案）（征求意见稿）》（以下简称《征求意见稿》）对社会公示，司法部再次就《送审稿》向社会公示，广泛征求各界人士的意见与建议。此举彰显了教育立法的开放性与民主性，反映出政府对加强民办教育法制建设的重视，是我国教育立法工作的一个重大进步。

第二，从主要内容上看，《送审稿》较《民办教育促进法实施条例》（征求意见稿）有显著、积极的变动。其中，既有对已有法规条款精神的重申，如第五条"在中国境内设立的外商投资企业以及外方为实际控制人的社会组织不得举办、参与举办或者实际控制实施义务教育的民办学校"，在 2003 年颁布的《中外合作办学条例》已有规定；也有回应举办者的强烈诉求做出的调整，如第三十一条"义务教育阶段的民办学校应当主要在审批机关管辖的区域内招生，有寄宿条件的可以跨区域招生"等。还有适应教育新业态增加的新规定。如第十六条中专门对在线实施学历教育的民办学校、在线实施培训教育活动的机构、实施培训教育活动的互联网技术平台等三种形态分别做出约束性规定。针对禁止集团化办学、控制关联交易等条款，可能会限制和削弱现有"VIE 架构"上市公司的扩张和利润增长，一些举办者态度激越，一些学者焦虑异常，而另一些举办者则颇为冷静和客观。有举办者认为：此次《送审稿》总的体现了支持和规范社会力量办教育的中央精神，改革思路清晰，方向明确，措施较为得当，对于民办教育的发展具有较大利好。未来，非营利性和营利性民办教育各归其位、各得其所；民办学校的发展环境将更加宽松，政策将更加明朗，预期将更加明确。有举办者认为：政策进一步澄清了市场层面理解不太准确的问题，只是超出了市场和投资者的预期，而与《中华人民共和国民办教育促进法》修订初衷和基本原则并无不一致；有举办者回应：正确面对监管，对未来充满信心。

第三，从逻辑主线上看，《送审稿》遵循坚持营利性与非营利分类管理的原则，不留灰色地带，其目的就是为了划清两类民办学校界限，避免"名分实不分""借非营利之名行营利之实"的状况重演。引发舆论热潮的相关条款，其重要界定对象是"非营利性民办学校"。仍以集团化办学和关联交易相关规定为例，其根本逻辑是允许营利性办学，但是不能允许"假营利"行为搅乱政策实施。在实践层面，以非营利民办学校的办学积余来增添上市公司的利润，有的非营利性民办学校利润率达到 50% 以上，对广大非营利性民办学校本身就有失公平，也难以得到社会的认同和支持。十二届全国政协委员张杰庭表示："此次《送审稿》发布后，股市震荡是必然的，此前有上市教育公司利润高达 60% 到 70%。""义务教育阶段境外捆绑上市、利益转移输出，本身已经违法。如果营利性与非营利性不分，势必会回到过去，造成国家对非营利性民办学校的支持政策无法落地。"[1] 因此，笔者认为，《送审稿》所做出的修订与完善，实属不易。我

---

① 上文对相关观点的列举来自民生、天立、新高教、睿见、宇华、中教控股电话会议纪要（2018 年 8 月 13 日）、国金证券：《来自上市教育机构如何看待民促法实施条例送审稿》，《人民政协报》"民促法实施条例修订稿送审稿各界怎么看，且听大咖说"（2018 年 8 月 15 日）。

们姑且避开股市下跌与《送审稿》之间的直接关联，但就公开透明的立法程序、积极回应实践的实质内容和一以贯之的主线逻辑而言，《送审稿》坚持了营利性和非营利性学校分类运营、各行其道的法律最核心的导向，兼顾了利益相关者的诉求，影响力是正面的和积极的。

二　追根溯源：国家制度顶层设计正当其时

那么，《送审稿》为什么能触发社会如此大的反应？以下尝试从五个方面进行分析。

第一，公共政策制定中利益主体的博弈。公共政策的本质应该是政府对社会实行权威性的利益分配。① 政策制定者、政策实施者和政策对象构成公共政策的主要利益主体。从某个角度上说，政策制定的过程就是利益表达和利益综合的过程。由于各利益主体的利益不同，在政策制定的过程中，他们都会为了自己的利益而在政策制定的程序中进行博弈。② 尤其是在政策形成阶段，由于这是利益群体争取政策支持的绝佳机会和最后机会，政策制定者和政策对象之间、不同政策对象之间的博弈将进一步激化。而利益相关者必然会从自身利益出发，表明自己的态度，利用制度内外的各种手段表达意愿，向决策部门提供有利于自身的信息，争取将有利于自身利益的条款写入政策文本，或者推动修改不利于自身利益的相关条文，进而影响政策制定，形成向利益获得者倾斜的政策方案。《中华人民共和国民办教育促进法》的制定和修法过程，都可以明显地看出这种利益博弈的痕迹。《送审稿》公开征求意见是民办教育领域国家政策最后形成阶段的最后"讨价还价"机会，一旦形成正式行政法规将决定后续几十年的资源和利益分配，因而引发各界关注和争论是可以理解的，但是这种关注和争论归根到底不外乎是各个利益主体在政策制定中的博弈而已。

第二，民办教育国家政策重构的必然。我国改革开放40年来教育体制改革的重要成果之一，就是民办教育的崛起。在社会主义制度下、在公有制为主体的基本经济制度下举办民办教育，既无世界经验可借鉴，更无

---

① 陈庆云：《公共政策分析》中国经济出版社1996年版，第52页。

② ［美］查尔斯·林布隆：《政策制定过程》，刘明德译，台湾桂冠图书有限公司1991年版，第160页。

历史积淀可支撑。国家鼓励走改革创新之路，倡导"摸着石头过河"。国家高层长时间对"是否允许民办学校营利"的问题举棋不定，导致民办教育发展政策难以完善顶层设计，民办教育发展一直处于"探索""摸索"之中。由于需求驱动、政策宽松、鼓励试验，各种业态应运而生。民办教育领域在快速发展的同时，也滋生出大量需要"规范"的问题，《中华人民共和国民办教育促进法》和许多政策一直承担"支持与规范"的双重任务。修改后的《民办教育促进法》明确允许举办营利性民办学校，在中央层面上确立了民办教育的发展方向和政策导向，同时也意味着相关制度需要重构。在规制发展方向，实现分类管理，其中必有一部分业态受到规制甚至退出。

第三，坚定实施分类管理政策使然。2016年11月7日，全国人大常委会修改了《民办教育促进法》，决定允许营利性民办学校，实施分类管理。这是中国自有教育制度以来的重大突破，意味着几千年来"教育不得以营利为目的"的制度壁垒不复存在。同时，《国务院关于鼓励社会力量兴办教育促进民办教育健康发展的若干意见》明确提出"国家积极鼓励和大力支持社会力量举办非营利性民办学校"，采取差异化的扶持政策，明晰了鼓励举办非营利民办学校的导向。不过，这不可能是一个自然的过程。虽然在以往的国家法律法规中一直强调"教育不得以营利为目的"，但是长期以来为弥补教育资源的不足，鼓励社会力量对教育的投入，满足社会的求学需求，政府对于一些民办学校办学实际中的"营利"行为，一直采取禁而不阻的默认态度。文件上"禁"，但是在实际工作中有意无意疏于监管，形成"我国民办教育的基本特征是投资办学，而不是捐资办学"的既成事实。[①] 有专家认为，"95%以上的民办学校都具有营利的倾向"，他们在办学的同时还希望能够"挣点钱"。《送审稿》秉承《中华人民共和国民办教育促进法》修法精神，坚定推进分类管理，坚决消除政策盲区，果断割断利益关联，部分举办者"私下"营利的行为肯定会受到制约，尤其是一部分在灰色地带发展的民办学校受到的冲击会更大。

第四，历史遗留问题未得到妥善处理。产权是民办学校发展中的一

[①] 邬大光：《投资办学：我国民办教育的本质特征》，《浙江树人大学学报》2006年第6期。

个基础问题。全国人大教科文卫委员会原副主任汪家镠曾指出："学校产权的归属是举办者普遍关心的问题，是立法必须要解决的一个重要问题。产权明晰，才能调动和保护投资人的积极性，保证民办学校正常运行，降低风险，有利于民办学校的稳定与发展。"① 但是这一诉求一直未能得到很好的解决。实行分类管理后，选择营利性办学和新设置的民办学校按照新政处置产权，但是对于量大面广、选择登记为非营利性的现有民办学校，采用办学终止时进行清偿后有剩余的，"给予出资者相应的补偿或者奖励，其余财产继续用于其他非营利性学校办学"的办法②。很显然，一些办学者仍存在惯性思维，想通过关联交易谋取利益，借非营利之名，行营利之实。对于政策中泾渭分明的分类或者切断营利与非营利学校之间的关联难以接受，这是问题的症结所在。

　　第五，改革导向缺乏更具体的措施支撑。目前，绝大多数国家（地区）的私立教育都是非营利的，公开立法允许私立学校营利的国家并不多，这是教育本身难以完全市场化的性质使然。日本、韩国和我国台湾地区私立大学的学校数和在校生数占比都在 70% 以上，但是仍然禁止举办营利性学校。我国政府历来倡导非营利办学，坚持教育"不以营利为目的"，鼓励社会力量举办非营利民办教育。现在，鉴于国情和民办教育发展的实际情况，国家立法允许举办营利性民办学校，但是政府也及时表明"支持捐资办学"和积极引导社会力量举办非营利性民办学校的导向。当然，目前虽然也有一些局部性的或者地区性的政策出台，但总体而言具体的扶持政策不明晰、不确定，有的政策仅具象征性，缺乏操作性，风大雨小。在"规范和支持"的政策导向中，规范比较严格，支持不见落实，支持和规范不平衡，扶持政策对于社会举办非营利民办学校的吸引力不大，许多民办学校举办者心存疑虑，感到选择营利性违背初心，选择非营利又不甘心，陷入选择两难境地，产生焦虑焦躁情绪，急需政策引导。《送审稿》是国家层面民办教育法制建设的平台，增加切实有效的扶持举措，确实也是大家热切期盼和强烈要求的。

---

① 张春生：《中华人民共和国民办教育促进法释义》，法律出版社 2003 年版，第 175 页。
② 袁曙宏等：《中华人民共和国民办教育促进法释义》，中国民主法制出版社 2016 年版，第 6 页。

三　对策建议：坚持立法初衷加强正面引导

根据贯彻落实《中华人民共和国民办教育促进法》的要求，结合本次《送审稿》的社会反响和我国民办教育发展的实际，笔者对《送审稿》后续修订工作及配套制度设计提出以下建议。

第一，坚定不移地实施分类管理。如前所述，修改后的《中华人民共和国民办教育促进法》的最大亮点之一就是分类管理。国家允许举办营利性民办学校，同时实行分类发展、分类扶持、分类管理，这是我国教育制度的一个重要突破，是从我国国情和民办教育发展实际做出的重大决策，有利于可持续地吸收更多社会资源投入教育，有利于落实财政资金对民办学校的各项支持，也有利于民办学校举办者根据自身诉求和实际情况，选择合适的发展道路，开辟民办教育事业新的局面。《送审稿》必须坚持分类管理的立法精神不动摇，不为局部和暂时的反响所干扰，真正做到让市场的归市场、让政府的归政府、让捐赠的归捐赠、让营利的归营利，抓住契机建立起产权合法清晰、办学层次各就各位的现代化民办教育体系。

第二，堵牢营（利性）非（营利性）不分、名实不符的政策漏洞。"2002 年《中华人民共和国民办教育促进法》建立的合理回报是不妥的。合理回报没有任何限制，也就意味着任何举办者在任何时间、任何地点，都可以任何方式进行分红。如果学校成了老板的提款机，没有积累，没有剩余资产，那么学校还怎么发展？长此以往，我国的民办教育怎么提高质量？"[①] 长期以来困扰我国民办学校发展和政策制定的一个重大问题是，在"合理回报"的挡板下，投资与捐资混同，营利与非营利纠合，大量不合理的回报充斥其中，许多民办学校在"不要求取得合理回报"的承诺背后大量获取"合理回报"，由此诸多政策难以落实。修改后的《中华人民共和国民办教育促进法》明确提出允许举办营利性民办学校，实行分类管理，为实施扶持政策扫清了障碍。但对于这一规定能否实施，社会

---

① 刘增辉：《新民促法为教育营利确立法律保障》［EB/OL］. http：//zxxx. net. cn/Article/Detail/Overview/4820.

各界并不乐观。部分民办学校举办者仍未放弃"营非不分"的惯性思维，希望在办学的同时继续"挣点钱"，在非营利的名义下获取营利性的利益；有的学者也附和这一想法，力图使这些行为"合法化"，这是不能退让的。《送审稿》是国家层面的制度设计，对此不能留有余地，允许灰色地带存在，不能允许或者默许以"非营利性"之名、行"营利性"之实的现象发生。否则会使民办教育发展偏离健康轨道，也会打击许多真正非营利性民办高校举办者的积极性。

第三，落实支持民办学校发展各项措施。推进分类管理，实施差异化扶持政策，落实各项支持措施，是国家发展民办教育的大政方针。《民办教育促进法实施条例》作为《中华人民共和国民办教育促进法》的具体解读和操作层面的权威法规，需要秉承上位法精神，进一步明晰、细化和落实对民办教育"支持和规范"的各项措施。当前尤其是要加大力度落实扶持非营利民办高校的各项举措，确立"引导社会力量举办非营利民办学校"的政策导向。我们高兴地看到，在土地税收、财政资助、队伍建设等方面，迄今为止23个省市区的地方新政大胆创新，亮点纷呈。但由于地方政府职权有限，还有一些问题需要《送审稿》等国家层面政策来进一步规定。例如，民办学校在自主设置专业、跨区域招生集团化办学、教师待遇保障、财政扶持、税收和土地政策、法人变更的监管和非营利选择的奖励和补偿等问题上，需要《送审稿》进一步提供明确的、清晰的和更加务实可操作的政策支持。同时，既然营利性办学的合法性已经确立，对于社会举办营利性民办学校也不应歧视，相关的政策也要尽量优惠，以吸纳更多的社会资源投入教育，解决教育发展不平衡不充分的矛盾。

第四，鼓励地方民办教育政策大胆创新。我国幅员辽阔，各地经济发展水平差异很大，民办教育在发展规模和水平、发展类型和模式、发展的历史和阶段、发展的目标和期待的差异性和非均衡性，这是当前我国民办教育发展的一个显著特征。无论何种原因所致，这种区域差异性和非均衡性凸显出民办教育发展在国家统一意志下地方实施不同发展战略和发展政策的必要性和可能性，也都决定了各地政策的重点和力度不可能完全相同。因此，就这一点而言，不能期待一项法律或政策覆盖所有的问题，在一些具体问题上搞全国一刀切。因此，要充分发挥地方政府政策制定的积极性和创造性，提升政策的针对性和适应性。有些问题要从国家层面切入会有难度，但是交由地方政府根据当地实际情况因地制宜加以制定就可行。要充分相信地方政府的制度创新能力，尊重地方政府政策制定的创造性，这样既不会耽误政策的出台，也顾及了各地实际情况。

第五，加强民办教育法律和法规正面解读。对于民办教育法律法规的制定，广泛听取各界的意见是十分必要的，能为法律的制定收集有益的建设性意见。同时，讨论的过程也是一个宣传法律法规和统一思想认识的过程，能起到普法的作用，为法律法规的实施奠定良好的社会基础。当然，讨论意见应该多方开展，如果片面解读则将误导政策方向。如当下对《送审稿》的讨论，就存在过分强调举办者权益、较少关注师生权益的状况。许多专家学者只强调举办者的作用，忽视广大教师的劳动付出。一个典型的例子是，对于一些上市民办学校公布的 60% 以上的暴利。试问有这么高的利润，学校的人才培养质量还能保证吗？另外，师生权益如何体现？对于分类管理以后营利与非营利性切割，消除政策灰色地带，杜绝以非营利之名行营利之实的办学行为，也有人以"可能削弱上市公司的利润"为由表达反对。个人感到，《送审稿》的形成十分不易，内容总体合理，体现了国家坚持分类管理的决心和促进民办学校健康发展的导向。既然公开征求意见，就应当鼓励讨论发表各种观点。但是迄今为止的讨论，正面的声音似乎很弱小，批评和指责的意见则不绝于耳，建设性的意见也还少见。因此，有关部门和学术界有必要加强正面解读，加大正面宣传，客观公正讨论，正确引导舆论，保证政策的顺利制定和实施。

附记：《民办教育促进法实施条例》（修正稿）几经讨论，再次公示，引发社会广泛关注和热议，面上看负面评价过多，正面评价显少。本人认为，经过两年多时间的修改打磨，文本的核心内容和精神应该得到肯定，不能老是停留在基本否定、"不如不要"的思维上。讨论也应该正面为主。对部分还存在的问题，客观坦率开诚布公地提出建议更为重要。本文发表在《国家教育行政学院学报》2018 年第 5 期。

世界私立大学办学体制
及其演变：经验与启示

摘　要：大学的办学体制，最初都是私立大学办学。先发国家是先有私立高等教育，后有公立或国家化高等教育，最后回到公、私立高等教育并存的发展状态；后发国家是公、私立高等教育同时起步，有的国家受社会制度变化的影响，曾一度不允许开设私立大学。现代大学发展的经验表明，高等教育只有坚持公、私立共同发展，才能不断增强发展活力，促进大学的可持续发展。

关键词：私立高等教育；民办高等教育；私立大学；民办院校；办学体制

一

大学的办学体制，是指大学举办的国家制度。胡卫提出："办学体制是一个国家对设置其教育机构的主要制度安排，规定教育机构可以由哪些组织或个人（即办学的主体）来举办，各类主体有资格举办或参与举办哪一级哪一类的教育机构。"[①] 这一观点强调了办学主体的概念。邬大光认为："高等教育办学体制主要是指高校与举办者之间的关系，包括不同办学主体关系所构成的一个国家的高等教育办学模式。"[②] 这里有两个关键词：一个是关系，一个是模式。杨民刚、李代玉提出："高等教育办学

---

① 胡卫、何金辉、朱利霞编：《办学体制改革：多元化的教育诉求》，教育科学出版社2010年版，第 1 页。

② 邬大光：《试论高等教育管理、办学与投资体制改革的相关性》，《高等教育研究》1999年第 2 期。

体制一般指举办高等教育的方式、方法与制度，主要反映高等教育管理者与办学者之间的关系以及由此而形成的办学模式。"① 这一思想在原有的基础上又有所拓展。刘铁认为："高等教育办学体制是有关举办或创立高等教育机构的主体结构形态及其相应制度规范的总和，其内涵主要包括：（1）有关举办或创立高等教育机构的主体的规范；（2）有关举办主体结构形态的规范；（3）有关高等教育机构的举办者和投资者、办学者、行政管理者（中央和省级政府）责权划分及其相互关系的制度规范及其运行机制。具体来说分两个层面：一是由谁来举办，如政府举办、社会力量举办等；二是怎么办，如每所高校具体的办学行为。"②

对于民办院校办学体制，目前还少有文章提出清晰的概念。民办院校的办学体制与公办院校的办学体制相比，含义不完全相同：前者主要是指社会力量（非政府主导、民间）举办大专院校的体制；而后者则包括各级政府、政府各个部门及各个公立社会团体等举办高等教育机构的体制。显然，两者在概念上并不完全相同。另外，两者改革的着重点也不同：前者主要体现为民办院校由谁出资举办、由谁承办以及由此所涉及的制度架构等，如民办院校办学的国家政策，政府如何规制民办院校的办学行为，民办院校在办学过程中应履行哪些义务，民办院校举办者、办学者和利益相关者具有哪些权益等；而后者主要是改变以往以中央部门为主的办学格局，逐渐把高等教育的举办权下放给地方，发挥地方政府举办高等教育的积极性，并更好地实现大学为地方经济和社会发展服务的职能。鉴于现有的国家制度架构，我国民办院校举办者的主体是个人和机构（组织）。

综合现有研究，笔者认为，民办院校的办学体制就是"国家对设置民办院校的主要制度安排、责权划分以及办学过程中相关关系的总和"③。它具体规定非政府财政以外有什么人（机构、组织）可以（有资格）举办民办院校、举办民办院校应该如何处理相关关系等，主要包括两个层面：一是民间举办高等教育的主体构成（组织、机构及个人）；二是民间举办大专院校的各办学主体运行与管理的制度总和。

---

① 杨民刚、李代玉：《论管理、办学与投资体制之间的互联性与高等教育体制改革》，《山东商业职业技术学院学报》2010 年第 6 期。

② 刘铁：《中国高等教育办学体制研究》，广东教育出版社 2006 年版，第 7 页。

③ 徐绪卿：2015 年度国家社科基金教育学重点项目《民办院校办学体制与发展政策研究》（AFA150012）开题报告，浙江树人大学中国民办高等教育研究院，2016 年 3 月 17 日。

二

"从世界教育发展的历史看，民间办学与民间经商一样，由来已久，源远流长。"[1] 大学的办学体制经历了从私立大学为主到公立大学为主，再到公、私立大学并驾齐驱、协调发展的过程。现代大学发源于欧洲的中世纪大学，而初期中世纪大学毫无例外都是私立的。换句话说，大学的办学体制最初主要是私立大学的办学体制，且举办主体主要是民间的，大致可以分为三类。

（一）自发举办大学

以意大利的博洛尼亚大学为典型。意大利是古罗马的发祥地，沿袭和承载了古罗马帝国的部分文化。公元476年，西罗马帝国灭亡，封建领主的统治开始，外族入侵，意大利被瓜分为多个自由城邦。由于具有得天独厚的地理优势，在经历了五六百年缓慢发展后，意大利获得较快发展，当时社会对罗马法学者需求量较大，而封建统治、封地竞争、君权与教权之间的竞争，也使得统治者逐渐认识到需要运用法律来解决纠纷，稳定社会秩序。社会现实需求推动了罗马法律研究的复兴，博洛尼亚大学应运而生。

11世纪中后期，博洛尼亚的法律学校规模扩大，声名鹊起，许多欧洲青年跋山涉水，慕名前来求知求学，学习古罗马法。他们自发地组织起来，聘请专门的教师，进行罗马法讲习和讨论。为了维护自身的权益，免遭当地市民和世俗政权的欺凌与干扰，他们借助行会形式，建立了学生"联合组织"，推举出自己的会长（校长）作为领导人。这就是现代大学的原型。博洛尼亚大学是一所学生主导的大学，校长由学生推荐代表担任，教师上什么课、上多少课、什么时候上课和发多少课酬等，主要根据学生的需求来安排，因此，这个大学也被称作学生大学。1158年，皇帝费德里克一世颁布法令，博洛尼亚大学拥有了自治权。中世纪欧洲南部（法国以外）的许多大学，都是仿效博洛尼亚大学的形式建立的。

---

[1]　徐辉：《民办教育五问》，《新华日报》2015年9月10日第12版。

（二）教会举办大学

以法国巴黎大学为典型。在巴黎大学以前，许多教会学校承担着培养人的职能。12世纪初，法兰西岛逐渐成为法国真正的中心。腓力二世时法国加紧对公爵、伯爵的控制，摧毁和控制了其他有威胁的国家，逐渐成为欧洲大国，巴黎成为法国首都，巴黎的教会学校越来越多地分享了特权，使巴黎成为当时对学者们较具吸引力的地方。许多著名的讲学者在巴黎发表演说、解析教义教礼，吸引了大批学生前来学习，为成为神职人员做准备。为免遭当地教会和封建主的欺凌，学生们按原籍组成"同乡会"，以保护自己的利益。随着学生人数的增多，教师需求量也大增，这样教师资格审定就成为大学与教会争夺的重要资源。为维护教师职业权利、保证教师资质，教师自发组成教师联合会，严格把关，自主授予教学许可证，并通过多次师生组织之间的谈判，逐渐形成了"巴黎师生联合会"，即巴黎大学的前身。1180年，法皇路易七世正式授予其"巴黎大学"的称号。

在相当长的时期内，教会是大学的主要办学者。由于上帝赋予的特权、相对富裕的经济条件、传播教义的人才需求以及颁布敕令的便利，教会举办大学的数量占绝对比例。教会大学在为传播教义、研究教礼服务的同时，客观上传播了社会文明，为培养学生的文化素养和科学知识等做出了贡献。中世纪后期，欧洲先后爆发了宗教改革运动等，各个教派之间围绕大学的作用展开了激烈的讨论，对大学的认识重新得到统一，教会举办大学的热情有增无减，教会大学的数量更是大幅增长。

（三）知识人士举办大学

在社会对知识、对人才需求空前增长的背景下，部分具有"知识"的"大师"利用自己的知识优势举办大学、开展讲学活动。据考证，中世纪中后期讲学盛行，一些"哲学家""古罗马法翻译家""医学家""神学家"纷纷组织讲学，各地一时大学兴起，但是真正存活下来的并不多。而大学的迁移或分离，成为新大学创建的另一条途径，英国牛津大学就是这样的例子。在12世纪之前，英国还没有大学。1167年，英格兰国王与法兰西国王发生争吵，遂出台禁令不让英国的青年到巴黎上大学，在那里讲学的英国教师也被召回。1168年，这些教师在英国发起创办了牛津大学。1209 年发生了学生暴力事件，大学被解散。部分学生和教师逃至剑桥，后在那里建立了剑桥大学。1213 年，教皇使节出面斡旋，牛津大学得到了第一张由罗马教皇签署的特许状。1214 年 6 月，部分师生又回到牛津恢复办学，而剑桥大学在 1225 年获得亨利三世的批准。这两所大学可以说都是巴黎大学的复制品，也是中世纪的主要大学。

在移民地举办新大学，也属这种情况。典型案例是：17 世纪初到达北美的移民中有一批清教徒，是牛津大学和剑桥大学的毕业生，1636 年他们在美国建立了第一所高等学府，后因校友清教牧师约翰·哈佛将其全部藏书和一半资产捐赠给这所学院而改名为哈佛学院，1780 年改名为哈佛大学。

中世纪大学的举办主体，大致有以上三种。值得注意的是，中世纪没有政府直接举办的大学。虽然也有一些国王"举办"的大学，如腓特烈二世就曾于 1224 年举办那不勒斯大学①，美国的威廉玛丽学院（建于 1693 年）得名于时任英国国王的威廉三世和玛丽二世。但是现有的研究表明，当时仅仅是根据皇帝的敕令（或特许状）得到允许，即皇帝"赐"名和许可办学，没有任何证据说明皇帝出资、皇家出钱投资等。美国常青藤大学都是建国前建立的，当然也都是私立的。中世纪大学都是收费的大学，学生听课必须缴纳学费，一些教会举办的大学对家庭临时困难的学生可以有一些减免。从这一点来看，也可以确认中世纪大学都是私立大学。

中世纪时期政府之所以没有直接参与举办学校，基于两个原因：一方面中世纪欧洲世俗政权都是弱势政权。当时欧洲城邦林立，"国家"众多，与教会之间争夺控制权的斗争异常激烈，政府没有"能力"和精力来举办大学。另一方面，大学这种机构在社会发展中能发挥什么作用、对政府到底有什么好处等，还有待观察。需要强调的是，政府虽然没有直接办学，但是在形成大学的制度框架方面，今天来看也做出了应有的贡献。首先，政府对于办学的主体没有限定，但是办学必须得到政府的许可（敕令），至少也有"没有门槛"的门槛。办学敕令最初较为混乱，有的由教皇颁发，有的由国王（政府）颁发，但从 13 世纪后半叶起，只有政府颁发敕令许可办学才是合法的，这一点渐成惯例。也只有政府认可的大学，其办学行为和师生权益才能得到认可与保障。对于师生的基本权益，

---

① 宋文红：《欧洲中世纪大学的演进》，商务印书馆 2010 年版，第 100 页。

大学的建制、课程、学制和学位等基本规定，也在多个政府颁发的敕令中逐渐完备和固化。

三

世界上最早的大学都是民间自发创办或教会创办的，因此，毫无例外都是私立大学。世界高等教育发展史首先是私立高等教育的发展史。随着国家主义的盛行和世俗政权的强大，加上工业革命、技术进步对专业人才的需求和民众接受高等教育需求的增加，举办大学所需要的经费支持远远超出了民间的承受能力，而教会举办的一些大学往往成为国家改革中的保守力量。政府开始重视大学的作用，主动举办大学，并逐渐担负起发展公共教育的责任，高等教育的资源和大学的举办权逐渐转移到政府手中，大学逐渐成为国家发展的利器，成为政府主导提供资源支持的公共机构，大学也从国家服务的过程中获取资源和支持，在为社会提供服务的进程中丰富自身的价值并发展壮大。

世界上真正意义上的公立大学是在 17 世纪末到 18 世纪初创建的，比如德国的哈勒大学（1694 年）和哥廷根大学（1734 年），它们不是由私人举办，也不是由教会举办，而是由国家出资举办的，这表明政府开始举办大学。与教会办学不同，哈勒大学首任校长托马西乌斯在任时，将哲学从神学中独立出来，打破经验哲学和神学的垄断地位；使用德文授课；把自然科学的知识引入课堂，在教学过程中贯彻实际有用的知识。使用民族语言讲课，这与当时普遍使用拉丁文讲课的主流格格不入，也反映了民族国家的需要；把哲学从神学中分离出来，降低神学在教学中的地位，这在当时以神为尊的年代是需要莫大的勇气和胆量的。哥廷根大学的校长闵希豪森是哈勒大学的毕业生，他担任校长以后，完全废弃了神学的垄断地位，并使用精良的装备设置了科学实验室、解剖示范室、植物园、学校的医院和化学研究所，还创建了图书馆。从 1737 年到 1810 年的 70 多年中，哥廷根大学是世界上最好的大学。此后德国开始大量举办公立高等教育，办学体制发生了重大改变。

法国是经典大学的最早发源地，巴黎大学的规模一度达到 5 万人以上，成为欧洲最负盛名的大学。1789 年法国大革命爆发后，许多经典大学站在革命的对立面。革命成功后拿破仑颁布《公共教育组织法》，宣布关闭所有中世纪大学，大学收为国有，新大学一律由政府举办，从此建立了单一的公立大学办学体制。

英国也是最早举办私立大学的国家，在相当长时期内，私立大学担当高等教育的主要角色。19世纪中叶，英国颁布了《初等教育法》，对公立教育的定性是"填补空缺"，明确只有在民间办学无法顾及的地方，才由政府出资兴办学校，满足社会需求。后来"工业革命、技术进步对人的素质要求越来越高，教育普及所需要的办学经费远远超出了民间组织的能力，加上城市化的快速扩张需要将大批青少年组织起来学习文化知识，政府逐渐担负起发展公共教育的责任"①，大学的经费也开始完全由政府拨款。

意大利及其他地方的私立大学，也因其教师资格从学生代表提名改为由公社任命并付给报酬而逐渐退出高等教育舞台。此后欧洲各国均受到影响，公立大学体系逐渐建立。

美国在建国以前的大学都是私立的。1819年达特茅斯案后才由第三任总统托马斯·杰斐逊建立州立大学——弗吉尼亚大学，并在后续的发展进程中，逐渐建立了以各州政府为主要办学主体的公立高等教育系统。

在亚洲高等教育后发国家，例如日本、韩国等，高等教育发展起步较晚，政府掌握强大的财政，因此公、私立大学同时起步。这些国家的私立大学在20世纪以前都受到不同程度的限制，并且由于起步阶段投入不足，很多私立大学难以营生而关闭，尽管也有一些知名私立大学存活下来，但总体来看处于弱势。

18—20世纪，各国政府逐渐认识到大学的作用和地位，开始重视和投资创办大学，政府成为举办大学的主体，牢牢掌握举办权，许多国家逐渐形成了单一的以公立大学为主体的办学体制。20世纪前后，世界大部分国家纷纷建立了以政府举办公立大学为主的办学体制。学校由政府举办，经费由政府供给，校长由政府委派，教师由政府招聘。民间办学被弱化，私立大学逐渐被边缘化，有的国家私立大学一度销声"绝"迹。

---

① 徐辉：《民办教育五问》，《新华日报》2015年9月10日第12版。

四

从公立大学举办开始，大学的办学体制开始发生了质的变化。但是随着时间的推移，单一公立大学办学体制的弊端也开始显露：政府财政有限，单一的经费来源难以满足社会对人才的需求以及民众接受高等教育的需求；政府的过多介入导致大学过分功利化；单一的办学体制削弱了大学发展的活力和动力，降低了大学的效率和效能，从而引发了学界和社会的质疑。这使政府逐渐认识到，要使高等教育稳定发展，满足社会接受高等教育和社会对人才培养的多样化需求，就必须改变由政府单一投资的大学办学体制。进入 20 世纪中叶，随着经济、社会发展和高等教育民主化、大众化的推进，私立大学办学在许多国家重新得到重视。尤其是二战以后，各国都高度认识到大学在国家经济和社会发展中的重要作用，许多国家制定了科教兴国的发展战略，推进高等教育大众化，积极开展办学体制的改革，在发展私立大学方面迈出了坚定的步伐。私立大学恢复发展的主要原因是市场经济的大环境和私有化思想唤起了私立高等教育的复苏。市场经济的迅速发展，刺激了企业对技术人员的需求，民众对中学后教育的需求持续高涨，但政府对公立高等教育的资金投入不能紧随其后。

在美国，二战以后经济建设对人才的需要和大批退伍军人安置的需求，推动了私立大学的发展，在校生占比达到 20% 以上。在英国，汉白金大学宣布不会接受政府捐赠，成为独树一帜的私立大学。一大批以应用技术人才为主要培养目标的私立专科院校开始兴建。在日本、韩国和我国台湾地区，1950 年后私立大学得到政策明晰的指引，学校数量快速增加，在校生占比达到 75% 以上。在苏联和东欧地区，原本绝迹的私立大学也开始得到快速发展。1994 年世界银行对最具代表性的 9 个发达国家和 32 个发展中国家私立高等教育的统计资料表明，共有 21 个国家私立高等教育机构在校生人数占整个高等教育机构在校生总数的 20%，12 个国家的相应百分比超过 40%。[①] 联合国教科文组织正式统计资料[②]显示，在已经

①　转引自联合国教科文组织：《从统计数字看世界高等教育》，《教育参考资料》2000 年第1—2 期。

②　列入统计的有 139 个国家（地区）。

进入高等教育大众化阶段的 73 个国家（地区）中，多数国家所采用的主要举措就包括支持私立高等教育的稳步发展尤其是可持续发展，部分国家私立大学的发展速度令人惊叹。① 大学的举办体制，最终完成了从私立大学为主体到公立大学为主体，再到公、私立大学共同发展格局的演变。在一部分国家和地区，私立大学成为高等教育的主体。

私立大学的兴起，表面上看是办学体制的回归，但是绝非仅仅如此。首先，新体制下办学主体已经多元化。就世界范围来说，除了政府、教会举办以外，社会组织和机构甚至个人都有可能根据需要参与高校的举办，甚至出现了许多"混合型"的办学主体，由此推进了高等教育民主化进程。其次，办学体制的改变，大大扩大了高等教育资源，增加了高等教育的供应量，推进了高等教育大众化，世界大学生人数激增，高等教育毛入学率快速达到 20% 以上，满足了社会对人才的需求和民众接受高等教育的需求。高等教育大众化程度较高的国家，毫无例外都有私立大学的深度参与，有的国家（如日本、韩国）私立大学在校生占比甚至达到 75% 以上。再次，私立大学办学体制的加盟，促进了高等教育多样化。私立大学的广泛参与，克服了公立大学同质化、趋同化的办学，各种不同的举办目的和办学诉求，推进了高等教育多样化，满足了经济和社会多样化的需求。最后，私立大学的崛起带来了许多新的办学机制，激活了高等教育内部竞争，促进了高等教育质量的提升，促进了公立院校办学效率和效益的提高，从而推动高等教育质量的整体提升和高等教育改革的不断深化，更好地服务于经济和社会的发展，并在服务过程中发展壮大自身。正如美国著名比较高等教育研究专家阿尔特巴赫的专著书名所示——"私立高等教育的发展，是一场全球革命"。

五

"自从 13 世纪西方大学创办以来，私立高等教育一直是大学体制的重要部分，现已成为 21 世纪高等教育的核心特征。如何看待私立高等教

---

① ［美］菲利普·G. 阿尔特巴赫、丹尼尔·C. 列维：《私立高等教育：全球革命》，胡建伟等译，中国社会科学出版社 2014 年版，第 229—236 页。

育，并将其融入到一个国家乃至世界范围的更为广泛的大学体制，是一个非常关键的问题。新的私立大学在构建、办学目标和财政背景方面都与传统的私立大学有很大不同。毋庸置疑，理解和制定适合于私立高等教育发展的政策框架迫在眉睫。"①

　　中国也是高等教育的后发国家，直至 18 世纪末才出现现代大学，与大多数后起国家一样，大学的办学体制是公、私立同时起步的。1949 年以前，私立大学的举办主体主要为政府官员、教会和社会开明人士。与其他国家有明显区别的是，我国个人出资举办私立院校的占比较高。教会方面，1879 年美国圣公会上海主教施约瑟创办圣约翰书院，将西方近代大学的教学风格引入中国，成为中国近代最早的教会大学，也是中国最早的近代意义上的大学。1905 年圣约翰书院正式升格为圣约翰大学，并在美国华盛顿州注册，1947 年向国民政府注册。个人办学方面，1896 年盛宣怀管辖下的轮船招商局、上海电报局以商户捐款和每年规银 10 万两创办上海南洋公学（交通大学沪校前身），被认为是中国近代第一所私立大学。1902 年由著名爱国教育家马相伯捐出全部家产土地 3000 亩、现洋40000 元创办震旦学院（复旦大学前身）。1906 年为解决部分归国留学生的就学问题，资产阶级革命派姚宏业、孙镜清等人四方奔走，劝募经费，在上海创办中国公学。1919 年近代著名的教育家严修和张伯苓先生在天津创建南开大学。1921 年著名爱国华侨陈嘉庚认捐开办费 100 万元，经常费 300 万元，分 12 年支付，创办厦门大学。这些大学都是我国历史上较为著名的私立大学，至今仍有广泛而深远的影响。经查阅，在 20 世纪30 年代中期 20 所较为著名的私立大学中，10 所是教会大学，10 所是国人所办的私立大学。至 1950 年初，全国共有高校 227 所，其中私立高校65 所，占高校总数的 39%。② 从在校生来看，全国专科以上高校在校生为62935 人，私立高校为 23770 人，占在校生总数的 1/3 以上。③ 可以说，私立大学不仅在办学体制上一直得到保证，而且事实上成为中国近代高等教育的半壁江山，它们为国家和民族的发展培养了大批优秀人才，在中国

---

　　① ［美］菲利普·G. 阿尔特巴赫、丹尼尔·C. 列维：《私立高等教育：全球革命》，胡建伟译，中国社会科学出版社 2014 年版，第 233 页。

　　② 瞿延东：《我国民办教育的发展与管理》，中国财政经济出版社 2002 年版，第 374—375 页。

　　③ 《中华人民共和国各大城市私立学校学生人数统计表》，《人民教育》1950 年第 2 期。

高等教育发展进程中做出了重要贡献。

1952 年，政府对高校进行大规模的院系调整与体制改革。在新体制下，政府办学成为国家唯一的办学体制，公办大学开始独占高等教育舞台。

改革开放以后，国家制定了科教兴国战略，重视和鼓励发展高等教育。从"穷国办大教育"的基本国情出发，政府重新支持社会力量举办高校。从现有的法律法规来看，民办院校举办主体比较广泛而复杂，主要是公民个人、组织机构和企事业单位等。21 世纪开始，随着高等教育大众化进程的加快，民办院校迅速崛起，学校数量和在校生规模快速增长，截至 2015 年年底，民办普通院校数量接近全国普通高校总数的 30%，在校生规模占比达到 23% 左右。[①] 短短 16 年时间，民办院校已经成为国家高等教育体系的重要组成部分，成为国家高等教育改革和发展新的增长点。但是由于历史的原因，我国民办院校的发展还面临许多体制性矛盾，政策缺失、社会偏见、队伍较弱和层次较低等问题困扰着民办院校的可持续发展。

世界私立大学办学体制演变的曲折进程和宝贵经验，对当下我国民办院校的发展至少有四个方面的启示。

（一）加强顶层设计，加快民办院校办学体制的国家制度建设

积极发展民办高等教育，首先需要国家制度的支持。从国家顶层设计上来规制私立大学的办学方向，是世界私立高等教育发展的重要经验。比如，以英国为代表的欧洲大学完全自治制度和大学拨款制度，美国私立大学从哈佛大学的双轨制发展到采用耶鲁大学单轨制的董事会制度。高等教育后发国家和地区，大都非常重视私立大学办学体制建设，比如，印度大学附属制度，日本、韩国采用的私立大学财团法人举办制度、坚持私立大学的非营利性等，都是从国家教育价值观上来探索和完善的，经过漫长的运行与比较，最后成型。而许多国家营利性私立大学的举办制度，更不是一开始就有的制度设计，而是在实践中不断探索、建立和健全起来的。

相对而言，我国民办院校办学体制先天不足、顶层设计缺乏，致使许多问题长期得不到解决，失去发展的大好机遇。学者陈平原就称"中国

---

① 根据教育部《2015 年全国教育事业发展统计公报》整理。

或已错过发展民办大学的最好时机"①，这是非常中肯的结论。实际上，滞后于实践的相关制度设计，肯定会损害一部分办学人的权益。国家制度体现着国家的教育意志和教育发展方向，引导着民办院校的发展方向，必须尽早明确。例如，我国民办院校的分类管理问题和是否允许营利问题，主要还是应该从国家教育意志上去考量，加快顶层设计，否则民办院校会无所适从，从而丧失发展机遇，阻碍其健康、稳定和可持续发展。

（二）　加强政府扶持，落实公共财政政策和政府购买政策

经费是私立（民办）大学生存和发展的基础条件，办大学需要巨额资金。私立（民办）高等教育大多数是公益性教育，"政府支持民办学校办学是一项法定义务，是一项公共管理责任"②。世界上绝大多数国家都出台了对私立大学的财政资助政策，纳入政府预算安排，帮助私立大学加强基础建设，引进和稳定高水平师资，提高教育质量。英国政府 1881 年开始试行财政资助，1919 年后逐步实行政府拨款，成为私立大学经费的主要来源。据研究，美国、日本私立大学财政补助在经费中的占比达到16%以上。③ 政府补助也体现了对私立大学就读者教育公平的原则，让他们享受到政府的帮助和支持，同时也提升了私立大学的社会认可度。

我国民办院校已经有了较快的发展和较好的发展趋势，但是相对来说，在整个高等教育体系中的弱势地位仍未改变，尤其是经费来源单一，主要依靠学费收入，大部分学校依靠办学结余滚动发展。"目前中国的民办大学，基本上全靠学生学费，加上银行贷款，这样的财政状况，不可能在学术研究上投入过多，因而也就很难有效提高教学及研究水平。"④ 而落实政府财政政策的地区还不多，因此，仍然需要加大力度积极推进。

除此之外，许多发达国家和地区普遍采取向私立大学购买教育服务的方式给予支持，既体现了社会公平的导向，又提高了公共财政的使用效率，值得学习和借鉴。

---

① 陈平原：《中国或已错过发展民办大学的最好时机》，《文汇报》2015 年 10 月 30 日第 6 版。

② 徐辉：《民办教育五问》，《新华日报》2015 年 9 月 10 日第 12 版。

③ 陈舒：《国外私立高校经费筹措经验借鉴》，《合作经济与科技》2015 年第 21 期。

④ 陈平原：《中国或已错过发展民办大学的最好时机》，《文汇报》2015 年 10 月 30 日第 6 版。

（三）加强内涵建设，提升民办院校社会影响力和信誉度

世界私立大学办学体制的重要经验，就是具有一批高质量的敢与公立大学相竞争和媲美的私立大学。在世界各大著名的大学排行榜中，经常可以看到一些私立大学的身影。在美国排名靠前的 20 所著名大学中，私立大学占 60%以上。正是有一批跻身于国家高等教育体系中心的著名高水平私立大学的存在，才能增强社会对私立大学的认识和信心，激发社会持续投入的动力。

当下我国高等教育大众化不断深入，大学资源供不应求的局面已经改变，高等教育市场已经从卖方市场转为买方市场，机遇性需求大幅萎缩，优质资源需求快速上升。办学质量既关乎社会责任，也关乎学校发展，因此，知难而进、迎难而上和加快内涵建设，是民办院校当下的工作重点。

加强民办院校内涵建设，一是要抓定位，明确办学目标和服务方向；二是要抓基础，坚持以学科建设为龙头，以专业建设为重点，以课程建设为抓手，夯实办学基础；三是要抓队伍，重点是加强高层次人才引进和高端团队的建设，增强办学实力；四是要抓改革，尤其是人才培养模式改革，努力克服趋同化的办学倾向，培育自身的品牌特色；五是要抓监控，严格教学管理，严把教学质量关。通过扎实有效的工作，努力提升办学水平和办学质量，培育民办院校品牌，办人民需要、人民满意的高等教育。

（四）加强自主自律，提高民办院校内部管理水平

给予私立大学更多的办学自主权，是世界各国私立大学办学体制的又一特征。由于特殊的办学体制，我国民办院校更加需要办学自主权，以充分发挥体制机制的优势、弥补自身的不足。当前民办院校尤其应该解决好五个方面的办学自主权。一是专业设置权和选择权。在专业设置权方面，政府应尊重民办院校根据市场需要和学校自身条件的选择，以便更好地服务社会、走向市场。在选择权方面，民办院校应尊重学生的专业选择权，让他们自主选择专业和课程。二是招生自主权。民办院校在哪个地区招生、招多少学生、招什么专业的学生及招什么层次的学生，在具备条件的情形下应该得到尊重。三是收费定价权。目前这一问题表面上看已得到解决或者部分解决，但是对该文件的执行仍带有较大的随意性，导致政策难以落实，仍有解决的必要。四是教师聘用权。"是否以及如何礼聘国立大

学的退休教授到私立大学任教，这牵涉学校的意愿、学生的接受、社会的观感以及政策的制定等。按目前制度，很多教授退休后仍有巨大的发展空间。而私立大学礼聘国立大学的退休教授，这在很多国家及地区，都有成功的经验，是其迅速提升学术水平的不二法门。"① 现在的关键是，有关部门对退休教师和行业教师，总以各种理由"不得计入"教师总数，为了应付评估，民办院校不得不放弃相关措施的执行。五是内部机构设置权。《民办教育促进法》第二十一条明确规定："民办学校内部组织机构的设置方案由校长提出，报理事会、董事会或者其他形式决策机构批准"，但是，近年来民办院校内设机构数量增加较快，行政人员数量增幅较大，部分原因是出于管理部门提出的硬性要求。诸如此类不尊重法律规定、不切合民办院校办学规律的硬性要求，在一定程度上消耗了民办院校的体制机制优势，不利于民办院校的健康发展。

附记：2015 年，本人获得国家社科基金教育学重点课题《民办院校办学体制与发展政策研究》（编号 AFA150012）。围绕这一课题，团队成员走访了 10 多个省市的教育行政部门和民办高校，完成 10 多个调研报告，发表近 30 篇论文，获得四份省部级领导批示。本人根据课题主报告整理的专著《民办院校办学体制与发展政策研究》荣获浙江省人民政府哲学社会科学优秀成果一等奖。本文与同事胡建伟合作撰写，刊登于《浙江树人大学学报》2017 年第 1 期。

---

① 陈平原：《中国或已错过发展民办大学的最好时机》，《文汇报》2015 年 10 月 30 日，第 6 版。

美国两类私立高校的发展路径探析

内容提要：美国非营利性私立高校是慈善和捐赠的产物，营利性高校是市民社会和商业社会的产物。两类私立高校形成了不同的发展路径和办学定位，具有不同的组织生命周期，美国政府基于国家利益而制定的不同的扶持与监管政策是促进两类高校发展的重要动力。

关键词：美国私立高校；分类管理；非营利性私立高校；营利性私立高校

我国民办教育进入了分类管理、特色发展的新阶段，以营利性和非营利性分类管理、分类扶持为主线的民办教育新的法律法规与制度政策体系即将形成。本研究希望以美国私立高等教育的历史发展为轴线，系统梳理美国两类私立高校的创办主体、生命周期、发展路径及国家扶持与监管政策，寻求对我国推进民办高校分类管理的启示。

本文数据主要来自美国各私立高校官方网站。卡耐基高等教育分类机构（CCIHE）在 2016 年的大学分类中，根据办学层次和教学内容（纵向分类）将美国 4665 所高校划分为 33 种类型，并根据办学性质（横向分类）不同将所有高校分为公立（1644 所）、非营利性私立（1731 所）和营利性私立（1290 所）三种类型。① 采用分层抽样的方式抽取样本：在 33 类高校中，每一类高校都以系统抽样（SYS 抽样）各选择 20 所非营利性私立高校和营利性私立高校，当某一类高校不足 20 所时则全部取样，最终共获得 424 所非营利性私立高校和 393 所营利性私立高校的相关信息。

---

① The Carnegie Classification of Institutions of Higher Education, "Standard Listings", http：// ffgg9a2cd5e752224e17b792dbc6e8a6e356hq0kbowqovnnk6kqx. fbzf. zjsru. cwkeji. cn： 8081/looku p/ standard.php.2017-10-30.

一　美国两类私立高校的创办主体

美国非营利性和营利性私立高校的创办主体存在较大差异。

（一）非营利性私立高校主要是慈善和捐赠的产物

美国的非营利性部门庞大而多样，在美国社会、经济、政治和教育中扮演十分重要的角色，发挥政府和市场无法替代的作用。早期的非营利性组织主要是宗教性的慈善组织，后来的非营利性组织逐渐改变了依附于宗教的传统，形成了独立于宗教的公民意识。[①] 非营利性私立高校中，宗教机构或神职人员作为创办主体的占 62.02%。富豪也是非营利性私立高校的重要创办者（占 9.14%）。美利坚合众国成立之后特别是南北战争结束以后，美国在短时间内成为世界经济强国。与美国经济迅猛发展相伴随的是大量富豪的诞生，很多富豪成为捐资办学的慈善家。一些慈善家不仅仅是大学资金的捐赠者，还是这些大学发展规划的制定者和实施者，如斯坦福夫妇对于斯坦福大学、康奈尔对于康奈尔大学。也有一些富豪虽然不亲自参与管理，但会对捐赠资金的使用提出要求，深刻影响私立高校的发展，如洛克菲勒对于芝加哥大学，约翰·霍普金斯对于约翰·霍普金斯大学。美国大量的富豪捐赠办学既与美国经济发展水平高有关，也与其浓厚的宗教氛围、鼓励捐赠的遗产税制度设计有关。随着美国高等教育的发展，非营利性私立高校的创办者身份日渐多元化，教师、专家、学者也成为非营利性私立高校的重要创办主体。6.85%的非营利性私立高校的创办者拥有教师工作经历，教师工作经历使他们热爱教育、熟悉教育。14.16%的非营利性私立院校的创办者是在各个领域具有较大影响的专家。这些专家包括心理学家、医生、艺术家、作家、记者、行政管理专家（退休官员）等。有些私立高校在创办早期仅在创办者所擅长的领域开展教学和研究，后来专业设置范围逐步扩大。

（二）营利性高校主要是市民社会和商业社会的产物

如果非营利性私立高校可视为宗教和慈善捐赠的产物，那么，营利性

---

① 王名等：《美国非营利性组织》，社会科学文献出版社 2012 年版，第 15 页。

私立高校便主要是世俗社会和商业社会的产物。由宗教机构或神职人员创办的营利性私立高校的比例非常低，仅占营利性私立高校的 3.12%。大部分私立高校的创办者是营利性教育集团或追求利润的个人。12.50% 的营利性私立高校是由营利性教育集团所举办的，很多营利性教育集团在全美举办了多所营利性私立高校，如阿波罗教育集团、德夫里教育集团公司、职业教育公司等。63.54% 的营利性高校是由企业家所创办的，一些创办营利性私立高校的创办者是跻身于各类富豪榜中的富豪，但他们是投资办学而非捐资办学，他们将营利性高校视为产业布局中的一个链条，办学目的在于积累更多的财富。其他营利性私立高校的创办者和非营利性私立高校的创办者特征基本类似，其中 10.02% 的营利性私立高校创办者拥有教师或校长等教育工作经验，10.82% 的创办者是某一个领域的专家学者。与非营利性私立高校的创办者相似，大部分营利性私立高校的创办者拥有较高学历。家族力量是美国两类私立高校发展中的重要动力，至少有 12.74% 的非营利性私立高校在创办和发展过程中受到家庭的影响，营利性私立高校中家族痕迹更明显。非营利性私立高校中家庭的作用主要表现为创办者为纪念家人而办学、家庭成员共同创办和管理、几代人持续向同一私立高校捐赠等。营利性私立高校中家庭的作用主要表现为家庭成员共同持股、共同管理和管理权的家族传承等。

二　美国两类私立高校的生命周期和发展路径

美国最早的非营利性私立高校哈佛大学成立于 1636 年，并于 1650 年获特许状。[①] 美国的营利性高等教育和非营利性私立高等教育几乎同时起步，早在 17 世纪 60 年代就产生了。[②] 早期的营利性私立教育机构无须获得特许状，也不授予大学学位。比较接近于正规大学的营利性高校形成于 1850 年前后，19 世纪 50 年代创办的一些营利性私立高校一直开办到现在。两类私立高校具有不同的组织生命周期，形成不同的发展路径。

---

① John S. Whitehead, *The Separation of College and State*: *Columbia*, *Dartmouth*, *Harvard and Yale*, *1776-1876*, New Haven and London: Yale University Press, 1973. 11.

② Robert Francis Seybolt, "The Evening School in Colonial America", *Bureau of Education Research*, College of Education, University of Illinois, 1925.

(一) 生命周期差异

比较两类私立高校的生命周期表明，非营利性私立高校比营利性高校"更长寿"。阿什比指出，大学是一个具有生命特征的文化机构，"它像动物和植物一样向前进化"[1]。大学和其他社会组织一样，具有诞生、成长、壮大直至死亡的生命周期。非营利性私立高校的校龄平均为 109 年，营利性私立高校的校龄平均为 65 年。从具体的校龄分段来看，非营利性私立高校校龄在 150 年以上的比例为 22.4%，而相同校龄的营利性高校的比例只有 4%，百年以上校龄的非营利性私立高校的比例为 56.5%，而同校龄的营利性私立高校的比例只有 22.7% (见表 1)。

表 1 　　　　　　　　美国私立高校校龄的分布表 　　　　　　 (单位:%)

校龄	非营利性私立高校		营利性私立高校	
	有效百分比	累计百分比	有效百分比	累计百分比
201 年以上	5.90	5.90	0	0
151—200 年	16.50	22.40	4.00	4.00
101—150 年	34.10	56.50	18.70	22.70
51—100 年	25.30	81.80	29.30	52.00
50 年以下	18.2	100	48.00	100

非营利性私立高校的生命周期一般长于营利性私立高校的生命周期，在于非营利性私立高校可以获得更多的政府支持、争取更多的社会捐赠、吸引更多卓越的校长和学者的加入，所以，能够有效化解各种内外部风险。比如，创立于 1838 年的联合学院 (UnionCollege) 一直处于风雨飘摇之中，但从 1892 年开始获得杜克家族持续捐赠之后开始快速发展，学院为纪念杜克家族而于 1924 年更名为杜克大学。[2] 与非营利性私立高校相比，营利性私立高校面临的风险较多，而且克服风险的能力较低。首先，学生的部分学费被当作利润分配给股东，导致营利性高校实际可用的资源

---

① 阿什比:《科技发达时代的大学教育》，人民教育出版社 1983 年版，第 7 页。

② Duke University, "A Brief Narrative History", http://ffgg1bb14dca286041a5885eb622b3fa27f3sq0kbowqovnnk6kqx. fbzf. zjsru. cwkeji. cn: 8081/rubenstein/uarchives/history/articles/narrative-history.

少于非营利性高校。其次，由于举办者具有营利动机，营利性私立高校获得的政府直接财政扶持和社会捐赠很少。最后，营利性高校还面临着国家监管政策多变、资本市场起伏波动、举办者撤资、举办者变更、内部权力争斗等特殊风险，这些风险往往对营利性私立高校的发展造成严重损害。

未来，营利性私立高校依然会是美国私立高等教育中不可分割的一部分。1980—2017 年，美国新成立的私立高校中，营利性私立高校占 58.33%，非营利性私立高校占 41.67%，新设立的营利性私立高校多于非营利性私立高校。自 20 世纪 90 年代开始的营利性私立高校与资本市场的联姻，为营利性私立高校的发展注入了新的活力。目前，资本市场与营利性私立高校的联系更加紧密，1991 年获得认证、具有学位授予权的营利性中学后教育机构只有一家上市公司，而 2017 年美国至少有 12 家高等教育上市公司。① 目前营利性高等教育的扩张是美国高等教育规模扩张的主要部分。2009 年，有学者预测，营利性高等教育在 2018 年会达到 21.3%。② 而实际上，2015 年营利性高校在校生已占私立高校在校生总数的 28.46%。③ 今后，营利性私立高校的规模可能会继续增长，其中一个重要原因是美国高等教育中市场力量越来越强大，④ 会催生出更多营利性私立高校。

（二）发展路径差异

首先，两类私立高校的办学层次存在差异，非营利性私立高校的办学层次整体上高于营利性私立高校的办学层次。卡耐基分类体系的 33 种纵向类型可以合并为 6 大类型：具有博士学位授予权的高校 334 所、具有硕士学位授予权的高校 763 所、具有学士学位授予权的高校 975 所、具有副学士学位授予权的高校 1113 所、职业技术学院 1418 所和部落学院 25 所。

---

① U. S. Exchanges, "Post - Secondary Universities", http：//ffgg328379ca379441f795308 72e4ae442d7hq0kbowqovnnk6kqx. fbzf. zjsru. cwkeji. cn：8081/list-of-publicly-traded-post-secondary-education-companies/. 2017-10-30.

② William J. Hussar, Tabitha M. Bailey, "Projections of Education Statistics to 2018. Thirty-seventh Edition", Washington, D. C.：NCES, 2009.

③ Scott A. Ginder, et al., "Enrollment and Employees in Postsecondary Institutions, Fall 2015; and Financial Statistics and Academic Libraries", Fiscal Year 2015, Washington, D. C.：NCES. 2017. 5-6、7-8、7-8、B-2.

④ 韩梦洁、张德祥：《美国高等教育结构变迁的市场机制》，《教育研究》2014 年第 1 期。

处于该分类体系顶端的高校属于精英型，教学质量和研究能力更卓越，社会声誉更好，对学生的吸引力更大。① 在办学层次较高的私立高校中，非营利性私立高校的比例超过营利性私立高校的比例，在办学层次较低的私立高校中，营利性私立高校的比例高于非营利性私立高校的比例。但部分营利性私立高校挤入了卡耐基分类体系中的顶层，有 16 所营利性私立高校拥有博士学位授予权，64 所营利性私立高校拥有硕士学位授予权，分别占同层次私立高校的 11.59% 和 13.06%（见表 2）。

表 2　　　　　　　　　　美国公私立高校分类结构表

办学层次 数量及比例	公立		私立非营利			私立营利		
	数量	占同层次高校的比例（%）	数量	占同层次高校的比例（%）	占同层次私立高校的比例（%）	数量	占同层次高校的比例（%）	占同层次私立高校的比例（%）
博士学位高校	196	58.68	122	36.53	88.4	16	4.79	11.59
硕士学位高校	273	35.78	426	55.83	86.94	64	8.39	13.06
学士学位高校	199	20.41	479	49.13	61.73	297	30.46	38.27
副学士学位高校	899	80.77	28	2.52	13.15	185	16.62	86.85
职业技术学院	50	3.53	641	45.2	46.86	727	51.27	53.14
部落学校	27	77.12	8	22.86	0	0	0	0
合计	1644	35.24	1731	37.11	79.3	1290	27.66	42.4

资料来源：根据卡耐基大学分类整理。

其次，两类私立高校的人才培养目标不同，营利性私立高校主要培养应用型和技能型人才，而很多非营利性私立高校致力于培养研究型和学术型人才。营利性私立高校往往选择那些被公办高校和非营利性私立高校所忽略的学生，如成人学生、有色人种学生和低收入家庭学生。② 为了生存和发展，营利性私立高校针对生源特点，形成区别于公办高校和非营利性高校的发展目标、发展战略和发展路径，与其他高校进行错位竞争。营利性私立高校主要提供能在短期内提高学生劳动技能的职业教育，随人才市场需求的变化及时调整专业和课程设置，通过校企合作、聘请企业师资等

① 戴维·拉伯雷：《复杂结构造就的自主成长：美国高等教育崛起的原因》，《北京大学教育评论》2011 年第 7 期。

② Thomas Bailey, Norena Badway, Patricia J. Gumport, "For-Profit Higher Education and Community Colleges", Stanford University: National Center for Postsecondary Improvement, 2001.

方式提高学生的实践技能，是美国职业教育的重要提供者。

另外，两类私立高校的内部治理结构存在显著差异。大多数非营利性私立高校实行共同治理，组织结构呈现扁平化特征，决策权分散，由校友、校长和各类专家组成的董事会在学校治理中发挥关键作用，教师拥有较大的参与权。营利性高校的治理结构参照公司制企业，组织结构呈现垂直化特征，权力较为集中，股东会是学校的最高决策机构，实行校长（经理）负责制，教师（职员）基本不参与学校治理。组织战略决定组织结构，同时组织结构又助推组织目标的实现。分权式的治理结构有利于非营利性私立高校保持组织稳定性，集权式的治理结构则有利于营利性私立高校保持组织灵活性。

三　美国两类私立高校的国家扶持和监管

美国私立高等教育的基本格局是在长期的教育发展与制度演进中"自生自发"形成的，政府基于国家利益而采取的扶持与监管措施是促进两类高校发展的重要力量。

（一）两类私立高校的国家扶持

非营利性私立高校自创办即得到政府的大量资助，一些私立高校本身就是政府机构所创办的，如哈佛大学为马萨诸塞大法院所创办，得到哈佛的捐赠之后更为现名。在非营利性私立高校的发展过程中，联邦、州和地方政府的资助一直是其重要收入。18世纪70年代，美国州立大学大规模发展以后，非营利性私立高校依然继续得到政府提供的大量资助，形成既有政府直接拨款，也有政府基金及合同性经费的经费来源结构。以2015财年为例，非营利性私立高校9.39%的收入来自政府，[①]其中，政府直接拨款占政府投入的4.48%，政府基金及合同性经费占政府投入的95.52%。政府对私立高校的资助力度与私立高校的发展水平密切相关，高水平的私立高校可以获得巨额资助，而低水平的非营利性私立高校获得

---

① Scott A. Ginder, et al. , "Enrollment and Employees in Postsecondary Institutions, Fall 2015; and Financial Statistics and Academic Libraries ", Fiscal Year 2015, Washington, D. C. : NCES. 2017. 5-6, 7-8, 7-8, B-2.

的政府资助较少。营利性私立高校也可以获得政府资助。2015财年中营利性私立高校4.47%的收入来自政府,其中,政府直接拨款占政府投入的11.32%,政府基金及合同性经费占政府投入的88.68%。[①] 根据美国教育部的解释,政府直接拨款用于弥补教育机构的运营费用,而不必用于特定的项目,属于政府普通拨款之列。[②] 美国政府对营利性私立高校的直接拨款主要是用于学生参与联邦助学贷款的担保、保险或补偿金等。1944年,美国联邦政府颁布了《退伍军人安置法案》,在营利性高校就读的学生获得了联邦助学贷款的机会。1998年,颁布的《高等教育法修正案》将营利性私立高校办学收益中来自联邦助学金的最高比例从85%提高到90%,即"90/10Rule"。这意味着,营利性高校来自联邦助学金的学费收入最高可达90%。因营利性私立高校总收入的89.24%来自学费,联邦助学贷款成为营利性大学发展的关键因素之一 (见表3)。

表3　　　美国各级政府对第四条款 (Title Ⅳ) 高校的经费投入

(单位:千美元)

经费投入类型	政府层级	非营利性私立高校	营利性私立高校	公立高校
政府基金及合同性经费 (Government grants and contracts)	联邦 (不含联邦直接助学贷款)	16442857	898152	26011073
	州	1105790	50060	7276513
	地方	462038	3956	2936113
	小计	18010685	952168	36223699
政府直接拨款 (Covernment appropriations)	联邦	454173	116692	1767141
	州	388188	3860	64834256
	地方	2013	939	11539578
	小计	844374	121491	78140975
合计	—	18855059	1073659	114364674

数据来源:Scott A, Cinder, Janice E. Kelly-Reid, Farrah B, Mann. Enrollment and Employees in Postseeondary Institutions, Fall 2015; and Financial Statistics and Academic Libraries, Fiscal Year 2015 [R]. Washington, DC: NCES, 2017, 7-8.

---

① Scott A. Ginder, et al. , "Enrollment and Employees in Postsecondary Institutions, Fall 2015; and Financial Statistics and Academic Libraries", Fiscal Year 2015, Washington, D. C. : NCES. 2017, 5-6, 7-8, 7-8, B-2.

② Ibid. .

（二） 两类私立高校的国家监管

美国政府对两类私立高校的监管为其健康发展创造了良好的外部环境，州政府是美国私立高校的主要监管者。受到达特茅斯学院案等判决的影响，州政府尊重私立高校的自主权，并不插手学费标准、专业设置、课程安排和校长任命等问题。对非营利性私立高校的监管主要体现在机构设置、院校认证、财务公开和校园安全等方面。[①] 1952 年，新修订的《退伍军人安置法案》规定，只有通过了教育部的审核认可，认证机构所认证的私立高校才能参与联邦助学金项目。截至 2017 年，美国共有 7 个地区性认证机构、5 个全国性宗教类院校认证机构和 7 个全国性职业院校认证机构。[②] 教育部每隔 5 年对这些认证机构进行审核。大部分非营利性私立高校追求地区性认证机构的认证，而大部分营利性私立高校只能通过全国性职业院校认证机构的认证，只有个别营利性私立高校能通过地区性认证机构的认证。[③]

由于营利性私立高校经常受到虚假宣传、违规招生、低就业率和高助学贷款违约率等质疑，所以，政府对营利性私立高校的监管力度强于对非营利性私立高校的监管力度。美国政府的教育监管机构包括联邦贸易委员会、审计署、证券交易委员会和教育部等，监管的措施包括认证、虚假广告惩罚、跨州办学监管、办学许可、有偿就业和学分监管等，其中认证是保障营利性高校办学质量的主要手段。[④] 为了通过院校认证，营利性私立高校对办学条件和教育质量丝毫不敢懈怠。1990 年，美国教育部出台了主要针对营利性私立高校的新规，如果高校的助学贷款违约率连续三年达

---

① 周海涛等：《民办学校分类管理政策研究》，经济科学出版社 2016 年版，第 59 页。

② "CHEA‐and USDE‐Recognized Accrediting Organizations（as of July 2017）"，http：//ffgg7f692726e9264b138a1ef945fe003e58sq0kbowqovnnk6kqx. fbzf. zjsru. cwkeji. cn：8081/userfil es/Recognition/CHEA_ USDE_ AllAccred. pdf. 2017‐10‐30.

③ Statement of Accreditation Status，"Argosy University"，http：//ffggfcd54714562 f4c7dba6c863d964491c6sq0kbowqovnnk6kqx. fbzf. zjsru. cwkeji. cn：8081/institutions/argosy‐university. 2017‐10‐30.

④ Daniel L. Bennett，et al.，"For‐Profit Higher Education：Growth，Innovation and Regulation"，http：//ffggb9d5d88e543648299b785cd301d2a27chq0kbowqovnnk6kqx. fbzf. zjsru. cwkeji. cn：8081/fulltext/ED536282. pdf.

到或超过35%，该高校将失去参加联邦助学贷款项目的资格。① 奥巴马执政期间进一步加强了对营利性私立高校的监管，出台了《有偿就业条例》，强化了毕业生的收入水平和还贷率与高校参与联邦助学贷款的联系，但对于传统的非营利性私立高校则不做此要求。② 受到奥巴马政策的影响，很多营利性高等教育公司的股价大跌。很多投资者认为，特朗普执政以后会修改对营利性私立高校的严格监管政策，所以，营利性私立高校出现了复苏的迹象。③

　　美国允许两类私立高校相互转变，但对转变过程严格监管。一些资金状况不佳的非营利性私立高校会出于吸引投资者注资等考虑而谋求转设为营利性高校，营利性教育集团也在全美收购处于困境的非营利性私立高校并将其转变成为营利性私立高校。④ 非营利性私立高校的董事会决定转设为营利性高校后，会通告教师和主要的捐赠者等利益相关者，向国税局提交转设申请材料，包括转设的理由、清偿方案、该组织的市场价格估值、财产的受偿者。国税局会评估私立高校的转设申请并做出最终决定。⑤ 营利性私立高校也会出于获得免税资格、吸引社会捐资等考虑而谋求转设为非营利性私立高校。营利性私立高校转变为非营利性私立高校需要经过国税局和高校认证机构的双重审查。国家税务局主要审查私立高校是否满足501（c）（3）条款的免税资格，高校认证机构则主要审查私立高校的内部治理结构能否满足非营利性私立高校共同治理的要求。⑥

① 朱浩、陈娟：《美国营利性高等教育监管政策的历史沿革与特点分析》，《复旦教育论坛》2014年第12期。

② Alia Wong, "Why For – Profit Colleges Become Nonprofits", http：//ffgg6b720e3435 fb499f96af3f7ce7dc586dsq0kbowqovnnk6kqx. fbzf. zjsru. cwkeji. cn： 8081/education/archive/2015/10/ the-covert-for-profit/409477/. 2017-10-30.

③ Larry Ramer, "For – Profit Education Stocks Will Surge Under Trump", http：// ffgg3e5d5ada8dcd4bfa80a64dea955aca7ahq0kbowqovnnk6kqx. fbzf. zjsru. cwkeji. cn： 8081/articles/for – profit-colleges-make-the-grade-under-trump-1478780115. 2017-10-30.

④ 理查德·鲁克：《营利性大学的崛起》，于培文译，北京大学出版社2006年版。

⑤ Kimberleo, "How to Convert Nonprofit to Profit", http：//ffggee0bc329bfde47faba 410bc1896ba616hq0kbowqovnnk6kqx. fbzf. zjsru. cwkeji. cn： 8081/convert-nonprofit-profit-4161.html. 2017-10-30.

⑥ Grand Canyon Education, "GCU Ends Current Effort to Convert to Nonprofit".

附记：本书特别收集同事王一涛主笔的这篇论文。从 2008 年到 2018 年，王一涛博士作为我校民办高等教育研究团队主要成员，主持了国家社科基金一般项目和教育部人文社科规划基金项目等多项课题的研究，参与多项省部级和国家级课题研究，撰写了大批的论文，在国内民办高等教育研究中建立了自己的学术影响。特收集此文。文章署名为王一涛、徐绪卿、鞠光宇，发表在《教育研究》2018 年第 8 期，人大书报资料中心《高等教育》2019 年第 1 期全文转载。

民办高等教育发展政策讨论的五个问题

摘　要：围绕贯彻落实《民办教育促进法》《民办教育促进法实施条例》修订而展开的教育政策研究和讨论，既具有重大的政策行动价值，又具有前瞻性的政策发展价值。文章选取在讨论过程中争议较多的民办高等教育政策导向是"促进"还是"促退"、公办高校能否举办或参与举办民办高校、捐资举办者能否经营高校、民办高校能否上市以及过程性补偿的技术问题是否可行等五个关键问题，在梳理和回顾有关论点的基础上，结合自身的研究和经验提出观点与建议。

关键词：民办高等教育；《民办教育促进法实施条例》；公办高校举办民办高校；捐资举办者经营高校；民办高校上市；过程性补偿

《民办教育促进法实施条例（修订草案）（送审稿）》（以下简称《送审稿》）及相关文件修订是 2018 年教育政策讨论的热点。这种讨论既体现了我国教育政策制定流程的规范性，体现了政策制定的民主精神，也使政策制定更符合民办教育的实际。笔者多年从事民办高等教育研究，一直参与相关政策的制定，也高度关注政策制定过程中各种观点和思想的交锋，现将相关讨论梳理成五个问题，以与同行商榷。

一　民办高等教育政策导向是"促进"还是"促退"

2016 年 11 月 7 日，全国人大常委会审议通过新修订的《民办教育促进法》（以下简称《修正案》），开启了民办高等教育政策指导的新阶段。改革开放以来，鉴于国家经济社会发展对人才的需求和人民群众接受高等教育的强烈愿望，国家开始允许社会力量举办教育。从现有的政策脉络来看，社会力量举办教育的法律依据在 1982 年的《宪法》中就可以找到，但是如此庞大的民办学校群体仅凭《宪法》中的一句话来管理是远远不够的，民办教育在之后的 20 年中自由生长，处于法律管理的空白地带。其中社会力量举办普通高等教育是 1993 年以后的事，除了社会资本的集聚度不足外，主要还是政策和法律缺乏准备。1992 年，为贯彻落实邓小平南方谈话精神，原国家教委启动了社会力量举办普通高等学校的审批工作，并于 1993 年颁布《民办普通高校设置暂行规定》。1993 年 10 月，高校设置专家委员会在长沙开会，接受包括民办高校在内的高校设置申请，通过了浙江树人大学、黄河科技学院、上海杉达学院和四川天一学院 4 所民办普通高校的设置申请。1994 年，又将上年审批未通过的黑龙江东方学院和南京的三江学院纳入审批，学界习惯上将此 6 所高校称作改革开放以来国家批准的"首批民办高校"。之后，民办高等教育的发展突飞猛进（见图 1、图 2）。

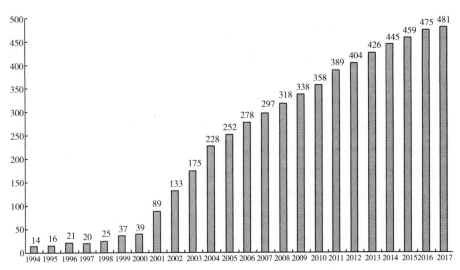

图 1　1994 年以来我国民办高校数量持续增加（不含独立学院）/所

资料来源：根据历年《全国教育事业发展统计公报》整理。

在民办高等教育发展过程中，由于政策缺失和制度冲突，支持和规范一直相伴同行。一方面，民办高校属于新生事物，且条件先天不足，需要社会的理解和支持。在最早获批的 6 所民办高校中，租赁校园的有 3 所，另 3 所虽有校园但占地面积很小，比如浙江树人大学占地面积仅 17 亩，

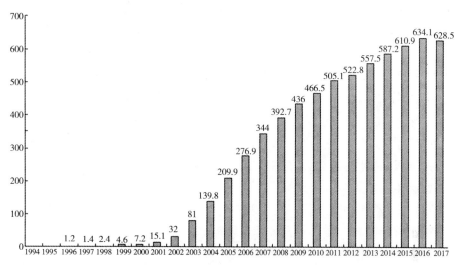

图2　1994 年以来我国民办高校在校生持续增长（2004 年后含独立学院）/万人

资料来源：根据历年《全国教育事业发展统计公报》整理。

教学条件相对简陋。另一方面，由于相关政策缺失，民办高校的办学行为往往与现有的制度规范发生冲突，从而影响民办高校的办学质量和社会认可度。

2002 年国家颁布《民办教育促进法》，2004 年国务院印发《民办教育促进法实施条例》，赋予了民办高等教育合法地位，为相关政策的制定提供了依据，也为民办高等教育的稳定、健康和持续发展提供了强大动力。但法律也提出了"不得以营利为目的"等规定，招致许多反对的声音，甚至有人认为《民办教育促进法》不是"促进"而是"促退"，将大大减缓我国民办教育的发展。有人甚至断言，大量民办教育举办者将退出，许多民办学校将关门。但这些情况并未发生。随着 2016 年以来《修正案》的出台和《民办教育促进法实施条例》的修订，持"促退"观点的人又开始"呼喊"了。

现在《修正案》刚刚实施，对实施成效进行评价为时过早，但是笔者充满信心。《民办教育促进法》实施后的 15 年，民办教育快速发展的现实已经让"促退论"难以立足。从未来政策看，自党的十八大以来，国家积极鼓励社会力量办学，在党的十九大报告中提出"支持和规范社会力量兴办教育"；从国家顶层设计看，支持优先与规范并举的政策总基调没有改变，继续对民办高校的发展提供良好的政策环境，因此有理由相信民办高等教育将迎来一个新的发展机遇。当然，这里需要强调三点：首先，支持仍是主旋律，未来民办高校将得到进一步的发展；其次，支持是优先的，但是在不同时间段面对不同的任务，规范的作用有时也会被凸显；最后，今后政策支持将更多地体现在加快民办高校内涵建设、提高人才培养质量上。在"办好人民满意的教育"的总要求下，民办高校规模扩张的空间已很狭小，但在质量提升和特色彰显上具有很大的潜力，而只有提升质量才能促进民办高校健康发展。总的来说，《修正案》的贯彻落实必将进一步促进我国民办高校的稳定、健康和可持续发展。

二　公办高校能否举办和参与举办民办高校

"公办高校能否举办和参与举办民办高校"，这是政策讨论中经常引发争论的问题之一。持支持观点的人认为，公办高校办学信誉较好、优质教育资源集中，举办或参与举办民办高校优势明显，有利于扩大优质教育资源的辐射范围、扶持民办高校的发展和促进优质教育资源的均衡化。尤其是在当下民办高校办学实力较弱的背景下，公办高校的参与将快速提升民办高校的办学质量和管理水平，有助于民办高校获得社会的理解和支持。从民办高校的现状看，相当多的举办者和管理者来自公办高校，这也从另一个侧面提供了佐证。从国际经验来看，印度的公办高校二级学院也为解决大众化高等教育资源供应问题提供了佐证。我国《民办教育促进法》及其实施条例均有允许公办高校举办或参与举办民办高校的相关规定，但学界持反对观点的人居多。许多人认为，公办高校举办或参与举办民办高校，可能会稀释公办高校的优质教育资源，导致公办高校教育质量下滑；还可能造成许多民办高校的"假民办"现象，客观上对一些没有公办高校参与的民办高校构成不公平竞争；实践中，《民办教育促进法》及其实施条例作出的相关规定并没有得到有效执行，致使公办高校举办民办高校的负面影响被放大。因此，持反对观点的人强烈要求禁止公办高校举办或参与举办民办高校。

笔者认为，上述观点只是一种惯性思维。从法律层面来看，《民办教育促进法》第二条规定："国家机构以外的社会组织或者个人，利用非国家财政性经费，面向社会举办学校及其他教育机构的活动，适用本法。"公办高校不是政府机构，举办或参与举办民办高校没有法律上的障碍。《民办教育促进法实施条例》第六条也明确："公办学校参与举办民办学校，不得利用国家财政性经费，不得影响公办学校正常的教育教学活动，并应当经主管的教育行政部门或者劳动和社会保障行政部门按照国家规定的条件批准。公办学校参与举办的民办学校应当具有独立的法人资格，具有与公办学校相分离的校园和基本教育教学设施，实行独立的财务会计制度，独立招生，独立颁发学业证书。参与举办民办学校的公办学校依法享有举办者权益，依法履行国有资产的管理义务，防止国有资产流失。实施义务教育的公办学校不得转为民办学校。"《送审稿》第七条明确提出："公办学校不得举办或者参与举办营利性民办学校。公办学校举办或者参与举办非营利性民办学校的，应当经主管部门批准，并不得利用国家财政性经费，不得影响公办学校教学活动，不得以品牌输出方式获得收益。公办学校参与举办的民办学校应当具有法人资格，具有与公办学校相分离的校园、基本教育教学设施和独立的专任教师队伍，实行独立的财务会计制度，独立招生，独立颁发学业证书。参与举办民办学校的公办学校依法享有举办者权益，依法履行国有资产管理义务。实施义务教育的公办学校不得转为民办学校。"可见，无论是《民办教育促进法》还是《民办教育促进法实施条例》，其修订前后都没有排斥公办高校举办或参与举办民办高校。法律上既然允许，它就是合法的，就不会被禁止，也不应当被禁止。实践中，公办高校举办或参与举办民办高校的案例已经很多，如果现在禁止或撤出，中断政策的延续性，也可能会引发严重后果。

公办高校举办或参与举办民办高校的优势是客观存在的，但可能带来的问题也是显而易见的。问题的关键是，许多公办高校在举办或参与举办民办高校的过程中，没有很好地履行应尽的法律义务，而且从中收取巨额"管理费用"，造成学校运作困难。另外，有的学校表面是民办，其实是政府的国有平台或国有公司投资的，聘用的又是公办学校的教师。这样一种"假民办"的形式对纯民办学校构成了不公平竞争，因为它既享受了政府的各种资源，又充分利用了民办的灵活机制，发展势头迅猛，对整个教育生态产生了影响，对其他民办高校造成强烈挤压，成为市场不公平的顽疾。这个问题已引起政府的高度关注，相信会在实施条例的修订中得到部分解决。当然，政策的实施有待于各级政府、各相关部门的有效配合，如果都能按照政策设计的路径执行，就离解决问题不远了。

三　捐资举办者能否经营民办高校

"捐资举办者能否经营民办高校"，这是一个对举办者来说非常敏感的问题。由于现有政策配套文件不齐全，有的学者又利用非营利组织的相关规定来套用非营利性民办高校，在民办高校举办者中造成了一定影响，甚至造成一些恐慌。他们认为，从非营利组织的概念和内涵来看，非营利办学相当于捐资办学，举办者将放弃学校产权（所有权），最终可能失去对学校的经营权。从表面上看，这些理解似乎有些道理。我国民办高校多是《民办教育促进法》颁布以后创建的，许多举办者都怀有取得"合理回报"的办学动机，即在办好学校的同时能"挣点小钱"。《修正案》颁布后，实行营利性和非营利性民办高校分类管理，非营利性民办高校不再允许取得"合理回报"。政府将加大对非营利性民办高校的政策扶持力度，引导广大举办者选择举办非营利性民办高校。由此，政策与部分举办者的办学初衷有差异，有的举办者忧心忡忡。

实行分类管理以后，捐资举办者到底能否继续经营学校，答案是肯定的。第一，是否主导经营民办高校是由学校章程规定的。就学校章程而言，非营利性民办高校除举办者不可以分配办学结余和举办者必须经董（理）事会等决策机构审议聘用以外，其余实际上并没有什么差别。《送审稿》第十条规定："举办者依法制定学校章程，负责推选民办学校首届理事会、董事会或者其他形式决策机构的组成人员。举办者可以依据法律法规、学校章程规定的程序和要求参加或者委派代表参加理事会、董事会或者其他形式决策机构，并依据学校章程规定的权限行使相应的决策权、管理权。举办者依据前款规定参与学校的办学和管理的，可以按照学校章程的规定获取薪酬。"可见，从法律本身来看，并没有禁止举办者参与办学和管理的相关规定。从境外非营利性私立大学的办学实践来看，不乏捐资举办者参与办学和管理甚至家族延续办学的案例。日本、韩国的私立高校大多由私人举办，并且不得盈利，但举办者经营学校的比比皆是。我国台湾地区的私立高校主要由私人或私人企业举办，属于非营利性私立高校，针对学校治理中的家族化行为，政策也作出了一些规范，比如家族成员在董事会中的占比不能超过 1/3，只能有一人担任董事长或校长等，但是也没有排斥举办者行使办学权和经营权。笔者曾 7 次赴台湾地区调研 30 余所私立高校，得出的结论是一致的。美国的斯坦福大学在斯坦福去世后，由其夫人掌管继续办学多年。斯坦福去世后，他的财产被冻结。在这种艰难的情况下，斯坦福夫人并没有停办学校，而是竭尽全力维持学校的运转，直到 6 年后财产冻结被彻底解除。在这期间，斯坦福夫人卖掉股票，将 1100 万美元转给大学董事会，使斯坦福大学顺利度过危机。举办者的家族成员继续办学和经营学校，有利于调动他们的积极性，保持办学的稳定投入。而著名的美国达特茅斯案，最后的结局也是"惠洛克去世后，由其儿子约翰·惠洛克接任校长职务"[1]。

　　这个问题还需说明两点。第一，捐资举办者大多具有教育情怀，产权并不是他们追求的唯一产品。他们对所举办的学校怀有难以割舍的情感，在政府对非营利性民办高校支持政策尚未落实之前，放弃产权是不甘心、不情愿的。随着政府各项政策的出台和落实，这种情感会逐渐平衡并转化为继续办好学校的动力。第二，实行分类管理以后，"无举办者"的民办高校开始出现。捐资办学实际上有两种模式：一种是出资并举办，捐资者参与办学和经营学校；另一种是举办者只出资不举办，委托他人或组织举办。在我国民办高校发展初期，一些民办高校由老教授或国家公务人员发起举办，所有学校资产属于滚动发展的积累资产，举办者实际上没有或少有直接出资。这些学校在登记中经常遇到举办者"缺席"的问题。有鉴于此，《送审稿》第五条规定："国家机构以外的社会组织或者个人可以单独或者联合举办民办学校。联合举办民办学校的，应当签订联合办学协议，明确合作方式、各方权利义务和争议解决方式等。鼓励社会力量依法设立基金会举办非营利性民办学校。以捐资等方式举办，不设举办者的非营利性民办学校，其办学过程中的举办者权责由捐赠人、发起人或者其代理人履行。"这个规定多少可以消除选择举办非营利性民办高校的举办者对继续举办学校、经营学校的顾虑。

---

　　① 　徐绪卿：《我国民办高校治理及机制创新研究》，中国社会科学出版社 2017 年版，第 150 页。

四　民办高校能否上市

现在上市的民办学校已经很多。一方面，《修正案》允许举办营利性民办高校，意味着只要在法律规定的框架内都是合理、合法的。另一方面，我国民办高校发展政策正在不断完善中，确实存在可以"钻空子"的地方。

2006年，新东方在美国上市，开辟了中国教育产业在美国上市的先河。随后又有多家教育企业在美国上市。《修正案》颁布后，民办学校上市出现了一些新情况。一是上市的内容不限于非学历教育，一些学历教育高校上市。二是上市地点不在美国，而是在我国香港。三是除少数高校外，大多采用VIE（可变利益实体）构架上市方式。VIE结构在国内被称为"协议控制"，是指境外注册的上市实体与境内的业务运营实体相分离，境外的上市实体通过协议方式控制境内的业务实体。这种方式模糊了上市学校的营利和非营利性质。四是密集上市或扎堆上市，由于未来政策具有不确定性，许多民办高校"抓住机会上市"。据统计，2016年以来在我国香港上市或即将上市的民办高校已达10余家，其中也有民办本科高校。

对于民办高校上市，学界也有争议。持支持观点的人认为，民办高校上市可以募集发展资金，有利于改善办学条件和提高办学质量。国外私立高校上市的数量虽然不多，但也有先例可供借鉴。《修正案》既然允许举办营利性民办学校，那么民办高校上市就是合法的。持反对观点的人认为，普通高等教育不能上市，因为上市意味着对高额利润的追求，不利于民办高校质量的提升和长远的发展。目前，民办高校分类管理尚未到位，上市民办高校的性质模糊不清，一方面政府给予学校扶持和补贴；另一方面财政经费会落入个人腰包。此外，采用VIE架构后，从名义上说学校仍可以是非营利性办学，但很显然，上市公司的利润是从学校获取的。因此，上市公司只会增加学校的办学成本，本身对学校无益。

笔者支持民办高校上市。民办高校经费来源单一，依靠学费居多，条件改善缓慢，师资队伍建设滞后。通过上市，学校能够在短期内募集巨额资金，迅速改善办学条件，为提升教育质量创造条件。笔者走访了几所已上市的民办高校，发现他们的办学条件确实得到了较大改善。但是，笔者也有一些担心。一是民办高校上市募集的经费能否保证大多用于办学？从一些研究中也可以看到，除了一些精英团队的酬金大幅提升外，教师薪酬并没有得到实质性的提高。教师是办好高校的关键，只有把更多的资金用于师资队伍建设，才能使上市真正起到推动民办高校发展的作用。二是上市以后民办高校的性质如何确定，到底是营利性还是非营利性？在性质未明确之前，分类选择就显得有些盲目。如果后续政府政策陆续出台，可能会伤及学校的发展愿景和长远目标，甚至违背举办者投身教育的初衷。三是民办高校上市的政策不明晰，一些规范性政策的出台可能会使准备上市的民办高校夭折，给这部分学校的办学带来风险。比如，《送审稿》公布后，其中一些比较敏感的政策问题导致在香港上市的内地民办教育股集体断崖式下跌（见表1），尽管此后有些反弹，但还是难以恢复到原位，其风险仍未消除。

至于 VIE 架构所涉及的外资控制内资学校问题，我国商务部于 2015 年下发了《外国投资法（草案征求意见稿）》，其中提到"未来受外国投资者控制的境内企业或视同外国投资者；而外国投资者受中国投资者控制的，其在中国境内的投资则可视作中国投资者的投资"。未来对于民办高校上市的问题，可能会采用这一政策。

表1 2018 年 8 月 13 日港股内地教育板块全线下跌

代码	名称	市值/亿港元	跌幅/%
06068	睿见教育	84.17	39.77
01773	天立教育	41.71	37.38
06169	宇华教育	111.01	36.57
02001	新高教集团	67.26	32.47
01317	枫叶教育（新）	134.47	31.08
02779	中国新华教育	44.88	27.15
01569	民生教育	50.22	24.70
00839	中教控股	200.00	20.80
01765	希望教育	120.00	16.67
01598	21 世纪教育	12.24	14.66

代码	名称	市值/亿港元	跌幅/%
01752	澳洲成峰高教	10.87	11.58
01758	博骏教育	18.24	7.69

资料来源：根据互联网新闻整理。

五　过程性补偿的技术问题是否可行

奖励和补偿是针对《修正案》颁布以前创建的民办高校选择非营利性办学的一种补救措施。根据全国人大常委会的决议，"本决定公布前设立的民办学校，选择登记为非营利性民办学校的，根据依照本决定修改后的学校章程继续办学，终止时，民办学校的财产依照本法规定进行清偿后有剩余的，根据出资者的申请，综合考虑在本决定施行前的出资、取得合理回报的情况以及办学效益等因素，给予出资者相应的补偿或者奖励，其余财产继续用于其他非营利性学校办学"。通过这一措施，举办非营利性民办高校的出资就成为捐资，举办者彻底放弃学校产权。然而，这一条款并没有得到举办者的肯定和支持。一方面，大部分举办者选择非营利性办学后会继续办学，奖励和补偿的兑现恐怕遥遥无期。在目前政府对于非营利性民办高校扶持政策尚不明朗的情况下，部分举办者选择非营利性办学并不是心甘情愿的。另一方面，政策的不稳定性可能会导致补偿的不确定性。《修正案》颁布以前创建的民办高校在实行分类管理以后，由于奖励和补偿延迟执行，这部分非营利性民办高校的产权作为遗漏问题在短期内难以得到妥善解决。在这方面，当前学界开展的研究已提出了许多好的建议。

从法律角度上说，已经明确的条文是不可能修改的。当前各省（市、区）在出台地方政策时都对补偿和奖励的额度有所规定，但在实现路径上仍缺乏灵活性和务实性。对此，广东、浙江等地曾提出过程性补偿的建议。浙江的一些学者提出，能否将奖励和补偿从技术线路上改为过程性补偿，即在举办者明确选择非营利性办学后，根据举办者意愿，对学校的财产依法进行清算并提出奖励和补偿的额度。在此基础上，在不影响学校经费运作的前提下，对举办者的奖励和补偿分年度或一次性提取，以彻底解决法律公布前创立的非营利性民办高校的产权问题，便于稳定办学，安抚举办者的情绪。① 这一建议虽具有合理性，但因与法律规定有出入未被采用。《送审稿》提出了"法人变更"的新概念，其第十一条规定："非营利性民办学校举办者变更的，应当签订变更协议，并不得从变更中获得收益；现有民办学校的举办者可以根据其依法享有的合法权益与继任举办者协议约定变更收益，但不得以牟利为目的，不得涉及学校的法人财产。"笔者认为，民办学校法人变更意味着原有举办者办学的中断，可以兑现奖励和补偿，但是这个奖励和补偿除了变更双方协议约定以外，还应有数目上的规定，一般来说不超过奖励和补偿的额度。对于这一点，实际操作中还存在多个问题：一是政策虽然明确通过变更法人可以提前获得奖励和补偿，但会增加学校的办学成本和办学的不确定性；二是法人变更是协议双方的行为，政府一般很少参与甚至不参与，对于奖励和补偿的额度就很难界定。总之，选择非营利性办学的民办高校法人财产权问题仍须继续探索。

我国民办教育政策尚未成型，民办高校的发展政策既需要政府的宏观把握，也需要学界的研究。当前学界提出一些具体的处理办法，能使政策制定更加贴近民办高校的发展实际，更能促进政策的实施到位。修订后的《民办教育促进法实施条例》一旦正式颁布，也会有许多细节问题需进一步研究和解决。相信在国家顶层设计框架的指导下，我国民办高校发展的政策环境一定会越来越好。

附记：本文发表于《浙江树人大学学报》2019 年第 1 期。

---

① 徐绪卿、王一涛：《民办学校产权制度的确立与明晰——对〈民办教育促进法实施条例〉修订的建议》，《教育经济》2018 年第 3 期。

民办学校产权制度的确立与明晰

——对《民办教育促进法实施条例》修订的建议

摘　要：民办学校的产权问题是民办教育研究的基本问题，也是民办教育发展政策的首要问题。原有的《民办教育促进法》没有能够很好地回应和解决这一问题。新颁布的《民办教育促进法》新法实施分类管理，为处理民办学校产权问题提供了依据和条件。修订《民办教育促进法实施条例》是现阶段国家层面民办教育政策制定和处理好产权问题的重要机遇。本文回顾了民办学校产权问题的概念及重要性，分析了原《民办教育促进法》处理民办学校产权问题的缺陷和不足，阐述了《民办教育促进法》新法对优化民办学校产权问题的进展，提出了在《民办教育促进法实施条例》修订中解决产权问题的基本思路。

关键词：民办学校；产权；民办教育促进法；民办教育促进法实施条例修订

产权问题是影响教育发展的重要问题。对于民办学校而言，产权问题是影响其发展的根本性问题，潘懋元、邬大光等学者指出，产权归属是一个影响民办高校政策的重要因素，然而在法律上和实践上都没有得到解决。① 从 2002 年 12 月全国人大常委会审议通过的《民办教育促进法》（以下简称《民促法》）到 2004 年 2 月国务院颁布的《民办教育促进法实施条例》，再到 2016 年 11 月全国人大常委会审议通过《民办教育促进法修正案》，这些法律法规都对民办学校的产权问题进行了不同性质的规定。产权提供了认识我国民办教育制度变迁的极佳视角。2018 年 4 月 20

---

① 潘懋元、邬大光、别敦荣：《我国民办高等教育发展的第三条道路》，《高等教育研究》2012 年第 4 期。

日，《民办教育促进法实施条例（修订草案）（征求意见稿）》（以下简称《征求意见稿》）又对民办学校的产权问题进行了细化，这将对我国民办教育的发展产生重大影响。

一　民办学校产权的概念及其重要性

产权是经济领域的概念，其含义有多种理解，理解的不确定性源于现实生活中产权产生及其运行的复杂，同样也来自产权研究者价值取向的不同。但产权作为一个概念，反映该概念价值的基本内涵应该是独立存在的。在对产权的理论研究中，一般使用经济学意义上的产权概念，指自然人、法人对各类财产的所有权、占有权、处置权、使用权、让渡权、收益权等，包括了物权、债权、股权、知识产权和人力资本产权以及其他无形财产权。从"产权"的内涵也可以看出，"产权"是一个涉及面极广的概念，只要与财产相关联的，就可能涉及产权问题。举办民办学校需要办学主体出资，原始出资、后续累计出资以及资产增值也存在"所有权、占有权、支配权、使用权、收益权和处置权"归属问题，从而产生民办学校产权的概念。笔者认为，民办学校产权可以理解为包括民办学校的财产所有权、占有权、支配权、使用权、经营权、收益权、交易权、处分权等一系列物、责、权、利等关系的总和，即是一系列权利与义务的法律关系总和。[①] 民办学校产权具有不同于一般经济领域产权的特点。民办学校产权的内容具有特殊性，民办学校财产构成不像经济组织那样简单，不仅包括投资形成的财产，而且还有社会捐助、政府补助、学生缴费和办学积累等形成的资产，各种财产形成主体有着不同的诉求，因此包括了其他更广泛的财产构成和权益。举办者、办学者、教职工、受教育者拥有不同的权利和不同的行为方式，从而对学校发展的影响也不一样。产权问题是民办教育发展和研究中的基本理论问题，也是国家民办教育发展制度框架的基本问题。汪家镠认为，"学校产权的归属是举办者普遍关心的问题，是立法必须要解决的一个重要问题。产权明晰，才能调动和保护投资人的积极

---

① 徐绪卿：《我国民办高校治理及机制创新研究》，中国社会科学出版社 2017 年版，第45 页。

性，保证民办学校正常运行，降低风险，有利于民办学校的稳定与发展。"① 同时，民办学校产权不明确，其办学行为也得不到有效监督，就容易导致许多短期行为出现。此外，产权也是民办学校内部治理结构建构的依据所在。明晰产权，规范和维护各产权主体的利益和地位，确定各利益相关者在民办学校中的权利与义务，使人们形成举办民办学校的长远预期，不仅对民办学校管理体制构建和规范影响重大，而且对整个教育事业的改革和发展也显得非常重要和紧迫。

二　原《民促法》关于产权规定的缺陷

长期以来，由于学校大多由政府举办，产权只归国家所有，这种产权归属的唯一性淡化了人们对学校产权的认识和研究。对于改革开放以后发展起来的民办学校，也受到长期以来"教育不得以营利为目的"的观念影响，学校的产权问题被忽视和回避。对于民办学校举办者而言，其对学校产权问题重点关注三个方面：一是出资人对其投入部分所形成的校产是否拥有所有权与收益权；二是出资人对办学增值的校产是否享有所有权与分配权；三是民办学校停办以后的资产是否具有返还权。在 2003 年的《民促法》及相关文件中，这几方面的诉求均未得到体现和满足。

（一）办学回报的提取无明确的法律依据

允许民办学校的举办者获得合理回报曾被认为是原《民促法》的最大突破。该法第五十一条规定："民办学校在扣除办学成本、预留发展基金以及按照国家有关规定提取其他的必需的费用后，出资人可以从办学结余中取得合理回报。取得合理回报的具体办法由国务院规定"。但是这个规定存在两个根本性的缺陷。第一，该法颁布以后，国务院一直没有颁布"合理回报的标准和办法"，致使法律规定的合理回报实施无据可依。主要的难点在于，什么样的回报是合理的？判断的标准和依据是什么？由于没有具体规定，举办者提取的回报往往非常高，严重影响了学校的教育质

---

① 全国人大教科文卫委员会教育室：《〈民办教育促进法〉学习宣传讲话》，中国青年出版社 2003 年版，第 23—24 页。

量。有的举办者自己承认办学回报十分高，如某民办高校举办者直言，"搞教育……是一种暴利行业，超过我们房地产行业的平均利润。"① 第二，合理回报的性质不确定。按照相关解释，合理回报是属于"奖励性质"的，表明民办学校的出资人实际上拥有一种受管制的剩余索取权。但原有的其他部门文件表明，取得合理回报的学校在税收、财务管理等方面都将被视为"营利性学校"，这似乎又与法律初衷相悖。

（二）民办学校终止后的资产归属不明确

原《民促法》第三十五条和三十六条规定："民办学校对举办者投入民办学校的资产、国有资产、受赠的财产以及办学积累，享有法人财产权。""民办学校存续期间，所有资产由民办学校依法管理和使用，任何组织和个人不得侵占。"《国务院办公厅关于加强民办高校规范管理引导民办高等教育健康发展的通知》（国办发〔2006〕101号）进一步要求，"民办高校要落实法人财产权，出资人按时、足额履行出资义务，投入学校的资产要经注册会计师验资并过户到学校名下，任何组织和个人不得截留、挪用或侵占"。法人财产权是民办学校作为独立的法人单位开展活动的必要保障，法人财产权这个概念也体现在《中华人民共和国公司法》（简称《公司法》）中，也就是说，举办者将自己的资产投入到学校以后，自己在获得参与学校管理权的同时失去了对这些资产的所有权，而作为独立法人的民办学校拥有了法人财产权。那么，学校终止后的财产归属于谁呢？根据原《民促法》第五十九条，民办学校终止并进行财产清算时，在清偿"应退受教育者学费、杂费和其他费用""应发教职工的工资及应缴纳的社会保险费用""偿还其他债务"后，"剩余财产，按有关法律、行政法规的规定处理"。但是，学者们研究发现，"相关法律、行政法规"对民办学校终止办学后的资产归属并不统一、明确。现实中，学校终止办学后，实际的剩余财产归属都是由举办者支配。只要不存在法律诉讼，举办者可以自由支配剩余的资产，不仅包括自己投入的资产，也包括剩余的资产。

---

① 张杰庭：《教育很赚钱不要过度强调其公益性》，http：//edu. qq. com/a/20100303/000270. htm.

（三）举办者随意出售举办权

举办权出售是以举办者变更的形式进行的。原《民促法》第五十四条规定，民办学校举办者的变更，须由举办者提出，在进行财务清算后，经学校理事会或者董事会同意，报审批机关核准。这个规定存在几个问题。首先，很多民办学校不按照法定程序变更。很多民办学校举办者变更时，不进行财务清算，不向审批机关报告。待到向审批机关提出变更请求时，生米已经做成了熟饭，审批机关往往被迫批准。其次，举办权的转让价格往往较高。公司股权（所有权）的交易价格与公司资产净值和利润情况有关，很多民办学校举办者在转让举办权时，也是根据学校资产数额和办学结余情况来确定的，最后确定的交易价格往往较高。部分教育公司在全国范围内收购学校，其目的并不在于办学，而在于将学校包装后再次出售。再次，教育公司层面的股东变更无须教育行政部门审批。很多民办学校的举办者是公司，公司股东层面的变更不需要民办学校的审批机关审批，这种形式的举办者变更可以躲避政府监管。最后，举办者强占举办权。因为法律规定举办者变更必须"由举办者提出"，现实中一些民办学校的举办者失去了举办民办学校的必要条件，甚至违法犯罪，但是因为举办者不提出变更要求，所以审批机关无法要求举办者强制变更。

综上分析，在民办学校产权规定上，我国原有相关法律法规做出的规定不够明确系统、难以操作、甚至相互矛盾。由于法律对民办学校产权的规定存在残缺，产权所有模糊和产权配置不当造成现实中权利与责任和利益的缺失、产权界定不清楚和不对称等问题。

三　新《民促法》对优化民办学校产权问题的进展

原《民促法》关于产权的规定之所以存在很多问题，很重要的原因在于我国没有对民办学校进行分类管理，而办学实践中既有投资办学，又有捐资办学，不区分两种不同性质的学校必然造成产权问题的混乱。实际上，在制定原《民促法》时，学术界和政策制定者对民办学校分类管理存在很大争议，最后决定不实施分类管理的观点占据了上风，但为了尊重举办者希望获得投资回报的初衷，便以"合理回报"这一折衷性方案替代和搁置了"分类管理"方案。《国家中长期教育改革和发展规划纲要（2010—2020 年）》第一次在国家政策层面提出对民办学校进行分类管理试点。经过多年的反复酝酿和讨论，2016 年全国人大常委会通过了《关于修改〈中华人民共和国民办教育促进法〉的决定》，国务院以及有关部门先后出台了《国务院关于鼓励社会力量兴办教育促进民办教育健康发展的若干意见》《民办学校分类登记实施细则》《营利性民办学校监督管理实施细则》等多文件，系列文件的出台为我国民办学校分类管理提供了宏观政策顶层设计。根据新的《民促法》等法律法规，民办学校的举办者可以自主选择设立非营利性或者营利性民办学校，其中义务教育阶段的民办学校只能选择成为非营利性学校。分类管理从理论上为解决民办学校的产权问题提供了可能。

（一）非营利性民办学校举办者不拥有学校产权

非营利性民办学校的举办者不能取得办学收益，办学结余全部用于办学，非营利性民办学校清偿债务后的剩余财产继续用于其他非营利性学校办学。换言之，非营利性民办学校的产权呈现"无所有者"的特征，举办者选择非营利性，意味着放弃对产权的要求，不再追求所有权和收益权。"学校法人"成为学校产权的拥有者。对于真正的捐资办学者而言，可以选择登记为非营利性民办学校。作为对举办者放弃产权的鼓励，非营利性民办学校在财政资金、税收和土地等方面可享受更大的优惠，比如，"对非营利性民办学校还可以采取政府补贴、基金奖励、捐资激励等扶持措施""非营利性民办学校享受与公办学校同等的税收优惠政策""新建、扩建非营利性民办学校，人民政府应当按照与公办学校同等原则，以划拨等方式给予用地优惠"。

（二）营利性民办学校举办者可以取得办学收益

营利性民办学校的办学结余依据国家有关规定进行分配，营利性民办学校清偿上述债务后的剩余财产，依照《公司法》的有关规定处理。也就是说，营利性民办学校的产权是清晰的。营利性民办学校在工商部门登记为有限责任公司、股份有限公司或其他企业法人，从产权角度来看，营利性民办学校就是企业。在《公司法》等法律框架内，举办者拥有营利性民办学校的所有权、收益权和剩余财产分配权等各项权能，可以自由分配利润。对于希望通过产业化和商业化的方式获得合法办学利润的举办者而言，可以选择登记为营利性民办学校。营利性民办学校虽然享受的优惠政策较少，但是营利性民办学校有更多的融资渠道、有更多的办学自主权，这些优势使得营利性民办学校可以和非营利性民办学校以及公办学校相竞争，这也是美国的营利性私立高校蓬勃兴起的原因之一。由于我国营利性民办学校发展的社会认同度不高，《工商总局教育部关于营利性民办学校名称登记管理有关工作的通知》（工商企注字〔2017〕156号）规定，营利性民办学校可以在招生宣传资料、成绩单、学校匾牌等使用简称，即"某某学校"而非"某某学校公司"，这些规定有利于提高民办学校的社会认同，为营利性民办学校的发展营造了更好的发展环境。新的《民促法》突破了我国长期以来教育不得以营利为目的的传统观念，处理了改革开放40年来我国民办教育发展的历史问题，顺应了广大以投资为目的的民办教育举办者的诉求，对于丰富我国的教育生态、吸引更多社会资金进入民办教育领域具有重要的历史意义。

四　《征求意见稿》和各地配套政策对民办学校产权的新规定

　　教育制度变迁是一个长期的历史过程，一部法律的修改并不能一劳永逸地解决所有问题。法律的颁布仅仅是国家制度设计的第一步，法律的实施还需要法规和地方政策的"配套"。实施民办学校的分类管理，是对以往法律规定的重大突破，同时也意味着民办教育国家制度的重建和创新。对于民办学校产权问题，在分类管理以后仍然存在，需要本着前瞻的、历史的、务实的原则切实解决好。《征求意见稿》和各省（自治区、直辖市）的分类管理配套政策已经对一些关键性问题进行了积极的回应，这将进一步解决我国民办学校的产权问题。

（一）现有民办学校举办者的补偿和奖励问题

　　"现有民办学校"是指在2016年11月7日之前成立的民办学校。根据"法不溯及以往"的原则，现有民办学校的举办者拥有获得合理回报的权利，但是根据新的《民促法》，若民办学校选择成为非营利性民办学校，则举办者不能获得合理回报。为了解决现有民办学校的产权问题，全国人大常委会在《关于修改〈中华人民共和国民办教育促进法〉的决定》中指出，现有民办学校的举办者可以根据原始投入、办学效益和取得合理回报的情况，取得补偿和奖励，具体的办法由各省（自治区、直辖市）人民政府规定。很多地区在民办学校分类管理改革的配套文件中，对民办学校举办者的补偿和奖励措施较为积极。比如，湖北省，规定现有民办学校选择登记为非营利性民办学校的，终止时，清偿后的剩余资产可返还举办者；仍有结余的，可视情况给予举办者学校净资产 15% 的奖励。浙江省规定补偿或奖励的具体数额及比例由民办学校所在地县级以上政府确定。陕西省规定现有民办学校选择登记为非营利性民办学校的，可以综合考虑出资者人力资本投入、办学效益、社会声誉等因素给予奖励。目前全国只有 15 个省（自治区、直辖市）出台了分类管理的配套政策，部分省份之所以处于等待和观望的状态之中，很重要的一个原因是寄希望于《民办教育促进法实施条例》的修改能够进一步明确补偿和奖励的标准。但是，已经公布的《征求意见稿》并没有涉及补偿和奖励问题，原因在于全国人大常委会已经明确补偿和奖励的具体办法由各省（自治区、直辖市）来制定，国家层面不宜再做统一性的规定。今后，各省（自治区、直辖市）在制定具体的补偿和奖励时，要从本地实际出发，大胆创新，多算大账，少算小账，要多想办法调动举办者的办学积极性，将鼓励社会资金进入民办教育作为改革的根本目标和动力。

（二）民办学校的举办者变更问题

第一，关于非营利性民办学校举办者变更问题。民办学校分类管理改革是在颁布《中华人民共和国民法总则》（简称《民法总则》）这一大的制度背景下进行的。根据《民法总则》，我国法人分为非营利性法人和营利性法人，非营利法人包括事业单位、社会团体、基金会、社会服务机构等。大部分非营利性民办学校难以登记为事业单位，事业单位法人主要适用公办学校；难以登记为社会团体，社会团体主要适用各类协会和学会；也难以登记为基金会，所以大部分民办学校将登记为社会服务机构。而《民法总则》第九十二条规定，"为公益目的以捐助财产设立的基金会、社会服务机构等，经依法登记成立，取得捐助法人资格"，根据该条款，社会服务机构属于捐助法人。那么，捐助法人是否存在"举办者变更"问题呢？《征求意见稿》对此规定，"非营利性民办学校举办者变更的，应当签订变更协议，并不得从变更中获得收益；《民办教育促进法》修改决定公布前设立的民办学校，原举办者与继任举办者可以协议约定变更收益，但不得超过其依据法律法规和省、自治区、直辖市具体政策可以取得的出资补偿、办学奖励等合法权益。"这一规定有两层含义，首先，非营利性民办学校的举办者可以变更；其次，不能从变更中受益或只能以政策限定价进行交易。这一规定再次体现了我国民办教育的投资办学性质，也体现了政策制定者的良苦用心。若禁止非营利性民办学校举办者变更，则会影响举办者的办学积极性，但一旦允许举办者变更，则难以限制举办者从变革中收益，因为举办者和继任举办者很可能通过"变更协议之外"的其他难以监管的方式确定转让价格。所以，这一条款能否最终通过，通过后最终实施效果如何，还需要进一步的观察。

第二，关于强制举办者变更问题。《征求意见稿》第六条指出，举办民办学校的个人或者社会组织应当有良好的信用状况。第十一条规定，民办学校的举办者不再具备法定条件的，应当在 6 个月内向主管部门提出变更；逾期不变更的，由审批机关或者主管部门责令变更。根据这一条款，当举办者不具备办学资质时，审批机关或主管部门可以强制举办者变更。这一条款有利于解决不具备办学资质的举办者办学问题，但是很多举办者对此条款有所顾虑，他们担心一些地方政府可能利用这个条款剥夺自己对学校的管理权。在我国民办教育发展历史中，曾经发生过教育行政部门和民办学校的举办者对簿公堂，举办者最终失去举办权的案例。[①]

（三）民办学校的关联交易问题

在《民促法》修订之前，大部分民办学校都在学校章程中注明不要求获得合理回报，但是根据邬大光等学者的调查，我国绝大多数民办学校属于投资办学，举办者希望获得合理回报。[②] 一方面是民办学校在章程中宣称不求回报；另一方面是举办者从办学收入中大量获取回报，这是我国民办教育的基本悖论，这个悖论的具体表现形式就是关联交易。从经济学的角度上说，民办教育中的关联交易很普遍，是由民办学校的经济属性所

---

① 王康、柴纯青：《民办教育司法案例》，上海人民出版社 2004 年版，第 37 页。
② 邬大光：《我国民办教育的特殊性与基本特征》，《教育研究》2007 年第 1 期。

决定的，民办学校和其他经济组织一样，必须向其他组织购买必要的资源和服务，如教学仪器设备、建筑服务等。当民办学校从其关联方购买这些设备和服务时，关联交易就产生了。举办者从关联交易中获得的利润成为合理回报的主要来源。分类管理以后，非营利性民办学校的举办者不能从学校中获得合理回报，但是依然可以通过关联交易的方式从其他渠道获得回报。近期，很多教育集团在香港上市，如中国新高教集团、中教控股等，这些教育集团的利润皆来自旗下的民办高校，教育集团与旗下的民办学校通过关联交易等方式获得利润，而这些教育集团旗下的民办高校大都是不要求合理回报的民办高校。2017 年以来，笔者通过问卷或访谈的方式，对广东、陕西、贵州等东中西部 12 省（自治区、直辖市）的 91 所民办高校进行了调查，调查发现，74.0%的民办高校希望选择成为非营利性民办高校。但是，投资办学是我国民办教育的基本特征，民办学校的举办者不会因为分类管理政策的实施而立即放弃希望获得回报的办学诉求，所以，法律必须为举办者通过关联交易的方式从教育教学活动之外的领域获得经济回报提供一定的空间，但同时必须对关联交易做出必要的限制。《公司法》《企业所得税法》《企业所得税法实施条例》《上市公司信息披露管理办法》《企业会计准则第 36 号——关联方披露》《国家税务总局关于完善关联申报和同期资料管理有关事项的公告》等法律法规和规范性文件都对企业的关联交易从不同角度进行了界定。《征求意见稿》第四十三条给出了民办学校利益关联方的定义，然后用了相当多的文字对非营利性民办学校的关联交易进行规范，比如关联交易应该公开、公平、公允，不得损害国家利益、学校利益和师生权益，建立关联交易的信息披露制度等。这些规定对于维护民办学校的法人财产权是合理的、必要的，但是这些规定在今后的实施状况需要进一步的观察。

五　结语

产权提供了理解我国民办教育实践和政策的关键视角，我国民办教育政策变迁的过程就是民办教育产权制度不断优化的过程。社会历史发展证明，剧烈的制度变迁可能会对社会发展造成损害，渐进性的制度变迁更有利于社会的发展。教育领域的制度变迁也是如此。对于民办学校的产权制度而言，在补偿和奖励、举办者变更和关联交易等问题上，都应该充分尊重我国历史和现实，承认并适当保护举办者的产权诉求，将是否有利于吸引更多社会资金进入民办教育作为判断民办教育改革成败的重要标志。随着我国经济持续发展，真正的捐资办学和非营利性民办学校会越来越多，营利性民办学校也会不断发展壮大，我国民办教育将会迎来新的发展春天。

　　附记：本文由本人起草，王一涛参与讨论和修改并署名，发表在《教育与经济》2018 年第 6 期。

浅论教育政策滞后性现象

——以民办高校分类管理政策为例

摘　要：教育政策是政府在一定时期内为明确教育发展方向、解决教育实践问题和实现教育发展目标而制定的行为规范。理论上说，教育政策应该先行，尤其是一些涉及长远发展的重要政策。但在许多情况下教育政策的制定和执行都是滞后的，由此对教育实践带来偏离政策导向的影响。我国民办高校分类管理中的政策演变过程，启示我们教育政策应该尽量先行，准确引导教育实践的健康发展。

关键词：教育政策；制定和执行；政策滞后

一　教育政策滞后性的两种状态

教育政策，是政府在一定时期内为指引教育发展方向、解决教育实践中的问题和实现教育发展目标而制定的行为规范。科学正确的教育政策是教育事业稳定健康发展的保证，而没有正确的教育政策指导，教育事业的发展将陷入无序、混乱的状态。教育政策具有明确的导向性、针对性、超前性和实践性，对未来教育实践具有引导与指向性功能。因此，从理论上说，教育政策应该先行。但是，由于教育实践中许多复杂的条件和问题，导致教育政策制定和执行出现诸多的滞后性。这种滞后性在政策制定中一般表现为两种状态：一种状态是"无意滞后"。这种滞后往往是由于教育政策制定部门受某些条件影响，没有将出现的教育问题上升到政策层面，无意以政策干预的方式及时解决问题，以致出现问题迟迟得不到解决而产生的政策缺失状态。另一种状态是"有意滞后"。在发现教育问题后，教育政策制定者对问题的性质有分歧而没有形成共识，或者在当时状态下还没有良好的解决对策，或者由于问题还没有完全暴露，还需要深入观察和思考，教育政策制定者以旁观者的姿态，观望或者关注问题的继续发展，直至问题充分暴露或者决策和实施层面形成广泛的共识后，再制定出台相关的政策来解决问题。在政策执行中，有时教育政策虽然有明确的规定，但是由于各种因素的影响，在实际工作中并没有强制执行。尽管政策制定部门会关注问题的发展，甚至下发相关风险预警或告知函件，但是本着摸着石头过河的改革原则，或者由于认识不统一而导致政策迟迟难以到位。这种方式虽然可以充分地暴露问题，但可能耗时过长，并产生一定的不良后果，甚至有部分利益群体的利益受到侵害，从而损伤了政策的权威性。由于教育本身具有较长的周期性及效果的滞后性等特点，对于教育问题的观察和理解需要实践的验证，因此教育政策的制定滞后于教育实践问题已成为较为普遍的现象。教育政策制定过程中的"无意滞后"与"有意滞后"对于教育问题的解决都会产生一定的影响，有时也会在客观上起到放任问题发展和使问题影响度扩大的作用。当然，如果我们能以积极的态度和科学的认识来关注和分析教育政策制定的滞后性，准确认识和把握"无意滞后"与"有意滞后"产生的作用，有针对性地提出预防负面影响的措施，也可能有助于及时解决教育问题，提高教育政策的科学性和实效性。我国民办高等教育作为改革开放以后办学体制改革的产物，是在公办高等教育发展铁板一块的大环境中起步的。在发展的开始阶段，相关政策一片空白。但是政策具有导向性功能，政策的制定和实施一直受到国家教育政策制定者的高度关注，民办高等教育发展速度和规模一定程度上取决于国家政策的开放程度。而各级政府发展和管理民办高等教育，也主要是通过制定和实施政策来实现的。民办高等教育发展政策不但体现了国家的意志和导向，体现了民办高等教育的阶段特征，也代表了民办高等教育发展的时代走向，是民办高等教育健康快速发展的重要保障。民办高校的营利行为是伴随民办高校的产生而产生的，早就引起社会的关注和讨论。但是从政策上提出对营利性民办高校和非营利性民办高校实施分类管理则是在 2010 年国务院印发的《国家中长期教育改革和发展规划纲要（2010—2020 年）》（简称《教育规划纲要》）文本中，并且提出的是开展"试点"。而真正从法律上确定分类管理的实施则是 2016 年 11 月 7 日召开的全国人大常委会会议对《民办教育促进法修正案》审议通过以后。从时间的角度来说，政策的制定和实施大大滞后于实践。在我国现代高等教育发展中，私立大学与公立大学同时起步，并且占有较大份额。1912 年 11 月，刚刚成立的民国政府教育部就公布《公立私立专门学校规程》，1913 年 1 月 16 日民国政府教育部又公布《私立大学规程》，私立大学办学体制得到法律保证，私立大学一度发展较快，并且涌现了一批名校。尽管也时有一些状况发生，甚至有些私立大学因违规被取缔，但是总体来说发展稳定。燕京、复旦、南开、厦大等私立大学名扬海内外，为国家经济和社会发展做出了贡献。新中国建立以来，由于政治和经济体制的原因，我国逐渐形成了只有公办大学的单一办学体制，政府管理大学的相关政策全部是面向公办大学的。换句话说，民办高校是在国家政策一片空白的环境中起步发展的，许多民办高等教育发展政策的制定和实施相对滞后于民办高校的发展实践，在实践中往往是出现了问题，然后针对问题进行简单的规范和解决，最后出台相应的法律法规和政策制度。因此，我国民办高校发展中许多问题的解决，是在不断争论和妥协中缓慢前行的。

二 政策滞后性：从个别营利行为到合理回报政策

民办高校分类管理，指的是按照民办高校举办资金的来源和举办诉求的不同，分类别采用不同的政策来管理。具体而言，就是按照"营利"与"非营利"的办学类别分类管理。表面上看，分类就是将民办高校按照办学的诉求分为营利性和非营利性两大类，是管理的一种方法，但实际上，分类管理是允许高等教育营利的国家或地区民办（私立）高等教育政策的基础，也是政策制定的一条主要依据。是否允许"营利"，是许多国家（地区）私立大学发展模式的政策界限。从 2000 年以来，美国等一些国家营利性教育规模不断扩大，成为全球私立高等教育发展竞相模仿的范式。以美国凤凰城大学为代表的营利性大学受到了全球学者的广泛关注。一些国家（地区）不允许营利性高等教育的存在，日本、韩国和我国台湾地区私立大学在校生占比高达 75%—80%，但是这些国家和地区的法律和制度禁止私立大学营利。美国学者丹尼尔·列维将世界各国私立高等教育的发展类型划分为精英型、宗教型和需求吸纳型①。根据这个划分，我国民办高等教育主要属于需求吸纳型。改革开放初期，无论是经济建设和社会发展对人才的需求，还是民众对就读大学的求学需求，已有的办学体制都难以满足。在这种情况下，国家进行办学体制改革，鼓励社会力量举办高等教育。1982 年修订的《中华人民共和国宪法》首先发声，提出"国家鼓励集体经济组织、国家企业事业组织和其他社会力量依照法律规定举办各种教育事业"。尽管只有一行法律条文，社会还是给予了强烈的回应，民办高等教育机构开始出现。1984—1988 年，在改革开放浪潮推动下，大量民办高等教育机构开始兴起。与世界上大多数国家私立大学兴起的过程无异，"营利性"行为作为社会力量办学的一种附属品，在我国民办高校发展进程中始终或隐或现地存在。由于当时高等教育资源十分紧张，生源丰裕，获准招生就可以筹集资金，鼓舞了一批举办者的办学热情，也吸引了一批具有"营利"诉求的"投资者"参与其中，营利问题逐渐表现出来，有人甚至将办学作为挣钱的主要途径。越来越多的"违法""违规"现象和行为出现，给教育管理部门的管理带来难度。如 1984 年 10 月教育部在报请国务院颁发《关于社会力量举办高等教育和中等专业学校试行条例》的请示中就提到，"有的流窜办学，一个人办三所'大学'（捞到学费就跑掉）"，这是明显的违规违法行为。又如 1986 年天津市委、市人民政府信访办公室在《群众反映》上刊登《天津外贸学院薛立亚、张惠敏夫妇以办学为名大捞其钱》的材料②。在全国两会和其他一些地方，常有为杜绝教育"营利"现象、防止"学店"行为的呼吁。我国民办高校与国外私立大学不同，它是中国共产党领导下以公有制为基础的经济制度下教育体制改革重大创新的产物。由于民间资金集聚率低，早期大部分民办高校投入不到位，依赖学费运作，并利用办学结余"滚动发展"。因此，民间对此类学校的营利现象多有争议，而界定和规范民办高校营利性办学行为的政策却迟迟没有出台。民办高校营利行为的蔓延在社会上引发了激烈的讨论，也引起了国家有关部门的关注。原国家教委和财政部于 1988 年联合发布的《社会力量办学财务管理暂行规定》，规制有关民办学校经费的不规范使用行为，但还没有提及国家对"营利性"办学行为的态度，显然是一种

---

① 阎凤桥：《私立高等教育的全球扩张及其相关政策——对 2009 年世界高等教育大会报告文本的分析》，《教育研究》2010 年第 11 期。

② 林小英：《教育政策变迁中的策略空间》，北京大学出版社 2012 年版，第 50 页。

有意的"政策滞后"。1993年，政策发生了明显变化。原国家教委印发的《民办高等学校设置暂行规定》明确提出，"民办高等学校不得以营利为办学宗旨"（第七条），表明了主管部门对民办高校办学"营利"的态度。1995年颁布的《广东省私立高等学校管理办法》明确提出："私立高等学校不得以营利作为办学宗旨"，主要遵循了这一依据。1995年9月1日起施行的《中华人民共和国教育法》（简称《教育法》）第二十五条规定："国家鼓励企业事业组织、社会团体、其他社会组织及公民个人依法举办学校及其他教育机构。任何组织和个人不得以营利为目的举办学校及其他教育机构。"从法律上明确了民办高校"不得以营利为目的"的基本原则。随后，相关法律也开始强调这一原则。1999年1月1日起施行的《中华人民共和国高等教育法》（简称《高等教育法》）第二十四条也明确规定："设立高等学校，应当符合国家高等教育发展规划，符合国家利益和社会公共利益，不得以营利为目的。"在此后诸多与民办高校发展的相关文件中，针对民办学校日益严重的"营利"倾向，相关部门制定法规时都明确强调"民办教育属于公益性事业""不得以营利为目的"等。可见，在国家允许社会力量办学的10多年后，才有了限制营利性办学的相关文件。并且由于当时民办高校总量较少，整个民办高等教育事业尚待发展，出现的问题不是过分突出，尚未引起社会的广泛关注；另一方面，由于发展民办学校能够弥补公办教育资源的不足，地方政府担心纠正问题可能会影响改革的稳定推进，因此限制营利的政策在实践中遭遇"软执行"、不严格，对出现的问题也没有得到普遍有效的规范和纠正。当然，对于个别学校的严重"违法""违规"现象和行为，教育部门也出手干预，及时做了纠正，以免损害整个民办教育事业的发展态势，保证稳定有序的发展。尽管如此，鉴于当时改革开放的形势和整个社会"摸着石头过河"的实际，对发生在个别民办学校的"营利"问题的处理还是相对"柔性"的，主要体现警示性质。民办高校中的"营利"行为实际上还是禁而不止，有增无减。民办高校的发展壮大和营利性办学行为的凸显，引发社会各界高度关注和争议。在国家相关政策制定中，是否允许"营利性"办学成为一个重要的焦点，也成为2001年全国人大制订《中华人民共和国民办教育促进法》（简称《民办教育促进法》）的讨论焦点。通过《民办教育促进法》（草案）四次审议和讨论，各界认识有所统一，"不得以营利为目的"的政策原则得以维持和强调。2002年颁布的《民办教育促进法》规定："民办教育事业属于公益性事业，是社会主义教育事业的组成部分（第三条）。"法律虽然没有提及"不得以营利为目的"，但是根据解释，在《教育法》和《高等教育法》等上位法中均已有相关规定，因此也排除了"营利性"民办高校的存在。同时，考虑到部分民办高校举办者强烈的利益诉求，给出了"民办学校在扣除办学成本、预留发展基金以及按照国家有关规定提取其他的必需的费用后，出资人可以从办学结余中取得合理回报。取得合理回报的具体办法由国务院规定"的相关条文。在办学实践的强大推动下，政策开始做出"灵活"的让步，间接默认举办者营利动机和营利行为的合理性，使得相关问题得以暂时平息，但是这实际上已经预示着民办高校"营利"问题的法律"松动"，给予"营利性"办学更多的想象和运行空间。而《民办教育促进法》，"合理回报"条款，也由于国家对非营利性民办高校缺乏清晰的界定，以及各种因素的影响，允许的"合理回报"的相关政策条文始终没有面世，使得法律条款无法实施，最后使营利以"无法可依""不准自准"的形态蔓延和发展。在"不以营利为目的"的背后，大量的营利行为在发生，产生了一些混乱的现象。政策退却和滞后带来管理中的被动，开始产生一系列的复杂问题。

三　政策滞后性：从资本营利行为到分类管理政策

1999 年高等教育扩招以来，随着全国招生数量的增加，由于公办高校的办学定位和办学条件限制，短期内也很难吸纳如此大规模的学生，民办高校在此期间如雨后春笋，大量产生。一方面是既有民办高校的大规模扩张，产生了"规模生存理论"，认为在一定阶段内必须实行规模优先发展，积累发展实力；另一方面是多种体制机制办学，大量新的举办模式的民办高校诞生，尤其是投资型民办高校增加，资本开始介入民办高等教育发展，至今甚至出现了民办高校上市融资、并购发展等行为。民办高校的营利性行为逐渐公开化。国家从法律上明确禁止民办高校的营利性行为，而具体的办学实践又禁而不止，营利性行为在实际中大量发生，原有法律条款的执行变得非常困难，引发国家有关部门的关注和研究。如何变滞后为前瞻、变被动为主动，成为政策制定需要考虑的一个核心问题。2010

年，国务院印发《教育规划纲要》，提出要"健全公共财政对民办教育的扶持政策。政府委托民办学校承担有关教育和培训任务，拨付相应教育经费。县级以上人民政府可以根据本行政区域的具体情况设立专项资金，用于资助民办学校"。鉴于许多部门提出的明确政府导向，规范公共财政流向和使用的要求，避免政府对于民办学校的优惠措施流出学校之外，《教育规划纲要》中提出"开展对营利性和非营利性民办学校分类管理试点"。这不仅仅意味着从国家层面默认"营利性"民办学校的存在，而且标示着国家将放弃原有"不得以营利为目的"的法律原则。由于对民办高校的财政补助迟迟无法到位，办学实践中一部分营利性民办学校的举办者也不愿承担"不明不白、合理不合法"的回报风险，多方呼吁给予营利性学校的法律地位，回到"不得以营利为目的"的初始政策已无可能，多种因素导致了对营利性和非营利性民办高校分类管理的呼声日益高涨，"倒逼"教育政策导向发生重大的变化。2015 年 12 月，第十二届全国人大常委会第十八次会议通过了对《教育法》和《高等教育法》的修订，"不得以营利为目的"等表述从上述两项法律中删除，从上位法的层面为营利性民办学校存在和实施分类管理清除了法律障碍。2016 年 4 月，中央全面深化改革领导小组第二十三次会议审议通过了《民办学校分类登记实施细则》《营利性民办学校监督管理实施细则》。

2016 年 11 月 7 日，全国人大常委会顺利通过《民办教育促进法》修正案，明确"民办学校的举办者可以自主选择设立非营利性或者营利性民办学校。但是，不得设立实施义务教育的营利性民办学校。"同年 12 月，围绕新修订的《民办教育促进法》的实施，有关部门密集下发了一系列文件：12 月 29 日，中共中央办公厅印发《关于加强民办学校党的建设工作的意见（试行）》的通知，对民办学校党的建设做出新的部署；同日，国务院印发了《关于鼓励社会力量兴办教育促进民办教育健康发展的若干意见》，对贯彻落实新修订的《民办教育促进法》做出全面部署；30 日，教育部等五部委下发《关于印发〈民办学校分类登记实施细则〉的通知》，教育部、人社部、工商总局《关于印发〈营利性民办学校监督管理实施细则〉的通知》。这些法律法规以及相关政策，连同新修订的《民办教育促进法》一起，构成了实行分类管理以后我国民办高等教育发展政策重构的基本依据，成为保障和规范我国民办高等教育发展的主要制度体系。至此，几千年来教育不得以营利为目的的传统观念和国家制度被突破①，营利性民办高校在我国正式获得法律地位，民办高等教育发展将进入分类管理新时代。

四　分类管理政策：在超前与滞后之间把握好度

从我国民办高校发展政策制定和执行滞后的实践中，我们可以得出一些重要的结论和启示。教育政策滞后性具有一定的必然性，把握时机出台政策，能够较好地保证最终制定的政策符合发展实际。但是，如果过于容忍教育政策的滞后，也会损害政策的权威和执行环境，甚至动摇政策执行和存在的法律基础，最终导致政策改变方向。实施民办高校分类管理以后，在制定具体实施细则相关文件中，也要从之前的激烈争论和曲折发展中吸取教训，克服政策"过度滞后"可能带来的弊端和风险。首先，教育政策的制定必须从基本国情出发。毫无疑问，美国拥有世界上最发达的高等教育体系，也拥有世界上最发达的私立高等教育体系，所以，当我们放眼世界，寻找高等教育发达国家的历史经验对我国民办高等教育发展的启示时，我们很容易将目光停留在美国。不可否认关于民办高校分类管理的讨论，一个很重要的缘起就是所谓的美国经验——美国的私立高校分为营利性高校和非营利高校，而且营利性高校也可以授予学位。但是，美国的私立高等教育是在美国的经济、政治、社会和文化的背景下形成的，可以借鉴经验，但是绝不可以照搬照抄。美国非营利性私立高等教育一般分为两种情况：第一种情况是公共机构创办的，后来得到了社会捐赠，比如哈佛大学是美国殖民地时期由马萨诸塞州立法机关于 1636 年创办的，1638 年时得到了哈佛的捐赠。第二种情况是私人捐赠，在发展后期得到了大量的政府资助。另外，美国大量的私立大学由教会举办，接受教会的拨款。美国是首先拥有了发达的非营利性私立高等教育体系，然后才在上世纪末期兴起举办营利性私立高等教育。我国民国时期的私立高等教育与美国早期的非营利性私立高等教育具有相似性，很多私立高校是宗教机构或社会贤达捐赠办学，前者如圣约翰大学、燕京大学，后者如厦门大学和

---

① 方晓田：《中国民办高等教育七十年发展历程——基于政府与市场关系演进的视角》，《高等教育研究》2019 年第 9 期。

南开大学。然而改革开放初期，我国既没有能够捐赠兴办民办高校的社会贤达，也没有宗教机构办学的社会环境。所以，部分民办高校从一开始就采取"以学养学""滚动发展"的发展模式，办学积余是学校发展经费的主要来源。部分举办者希望通过办学来培养人才，增加积余完善办学条件，提高教育质量，同时部分举办者也希望从办学积余中取得适当的经济"回报"，这是我国民办高等教育的基本特征之一，镶嵌于我国改革开放以后的基本经济、社会背景之中。脱离我国的历史和国情，就无法认识我国民办高等教育发展的基本脉络，也无法制定有效的民办高等教育发展政策。因此，他国经验可以借鉴，但是不可以直接复制。我国民办教育分类管理政策的制定，从最早的政策建议到最终实施，前后经过了近 20 余年的时间。这个过程可以认为是"有意滞后"的过程，以避免政策实施对稳定发展带来的冲击。但是如果不尽快明确和严格实施分类管理，则又可能影响政策执行，会制约发展、误导发展，从而错失发展良机。其次，教育政策必须加强国家的顶层设计。鼓励社会力量举办高等教育，积极发展民办院校，首先需要国家制度的支持，需要从国家顶层设计上来规制民办高校的办学方向。顶层设计需要明确国家对于民办高等教育发展的战略定位，形成不同政策层级和类别之间一个清晰的框架体系，确保政策体系的系统性、全面性、科学性和规范性；同时，要加强各政策制定部门之间相互协同，确保在协同治理机制下开展政策制订工作，达成多方一致后方可出台政策。如果顶层设计不清晰，其他的政策就很容易发生方向上的"漂移"，"头痛治头脚痛治脚"，无法形成明确的政策预期，从而制约和影响民办高等教育的稳定发展。

加强顶层设计也是世界各国（地区）私立高等教育发展的重要经验。世界各国（地区）私立高等教育的发展模式和制度体系，都是通过各种因素的影响而形成的，其中政府政策起到了很重要的作用。比如，以英国为代表的欧洲大学完全自治制度、大学拨款制度和印度的公办高校独立学院制度，日本、韩国和我国台湾地区采用私立大学的财团法人举办制度，美国私立大学从哈佛大学的双轨制发展并稳定后采用耶鲁大学单轨制的董事会制度等，都是教育制度的顶层设计，经过漫长的实践运行比较演变，最后成型。相对而言，我国民办高校办学体制先天不足，制度供应缺乏，致使许多问题长期得不到解决。教育制度体现着国家的教育意志和教育价值，引导着民办高校的发展方向，必须适时把握时机完善制度，明确政策及其价值取向。对于一些重要的问题，应该从国家教育意志上去考量，做好顶层设计，而不是搞拉锯式的讨论，坐而论道，议而不决，导致政策的"过度滞后"，长此以往民办高校会无所适从，迷失方向，甚至采取过激行为和短期行为，从而阻碍民办高校的健康、稳定和可持续发展。就当前阶段而言，民办高等教育的顶层设计问题中，最受到社会关注的就是对民办高校的财政补助问题，这是民办高校分类管理的基础性配套政策之一。很多民办高校对分类管理持有抵触心态，分类管理政策进展相对缓慢，很重要的一个原因是政府对民办高校的财政补助政策态度不明朗，政策预期不明确。今后，分类管理正式实施以后，我们不仅要落实非营利性民办高校财政补助的相关政策，同时对营利性民办高校也要给予必要的支持。就对民办高校的财政补助而言，政策既要立足当下，更要着眼未来，充分认识到民办高校在高等教育强国进程中的重要作用，牢固确立民办高等教育在国家高等教育发展战略中的地位，以财政支持来体现国家对民办高等教育的政治支持。当这个大的方针政策明确以后，其他的政策就会更加容易推行。再次，教育政策执行必须清晰、明确、严格。这里主要涉及三个方面：第一，条文要明确，不能含糊其辞。我国很多的政策条文不明确，无法严格实施。比如，《教育部关于鼓励和引导民间资金进入教育领域促进民办教育健康发展的实施意见》指出，"规范民办学校董事会（理事会）成员构成，限定学校举办者代表的比例，校长及学校关键管理岗位实行亲属回避制度"的规定；又如《教育规划纲要》提出要建立民办学校的监视会制度等。由于这些政策笼统不清，操作性不强，在实际中并没有得到普遍有效的实施。第二，文本要一致，避免相互矛盾。当上位法的条文得以明确以后，下位法服从上位法。我国往往会出现"有法不依"或者"部门文件大于法"的情况。比如，无论是《高等教育法》还是新修订的《民办教育促进法》都规定民办高校享有专业设置自主权，分类管理以后，民办高校更加需要面向市场办学，服务地方经济和社会发展需要，但是教育行政部门往往以保证教学质量为由取消乃至剥夺民办高校自主设置专业的权利，这实际上是一种"违规行为"，虽然社会呼吁强烈，但是长期以来并没有得到有效纠正。第三，各项政策要保持配套。民办高等教育政策的执行涉及教育、编制、财政、税务、土地、物价等多个部门。在这些部门中，教育部门往往处于相对的弱势地位，各相关部门往往根据各自通用的政策来处理涉及民办高等教育的政策文本。所以，如果民办高等教育政策与其他部门的政策不一致的时候，这些部门就会用他们的部门文件来否定民办高等教育政策。比如，新修订的《民办教育促进法》规定非营利民办学校可以享受与公办学校同样的税收减免政策，但是税务部门的政策文件尚未修改，致使政策难以到位，导致民办高校税收优惠权利得不到保障。可以预计，分类管理政策正式出台以后，非营利性民办高校会享受较大的优惠政策，但是一定要保证不能因为各个部门之间的相互"扯皮"而导致民办高校的优惠政策空心化。最后，政策制定必须顾及各方利益。教育是公共产品。在政策制定的过程中，我们必须提供一个畅通的利益表达的平台和渠道，允许各个利益相关者表达和维护自己的利益。政策的最终形成往往取决于各个利益相关者的相互妥协。如果我们试图以所谓的公共利益为借口，以损害某些群体的利益为代价来维护其他的群体，那么最终通过的政策往往无法有效实施。民办高等教育政策的制定和实施涉及众多的利益相关者，其中学生、教师和举办者是三个最关键的利益相关者。学生看起来似乎是"沉默的大多数"，但是当其利益受到侵犯时，他们的力量有时候会超出我们的想象。2006年当多所民办高校学生意识到自己拿不到国家认可的文凭而感觉上当受骗后，他们组织群体活动、采取了过激的方式来维权，在社会上造成极大影响，甚至影响局部地区的稳定，这个教训我们不能忘记①。此外，多所民办高校在发展过程中曾出现资金链断裂、教师工资无法按时发放导致教师罢课的群体事件，也应该为我们经常敲响警钟。严重损伤教师和学生的利益，有可能导致学校不稳定甚至群体性事件的发生，有鉴于此，很多学者和政策制定者提出限制举办者的权力，是有一定道理的。举办者的权力需要限制，但是他们的权益也需要保护。举办者是学校发展的创立者，他们的作用是不可替代的。长期以来，我们对教育营利现象持批评态度，很多政策的出发点是希望限制举办者的利益，以此来增进所谓的公共利益。但是实施分类管理，允许办学营利，需要限制举办者的权力，但是也不能丑化甚至妖魔化举办者，同时要注意到，在分类管理的背景下出台的政策也可能会对举办者的权益保护力度不足。个别地方政策不仅否定举办者的收益权，也否定他们的所有权，导致举办者预期不清，信心不稳，已经出现对民办高校投入减少或弱

---

① 徐绪卿：《我国民办高校治理及机制创新研究》，中国社会科学出版社2017年版，第303页。

化的现象，直接影响我国民办高校的办学稳定和质量提高。所以，在实施新修订的《民办教育促进法》，制定营利与非营利性民办高校发展和管理政策的过程中，既要充分保护学生和教师的利益，也要积极维护和保护举办者的合法权益，使政策的落实具有最坚实的社会基础。

附记：本文发表在《教育与经济》2019 年第 6 期。前后两篇文章发表在《教育与经济》期刊上，感谢叶庆娜老师的辛勤付出。两篇文章写作缘起于一段时间以来对贯彻落实《民办教育促进法》及相关政策和《民办教育促进法实施条例（修订草案）（征求意见稿）》的讨论和思考。实际上，民办教育发展政策的制定和实施是一个不断渐进的过程，不可能一蹴而就，这一方面有待于社会各界认识的深化，另一方面也需要环境的营造。

国家级高水平民办院校建设的若干思考

摘　要：民办院校已经成为国家高等教育的重要组成部分。提高民办院校的办学质量，补齐民办院校的质量短板，是全面提高高等教育质量，满足人民群众接受优质高等教育向往的迫切需要。在"双一流"建设背景下开展国家级高水平民办院校建设，既要统一认识，协调推进，也要从民办院校特有的发展阶段和办学实际出发，积极引导，加大投入，改善治理，使之明确定位，凸显特色，加快建设，成为标杆，以作示范之作用。

关键词：民办院校；办学质量；示范院校；大学治理

一　国家级高水平民办院校建设的时代背景

近几年来，我国高等教育发展的一件大事，就是高等院校的"双一流"建设。"双一流"建设，是指"世界一流大学和一流学科建设"。2015 年 8 月 18 日，中央全面深化改革领导小组会议审议通过《统筹推进世界一流大学和一流学科建设总体方案》，对新时期高等教育重点建设做出新部署，决定统筹推进建设世界一流大学和一流学科。"双一流"建设的目标是"高等教育整体实力显著提升"和"基本建成高等教育强国"，满足新时代社会主义现代化建设科技创新和对高质量人才的需求。因此，"双一流"建设需要发挥示范性的带动作用，以使更多的院校能够得到启示，树立信心，把更多的精力放在提高质量上，培养更好更多高质量的人才。配合"双一流"的建设，相关项目逐步拓展，受益院校进一步增加。国务院发布的《关于印发国家职业教育改革实施方案的通知》中，"高水平高等职业学校"的建设项目，要求"到 2022 年，职业院校教学条件基本达标，一大批普通本科高等学校向应用型转变，建设 50 所高水平高等职业学校和 150 个骨干专业（群）。建成覆盖大部分行业领域、具有国际先进水平的中国职业教育标准体系"。这可以看作是"双一流"建设在高等职业教育中的延伸和拓展。"高水平民办院校建设"，是指 2010 年以后，根据《国家中长期教育改革和发展规划纲要》（2010—2020 年）的有关精神，在全国民办院校开展的以加强内涵建设为核心，以提高民办院校办学质量和办学水平为目标的民办院校质量建设工作。《纲要》提出，要"支持民办学校创新体制机制和育人模式，提高质量，办出特色，办好一批高水平民办学校"①。2012 年 6 月，教育部印发《关于鼓励和引导民间资金进入教育领域，促进民办教育健康发展的实施意见》（教发〔2012〕10 号），也提出要"积极支持有特色、高水平、高质量民办高校发展"②。在此背景下，许多民办高校领导和研究人员，也开始了高水平民办院校建设的研究和实践。目前，相关研究还不多。以"高水平民办院校""高水平民办高校"等关键词搜索中国知网，可得相关论文 63 篇，其中 2010 年（含）以前年份和 2016—2018 年的各有 6 篇，占比均不足 10%；而 2011—2015 年，共 51 篇，占比达 81%，足以体现教育中长期规划纲要的颁布对高水平民办高校建设研究的推动和促进作用。具体数据如表 1 所示。

表 1　中国知网中历年"高水平民办院校建设"研究相关论文数量（单位：篇）

年份	2005 年前	2006	2007	2008	2009	2010	2011	2012	2013	2014	2015	2016	2017	2018
篇数	3+1	0	1	0	0	1	6	13	14	11	7	2	3	1

说明：截至统计时间为 2018 年 12 月。

2017 年，《国家教育事业发展"十三五"规划》颁布，要求着力开展各级各类学校的高水平建设，明确提出了国家层面的世界"双一流"高水平建设，明确了"加快建成一批为地方经济和社会发展服务的高水平应用型高等学校和高等职业学校"的导向，高水平民办院校建设得到

①　国家中长期教育改革和发展规划纲要工作小组办公室：《国家中长期教育改革和发展规划纲要（2010—2020 年）》，教育部网站：http://old. moe. gov. cn/publicfiles/business/htmlfiles/moe/info_ list/201407/xxgk_ 171904. html.

②　教育部：《关于鼓励和引导民间资金进入教育领域　促进民办教育健康发展的实施意见》，教育部网站，http://old. moe. gov. cn//publicfiles/business/htmlfiles/moe/s3014/201206/138412. html.

重视。随着"双一流"建设的推进，国家级高水平民办院校建设的呼声高涨。由于历史的和客观的多方面原因，中国民办院校总体办学水平不高，与公办院校之间存在不小的差距。诚然，国家"双一流"建设有着特定的内涵、标准和要求，民办院校要达到这一目标和要求是不现实的。因此，学界认为，从民办院校特有的办学阶段出发，在国家层面开展"高水平"民办院校建设，建设民办院校的国家队，树立标杆，典型示范，引导民办院校的发展方向，带动和推进民办院校的整体发展，可能更加符合中国民办院校的办学实际。2019 年以来，笔者受有关部门的邀请和委托，作为主要成员参加了国家高水平民办院校建设的相关研究和方案制定，相关工作正在推进之中。

二　中国民办院校发展的现状

中国民办院校是高等教育体制改革的产物。经过 40 多年的努力，尤其是最近 20 年的发展，民办院校从无到有，从小到大，逐步具有了一定的办学规模，承担起高等教育大众化、多样化发展的重任，成为"教育事业发展的重要增长点和促进教育改革的重要力量"。根据教育部最新统计，2018 年全国民办普通高校 749 所（含独立学院 265 所），约占全国普通高校总数的 28.13%，民办院校普通本专科招生 183.94 万人，约占普通高校招生总数的 23.25%，在校生 649.60 万人，约占全国普通高校在校生的 22.63%[①]。规模的庞大，凸显了民办院校在国家高等教育发展中的地位。而民办本科院校是中国民办院校群体中的排头兵，在高等教育办学体制改革创新中走在前列。从统计数据来看，2018 年全国民办本科院校有419 所（含独立学院 265 所），招生数为 1051654 人，占全国本科院校招生数的 24.9%，在校生 4170860 人，占比达到 24.57%。中国民办院校的办学规模，已经接近了美国私立大学占比的规模比例，成为名副其实的高等教育大众化重要的方面军。

然而，在国家开展"双一流"建设和重点大学建设，全面提高高等

---

① 见教育部《2018 年全国教育事业发展统计公报》，教育部网站，http：//www.moe.gov.cn/jyb_ sjzl/sjzl_ fztjgb/201907/t20190724_ 392041. html.

教育办学质量的进程中，民办院校却被疏忽。有些项目文件明确民办院校不能申报，如中央和省级财政支持地方高校改革与发展资金专项，明确规定民办院校不得申报；国家投资数百亿建设的国家示范性高职院校，民办院校无一入选。有的项目，表面公平，实则不利于民办院校，由于体制不同，制定的项目规则是将公、民办院校置于同一"赛道"，本身就没有可比性。2018届国家级高等教育教学成果奖获奖总数共计452项，民办高校获奖成果数量仅仅只有2项，占比为0.44%；在国家级特色专业、精品课程、教学团队、教学名师等以及其他众多的高等教育质量项目中，民办院校也很少能够参与，在其他省级层面的高等教育改革和质量项目中也难得见到民办院校的校名。这些问题既有民办院校本身的问题，也有相关文件中许多不适合民办院校参与的"标准""指标"的制约。忽视民办院校的特点，不加区别一刀切，本身就将民办院校排除在外。举例来说，所有项目申报都要求民办院校与公办院校具有同一标准的校园、设施、师资、投入和成果，客观上就忽视了民办院校与公办院校办学体制的区别，实际上就将民办院校排除在参与这些项目之外。通过研究发现，近几年来随着国家对高等教育投入的加大，公、民办院校之间的质量差距继续扩大。民办院校在"双一流"建设和各项高等教育重点建设中被边缘化了。开展高水平民办院校建设，补齐民办院校发展的短板，推动公办、民办院校齐头并进、和谐发展，对于建设高等教育强国目标的实现非常重要，非常迫切。

三 国家级高水平民办院校建设的意义

当前开展高水平民办院校的建设，建设国家级高水平民办院校，全面提高民办院校的办学质量，有着重大的战略意义和现实意义。

第一，开展高水平民办院校建设，建设国家级高水平民办院校，是增强国家核心竞争力，全面完成教育中长期规划纲要提出的各项任务的需要。高等教育是国家和民族振兴的重要基础。党的"十八大"以来，党和国家继续实施科教兴国战略，高度重视高等教育在国家核心竞争力中的地位和作用，加快发展高等教育，推出"双一流"建设等各项措施，努力提高高等教育质量，为经济和社会发展提供高质量的人力资源，取得了明显的效果。民办高等教育是中国高等教育的重要组成部分。建设高等教育强国既要做强公办高等教育，也要做强民办高等教育。民办高校的办学水平质量提升缓慢，将严重影响高等教育强国建设的进程。在全国普通高等教育中，民办院校学校数占 1/3、学生数占 1/4、专任教师数占 1/5。没有民办院校整体质量的提高，建成高等教育强国是不全面的。因此，开展高水平民办院校建设，遴选一批基础条件较好、办学水平较高的民办院校进行重点建设，加快提高民办高校的办学水平，补齐高等教育质量发展的短板，缩小民办高校与公办高校的差距，对推动公办、民办高等教育齐头并进、和谐发展，克服高等教育发展不平衡、不充分问题，增强国家核心竞争力，建设高等教育强国，具有重要的战略意义。建设高水平民办院校也是全面完成教育中长期规划纲要各项任务的需要。"支持民办学校创新体制机制和育人模式，提高质量，办出特色，办好一批高水平民办学校。"这是教育中长期规划纲要提出的重要任务之一，也是促进民办院校提升质量健康发展具有重大意义的举措，得到社会的肯定和欢迎。但是由于多方面的原因，这项工作迟迟没有启动。现在，距离完成教育中长期规划纲要各项任务还有 1 年时间，应该尽快启动，加快建设，争取全面完成。

第二，开展高水平民办院校建设，建设国家级高水平民办院校，是办人民满意的高等教育，满足人民群众"上好学"美好向往的必然需要。读书学习知识，知识改变命运，人才服务国家。随着经济和社会的发展，社会对人才培养的要求提高了，人民群众迫切希望上好的学校，上好的大学，接受更高质量的高等教育。每年有数百万青年学生进入民办院校学习，千家万户的家庭寄希望民办院校的高质量发展，为国家服务，为家庭造福。高等教育既是经济和社会发展的重要动力，也是满足人民群众"上好学"美好向往的重要内容。民办院校同样肩负教书育人、立德树人的崇高职责。民办院校大规模的学生培养，其质量将直接影响中国社会主义现代化建设、小康社会建设和中华民族伟大复兴的中国梦的实现进程和品质。过去几十年，民办院校在拾遗补缺，补充高等教育资源不足，推进高等教育大众化和科技创新，满足社会对人才的巨大需求和人民群众上大学的急切需求方面，已经做出了很大的努力，得到了社会的好评和认可。但是实事求是地说，当下民办院校的办学质量还不尽如人意。许多民办院校的招生分数贴着"地平线"，成为高校招生的垫底群体；培养质量不高，难以满足人民群众接受高等教育的"质量选择"和"个性需求"。开展高水平民办院校建设，建设高水平民办院校的国家队，可以树立标杆，培育示范，带动民办院校办学质量的全面提升，更好地满足人民群众的多样化、高质量需求。

第三，开展高水平民办院校建设，建设国家级高水平民办院校，是民办院校自身可持续发展的需要。随着中国高等教育大众化、普及化的推进和深化，随着经济、社会和科技的进步，人民群众对于民办院校办学质量的要求也在不断提高。高等教育资源不断丰富，高校之间的竞争日趋激烈。从高等教育市场动向来看，社会接受高等教育的自主性、选择性快速发展，有特色、高质量的高等教育深受青睐，而质量不高、收费不低的民办院校面临严峻的挑战。最近几年来，有关民办院校招生不足的新闻报道越来越多，经常出现招生"断崖式"下滑的现象。新生报到率创新低的民办院校不在少数，有的民办院校甚至停办破产，从反面印证了民办院校提升办学质量的重要性和急迫性。开展高水平民办院校建设，引导民办院校加快内涵建设，可以增强民办院校的办学实力和竞争力，发挥优质民办院校的典型示范和辐射作用，带动、促进和激励民办院校质量的整体提升，进一步增强社会对民办院校的认可度，从而促进中国高等教育事业的科学协调、可持续发展。

第四，开展高水平民办院校建设，建设国家级高水平民办院校，是贯彻落实《民办教育促进法》，稳定和鼓励社会力量办学的重大举措。2016年11月，《民办教育促进法》新法颁布实施，决定实施营利性、非营利性民办学校分类管理，许多政策需要重构。但是目前来看法律要求和政府倡导的支持措施并没有得到很好的落实。规范到位，支持虚位。规范具体，支持原则，引发部分民办学校举办者认识模糊，信心动摇，忧心忡忡，踌躇焦虑等现象，出现了一些不稳定的因素。这对《民办教育促进法》新法的贯彻落实不利，也会对坚持走非营利性道路的民办院校产生负面影响。开展高水平民办院校建设，建设国家级高水平民办院校，出台高水平民办院校建设的各项措施，给予民办院校明确的质量导向和政策支持，能够鼓舞和提振民办高校发展的士气，稳定举办者的信心和市场大局，创设稳定良好的发展环境，激发和鼓舞社会力量对民办高校的投入热情，激励民办院校的举办者、管理者和全体师生员工为中国民办高等教育的发展而努力奋斗，从而保证分类管理的平稳过渡，促进民办院校的健康可持续发展。

第五，开展高水平民办院校建设，建设国家级高水平民办院校，也是世界高等教育发展的重要经验。国内外高等教育发展的一条重要经验，就是以重点建设带动整体发展，以品牌高校作为示范带动其他高校的发展。在私立大学办学进程中，高等教育发达国家的其中一条经验，就是不断提升私立大学的办学质量，培育私立大学的国家名校和品牌，带动私立大学办学质量的稳定和提高。在世界大学排名前五百名乃至一百名中，私立大学均占有一定的比例。美国、日本等国是公认的高等教育较为发达的国家，其私立高等教育的发展也是世界各国借鉴的模式之一。美国私立院校的数量占到高校总数量的75%，在国家高等教育名牌大学中，私立高校占到绝对的比重，如哈佛大学、耶鲁大学、斯坦福大学、普林斯顿大学、麻省理工学院、康奈尔大学、宾夕法尼亚大学、哥伦比亚大学等都是私立大学。日本和韩国的私立大学也很发达，政府非常注意私立大学质量的提高和名牌私立大学的培育，日本的庆应义塾、早稻田大学、立命馆大学和韩国的高丽大学和延世大学等都是世界名校。中国是社会主义国家，民办院校是国家高等教育的重要组成部分，为着办人民满意的高等教育的要求，必须要有一批民办院校成为国家的高等教育品牌。诚然，民办院校与公办院校之间还存在多方面的差距，开展高水平民办院校建设，不能简单地复制和照搬"双一流"建设的做法，这也正是对民办院校采用"高水平"建设而不是"双一流"建设的区别含义所在。建设国家级高水平民办院校，更准确地说，就是在国家层面，实施提高民办院校办学质量的项目工程。通过国家层面开展高水平民办院校建设项目实施，将"双一流"建设的效应贯彻延伸到民办院校中，带动各地民办院校办学质量的提高，促进高等教育质量均衡和全面提升，更好地服务国家发展战略。从民办院校本身来看，经过30多年的发展，响应政府的积极引导，民办院校抓住机遇、乘势而上，内涵发展已经成为民办院校发展的自觉行动。各校结合自身实际，主动而为，进行了积极大胆的探索和实践，取得了可喜的成绩。部分民办院校已经拥有硕士研究生培养资格；民办院校拥有省级重点实验室、省级工程技术研究中心，国家级教学成果奖、省级教学成果奖、国家自然科学基金、社会科学基金及其他国际资助项目的总数在逐年增加；已有一批在体制机制上有突破、学科建设有成效、规范管理有特色、社会声誉好、公信力强、有较高水平和较大影响的民办院校，所有的这些都为开展国家级高水平民办院校的建设奠定了良好的基础。

四　建设国家级高水平民办院校的几点建议

国家级高水平民办院校建设，首先是要在全国范围内选拔一批党建成效显著、办学基础厚实、办学质量较高、社会信誉优良、内部治理规范的民办院校进行重点建设，逐步形成民办院校的"国家队"，并针对民办院校办学体制特点，设计一批项目开展相关建设，努力培育和形成一批示范性民办院校，发挥示范效应，带动和推进民办院校办学质量的提高。为此，主要有以下工作需要关注。

第一，加快研究论证，出台国家级高水平民办院校建设的行动方案。在"双一流"建设不断深入的背景下，需要统筹兼顾，抓紧启动国家级高水平民办院校建设工程项目。将建设高水平民办院校提升为国家重点项目，作为"双一流"建设工程的重要延伸和深化，通过相关程序和路径支持一批条件较好的民办院校建设成为国家级高水平民办大学，作为建设高等教育强国战略的重要组成部分。在高等教育资源相对集中的背景下，在国家层面开展高水平民办院校建设，能够促进全社会对民办院校发展的关注和重视，吸纳更多的社会资源和政策资源，营造民办院校办学的质量环境，推进民办院校办学质量的快速提升。

第二，结合"民办"特点，制定国家级高水平民办院校选拔和建设标准。民办院校不同于公办院校，其自身的体制和机制，既是面向市场办学的优势所在，在某些方面也可能带来负面的影响。因此，国家级高水平民办院校建设选拔条件和建设标准，应当从实际出发，结合当下民办院校发展的阶段和特点，从民办院校发展的实际需求来考虑和制定，而不能照抄照搬"双一流"建设或其他项目的文本。当前尤其要在民办院校党的建设、队伍建设、学科和专业建设、内部治理结构建设和校园文化建设等方面，明确政策导向，完善管理制度，规范办学行为，树立榜样示范。

第三，加大政策支持，落实国家级高水平民办院校建设项目资金。建设国家级高水平民办院校，需要具体的配套政策和项目资金，否则项目建设不可能顺利开展并取得成效。在国家级高水平民办院校建设项目中，建议比照其他重点院校建设项目的管理，由财政部和教育部协商，根据民办院校建设的实际需求和部分省市的经验，参照安排"双一流"建设相关项目专项资金安排的方法和机制，分期分批、有针对性地支持民办院校的综合建设和学科、专业、师资队伍建设，培养高水平民办院校的"国家队"和一批民办院校的重点学科、专业，支持民办院校高端教师队伍和"双师型"教师队伍的引进和培养。结合民办院校发展的特点，完善税收优惠等政策，鼓励社会资金参与国家级高水平民办院校建设。多方筹集资金，形成高水平民办院校建设经费来源多元化格局。

　　第四，加强宏观指导，引导民办院校在建设和竞争中提升质量和水平。高水平民办院校的建设是一项复杂的系统工程，也是一个长期的建设积淀过程，不可能一蹴而就。从某个意义上讲，民办院校的质量提升和高水平建设永远在路上。政府应加强宏观指导和过程跟踪，克服过度市场化和功利性，引导民办院校加强内涵建设，把主要精力和经费用于学校的人才培养。民办院校高水平建设，是一项长期的艰巨的任务，没有捷径可循。要引导民办院校克服浮躁心态，抓实建设，不断积累，循序渐进。从长远建设目标而言，高水平民办大学应是在中国所有民办高校中处于高水平地位的院校；而从中近期建设目标而言，则要求这些院校首先在民办院校中处于高水平地位，继而在地方高校中处于高水平地位①。

　　第五，民办院校应抓住机遇，致力于建设高水平民办院校。民办院校提高质量和办学水平，首先是自身发展的需要，因此，建设高水平民办院校，首要的也是自身作用的发挥。外因是变化的条件，内因是变化的依据，高水平民办院校建设的成功与否首先取决于民办院校自身的努力。在同样的条件下，有的民办院校办学好，社会认可度高，而有的民办院校办得不好，危机四伏，体现的都是各民办院校之间为提升办学质量所作努力的个性差异。在整个高等教育都在提升质量、创建品牌的背景下，民办院校面临空前的质量压力，必须抓住机遇，加快建设，后来居上。根据当前民办院校的发展实际，尤其是要在民办院校党的建设和思政工作、人才培养和教学改革、专业学科和队伍建设、内部法人结构治理等方面狠下功夫，规范办学，提高质量，做出成效②。只有民办院校自身的积极性、主动性和创造性提高了，民办院校的高水平建设才有希望，高水平民办院校

---

① 钟秉林：《创建中国高水平民办大学》，《教育与职业》2013 年第 1 期。

② 徐绪卿：《建设国家级高水平民办高校的若干思考》，《教育发展研究》2012 年第 7 期。

建设的目标才能真正实现。

　　附记：2018 年下半年，中国民办教育协会高等教育专业委员会确定将向教育部建议加强高水平民办院校建设作为明年的重要工作任务。下半年，季平理事长专门来电话，希望笔者独立起草一份建议书方案供讨论。随后一段时间，她专门约请了几位同志多次开会，反复打磨，形成了相关方案递交教育部领导。虽然最后递交的方案已经不是笔者的稿子，但是作为民办高校的领导和研究者，能参与这一工作感到受益匪浅。将这一过程整理以后发给《高教发展与评估》期刊，得到金诚老师的大力支持，在疫情期间帮忙，刊登于《高教发展与评估》2020 年第 1 期。

关于部分独立学院转设为地方公有民办普通高校的思考

——以浙江省内生型独立学院转设为例

摘　要：独立学院是我国高等教育改革和发展进程中特有的组织形式。贯彻落实《民办教育促进法》新法，独立学院需要加快转设，但是困难很大。其中有一种由公办本科院校或其控股企业直接出资举办的"内生型"独立学院，资产结构有较多"公有"成分。而浙江"内生型"独立学院近几年来得到地方政府支持，县市财政提供土地和建设校园，资产应该属于"公有"。本文论述了如何破解"内生型"独立学院转设难题、将"内生型"独立学院转设为地方公有民办普通高校的必要性和可行性，并且就转设工作提出相关建议。

关键词：内生型；独立学院；转设转型；公有民办；可持续发展

一

独立学院是我国高等教育举办体制改革的一种创新和探索，在我国高等教育大众化过程中具有积极作用。1999 年以来，根据国家积极推进高等教育大众化，广泛动员和鼓励社会力量举办高等教育的精神，独立学院应运而生。经过 20 年的探索，独立学院从无到有，从小到大，成为社会力量办学的重要组成部分，承担着高教大众化进程中本科教育规模增长的重要任务，同时也为我国高等教育体制改革探索了一条新路。独立学院的举办，及时增加了本科教育资源，改善了大众化进程中高等职业技术教育快速发展带来的人才培养结构偏低的问题，满足了经济和社会发展对本科教育人才的需要，推进了社会力量办学的多样化、多元化，顺应了人民群

众接受本科教育的迫切而巨大的需求。根据教育部公布的数据,独立学院
在我国高等教育发展中已经占有一定的比重,成为国家高等教育资源的重
要组成部分。

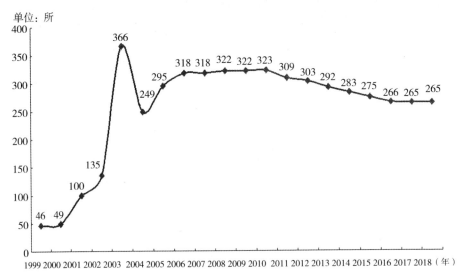

图 1　1999 年以来全国独立学院学校数发展状况

资料来源:根据相关资料整理。

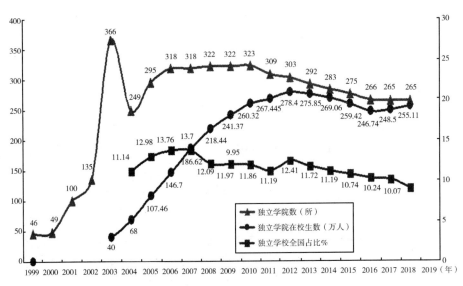

图 2　独立学院在校生数占全国高校在校生数之比

资料来源:根据相关资料整理。

　　独立学院是我国高等教育发展进程中一种特殊的举办和组织形式，其最初形态是在优质本科高校（母体）中附设的相对独立的二级学院。举办之初，政府没有投入，而是依靠社会力量投入或公办本科院校的内部挖潜建校，依靠收取较高的学费补贴运行。这种形式增加了高等教育的供给，满足了社会就读本科教育的愿望，但是在一定程度上可能稀释母体高校的资源，导致母体院校培养质量的下降，因而引发社会争议。有鉴于此，2003年，教育部下发了《关于规范并加强普通高校以新的机制和模式试办独立学院管理的若干意见》（教发〔2003〕8号），对独立学院的举办主体、举办原则、举办条件、举办机制、审批责任、专业和质量、财产与管理等做出了详细的规定。2008年，教育部又颁发第26号令《独立学院设置与管理办法》，对独立学院办学进行进一步的规范。作为贯彻落实26号令的具体实施要求，教育部办公厅于2009年2月1日发出《关于编报省级（独立学院五年过渡期工作方案）的通知》（教发厅函〔2009〕1号），要求各省市区"区分不同情况，逐校、分类明确工作意见，并就下述内容做出为期五年的安排：

　　（一）本地区独立学院专业设置及布局等基本情况，对独立学院五年过渡期的总体考虑，拟出台的政策和具体措施。

　　（二）区分以下不同情况，逐校、分类明确工作意见和《办法》施行之日起五年内的进度。

　　1. 各项要求均达标，拟报请教育部考察验收的。

　　2. 待理顺体制机制，充实办学条件后再报请教育部考察验收的。

　　3. 拟转设民办普通本科高校或民办其他层次学校的。

　　4. 拟终止、合并或并入公办普通高校、民办学校的。

　　5. 在既不扩大本地区现有独立学院数量、又符合本地区高等学校设置规划的前提下，拟新设的。"

　　这一文件的下发和实施，后来被学界称为独立学院转设"5年过渡期"的规定。文件实际上明确提出，独立学院的初始办学是一个过渡的形态，在5年内要逐步转设到"民办普通高校"或"终止、合并或并入公办普通高校、民办学校"。截至2019年年底，全国先后已有65所独立学院转设为独立设置的民办高校。

　　2016年以来，随着《民办教育促进法》的修订和实施，考虑到独立学院的管理需要与《民办教育促进法》新法相衔接，教育部有意加快独立学院的转设工作，消化存量，控制增量，规制发展。有关部门要求在"十三五"期间完成独立学院的转设工作。但是，迄今为止尚有未转设独立学院还有 265 所，占总数的 80.3%。客观地看，要实现全部转设的任务，时间相当紧张，任务十分艰巨。

<h1 style="text-align:center">二</h1>

　　在独立学院的发展中，有一种办学模式称为"内生型"①，本文讨论的部分独立学院主要是指这一类学院。学院由公办本科院校或其控股企业直接出资举办，由母体院校独立承担学校管理、师资组织、课程教学等具体运行，并负责质量监控。学院的资产归属母体院校，按民办的机制运行，学校按规定收取学费，政府不投入。有学者指出，这些院校走的是一条主要"依附于普通公办高校的发展道路"。而在面上看，这种院校更多的类似于"公办院校内设的二级学院"②，是公办院校的"校中校"。而且根据母体院校的分布，这些独立学院也大多举办在大中城市。在教育部相关文件下发以后，这些"公办院校内设的二级学院"相当一部分实行了独立法人、独立颁发文凭，但是资源和管理没有独立，因此也不符合转设的条件。

　　内生型独立学院的优势在于：不存在母体学院与社会投资方之间繁琐的洽谈环节，为学院顺利起步赢得了时间和机会；避免了母体院校和出资者之间在办学过程中由于产权归属引发的矛盾与问题，便于集中精力做好学院人才培养；一体化的师资保证了学院的教学力量，保障了独立学院的培养质量；母体院校信誉好，有品牌，社会认可度高。从各地独立学院的办学实践来看，生源质量和填报志愿普遍好于传统民办高校。

　　但是，这种单一的产权结构也存在致命的软肋：首先，由公办本科院校独资申办，不符合国家对独立学院"八个独立"的要求，难以转设为独立设置的民办院校；有可能挤占和稀释母体院校有限的办学资源，制约

---

　　① 徐军伟：《内生与外生：独立学院"浙江模式"与"广东模式"的比较与思考》，《教育发展研究》2010 年第 15—16 期。

　　② 金秋平、徐绪卿：《中国民办高等教育发展研究报告》，中国社会科学出版社 2019 年版，第 189 页。

母体院校的办学质量提升；没有自有资产支撑，独立学院难以独立办学和实施可持续发展；独立学院的师资和管理与母体院校一体，阻碍了独立学院学科专业特色的培育和彰显；身居大中城市，与众多传统的本科院校竞争，上不着天，下不接地，应用型人才培养不接地气；独立学院作为独立法人，没有形成完善的法人治理结构，偶发事件可能冲击母体院校正常的办学秩序，从而对母体院校带来办学风险。《中华人民共和国民办教育促进法实施条例（修订草案）（送审稿）》第七条明确提出，"公办学校不得举办或者参与举办营利性民办学校。公办学校举办或者参与举办非营利性民办学校的，应当经主管部门批准，并不得利用国家财政性经费，不得影响公办学校教学活动，不得以品牌输出方式获得收益"。这样一些因素，加上国家日益加大"转设"力度，内生型独立学院一直在探索出路和方向，寻找适合自身的发展道路。

相关研究表明，"内生型"是大多数独立学院发展的起点，相当多的独立学院都是从"内生型"办学起步的。在教育部一系列文件下发以后，一部分独立学院回归母体，一部分社会投资转设为普通民办院校，但是"内生型"独立学院在全国仍有一定的数量。而从区域来看，全国各省市区都有分布，浙江、江苏、河北等地相对集中。①

浙江是独立学院的发源地之一。改革开放以来，浙江的经济和社会发展较快，走在全国各省区前列。与此形成鲜明对比的是浙江高等教育的严重滞后。学校数量少、办学规模小。1998 年全省普通高校只有 32 所，校均在校生规模只有 3500 人，全省高校总占地只有 1 万亩，其中有 7 所为校园面积 100 亩以下的"袖珍大学"。"千军万马过独木桥"的高考景象在浙江表现得尤为突出。1999 年，全省招生人数 3.67 万人，高考录取率仅为 35%，毛入学率只有 8.9%，低于全国 9.8% 的平均水平。大学的层次低、结构不尽合理。全省仅有 5 所大学建制的高校，与经济和社会发展对高等教育的需求很不相称。改革开放以后，浙江省抓住国家高等职业学院审批权限下放的机会，大力发展了一批高等职业技术学院，但是本科人才培养结构失衡的矛盾又凸显出来。而由于大环境的影响，民办高校发展也非常缓慢。直到 1998 年浙江只有两所民办院校，浙江树人大学和金华

---

① 胡宝利：《内生型独立学院发展及其合法性研究——以 A 大学独立学院为例》，博士学位论文，北京大学，2012 年。

职业技术学院，1999 年招生数分别为 583 人和 537 人，占比几乎可以忽略，而且均为专科层次。事实表明，传统民办高校难以承担起高等教育发展、改革和创新的重任。

　　1999 年，为落实国家积极发展高等教育，实施高校扩招的要求，考虑到公办院校办学条件已经普遍饱和，办学规模扩张几无可能，而民间相对富裕，群众求学愿望迫切且有一定的支付能力，浙江省开始了独立学院发展的探索。当年 4 月，省政府批准宁波大学科技学院创办，9 月，又批准浙江大学城市学院开始招生，1999 年 8 月，又下文批复了 8 家独立学院①，提出 4 个独立（独立法人资格、独立财务、独立校区、教学相对独立），从此拉开了浙江独立学院发展大幕。由于独立学院能充分发挥母体高校的资源优势和"国有母体"信誉优势，尤其是大大缩短了队伍建设的周期，使得独立学院的办学得到社会广泛的欢迎和支持，办学规模实现了较快速度的扩张。短短几年，浙江独立学院从无到有，快速发展，几乎所有的本科院校都举办了分校或独立学院。根据笔者组织的"浙江省高教学会民办高等教育分会首次年会"通讯录②记载，到 2002 年秋季，浙江就有 18 所独立学院开始招生。2003 年普通本科院校举办的独立学院达到 22 所，独立学院招生和在校生分别为 2.94 万人和 8.61 万人，占本科招生、在校生规模的 38.8%、34.1%。③ 独立学院承担起浙江高等教育大众化进程中本科教育新的增长点的重要角色。

　　由于历史的原因，浙江独立学院大多为内生型独立学院。根据相关口径的统计，在 2019 年年底浙江 22 所独立学院中，内生型独立学院就有 18 所（见表 1）。

表 1　　　　　　　　　　　浙江 22 所独立学院产权类型

产权结构形式		案例学校
一元产权结构	单个公办院校独自投资并申办	浙江工业大学之江学院等 18 所学院

---

　　①　浙江省人民政府浙政发［1999］192 号文件《关于浙江工业大学等 8 所高校组建民办二级学院的批复》。

　　②　浙江树人大学民办高等教育研究所：《浙江省高教学会民办高等教育分会首次年会资料汇编》，2002 年 10 月。

　　③　2003 年浙江省教育事业发展公报。

续表

产权结构形式		案例学校
多元产权结构	单个或多个投资机构投入，高校申办，合作办学	上海财大浙江分院 同济大学浙江学院
	单个或多个投资机构投入，政府参与投入，高校申办，合作办学	浙江大学城市学院 浙江大学宁波理工学院

资料来源：谌昱：《浙江一元产权结构独立学院民营化面临的问题与对策》，《和田师范专科学校学报》2010 年第 6 期。

三

　　为解决独立学院存在的问题，浙江的独立学院积极探索，把尽快解决独立学院"独立的校园"作为基础性的工作，加快转设进程。根据浙江省大中城市土地资源稀缺昂贵、周边县市经济条件较好、急于引进高等院校、出台格外优惠的引智政策的实际环境，部分独立学院开始了"走出大城市，落户小县城"的迁校步伐，成为一道特色鲜明的风景。早在2007 年，浙江财经大学东方学院就与海宁市政府签约搬迁，开始了迁址办学的探索。2012 年，浙江工商大学杭州商学院和浙江农林大学暨阳学院分别落户桐庐县和诸暨市。2013 年，浙江工业大学之江学院与绍兴县（后区划调整为柯桥区）政府洽谈成功，由县政府免费划拨土地、建设校园的"交钥匙工程"，成建制引进浙江工业大学之江学院。各地在引入独立学院的过程中，除了免费提供土地外，有的地方政府还解决了教师公寓和教师待遇，吸引和稳定教师队伍。在多项政策的激励下，浙江独立学院开始了规模较大的搬迁。目前，全省 19 所[①]独立学院中至少有 12 所独立学院已在县市办学或正在建设县市校区，占全省现有独立学院数的63.2%。还有几所独立学院正在洽谈中。

表 2　　　　　　　　　浙江部分独立学院迁址办学一览表

序号	独立学院名称	旧址	新址	迁址时间
1	浙江财经大学东方学院	杭州	海宁	2010
2	浙江工商大学杭州商学院	杭州	桐庐	2012

① 2019 年年底教育部批复同意浙大城市学院和浙大宁波理工学院转设为地方公办院校。

续表

序号	独立学院名称	旧址	新址	迁址时间
3	浙江农林大学暨阳学院	临安	诸暨	2013
4	浙江工业大学之江学院	杭州	柯桥	2013
5	杭州电子科技大学信息工程学院	杭州	临安	2014
6	浙江中医药大学滨江学院	杭州	富阳	2014
7	温州医科大学仁济学院	温州	洞头	2015
8	浙江师范大学行知学院	金华	兰溪	2015
9	浙江海洋大学东海科学技术学院	定海	岱山县	2015
10	宁波大学科学技术学院慈溪校区	宁波	慈溪	2015
11	浙江理工大学科学与艺术学院	杭州	上虞	2017
12	中国计量大学现代科技学院	杭州	义乌	尚在建设中

资料来源：数据从互联网收集，部分学院迁址时间和签约批准时间可能有混。

迁址解决了独立学院的土地、校园，突破了学院发展的瓶颈，为学院的长远和可持续发展奠定了最基础的办学条件，但是并没有解决"转设"和可持续发展的根本问题。由于校园由县市政府投入，最终产权不属于学校，有校园没产权，独立学院作为独立法人无资产支撑的状况没有得到改变，独立学院转设障碍依旧。迁址以后，独立学院可持续发展的动力和环境也没有得到显著改善。根据笔者的调研了解，新的校园的资产大部分是过户到学院的，但是县市政府的投入是通过城市投资公司的投入形式进入的，要使校产完全成为私法人性质的资产，财政难以实施，政府难以允可。与此同时，目前适应迁址以后独立学院的法人治理结构也不健全。母体院校相对放松管理。政校关系松散，政府进入不了学院决策层，对学院后续发展支持力度减弱，甚至许多原有的承诺都被束之高阁，无人问津。由于远离原有的校址，原有教师离校的较多，新校区的教师队伍建设也碰到了一些问题和困难。

首先，迁址以后独立学院的"产权"问题仍未解决；其次，学院资产以政府投入为主，不符合转设为独立设置的"民办高校"的基本条件，地方政府财政性经费不可能进入私人渠道，形成的资产也不可能作为完全私法人性质的机构所有；地方政府与独立学院的关系不明确，法人治理结构没有体现独立学院的资产性质，相当一部分独立学院迁址以后法人治理结构没有发生变化；再次，独立学院入住县城，不属于县级政府，学院办学的地位难确立，学科建设和专业建设找不到扎根的土壤；又次，母体院校与独立学院"家账难算","难舍难分",母体院校不愿意放弃不菲的"分手费",独立学院也想继续享用母体院校的品牌和资源;最后,县级城市高等教育配套设施较少,学院办学和校园稳定遇到许多问题,需要学院与当地政府共同协商和配合解决。综上原因,迁址以后学院转设还有许多障碍,难以推进成行。当然,如果直接转设为地方公办院校,地方政府也会因财政支撑不足而担心和动摇。

在笔者看来,从国家法律和政策来看,独立学院转设势在必然。要使得迁址实现转设,成为独立学院新一轮发展的强大驱动,必须大胆创新独立学院的办学性质。就浙江的经验和现实来看,解放思想,突破陈规,将部分独立学院转设为独立设置的公有民办院校,更有可能性和可行性。

第一,有利于处理迁址以后形成的产权。将部分独立学院转设为独立设置的公有民办院校,现有学院资产属于地方政府和母体院校"持股"的"公有"性质,既为学院持有法人财产创造了条件,为学院转设扫除障碍;又符合地方政府投入的财产处理原则,并且学校实行公有民办,不会改变独立学院继续按照民营机制,学院将延续原有的运行模式前行。因此,实行公有民办可能更符合学校资产的现实。

第二,有利于得到地方政府的持续支持。学校迁址,得到地方政府的直接支持,但是对于学院发展来说,这是第一步。从笔者自身的经历来看,大学在县市发展,必须得到地方政府的持续支持,学校才能持续发展。学校周边的环境治理和校园安全,需要地方党委和政府的深度参与,教职工的住宅和相关条件配套离不开政府部门的大力支持。将部分独立学院转设为独立设置的公有民办院校,让独立学院在某种程度上真正成为地方"自己的大学",能激发地方政府办学的积极性,愿意而且会自觉地担当起支持学校发展的任务,从而使得学院进入良性发展轨道。

第三,有利于得到母体院校的支持。内生性独立学院长期在母体的"怀抱"里办学,母体对于独立学院犹如子女,既有资源的投入,也有感情的投入。迁址县市,离开母体院校,转设为独立设置的民办院校,母体院校既有感情上的不舍,也有经济账需要清算,由此给转设带来问题。现实中有的独立学院就是受高额"管理费""分手费"阻挠而不能转设①。

---

① 王长华:《独立学院:探索混合所有制形式将评判权交给市场》,《人民政协报》2014年3月19日第10版。

但是如果转设为公有民办的院校，母体院校参与办学，资产性质与母体院校一致，这种矛盾的解决就会容易得多，也会一如既往得到母体院校的支持和指导。

第四，有利于学院正确定位提高质量。独立学院迁址办学，落户县市，服务地方，学科专业紧密结合地方产业发展，有了自身的服务对象和特色培育土壤。如若将部分独立学院转设为独立设置的公有民办院校，学院与政府之间建立起更加紧密的合作关系，产教融合，协同育人，能够精准规划，科学安排，发展地方特色的专业学科。地方各级机构和企事业单位也会从自身的实际出发支持学院的改革，大大推进应用型人才培养体系的建设和各项措施的落实，提高应用型人才培养的质量。因此，办学思路和思想观念上的"迁址"更为重要。

第五，有利于架构和完善法人治理结构。由于法人资产不落实，因此独立学院的法人治理结构难以建立和完善，学院的发展目标难以确立。许多独立学院的董事会组织不健全，机制不完善，决策不独立，优势难发挥，在治理上相当于公办院校内设的一个二级学院。如若将部分独立学院转设为独立设置的公有民办院校，将学院真正落地为一所具有独立法人的地方院校，法人治理结构就会比较顺利地得到建立和完善，推动学院健康和可持续发展。

第六，有利于保持学院发展的稳定。独立学院在转设以前一直是处于"不公不民"的状态。尽管国家有关法律法规都明确独立学院的"民办"性质，但是学院本身并不愿意承认自己是民办院校，因为这个原因，全国绝大多数独立学院很少参加各级民办教育协会的相关活动。学校领导倾向于"公办"；很多学校依赖母体招收教师，具有母体声誉的优势；而招收的学生在现有条件下，尽管招生分批，生源有差异，但是还是享有母体院校"公办"的优越性。将部分独立学院转设为独立设置的民办院校，对师生来说都有一个转变过程，甚至可能引发学校稳定。"绍兴文理学院元培学院转设为民办院校因引发大量学生的投诉而暂缓"①的案例就是一个证明。而将部分独立学院转设为独立设置的公有民办院校，教师和学生都能顺利接受，能够使得转设办学平稳过渡。

---

① 中国新闻网：《绍兴文理学院元培学院暂缓"独立"专家称遇阻不罕见》，http：//www.chinanews.com/sh/2019/12-25/9043479.shtml.

四

　　将部分独立学院转设为独立设置的公有民办院校，既有实践需要，也有现实可行。首先，符合国家相关规定。教育部文件（教发厅函〔2009〕1号）中对独立学院转设提出了"区分不同情况，逐校、分类明确工作意见"，提出"转设民办普通本科高校或民办其他层次学校的""拟终止、合并或并入公办普通高校、民办学校的"等多种选择，我们可以理解，转设为公有民办院校也是其中的一种选择。其次，符合政府倡导的混合所有制院校方向。教育部于2012年出台的《关于鼓励和引导民间资金进入教育领域促进民办教育健康发展的实施意见》中指出"鼓励和引导民间资金进入教育领域，形成以政府办学为主体、全社会积极参与、公办教育与民办教育共同发展的格局。"国务院印发的《国家职业教育改革实施方案》（国发〔2019〕4号）明确提出："支持和规范社会力量兴办职业教育培训，鼓励发展股份制、混合所有制等职业院校和各类职业培训机构。"这些都为独立学院转设为独立设置的公有民办院校提供了依据。内生式独立学院本身兼具公办（普通高校）与民办（社会组织与个人）的性质，新校区的产权也主要为地方政府所有，带有明显的混合所有制院校的特征。再次，地方政府有积极性。在高等教育大众化发展过程中，如果没有公有民办独立学院，高等教育大众化的步伐可能要慢一些①。一些经济发达的县市，由于经济和社会的发展，希望举办"自己的大学"，培养适应自身产业发展需求的人才更为迫切，财政也能够承担部分办学经费支持学院建设。第四，壮大非营利性院校队伍。在分类管理背景下，将部分独立学院转设为独立设置的公有民办院校，在资金的运作、人员队伍的组织、相关教学活动的安排等各方面，继续延续民办体制办学，能够为学校新的发展注入活力。由于《民办教育促进法》新法规定，政府不能出资举办营利性学校，这就决定了转设后的院校是非营利性的。最后，改革成功经验可供借鉴。改革开放以后高等教育改革已经积累的经验为部分独立

---

　　① 别敦荣：《关于促进公有民办独立学院健康发展的思考》，《大学》（学术版）2012年第9期。

学院转设为独立设置的公有民办院校提供了借鉴。浙江万里学院从一个公办专科转设为公有民办院校以后，学校获得快速健康的发展，成长为国内知名的"转制"学院，事实证明公有民办学院也有较好的发展前景，应该成为高等教育大众化多样化路径的选择之一。

部分独立学院转设为公有民办院校，也是加快解决内生型独立学院转设的需要。《民办教育促进法》新法颁布以后，国家加快了独立学院的转设步伐。但是内生型独立学院的政府投资迁址办学又给转设带来了产权处理难度。地方政府的投入不可能作为私法人性质的民办院校。而教育部第26号令提出独立学院"是民办高等教育的重要组成部分"，"独立学院依法享有民办教育促进法、民办教育促进法实施条例规定的各项奖励与扶持政策。"这就规定了独立学院的"民办"属性。为兼顾产权的"公有性"和学院的"民办性"，将部分独立学院转设为地方公有民办性质的院校，符合国有资产处理要求，也延伸独立学院的办学性质，事实证明这是现实可行的办法。

将部分独立学院转设为独立设置的公有民办院校，是一个庞大而复杂的系统工程，需要做大量的工作。这里，笔者根据自身的经历和研究，提出以下几点建议。

第一，加快顶层设计，推动独立学院多样化转设。独立学院转设是教育部一项急迫而艰巨的任务。独立学院转设慢，可能与过去的转设模式单一也有关系。况且原有的转设文件是在《民办教育促进法》修订以前发布的，与《民办教育促进法》新法以及相关配套文件存在一些差异和冲突。加快独立学院转设，需要大胆解放思想，创新转设模式，从实际出发，多样化多元化推进。鉴于内生型独立学院的数量多，转设难度大，建议政府部门专题研究，如若允许采用"公有民办院校"的转设目标，需要加快顶层设计，明确制度要件，提前做出规范。

第二，抓住迁址机遇，积极推进转设工作。独立学院转设是国家2008年以来民办教育政策的一贯要求，也是贯彻落实《民办教育促进法》新法，推进民办教育发展的重要措施。近几年来，教育部一直非常重视独立学院的转设工作，连续几年教育部工作计划中都有相关内容，学院和主管部门必须高度重视，加强规划，克服侥幸心理和畏难情绪，根据一事一议、一校一策的原则，确定科学的转设目标，设计好转设的线路流程和时间步骤，克服不利因素，积极创造条件，扎实推进转设。尤其是公有民办学院的转设，需要教育部门的允许，仅仅依靠学校本身可能还有难度。应制订周密、科学的独立转设方案，说服主管部门帮助解释沟通，做好工作，争取支持。

第三，理顺政校关系，构建学院治理体系。迁址、转设都不是目的，目的是符合国家对高等院校的要求，更好地提高人才培养、科学研究和社会服务的质量和水平。为了达到这一目标，需要实施政学产研齐心协力、协同发力。要根据学院的资产结构，构建起完善的法人治理结构。要制定好学院章程，董事会、院长和党委会合理分工，健全各项制度，区分各自职责。董事会成员除了学院代表、母体院校和地方政府的代表以外，还应该有地方企业界、产业界等代表。要明确董事会的工作机制，使董事会正常运行，更好地担当学院发展决策的大任。

第四，加快制定规划，布局学科专业特色。迁址和转设对于学院发展都是重要的契机，是学院发展新的起点。迁址和转设为学院新的发展创造了条件。学院应该借此东风，制定发展规划，确定发展战略，明确发展定位，重新布局学科专业发展重点和方向，加快学科专业结构的调整；确定发展路径和措施，积极发展服务当地产业发展的学科专业，培育自身的学科专业特色。与此同时，需要加快师资、课程和实验实习实训条件等内涵建设，提升人才培养的质量，形成新的学科专业优势。

第五，发挥体制优势，广泛集聚资源。公有民办，顾名思义，资产属于公有，民办机制运行。学校迁址和转设，要善于挖掘发展优势，调动政（府）校（母体）院产（业）多方面的积极性，面向市场，公私兼得，用好用足政策，形成学院发展的强大资源。当然，作为公有民办院校，其管理也有自身的特点，资产和经费管理中比较多地会采用一些"公"的管理方式，学院运行中也有自身的特点和要求，处理得不好容易影响学校效率和效益的发挥，甚至可能"两头不讨好"，影响学校发展。对此学院领导班子要加强制度建设，规范管理行为，杜绝腐败和其他违规行为发生，保持学院的健康发展。

第六，增强办学实力，力促可持续发展。独立学院的迁址，拓展了学院长远发展的空间；学院的成功转设，为学院长远发展赢得了新的发展机遇。在新的起点上，学院应该不失时机，在自身的发展定位、发展规划指导下，抓好各项措施落实，大力充实自身实力。既要继续从母体中吸取营养，也要逐步摆脱对母体院校的依赖，独立思考，自主负责，踏实运行，保障独立后的师资质量和课程质量，保持人才培养质量的稳定和提高，努力增强自身的办学实力。还需要指出的是，迁址和转设是学院发展的重大事件，需要各方面的协同努力，尤其要做好广大教职工的思想工作，做好转设解释，听取师生意见，保持学院稳定。

别敦荣教授曾经指出："经过十多年的发展和积累，公有民办独立学院在独立学院中已经占有相当的比例，我估计在 1/3 左右，有 100 所左右。以这样的比例，平均在校生 8000—9000 人的规模，应该有上 100 万人了。"[①] 民间还有 "全国公有民办独立学院院长联谊会"，可见此类独立学院在全国数量不少，由此说明部分独立学院转设为独立设置的公有民办院校不仅仅在浙江有可能，而且在全国都有着积极的意义。当然，独立学院转设涉及面广，具体问题复杂。本文只是论证了内生型独立学院转设为公有民办院校的可能性和可行性，但是就大多数独立学院而言，还是应该争取转设为独立设置的民办普通院校，以壮大民办院校的办学队伍和办学实力。我们认为，选择什么样的转设路径和目标模式，应该从独立学院的发展历史、发展的目标出发，从当地的实际情况和能力出发。即使内生型的独立学院，也应该区分条件和充分论证，力争选择适合自身的发展道路。

附记：独立学院是我国民办高校发展中的特殊形式，研究民办高等教育必然会碰到这个问题。2009 年开始国家倡导独立学院转设，但是力度大、进展慢。浙江是独立学院的重要发源地，在推进转设中也遇到很多具体的矛盾和困难。为此，本人专门做了一段时间的调查和文献研究撰写此文，得到林岚主任的热心支持，发表在《教育发展研究》2020 年第 5 期。根据此文整理的相关建议书，获得教育部和浙江省人民政府领导的肯定和批示。

---

① 别敦荣：《关于促进公有民办独立学院健康发展的思考》，《大学》（学术版）2012 年第 9 期。

中国家政产业发展与民办高校的人才培养

编者按：家政产业是满足人民对美好生活向往的民生产业。近年来，中国家政服务业保持良好发展势头，产业规模持续扩大，产业发展前景巨大。然而，目前家政产业还面临诸多挑战，产业发展除了良好的政策环境外，关键还需要人才资源。在此背景下，第20届亚洲区家政学会国际双年会在杭州举行，这是关于家政学学科发展、人口老龄化、家政产业发展和家政人才培养等主题的学术盛会，促进了中国学界、业界与亚洲各国乃至世界的交流。此文是浙江树人大学校长、浙江省家政服务人才培养培训联盟理事长徐绪卿在大会上发表的家政学国家报告，全文高瞻远瞩、文风隽永，尤其是作者提出的民办高校应深度参与家政人才培养和培训的观点，富有见地。现将全文刊载如下，以飨读者。

关键词：家政学；社会学；家政专业；家政产业；家政服务业

一　中国家政产业发展概述

家政产业又称为"家政服务业"，是指以家庭为服务对象，由专业人员进入家庭成员住所提供或以固定场所集中提供对孕产妇、婴幼儿、老人、病人和残疾人等群体的照护以及保洁、烹饪等有偿服务，满足家庭生活照料需求的服务行业①。关于这一概念的界定，理论界尚未完全统一。在实践中，有些业态，如保洁、物业、看护等，已经不限于家庭服务的概念，但还属于家政服务业的范畴。过去，家政人员一般被称作雇佣工、保

---

① 家政产业概念出自《国务院办公厅关于促进家政服务业提质扩容的意见》（国办发〔2019〕30号）。

姆或管家等。在国外，规范化的家政起源较早，特别是以菲佣为代表的国外"雇佣"制和以英国为代表的"管家"，世界闻名。随着经济和社会的发展，人们的消费观念快速转变，家政逐渐以一个行业的形式，快步走入人们的生活并广受欢迎。

进入 21 世纪后，中国政府开始非常重视家政服务业的发展。2007 年 3 月，国务院发布《关于加快发展服务业的若干意见》；2010 年 9 月，国务院办公厅发布《关于发展家庭服务业的指导意见》。十八大以来，习近平主席多次作出关于发展家政服务业的重要指示，如 2013 年提出：家政服务是社会需要，许多家庭上有老、下有小，需要服务和照顾，与人方便，与己方便，家政服务要讲诚信、职业化；2018 年提出：家政业是朝阳产业，既满足了农村进城务工人员的就业需求，也满足了城市家庭育儿养老的现实需求，要把这个互利共赢的工作做实做好，办成爱心工程。这些讲话精神是中国家政产业发展的重要遵循。2019 年 2 月，李克强总理在国务院常务会议专题研究家政服务业发展时也强调，家政服务业事关千家万户福祉，是一项一举多得的产业，要推动这一产业发展壮大、扩容提质。

当下，家政服务业变得越来越重要，主要是基于旺盛的消费需求和日趋细化的社会分工。一方面，民众的生活水平日益提高，其消费观念和生活方式发生了较大的变化，家政消费越来越普遍，家政服务需求量较大。根据中国国家发展改革委员会公布的数据显示，2017 年和 2018 年，中国家政服务业的产值分别为 4400 亿元、5762 亿元，同比增长 26%、27.9%，从业人员分别为 2800 万人、3000 万人。[1] 中国劳动和社会保障科学研究院发布的《中国家政服务业发展报告（2018）》显示，中国家政服务业整体保持良好的发展势头，家政服务业产业规模继续扩大，连续保持 20% 以上的年增长率，其中规模以上企业营业收入增长速度更快，涉及的细分产业已有 20 多个门类、200 多个服务项目[2]，尤其是居家

---

① 《全国"家政培训提升行动"顺利启动》，2018 - 08 - 22，http：//www. ndrc. gov. cn/gzdt/201808/t20180822_ 895999. html；《连维良副主任介绍〈关于促进家政服务业提质扩容的意见〉有关情况》，2019 - 07 - 24，http：//www. ndrc. gov. cn/zcfb/jd/201907/t20190724_942302. html.

② 韩秉志：《家政服务业：需求旺盛还要优质供给》，《经济日报》2018 年 8 月 28 日第 7 版。

养老、康复护理、育婴育幼和烹饪保洁等方面的需求，持续呈刚性增长，未来中国家政服务业将成为万亿元级别的朝阳产业，发展前景巨大。另一方面，随着生活节奏的加快和社会分工的细化，民众需要专业的家政队伍承担部分家务。专业的人做专业的事，发展专业的家政产业，促进社会稳定和家庭和谐，能够推动现代社会健康发展。人口老龄化日益加剧以及全面"二孩"政策的落地，成为家政产业发展的重要环境条件。因此，可以毫不夸张地说，家政体现着大民生。家政服务需要大量的人工劳动，发展家政产业，有利于扩大内需、增加就业，尤其是在吸引农村妇女劳动力就业、带动农村增收和农民致富方面，发挥着重要的作用。根据常山县委书记叶美锋的介绍，"常山阿姨"一年的收入就达 5 亿余元。可见，发展家政服务业能起到农民增收和发展经济的作用，也是促进就业、精准脱贫与保障民生的重要路径。

二　中国家政服务业发展的特点

家政服务业是服务业的重要组成部分，是居民服务业的主体。当前，在互联网与信息技术、人工智能和大数据等创新工具应用的刺激下，通过资本与消费市场的培育、行业发展优良环境的营造、行业特色品牌的培育建设、职业化与标准化的推进、学科建设与人才队伍的培养培训、公共服务平台的完善等方式，利用政策引导、市场调节、分类指导、结构调整等手段，家政服务业态呈现良好的发展势头。近年来，家政服务业快速发展，呈现以下五个显著特点。

（一）政府引导与市场调节双轮驱动

2009 年开始，由国家人社部牵头，国家发改委、民政部、财政部和商务部等 8 个部委共同参与"发展家庭服务业促进就业部际联席会议"，并专门成立国务院家庭服务业办公室。联席会议统筹协调各成员单位，形成"部委、省、市"三级联动工作机制，分工合作，共同研究制定相关政策法规及发展规划，建立行业规范和标准，从市场管理、职业培训、劳动保障、权益维护、服务网络和信息平台建设等方面推动家政服务业发展。同时，注重发挥市场对资源配置的调节作用，促进家政服务业提升自我发展能力，推进家政服务业市场化、标准化、信息化和产业化发展。比如，在杭州，由少数几家通过审核和认证的实力较强的公司发行包括家政服务券和养老服务券在内的通用服务券，这种模式有利于在服务券消费领域引入市场机制，提高服务质量，增加服务供给。将家政服务业的规范化、市场化、标准化和品牌化有机结合起来，促进了家政服务企业的自我发展能力。

（二）重视培育家政服务业主体、资本与消费市场

中国政府非常重视家政服务业市场发展能力，通过培育家政服务业主体、资本与消费市场，不断激发市场活力。比如，通过出台有利于家政行业企业发展的法规条例、标准体系和制度性补贴等措施，塑造职业化、规范化的企业形象，形成行业主体的主流模式，获得市场的正向效应和溢出效应；积极学习网上零售商圈的先进经验，与互联网企业融合，开发家政O2O服务模式，满足不同消费者的服务需求，进一步扶持家政服务业主体市场；通过财税优惠政策，激发社会资本、民间组织、非营利机构广泛参与和支持家政服务业发展，扩大家政服务业发展资金筹措来源。据调查，湖北木兰花家政、厦门小羽佳家政、北京逸家洁、北京爱依养老及银川城市管家等多家家政服务企业已在"新三板"上市。积极引导居民转变消费观念，扩大家庭服务消费领域和消费群体，引导居民认识品牌企业与一般企业的区别，形成对家政服务品牌消费的支持机制，帮助家政服务业扩大消费市场空间。

（三）注重营造良好的市场环境

中国的政府部门、行业协会和企业都非常重视营造良好的市场环境，利用媒介引导从业人员树立正确的就业观和道德观，增强职业归属感，吸引更多优秀人才从事家政服务业；引导家政企业和消费者正确对待从业人员、尊重其劳动，促进和谐的劳动关系、雇佣关系的建立，增强家政服务市场的正向效应。以杭州市为例，国内主流媒体《人民日报》《光明日报》《中国青年报》《中国妇女报》、新华社和中央人民广播电台等中央媒体以及《浙江日报》《杭州日报》《钱江晚报》《都市快报》、杭州网和新蓝网等地方媒体，均对家政企业的发展及家政从业者、管理者的优秀事迹，进行了正面、生动地报道，大大增强了民众对家政行业的了解和认

同感。

（四）着力打造家政服务业品牌

在中国，品牌对家政服务业的引领作用已越来越受到重视。家政服务业通过品牌标准化、品牌规模化和品牌文化建设三条路径打造品牌。家政企业积极参与各种服务质量认证、著名商标评选以及明星企业评选，促成服务质量的构成要素、考核依据、评价标准等过程和结果规范、统一，有据可依，满足消费者日益增长的对家政企业品牌、质量的需求。政府通过设立专项资金扶持、建设一批具有自主品牌、区域特色、较强竞争力的服务企业和企业集团做强做大，通过兼并、重组、联合和实行连锁经营、加盟经营等方式，促进家政企业的品牌化、规模化经营；同时，应进一步强化企业与高校、培训机构的合作，组织实施家政企业经营者和管理者培训，搭建经营者、管理者经验交流和联谊合作的平台，完善其成长环境和激励机制，增强其开拓市场、创新商业模式的能力和经营管理、品牌运作的能力。

（五）推行家政职业化、标准化建设

众所周知，家政服务具有强烈的经验品和信任品特征，服务供给者要增强自身的可信度，必须提高服务质量。中国政府在重视家政服务业从业人员队伍建设、促进规模发展的同时，应加强对从业人员的资格管理和职业培训，要求从业人员的知识、技能、行为符合职业规范和标准，通过职业归属感重建、职业机制建设和职业技能竞赛等方式，推进家政职业化、标准化建设。例如，通过宣传与贯彻《家政服务员》国家职业标准，强化职业技能资格认定和考评工作，逐步实施从业人员职业资格的准入制度，提升家政从业人员的素质和能力。

三 中国家政产业发展面临的挑战

中国家政产业快速发展，但是也面临着发展中产生的一系列问题，对产业发展构成严峻的挑战。

（一）　特色化需求持续增长

中国的 GDP 每年保持 6% 以上的增速，已进入高质量发展阶段，带动居民收入水平不断提高，不仅增强了居民对家政服务的消费能力，也将加快居民生活方式的转变，家政服务需求持续扩大。从这个层面上讲，未来中国家政服务业需求扩张的空间和潜力都是巨大的，同时需求的层次和类型差异也将更加明显，尤其是与高龄老人、妇幼儿童相关的服务，将成为家政服务需求及其增长的重点。面对服务需求不断分化、新型业态不断涌现的实际，家政企业在保证综合性、大众化、一般性家政服务得到有效供给的前提下，如何满足个性化、高端性、专业化和特色化的消费需求，同时选择供给短缺严重、需求扩张潜力较大、行业带动效应较强、促进就业和惠及民生作用突出的家政服务内容作为重点发展领域，将是家政服务业发展面临的重大挑战。

（二）　从业人员素质亟待提高

当前，家政服务产品的"产、供、销、存"等方面还存在薄弱环节，家政服务行业渗透率依然较低，市场占比依然较小。由于家政行业自身的复杂性，在面对消费需求时，企业不可能有一个大而全的解决方案，应将市场细分为若干子项，针对每个子项提供精细化的产品和服务，使目标用户拥有切实的使用价值，只有实现了使用价值，才有可能转化为商业价值。特别是针对日益强烈的养老服务需求，"互联网+"背景下的智慧养老与家政服务拥有巨大的发展潜力，这也为家政服务业产业转型升级带来了新的机遇。这充分表明，今后家政服务市场的细化与分化将成必然，不仅需要更大规模的从业人员，而且对中高端人才特别是具有良好的经营管理能力、市场营销能力的知识技能型和专家智慧型家政从业人员的需求更加迫切。《中国家政服务业发展报告（2018）》显示，全国家政从业人员为 2800 万人左右，需求量高达 4500 万人，缺口 1700 万人，且现有队伍存在年龄偏大、文化水平偏低、技术技能水平较弱、流动性高以及稳定性差等问题[①]。因此，如何加大力度优化市场环境、增强家政职业吸引力，

---

① 《家政从业人员缺口 1700 万》，2019-06-28，http：//country.cnr.cn/gundong/20190628/t20190628_ 524667696. shtml.

是家政服务业能否满足社会需求、实现可持续性发展的关键所在。

(三) 行业转型升级任务急迫

中国的家政服务业是典型的传统服务行业，市场需求空间巨大，可供创业的空间较大，而且受到资本市场的持续关注。然而，面对社会的飞速发展，家政服务业面临着许多发展困难，尤其是互联网技术在业内应用的进一步增强，智能感知、线上下单、线下服务、轻松支付等新型服务模式，正在影响和改变传统的家政服务业态。因此，家政服务企业在服务产品、管理体制、营销平台和智能应用等方面亟待创新转型：从细分服务品类、服务精准聚焦方面对家政服务产品生产进行创新；从家政服务员培训与管理体制方面对家政服务供应机制进行创新；从服务平台搭建、聚拢商家、建立终端系统方面对家政服务产品的营销平台进行创新；将信息技术、人工智能和互联网思维与家政服务机制建设融合创新。

四 近代以来中国家政教育的发展历程

家政产业的发展离不开家政学科发展及人才支撑，进一步而言，掌握学科发展历史及家政教育史，对于掌握学科发展规律、人才培养规律具有一定的作用。

1907 年，清政府颁布《女子学堂章程》，开始了正式的家政教育，提出女子不仅要学习德操，还要学习持家必备的知识和技术。当时的女子小学堂还专门开设"女红"一科，教授家政知识。女子师范学堂设有家事、裁缝和手工艺等学科，并讲述保育幼儿的方法。民国以后，女子小学堂设有手工、缝纫等课程，女子中学设有家事、园艺和缝纫等三科，政府规定女子学校的家事、园艺课程宜授食、衣、住及伺候、育儿、经理家产、栽培、莳养兼实习烹饪等事。1919 年，北京女子高等师范学校设置家政系，开创了中国在大学中开设家政学专业的先河。其后，燕京大学、河北女子师范大学、东北大学、四川大学、金陵女子文理学院、福建协和大学、辅仁大学、国立女子师范大学、震旦大学等 11 所大学相继开设了家政系。

新中国成立以后，家政学作为大学中一门独立的学科被取消，但对家政学的研究以及在职业教育中对幼儿教育、缝纫、烹饪和居室装饰等家政知识和技能的传授并没有中断。

改革开放以来，人民生活水平不断提高，家政产业不断发展，一些学校前瞻性地关注这一产业的发展，相继开设了家政学及相关专业，受到社会的好评。1985 年，河南省妇女干部学校开办了"女子家政班"；1988 年 10 月，大连市开办了"妻子家政班"；1988 年 2 月，冯觉新女士创办了武汉现代家政学院；1994 年，浙江树人大学开设了家政专业，开展了家政学历人才的培养和培训。

我国家政服务业快速发展，但仍存在有效供给不足、行业发展不规范以及群众满意度不高等问题，队伍素质、服务品质亟须提升，这就需要高校的深度参与。无论是低中端人才的培训还是高端人才的培养，无论是家政产业的发展和转型升级还是特色化、个性化的高端需求，无论是产业本身的技术扩张，还是完整的产业政策研究，都需要高校的深度参与和合作。国务院办公厅发布的《关于促进家政服务业提质扩容的意见》明确提出：采取综合支持措施，提高家政从业人员素质。支持院校增设一批家政服务相关专业。原则上每个省份至少有 1 所本科高校和若干职业院校开设家政服务相关专业，扩大招生规模。开展 1+X 证书制度试点，组织家政示范企业和职业院校共同编制家政服务职业技能等级标准及大纲，开发职业培训教材和职业培训包，支持家政服务相关专业学生在获得学历证书的同时，取得家政服务类职业技能等级证书。国务院对教育机构参与家政人才培养直接提出要求，这在以往并不多见。

目前，中国有 200 多所大学开设家政学本科和专科教育。以浙江省为例，浙江省家政服务人才培养培训联盟于 2013 年 4 月成立，通过推进学校、家政企业和用人单位之间的联系和交流，搭建校企合作培养家政服务人才平台，共同开展校企合作模式下的家政服务人才培养。据统计，浙江省现有 32 所本科高校和高职高专院校、40 多所中职学校开设了包括家政服务、老年服务与管理、健康管理、康复治疗技术、老年护理、母婴护理以及社区与家政管理等 20 余个家政服务类专业及方向，全年招收大中专学生 11291 人。从事培养家政人才的专职教师有 993 人，其中高级职称223 人，双师型教师 524 人，另有兼职教师 518 人；已投入实训设备资金4091 万元；共开设课程 554 门，有统编教材 373 门，自编教材 86 门，使用网络教材 25 门。2017 年，浙江省家政类在校生 28821 人，毕业生 9765人，毕业生就业率 98.3%，专业对口率 90.8%，已获相应职业资格 8775

人。同时，浙江省各地依托机构、企业、学校等组织开展培训，2017 年培训机构数达 4246 个，培训 118610 人，近三年累计培训 364015 人，其中 118419 人获得职业资格。[①]

五　家政产业发展与民办高校人才培养的契合

家政产业的快速发展，为中国民办高校的发展带来了新的发展机遇、空间和领域，也为其特色和专长的发挥提供了用武之地。民办高校培养的应用型人才与家政产业所需要的人才相吻合，尤其是高职院校培养的技能型、操作型人才，也是家政服务人才的主体。人才培养类型的吻合，有利于民办高校深度参加家政服务人才培养和培训。

目前，我国民办高校都有一定的规模，校均在校生 8000 人以上，规模办学为民办高校办学效益的提升和学校经营的良性循环创造了条件，但是也对专业结构、学科结构带来了压力。家政学科基础上的专业相近，有利于建设专业群，降低建设难度和压力。

家政人才培养使民办高校与社会的联系更加密切，在服务社会民生的过程中，产生了影响并形成了自身的地位。随着国家相关政策的出台，民办高校举办家政专业、参与家政人才培养，正当其时。

近年来，为适应家政产业的不断深化发展，浙江树人大学加快发展家政专业群，加大人才培养的投入。一方面，增设专业，扩大培养面，增加培养量。全校已经设立家政相关专业 5 个，每年招生 400—500 人。学校采取自身培养、定向培养和定点培养等形式，加强校企合作和产教融合，培养新型家政人才。另一方面，发挥学科优势，在地区家政人才培养过程中发挥引领和指导作用。在浙江省教育厅、省发改委、省人力资源保障厅、省商务厅和省妇联等部门的指导下，由设有家政服务专业的学校、行业协会、企业和有关单位自愿组成"浙江省家政服务人才培养培训联盟"，整合全省力量，培养家政人才，促进产业发展，收到了良好的效果。

---

① 浙江省家政服务人才培养培训联盟：《浙江省家政服务人才培养培训情况通报（2018）》。

　　家政从业者队伍，是家政服务业发展的重要资源，经过系统培养的专业家政人才更是稀缺难求，民办高校应该抓住机遇，积极响应政府号召，积极投身和参与家政人才培养培训，通过职业培训为家政企业充实员工队伍。更为重要的是，要利用高校的学科人才优势，系统开展专业人才的培养。随着社会对家政需求的提高，今后应重点结合市场需求，用"职业化"思维共同推进技能型、专家型和智慧型等不同层次人才的培养。第一，设立"证考结合"制度。在分析家政行业职业岗位与内容体系的基础上，分解知识结构与技能水平要点，设立"证考结合"制度，专业人才通过参加职业资格技能考试与鉴定，充抵相应的学分，增强职业化水平。第二，建设家政服务业实训基地，通过在实训基地观察、体会家政服务业各岗位的应用场景，构建"从学到习，由习带学"的实践教学模式，建立专业实验教学由点及面、理论到应用、原理验证、综合应用、自主开发及创新的多层次实验体系，增强学生的职业归属感。第三，建立行业导师制度。在家政行业中选拔一批优秀的企业负责人和业务骨干作为行业导师，指导和帮助专业人才提高职业技能，让其尽快完成从"校园人"向"职业人"的转变，这是一种人才培养模式的创新，更是体现校企合作共同培养家政服务专业人才、共同促进行业发展的美好愿景。

　　附记：本书特别收集此文。家政学是浙江树人大学的特色专业之一。早在20世纪90年代，浙江树人大学就开设了家政专业。在改革开放、经济发展以后，家政服务成为朝阳产业，但是由于社会偏见和各种因素影响，举办家政学相关专业的院校极少。2013年，根据浙江省委主要领导的指示精神，省委省政府重视家政产业发展和家政相关专业人才培养。在教育厅牵头下，省发改委、省民政厅、省人力资源保障厅、省商务厅、省妇联等相关机构通力合作，成立了浙江省家政服务人才培养培训联盟，牵头组织家政服务产业的人才培养培训工作。本人有幸担任浙江省家政服务人才培养培训联盟首任理事长。2015年，笔者应邀参加在香港举办的亚洲区家政学会年会，通过努力，在2017年日本会议上，浙江树人大学争取到亚洲区家政学会2019年双年会的举办权。2019年8月19—23日，第20届亚洲区家政学会国际双年会在杭州隆重举行，会议由浙江省家政人才培养培训联盟主办，浙江树人大学承办，这是关于家政学学科发展、人口老龄化、家政产业发展和家政人才培养等主题的学术盛会，来自亚洲各国和美国、英国等国家的家政研究专家学者和产业界人士近 300 人参加会议。会上，笔者作为大会组委会主席和承办方浙江树人大学校长、浙江省家政服务人才培养培训联盟理事长身份在大会上发表了中国家政产业发展的国家报告，并在会上被推选为亚洲区家政学会执委会委员，这是该学会成立 38 年来第一次在中国大陆举办会议，我也成为中国大陆第一位担任执委会委员的大陆人士。本文根据会议报告整理修改。同事汪群龙、朱红缨和胡建伟参与本文撰稿。本文发表在《浙江树人大学学报》2019 年第 5 期。部分内容经整理在亚洲区家政学会会刊以 "Home Economics for a Better life：The Status Quo，Challenges，and Solutions of Chinas Home Economics Indusfry" 为题发表。

附录　2001 年以来本书著者主要研究成果

一　已经出版的研究专著

1. 《新时期中国民办高等教育发展研究》，浙江大学出版社 2005 年版。

2. 《新时期中国民办高等教育理论研究》，浙江大学出版社 2010 年版，2012 年重印版。

3. 《我国民办高校内部管理体制改革和创新研究》，中国社会科学出版社 2012 年版。

4. 《教学服务型大学理论研究和制度框架》，中国社会科学出版社 2014 年版，2016 年修订出版。

5. 《我国民办高校治理及机制创新研究》，中国社会科学出版社 2017 年版。

6. 《民办院校办学体制及发展政策研究》，中国社会科学出版社 2018 年版。

7. 《中国民办高等教育发展研究报告》（与金秋萍合编），中国社会科学出版社 2019 年版。

8. 《民办高等教育研究二十年》，中国社会科学出版社 2020 年版。

9. 《私立高等教育　全球革命》，［美］菲利浦·阿尔特巴赫著，胡建伟译，徐绪卿责任审校。中国社会科学出版社 2014 年版。

10. 《民办高等教育研究二十年》，中国社会科学出版社 2020 年版。

二　主持研究的部分项目和课题

课题名称	课题性质	状态
浙江树人大学民办高等教育研究规划	2001 浙江树人大学重点课题	完成
浙江省民办高等教育发展对策研究	2002 浙江省教育厅立课题	完成
浙江省民办高等学校党建工作研究	2003 浙江省教育厅立课题	完成
浙江民办高职院校师资队伍建设现状和思路	2004 浙江省教育厅立课题	完成
浙江省高等教育规模发展问题和对策研究	2006 浙江省教育厅立课题	完成
浙江省大学毕业生就业问题研究	2009 浙江省教育厅重点课题	完成
浙江省民办高等教育可持续发展研究	2002 浙江省哲学、社会科学资助课题	完成
基于评估标准的浙江省民办高校收费标准研究	2004 浙江省哲学、社会科学资助课题	完成
基于两创发展战略的浙江省高等教育适应性研究	2008 浙江省哲学、社会科学资助课题	完成
十二五期间浙江省大学毕业生就业对策研究	2011 浙江省哲学、社会科学共建课题	完成
教学服务型大学——民办高校办学定位的新类型	2012 浙江省哲学、社会科学后期补助课题	完成
民办高等学校教育评估研究	2002 浙江省教科规划"十五"重点课题	完成
民办高校教育评估体系构建研究	2002 浙江高教科规划"十五"重点课题	完成
民营机制下浙江省高教质量保证体系研究	2003 浙江省科技计划软科学一般课题	完成
浙江省教育服务业发展研究	2006 浙江省科技计划软科学重点课题	完成
浙江省中长期就业问题研究	2008 浙江省科技计划软科学重点课题	完成
民办本科院校教学质量提升的理论和实践研究	2006 全国高教规划"十一五"重点课题	完成
民办高校办学综合水平评估体系构建研究	2003 全国高教规划"十五"规划重点课题	完成
民办高等学校可持续发展研究	2007 全国教科规划课题教育部重点课题	完成
我国民办高校家族化管理问题研究	2009 全国教科规划课题教育部重点课题	完成
中国民办高校发展战略研究	2004 全国教科规划课题教育部重点子课题	完成
中国民办教育发展研究	2005 全国教科规划课题教育部重点子课题	完成
浙江省民办高校教师队伍建设对策研究	2005 全国教科规划课题教育部重点课题	完成
十一五期间中国民办高等教育发展研究	2004 全国教育事业规划办公室招标课题	完成

续表

课题名称	课题性质	状态
民办高校人才培养模式理论与实践研究	2005 浙江高校新世纪教改重大招标课题	完成
民办本科院校评估体系构建研究	2008 教育部、财政部特批专项	完成
国家中长期民办高等教育发展研究	2008 中国民办教育协会委托课题	完成
我国民办高校内部管理体制改革和创新研究	2010 教育部人文社科规划一般课题	完成
我国民办高校治理及机制创新研究	2015 教育部人文社科规划一般课题	完成
民办院校办学体制与发展政策研究	2015 国家社会科学基金重点项目	良好

三　本人科研部分获奖成果

序号	成果名称	完成人	获奖名称、等级及时间
1	专著：民办院校办学体制与发展政策研究	徐绪卿	浙江省第 20 届哲学社会科学优秀成果一等奖，浙江省人民政府 2019.11
2	教学服务型大学背景下应用型人才培养的探索与实践	徐绪卿	2016 年浙江省高校教学成果一等奖，浙江省人民政府 2016.08
3	研究报告：我国民办高校内部管理体制改革和创新研究	徐绪卿	浙江省第 18 届哲学社会科学优秀成果三等奖，浙江省人民政府 2015.12
4	专著：我国民办高校内部管理体制改革和创新研究	徐绪卿	浙江省第 17 届哲学社会科学优秀成果三等奖，浙江省人民政府 2014.02
5	中国民办高校可持续发展研究	徐绪卿	浙江省第 16 届哲学社会科学优秀成果二等奖，浙江省人民政府 2012.1
6	十一五期间中国民办高等教育发展研究	徐绪卿	浙江省第 14 届哲学社会科学优秀成果三等奖，浙社科规办〔2008〕3 号
7	民办高校人才培养模式改革的研究与实践	徐绪卿	浙江省高校教学成果二等奖（2008）浙江省人民政府 2009.09
8	中国民办高等教育发展战略研究	徐绪卿	浙江省第 13 届哲学社会科学优秀成果三等奖，浙社科规办〔2006〕15 号（参与）
9	中国民办高校可持续发展研究	徐绪卿	2009 年浙江省教科规划优秀成果一等奖浙教科规办（2009）10 号
10	中国民办高等教育发展战略研究	徐绪卿	2005 年浙江省高校科研成果一等奖浙教科奖 0003676（参与）
11	民办高等学校教育评估研究	徐绪卿	浙江省第五届教育科学优秀成果评比三等奖（浙教科规〔2007〕1 号）

序号	成果名称	完成人	获奖名称、等级及时间
12	浙江省民办高等教育可持续发展研究	徐绪卿	2005 年浙江省高校科研成果三等奖浙教科奖 0004337

注：以上均为第一获奖者。

四 公开发表的部分学术论文

2001 年

1. 《浙江民办高校发展态势及问题》，《教育发展研究》2001 年第 2 期，《中国人民大学书报资料·高等教育卷》2001 年第 6 期全文转载。

2. 《办出质量，办出特色，抓住机遇，加快发展》，全国民办高校人才培养工作会议交流论文，厦门大学，2001 年 1 月 8 日。

3. 《民办高校必须加快专职教师队伍建设》，《浙江树人大学学报》2001 年第 1 期。

4. 《抓住机会，加快民办高校专职教师队伍建设》，《中国高教研究》2001 年第 6 期，第四届华文教学研讨会录用论文，2001 年 12 月 8 日。

5. 《稳定提高教育质量，促进高教健康发展》，《杭州电子学院学报》2001 年第 10 期。

6. 《新时期民办高校专职教师队伍建设的几点认识》，《民办教育动态》2001 年第 6 期。

7. 《高教大众化与民办高校对策》，《浙江树人大学学报》2001 年第 3 期。

8. 《高教大众化与民办高教发展》，《国际视野中的高等教育》国际高等教育研讨会论文集，浙江大学出版社 2001 年 12 月出版。

9. 《有质量的发展才是硬道理》，《浙江日报》2001 年 10 月 29 日第 7 版。

2002 年

1. 《民办高校协作会在黑召开》，《中国教育报》2002 年 1 月 21 日第

4 版。

2.《崭新课题：可持续发展》，《中国教育报》2002 年 3 月 4 日第 3 版。

3.《加强协作，共同繁荣——首届民办普通高校协作会综述》，《浙江树人大学学报》2002 年第 2 期。

4.《首批民办高校发展经验的若干思考》，《浙江树人大学学报》2002 年第 2 期。

5.《浙江省高等教育规模发展现状、问题与建议》，《教育发展研究》2002 年第 6 期。

6.《要想站稳脚，科研很重要》，《中国教育报》2002 年 8 月 19 日第 4 版。

7.《浙江省高教学会民办高教专业委员会 2002 年年会会议纪要》，《浙江树人大学学报》2002 年第 4 期。

8.《民办高教新发展中面临的问题》，《浙江树人大学学报》2002 年第 5 期。

9.《教育创新是民办高校生存和发展的根本》，《教育信息报》2002 年 10 月 16 日第 3 版。

2003 年

1.《中国民办教育发展新的里程碑》，《教育信息报》2003 年 1 月 21 日第 3 版。

2.《中国民办高校新发展及存在问题》，《中国人民大学书报资料·高等教育卷》2003 第 1 期全文转载。

3.《民办高校科研工作问题研讨》，《中国民办教育》2003 年第 2 期。

4.《我国民办高校图书馆建设浅见》，《图书馆论坛》2004 年第 1 期。

5.《抢抓机遇做好规划促进民办高教持续健康发展》，教育部高教司、中国高教学会编：《高职高专教育启示录——百名院校长的办学新理念》，高等教育出版社 2003 年版。

6.《民办高校教育评估问题研究》，《浙江树人大学学报》2003 年第 5 期。

7.《浙江树人学院加快基本建设实现持续发展》，《中国教育报》2003 年 3 月 24 日第 2 版。

8.《首批民办高校的升格本科及其思考》，《教育发展研究》2003 年
11 月专辑。

9.《民办高校升格本科和持续发展》，《民办教育动态》2003 年第
12 期。

10.《可持续发展的内因与外因》，《中国教育报》2003 年 11 月 17 日
第 4 版。

11.《坚持教学工作的中心地位，创建民办高校的质量品牌》，《中国
教育教学杂志》2003 年第 15 期。

12.《民办高校评估同样重要》，《社会科学报》（上海）2003 年 8 月
28 日第 2 版。

13.《学习贯彻〈民办教育促进法〉，促进民办教育大发展》，《浙江
树人大学学报》2003 年第 1 期。

2004 年

1.《对发展我国民办高教中介机构的思考》，《黑龙江高教研究》
2004 年第 1 期。

2.《我国民办高校图书馆建设浅见》，《图书馆理论与实践》2004 年
第 1 期。

3.《树人大学的办学模式和民办高校的持续发展》，《民办教育研究》
2004 年第 1 期。

4.《关于做好民办高校规划的若干思考》，《中国民办教育》2004 年
第 1 期。

5.《民办高校经费筹集的理想模式》，《高等教育与资本市场国际学
术研讨会》，厦门大学 2004 年 1 月 5 日。

6.《办一所什么样的民办大学》，《中国教育报》2004 年 2 月 27 日第
7 版。

7.《民办学校，迎来春天》，《钱江晚报》2004 年 4 月 1 日第 6 版。

8.《树人大学的筹资模式及启示》，《经济全球化与教育产业国际研
讨会》2004 年 4 月北京师范大学，《黄河科技大学学报》2004 年第 4 期。

9.《积极开展科研工作，提升民办高校整体办学水平》，《浙江树人
大学学报》2004 年第 6 期。

10.《定位：精于准确荒于盲目，中外民办高等教育发展论坛综述》，

《中国教育报》2004 年 12 月 24 日第 7 版。

2005 年

1. 《关于民办高校正确定位的思考》，《中国高等教育》2005 年第 2 期，《中国人民大学书报资料·高等教育卷》2005 第 4 期全文转载。

2. 《正确定位、扬长避短、发挥优势，促进发展》，《黄河科技大学学报》2005 年第 1 期。

3. 《积极发展工科教育，拓宽民办高校发展空间》，《浙江树人大学学报》2005 年第 3 期。

4. 《苦练内功，促进民办高校持续发展》，《教育信息报》2005 年 4 月 19 日第 3 版。

5. 《关于民办高等学校课程体系改革的思考》，《民办教育研究》2005 年第 3 期。

6. 《发展本科教育：拓宽民办高校发展空间的重要策略》，《教育发展研究》2005 年第 15 期。

7. 《民办高校开展学位与研究生教育试点的若干问题研究》，《浙江树人大学学报》2005 年第 5 期，《中国人民大学书报资料·高等教育卷》2005 第 12 期全文转载。

8. 《积极发展工科教育拓宽民办高校发展空间》，《民办教育研究》2005 年第 5 期。

2006 年

1. 《师资队伍建设：民办高校可持续发展的根基》，《中国高等教育》2006 年第 8 期。

2. 《第二届中外民办高等教育发展论坛综述》，《高等教育研究》2006 年第 6 期。

3. 《再论中国民办高等教育的发展空间》，《黄河科技大学学报》2006 年第 2 期。

4. 《认清形势发挥优势促进可持续发展》，《浙江树人大学学报》2006 年第 4 期。

5. 《关于我国民办高等教育评估的若干思考》，《教育发展研究》2006/22，《中国人民大学书报资料·高等教育卷》2006 第 1 期全文转载。

6.《"十五"期间民办高等教育的发展和几个突出的政策问题》,《民办教育研究》2006 年第 3 期。

7.《我国民办高等教育发展空间深度探析》,《民办教育研究》2006 年第 4 期。

2007 年

1.《质量和结构:"十一五"期间高等教育发展的主题》,《教育发展研究》2007 年第 5 期。

2.《加快民办教育地方立法促进民办教育健康快速发展》,《浙江树人大学学报》2007 年第 1 期。

3.《民办高校亟待实施内涵发展战略》,《中国高等教育》2007 年第 6 期。

4.《积极开展院校研究,促进民办高校健康发展》,《高等教育研究》2007 年第 6 期。

5.《规范管理、促进民办高等教育健康可持续发展》,《浙江树人大学学报》2007 年第 5 期。

6.《规范和支持并举促进民办高等教育健康可持续发展》,《现代教育科学》2007 年第 9 期。

7.《加快内涵建设努力提升民办高校办学水平》,《民办教育研究》2007 年第 4 期。

8.《以规范树形象以质量立地位以特色塑品牌》,《教育发展研究》2007 年第 24 期。

9.《"十五"期间民办高等教育的发展与若干政策问题》,《浙江树人大学学报》2006 年第 5 期;《中国人民大学书报资料·高等教育卷》2007 第 1 期全文转载。

10.《首次"全国民办高校学报工作研讨会"综述》,《浙江树人大学学报》2007 年第 6 期。

11.《中国大陆民办高等教育的历史、现状及未来发展趋势》,(台北)《高等教育研究》2007 年第 2 期。

2008 年

1.《分类管理,分类指导,分类评估,促进发展》,《浙江树人大学学报》2008 年第 3 期。

2.《建立和完善民办高校法人治理结构的若干思考》，《广东培正学院学报》2008 年第 1 期。

3.《内涵发展——民办高校发展的战略选择》，《黄河科技大学学报》2008 年第 1 期。

4.《论科学发展观视野下的民办高校发展转型》，《浙江树人大学学报》2008 年第 1 期。

5.《民办高校专业设置：管制与自治》，《教育发展研究》2008 年第 8 期。

6.《科学发展观视角下的民办高校发展转型研究》，《中国高教研究》2008 年第 6 期。

7.《论建立和完善民办高校法人治理结构》，《黑龙江高教研究》2008 年第 8 期。

8.《全国民办本科高校教学评估研讨会综述》，《教育发展研究》2008 年第 12 期。

9.《浅论民办大学精神》，《现代教育科学》2008 年第 5 期。

10.《国家中长期民办高等教育发展政策建议》，《中国民办教育协会简报》2008 年第 11 期。

2009 年

1.《民办本科院校教学评估管见—分类管理、分类指导兼顾办学特色》，《广东培正学院学报》2009 年第 2 期。

2.《我国民办高校家族化的若干问题之探讨》，《高等教育研究》2009 年第 7 期。

3.《关于我国民办高校家族化管理的若干思考》，《教育发展研究》2009 年第 12 期。

4.《上下联动 内外结合 打造民办高校品牌》，《教育发展研究》2009 年第 4 期。

5.《建设高等教育强国与国家示范性民办高校建设的若干思考》，《黄河科技大学学报》2009 年第 2 期。

6.《民办高校家族式管理现象的成因及对策》，《中国高等教育》2009 年第 8 期。

7.《我国民办高等教育发展回顾及中长期发展思路》,《浙江树人大学学报》2009 年第 1 期。

8.《民办高校产权：公益性对激励性的超越》,《教育发展研究》2009 年第 24 期。

9.《民办高校家族化问题若干思考》,《华中师范大学学报》2009 年第 12 期。

10.《浙江树人大学特色建设的理论与实践》,《浙江树人大学学报》2009 年第 12 期。

2010 年

2.《关于我国民办高校家族化问题的思考》,《中国人民大学书报资料·高等教育卷》全文转载 2010 年第 3 期。

3.《关于民办高校内部管理体制的若干思考》,《浙江树人大学学报》2010 年第 1 期。

4.《民办高校内部管理体制改革若干问题探析》,《中国高教研究》2010 年第 5 期。

5.《当前民办高校产权问题研究与实践的思考》,《黄河科技大学学报》2010 年第 3 期。

6.《〈纲要〉颁布背景下我国民办高校发展趋势分析》,《教育发展研究》2010 年第 9 期。

2011 年

1.《全面落实〈教育发展规划纲要〉促进公、民办高等教育和谐发展》,《浙江树人大学学报》2011 年第 1 期。

2.《课程改革是民办高校人才培养模式改革的核心》,《黄河科技大学学报》2011 年第 1 期。

3.《关于建立全国民办高校战略联盟的若干思考》,《黄河科技大学学报》2011 年第 2 期。

4.《认真学习　深化理解　科学发展》,《浙江省教育厅理论学习论文》参赛论文。

5.《优先开展公益性高水平民办高校建设工程》,《人民政协报教育在线》2011 年 6 月 1 日。

6.《关于民办高校分类管理理论与实践的思考》，《教育发展研究》2011 年第 12 期。

7.《开展分类管理　推进高水平民办大学建设》，《浙江树人大学学报》2011 年第 4 期。

8.《教学服务型大学：民办高等学校的新定位》，《中国高教研究》2011/年第 10 期。

9.《跳出"象牙塔"高度　聚焦地方院校的新定位》，《光明日报》2011 年 10 月 27 日第 15 版。

2012 年

1.《以名栏建设为契机百尺竿头更进一步》，《浙江树人大学学报》2012 年第 4 期。

2.《建设国家级高水平民办高校的若干思考》，《教育发展研究》2012 年第 7 期。

3.《浅论教学服务型大学的若干问题——兼论地方院校和民办高校的发展定位》，《教育研究》2012 年第 2 期。

4.《加强名栏建设服务民办高等教育》，《浙江树人大学学报》2012 年第 1 期。

2013 年

1.《科研工作：高水平民办高校建设的着力点》，《教育发展研究》2013 年第 1 期。

2.《民办高校科研工作总体滞后——"四个偏少"》，《人民政协报教育在线》2013 年 2 月 20 日。

3.《高水平民办大学的中国特色》，《浙江树人大学学报》2013 年第 1 期。

4.《科研工作：高水平民办高校建设的重要着力点》，《黄河科技大学学报》2013 年第 2 期。

5.《论我国民办高等教育政策从"规范"向"扶持"的转型》，《高等教育研究》2013 年第 8 期。

6.《加快政策转型支持民办高校健康和可持续发展》，《人民政协报教育在线》2013 年 7 月 17 日。

7.《关于民办高等教育政策顶层设计的思考》，《教育发展研究》2013 年第 21 期。

2014 年

1.《家政服务大有可为》,《教育信息报》2014 年 1 月 22 日。

2.《论教学服务型大学的合法性和发展逻辑》,《浙江树人大学学报》2014 年第 1 期。

3.《治理背景下我国民办高等教育管理的转型》,《中国高教研究》2014 年第 8 期。

2015 年

1.《大学治理与民办高校的着力点》,《浙江树人大学学报》2015 年第 5 期。

2.《民办高校治理必须紧紧抓住 5 个着力点》,《教育发展研究》2015 年第 9 期。

3.《积极引导，推进民办高校转型升级》,《浙江教育报》2015 年 11 月 9 日第三版。

2016 年

1.《新常态下民办高校发展的若干思考》,《浙江树人大学学报》2016 年第 1 期。

2.《民办教育如何应对供给侧改革》,《浙江教育报》2016 年 3 月 30 日第三版。

3.《期待独立学院"走出"新天地》,《浙江教育报》2016 年 1 月 18 日第二版。

4.《浅论新常态下民办高校的发展着力点》,《中国高教研究》2016 年第 2 期。

5.《教学服务型大学人才培养的探索与实践》,《院校研究专集》2016 年 6 月。

6.《深耕应用型人才培养》,《浙江教育报》2016 年 7 月 30 日第三版。

7.《"供给侧改革"背景下民办高校的发展思路》,《浙江树人大学学报》2016 年第 7 期。

2017 年

1. 《世界私立大学办学体制极其演变：经验与启示》，《浙江树人大学学报》2017 年第 1 期。

2. 贯彻落实《民办教育促进法》新法的若干思考，《复旦教育论坛》2017 年第 2 期。

3. 《认真学习，贯彻落实〈民办教育促进法〉新法》，《浙江树人大学学报》2017 年第 2 期。

4. 《把握六大区别，克服六大误区，贯彻落实》〈新法〉》，《教育发展研究》2017 年第 4 期，《人大复印报刊资料·教育学》2017 年第 7 期全文转载。

5. 《贯彻落实〈民办教育促进法〉新法的五大热点问题思考》，《浙江树人大学学报》2017 年第 6 期。

2018 年

1. 《行业学院：概念内涵和实现路径》，《浙江树人大学学报》2018 年第 1 期。

2. 《民办学校产权制度的确立与明晰——对〈民办教育促进法实施条例〉修订的建议》，《教育经济》2018 年第 3 期。

3. 《〈民办教育促进法实施条例（修订草案）〉专题研讨会综述》，《浙江树人大学学报》2018 年第 5 期。

4. 《加强顶层设计，坚定分类管理，促进健康发展》，《国家教育行政学院学报》2018 年第 9 期。

5. 《坚持方向，提升质量，办党放心人民满意的民办高校》，教育部新闻办。

6. 《美国两类私立高校的发展路径探析》，《教育研究》2018 年第 10 期 2/3。

2019 年

1. 《民办高等教育发展政策讨论的五个问题》，《浙江树人大学学报》2019 年第 1 期。

2.《中国家政产业发展与民办高校的人才培养》,《浙江树人大学学报》2019 年第 5 期。

3.《浅论教育政策滞后性现象》,《教育与经济》2019 年第 6 期。

2020 年

1.《论民办高校政策的滞后性》,《浙江树人大学学报》2020 年第 1 期。

2.《国家级高水平民办院校建设的若干思考》,《高教发展与评估》2020 年第 1 期。

3.《关于部分独立学院转设为地方公有民办性质院校的思考》,《教育发展研究》第 5 期。

后　记

本书是我在浙江树人大学工作期间公开发表的论文选编。

1984 年，浙江省人民政府批准创建浙江树人大学，开创了我国民办高校举办全日制普通高等教育的先河。2000 年 3 月 14 日，省政府下发《关于浙江树人学院与浙江省电子工业学校等 3 所中专联合组建新的浙江树人学院的批复》（浙政发〔2000〕46 号），同意浙江树人大学与浙江省电子工业学校、浙江省轻工业学校（舟山东路校区）、浙江省对外经济贸易学校联合组建新的浙江树人大学，实行统一领导，统一建设，统一管理。从此，这所国家改革开放以来最早获批具有独立颁发大专学历文凭资格的民办高校开始走上了全新的发展轨道。

到树人大学工作之前，我曾先后在公立大学和研究所工作，还接受省委组织部门选派担任过地方政府的副市长。1996 年下半年开始担任公办中专学校党委书记兼校长，虽然单位就在树人大学边，但是对民办高校没有任何的概念。2000 年 4 月，一个偶然的机会，经省政府审定批准，我加盟到浙江树人大学，并被聘任为董事会董事、副校长，分管教学、科研（后教学工作由另一副校长分管）、图书信息、国际交流和继续教育。2012 年下半年，又是一个偶然的机会，经省政协党组批准，我被聘为浙江树人大学的第 8 任校长，全面主持学校工作 7 年多时间。在人生的旅途中，有近 20 年的时间服务于师生员工，并与大家一道奋斗创业，共同为学校的发展奉献自身的努力和智慧，这是一辈子的缘分，也是一生的荣幸。

党的十八大以来，浙江树人大学发展进入快车道。在上级的领导下，全校上下空前团结，齐心协力建设树大，成效显著。审计表明：从 2012 年到 2019 年 11 月，学校校园面积增加 800 亩，建筑面积增加了 32.5 万平方米，初步建成了总投资 20 多亿元的杨汛桥新校区（一、二期）；学校仪器设备总值增加近亿元，图书（含电子图书）增加 80 余万册，学校账面资产从 13.2 亿元增加到 36 亿元，学校年度经费预算从 3.2 亿元增加到 7 亿余元。2015 年学校入选为浙江省应用型建设试点示范学校；成功获批临床本科专业，与树兰医疗集团合作组建浙江树人大学树兰国际医学院，为学校学科专业调整与发展奠定了良好基础；获批 5 个省重点专业，拥有 2 个省专业、7 个省新兴特色专业以及 7 个省一流专业。专任教师团队由 578 人增加至 683 人；博士教师人数由 53 人增加至 200 余人；引进院士 3 人，其他高层次人才 70 余人，实现了国家千人计划的突破；专任教师担任外校硕士生导师已达 50 余人。积极推进国际交流，与国外 60 多所高校建立合作或交流关系，外国留学生从 5 人增加到近 40 人；聘任外籍教师、派出教师交流学习、选派学生赴国（境）外参加课程学习等，都有了显著的成效。科研连续 7 年领跑全国民办高校，拥有 5 个省级重点学科，科研经费从 1000 万元增加到 4000 余万元。加强学校内控制度建设，完善规划，健全流程，杜绝腐败行为，凝聚全校人心；教职工工作生活条件大幅改善，人员开支基本支出从 24.63 万元增加到 42.34 万元；经过反复协商和努力，在新校区为教师提供了 372 套低价商品房住宅。……这一系列数据的背后，是全体树大人的艰辛付出。作为这一时期主持学校工作的主要负责人，我由衷地感谢上级领导、感激班子同志的团结齐心、感恩师生的信任支持。

干一行、爱一行，干好每一个岗位，是我的基本信念。加盟树人大学的同时，我放弃了原有的研究方向，在努力做好管理工作的同时，逐步组织、培养和带领团队，以民办高等教育研究所为平台，以民办高等教育研究为主要内容，从头起步，提炼方向，积极开展研究，服务政府决策和院校发展，取得了较好的成绩。团队中先后有十余人晋升正高职称；民办高等教育研究所先后四届被评选为全国优秀高等教育研究机构，成为全国民办高等教育研究基地和全国民办高等教育研究协作组组长单位，中国民办教育协会高等教育专业委员会学术中心和中国民办教育协会民办教育研究分会所在地，成为全国民办高等教育理论研究和实践经验的交流中心。凝练了教学服务型大学的定位、高级应用型人才的培养目标，在全国较早开展行业学院的制度设计和运行探索，从研究中我们找回了自信。20 年来，根据工作需要，我始终坚持工作、学习、研究三结合，利用自身作为民办高等教育管理实践者的优势，积极开展民办高等教育研究，虚心学习，结识朋友，交流学术，潜心钻研，持之以恒，不断提高充实自己，共承担包括国家社科基金重点项目在内的20多项省部级及以上研究课题，出版专著8部，公开发表论文140余篇，成为"国内改革开放以来民办高等教育研究成果最多的学者"。我还先后主持了10多次重大学术会议，完成20余项重大政策调研报告，获得11项政府奖项，其中一等奖、二等奖各2项。2006年，经选拔和评审，我成为国内高水平大学的硕士生导师，并协助担任博士生导师的指导工作。2015年。经省有关部门评审我晋升二级正高。2019年10月，中国民办教育协会正式聘任我担任民办教育研究分会理事长。实践证明，民办高等教育研究，既是国家民办高等教育事业快速发展的需要，也可以成为学术研究的重要内容和个人学术发展的重要平台。

总结30多年在学校的工作，我有一个体会，就是不研究教育当不好校长，不研究学校工作当不好校长。校长是学校发展的策划者和总指挥，尤其是对于民办高校来说更是这样，既是学校规划、规章的执行者，也是学校内部工作的决策者。在担任副校长、校长的近20年管理工作过程中，我认真学习、独立思考，勇于探索，大胆实践，用自己的努力，与学校班子成员和广大师生员工一道，推动学校的质量提升、水平提升和效益提升。高级应用型人才、教学服务型大学和行业学院这些概念的提出、研究、实施和完善，都倾注着我的一份思考和心血。这一本论文集，与其说是一部研究成果和理论探索的专著，不如说是一个学校管理者的工作思考和实践总结。在担任校长期间许多工作都取得较为满意的进展，但是个人认为办学理念的研究、凝练、提升和实践，对学校发展更具现实和长远的影响力。

因年龄原因，在本人的多次要求下，2019年11月21日，上级同意我退出领导岗位，继续做好民办高等教育研究。为对研究工作做一个小结，我从公开发表的140多余篇论文中选择有代表性的50余篇结集出版，供大家交流和讨论。我的这些论文有三个显著特点：针对课题而写；针对问题而写；针对话题而写。理论水平不高，但是要有针对性。需要说明两点：一是为了反映对民办高等教育的认识进程，除了一些明显错处之外，对文章没有做大的修改；虽然做了一些选择，但难免有一些内容交叉或重叠；二是部分与同事合作的论文，主要是我起草的，不存在"知识产权"问题，否则会作出专门说明。

　　在回顾和整理本书的过程中，许多领导和专家的指导仍历历在目，感恩在心。感谢潘懋元先生的热心指导，我的 8 部专著，有 4 部都是潘先生亲自给我作序，2016 年初，96 岁高龄的潘先生还应邀来杭州参加我的国家社科基金重点课题开题，许多文章的发表，也得益于潘先生的讨论和指点，感谢之情难以言尽。感谢周远清、顾明远、胡瑞文、杨德广、王佐书、钟秉林、张晋峰、季平、吴岩、邬大光、韩民、胡卫、顾然等领导和专家的关心和关怀，我主持的多次学术会议，都有你们的声音和支持。感谢张应强、别敦荣、阎凤桥等高等教育研究新锐专家，我的研究成果中，许多都是从你们的指导中受到的启发，别敦荣教授还专门为本书撰写序言，对后续工作给予鼓励和指导；感谢任明、王小梅、曾韦、林岚、翁伟斌、叶庆娜、吴绍芬、范笑仙、赵一枫等媒体界的朋友，你们的支持给了我坚持研究的勇气和自信。良师益友众多，无奈篇幅有限，恕不能一一列举，但是感恩之情永记在心。当然也要感谢团队的各位朋友，与你们一起做研究，是我的荣幸和骄傲。感谢浙江树人大学和全国许多民办高校的领导，你们给了我难得的学习和研究的营养和平台，给了我研究工作的责任和动力。

　　最近 20 年，正是我国教育体制改革重点突破和不断深化的关键时期，是我国民办高等教育发展成长崛起的重要时期，声势浩大，波澜壮阔，蔚为壮观，本人有幸见证并参与其中。我的论文中许多篇节都部分反映了这一重大史实和其中的重要事件。本书原则上按论文发表先后安排，便于反映我国民办高等教育发展的线索，也便于读者了解民办高等教育发展的许多历史事件。限于篇幅，本书收集的论文删除了英文摘要和关键词。同时，限于本人的认识和改革的深化过程，论文中的许多观点可能已经"过时"或成为"谬论"，实践中也已经发生了变化。好在我们的研究还在继续，一些"过时"的观点可以得到补充、"纠偏"和改进。

　　在国家坚持科教兴国战略、人才强国战略、建设创新性国家战略的背景下，教育优先发展的地位不会动摇。穷国办大教育的基本国情短期内不会变化和民办高等教育办学体制的独特价值，决定了民办高等教育具有广阔的空间和美好的前景。高等教育的生态发展和活力释放，需要民办高等教育的发展成长。只要有民办高等教育成长的空间，就必然有民办高等教育科学研究的前景。我愿为此而继续努力，为我国民办高等教育的繁荣发展作出新的贡献。

　　衷心祝福民办高等教育事业蓬勃发展，衷心祝福浙江树人大学越办越好！

徐绪卿

2020 年 6 月